人力资源管理概论

（第3版）

谌新民 ◎ 主 编

清华大学出版社
北 京

图书在版编目(CIP)数据

人力资源管理概论(第 3 版)/谌新民主编．—北京：清华大学出版社，2005.8(2024.9重印)
ISBN 978-7-302-11438-3

Ⅰ．人… Ⅱ．谌… Ⅲ．劳动力资源-资源管理 Ⅳ．F241

中国版本图书馆 CIP 数据核字(2007)第 006424 号

责任编辑：龙海峰
责任印制：杨　艳

出版发行：清华大学出版社
网　　址：https：//www. tup. com. cn，https：//www. wqxuetang. com
地　　址：北京清华大学学研大厦 A 座　　**邮　　编**：100084
社 总 机：010-83470000　　**邮　　购**：010-62786544
投稿与读者服务：010-62776969，c-service@tup. tsinghua. edu. cn
质 量 反 馈：010-62772015，zhiliang@tup. tsinghua. edu. cn
印 装 者：三河市龙大印装有限公司
经　　销：全国新华书店
开　　本：185mm×230mm　**印　　张**：30　**插页**：1　**字　　数**：599 千字
版　　次：2005 年 8 月第 1 版　**印　　次**：2024 年 9 月第 29 次印刷
定　　价：49.80 元

产品编号：017725-02/F

目录

第一章 人力资源管理基本概念与原理

[开篇案例]

A公司刘总刚从日本考察回国,对日本企业管理界研读中国《三国演义》感慨良多。旋即在公司中高层管理者中推行这一做法,并且规定每季度要召开读书心得交流会,要求每次围绕一个主题,以一人为主题发言。大家参与讨论。一年过去了,刘总感到收效不明显。今晚照例轮由人力资源管理部吴经理做主题发言。吴清清嗓子开口道:"为了准备这次研讨,我去了趟广州,与我的导师讨论了有关《三国演义》与人力资源管理的有关问题……从人力资源管理部的角度看,我认为《三国演义》是部企业管理和人力资源管理方面发人深省的反面教材,是先人留给我们的一部警世之作。"此言一出,满座哗然。

吴经理继续说道,从人力资源管理的视角看,《三国演义》是一座取之不尽的富矿,只不过是人们长期以来忽视它而已。我的导师与我讨论了三国各自的战略意图与人力资源管理战略,各自的选人、育人、用人、留人策略及其成功与失当之处,并着重对曹操、孙权、刘备尤其是诸葛亮在人力资源管理方面的功过是非进行了深入的探讨,得出了许多与人们通常认识不一致的结论,使我既感到震撼又收益良多。

曹操之所以能够统一北方但又始终无法统一全国,最终导致三分天下的格局,与其在不同阶段的战略思维与用人战略是分不开的。孙权虽说是继承父兄基业,但在诸侯林立之中仍然稳据东南,与他在不同阶段根据形势需要使用关键人才是分不开的,起初是重用周瑜开疆劈土,再次是任用鲁肃整顿内务,继而使用吕蒙稳定局面,最后是大胆起用年轻的陆逊去抗拒老谋深算的刘备,创造了火烧连营七百里的战争佳话。刘备的起家则完全靠的是外貌忠厚内藏乾坤的雄才大略和一套叹为观止的人力资源策略。从刘关张桃园三结义奠定刘备集团的核心,到网罗卧龙凤雏形成其参谋咨询班底,再到吸引赵云、黄忠、马超、魏延等战将,从一个落泊之人到成就伟业之雄才,处处显示其卓著的人力资源管理才能。而反观诸葛亮,则是谋事能臣,用人庸才。刘备去世后,实际掌握蜀汉大权的诸葛亮的每一决策几乎都与人力资源管理理念背道而驰。其用人策略与其战略理念相违背,本应是东和孙吴,北拒曹魏,却安排与曹魏不清不楚而与孙吴不共戴天的关羽镇守荆州,由于不重视人才培养和使用导致蜀中无大将,廖化作先锋,由于不懂(舍)得授权,事必躬亲,致使年仅50余岁英年早逝,空使英雄泪满襟。我们试想,如果诸葛亮投奔曹操且得到重用会怎么样？或者以诸葛亮之才，又懂得运用人力资源管理策略，也许历史将会重写。吴经理的话音刚落，会议室里陷入了长久的沉默。

［**点评**］ 大凡要成就一番事业者，仅凭个人的力量是有限的。一个组织实际上就是一群人的集合体，如何将这些人力资源整合成能够攻无不克、战无不胜的团队，正是人力资源管理所要研究的问题。要做好人力资源管理工作，首先要了解人力资源的特性及其必须遵循的基本规律。从战略理念、战略目标、工作任务、管理计划和具体执行等环节，将整个组织目标作为一个系统，将人力资源管理作为一个系统，才能谈得上提高管理效率和效益。不懂得人力资源管理或者说不愿意以人力资源管理统领工作，个人才华再出众也可能空叹时不予我。

第一节 基本概念

人力资源管理是一个有机系统，由劳动力的供给者（微观主体）、劳动力的使用者（用人单位）和劳动力的调节者（外部环境）所构成。

管理者所要面临的主要难题是什么？一言以蔽之——有限的资源与相互竞争的多种目标的矛盾，这就是管理的基本矛盾。人力资源管理者所要面临的主要难题是什么？一言以蔽之——在已知的有效人力资源条件下如何在众多目标中达到整体效益最大化。本书力图从人力资本投资出发，分析如何通过有效的管理激励措施，促使人力资源增值，达到配置效益最大化。

一、核心概念

每一门学科都有自己的核心概念，它是学科建立的基石，是学科研究的核心内容，犹如中枢神经支配着人体组织一样，核心概念统率着本学科的全部内容。通常，某个学科涉及的现象和领域所特有的一对矛盾就是这门学科的核心概念，人力资源管理的核心概念就是管理的成本收益。

人力资源管理中的这对矛盾，反映在个人和家庭的微观层次就是个人人力资本的投资与收益的关系；反映在企业这个中观层面就是企业的人力资源管理成本与企业效益的关系；反映在国家或社会的宏观层面就是社会的人力资本投资（教育、培训、迁徙和卫生保健等）与宏观效益之间的关系。我们力图以此为主线，将个人、企业和社会人力资源管理置于统一体系中进行分析。

效率、效益与效果及其相互关系如下：

效率通常是指某种活动功率的高低、速率的快慢，或在一固定时限内完成工作量的多少。效率高低并不能完全反映所从事的工作的内涵和本质。一个无用或有害的高效率只会导致更多资源的浪费，我们追求的是有效益的效率。

效益通常指的是某项活动的投入与产出的比较，即生产出的劳动成果与劳动耗费之比。在管理活动中，如果劳动成果大于劳动耗费，则具有正效益；如果劳动成果等于劳动耗费，则视为零效益；如果劳动成果小于劳动耗费，则产出负效益。人们通常意义上所说的效益好坏其实是指正效益。

经济效益所体现的比较关系，可用 4 种表达式来描述：

$$E = B - C \tag{1.1}$$

式中：E 为经济效益；B 为劳动成果或收益；C 为劳动耗费或投资、成本和费用等。

式(1.1)是劳动成果与劳动耗费之差，如净产值、利润等，反映了净收益的绝对量，简称效益型效益。

$$E = \frac{B - C}{C} \tag{1.2}$$

式(1.2)是净收益与耗费之比，如资本利税率等，反映了单位消耗(投资)的收益，简称收益型效益。

$$E = \frac{B}{C} \tag{1.3}$$

式(1.3)是收益与耗费或产出与投入之比，如劳动生产率等，反映了经济活动的效率，简称效率型效益。

$$E = C_1 - C_2 (B_1 = B_2) \tag{1.4}$$

或

$$E = B_1 - B_2 (C_1 = C_2)$$

式(1.4)中：C_1、B_1 分别为原方案(设计)的耗费和收益，C_2、B_2 分别为改进方案(设计)的耗费和收益。式(1.4)为式(1.1)的特殊情况，反映了耗费的节约或收益的增加，常用于不同方案(设计)的比较。

一般来说，提高效率型效益，也即前面提到的提高效率，它本身不是目的，更多的是提高收益型和收益率型效益的途径和手段。提高收益型或收益率型效益(即常说的效益)是一切企业经济和管理活动的目标、出发点和归宿。

效果其实更是一个经济伦理或管理伦理问题，它是人们对经济效益的一种主观评价。它与效益有着深刻的内在联系，两者又有重要差别。效果更多的是从宏观层面进行评价。对一个经济单位来说，效益很可能会带来好的社会效果，如健康的新产品可增加社会福祉；效益好也可能不会产生明显的社会影响；效益好也可能会带来坏的社会效果，如用牺牲环境为代价换取企业高收益等。一般来说，经济效益与社会效果是呈正方向变化的，一些特例可从制度安排、公共产品、法律禁例等方面得到解释。西方经济学中的有关正、负外部性问题也可作出有力的解释。

人力资源管理效益就是在增加社会福祉的前提下，通过一系列的管理活动，使人力资源的投入与产出比最大化，从而达到组织所期待的目标。

二、相关概念

1. 人力资源

对于什么是人力资源，学术界尚无统一的定义。伊凡·伯格(Ivan Berg)认为人力资源是人类可用于生产产品或提供各种服务的活力、技能和知识。雷西斯·列科(Rensis Lakere)认为人力资源是企业人力结构的生产力和顾客商誉的价值。内贝尔·埃利斯(Nabil Elias)认为人力资源是企业内部成员及外部的人可提供潜在服务及有利于企业预期经营的总和。也有人认为人力资源是具有智力劳动和体力劳动的人们的总称。

上述表述从各自侧面表达了人力资源管理的涵义。从本源意义上说，人力资源是指在一定时间空间条件下，现实和潜在的劳动力的数量和质量的总和。从时间序列上看，包括现有劳动力和未来潜在劳动力；从空间范围上看可区分为某个国家(地区)、某区域、某产业或某企业乃至家庭和个人的劳动力，它既包括劳动力的数量，还包括劳动力的质量，更包括劳动力的结构。人力资源的内涵至少包括劳动者的体质、智力、知识、经验和技能等方面的内容。为了统计方便，人们又常将各国法律规定的劳动年龄范围内有劳动能力的人口归于现实人力资源范围。

人力资源具有以下特点：

(1) 自有性。人力资源属于人自身所有，具有不可剥夺性。虽然在从事雇佣劳动中，人力资源会阶段性地被雇主所使用，但劳动者仍拥有其终极所有权，这是区别于其他任何资源的根本特征。

(2) 生物性。人力资源存在于人体之中，是一种“活”的资源，与人的生命特征、基因遗传等紧密相关。一般来说，从事劳动密集型岗位的劳动者对人力资源的体能要求较高，从事技术和智力密集型岗位的劳动者对其智力、情感和经验等要素要求较高。此外，人力资源生物性还表现在从个人和社会角度的人力资源的再生性。

(3) 时效性。人力资源的形成、开发、配置、使用和培训均与人的生命周期有关。首先，人的一生中都存在着人力资源的积累过程，但开发而被利用则仅是一生的中间阶段。其次，在这一阶段中，由于劳动者类型不同、层次不同其发挥作用的最佳年龄段也不同。即使同为高级人才，社科类人才与技术类人才发挥作用的最佳期也不同，更进一步即使同为技术型人才，IT产业人才与生物医学人才的最佳期也不尽一致。再次，人力资源只有在使用中才能发挥其作用，它不能像物质财富那样储存起来。如果是体力型的人力资源，不能使用不仅会造成浪费还要消耗其他资源来维持它。作为智力型的人力资源，如果长期得不到开发使用，不仅会造成浪费，还可能因跟不上时代步伐而贬值。此外，一个人在一天中的不同时段，其特点也不一样，因而要求我们合理使用，使人的不同阶段的潜能得到最大限度发挥。最后，人力资源的时效性也与其他管理手段有关，有效的管理能够长期使人力资源发挥最佳功效，无效的管理则会导致人力资源的浪费和流失。就是对于同一个人，不同时期不同的激励方式也可带来不同的效益。

(4) 创造性。人力资源区别于其他资源的最本质特征在于它是"有意识的"。通过其智力活动，具有巨大的创造力，它不仅丰富了人们的生产和生活资料，而且不断增强着人自身的能力。人力资源的这种创造性特征，从社会角度，要求给予科学的制度安排和制度创新来调动人的积极性和有效地配置资源；从企业角度要求给予恰当的激励以提高人力资源使用效益；从个人角度要求增加智力投资，选择最适合自己的专业，以使人力资本投资收益最大化。

(5) 能动性。从人力资源开发的角度看，作为主体的人既是被开发、被管理的对象，又是自我开发、自我管理的主体。作为被开发的对象，人力资源开发的广度和深度，取决于一定社会的外部制度性环境条件。劳动者的劳动力是被开发的对象，而开发的主体是社会、企业和单位。作为自我开发的主体，劳动者个人的主观能动性对于人力资源开发的效果具有重要的影响。在此，劳动者个人成为开发的主体，劳动者的能力成为开发对象。在一定条件下，人力资源开发程度和效果，取决于个人的家庭影响和个人因素。可见劳动者的自我开发与被开发是相互联系不可分割的整体。

个人因素对人力资源能动性的影响，常从自我强化、选择专业和职业、劳动态度和敬业精神等3方面表现出来。

(6) 连续性。就物质资源而言，人们对其进行一次、二次开发后形成相对固定的产品，就此资源和产品而言开发到此结束。但人力资源则不同，除了前述生物学意义上的生产再生产涵义外，人力资源还是个可连续开发的资源，尤其是智力型人力资源，其使用过程本身也就是开发过程。在知识更新周期缩短，社会经济日趋国际化的时代，人力资源管理者应把自己管理的对象视作需要不断开发的资源，不断地加以有效开发利用，才能使人力资源价值不断增值。

2. 人力资源管理

人力资源管理是指组织为了实现既定的目标，运用现代管理措施和手段，对人力资源的取得、开发、保持和运用等方面进行管理的一系列活动的总和。

从上可知，人力资源管理的内涵至少包括以下内容：一是任何形式的人力资源开发与管理都是为了实现一定的目标，如个人家庭投资的预期收益最大化、企业经营效益最大化及社会人力资源配置最优化。二是人力资源管理必须充分有效地运用计划、规划、组织、指挥、监督、协调、激励和控制等现代管理手段才能达到人力资源管理目标。三是人力资源管理主要研究人与人关系的利益调整，个人的利益取舍、人与事的配合，人力资源潜力的开发、工作效率和效益的提高以及实现人力资源管理效益的相关理论、方法、工具和技术。四是人力资源管理不是单一的管理行为，必须使相关管理手段的相互配合才能取得理想的效果。例如,薪酬必须与绩效考核、晋升、流动等相配套。

可见,人力资源管理的主要任务就是以人为中心,以人力资源投资为主线,研究人与人、人与组织、人与事的相互关系,掌握其基本理念和管理的内在规律,为充分开发、利用人力资源,不断提高和改善职业生活质量,充分调动人的主动性和创造性,促使管理效益的提高和管理目标的实现。

人力资源管理与人事管理既有历史上的渊源关系,又有本质的区别。它们不仅仅是称谓的变换和职能部门名称的改变,而且有着下列区别:

(1) 传统人事管理将事作为重心,把人降格为"执行指令的机器",着眼于为人找位,为事配人。而人力资源管理则将人作为重心,把人作为第一资源,既重视以事择人,也重视为人设事,尤其对特殊的人力资源。

(2) 传统人事管理将人视为组织的财产,部门所有、闲置和压抑等现象严重,只重拥有不重开发使用。现代人力资源管理将人力资源作为劳动者自身的财富。作为人力资本,它有增值的本能。因而个人、组织和社会均重视人力资源开发使用,一旦闲置和遭到压抑,则具有在市场机制作用下重新配置的本能。

(3) 传统人事管理的主体是行政部门,管理制度受到领导人意志左右,个人、组织包括企业均是被动的接受者。而人力资源管理的主体也就是市场运行的主体,他们的行为受到市场机制的左右,遵循市场通行规则和人力资源管理自身特有的规律。

(4) 传统人事管理的部门作为组织内的一个从事执行的职能部门,从事日常的事务性工作。而人力资源管理部门被纳入决策层,把人的开发、利用、潜能开发作为重要内容,鼓励成员参与管理,将人力资源管理部门作为组织战略决策的参与者。管理模式也由"垂直"模式过渡到"主体"模式。

(5) 人力资源管理充分运用了当代社会学、心理学、管理学、经济学和技术学等学科的最新成果,更加强调管理的系统化、规范化、标准化以及管理手段的现代化,突出了管理者诸要素之间互动以及管理活动与内外部环境间的互动。

从上述区分中可知,人力资源管理转变在未来将会出现以下发展趋势:一是管理原则上同时强调个人和集体;二是管理方法上同时强调理性与情感;三是在领导方式上同时强调权威与民主;四是在考核晋升上同时强调能力与资历;五是在薪资报酬上同时强调即时工资和长远收益。

一般认为,人力资源管理经历了以下几个发展阶段:

人事管理(personnel management)阶段。人事管理的概念源于第二次世界大战后的美国。它是指对人及有关人的事的全部领域的管理。人事管理与生产、营销、财务等管理一样,是企业的基本管理功能之一。我国企业、事业单位对于人的管理长期以来也是以劳动人事管理为基础。相对而言传统人事管理的特征是:①职责范围狭窄。②与组织目标联系不紧密。③在企业中的地位不高。

人力资源管理(human resource management)阶段。20世纪70年代以来,随着全球竞争的日益激烈和人力资本作用的日益突出,发达国家的人事管理进入了一个新阶段,主要表现在:①企业首席执行官开始关注、重视有关人的管理工作,并由副总裁级的领导主管这方面的工作。②企业对有关人员的管理方面的投资大幅度增长。③对人事工作者的资历和能力要求越来越高,其待遇也有较大改善;人事主管在组织决策层开始享有较大的发言权。④企业越来越重视各级管理者和员工的教育培训工作。在这一时期,人事管理开始向人力资源管理阶段发展,其职责范围大为扩展,受重视程度、对企业的贡献和作用以及在企业中的地位等也都有了很大提高。

战略性人力资源管理(stragegic human resource management)阶段。战略性人力资源管理的出现是与战略管理理论尤其是第四代、第五代战略管理理论的兴起密切相关的。传统的人力资源管理虽然比人事管理在管理的广度和深度方面都有很大突破和深入,但比较而言仍与组织战略目标结合不够紧密,还没有真正从战略的角度重视人力资源开发与管理对于组织目标实现的战略性作用。在这一阶段,开始出现"以人为中心"、"人本主义管理"、"人是企业最宝贵的财富"、"企业的首要目标是满足自己职工(内部用户)发展需要"等新的提法与概念,反映了管理价值观的深刻变化。

与人力资源管理的目的和任务相一致,根据人力资源管理发展的趋势,人力资源管理的基本功能包括:

(1) 获取。根据组织目标,确认组织的工作要求及人数等条件,从而进行规划、招聘、考试、测评、选拔与委派。

(2) 整合。通过企业文化、价值观和技能的培训,对已有员工进行有效整合,从而达到动态优化配置的目的,并致力于从事人的潜能的开发活动。

(3) 保持。通过一系列薪酬、考核和晋升等管理活动,保持企业员工的稳定和有效工作的积极性以及安全健康的工作环境,以增加其满意感,从而安心和满意地工作。

(4) 评价。对员工工作表现、潜质和工作绩效进行评估和考核,为作出相应的奖惩、升降和去留等决策提供依据。

(5) 发展。通过组织内部一系列管理活动,提高员工素质和组织整体效能,以达到个人与组织不断地共同发展的目的。

3. 人力资本

现代人力资源管理理论以人力资本理论为根据,人力资本理论是人力资源管理理论的基础部分和重要内容,两者都是在研究人力作为生产要素在经济增长和发展理论中的作用而产生的,因而常有人将两者相提并论。

人力资本理论的"原始形态"可追溯到西方经济学的开山鼻祖亚当·斯密。他提出学习一种才能需要教育、需进学校。虽然他未明确提出人力资本概念,但从人的才能形成的实质上看，“人的才能”实际上就是指“人力资本”。

第一次正式提出“人力资本”这个概念的是美国经济学家沃尔什。他于1935年出版的《人力资本观》中从个人教育费用和收益相比较来计算教育的经济效益，从而明确地提出了人力资本概念。人们普遍认为真正比较完善地提出人力资本概念的是20世纪50～60年代的明塞尔、舒尔茨、贝克尔和阿罗等人。

所谓人力资本是指体现在人身上的技能和生产知识的存量（舒尔茨），是后天投资所形成的劳动者所拥有的知识、技能和健康等的总和，它反映了劳动力质的差别。从这个意义上说，人力资本作为人力资本投资的体现，与一定时空条件下的现实和潜在的劳动力数量和质量总和的人力资源有明显的区别。

人力资本是由投资产生并由使用者在某种价值标准衡量，可在劳动力市场上按市场规则进行评估的能力和技能。而人力资源是劳动者在劳动活动中运用的体力和脑力的总和。按照马克思经济理论，劳动力价值不具有直接社会性。

人力资源作为一种经济资源具有稀缺性与有用性，是经过一定时期而形成的体力、智力等生产要素资源形式，强调人力作为生产要素在生产过程中的创造能力。人力资本首先是一种资本，是通过投资而形成的，强调某种代价与获得成本间关系，强调投资的代价可以在提高生产力的过程中以更大的收益收回。

人力资本总体而言具有以下特点：

(1) 人力资本与其所有者是天然不可分的，是寄寓在劳动者身上的一种生产能力。

(2) 人力资本能够为其所有者带来持久性的收入。

(3) 人力资本是通过人力资本投资形成并积累的，是投资的产物。但花费相近的投资所形成的人力资本可能存在差异。

(4) 人力资本投资与物质资本投资相似，投资者也需承担投资风险，花费相近的投资所获得的回报可能存在差异。

(5) 人力资本的价值信息难以测度并易于隐藏，如管理能力、知识等，因而人力资本定价问题始终是经济学和管理界的一个悬而未决的难题。

(6) 绝大多数人力资本是专用的，因而人力资本所有者运用人力资本时，通常经过协作方式进行。组织的重要职能就是整合不同专用属性的人力资本以达到整体效能最大化。

4. 人力资本产权

关于人力资本产权是目前经济学与管理学界争论的热点问题之一，其与人力资源管理中的人员配置和流动、员工培训、薪酬设计、人力资源会计及劳动关系处理等存在密切联系。

目前关于人力资本产权定义的分歧主要是角度不同，有的从所有权角度分析，有的从企业产权角度理解，有的从交易过程解释，有的从人力资本关系分析，还有的从企业经营者角度定义。我们认为，人力资本产权是市场交易过程中人力资本所有权及其派生的使用权、支配权和收益权等一系列权利的总称，本质上是对人们的社会经济关系的反映。可见，第一，人力资本产权必须与交易即雇佣行为相联系，并在劳动力市场交易过程中得以体现。第二，人力资本产权是一种行为权。第三，人力资本产权是反映人与人之间社会经济关系的范畴，是对不同利益主体之间交易过程中权益关系的界定和调整的制度规范。

值得注意且对人力资源管理会产生重要影响的是，人力资本在其交易过程中，原先完整的人力资本产权可能会分解为两种产权，一是所有者产权，归人力资本载体所有；二是经营产权，归企业或使用单位所有。由此可能会导致管理效率的低下，也可能会导致劳动争议的增加。

5. 人力资本投资

美国经济学家加里·贝克尔曾对人力资本投资作了个精辟概括："通过增加人的资源而影响未来的货币和物质收入的各种活动，叫做人力资本投资。"人力资本形成于对人力的投资，由于投资内容的广阔和形式的多样，人们借鉴舒尔茨的观点，通常将人力资本投资的范围和内容概括为5个方面：(1)正规学校教育；(2)职业培训；(3)医疗保健；(4)企业以外的组织为成年人举办的学习项目；(5)迁移及其成本。

人力资本投资既然涉及产权归属问题，当然也会涉及投资收益问题。首先，人力资本投资必须能够收回其个人成本；其次，要得到正常利润，这是个人投资的必然要求；其三是风险要低于其他投资形式；其四是要超出正常利润(即高于市场自然利率)的收益，这是其心理努力的报酬，否则投资于人力资本的积极性就会降低。这是本书后面章节的分析中着力从成本收益角度进行论述的原因。

同时，上述收益归属问题是当前争论较大的问题，在中国当前主要有收益权归国家和收益权归国家、社会、企业和个人共同所有这两种观点。我们认为人力资本产权既然归属个人，那么，其收益理应当归个人所有，至于国家和社会的教育、医保等投资可以从投资的正外部性即劳动生产率提高和税收增加等得到回报。至于企业的投资收益则可从约定期限内受训员工效率提高和企业利润提高中得到补偿。

第二节　人力资源管理的基本理论

一、人力资源管理基本原理*

1. 战略目标原理

战略目标原理是指组织的最高决策层根据组织面临的外部环境和内部条件，制定出

* 此处部分参考了谌新民《新人力资源管理》和张德编著的《人力资源开发与管理》等书的观点。

组织一定时期所要达到的总体目标，然后层层分解和落实，要求下属各部门及其主管人员根据组织总目标分别制定出各自的目标、任务以及相应的保证措施，形成一个目标体系，并将目标完成状况作为各部门考核的依据。

作为战略目标实现的基本保证，必须使得目标具有可分解性，构成一个完整的、彼此协调、相互联接的系统和网络。同时，在一个组织之中，目标是多种多样的，这时就必须区分主要目标和次要目标，并按照目标的优先次序来分配其资源。在该过程中，还应该处理好长期目标和近期目标的关系，使得长期与短期目标有机结合，相互促进。

人力资源管理是实现组织目标的重要途径，但人力资源管理要服从和服务于组织战略目标的实现，促使组织运转和循环的高效和有序。将人力资源管理纳入组织战略目标管理系统，有利于更有效地实施管理控制，防止出现战略性和方向性偏差，有利于提高各有关环节的管理水平和调动人们的积极性，也有利于暴露管理过程中的缺陷并及时加以改进。同时，人力资源管理也由其自身的战略目标系统构成，其具体的管理措施和手段也要服从和服务于人力资源战略目标。

2. 系统优化原理

系统优化原理源于系统理论的进展，它是从组织的整体系统性质出发，按照系统特征的要求从整体上把握系统运行的规律，对管理过程中各个方面出现的问题进行系统的分析和优化，并按照外部环境的变化和组织内部条件，及时调整和控制组织系统的运行，最终达到实现组织的整体目标。

组织系统作为由若干个相互联系、相互作用的要素组成的为实现特定目标而存在的有机体，其基本特征表现为系统的整体性、相关性和有序性。整体性要求系统具有共同的整体目标，它并非各部门目标的简单相加，而必须达到整体大于部分之和的功效。各个部门的功能也非简单叠加，而应从质和量两方面予以放大，创造出局部所没有的功能。

人力资源管理作为组织系统中的关键一环，除了具有系统的一般特征外，它还特别具有组织的目的性功能。也就是说，通过一系列人力资源管理活动和一系列制度安排，要使得组织内部各个分系统之间的结构优化合理，使得组织各部分和各个成员的行为指向组织所期望的目标。人力资源管理部门在进行具体的组织结构设计时，应该使得各部门的设置配合产生系统优化效果，使得组织的管理成本低，效益好。此外，人力资源管理自身的各项管理功能，如职位设计、招聘、测评、培训、考核、薪酬、激励和劳动关系等方面也是一个相互联系的子系统，必须相互配合才能产生整体大于部分之和的效应。

3. 同素异构原理

同素异构原理一般是指事物的成分在空间关系（排列次序和结构形式）上的变化而引起不同的结果，甚至发生质的变化。它原是化学中的一个原理，最典型的例子是石墨与金刚石，其构成是同样数量的碳原子，但由于碳原子之间的空间关系不同，结构方式不同，而形成了物理性质差别极为明显的两种物质：石墨很软而金刚石坚硬无比。

将此原理移植到人力资源管理领域是指，在群体成员的组合上，同样数量和素质的一群人，由于组织网络及其功能的差异，形成不同的权责结构和协作关系，可以产生不同的协同效应。在生产和管理过程中，同样数量和素质的劳动力，因组合方式不同会产生不同的劳动效率。

从系统原理角度分析，组织结构的作用是使人力资源形成一个有机整体，可以有效地发挥整体大于部分之和的效应。如果一个组织系统具有合理的组织结构，则可以有效地发挥组织系统的放大功能，激发人力资源内在潜力。

4. 能级层序原理

能位(能级)表示事物系统内部按个体大小形成的结构、秩序和层次。如同物理学中原子的电子结构，在不同层上的电子具有不同的势能(位能)，由于不同能量的电子各在其位，因而形成了稳定的物质结构，此即能位对应关系。

人力资源管理中的能位匹配原理是指，根据人的才能和特长，把人安排到相应的职位上，尽量保证工作岗位的要求与人的实际能力相对应、相一致，尽量做到人尽其才，才尽其用，用其所长，避其所短。此处的"能"主要指人的才能、素质和特长，"位"主要指工作岗位、职位等。具有不同能力的人，应处于组织相应的职位上，给予不同的权利和责任，实现能位对应。

为使人力资源管理效率最大化，要求在进行组织设计时，应建立一定的层级结构，并制定相应的标准、规范，形成高效的组织网络，然后将各具特色、才能各异的人员配置到合适的岗位上，授予其相应的职权，完成组织目标。

按照管理学原理，处于组织中不同层次的职位，对相关人员的能力素质的要求差别很大。如图 1-1 所示，经营和领导层要求有很强的决策能力和丰富的管理知识；中间管理层要求有较强的管理能力和一定的决策能力；监督层要求有较强的管理能力和丰富的操作知识；而操作层则要求有较丰富的操作技能。

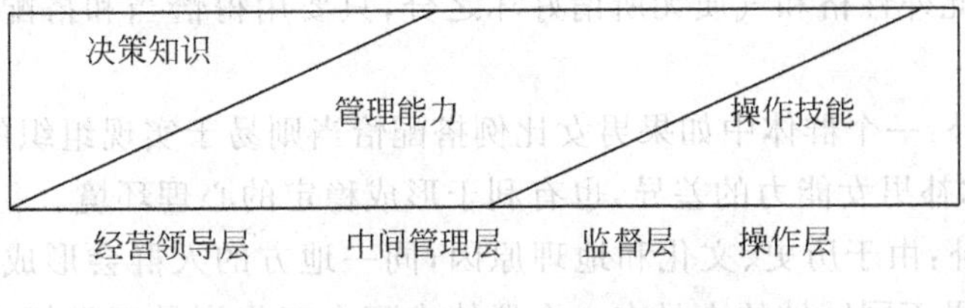

图 1-1 不同层次人员能力结构图

为了实现能位匹配，还应注意下面 3 点：一是能位匹配必须按层序，稳定的组织结构应该是正三角形的。二是不同的能位应该表现出不同的权、责、利和荣誉。在其位，谋其政，行其权，尽其责，取其利，获其荣，惩其过，察其误。三是各类能位和人员均是相对的、动态的，组织结构也可以随外部环境的变化和组织目标的变更而调整，各个职位及其要求也在不断变化，人的素质和能力也在不断变化，因而其对应关系是相对和动态的。

5. 互补优化原理

互补优化原理是指充分发挥每个员工的特长，采用协调优化的方法，扬长避短，从而形成整体优势，达到组织目标。作为个体的人不可能十全十美，而是各有所长，而作为群体，则可以通过相互取长补短组合成最佳的结构，更好地发挥团队力量，实现个人不能达到的目标。近年国内外有关团队建设的兴起即与此原理有关联。

在实施互补优化原理时，应特别注意协调和优化。所谓协调就是要保证群体结构与工作目标协调，与组织总任务协调，与组织内外部条件协调，与一定时期的工作重点协调。所谓优化就是经过比较分析选择最优结合的方案，以最少的成本获得最大的效益。

互补的内容主要包括：

(1) 知识互补：一个群体中如个体在知识的领域、知识的深度和广度上实现互补，则整个组织的知识结构就较合理和全面。

(2) 能力互补：一个群体中如个体在能力的类型、能力大小方面实现互补，则群体的能力就较全面、合理，易于形成优势。

(3) 年龄互补：一个群体如个体年龄太接近则一方面可能造成体力、智力、经验和心理的冲撞和重叠，既可能因过多地相似而造成浪费，也可能因缺少其他年龄层面人员而造成损失；另一方面由于组织职位有限，容易造成恶性竞争，还不利于后续人才的培养。一个群体根据其目标和要求需要一个合理的人员年龄结构，这样既可在体力、智力、经验和心理上互补，又可顺利地实现人力资源的新陈代谢。此即常说的"老马识途、中流砥柱、年轻有为"，也即常说的老中青三结合是较理想的模式。

(4) 性格互补：一个群体中如果成员性格太相似则容易产生冲突和矛盾。如果各成员性格差异较大则在一个群体上往往容易形成良好的人际关系和胜任处理各类问题的良好的性格结构。此外性格和气质无所谓好坏之分，只要用得恰当和搭配合理则可发挥较大效益。

(5) 性别互补：一个群体中如果男女比例搭配恰当则易于实现组织的目标，这不仅有利于取长补短，弥补男女能力的差异，也有利于形成稳定的心理环境。

(6) 地缘互补：由于历史、文化和地理原因，同一地方的人群会形成大致相似的心理和性格特征。如果不同区域的人员在一个群体中配合工作则易于发挥"远系杂交优势"，提高群体整体工作效率。

(7) 学缘互补：即一个群体中的人员如果来自不同学校、不同专业，由于师承关系不同，则可以发挥各自优势，吸收他人长处，发挥群体整体效能，避免出现"近亲繁殖"。

(8) 关系互补:一个群体中各成员都有自己的特殊的社会关系,如果在一个群体中各人的社会关系重合不多,具有较强的互补性,那么从整体上看,就易于形成群体的社会关系优势。

6. 动态适应原理

动态适应原理是指,在动态中使人的才能与其岗位相适应,以达到充分开发利用人力资源潜能、提高组织效能的目标。在人力资源管理中,人与事、人与岗位的适应是相对的,不适应是绝对的,从不适应到适应是在运动中实现的,是一个动态的适应过程。

由于社会经济的迅猛发展,学用不对口是经常发生和普遍存在的,一个组织中人员结构失衡是常态,因而在人力资源管理中,应将调整作为一项经常性工作来抓。例如,组织结构和职能的调整、人员及其职位的调整、工作时间工时制度的调整,人员的动态优化组合等。

7. 激励强化原理

激励强化原理是指通过奖励和惩罚,使员工明辨是非,对员工的劳动行为实现有效激励。激励就是创设满足员工各种需要的条件,激发员工的动机,使之产生实现组织期望目标的特定行为的过程。

人的潜能是巨大的,按照 2∶8 黄金定律和管理学家统计研究结果,一个计时工只要发挥个人潜力的 20%~30%即可保住饭碗,但通过恰当的激励,这些工人的个人潜能可发挥出 80%~90%。可见,激励可以调动人的主观能动性,强化期望行为,从而显著地提高劳动生产率。详细论述请参阅第九章相关内容。

8. 公平竞争原理

公平竞争原理指对竞争各方从同样的起点、用同样的规则,公正地进行考核、录用和奖惩的竞争方式。它适用比赛、竞争等手段,调动成员的积极性、主动性和创造性。市场经济的本质是一种竞争机制,在人力资源市场上,公平竞争是其起码的要求,在竞争中应贯彻“效率优先,公平竞争”的原则。

要想使竞争机制产生积极的效果,应具备下列 3 个前提。

(1) 竞争必须是公平的。按法约尔的看法,公平有两层含义:公道和善意。公道就是严格按协定、规则办事,一视同仁。善意就是领导者对所有人都采取与人为善的、帮助的态度。

(2) 竞争必须是适度的。没有竞争或竞争不足,会缺乏活力;但过度竞争一是会使人际关系紧张,破坏协作,甚至以邻为壑;二是会产生内耗,排斥力,损害组织的凝聚力。掌握好竞争的度是管理者的一门领导艺术。

(3) 竞争必须以组织目标为准。竞争中的良性竞争的特点是以组织目标为重,个人目标与组织目标结合得好,个人目标包含在组织目标之中。在竞争中,每个人主要不是与他人比，而是同标准比，同自己过去比。即使同他人比，也主要是取人之长，补己之短。这样的竞争既提高了效率，增强了活力，又不会削弱凝聚力。而恶性竞争则将组织目标置于脑后，以个人目标为第一动力，为了在竞争中取胜，不惜损害他人利益，损害组织利益。这样的竞争不仅难于实现组织目标，而且必然会损害组织的凝聚力。因此，公平竞争原理就是要坚持公平竞争、适度竞争和良性竞争3项基本原则。

9. 信息激励原理

信息是一种重要的资源，它是人才成长的营养液，是人们智力培养和提高的有效载体，也是激励员工的有效手段。在信息爆炸和互联网时代，面对大量信息，能否迅速地捕捉、掌握和运用大量的信息决定了人们能否在竞争中持有有效的武器，能否跟上瞬息万变的时代形势。

根据信息激励原理，在人力资源管理中应该重视对成员的培训工作，不仅使他们掌握大量的信息，而且使他们掌握应用信息的能力，始终保持人力资源质量优势，这是提高组织活力和竞争力的关键。

按照信息经济学观点，管理者可以运用信息不对称原理，通过对核心信息的掌握和有限传播达到提高管理效率的目的。如果能够克服因信息不对称造成交易成本上升的情况，利用博弈论等方法也能大大提高人力资源管理效率。

10. 文化凝聚原理

人力资源管理的重要功能之一是提高人们的积极性，增强组织的凝聚力，加大组织的吸引力。只有如此才能吸引人才、留住人才，组织才会有竞争力。组织凝聚力包括两个方面：一是组织对个人的吸引力，或个人对组织的向心力；二是组织内部个人与个人之间吸引力或黏结力。当然，组织的凝聚力不仅与物质条件有关，而且与精神、文化条件有关。像组织目标、职业道德、组织形象和社会风气等均可成为激发员工的精神文化因素。

为了从文化这一深层去激发成员的士气，可以从以下方面汲取优秀的精神文化传统。一是可以从我国优秀的文化传统中汲取精华。归根到底，再先进的管理理念和文化，只有与本土文化结合之后才会有旺盛的生命力。二是从国外优秀文明成果特别是管理成果中汲取养分，为我所用，用以提高本土的精神文化层次。三是将两者有机结合起来，形成组织文化（主要指企业文化），创造出适合本组织的能凝聚人才、激发创造性的成功模式。

二、人力资源管理中常见的误区

1. 晕轮效应

晕轮效应又称为哈罗效应（halo effect），是心理学家安德森（Anderson）1968年通过对影响感认上印象概推的主要因素基础上提出来的。它是指人们在判断别人时，有一种首先将人分为“好人”和“坏人”的倾向。当一个人被列为“好人”后，一切好的品性便都较易加在该人身上；反之，当某人被认定为“不好的”时，一切不好的品性都较易加在该人的头上。类似于常说的“先入为主”和“以点概面，以偏概全”。

晕轮效应既可能是以个体推导整体。例如，某地的某个人在一个地方做了坏事，在众多因素影响下，可能导致对该地人群的歧视，进而影响该地人在一定区域范围内的声誉降低，甚至会影响到在员工招聘时对该地区人的歧视。晕轮效应也可能是以总体推导个别。例如，当人们提及商人这个总体时，较易产生无利不起早、无商不奸、无商不精和买的总没卖的精等印象。

影响人们判断的因素众多，除了被感知对象的基本特质外，还包括被感知人的社会地位、外表特征、感认者自身的特征以及被感认者对达成自身目标的作用。如果认为被感知者对成就自身事业有帮助，则容易产生好感，反之亦然。

作为管理者尤其是人力资源管理部门人员，在实际工作中应该尽量减少晕轮效应对正常工作的影响，尽量避免采用印象概推这种过于简单的方法，以防止其产生偏差。

2. 投射效应

投射效应(projection effect)是指当人们需要判断别人而对其不甚了解的情况下，较易认为其他人也具有自身相同或相近的特性和爱好，也就是说，比较容易将自己的特性“投射”给其他人，想像其他人尤其自己认为相像的人具有与自己相同的特性，这是一种判断他人和处理信息的简单方法。例如，某人喜欢旅游，就较易认为其他人同样喜欢旅游，自己喜欢运动便认为其他人也喜欢运动；自己喜欢在领导前面表现以希望得到提拔，便认为其他人努力工作也是为了得到提拔。

投射效应可能导致的直接后果，一方面是高估了他人与自己看法和想法的相同或相似性；另一方面是高估了他人在个性特征、爱好和品德等方面与自己的一致性。可能出现“世人皆可成佛”或“洪洞县里没好人”的印象，甚至于导致“以小人之心度君子之腹”的现象发生。

在投射效应作用下，当领导者个人品质较好、品德高尚时，容易将他人想得过好，容易放松对属下的教育、监督，或者提拔重用了一批不太优秀的人，从而造成对其他真正优秀人才的伤害。当领导者个人品质较差、品德低劣时，容易忽视那些值得提倡的人和事，甚至将其看做是表现自己或虚假的作为，导致奖惩失度或是非颠倒，使真正优秀的人才得不到发挥作用的环境甚至导致人才流失。当领导者在进行重大决策时，较易出现主观认为其他人都同意自己的意见，从而损害民主程序，挫伤其他人的积极性。作为管理者尤其是人力资源管理部门人员，在工作中应该尽量减少投射效应对工作的负面影响。

3. 首因效应

首因效应是指对人的看法过多地依赖第一印象，往往形成先入为主的思维定式，而且这一印象在以后较长时期内不容易改变。人们常说的“好的开始意味着成功的一半”即是典型的写照。

例如，某单位同样引进两位大学毕业生，张三眉清目秀、衣着整齐、彬彬有礼，就容易给人产生好的印象，进而推断其有教养，品学兼优，将来可以重点培养。而李四相貌平常、不修边幅、举止随便，则较易给人产生不好的印象，进而推断其自由散漫、办事不牢，将来要加强教育管理且不可重用的印象。

显然，首因效应主要凭借第一印象识人和用人，由于没有进行深入的了解，带有很大的表面性、片面性，也带有很大的风险性。现实生活中可能张三是个为人浮华、爱做表面文章、不尚实干的投机分子；李四可能是刻苦努力、富有创造性、不注重外表的技术专才。即使排除这些因素，从用人结构上看，张三可能适合从事行政和公关工作，而李四则可能更适合从事专业技术性工作。

4. 近因效应

近因效应是指管理者过多地依赖被管理者近期的表现来对人作出评价和使用，而不考虑或较少考虑一个人的全部历史和一贯表现的一种现象。

例如，一个部门主管上任伊始，对王五和刘六的评价和奖惩在工友中引起了强烈的不满。老王在部门工作十多年，一直任劳任怨，钻研业务，乐于助人，人品和业绩受人称道，但由于长年劳累导致身体欠佳，加之家中老伴下岗、小孩就学问题困扰，近来精神状态不好，出现了一点小的过失，结果主管在未经深入调查的基础上给予老王重罚。而长年不思进取的老刘，近来却经常向主管"汇报工作"，极力表现，结果年度考核为优秀，得到重奖。这除了绩效考核制度不健全外，近因效应是一个重要原因。

近因效应常导致管理失误或直接导致效率降低。一方面它容易被别有用心、投机钻营的人所利用，在晋升前夕投领导者之所好，积极表现于一时，以谋求晋升，或者在考核前夕勇于表现，以谋求实际利益。另一方面，近因效应对长年任劳任怨工作而不善于表现的人员的积极性容易造成打击，不利于形成良好的工作氛围。

5. 偏见效应

偏见效应是指领导者从某种不当的观念和偏见出发，纯主观地对人和事情作出判断的一种心理现象。

某大学化学实验室最近遗失了一些市场上紧缺的贵重试剂，实验室主任张教授在报案的同时把可以进入实验室的内部人员先在头脑中过滤了一遍。首先，他认为教授们可以排除，因为他们都是高级知识分子，品德应该比较高尚；其次，青年教师可以排除，因为他们经济状况较好，且尚未婚配，没有必要干此勾当；再次，女同志可以排除，因为她们胆子小、好面子、怕丢人，不会干此坏事。他认为重点怀疑对象应该是实验室男工人和实验员。结果经过公安人员侦查，此事是一位刚分配来的青年博士所为，令人大跌眼镜。

偏见效应常会干扰人力资源管理决策和执行的正确思路，给正常工作带来不必要的干扰。减轻偏见效应负面影响的行之有效的办法是加强制度建设，防止个人人为因素对决策的影响。

6. 马太效应

马太效应是由科学史学者罗伯特·莫顿在1973年首先提出。它源于《新约·马太福音》第25章中的名句："因为凡有的，还要加给他，叫他多余。没有的，连他所有的，也要夺过来"，所以称为马太效应。

马太效应是指对已经有了相当资源或荣誉的人，给予他的资源或荣誉越来越多，产生累积效果；而对于那些缺乏资源或没有荣誉的人，则不承认或贬低其价值，拒不给予资源和荣誉，忽视他们的成绩和需求。

马太效应既有积极作用，也有消极影响。从积极因素看，将资源向具有运用其能力者手中集中，有利于提高整个社会资源的利用效率，有利于整个社会财富的增加。从消极因素看，马太效应将会加剧不公平感，可能影响群体效应的发挥。

马太效应在人力资源管理中的影响作用也不可低估。在组织内部，如果领导者视野内只有少数几个业绩突出者，几乎所有的荣誉和奖励都给予他们，则至少产生两方面的不利影响。对于受奖者来说，由于各种荣誉奖励过于集中，使得这些激励手段的边际效用呈递减的趋势，同时导致这些受奖者不需作出太多努力即可获得荣誉，或者所获荣誉与其自身和其他人的努力不相对应。对于未获奖励者，则会导致不公平感的蔓延，使他们丧失进取的动力，侵蚀组织机体的活力。

7. 回报心理

回报心理也称作相互回报行为(reeiprocation behaviors)，它是指人们的一种心理倾向：即喜欢那些他自认为喜欢他的人，讨厌那些他自认为讨厌他的人。当某人知道你对他好时，他也会对你好；当认为你讨厌他时，他也会讨厌你；当他知道你关心他，他也会反过来关心你；当他认为你打击他，他也会设法报复你。凡此种种。这种行为与中国民间的"你敬我一尺，我敬你一丈"、"受人滴水之恩，当涌泉相报"等相似。

相互回报心理和行为的前提是人们对于信息的感认。由于信息的不对称、不完全以及信号传递过程可能出现的偏差，加之人们的行为非常复杂，人们透过信息对他人的动机和行为的感认就变得十分困难和复杂。经常使得这种感认有时正确，有时错误，这就使得相互回报行为产生的效果将会是多种多样的。当行为较正确地反映动机时，通过信息产生的感认，其正确性较大；反之亦然。由于主观感认与他人动机的不一致以及信息判断的着眼点(高度或角度、全面或局部、长期或短期)的不同，在相互回报行为中也常会出现"一厢情愿"、"以怨报德"或"以德报怨"等例外现象。

在人力资源管理中，相互回报行为具有两重性。从积极方面看，有助于人们相互关心、互相帮助，有助于消弭分歧，促进组织的团结和人际关系的和谐。从消极方面看，可能导致相互利用、权钱交易、拉帮结派，甚至损害组织的团结和破坏和谐的人际关系。

8. 嫉妒心理

嫉妒心理是人们在相互类比过程中产生的一种心理不平衡状态。同类类比是人类的天性之一，无论是对个人还是团体，无论是对自己还是对别人，都会经常进行类比，以此来确定自己的现状和在社会中所处的位置。

嫉妒心理有积极和消极两类。积极的心理状态是，当自己比他人弱时，会寻找差距，积极学习他人的优点和长处，以使自己的状态得到改善，长此以往整个社会将处于良性循环状态；消极的心理状态是，当自己比他人的弱时，要么灰心丧气，要么产生强烈的嫉妒心理，不是通过努力使自己状态更好，而是通过一系列不光彩的行为，使得他人状态更差或比自己好的状态程度减轻，以此来达到心理的平衡。长此以往将使得整个社会处于恶性循环之中。

作为管理者出现消极的嫉妒心理是十分有害的。一是影响组织的向上活力，影响组织的团结和人际关系；二是不利于形成优秀人才健康成长的环境和氛围，对于业绩优异者会形成巨大的压力；三是导致嫉贤妒能，排斥异己，打击先进，压抑人才，造成枪打出头鸟、人怕出名猪怕壮的局面，不利于形成民主的氛围，不利于人力资源的合理开发和有效利用；四是导致奖惩不公、升降无序、失信于众，损害人力资源管理的效率；五是会导致组织整体效率的降低，导致优秀人才的流失。

9. 戴维心理

戴维心理其实是中国传统中的“反伯乐现象”。戴维是美国著名的化学家，他发现了订书匠法拉第在化学上的巨大潜力，并将其精心培养成才，使得法拉第名声大振。但此后戴维担心法拉第在事业上超过自己，开始处处为法拉第设置障碍，极力贬低法拉第。在吸纳法拉第加入英国皇家学会的问题上，身为英国皇家学会会长的戴维，却成为惟一投票反对法拉第参加皇家学会的人。戴维成为由伯乐识别和培养千里马，转而处处限制和妨碍千里马奔驰的典型。

戴维心理存在的原因比较复杂，既可能有利益上的冲突所致，也有可能是价值观上的扭曲，既有可能是领导者心理存在问题，也有可能是人际关系的失衡所致。在现实的人力资源管理中，应该追根溯源，寻找其深层次原因，才可能找出解决的办法。而针对戴维现象存在的可能性，及早制定相关制度，才是解决问题的根本出路。

10. 攀比心理

攀比心理是人们在日常生活和工作中因需求得不到有效满足而相互比较进而非理性比拼的一种状态。虽然在一定程度上，适度的比较可以激发人们的进取心，但盲目的攀比则十分有害。

目前，在一些地方的人力资源管理中，出现了一种因人力资源使用上的相互攀比而导致的人力资源极度浪费现象。例如，在一些规模较小的企业中强调有多少博士等高层次人才；在一些企业中强调人才储备数量和层次，导致人力资源的大量闲置；在一些企业中强调必须引进一定数量的海归人士；在一些企业中人才培养的高消费；在一些企业高管的秘书中由"靓女秘书"到"博士秘书"的攀比等，都造成了人力资源的极大浪费。

第三节 基本思路和内容体系

一、基本思路

设计用一条什么样的主线作为分析整个人力资源管理的核心，是区分不同的人力资源管理教材和专著体系的主要标志。作为一本人力资源管理的专著型教材，本书当然以人力资源作为管理与开发的对象。但诚如在本章第一节所述，在市场经济条件下，人力资本及其投资与收益构成了劳动力市场的核心内容，也是决定个人与家庭、企业、社会、国家等人力资源开发与管理的基础。因而，本书几乎每章内容，尤其是像招聘、培训、薪酬、激励、人力资本投资效益分析以及人力资源会计等章节中，比较突出地运用了人力资本投资及收益的相关论述，并以此作为分析的主线。

当然，在设计本书的框架和撰写具体内容时，也并非刻意要在文字上大量使用人力资本及投资成本收益等诸如此类的字眼，只是在此提请读者在阅读过程中细心品味。

二、分析工具

本书力求运用新制度经济学的有关理论作为分析工具，从产权问题，劳动力交易费用(流动、跳糟、成本收益比)，制度供求与制度创新，文化、精神、意识形态、习俗的作用等方面作些尝试来解释人力资源管理效益的提高。当然这种分析还只是初步的，尝试性的，也并非强求在每章中均要运用，但愿这一分析工具能给人们带来一些启迪。

本书将国内外典型案例作为分析的材料，并力图对案例作出我们自己的分析和思考。作为一门管理学科，人力资源管理不能没有案例分析，作为尝试运用新制度经济学思考问题的教材，《人力资源管理概论》也不能没有案例分析。

三、理论框架和内容体系

如何构建《人力资源管理概论》的理论分析框架，是撰写本书的难点所在，也可能是本书特色之所在。本书以人力资本及投资为主线，将个人和家庭的微观人力资源开发，以企业为代表的中观人力资源管理和以国家层面的宏观人力资源配置有机地结合起来，三者既有区别，又有内在逻辑联系。因此，我们尝试构建一个统一的人力资源开发与管理体系。

《人力资源管理概论》的内容体系包括三大部分：第一部分主要研究人力资源市场供求的微观主体——个人和家庭的人力资源及其投资行为，包括人力资源管理中的若干核心和基本概念的界定，人力资本投资与产权、收益的分析；概括出人力资源管理的十大基本原理和常见的管理十大误区；个人人力资源的形成；家庭和个人人力资本投资；企业人力资源形成和微观人力资本投资分析等。第二部分主要从企业这个中观层次来分析人力资源管理的相关问题，包括企业人力资源规划；岗位设计与职务分析；员工招聘；人力资源素质测评；职业生涯规划；员工激励；绩效考核；薪酬制度设计；员工培训以及人力资源会计等内容。这部分是本书的主体，也可独立出来成为"企业人力资源管理"的教材。第三部分主要从宏观层次分析了人力资源投资及其收益、宏观人力资源配置效益以及国外人力资源发展趋势等内容。

参考文献

1 Armstrong, M. (1992), *Human Resource Management: Strategy and action*, London: Kogan Page

2 Gary Dessler (1997), *Human Resource Management*, Prentice-Hall International, Inc.

3 James W. Walker (1992), *Human Resource Strategy*, McGraw-Hill, Inc. 北京：中国人民大学出版社，2001

4 E. 麦克纳，N. 比奇．人力资源管理．北京：中信出版社，1998

5 R. 麦恩·蒙迪，罗伯特·M. 诺埃．人力资源管理．北京：经济科学出版社，1998

6 雅各布·明塞尔．人力资本研究．北京：中国经济出版社，2001

7 舒尔茨．论人力资本投资．北京：北京经济学院出版社，1990

8 贝克尔．人力资本．北京：北京大学出版社，1987

9 安鸿章．现代企业人力资源管理．北京：中国劳动出版社，1995

10 谌新民．企业人力资源开发与管理．江西：江西高校出版社，1995

11 谌新民．劳动力市场运作与管理．江西：江西高校出版社，1995

12 余凯成．人力资源开发与管理．北京：企业管理出版社，1997

13 赵曙明．人力资源管理研究．北京：中国人民大学出版社，2001

14 张德．人力资源开发与管理．北京：清华大学出版社，1996

15 张兴茂．劳动力产权论．北京：中国经济出版社，2001

16 张文贤．人力资源会计制度设计．上海：立信会计出版社，1999

第二章 微观人力资本投资与管理

［开篇案例］

诸涛，1995年某大学计算机专业毕业以后，一直在北京某家计算机公司任职，现在是该公司的一名初级管理者。在1998—2000年世界信息技术高速发展的几年里，该公司的业绩也飞速发展，公司员工的报酬也稳步增长，诸涛的工资也从1995年的年薪5万元左右增长到2000年的10万元左右。当时，诸涛很庆幸自己上大学时报了计算机专业。然而，谁也没想到，到了2001年世界网络经济泡沫破灭，该公司的业绩也一落千丈，诸涛的工资也降到他刚入公司时的5万元左右，用他的话说"已经不怎么够花了"。

一天周末，他在家里翻看《世界经理人文摘》，无意中看到国际知名人力资源咨询公司——惠悦(Watson Wyatt)咨询上海有限公司对中国经理人2001年薪酬状况调查的文章。在文章中他看到，在中国，高科技营销领域的人才尤其缺乏，而且，惠悦公司调查还发现，中国高层经理人的平均年薪已开始向50万元人民币大关冲击，其中营销、信息技术、人力资源这4个岗位一马当先。见此，他感到自己永远也无法达到50万元的年薪，他虽然是一个初级管理者，但仍只精通计算机技术，而对管理知之甚少，因而，他永远也无法升到高层经理的位置。他以前认为计算机行业永远也不会衰退，2001年的经历使他深深地懂得了"不要把鸡蛋放在同一个篮子里"的含义。而他现在的情况比这还糟，因为他只懂计算机技术，也就是说他只有"一个鸡蛋"，只能"放在一个篮子里"。于是，他决定"增加自己的鸡蛋数量"，他想读北京某著名高校的MBA，以增加自己在管理方面的知识和技能，也为使自己以后有机会升为高层管理者作准备，而且，他还想读在职MBA，以降低成本和风险，即使不能读在职MBA，也希望能停薪留职。于是他给上司打电话征求意见。

"诸涛，读在职MBA肯定不可能，停薪留职也不太可能。"他的上司说道，"你也知道，现在公司因业绩下滑，正在裁员，如果你上学还留职，肯定会引起其他员工的不满。"诸涛很失望，不过他的上司说的也没错。他也知道，读MBA仅学费就很高，北京的三所著名高校北大、清华和人大的MBA3年的学费为5万元左右，而清华已经决定从2002年起，把学费从5万元提高到8万元左右。如果他辞职读MBA成本将更大，诸涛现在很迷茫。

（注：案例中的信息来源：部分来自《21世纪经济报道》，2002-01-07。为了保护当事人的利益，其中的人名已经作了修改，也省去了公司的真实名称。）

[点评] 诸涛已经陷入了是否进行教育投资决策的困境,原因是一方面进行教育投资后的收益是难以准确预期的;另一方面是这项教育投资的成本较高。然而,作为个人人力资本投资,收益不能只看眼前的经济收益,还有其他方面可能对职业发展的长久效应;成本也不能只看直接的经济支出。只有对人力资本的形成和个人人力资本投资的经济分析有全面的认识,才能理性地作出判断。

第一节 个人人力资本的形成

据舒尔茨计算,从1927—1959年物质资本的增加对美国经济的贡献占15%,就业人数增加的贡献也为15%,而人力资本质量提高的贡献高达33%。可见,人力资本对经济增长的影响之大。然而,并非一切人力资源都是经济资源。只有通过一定方式的投资,掌握了知识和技能的人力资源才是生产资源中最重要的资源。也就是说,人力资本是投资的结果。因此,我们必须首先了解微观人力资源的形成。

一、人力资本的内涵

人力资源包括人力资源数量和人力资源质量两个方面,且人力资源质量是比人力资源数量更重要的指标。在现实中,人们论及的人力资本主要是指人力资源的质量。因此,本节所分析的人力资本构成及形成,主要是指人力资源质量的构成和形成过程。对于人力资本的涵义,舒尔茨从不同的角度进行了诠释:(1)人力资本体现在人身上,表现为劳动者的能力和素质,包括劳动者的知识、技能、资历、经验和技术熟练程度等方面。(2)假定人的素质既定,则人力资本可表现为劳动人时,即参加工作的劳动者总数与劳动力市场上的工作时间。(3)人的能力和素质是通过人力投资获得的。因此,人力资本在货币形态上表现为提高人力素质的各项支出,如教育和培训支出、劳动力流动费用和卫生保健费用支出等。(4)人力作为一种资本,其投资者无论是个人还是社会都必须取得相应回报。也就是说,人力资本是劳动者的时间价值——收入提高的最主要的源泉。

从舒尔茨的诠释中可以知道,一般来说,劳动者的知识、技能和体力或健康状况等构成了人力资本。而且与物质资本相似,人力资本的增长来自人力资本投资的增加。这样,一切有利于提高劳动者的素质与能力的活动,有利于提高人的知识存量、技能存量和健康存量的经济行为以及有利于改善人力资本利用率的开支,都是对人力资本的投资。一般来说,个人通过以下几种投资方式来形成或增加个人的人力资本。

二、学校教育

教育投资是人力资本投资的主要内容,在人力资本投资中居于十分重要的地位。教育基本上是对未来收益和未来满足的投资。个人用于教育方面的支出不仅仅是为了得到现时的满足或效用，更希望获得生产性的“知识存量”。这种存量包含在人体之中，将来能提供各种服务。这些服务包括未来的收益、未来自己经营的能力，以及家庭活动的能力、未来消费的满足。因此，学校教育有利于提高劳动者的知识存量，从而提高人力资本价值。

当然，作为一项投资，教育也同样存在成本与收益的比较问题。个人为了接受教育所必须支付的学杂费、书籍费和上学期间所放弃的货币收入构成了学校教育的私人成本；同时，社会公共部门也为学校教育支付了大量的费用，构成了教育的社会成本；个人和社会为教育所花费的开支，就是对人力资本的投资。通过这种投资放式，获取更高的收益，使个人和家庭预期收益更大化，也同时推动经济增长和社会发展。

三、培训

如果说教育投资的服务对象是未来的人力资源，侧重于增加人力资源的知识存量，那么，培训则是直接是服务于现实的人力资源的技能存量。可见，培训与学校教育对人力资本形成的作用是不完全相同的。因此，人们并没有因教育的不断发展而放弃培训。虽然人们在生产或工作中学习新技术也能增加自身的人力资本存量，但系统的培训则可以在更大程度上而且更迅速地增加人力资本存量，从而成为提高劳动生产率的重要源泉。

从比较广泛的意义上来说，培训分为就业前培训和在职培训两种。在职培训的内容往往与受教育者所在企业的经营发展相关。随着现代科技和生产发展对人力资源质量的要求日益提高，企业的在职培训投资迅速增加，已成为企业常用的一种人力资本投资方式。据统计，1989年，美国各类企业用于在职培训方面的投资高达2100亿美元。

此外，虽然在职培训是一种职务投资行为，但由于劳动者必须付出艰辛的努力和以牺牲闲暇及其收入为代价，且培训成效大小又取决于个人的素质、事业心和责任感，因而我们认为，在职培训所形成的人力资本应归个人所有，但在合同期内其收益增加的主要部分可由雇主分享。同时，如果受训员工在合同未到期而离开，则可用培训补偿费等方式赎回被雇主拥有的人力资本使用权，从而获得完全因培训而获取的人力资本产权。

四、卫生保健

现代人力资本理论认为，个人的健康状况可以视为一种资本存量，它是人力资本的重要组成部分。因此，用于卫生保健方面的支出是从人力资源的机体生理素质方面提高了人力资本价值的投资，它决定着人力资源健康存量的高低。这样，卫生保健投资是提高人力资本健康存量的重要手段。作为人力资本的载体，人们的健康状况和平均寿命是各种人力资本借以作用的基础，人们平均寿命的高低对决定各种形式的人力资本投资，以及这些人力资本存量的价值起着极其重要的作用。因此，个人对卫生保健的投资，从而使个人的健康状况得到改善，寿命保以延长，意味着劳动者生产力的提高，人们将有更多的时间和更充沛的精力、体力投入工作，同时也减少了由于生病而造成的工时损失。相对于教育和培训投资而言，人们对卫生保健作为人力资本投资的认识，显得更加不足。

值得注意的趋势是，国外部分企业已将卫生保健投资领域前移，将健身运动和营养保健纳入投资范围，意在减少员工生病的机率从而减少对企业经营活动的损失，显然这是一种积极主动的保健投资。

五、流动

人员的流动投资本身并不直接形成人力资本，但是人力资本的有效配置，即人力资本的实现和增值必须通过流动来完成；而且，就流动的目的是为了获取未来更大收益而言，流动投资也与其他人力资本投资一致。因此，流动投资也是人力资本投资不可缺少的组成部分。人员的流动有利于促进人力资本在空间和时间上的优化配置和再配置，从而使人力资本产出更大的经济价值，推动经济发展。

劳动力流动是一个十分复杂的社会经济现象，对劳动力流动这个概念外延界定的不同、分类的角度和依据不同，可以有多种分类方法。人力资本理论所研究的劳动力流动是特指有劳动能力的劳动者，以获取收入报酬为目的的岗位、职业变换和就业空间的位移。通俗地讲，劳动力流动就是劳动力因改变工作岗位、职业、单位或工作区域而产生的移动。这种移动一般具有非重复性和相对稳定性的特点。从这个定义出发，在实际分析中一般把劳动力流动分为以下几种类型：

(1) 岗位之间的流动，即劳动力在单位内部各工种、职位之间进行的流动。这种流动一般是通过调动或提升来实现的，流动的成本较低，大多数情况下表现为一种垂直流动，是劳动力实现地位变迁的一种主要方式，对于激发劳动者的积极性有重要的意义。专业技术人员的流动有相当大的比例也属于这种类型。

(2) 职业之间的流动，即劳动力从一个职业转移到另一个职业。职业之间的流动，既可以在同一个企业、行业或产业内部进行，也可以因企业、行业或产业部门的改变而引起。一般而言，职业的变换有一定的技能要求。

(3) 单位之间的流动，即劳动力就业单位的转换，而不管其职业是否变动。在我国传统的就业制度下，由于劳动力的“部门和单位所有”，劳动力在单位之间流动非常困难。近来，随着用工制度的改革而有所改变。

(4) 产业之间的流动，即劳动力的跨行业、跨产业流动。这种流动方式一般总伴随着职位的变化。劳动力在产业之间的流动，适应了各个产业部门发展和产业结构调整的需要，在国民经济发展中具有积极作用。

(5) 地区之间的流动,即劳动力从一个地区到另一个地区就业的流动。地区经济差异是劳动力地区间流动的主要动力。劳动者倾向于从收入低、就业机会少的地区流向预期收入高、就业机会多的地区。在发展中国家,地区间流动主要表现为农村劳动力向城市转移。我国劳动力地区间的流动的特点是内陆向沿海发达地区的流动和农村向城市的流动并存。

(6) 国际间的流动,即劳动力跨越国界的流动。劳动力在国际间的流动是国际社会生产力发展和产业结构调整的结果,是生产国际化的标志。相对于劳动力在国内流动,这种流动成因更复杂,涉及面更广,流动成本更高,风险更大,影响更广泛。

以上列举了劳动力流动的6种主要类型。实际上,这些类型之间也存在交叉和重叠,常常交织在一起。现实生活中发生的流动也往往是以上多种流动类型的组合。例如,农村劳动力进城谋职,既是劳动力在产业间的转移,又是劳动力在区际间的转移,也可以认为是职业的变换和就业单位的变换。

从上面的分析中,可以看出个人主要通过学校教育、培训、卫生保健和流动来实现个人人力资本的形成或增值。此外,为获取价值和收入方面的信息而进行的投资也是人力资本投资的一种特殊方式。关于不同销售者的价格信息可以使一个人买到最便宜的商品,达到最优消费,从而相应地增加了他们具有的资源;关于不同企业所能提供的工资信息可使一个人到收入最高的企业工作。也就是说,用于寻求这两方面信息的支出,增加了消费与生产的知识,从而使消费成本降低,收入提高,最终表现为实际收入的显著增加,因而是一种特殊的人力投资。

第二节　家庭人力资本投资

一、家庭的经济行为

(一) 家庭是人力资源的生产和供给部门

家庭是社会的细胞,是人力资源的主要生产和供给部门,同时也是进行经济活动决策和消费活动的最小单位。因此,研究微观人力资源投资不能不研究家庭经济行为问题。

在传统社会中,家庭是自给自足的生产—消费统一体。男耕女织的自然经济形态保证了家庭可以在最大的范围内自我就业、自我生产、自我服务和自我消费。然而,随着现代商品经济的兴起,市场的高度发育,彻底摧毁了传统自然经济的基础,使分工、交换、商品和市场等关系逐步渗透到家庭经济活动中。不但家庭需要的物质产品必须通过市场获得,而且家庭生产出来的产品——人力资源也必须向市场提供,并在市场上得到实现。

在现代家庭中,与人力资源投资有关的经济活动主要有以下两个方面:第一,对现实的人力资源的投资，即对家庭中成年劳动者自身的投资。第二，对未来的人力资源的投资，即生育小孩和对家庭中未成年的子女的投资。一句话，家庭的经济活动影响着人力资源的数量和质量两个方面。

（二）家庭的劳动行为

劳动是家庭经济活动和其他一切活动的基础。家庭中的劳动包括两大类：第一类是向社会提供的劳动；第二类是向家庭自身提供的劳动。前者可以称为"社会性劳动"，或者叫"市场性劳动"，后者可以称为"家务性劳动"。对一个家庭来说，这两者都是必不可少的。社会性劳动为家庭提供了经济收入，使家庭能够获得消费和闲暇资源。家务性劳动则保证了消费和闲暇的实现。家庭的全部劳动如何在社会性劳动与家务性劳动之间进行分配，是家庭经济中的一个主要问题。

（三）家庭的消费活动

消费是与生产对应的概念。在生产领域中，劳动者消耗自身的劳动力，创造出各种有用的生产物。这一过程是"生产者物化"的过程。在消费领域中，生产物被消耗，再生产出劳动者的劳动力。这一过程是"生产物人化"的过程。劳动者在消费过程中使已消耗于生产过程的劳动力得到恢复、补偿和更新。由此可见，消费领域对人力资源的生产和再生产具有特殊重要的意义。

（四）家庭的闲暇活动

闲暇，是与劳动相对应的概念。人体的生理特性决定了人支出劳动力后必须要得到一定的补偿。这种劳动力的支出和补偿存在一个时间上的循环周期，闲暇便是这个时间周期中不可或缺的组成部分。在人的整个生命周期中，需要不断得到一定的闲暇时间来保持和恢复自己的精力，补偿和发展自己在劳动时间中消耗的劳动力。因此，闲暇时间的存在具有客观必然性。显然，由于人的总时间是固定的，所以劳动时间与闲暇的关系是此消彼涨的。

此外，闲暇是一种特殊的"奢侈品"。在人们收入不高时，人们对它的消费比较少。随着人们生活水平的提高，不仅越来越多的人们消费得起，而且人们消费越来越多的闲暇，即闲暇时间越来越长。这对劳动力的生产和再生产有重要意义。

（五）家庭的生育活动

生育是家庭的主要目标之一。如果我们把孩子看作一种特殊的"商品"，那么对于一个家庭来讲，这种"商品"既是他们自己"生产"的，又是他们自己"受用"的。而且，这种“自给自足”至今未受到社会经济制度更迭变化的任何影响。这正是生育和其他家庭经济活动的最大不同之处。在这里，作为行为主体的夫妇，既是“商品”的需求者，又是“商品”的供给者。因此，这种供需关系中通常以均衡的市场存在着，也无须标明所谓的“市场价格”。

由于现代科学技术的发展以及社会观念的大转变，人们对生育的控制大大增强，家庭规模基本上可以由构成家庭的已婚夫妇自行决定。例如，现代社会中“丁克”家庭的出现，这一点使家庭中的这种“自产自销”的“商品”交易人为控制色彩更为强烈。

二、家庭生育投资分析

生育和教育是家庭人力资源投资的两个重要方面。生育主要解决人力资源的数量或规模问题；教育则主要解决人力资源的质量或构成问题。所谓家庭人力资源投资，其主体部分就是家庭对生育和教育的投资，当然还包括家庭对卫生保健或健康方面的投资。下面先来探讨家庭生育投资问题。

（一）影响家庭生育投资的因素

1. 家庭的生育意愿

家庭作为人力资源生产和再生产的基本单位，其一切人口经济活动首先要从生育意愿出发.因此，研究家庭生育投资，首先需要研究家庭的生育意愿。

绝大多数可以生育的家庭都愿意由自己生育小孩，而不是从“市场”上“购买”小孩。这不但是由人类历史文化传统所决定的，还在于自己生育的孩子保存了父母特定的遗传信息，从而减少了家庭的不确定性。因此，家庭具有自行生育孩子的偏好。在一个家庭中，父母对于生育的考虑，不一定完全出于经济动机。然而，对于相当一部分家庭来说，经济动机是一个基本因素。当然，大多数已婚妇女的怀孕具有很高的随机性，特别是对第一胎子女的生育，几乎很难从经济上进行动机分析。

2. 家庭的生育成本

一个家庭抚养孩子的成本，一般包括把一个孩子从怀孕起到抚养子女能生活自立时的各种抚养费用、教育费用、医疗保健费用、其他有关支出，以及父母为抚养孩子所损失的时间成本等.这些成本总的来说可以分为两部分：经济成本和感情成本。

(1) 直接经济成本

抚养一个孩子的直接经济成本包括按照社会正常标准的衣、食、住、行费用；孩子受教育的费用；医疗保健费用；各种文化娱乐活动的费用，以及按照各国不同的风俗习惯由父母正式支付或补贴子女的婚姻支出等。

(2) 间接经济成本

间接经济成本是指父母由于抚养孩子而损失的能够带来收入的机会成本和时间。因此,间接成本又称为机会成本。这里首先包括母亲妊娠期、哺乳期所损失的工资收入;同时还包括父母由于照顾孩子而失去的受教育的机会,以及父母由于流动性减少而失去的收入。此外,还包括由于新增孩子引起的父母以及家庭其他成员消费水平的下降等。

(3) 感情成本

父母为抚养子女长大成人,要关心他们的健康、教育和道德行为,约束和管理他们,为他们的成长付出精神和情绪方面的代价。原有的安宁家庭环境可能被混乱嘈杂所替代,父母对孩子教育管理的不同意见也可能带来双方之间的不和。此外,夫妻由于抚养孩子,减少了共同生活的时间,减少了共同的社会交往,在爱情方面也可能付出代价。所有这些都构成感情成本。

3. 家庭生育孩子带来的效用

父母生育和抚养孩子除要付出一定的成本和作出一些牺牲外,也能从孩子身上获得一定的效用和收益。

(1) 经济效用

经济效用是指孩子成长到一定阶段,作为劳动者或者准劳动者为家庭带来的经济收益。在不发达国家,孩子往往较早就参加社会劳动,这种经济效益表现得更为明显。较大的孩子在家中从事家务劳动,或者照料年幼的弟弟妹妹,也是经济效益的一种表现。另外,在不发达的国家,父母把自身老年生活保障寄托在子女身上,在他们年迈以后,由子女提供他们基本生活需要,这也是经济效用的体现。

(2) 感情效用

父母通过抚养孩子,从孩子身上获得了幸福、温暖、情爱、依恋、娱乐等精神方面的收获。尤其在父母劳累的时候,这种感情的收获往往能给予父母极大的安慰。有的经济学家认为,这是孩子给予父母的一种类似"消费品"的满足,因此也称为"消费效用"。此外,孩子是联结夫妇的强大纽带,生育和抚养孩子的过程会进一步加强家庭成员特别是夫妻之间的感情,使婚姻生活更加完美和稳定。

以上从生育和抚养孩子的成本和效用两方面来分析家庭生育投资时应该考虑的因素。然而,随着社会经济的发展,特别是家庭收入的提高,生育和抚养孩子的成本和效用都可能发生变化。因此,在分析家庭生育投资决策时,首先分析家庭收入变化对抚养孩子的成本和效用的影响,进而分析如何影响家庭规模。

(二) 收入变动对家庭生育投资的影响

1. 收入变动对孩子成本的影响

孩子成本与家庭收入的关系是,无论是直接经济成本还是间接经济成本,都将随着家庭收入的增加而上升。如图 2-1 中曲线 a 所示。

这是因为随着家庭收入的增加,家庭花费在抚育和培养孩子方面的费用也将增加。比如,父母会让孩子吃得更好一些,穿得更好一些,住得更好一些等。这样,培育孩子的直接经济成本必然上升。同时,家庭收入的增加意味着父母从事经济性活动的单位时间价值也增加了,他们从事经济性活动的机会也可能增加。因此,尽管父母,特别是父母用在照料孩子上的时间仍然和以前一样多,但是由于父母时间价值的上升,抚育孩子的机会成本仍然上升了。也就是说,孩子的间接经济成本也要随着家庭收入的增加而增加。

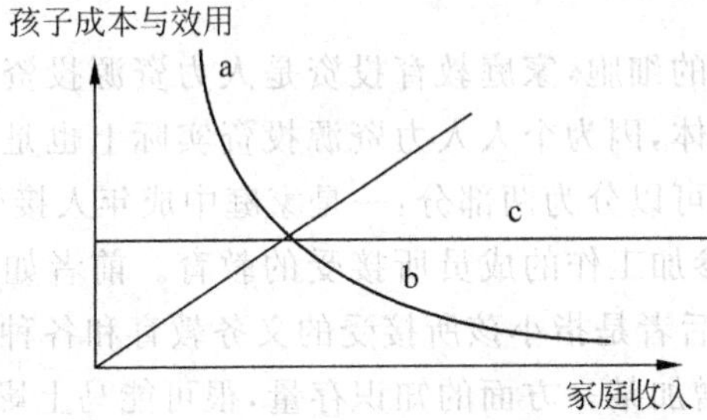

图 2-1 收入对孩子的成本和效用的影响

至于培育孩子的感情成本,一般来说,不受家庭收入的影响,如图 2-1 中曲线 c 所示。当然,随着家庭经济收入的增加,父母在精神负担方面会有所减轻,从而使感情成本也有所降低。

2. 收入变动对孩子效用的影响

从上面的分析中,知道孩子的效用分为经济效用和感情效用两个方面。一般来说,经济效用是随着家庭收入的增加而逐渐降低,如图 2-1 中曲线 b 所示。这是因为随着家庭收入的增加,家庭经济条件的改善,孩子作为劳动力为家庭获取经济收入的必要性越来越小。相反,收入较高的家庭会在孩子的质量提高方面下工夫,让孩子去接受更多的教育,利用更多的时间去提高和发展自己,而不是为家庭去从事劳动,获取收入。可见,随着家庭收入的提高,孩子的经济效用会降低。

然而,孩子的感情效用一般并不随家庭收入的变化而变化,如图 2-1 中曲线 c 所示。当然,随着家庭收入的提高,夫妻可以消费更多的奢侈品和享受更多的闲暇,这可能会出现在孩子的效用和享受之间作出选择的局面,特别是在生育第二胎以上时。

3. 收入变化对孩子数量的影响

在现代社会中,人们的生活水平越来越高,与此同时,人们的生活费用也越来越高。因此,家庭在生育和抚养孩子时,一方面成本越来越高,另一方面由于现代社会的保障体系越来越健全,孩子为父母提供养老保障的必要性越来越低。也就是说,孩子的经济效用越来越低。因此，人们随着社会的发展倾向于少要孩子甚至不要孩子，这也是发达国家社会经济条件下常见的现象。当然，由于我国经济发展水平较低，以及社会保障不健全，还有传统观念的影响，特别是农村地区这种状况还不明显。只是在个别城市出现了这种状况。例如，上海第5次人口普查显示，上海的人口出生率仅为7‰左右，已经低于发达国家10‰的水平。而广州市2001年的人口出生率为10‰，自然增长率为94‰，已经进入人口低出生、低死亡和低增长的良性轨道。

三、家庭教育投资分析

家庭作为社会最基本的细胞，家庭教育投资是人力资源投资的重要组成部分。家庭是微观人力资源投资的主体，因为个人人力资源投资实际上也是家庭投资。家庭教育投资按接受教育的主体不同可以分为两部分：一是家庭中成年人接受的再教育；二是家庭中未成年人，即小孩或还未参加工作的成员所接受的教育。前者如各种自考、函授、在职研究生班和在职MBA等。后者是指小孩所接受的义务教育和各种大专、大学等；前者受教育时间较短，因而较快地增加某一方面的知识存量，很可能马上影响当期的收益。后者受教育时间较长，更具普遍性，而且是慢慢地增加各方面的知识存量，决定未来的人力资本价值，从而影响未来的收益。

关于教育投资的成本和收益分析我们放在第四节（还包括培训、流动、卫生保健的成本和收益分析），这里只分析家庭对教育投资的影响。为了简单起见，这里只考虑家庭财富对教育投资的影响，而抛开各种制度因素，如习俗、观念和法律等。

现在用图形来分析家庭财富对教育投资的影响。众所周知，不同的家庭收入水平不同，因而教育投资的成本实际上也是不同的。比如，一个贫困家庭为了让孩子上大学而不得不进行贷款，这个家庭不得不再过几年的清贫生活以及由于负债而产生心理负担。这样这个家庭必然期望从教育投资中得到更高的收益率。而一个富裕家庭的子女上大学不必要贷款，也不必因子女上大学而过清贫的生活，也没有负债的心理负担，他们更多地把教育当作一种消费品，他们接受教育的目的在于求学期间的满足或效用。因此，对他们而言，接受教育同时是一种消费行为。因而其对教育投资的收益率也期望较低。我们再考虑穷人和富人的孩子一样聪明，即每个人从教育投资中得到的回报率一样，则家庭的财富对教育投资的影响如图2-2所示。

图2-2中纵轴表示家庭对教育投资的收益率和成本；横轴表示教育投资的年限；MC1表示穷人进行教育投资的边际成本曲线；MC2表示的是富人进行教育投资的边际成本曲线；MR表示的是教育投资的边际收益曲线。

从图中可以知道，由于穷人和富人进行教育投资的实际成本的差异，而且MC1>MC2，根据边际收益等于边际成本的原则，穷人的教育投资为I(1)，而富人的为I(2)。这样，就可知道在广大的发展中国家，由于人们贫穷，导致了教育的总成本（主要考虑了心理成本）远大于发达国家，进而期望的教育投资的收益率也偏高，最终使教育投资不足，使人力资本的价值不高，未来收益不高，进而又影响下一代的教育投资，形成恶性循环。

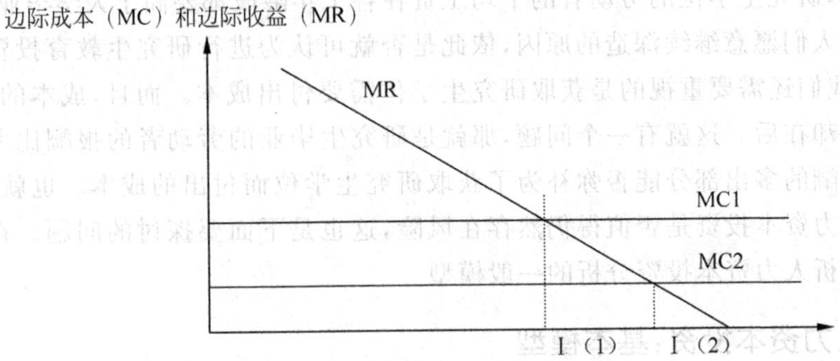

图 2-2　家庭财富对教育投资的影响

四、家庭卫生保健投资

从第一节分析可知，个人的健康状况可以视为一种健康资本存量，因而是人力资本的重要组成部分。而卫生保健投资是提高人力资本健康存量的重要手段，家庭是实施卫生保健投资的微观主体。从比较广泛意义上来说，家庭卫生保健投资包括用于维持和提高一个人的寿命、力量强度、耐久力、精力和生命力等的所有费用。例如，照管儿童、营养、衣着、住房、医疗服务和自我照顾等方面的支出。在这里，家庭卫生保健投资主要是指为了提高健康水平，在医疗服务和健康保障方面所耗费的经济资源。

虽然家庭卫生保健投资是人力资本投资的一种重要方式，但是人们对于卫生保健的投资并不完全出于经济性考虑。实际上，家庭对于卫生保健方面的投资具有两重性。良好的健康水平，本身就是人类的基本需要和追求的目标。人们对于健康方面的投资，无疑有利于提高个人的体力和精力，延长寿命，从而增加了对工作、消费和闲暇等活动的效用和生活情趣，提高了生活质量。因此，卫生保健投资是对人本身服务的一部分，这种投资不仅有经济上的意义，更有现实的社会意义。正是鉴于这两方面的原因，家庭对卫生保健的投资随着经济和社会的发展而日益提高。

以上分析了家庭在生育、教育和卫生保健方面的人力资本投资。当然，家庭还在流动（占的比例很小）和培训（可以放在教育里考虑）两方面进行人力资源形成方面的投资。至此，已经分析了人力资本的微观供给方，下面开始分析人力资本的微观需求方——企业方面的人力资源的形成。

第三节 微观人力资本投资分析

在美国，研究生学位的劳动者的平均工资在各个年龄段都要高于大学毕业的劳动者，这也可能是人们愿意继续深造的原因，依此是否就可认为进行研究生教育投资是值得的呢？然而，我们还需要重视的是获取研究生学位需要付出成本。而且，成本的支出在前，投资的收益却在后。这就有一个问题，那就是研究生毕业的劳动者的报酬比大学毕业的劳动者的报酬的多出部分能否弥补为了获取研究生学位而付出的成本。也就是说，人们进行这项人力资本投资是否值得仍然存在风险，这也是下面要探讨的问题。在进行分析之前先来分析人力资本投资分析的一般模型。

一、人力资本投资：基本模型

（一）现值与未来值

与其他投资一样，人们进行人力资本投资也期望得到收益。但这种收益往往是在投资之后的一段时间才会得到，也就是说，支出在前，收益在后。那么，怎样判断某一项投资是否有益？怎样判断其收益是否大于成本呢？

假如现在投资某一个项目花了100元，而且能够确定两年以后能够得到115元的回报。那么，能不能简单地通过将目前投资的100元与两年后的115元进行比较而得出这一项投资是值得的？显然是不行的。现在的100元钱并不等于两年后的100元钱，而且通常由于通货膨胀的存在，使现在的100元要大于两年后的100元。而且，假如不进行投资，而是把这100元存入银行，在利率为10%的情况下，两年后将得到121元（这是通过复利计算的）。对比一下可知，前面那一项投资是不值得的，因为现在的100元等于两年后的121元，也就是说现在的100元与两年后的121元是等值的。因此，121元称为今天100元两年后的未来值，而100元是在利率为10%的情况下两年后的121元的现在价值，也称现值。这样，通过未来值求出现值的方法叫贴现，而通过现值求未来值的办法叫复利法。

假设r为利率，并且每年不变；Y_t代表t年的货币数量；FV_t和PV_t分别代表t年的未来值和现值。在起始年，收入为Y_0，一年后的价值为：

$$FV_1(Y_0)=Y_0+rY_0=Y_0(1+r)$$

即起始年的收入加上其在一年中的利息。依此类推，$FV_2(Y_0)=Y_0(1+r)^2$，那么，t年后Y_0的未来值为：$FV_t(Y_0)=Y_0(1+r)^t$。

已知未来值，反过来求现值就容易了。由于未来值是以$(1+r)$在增长，那么现值就反过来应为$(1+r)$的折扣，所以现值公式为：

$$PV(Y_t)=\frac{Y_t}{(1+r)^t}$$

其中，Y_t为t年后的货币收入。

（二）人力资本投资分析：基本模型

1. 人力资本投资中的成本与收益

一般来说，增加到一个人的人力资本中的成本可以划分为3种类型：

(1) 直接成本：就是人们在投资过程中直接的支出，如在教育投资中的学费成本以及书籍和其他物品上的花费。

(2) 间接成本：人们在进行人力资本投资期间通常不能工作，至少不能全日制工作，因而减少了工资收入，这是人力资本投资的机会成本。

(3) 心理成本：这种成本在教育投资中非常明显，因为学习是一件比较沉闷的事情，人们在学习中必须承受这种心理负担。

人力资本投资收益一般以下列形式表现出来：

(1) 较高的未来收入，这是人力资本投资的主要表现。

(2) 终身工作满意度的提高以及就业、晋升机会的增多。

(3) 对娱乐欣赏水平的提高以及欣赏兴趣的增长。

2. 人力资本投资分析的基本模型

(1) 现值法

假定C为某项人力资本投资的总成本，并且是一次性的。再预计这项人力资本投资在t年内收益，每年收益B_i，利率为r，那么，t年内的投资预期总收益的现值为：

$$\frac{B_1}{(1+r)}+\frac{B_2}{(1+r)^2}+\cdots+\frac{B_t}{(1+r)^t}=\sum_{i=1}^{t}\frac{B_i}{(1+r)^i}$$

这样得到了投资的总收益的现值和总成本（现值）后，就可以判断这项人力资本投资是否值得。只有预期总收益的现值大于总成本时，投资才是可行的，用公式表示就是：

$$\sum_{i=1}^{t}\frac{B_i}{(1+r)^i}>C$$

(2) 投资收益率法

投资收益率，又称为内部收益率，是指使一项投资收益的现值与投资成本恰好相等时的利息率。这样，就可以通过实际发生后的总收益和总成本推算出一项投资的收益率。以上面的假设为例，再令q为收益率，此收益率一定满足：

$$C=\sum_{i=1}^{t}\frac{B_i}{(1+q)^i}$$

这时，只要求出 q 的值，然后再跟市场利率 r 进行比较。如果 $q>r$，那么此项人力资本是值得的；如果 $q<r$，投资是不值得的。

以上分析了人力资本投资的基本模型，下面就用这个模型来分析微观人力资源投资。

二、个人教育投资的经济分析

（一）教育投资的个人成本

个人的教育投资支出一般称为教育投资的个人成本，它一般包括以下几个方面：

1. 直接成本

就是个人为了受教育而支出的各种费用和劳务，它包括学生的学杂费、书费和交通费等。

2. 机会成本

它是一种间接成本，它又包括以下两个部分：

(1) 个人因为受教育而放弃的收入，这是因为为了求学而不得不放弃工作，因而不得不放弃一笔收入。

(2) 有些人把原来闲暇的时间用于教育，因而不得不放弃闲暇，而放弃闲暇就意味着一种效用的丧失，因而也是一种成本。

3. 心理成本

其实这项也可归入机会成本一栏，只是由于它比较特殊，特别是对于受教育者来说，上学要承受很大的心理压力，心理负担较重，因而也是一项成本。

（二）教育投资的个人收益

教育投资给个人带来的收益分为经济收益和非经济收益：

1. 经济收益

教育投资的直接结果是增加了人力资本中的知识存量，因而改善了个人提供的劳动的质量，给个人带来更大的收入。如图 2-3 所示，给未来带来更大的收入流是教育投资给个人带来收益的主要部分。

图中收入流①表示未上大学的人的终身收入流，收入流②表示上大学的人的终身收入流。我们知道，上大学的人到一定年龄（如大学毕业后）后的收入流明显高于未上大学的人的收入流。

2. 非经济收益

教育投资给个人带来的非经济收益表现为：

(1) 就业机会和晋升机会的增多。受过教育的人与未受过教育的人相比，有更多变换职业的机会，而且由于知识和能力的增加，使个人更有机会得到晋升。

(2) 接受教育使个人的知识得到扩展，提高了个人的欣赏水平，改善了生活质量。

(3) 教育还给个人带来"精神收入"。所谓精神收入，指的是"以愉快、满足或一般舒适感觉来估算的收入"。*

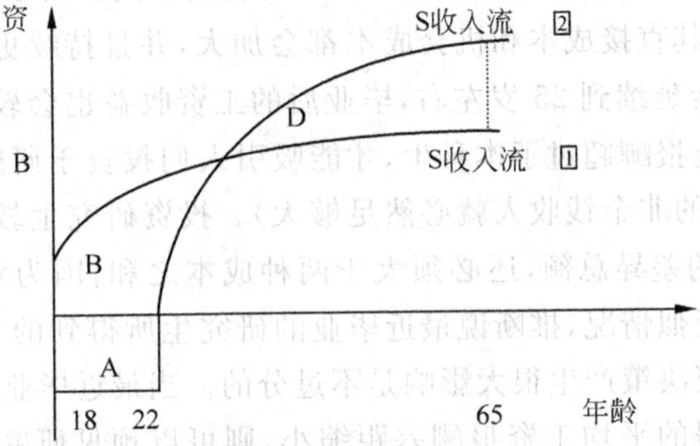

图 2-3 教育程度不同的人的收入流

(三) 教育投资的经济分析

由于教育投资的非经济收益和心理成本很难准确估算，这里只从纯经济的角度来分析。再根据图 2-3，我们假设收入流1为 Rt_1，收入流2为 Rt_2，市场利率为 r，则教育投资的个人收益的现值为：

$$\sum_{t=1}^{n}(Rt_2-Rt_1)/(1+r)^t$$

又根据图 2-3，教育投资的成本 $C=A+B$，即总成本等于直接成本加间接成本，个人教育投资的决策模型为：

$$\sum_{t=1}^{n}(Rt_2-Rt_1)/(1+r)^t\geqslant C$$

因此，只有在上式成立的情况下，个人教育投资是值得的，或者说个人教育投资决策的经济界限是：投资收益的现值之和不少于教育投资的实际成本。

当然，也可根据投资收益率法对教育投资进行分析，只要我们令上式两端相等，求出投资的收益率，然后再把收益率与市场利率或其他投资收益率进行比较，就可作出判断。

* 杨体仁. 现代劳动经济学原理. 北京：红旗出版社，1991

三、个人教育投资决策应用

（一）研究生教育投资分析

研究生教育的收入流曲线[2]与图 2-3 所示的有所不同。由于研究生教育是在本科教育之后的追加投资，其直接成本和机会成本都会加大，并且持续更长的时间。因此，收入流[2]的负收入时间会延续到 25 岁左右，毕业后的工资收益也会较本科生更高。很显然，也只有研究生的工资报酬超过了本科生，才能吸引人们投资于研究生教育（当然，如果不是这样，投资研究生的非金钱收人就必然足够大）。投资研究生教育的净收益，即收入流[2]和收入流[1]之间的差异总额，还必须大于两种成本之和，因为对未来的收益还需要进行贴现。作为一种近似情况，推断说最近毕业的研究生所得到的平均收入会对当前本科生对研究生教育投资决策产生很大影响是不过分的。当最近毕业的研究生和目前同年龄的本科生之间所获得的平均工资报酬差距缩小，则可以预见研究生入学率会随之下降。相反，如果差距在扩大，那么研究生入学率会上升。每年的收益减 B_i 小时，现值也会减少，即预期收益差距现值在缩小，则对研究生投资需求将减少，反之则增加。

另外，投资研究生教育还应该考虑到劳动力市场对投资收益的影响。人力资本投资收益是由市场上雇主需求力量和雇员的供给力量共同决定的。如果现在投资于研究生教育会获得更高的未来收益，则会有更多的人决定上研究生，3 年后进入劳动力市场的研究生就会增加，由于市场力量作用就会降低研究生教育的未来收益。在其他条件相同的情况下，研究生人数的增加会对劳动力市场上的可见工资施加一种下压的力量，而本科生人数相对的减少，则有助于提高本科生的市场工资，使得研究生与本科生的收入差距减小，从而影响对研究生教育的需求。

研究生所预期的未来收益受到现在决定上研究生的人数的影响，因此现期研究生收益可能并不是预期未来收益的可信依据。由于未来众多的不确定因素决定了对人力资本投资具有一定的风险性。

（二）自费留学的投资分析

赵菲 1998 年大学毕业后，在上海一家报纸做了 4 年编辑，月收入 5000 元左右。出于对报社未来前途的担心，赵菲产生了到加拿大读 MBA 的想法。她算了一笔账，两年的留学需要近 30 万元的投入，这又让她有所顾虑。后来，她决定到上海某咨询公司作留学回报率测评。

该公司首席职业顾问徐迟经过接触后发现，赵菲是感知型、有创造性思维的女孩，也善于和别人沟通。她担心的是未来的发展，但喜欢自己现在做的工作。徐迟认为，随着中国传媒业进一步开放，广告、公关等经营业务将不断渗透。只要赵菲坚守岗位，未来职业发展空间不成问题，因为她掌握了一定的资源和经验，所以现在不是她出国留学的最好时机。

最后，赵菲放弃了留学计划，跳槽到一家公关公司做媒体经理，工资翻了近一倍。在该咨询公司的建议下，赵菲还到上海一所大学读在职MBA，这样不仅能保持职业的可持续发展，也能拿到相关的专业资质，还节省了不少费用。(案例来源:《"清算"留学》，载《新闻周刊》，2003年12月8日，人名经作者修改)。

许多家长把送子女出国留学当作一项教育投资。目前，我国自费出国留学人数每年都在快速增长。据估计，到2005年将超过10万人，投资教育出国留学热潮不减。既然是一项投资，家庭和个人应全面衡量出国所需成本及未来收益。当然，这种衡量可以由家庭和个人自身来完成，也可以求助于咨询公司。

1. 成本分析

新闻系毕业的高小姐去年申请到加拿大读MBA，去年10月终于成行。为此她花了2万多元人民币的中介费，还需要准备学杂费、生活费约为每年10万元人民币。而她的同学大多进入新闻界及广告界工作，平均月薪在4000～5000元之间。于是同学们给她算了一笔账，留学两年净支出22万元，损失两年的工作收入近10万元，等于为这个MBA学费投资了30万元人民币以上。假设高小姐学成归来，同学们收入不变，而就算她的收入是同学的两倍，也要工作近3年才能收回成本，若想收回成本及总收入与其他同学持平则要6～7年。

据统计，当前留学费用英国每年在11万～16万元人民币之间，澳大利亚要8万～12万元人民币，新西兰5万～9万元人民币，加拿大9万～12万元人民币，留学美国的费用更是高昂：大学生的学费在每年1万美元左右，硕士的学费是每年2万～4万美元，如果没有申请到奖学金的，还得提供100万元人民币的担保。除此以外，出国前还须交纳咨检费、办理护照费和签证费等，再加上机票大约另需近2万元人民币。

留学的成本也包括直接成本和间接成本。直接成本包括学杂费、中介费、国外的生活费、出国的手续费以及机票等。间接成本主要指为读书而损失的工作收入。此外，留学的心理成本也不容忽视，出国留学一般是相对长期的过程，留学期间对于亲人和朋友的思念，对异国他乡的不适应，以及因为留学造成家庭感情的疏远，甚至婚姻危机也都应看成是留学的成本。

显而易见，无论从学杂费、生活费还是从心理成本来看，留学的成本要高于国内教育的成本。也就是说，在图2-3中，收入流②比国内教育在初期的收益更为低，即A区域的面积更大。这就要求，留学后的收益要更大才能弥补求学阶段的损失。下面来分析一下留学的收益情况。

2. 收益预测

出国留学的收益主要表现为拥有国外教育经历的毕业生会在劳动力市场上获得比只拥有国内教育经历的劳动者更高的工资。这种工资的国别差异来自于：①国外(发达国家)教育环境对人力资本积累和提高的作用优于国内教育环境。当然这仅仅是一种整体评价，并不适用于某两个具体教育环境的比较；②国际分工体系不平等和国民经济效率差异所带来的"国民工资差异"。例如，英语国家具有工资优势，而国外教育经历给学习者所带来的语言优势会让他们轻松地分沾到这种高位工资；③留学生拥有熟练的英语沟通能力和丰富的国外工作经验，在理解西方理念和国外先进科学技术方面具有优势；④国内劳动要素市场上对国外教育经历的盲目信任所带来的薪酬差别。

另外，出国留学还是提升自己"稀缺性"的有效途径。通过留学把自己培养成为具有竞争力的人才，就是使自己成为稀缺资源。加上国家对待留学回国人员政策上的倾斜，如在工作岗位上晋升和提拔时有相对的优先权，申报课题也有优先权。除了上述待遇外，还有户口、住房、配偶就业以及子女上学等都有特殊的待遇。因此，莘莘学子们千辛万苦到国外留学接受优质教育。

一般而言，留学的收益要更高些，在图 2-3 上表现为收入流②尽管收益初期更低，但更加陡峭，即 D 的面积更大。

3. 决策分析

出国留学也是一项教育投资，尽管其收入流曲线更为陡峭，但依然可以按照个人教育投资模型进行决策，即

$$\sum_{t=1}^{n}(Rt_2-Rt_1)/(1+r)^t \geqslant C$$

只有当出国留学收益的现值之和不少于留学投资的实际成本时，出国留学才是值得的。当然，国外的学习和生活经历对于眼界的开阔和今后的工作的发展起到的作用是不能用实际的金钱价值来体现的。出国留学是否具有效益，与学生本身的是否愿意学、学到多少也有很大关系。

第四节 企业培训投资的经济分析

广州日报报业集团是广东三大报业集团之一，其下拥有《广州日报》、《足球》、《赢周刊》和《南风窗》杂志等媒体。几年前该报业集团决定把《广州日报》办成全国性的报纸。与此相对应，该报业集团也开始了为期 3 年的人才(记者)培养计划。即在 1999 年、2000 年和 2001 年 3 年中，每年从大学毕业生中招聘本科生和研究生，然后再根据该报业集团的计划对这些新员工进行培训，用该报业集团人的话说"我们只需要自己培养的记者"。

广州日报报业集团在进行战略调整后，开始了庞大的员工培养计划，也即是正在进行一项庞大的员工培训投资。然而，该报业集团期望的是更大的回报，如记者素质的提高、记者风格的形成、员工流动率的降低、员工的价值观与报社文化的融合等。

一、企业培训投资的一般经济分析

1. 企业培训投资成本

企业培训投资成本包括直接成本和间接成本。

(1) 直接成本是指企业支付为受训人员所需的直接货币成本和为培训活动所需的物质条件的成本。它一般包括：

· 为受训员工支付的工资和其他各项福利收入。

· 为培训提供师资和其他劳务服务的费用。

· 为培训提供的设备、场地和各种必需品的费用。

(2) 间接成本一般包括

· 受训员工因参加培训而减少的收入，以及参加培训所付出的时间和精力损失。

· 企业因受训员工参加培训而损失的工时和其他应得收入。

· 无论何种形式的培训，员工都不能全力工作，给企业的正常生产带来一定的损失。

· 在有些培训中，要利用企业的生产设备或有经验的员工来从事培训活动，这也影响了企业的正常生产活动，必然降低生产效率。

2. 企业培训投资收益

企业参与培训投资，必然是期望得到回报。一般来说，培训投资给企业带来的收益有以下几方面：

(1) 由于培训的直接结果是增加了员工的技能存量，因而必然提高了企业的生产效率，这也是企业进行培训投资收益的主要部分。

(2) 培训还有可能带来企业生产成本的降低，特别是当企业采用在职培训时，随着员工技能的掌握，劳动熟练程度的提高，会产生"学习曲线效应"，使生产成本降低。

(3) 通过培训，特别是当企业采用工作轮换制的在职培训方法时，使员工掌握多种技能，从而使员工有成就感，最终加强了对企业的忠诚度，降低了员工流动率，无疑为企业节省了许多成本。

3. 企业培训投资的经济分析

企业从员工培训中得到的收益，从上面的定性分析可以知道主要表现为当员工的技能提高后，企业生产效率的提高，生产成本的降低，员工人力资本付出的增加，员工流动率的降低，最终使企业增强了竞争能力。但企业进行培训投资追求的是其所得的收益要大于培训投入的费用，而对于培训投资的收益一般有两种计算方法。

(1) 直接计算法

就是对员工接受培训后的效果直接观察并加以评价的方法。其中把相同岗位上的员工分为培训组和对照组,将接受培训员工的生产效率与没有接受培训的对照组进行比较,或将员工接受培训前后的生产效率进行比较。通过简单对比,直接估算出培训的经济效果。这种计算方法不考虑货币的时间价值,也不考虑投资的回收期。

(2) 间接计算法

首先找出影响在职培训收益的因素,然后根据这些因素的相互关系计算投资收益。其公式如下:

$$\Delta u = T \cdot N \cdot dt \cdot SDy - N \cdot C$$

式中:Δu 为培训的收益;

T 为培训将产生效益的时间(年);

N 为受训者数量;

dt 为效用尺度,即接受培训者与未受培训者工作成果差异的平均差值;

SDy 为未受培训者工作成绩的差别(标准差,根据国外学者的研究,约等于年工资的 40%);

C 为人均培训成本(包括直接成本及因误工造成的间接成本)。

公式中的 dt 可由下式计算出:

$$dt = \frac{\overline{X}_e - \overline{X}_c}{SD\sqrt{R_{yy}}}$$

式中:$\overline{X}_e$ 为已培训者平均工作效率;

$\overline{X}_c$ 为未接受培训者平均工作效率;

SD 为未接受培训者平均工作效率的标准差;

$\sqrt{R_{yy}}$ 为工作效率评价过程的可行性(如不同评价者评定结果的相关程度)。

此时,也许有人认为只要收益大于成本企业就会进行或应该进行培训投资。然而,企业与个人在人力资本投资的收益上存在不同,那就是企业进行培训投资可能会面临这种局面:员工参加完培训后辞职了,从而可能使企业只有付出而无收益。在现实中,企业规避这种风险的办法是通过调整工资政策来保证培训效益。下面分析企业如何根据培训种类的不同而采取不同的工资政策。

二、通用性人力资本投资和专用性人力资本投资

根据人力资本投资成果转移成本的大小和对企业的依赖程度可以把人力资本投资区分为通用性人力资本投资和专用性人力资本投资。通用性人力资本一般指企业对于员工在广泛的应用和活动中具有价值的那些能力和素质的方面进行投资。这种能力和素质不

专用于某项任务或企业，在企业之间转移的成本较低，也称为普通培训。一般来讲，专用性人力资本是指员工所接受的投资专用于某个企业，这种人力资本投资一旦离开其专用的企业，其市场价值不大或者根本没有价值，因而其转移的成本相对来说较大。专用性人力资本投资也可以称为专业培训。

传统理论假定市场是完全竞争的，因此在进行通用性人力资本投资之后，企业支付给员工的报酬必须与劳动力的市场价格以及劳动力的生产能力相一致，否则员工将会流动到其他企业。在这种"可置信的威胁"下，企业就不愿意进行普通培训投资，因为它必然无法通过降低培训后员工工资的方式来收回这部分成本。然而研究却表明，在经历了普通培训，如计算机和打字技能的培训之后，员工生产率的增长速度超过了他们的工资增长速度。这说明企业能够通过支付低于员工生产率的工资来获得一部分培训投资收益。放弃市场完全竞争的假设，可以在以下几方面来解释企业参与普通培训的动机。

第一，完全竞争要求资源能够充分自由流动，然而劳动力市场通常不完善，在劳动力流动需要较高的成本时，企业员工的离职率就会降低。就员工而言，只要工资与边际生产率之差小于流动成本，员工就会甘愿接受较低工资。而企业则能够在培训后向员工支付低于其生产效率的工资，来补偿培训成本。

第二，由于内部劳动力市场的存在，雇主以某种隐含合约（承诺）的方式向雇员提供长期雇佣预期和较为固定性的工资保障。这有利于雇员免受外部劳动力市场波动的影响。这种风险分担的合约安排可能会使雇员有效地规避风险，从而达到提高生产效率的目的，因而企业也就有了承担普通培训成本的激励。

第三，劳动力市场上的培训信息不可能是完全对称的。员工通过普通培训所增加的知识技能多属于隐含知识，难以度量，更难以向外部劳动力市场发布出有效的信号。因此，即使员工通过普通培训，提高了自己的劳动生产率，他也很难向其他企业证实这一点。这样一来，在外部劳动力市场上企业就难以辨认哪些劳动力接受过培训，只好提供低于经过培训的"优质"劳动力边际生产率的工资。其结果就是形成了一种柠檬市场，优质劳动力在外部劳动力市场上难以获得与自己劳动能力相应的回报。

第四，在传统理论中人力资本被假定是同质的（从培训的角度出发，最多是分为经过培训的和未经培训的两类。在同一类别中，人力资本仍被假定为同质的）。放弃人力资本同质性的假设，则可以对普通培训的投资结构作出更好的解释。人力资本的异质性意味着每个员工都有着自己的能力和特长，即使是经过同等教育和培训的人力资本之间也会存在着许多细微的区别。这部分异质性人力资本的信息并不是公开的。要对这些细微特征加以区分，就必须付出信息搜寻成本，包括签约之前的识别成本、签约之后的匹配成本以及解约时的违约成本。人力资本配置不当给企业造成的巨大成本也构成匹配成本的一部分。而普通培训能够起到"筛选"机制的作用。在培训中企业能够逐渐获得异质性人力资本的部分信息，从而在培训后能够根据个人特征，将人力资本配置到相应的岗位上，并确定与他们能力相一致的工资水平，大大降低了匹配成本和解约成本。

由于专用性人力资本只适用于特定的企业环境，因此相对于通用性人力资本而言，其投资收益较高。然而，专用性人力资本一旦离开原企业，其对别的企业价值不大，雇员的收益也减少，因而其面临着被剥削专用性准租金的风险。为了规避风险，雇员就不愿意进行专用性人力资本投资。而企业由于专用性人力资本的较高收益率而热衷于对其进行投资，也就应承担较大的投资比例，以使双方的收益和风险与投资相匹配。然而，由于雇员在接受培训时必须投入沉没成本，雇员也面临着净收益小于零风险。因此，通过一定的安排，使雇员实际和预期的净收益大于零是解决问题的关键。首先，企业和雇员双方必须签订一份显性合同，明确双方的培训投资的成本分担，收益以及意外情况出现时的再谈判程序。其次，可以通过签订隐性合同的方式来制止企业的机会主义行为。最后，可以通过建立内部劳动力市场来加强企业和雇员双方的信任与合作，促进双方对专用性人力资本进行投资。

三、普通培训与企业的工资政策

普通培训是指培训的技能适用于多个企业，因而它存在外部性，如打字、阅读等。专门培训是指培训的技能只对某一企业有用，这主要是培训操纵特殊的机器。

因此，在普通培训的情况下，由于企业可能只有付出而无收益，企业一般不会承担员工培训的费用，而是让员工自己承担，但在形式上，往往不是让员工直接支付，而是通过工资政策来实现。

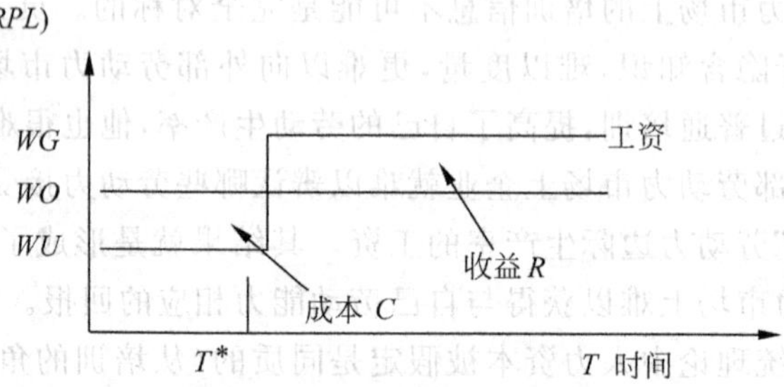

图 2-4 普通培训下的工资政策

如图 2-4 所示，在完全竞争的条件下，员工的工资等于员工的边际收益产品（*MRP*），即 $W=MRP$。根据图形，假设员工在培训之前的边际收益产品为 *MRPO*，此时员工的工资为 *WO*，参加培训后为 *MRPG*，它等于 *WG*，培训的成本为 *C*，收益为 *R*。在这种情况下，企业一般在培训期间 T^* 付给员工的工资为 *WU*，使 $WO-WU=C$，而在培训完成后，付给员工的工资为 *WG*（$=MRPG$）。这样既防止企业的风险，又降低了员工的流动率。

四、专业培训与企业工资政策

专门培训所获得的技能是其他企业所不需要的，因而，受过专门培训的工人就不一定要比未受过培训的工人的工资高。如图 2-5 所示。

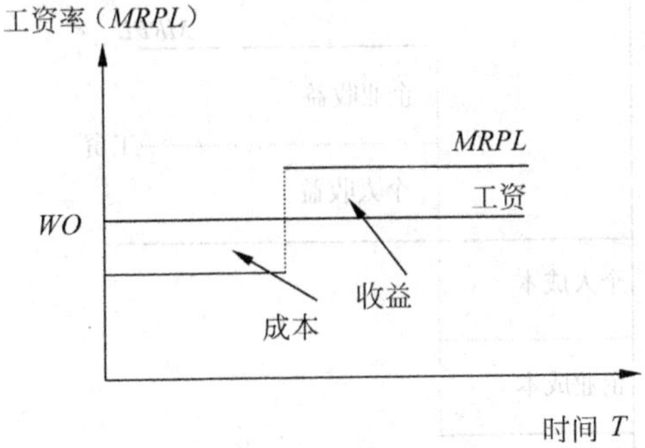

图 2-5　专业培训与工资

在图 2-5 中，受过专门培训的员工在培训前和培训后的工资率不变。但培训前与培训后工人的边际收益产品曲线，如阶梯线所示，在培训期间，企业支付的工资高于 *MRPL*，成为培训成本的一部分，在培训后，支付的工资低于 *MRPL*，企业收益弥补了成本。

然而，企业在专业培训的情况下，可能会遇到如下问题，那就是员工在接受培训之后突然离开，在其他企业同样获得 *WO* 的工资率。对员工来讲，这几乎没有损失，但企业就会无法收回培训投资的成本。

不让员工流动是不可能的，只能考虑降低辞职率的办法，解决的办法之一就是个人和企业分担培训投资的成本和收益，对员工造成一定的吸引力。此时，企业的工资政策为如图 2-6 所示。

在图中，*WO* 是员工未培训时的工资率，*WU* 是员工在培训期间的工资，*WS* 是员工培训后的工资，员工的 *MRPL* 还是阶梯线。在培训期间员工承担的成本是 *WO* 与 *WU* 之差，企业承担的成本是 *WU* 高于 *MRPL* 部分。培训结束后，企业收益是 *MRPL* 与 *WS* 之差，员工的收益是 *WS* 与 *WO* 之差. 在这种情况下，员工个人承担了一定的成本，也得到了更多的收益，因此，员工不会轻易离开企业，否则，他可能只得到 *WO* 的工资率。

以上对教育投资和培训投资进行了一般经济分析。关于卫生保健投资的一般经济分析，在第一节个人人力资本的形成和第二节家庭人力资本投资中进行了较为简单的成本和收益分析。关于劳动力流动投资的经济分析要注意考虑成本时应包括直接成本、间接成本（机会成本）和心理成本等，而收益则考虑直接收益、间接收益和心理收益等，然后再根据人力资本投资的现值法进行分析。

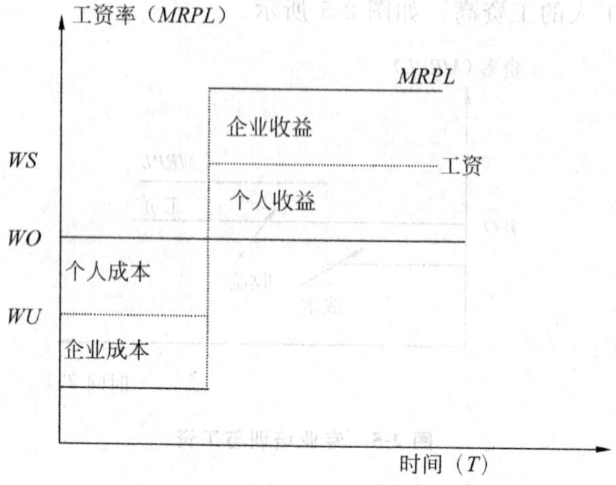

图 2-6　企业与工人分担成本与收益

参考文献

1　[美]伊兰伯格，史密斯著．现代劳动经济学——理论与公共政策．第6版．北京：中国人民大学出版社，1999

2　陈宇，王忠厚等著．人力资源经济活动分析．北京：中国劳动出版社，1991

3　[美]加里·德斯勒著．人力资源管理．北京：中国人民大学出版社，1999

4　赵履宽，杨体仁等主编．劳动经济学．北京：中国劳动出版社，1998

5　董克用，潘功胜编．西方劳动经济学教程．北京：中国劳动出版社，1995

6　杨体仁主编．现代劳动经济学原理．北京：红旗出版社，1991

7　[美]斯蒂芬·P·罗宾斯著．管理学．北京：中国人民大学出版社，1997

8　余凯成主编．人力资源开发与管理．北京：企业管理出版社，1997

9　江铭强编著．人力资源管理．广州：广东经济出版社，1999

10　[美]雅各布·明塞尔著．人力资本研究．北京：中国经济出版社，2001

11　谌新民主编．新人力资源管理．北京：中央编译出版社，2002

12　《21世纪经济报道》2002年1月和2005年1月各期

13　蒋龙琴．研究生人力资本投资分析．新疆师范大学学报（哲学社会科学版），2004年3月

14　谭岚等．企业参与普通培训动因的理论解释与述评．技术经济与管理研究，2004(4)

第二章 企业战略与人力资源战略规划

[开篇案例]

安洁公司是一家年销售额超过100亿美元的全球性保健品公司，总经理是近期董事会利用猎头公司从其他竞争对手那里挖来的。就职不久，他就为公司制定了一个以目标和行为合理化为基础的新战略方向。总的来说，这种新战略主要强调以下几个方面的内容：注重国际市场变化和尊重本土市场及人才；注意开发新产品和提供后续服务；努力降低生产成本；精简公司业务和组织结构；下放决策权；鼓励企业家行为；提高雇员士气和主动精神等。这种战略目标使安洁公司在它的全球市场上成为一个精干的、反应灵活的竞争者，成为一个国际知名的品牌企业。

战略方向确定以后，公司就立即按照战略的要求着手采取了以下几个主要步骤：(1)公司进行了核心员工的重新培训，以让他们对公司战略有个清晰的认知；(2)公司进行了重大的结构重组，削减了一个高级管理层；(3)对人力资源进行重新规划，大量起用本土人员作为管理者以节约成本。最后，将在调整过程中富余出来的资源用于新产品开发和其他一些研究开发活动。在这种背景下，安洁公司的人力资源部门就必须重新考虑其人力资源规划以帮助公司达到其新目标。

安洁公司人力资源管理部门面临一系列新的考验和新的工作任务，这也说明了经济全球化时代，人力资源管理部门将会越来越多地参与到企业的战略管理中去。在安洁公司，总经理指示人力资源管理部门必须制定和执行一些规划和计划来努力创造出符合本公司特性的企业制度。他要求这些计划能够达到以下几个方面：第一，在强调对雇员个人以及各业务单位的工作绩效加以认可、赞扬和奖励的同时，鼓励各业务单位在工作过程中，无论是在单位内部还是在各单位之间，都应当以公司的共同利益为目标，积极发扬团队合作精神；第二，在管理者当中努力培育积极进取精神，在全体雇员当中培养创造性的思维方式；第三，强调雇员与股东之间在利益上的共同之处；第四，各个部门都要有强烈的系统观念和成本效益意识。

为了实现上述目标，安洁公司的人力资源管理部门制定了一系列的人力资源管理规划。例如，对公司面临的外部环境和内部条件进行详细分析，提升人力资源规划部门和负责人的权限，制定详细的人力资源供求计划。此外，该部门对公司管理层的激励性薪资计划进行了重新设计。新的计划更为强调管理者个人的工作绩效以及经营目标的完成情况。再如,对公司的雇员福利计划也进行了重新设计,以使它们更具有灵活性并且对雇员的需要能够作出更为迅速的反应。同时,该部门还制定了成本控制以及雇员薪资成本浮动计划,并且通过将这两种计划有效地联系在一起,使得两种计划发生了一定的变化。从最基本的作用上来说,安洁公司的人力资源管理部门能够通过制定一系列的计划将公司所有雇员的努力集中到一起,从而为安洁公司的战略计划的执行作出了自己应有的贡献。

[**点评**] 安洁公司的案例说明,当前人力资源管理部门已经广泛地参与到公司的战略计划制定当中,并且深入到组织精简和结构重组等相关战略的制定和执行中去,它在重新制定人力资源供求计划、薪资计划、企业文化建设和挽留雇员等方面发挥着重要的作用。人力资源管理部门所扮演的角色已经并且正在随着时间的流逝而发生着变化。尽管人力资源管理在一开始时是以一种纯粹的行政职能的面目出现的,但是大多数人力资源管理高层现在已经把这种职能当成一种战略性质很浓的职能来看待。总之,企业的战略计划要想取得成功,必须要有人力资源战略规划的支持才得以实现。

第一节 企业战略与人力资源战略

在传统人事管理中,人力资源管理并不是企业经营战略的组成部分,而仅仅被当作确定或选择战略目标的一种手段。人力资源管理与经营战略只是单向关系,并没有显现出它们彼此之间的相互影响,因而是使人适合战略,而不是使战略适合于人力资源(赵曙明,2001)。20世纪50年代,彼得·德鲁克提出人力资源的概念,并指出“传统的人事管理正在成为过去,一场新的以人力资源开发为主调的人事革命正在到来”。后来,巴克(Bake)、迈勒斯(Miles)等人对人力资源管理的众多问题进行了广泛的研究,将人事管理理论和实践推进到一个全新的发展阶段——人力资源管理阶段。从历史发展来看,人力资源管理理论和实践经历了两次重要的转变:一次是从人事管理到人力资源管理的转变;一次是从人力资源管理到战略人力资源管理的转变(Randall S. Schuler, Susan E. Jackson,1999)。

一、战略性人力资源管理的基本框架

按照人力资源管理流程,人力资源管理可以分为3个阶段——招聘前的管理、招聘中的管理和招聘后的管理。招聘前,管理工作主要是工作分析、工作设计和人力资源规划;招聘中,管理工作主要是招聘和挑选;招聘后,则有培训开发、激励、领导、沟通、绩效评估、薪酬福利和劳动关系等。通过上述管理活动,达到两方面目标:①能力目标,即使员工拥有其工作所要求的知识、技能和能力;②行为目标,即培养员工对组织的认同感、归

属感,提高员工对组织的满意程度,培养员工对组织的忠诚和献身精神。根据这两方面的目标,可以把人力资源管理划分为两个方面的职能——能力管理和行为管理(赵曙明,1999)。表 3-1 是对人力资源管理的两种职能和三个阶段的简单描述。

表 3-1 个体层面人力资源管理的基本框架

		能力管理	行为管理
招聘前	工作分析与工作设计	识别、确定组织需要多少、具备什么样知识、技能和能力的员工;各种能力的员工供给状况;员工获得某种能力的成本和应使用的方法	预测员工的需求;工作关系设定有利于员工间分工与协作;各工作任务的保健因素和激励因素;行业技术特点与员工个性心理倾向之间的关系
	人力资源规划	规划能力管理,包括能力获取设计、能力保持设计、能力置换设计和能力利用设计	确定组织使命;设计员工职业发展生涯;明确工作中的激励措施;制定人力资源政策等
招聘中	招聘与挑选	根据能力要求招聘和挑选员工	考察应聘者的价值观、合作精神
招聘后	培训与开发	技能培训;人际关系能力培训;潜能开发	在培训中培养员工对组织的认同感、归属感和合作精神
	激励	激发员工的潜在能力	了解员工的需求;尊重员工;分权;奖励;员工参与;目标管理;晋升;提薪等
	晋升	把能力(包括业绩、潜能)作为晋升的标准之一	晋升的公平性、公开性和公正性;晋升标准的客观性
	薪酬	提高薪酬政策的吸引力,吸引人才、留住人才;以技能付酬,提高人力资源管理效率和降低其成本	薪酬方案的激励作用、反映组织对员工的态度和认识
	绩效评估	评价员工的能力是否胜任工作的需要;把评估作为能力管理的基本依据	把行为和结果作为评价员工的基本信息

从表 3-1 可以看出,能力管理和行为管理体现在人力资源管理流程的各个环节,从而使人力资源管理活动形成一个整体。反过来,人力资源管理的任何环节都要围绕能力目标和行为目标来进行,从而把人力资源管理活动与组织竞争优势密切联系起来。

二、企业不同发展阶段的人力资源战略核心

人力资源管理在企业发展中的作用日益重要,成为实现企业战略的第一资源。企业的发展和繁荣离不开强大的人力资源支持,这就使人力资源管理的地位上升到了战略高

度。那么，根据企业生命周期理论，企业的发展过程可以分为初创期、成长期、成熟期和衰退期。企业在不同的发展阶段，针对自身特点，应采取怎样的人力资源战略才能更为有效地促进企业发展呢？

（一）初创阶段

该阶段企业刚刚创建，虽然富有灵活性，但各方面均不成熟，企业发展战略的目标是求得生存与发展，尽快度过创业期。

这一阶段企业人力资源管理的主要特点是：

1. 企业由于缺乏知名度和实力，其发展与绩效主要依靠关键人才特别是企业创业者的个人能力和创业激情。所以企业人员需要数量少，但质量要求很高，最好能独当一面。

2. 人力资源管理工作处于起步阶段，缺乏实际经验，工作量不大，但工作难度很大，因为其关键人才的选拔直接关系着企业的成败。

3. 企业尚未建立起规范的人力资源管理体系，企业主要创业者直接参与企业人力资源管理的主要工作。在创业期，企业还没有明晰的企业发展战略和人力资源战略，但企业创办者在进行决策时，应当具有战略性的思维。为使企业稳步度过创业期，企业人力资源战略的核心是：

(1) 吸引和获取企业所需的关键人才，满足企业发展需要；

(2) 制定鼓励关键人才创业的激励措施和办法，充分发挥关键人才的作用，加速企业发展；

(3) 发现和培养核心人才，为企业的未来发展奠定人才基础。

（二）成长阶段

经历了创业期的艰难，企业进入成长期。成长期的企业发展迅速，企业规模不断扩大，其企业发展战略的核心是如何使企业获得持续、快速和稳定的发展。该阶段，企业人力资源管理呈现出如下主要特点：

1. 企业对人力资源数量的需求不断增长，不但要得多，而且要得急；

2. 企业对员工素质有更高的要求，不但要求拿来就能用，而且要求上手快；

3. 创业初期主要靠企业关键人员的个人能力维持企业运行的粗放型管理已经不再适应企业发展，需要有更为效率的规范化管理来促进企业发展。

为实现企业战略，在这一时期，企业人力资源战略的重点是：

1. 进行人力资源需求预测，制定人力资源规划，确保企业快速发展对人力资源数量和质量的需要；

2. 完善培训、考评和薪酬机制，充分调动全体员工的工作激情，加速企业发展；

3. 建立规范的人力资源管理体系，使企业人力资源管理工作逐步走上法制化的轨道。

（三）成熟阶段

成熟阶段的企业灵活性和控制性达到平衡，是企业发展的巅峰时期。在这个阶段企业绩效最高，资金充裕，能力很强，企业能很好地满足顾客要求，其制度和结构也很完善，决策能得到有效实施，是企业真正的黄金阶段。

企业进入成熟期，既是企业在既有环境和现有要素、结构下的一种状态，也是外界与企业自身的一种心态使然。企业进入成熟期后，其发展方向有三：一是经过短暂的繁荣后进入到老化阶段，这是企业最不愿意看到的；二是企业领导始终保持清醒的头脑，不断对企业内部进行微调，尽可能延长企业的成熟期；三是企业上下始终保持清醒的头脑，积极而稳妥地推进企业内部变革，不但没有使企业进入老化期，而是使企业以此作为新的发展平台，从而进入到新一轮增长期。因此，在这个阶段，如何使繁荣期延长并力争使企业进入到一个新的增长阶段成为制定企业发展战略的关键。在这个阶段，企业人力资源管理的主要特点是：

1. 企业的发展，主要是靠企业的整体实力和规范化的机制，个人在企业中的作用开始下降；

2. 随着时间的推移，企业内部的创新意识可能开始下降，员工惰性增加，企业活力开始衰退；

3. 由于企业实力和形象达到最佳，企业对一般人员的吸引力很强，外界人员争相进入企业，若处理不好，很可能造成人浮于事的局面；

4. 各个工作岗位满员，空缺岗位很少，人员晋升困难，对有能力的人吸引力开始下降。

在这个阶段，为应对企业发展战略变化的需要，企业人力资源战略的核心是：

1. 激发创新意识，推动组织变革，保持企业活力；

2. 吸引和留住创新人才，保持企业创新人才基础。

（四）衰退阶段

这是企业生命周期的最后阶段，企业市场占有率下降，产品竞争力减弱，赢利能力全面下降，危机开始出现，企业战略管理的核心是寻求企业重整和再造，使企业获得新生。在这一阶段，企业人力资源管理的主要特点是：

1. 企业人心不稳，核心人才流失严重，一般人员严重过剩；

2. 人力成本突显，企业人力资源经费锐减；

3. 企业已经失去活力，内部缺乏创造性，官僚风气浓厚，制度繁杂，缺乏有效执行，互相推脱责任的情况经常发生；

4. 企业向心力减弱，离心力增强。

为应对企业发展战略变化的需要，这一时期企业人力资源战略的重点是：

1. 妥善裁减多余人员，严格控制人工成本，提高组织运行效率；

2. 调整企业人力资源政策，吸引并留住关键人才，为企业重整、延长企业寿命和寻求企业重生创造条件。

三、企业战略与人力资源战略的协调与相互依存

企业战略是指企业在预测和把握环境变化的基础上，为了求得长期生存与发展所做的整体性、全局性、长远性的谋划及相应的对策。人力资源战略本身以企业战略为依据，同时又影响着企业战略的制定和执行。企业战略管理过程，以战略规划为轴心，一般可大致划分为前后两个相互关联的环节，即战略形成阶段与战略实施阶段。人力资源战略管理的实质，就是要在人力资源管理与组织战略规划之间建立起内在联系，明确人力资源管理在战略形成和战略实施的不同阶段上所扮演的角色、所承担的职责及所发挥的作用。

战略人力资源管理强调人力资源管理与经营战略之间的相互依存关系（如图 3-1 所示），承认组织的竞争优势可以通过高质量的人力资源获取。在现代组织管理中，战略与人力资源管理之间的关系越来越紧密，组织战略的形成与实施有赖于组织中员工的知识、技能、信念和行为。因此，组织制定经营战略时，首先应该考虑环境和人力资源现状，把人的因素作为第一位的因素。此时，组织层面的人力资源管理目的之一就是要保证人力资源管理与组织经营战略之间保持的高度协调一致。

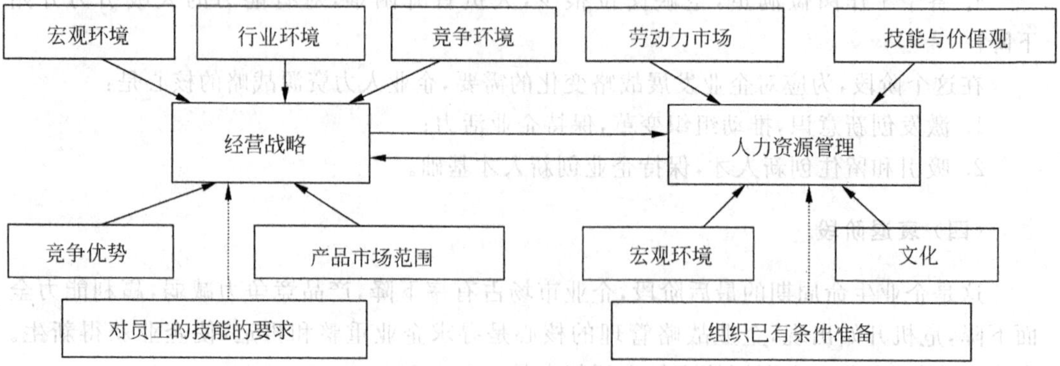

图 3-1 人力资源管理与经营战略的相互依存关系

企业战略与人力资源战略之间的相互匹配是实现企业经营目标,提高企业竞争力的关键所在。表 3-2 体现了企业战略与人力资源战略的相互整合。

表 3-2　人力资源战略与企业战略的整合

竞争战略	人力资源战略		
	资源的获取	人力资源发展	激　励
通过创新赢得竞争优势	通过技能创新和对创新过程的跟踪记录吸引和留住优秀人才	发展战略性能力,提供设备和激励促进创新技能	对成功的创新进行物质激励
通过高质量赢得竞争优势	用先进的甄选程序来招聘能提供高质量和高水平顾客服务的人才	鼓励学习型组织的发展,对员工进行集中培训以及支持全面质量管理和提高服务水平	把薪酬和质量水平、客户服务水平挂钩
通过低成本赢得竞争优势	发展核心/发散性的雇佣结构;招聘能增加价值的员工;如果裁员是不可避免的话,要从人道主义出发进行计划和管理	设计员工培训计划来提高生产率,根据企业的需要进行适当的培训;衡量和评价降低成本的有效性	对增加价值和避免不必要的开支的活动进行奖励
通过招聘比竞争对手更优秀的员工赢得竞争优势	严格分析组织所需特别的才能,采用先进的招聘和选人的程序	发展组织学习程序;把个人发展计划作为业绩管理的一部分,鼓励员工学习	发展业绩管理程序,保证对竞争能力和独特才能进行物质和精神奖励;确保薪酬系统具有竞争力

资料来源:许庆瑞等. 21 世纪的战略性人力资源管理. 科学研究,2002 年 2 月

(一) 企业战略是制定人力资源战略的前提和基础。人力资源战略服从和服务于企业战略,支持企业战略目标的实现。人力资源战略必须建立在由企业管理层共同确定,符合企业内外各方面利益,且得到企业全体员工一致认同的企业发展战略目标的基础之上。

(二) 人力资源战略为企业战略的制定提供信息。任何一项成功的企业战略的制定通常都是在两种力量之间寻求一种平衡:一方面是企业的内部资源状况,另一方面是企业的外部环境的变化。在为企业决策提供内部信息方面,人力资源战略所能提供的信息包括:人力资源的供需状况、人力资源的素质、人力资源的工作绩效与改进、人力资源培训与开发的效果等。在为企业决策提供外部信息方面,人力资源战略所能提供的信息包括:劳动力供给的状况,竞争对手所采用的激励或薪酬计划的情况以及一些关于劳动法等法律方面的信息等。当出现企业间的兼并或合并时,人力资源战略将着重于企业重组过程中人力资源管理上的协调问题,如被并购企业间员工的工资和福利计划的接轨,以及其企业文化的差异性和彼此的相容度等。

（三）人力资源战略是企业战略目标实现的有效保障。当今世界，国内外市场竞争日益激烈，组织结构的不断变化、工作的日益复杂化、对信息技术频繁的采用以及企业兼并和重组等活动的不断出现，都要求企业必须比过去更为注重人力资源战略。例如，培训企业所需的人才，在企业兼并后将关键性的雇员保留在企业中，创造良好的工作氛围，培养具有献身精神的雇员等，这些都是企业战略目标得以实现的有效保证。

四、企业战略与人力资源战略规划

战略性人力资源规划是企业经营战略规划的重要组成部分，并为企业的经营战略目标的实现服务。它以企业经营战略目标为出发点，为经营战略目标的实现而制定相应的企业人力资源的配置目标、配置计划以及配置方式。可以说，战略性人力资源规划是企业人力资源开发与管理工作的"龙头"，它牵引并决定着企业人力资源各项管理活动的方向，对企业战略目标的实现起着重要的作用。

企业战略根据不同的标准可以划分为不同的类型，其中使用最广泛的是美国著名企业战略家波特提出的通用竞争战略，即在竞争理论分析的基础上，将企业战略分为低成本战略、差异化战略和专一化战略等三大类。

低成本战略是指企业在提供相同的产品或服务时，其成本或费用明显低于行业平均水平或主要竞争对手的竞争战略；差异化战略是指企业通过向用户提供与众不同的产品或服务以获取竞争优势的战略；专一化战略是指企业在某个较狭窄的领域内（如某特殊顾客群），或是实施低成本，或是实施差异化，或是两者兼而有之的竞争战略。科迈斯和麦吉阿等人根据波特的企业竞争战略分类，探讨了每一类型企业战略相对应的人力资源战略规划，如表 3-3 所示。

表 3-3　与波特的竞争战略相协调的人力资源战略规划

企业战略	一般组织特点	人力资源战略规划重点
低成本战略	·持续的资本投资 ·严密的监督员工 ·严格的成本控制，要求经常、详细的控制报告 ·低成本的配置系统 ·结构化的组织和责任 ·产品设计是以制造上的便利为原则	·有效率的生产 ·因岗定编，招聘多为基层职位 ·明确的工作说明书 ·详细的工作规划 ·强调具有技术上的资格证明与技能 ·强调与工作有关的特定培训 ·强调以工作为基础的薪酬 ·使用绩效的评估当作控制的机制

续表

企业战略	一般组织特点	人力资源战略规划重点
差异化战略	·营销能力强 ·产品的策划与设计 ·基础研究能力强 ·公司以质量或科技领先著称 ·公司的环境可吸引高技能的员工、高素质的科研人员或具有创造力的人	·强调创新和弹性 ·工作类别广 ·松散的工作规划 ·外部招募 ·强调以个人为基础的薪酬 ·团队基础的培训 ·使用绩效评估作为发展的工具
专一化战略	结合了成本领先战略和差异化战略组织特点	结合了上述人力资源战略

需要注意的是，企业在制定战略性人力资源规划之前，要对企业的经营战略规划与核心业务规划有明确而清晰的认识，要对企业人力资源内、外部环境作细致深入的分析，并建立较为完备的人力资源管理信息系统，同时收集到较为完整的人力资源历史数据。企业的经营战略与核心业务为战略性人力资源规划提供导向，较为完备的人力资源信息系统与人力资源历史数据则是企业战略性人力资源规划的前提与依据。

企业在制定战略性人力资源规划时，要重视基于战略的员工核心专长与技能的培育，以满足企业战略和发展所需要的人才队伍建设的需要；要充分利用企业现有人才，建立稳定有效的内部劳动力市场，解决企业人力资源的供求不均衡的问题；要追求人与职位的动态有效配置，尽量避免人才浪费。

战略性人力资源规划是高效运作的人力资源管理系统的前提，是人力资源管理各子系统决策的依据。企业应从经营战略目标出发，通过战略性人力资源规划，将所有的人力资源体系方案联系起来，并统领各人力资源方针、政策以发挥出最佳的协同效应，以达成通过实现人力资源规划来科学指导人力资源其他管理实践并最终支撑企业经营战略目标的目的。

第二节　人力资源战略规划概述

一、人力资源战略规划的内涵

人力资源战略规划，概括地说，就是组织为了在未来一个相当长的时间内获得和保持竞争与发展优势，而针对目前变化的环境所带来的一系列人力资源问题，在高层决策者指导下由全体员工共同参与制定并加以实施的关于人力资源管理活动的方向性调整和行动方案。

切实可行的人力资源战略规划是建立在内部充分沟通、相互协作基础之上的，是集体智慧的结晶。因此，决策层、一线经理和人力资源管理部门三者之间的科学分工与协作变得非常重要。总的来说，决策层要对人力资源战略规划的制定和实施负责，并支持人力资源部门、一线经理的人力资源工作；人力资源管理部门负责岗位分析、岗位评价等基础业务，并协助一线经理做好核心业务（如大量的人力资源管理标准的制定和事务性服务）和协助决策层做好人力资源战略规划；一线经理负责在人力资源管理的核心业务中处于关键环节，并协助人力资源部门做好岗位分析和岗位评价等基础工作以及协助决策层做好人力资源战略规划。

二、制定和实施人力资源战略规划的意义

企业竞争战略的成功与否很大程度上取决于人力资源的参与程度，制定科学的人力资源规划，可以合理利用人力资源，提高企业劳动效率，降低人工成本，增加企业经济效益。其重要意义体现在以下4个方面。

1. 人力资源规划是企业发展战略总规划的核心要件

人力资源规划是一种战略规划，主要着眼于为未来的企业生产经营活动预先准备人力，持续和系统地分析企业在不断变化的条件下对人力资源的需求，并开发制定出与企业组织长期效益相适应的人事政策。因此，人力资源规划是企业整体规划的有机组成部分，是企业发展战略总规划的核心内容。

2. 人力资源规划是组织管理的重要依据

随着组织规模的扩大和结构的复杂化，管理的工作量和难度都在迅速提高，无论是确定人员的需求量、供给量，还是职务、人数以及任务的调整，不通过一定的周密计划显然难以实现。例如，何时需要补充人员，补充哪些层次的人员，如何补充；如何组织多种需求的培训，对不同层次和部门的如何考评和激励等。这些管理工作在没有人力资源规划的情况下，必然陷入相互分割和混乱的状况。因此，人力资源规划是组织管理的重要依据，它为组织的录用、晋升、培训、考评、激励、人员调整以及人工成本的控制等活动，提供准确的信息和依据。

3. 人力资源规划对合理利用人力资源，提高企业劳动效率，降低人工成本，增加企业经济效益有重要作用

人工成本中最大的支出是工资，而工资总额在很大程度上取决于组织中的人员分布情况。对于一个企业来说，随着时间的推移，人员数量的增加和职务等级水平的上升，人工成本可能超过企业所能承受的能力。人力资源规划可以调整人力配置不平衡的状况，

进而谋求人力资源的合理化使用，使人工成本控制在合理的支付范围内，从而提高企业的劳动效率。人力资源规划还可通过对现有的人力资源结构进行分析，找出影响人力资源有效运用的主要矛盾，充分发挥人力资源效能，降低人工成本在总成本中的比重，达到提高企业经济效益的目的。

4. 人力资源规划有助于发挥人力资源个体的能力，满足员工的发展要求，调动员工的积极性

许多企业面临着源源不断的员工跳槽，表面上看来这是因为企业无法给员工提供优厚的待遇或者晋升渠道，其实是显示了企业人力资源规划的空白或不足。因为并不是每个企业都能提供有诱惑力的薪金和福利来吸引人才，许多缺乏资金、处于发展初期的中小企业照样可以吸引到优秀人才并迅速成长。他们的成功之处在于立足企业自身的情况，营造企业与员工共同成长的组织氛围，让员工对未来充满信心和希望，同企业共同发展。因此，人力资源规划要着力考虑员工的发展。在人力资源规划的基础上，引导员工进行职业生涯设计和发展，让员工清晰了解未来的职位空缺，看到自己的发展前景，从而积极地努力争取，对于调动员工积极性非常有益。

三、人力资源战略规划的主要任务

在制定人力资源战略规划的启动阶段、讨论阶段和确定方案阶段，其各自的主要任务不尽相同。

在启动准备阶段，研究评价组织所面临的外部条件及其变化情况，包括机遇和挑战两个方面，以找到影响组织使命达成的关键人力资源因素。外部环境涉及社会政治制度、法规政策规定、社会经济问题动态和人才市场供求状况等影响组织战略决策的制度条件和因素。人力资源战略规划的首要任务就是通过深入的调查研究，敏锐把握和预测这些环境变化对未来组织发展在人力资源方面有哪些制约、要求、挑战和机遇。

在讨论评估阶段，要根据外部环境要求，立足内部组织环境，包括组织设计或再造及相应的工作职位分析和描述，以及组织使命及整体发展要求，识别、分析和甄别具有战略意义的人力资源问题，从而确定组织人力资源管理的战略方向及方针政策。在后工业社会和知识经济的时代背景下，人力资源战略规划主要不是以严格的专业分工关系和程式化的工作说明书为基础，而是以概略性的、具有很大灵活性或弹性的工作设计和描述作为组织基础，以员工自我实现、职业生涯设计和发展为主线，来识别和验证有关人力资源问题，确定人力资源战略规划目标。

在确定方案阶段，根据适当的预测技术，对未来一定人力资源供求状况作出定量研究，在此基础上将人力资源战略目标具体化为规划方案。人力资源规划者对人力资源的供给与需求作出定量预测后，要对这两方面的数据加以比较，从而验证各种工作职位人力资源可能

出现的不均衡的情况,并决定采取何种措施,诸如减员、提前退休或正式招聘、临时雇佣、工作任务外包或加班等,来解决人力资源供求矛盾和问题。人力资源规划方案,一般来说,应包括主要规划指标、实施步骤与措施,以及有关人力资源职能及组织保证等内容。

四、人力资源战略规划的主要内容

从人力资源规划所涉及的范围来看,可以分为两个层次:战略层次的总体规划和战术层次的人员补充计划、人员使用计划、人员接替及提升计划、教育培训计划、评价及激励计划、劳动关系计划、退休及解聘计划。战术层次的各项业务计划实质是总体规划的具体化,每一项均由目标、任务、政策、步骤及预算等部分组成,它们不仅要能够支持总体规划的实现,而且彼此之间还要保持协调和平衡。详细内容见表 3-4。

表 3-4　人力资源规划内容一览表①

计划类别	目　标	政　策	步　骤	预　算
总规划	总目标:绩效、人力总体素质、员工满意度	基本政策:扩大、收缩、保持稳定	总步骤:按年度进行安排	总预算
人员补充计划	类型、数量、层次,对人力素质结构及绩效的改善	人员素质标准、人员来源范围、起点待遇	拟定补充标准,广告吸引、面试、笔试、录用和培训上岗	招聘选拔费用
人员分配计划	部门编制,人力结构优化及绩效改善、人力资源职位匹配,职务轮换幅度	任职条件、职务轮换范围及时间	略	按使用规模、差别及人员状况决定的工资、福利预算
人员接替及提升计划	后备人员数量保持,人才结构及绩效目标	全面竞争,择优晋升,选拔标准,提升比例,未提升人员的安置	略	职务变动引起的工资变动
教育培训计划	素质及绩效改善、培训数量类型,提供新人力	培训时间和效果的保证	略	培训总投入产出,脱产培训损失

① 秦志华. 人力资源管理. 北京:中国人民大学出版社,2000

续表

计划类别	目标	政策	步骤	预算
评价、激励计划	人才流失减少，士气水平、绩效改进	工资政策，激励政策、激励重点	略	增加工资、奖金预算
劳动关系计划	降低非期望离职率，干群关系改进，减少投诉和不满	参与管理，加强沟通	略	法律诉讼费
退休及解聘计划	编制、劳务成本降低及生产率提高	退休政策及解聘程序	略	安置费、人员重置费

第三节 人力资源战略规划的程序与预测方法

一、基于战略的人力资源规划模型

战略性人力资源规划要求规划主体（即组织）在组织愿景、组织目标和战略规划的指引下针对人力资源活动的特点，把握人力资源的需求与供给，站在战略的高度动态地对人力资源进行统筹规划，努力平衡人力资源的需求与供给，从而促进组织目标的实现。图3-2即为人力资源战略规划的模型。

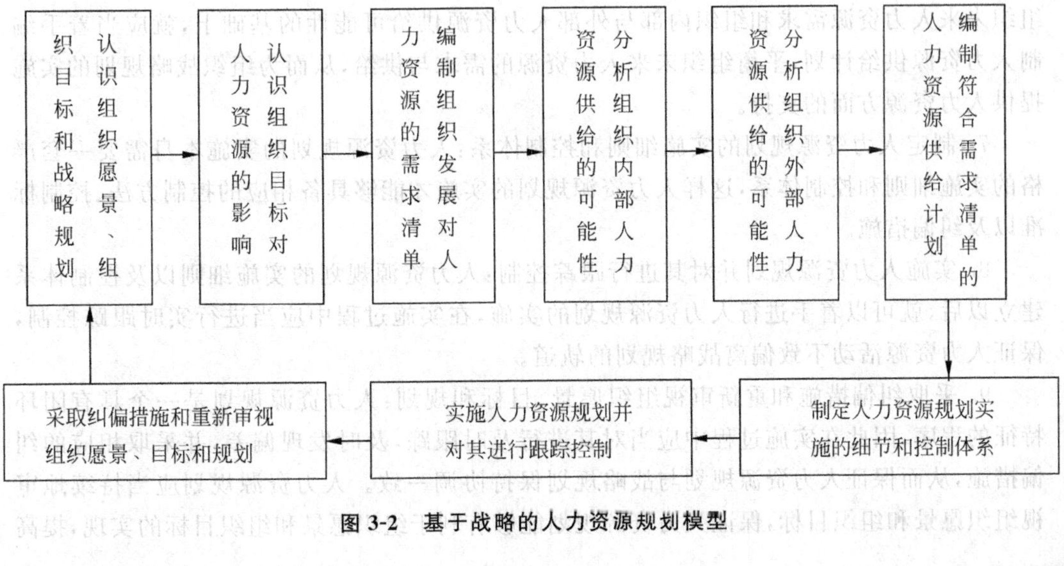

图 3-2 基于战略的人力资源规划模型

1. 认识组织愿景、组织目标和战略规划：人力资源战略规划主体只有充分认识组织愿景、组织目标和战略规划，他(她)们所制定的人力资源规划方案才能够有效地协调人力资源活动和组织活动，保证人力资源规划的实施能够促进组织实现其组织愿景和组织目标。

2. 认识组织目标对人力资源活动的影响：人力资源规划主体在充分认识组织愿景、组织目标和战略规划的前提下，还必须认识到组织目标对人力资源活动的影响，从而有针对性地开展相应的人力资源规划活动，制定相应的人力资源规划方案，以协调和支持战略规划的实施，从而促成组织愿景和组织目标的实现。

3. 编制组织发展对人力资源的需求清单：人力资源的两个任务之一就是获取未来人力资源的需求清单。在编制未来人力资源需求清单时应当运用统筹的方法，系统地、动态地考虑由于职位变动和组织发展而导致的人力资源需求。

4. 分析组织内部人力资源供给的可能性：人力资源规划主体在编制人力资源需求清单之后应当分析组织内部人力资源供给的可能性，编制内部人力资源供给清单。人力资源规划主体在分析组织内部人力资源供给的可能性时主要有以下几种方法：(1)建立"技能清单数据库"；(2)利用"职位置换图"。(3)制定"人力持续计划"。

5. 分析组织外部人力资源供给的可能性：当组织内部的人力资源供给无法满足组织未来的人力资源需求时，人力资源规划主体就应当审视组织外部人力资源供给能够满足组织未来人力资源需求的可能性，编制外部人力资源供给清单，从而主动地利用组织外部的条件来支持战略计划的实施，促成组织愿景和组织目标的实现。

6. 编制符合人力资源需求清单的人力资源供给计划：人力资源规划主体在充分认识组织未来人力资源需求和组织内部与外部人力资源供给可能性的基础上，就应当着手编制人力资源供给计划，平衡组织未来人力资源的需求与供给，从而为组织战略规划的实施提供人力资源方面的支持。

7. 制定人力资源规划的实施细则和控制体系：人力资源规划的实施本身需要一套严格的实施细则和控制体系，这样人力资源规划的实施才能够具备相应的控制方法、控制标准以及纠偏措施。

8. 实施人力资源规划并对其进行跟踪控制：人力资源规划的实施细则以及控制体系建立以后，就可以着手进行人力资源规划的实施，在实施过程中应当进行实时跟踪控制，保证人力资源活动不致偏离战略规划的轨道。

9. 采取纠偏措施和重新审视组织愿景、目标和规划：人力资源规划是一个具有闭环特征的程序，因此在实施过程中应当对其进行及时跟踪，及时发现偏差，并采取相应的纠偏措施，从而保证人力资源规划与战略规划保持协调一致。人力资源规划应当持续地审视组织愿景和组织目标，保证人力资源规划能够有利于组织愿景和组织目标的实现，提高自身运作的有效性。

综上所述，基于战略的人力资源规划要求人力资源规划主体在人力资源规划程序的所有环节中都应当站在战略的高度，充分审视组织自身的资源条件和组织外部环境，在组织愿景、组织目标以及战略规划的指引下制定组织未来人力资源需求清单以及相应的人力资源供给计划，从而支持战略规划的实施，促进组织愿景和组织目标的实现。

二、人力资源战略规划的程序和方法

根据上文的"基于战略的人力资源规划模型"，可以把人力资源战略规划大致划分为4个阶段——信息收集、整理阶段、确定规划期限阶段、预测供给与需求阶段、反馈调整阶段。

（一）信息的收集、整理

在制定人力资源规划时需要收集和整理一些相关信息，包括公司内部的经营方向和经营目标，以及公司外部的社会环境、地域因素等对人力资源的影响。

1. 企业自身整体状况及发展规划（如产品结构、市场占有率、技术设备、资金情况和经营战略等）

人力资源战略规划在企业发展的不同阶段都是不可缺少的一个环节。但在企业不同的生命周期阶段，为适应内外环境的变化，组织必须不断调整其竞争战略，相应需要制定不同的人力资源规划以确保组织战略和目标的实现。

在创业阶段，一个组织制定了集中战略。这种战略要求人力资源规划聚焦于招聘、选拔某方面的专业技术人员，如生产、销售、高级管理人员，为组织的顺利运行和成长构建合理的人力资源队伍。

在成长阶段，组织常常采用一体化战略、加强型战略和多元化经营战略，而这些战略意味着与之相适应的人力资源规划有不同的侧重。就多元化经营战略而言，人力资源规划不仅要制定招聘选拔优秀员工的措施，还要注意不同类型员工的性格、兴趣、素质、结构与组织战略、组织岗位的匹配，培养和激发员工的主动性、积极性和创造性，推动组织的成长。

在成熟阶段，人力资源规划要保证员工队伍的稳定，同时注重培训和开发，提高人员使用效率，力争在同行业或某一地区保持人力成本效益优势。另外要主动承担一些社会责任，树立一定的知名度，改善组织的形象。

在衰退阶段，清算战略是组织的必然选择。在这种战略指导下，裁员与招聘并举成为人力资源规划的主要内容。裁员的目的是降低人力成本，提高人均工作负担，达到人员充分使用。招聘的目的就是为组织战略转移作好人力资源准备。通过新老员工队伍的融合，弥补组织衰落造成的损失。

2. 人力资源管理的外部环境

(1) 政策环境：国家对于人力资源的法律法规、国家和地方的劳动保障法规政策。企业人力资源规划如果与国家政策相抵触，则无效。

(2) 劳动力市场环境：如各职种的工资市场价位、供求情况等。

(3) 地域因素：即人才分布在地域方面的离散程度。

在制定人力资源规划时，要特别考虑外部环境这一动态因素，而不能简单的将人力资源规划理解为静止的数据收集和一劳永逸的应用。企业所处的内部环境、外部市场和政治环境等往往处于不停的变化之中，成功的战略性人力资源规划贯穿于企业整个经营过程中，并不断根据动态变化的实际作出相应的调整与改进，以追求自身对企业、对环境的适应性。

3. 企业现有人力资源状况

(1) 各部门人数情况；

(2) 人员空缺或超编；

(3) 岗位与人员之间的配置是否合理；

(4) 各部门员工的教育程度、经验程度和培训情况等。

（二）确定规划期限

根据企业的经营管理状况和外部市场环境，确定人力资源战略规划的期限，人力资源战略规划按其规划期限的长短，可以分为长期规划、中期规划与短期规划 3 种。

长期规划是指 5 年以上具有战略意义的规划，具有较大的普遍性和灵活性。它为组织的人力资源发展和使用指明了方向、目标和基本政策。长期规划的制定建立在对内外环境变化的有效预测基础之上，起到“指南针”的作用。

中期规划是 3～5 年的规划，其目标、任务的明确与清晰程度介于长期规划与短期规划之间。

短期规划是指时间跨度在 1 年左右的规划。它对各项人事活动的要求比较明确、任务具体、目标清晰，是依据长期规划来确定现有绩效的基准点。如果组织目标或环境发生显著改变，则需要调整人力资源规划，以便于更准确的反映现实需要。以对第 2 年的预测为依据，每年调整人力资源规划是一种典型方式。这种逐年调整，可使注意焦点始终锁定在长期规划上。

表 3-5 对比分析了长期规划和短期规划的适用环境。

表 3-5 长期规划和短期规划的适用环境

长期规划	短期规划
组织居于强有力的市场竞争地位	组织面对诸多竞争
渐进的社会和经济环境	飞速变化的社会和经济环境
稳定的产品或劳动需求	不稳定的产品或劳动需求
政治法律环境较为稳定	政治法律环境经常变化
完善的管理信息系统	管理信息系统不完善
组织规模大	组织规模小
规范化、科学化的管理	管理较为混乱

改编自中国劳动网

另外，确定规划期限时还应注意：一是规划期限应能使组织有足够的时间针对人力资源预测所揭示出的潜在问题和需要作出必要的调整；二是规划期限应和其他重要计划有效地联系在一起，提高各种计划的整体效果。例如，如果人力资源规划和销售计划的期限不一样，就很难评价前者对后者的实际影响。

（三）根据企业整体发展规划，运用各种科学方法预测出组织对未来人员的要求

人力资源规划是一个预测与分析的过程。对于整体人力资源规划的制定而言，预测工作是一个最为重要的环节。所谓人力资源预测是指在对企业过往的人力资源情况及现状评估的基础上，对未来一定时期内人力资源状况的一种假设。其内容包括需求预测和供给预测。

1. 人力资源需求预测

人力资源需求预测是根据企业的发展战略规划和本企业内外部条件选择预测技术，然后对人员需求的数量、质量和结构进行预测。

人力资源需求预测所涉及的变量与企业经营过程所涉及的变量是共同的，主要包括顾客的需求变化、生产需求、劳动力成本趋势、可利用的劳动力（失业率）、每一工种所需要的雇员人数、追加培训的需求、每个工种员工的移动情况、旷工趋向（趋势）、政府的方针政策的影响、劳动力费用、工作小时的变化、退休年龄的变化和社会安全福利保障等。在明确组织雇员（包括一线员工和管理者）的技能和数量需求时，必须根据组织的特殊环境，认真考虑上述变量，应该把预测看成是完善周围的人力资源需求决策的一个工具。

人力资源需求预测有定性方法和定量方法。定性的方法主要有德尔菲法，定量的方法包括趋势分析法、比率分析法、分散预测法和成本分析法。下面将介绍这几种主要的预测方法。

(1) 德尔菲法

德尔菲法是目前企业人力资源需求短期预测中使用最广、有效性最好的方法之一。因为此方法可以综合考虑社会环境、企业战略和人员流动三大因素对企业人力资源规划的影响。德尔菲法是有关专家对企业组织某一方面发展的观点达成一致的结构性方法。使用该方法的目的是通过综合专家们各自的意见来预测某一方面的发展。

德尔菲法的基本原理按预测的程序可简要地概括为4个步骤:

首先,做预测筹划工作。其中包括确定预测的课题及各预测项目;设立负责预测组织工作的临时机构;选择若干名熟悉所预测课题的专家。

然后,由专家进行预测。预测机构把包含预测项目的预测表及有关背景材料进行统计与反馈。专家意见汇总后,预测机构对各专家意见进行统计分析,综合成新的预测表,并把它再分别寄送给各位专家,由专家们对新预测表作出第二轮判断或预测。如此反复须经过几轮,通常为3~4轮,专家的意见趋于一致。

最后,表述预测结果。即由预测机构把经过几轮专家预测而形成的结果以文字或图表形式表现出来。

使用德尔菲法应注意的地方是:由于专家组成成员之间存在身份和地位上的区别以及其他社会原因,有可能使其中一些人因不愿批评或否定其他人的观点而放弃自己的合理主张。要防止这类问题的出现,必须避免专家们面对面地集体讨论,而是由专家单独提出意见。对专家的挑选应基于其对企业内外部情况的了解程度。专家可以是第一线的管理人员,也可以是企业高层管理人员和外请专家。例如,在估计未来企业对人力需求时,企业可以挑选人事、计划、市场、生产及销售部门的经理作为专家。

此外,尽量避免专家在预测中倾向性选择信息和冒险心理效应。在本次预测的后两轮,不少专家有一种压低预测人数的倾向,不管是职能人员人数还是技术人员人数,都预估得过低。因此,在预测前的专家培训中,必须强调各自的独立判断;在预测过程中,应注意保密,避免人际压力的影响。最好的办法是由独立的机构而不是人力资源部来汇总、处理信息。还有就是与名义团体法配套使用。德尔菲法的难点在于如何提出简单明了的问题,如何使专家对预测中涉及的各种概念和指标理解一致,以及如何将专家的意见归纳总结。如果在预测前能对专家进行全面的培训,预测后再集中专家采用名义团体法进行讨论,最后达成一致意见效果会更好。

(2) 统计预测方法

统计预测法是根据过去的情况和资料建立数学模型并由此对未来趋势作出预测的一种非主观方法。常用的统计预测法有比例趋势分析法、经济计量模型法、一元线性回归预测、多元线性回归预测和非线性回归预测等。

统计回归模型预测人力资源数量,一般是根据组织某人力资源供给与需求变量(用Y

表示)及其时间变量或与其有密切相关关系的变量(用 X 表示)之间的因果关系和经验数据,建立回归方程式,以此时间变量或相关变量的预测值外推估算人力资源变量的未来数值。例如,如果要建立简单直线方程 $Y=a+bX$,根据最小平方法的要求,即变量 X、Y 的估计值与观测值之差的平方和为最小,那么,两参数要由标准方程组求解:

$$\sum Y = na + b\sum X$$

$$\sum XY = a\sum X + b\sum X^2$$

由此,可以推导出两参数的求解式为:

$$a = \sum Y/n - b(\sum X/n)$$

$$b = (n\sum XY - \sum X\sum Y)/[n\sum X^2 - (\sum X)^2]$$

例题:

已知某大型医疗服务中心 1993—2000 年的病床数与护士人数的历史资料及有关计算数据如表 3-6 所示。

表 3-6 某大型医疗服务中心有关统计计算数据

年份	病床数 X	护士数 Y	X^2	XY
1993	120	62	14 400	7 440
1994	200	86	40 000	17 200
1995	310	80	96 100	24 800
1996	380	110	144 400	41 800
1997	500	115	250 000	57 500
1998	610	132	372 100	80 520
1999	720	135	518 400	97 200
2000	800	160	640 000	12 800
$\sum$	3 640	880	2 075 400	454 460

由表上的数据可以分析出,两个变量 X、Y 有直线相关关系,比较合适建立一条直线回归方程。根据表中的数据,计算如下:

$$b = (n\sum XY - \sum X\sum Y)/[n\sum X^2 - (\sum X)^2]$$
$$= (8 \times 454460 - 3640 \times 880)/(8 \times 2075400 - 3640 \times 3640)$$
$$= 432480/3353600$$
$$= 0.129$$

$$a = \sum Y/n - b(\sum X/n)$$
$$= 880/8 - 0.129 \times 3640/8$$
$$= 51.305$$

从而得回归方程为：$Y=51.305+0.129X$

若预计2002年病床数达到1 000张，那么可以预测对护士的需求量将达到：

$$Y=51.305+0.129\times1000=180(人)$$

趋势分析作为一个最初的评估工具很有价值，然而雇佣情况很少仅仅依靠时间的推移，其他因素如服务质量的提高、销售规模及范围的变化、业务范围的扩展等，也可以影响到将来的雇佣需求。

(3) 比率分析法

比率分析是人力资源预测的另一种方法。比率分析法是指建立在某些有因果关系的因素(如销售量)与需要的员工人数(如销售人员的数量)之间的比率基础上一种预测。例如，假如发现销售部一名销售人员一个正常的销售量为50万元，并在过去的两年中，每年都要求10位销售员年销售额达到500万元。又假设制定了一个要求明年的销售额提高到800万元，后年增至1000万元的规划，那么如果销售人员也按照同等比率增长，明年就要将要求增加6名新的销售人员，且每人的销售量要超过50万元。在接下来的一年里，将需要再增加4名销售人员，去完成200万元的增加额。比率分析法也可用于帮助对其他员工需求的预测。例如，可以通过计算销售人员与秘书的比率，来确定需要多少名秘书来配合这些新增的销售人员的工作。

同趋势分析法一样，比率分析也以生产率的同步提高为前提。例如，销售人员在没有受到任何激励的情况下，每人每年的销售额超过50万元。但事实上，任何销售生产率的提高或降低，都会影响销售额与销售人员的比率的变化。所以建立在历史比率的基础上的预测，不是一种非常精确的预测，它只会在正常的情况下，为人力资源的需求预测提供一个方向。

(4) 分散预算法

分散预算法是用来确定两种因素是否相关的方法。例如，业务范围的大小与员工人数是否相关，如果它们是相关的，那么通过对业务范围大小的预测，便应该能够评估出对所需职员数量的要求。

不管采用哪种预测方法，管理者的判断都将处于一个重要的地位。值得注意的是，假设任何历史的趋势、比率等都将持续不变的应用于将来，即都是以其他因素不变为前提，这在许多情况下是不现实的。为了使预测更加准确，就要求管理者运用自己的判断能力对未来的需求进行预测。管理者对人员需求的最初预测应该考虑以下几个重要的因素：

· 提高服务或产品质量或开辟新市场的决策。这些涉及将雇佣的员工的本质或个性，需要考察在本组织中现有员工的技能是否与组织所要求的新的服务质量相适应。

· 技术和管理的变化导致生产率的提高。效率的提高可以减少对职员的需求，先进设备的使用或新激励规划的实施，都可能导致这种结果的产生。

· 可利用的财源。一笔较大的资金可以使组织雇佣更多的人员、支付更高的工资；相反，一个有限制的资金来源则可能意味着裁减人员或支付较低的工资。

(5) 成本分析法

这种方法主要是从成本的角度进行预测，具体公式为

$$NHR=TB/[(S+BN+W+O)*(1+a\%*T)]$$

式中：NHR 表示未来一段时间内需要的人力资源；

TB 表示未来一段时间内人力资源的预算总额；

S 表示目前企业员工的平均工资；

BN 表示目前企业员工的平均奖金；

W 表示目前企业员工的平均福利；

O 表示目前企业员工的平均其他支出；

$a\%$表示组织计划每个人力资源成本增加的平均百分数；

T 为未来一段时间的年限。

例如，某公司 3 年后的人力资源预算总额是 300 万元/月。目前企业每人的平均国内工资是 1000 元/月，平均奖金是 200 元/月，平均福利是 720 元/月，平均其他支出是 80 元/月。公司计划人力资源平均每年增加 5%。根据公式可以计算出 3 年后需要的人力资源总量是 NHR=3 000 000/[(1000+200+720+80)×(1+5%×3)]=1304(人)

定量预测的方法往往适合于相对稳定的企业。在国外企业实践中，不少公司喜欢用定量的方法进行预测，如采用线性回归或多元回归方法，通过建立各种简单的或复杂的预测模型将未来人员需求是与销售额等经济指标的增加联系起来考虑。从美国企业来看，更多的公司喜欢采用定性的方法进行预测，例如，许多公司喜欢利用名义团体法，由高层管理者和专家组成小组，围绕公司业务战略、企业和行业销售状况、资本风险等因素的变化，通过开会来共同预测公司未来的人力需求情况。但由于担心缺乏衡量预测数据的客观标准，和与会者之间的人际关系、群体压力等因素，许多大公司都喜欢采用德尔菲法。

2. 人力资源供给预测

人力资源需求预测只是人力资源规划的一个方面，通过需求预测组织可以了解到未来某个时期为实现其目标所需的人员数量和人员技能要求。除此之外，组织还需要了解能够获得多少所需的人员，从何渠道获得这些人员——即人力资源的供给预测。

人力资源的供给预测是预测在某一未来时期，组织内部所能供应的(或经过培训可能补充的)以及外部劳动力市场所提供的一定数量、质量和结构的人员，以满足企业为达成目标而产生的人员需求。组织的人力资源供给来自组织的内部和外部。人力资源供给预测首先要从内部开始，以对组织现有人员状况分析为基础，同时考虑组织内部人员的流动状况，了解有多少员工仍然留在现在岗位上，有多少员工因岗位轮换、晋升或降级离开现在岗位到新岗位工作，有多少员工因退休、调离、辞职或解雇等原因离开组织。图 3-3 显示了组织内部人员流动及转移情况。

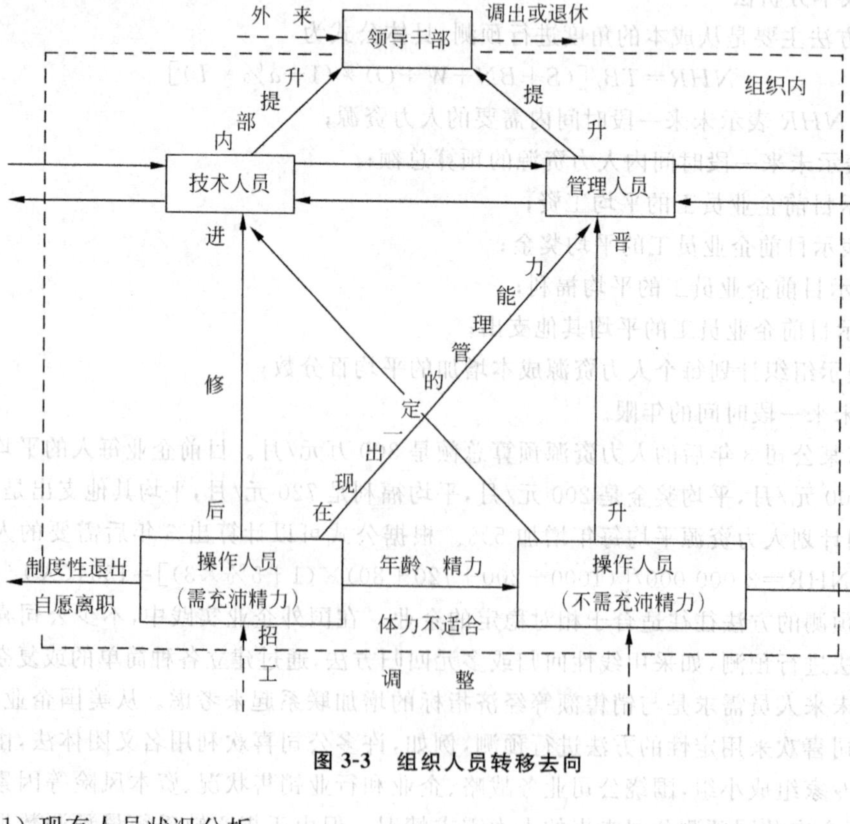

图 3-3　组织人员转移去向

(1) 现有人员状况分析

对现有人员进行分析是人力资源供给预测的基础。分析现有人员状况时可以根据人力资源信息系统或人员档案所收集的信息，按不同要求，从不同的角度进行分析。例如，分析员工的年龄结构可以发现组织是否存在着年龄老化或短期内会出现退休高峰等问题；对员工的工龄结构进行分析有助于了解员工的流失状况和留存状况；对现有人员的技能和工作业绩进行分析便于了解哪些员工具有发展潜力？具有何种发展潜力？是否可能成为管理梯队的成员？未来可能晋升的位置是什么？除此之外，还可以根据需要对组织的管理人员与非管理人员的比例、技术工人与非技术工人的比例、直接生产人员与间接生产人员的比例、生产人员与行政人员的比例等进行分析，以便了解组织的专业结构、不同人员的比例结构等。

技能档案是预测人员供给的有效工具，它含有每个人员技能、能力、知识和经验方面的信息，这些信息的来源是工作分析、绩效评估、教育和培训记录等。技能档案不仅可以用于人力资源规划，而且也可以用来确定人员的调动、提升和解雇。有些高级管理者也用职位配置卡来跟踪组织内部最重要职位的候选人的情况。为了更好地配置合格的人员，管理者可以编制一个职位配置卡，记录对重要职位有潜能的接替者的现有工作成绩及提升的可能。每一个职位都配有一个卡片，并根据内部候选人的现行工作成绩、提升潜力和培训要求等情况，对他们进行可行的选拔。

(2) 员工流失分析

员工流失是造成组织人员供给不足的重要原因，因此在对人力资源供给进行预测时员工流失分析是不容忽视的因素。员工流失分析可以借助一系列指标来进行。

第一，员工流失率分析

员工流失率分析的目的在于掌握员工流失的数量，分析员工流失的原因，以便及时采用措施。

员工流失率＝一定时期内(通常为一年)离开组织的员工人数

÷同一时期平均的员工人数×100％

该指标计算方便且便于理解，所以被广泛使用。但这一指标有时也容易产生误导。假定某公司有100人，该公司一年的员工流失率为3％，根据员工流失率计算公式预测第二年将有3人可能会离开公司，这意味着公司可能会出现了3个工作空位。但如果仔细分析后发现3％的员工流失率是由公司一小部分人员的频繁流失造成的，比如说程序员这一岗位一年中有3人离开公司。虽然流失率仍然是3％，但实际的工作空位只有一个。所以在利用员工流失率进行分析时，既要从公司角度计算总的员工流失率，又要按部门、专业、职务和岗位级别等分别计算流失率，这样才有助于了解员工流失的真正情况，分析员工流失原因。

第二，员工服务年限分析

有些公司在对员工流失情况进行分析后发现，在离开公司的员工中，他们服务年限的分布不均衡。通常而言,员工流失的高峰发生在两个阶段,第一阶段发生在员工加入组织的初期。员工在加入组织前对组织有一个期望或一个理想模式,进入组织以后可能会感到现实的组织与他的期望不一样,或者他对组织文化或工作不适应,在这种情况下,员工会很快离开组织,此后会出现一段相对稳定阶段。第二个离职高峰期通常会发生在服务年限4年左右。经过几年的工作,员工积累了一定的工作经验,同时他们对原有工作产生厌烦情绪。如果这个阶段组织不能激发起员工新的工作热情,或者员工看不到职业发展机会,他们会很快离开。员工服务年限分析既可以为员工流失分析提供补充信息,又可以为员工发展提供有益信息。

第三,员工留存率分析

员工留存率分析也是员工流失分析的一个重要指标。它是计算经过一定时期后仍然留在公司的员工人数占期初员工人数的比率。比如,公司期初有10名程序员,两年后留在公司的有7名,则两年留存率为70%。5年后仍留在公司的有4人,5年留存率为40%。通过留存率计算,公司可以了解若干年后有多少员工仍留在公司,有多少员工已离开公司。

(3) 组织内部员工流动分析

组织内部的岗位轮换、晋升或降级是管理工作的需要,也是员工发展的需要。因岗位轮换、晋升或降级而导致的组织内部人员的变动往往会产生一系列连锁反应。例如,公司财务总监退休,财务部的财务经理被提升到财务总监的位置,一位会计师提升为财务经理等。由于财务总监一人退休,产生了一系列的岗位空缺:财务总监、财务经理、会计师……组织内部员工的流动既是组织人力资源供给的内部来源,又会产生新的岗位空缺。很多企业通过管理人员梯队计划、退休计划和岗位轮换计划了解掌握组织内部员工的流动情况,发现工作空缺,为人力资源供给预测提供信息。

马尔可夫概率矩阵是进行组织内部员工流动分析常用的一种方法。该方法的基本思路是找出过去人事变动规律,以此推断未来人力资源变化的趋势。其应用前提为:①马尔可夫性假定,即$t+1$时刻的员工状态只依赖于t时刻的状态,而与t-1、t-2时刻状态无关。②转移概率稳定性假定,即不受任何外部因素的影响。矩阵分析的第一步是做一个人员变动矩阵表。表中每一个因素表示从一个时期到另一个时期人员变动的历史平均百分比。通常以5~10年为周期来估算年平均百分比。周期越长,百分比的精确度越高。将计划初期每个工作的员工数量与该工作员工变动概率相乘,然后纵向相加就可以得到组织内部未来劳动力的净供给量。马尔可夫模型的基本表达式为:

$$N_{i(t)} = \sum N_{i(t-1)} P_{ji} + V_{i(t)} \quad (i,j = 1,2,3\cdots,\kappa; t = 1,2,3\cdots,n)$$

式中:K:职位类数;$N_{i(t)}$:时刻t时I类人员数;P_{ji}:人员从j类向I类转移的转移率;

$V_{i(t)}$：在时间$(t-1,t)$内 I 类所补充的人员数。某类人员的转移率(P)＝转移出本类人员的数量/本类人员原有总量。

马尔可夫概率矩阵法已经被许多公司所采用，但是转换矩阵中的概率与实际情况可能会有差距。特别是现在，快速变化的环境和人才竞争的加剧，使员工流动速度加快。因此应用马尔可夫概率矩阵法时需要考虑其他相关因素。

(4) 人力资源供给渠道分析

人力资源供给预测的任务一是了解组织能获得多少所需的人力资源；二是了解从何渠道获得这些人员。供给渠道分析提供了第二方面的信息。

人力资源供给主要有两个途径：组织的内部供给和组织的外部供给。当组织出现工作岗位空缺时可以首先考虑是否能够通过岗位轮换、晋升等方式从组织内部填补岗位空缺。当组织内部无法满足或无法全部满足岗位空缺所产生的人力资源需求时，就必须通过外部供给渠道来解决。

然而在很多情况下，及时发现并雇佣到优秀员工并非易事。因为通过外部供给渠道招聘人才不仅要调查整个国家和组织所在地域的人力资源供给状况，还要调查同行业或同地区其他企业对人力资源的需求情况。外部供给预测是相当复杂的，因此在对人力资源供给进行预测时，必须对劳动力市场供给有个清醒的判断。一般来说，影响人力资源供给的因素主要包括：

· 企业所在地的人力资源状况。例如，企业需要哪一类型的人才？这类人才的市场供给情况如何？其他企业对这类人才的需求如何？

· 企业所在地对人才的吸引程度。例如，企业所在地的居住环境如何？地域文化如何？工作是否有安全感？对各类人才的包容程度如何？

· 企业自身对人才的吸引程度。例如，企业的薪酬和福利对人才的吸引程度如何？员工在企业工作的发展前景如何？企业目标是否与员工个人的发展目标相一致？

· 预期经济增长(主要是企业所在行业的经济增长状况)。如果预期行业经济增长率将增高，那么同行业其他企业对人力资源的需求增加，分布到本企业的人力资源供给则会减少。

通过对上述因素进行分析，组织可以对劳动力市场各类人才的供给状况以及组织在劳动力市场的优势与劣势有个清醒的判断。如果组织发现在短时期内很难招聘到满足组织需要的人才，就必须考虑采用其他方式，例如对现有员工再培训，使其能够满足组织未来发展的需要等。

3. 人力资源供求均衡分析

组织的人力资源供需可能出现以下 4 种情况：

(1) 供需平衡；

(2) 供大于需，出现人力资源冗余；

(3) 供小于需，出现人力资源短缺；

(4) 结构性失调，即某些类别的人力资源不足，而某些类别人力资源过剩同时并存。

对于第一种情况，组织可不采取任何措施，维持现行的政策和制度即可。对于后 3 种情况，组织必须采取相应的措施以恢复平衡状态。组织的做法如图 3-4 所示。

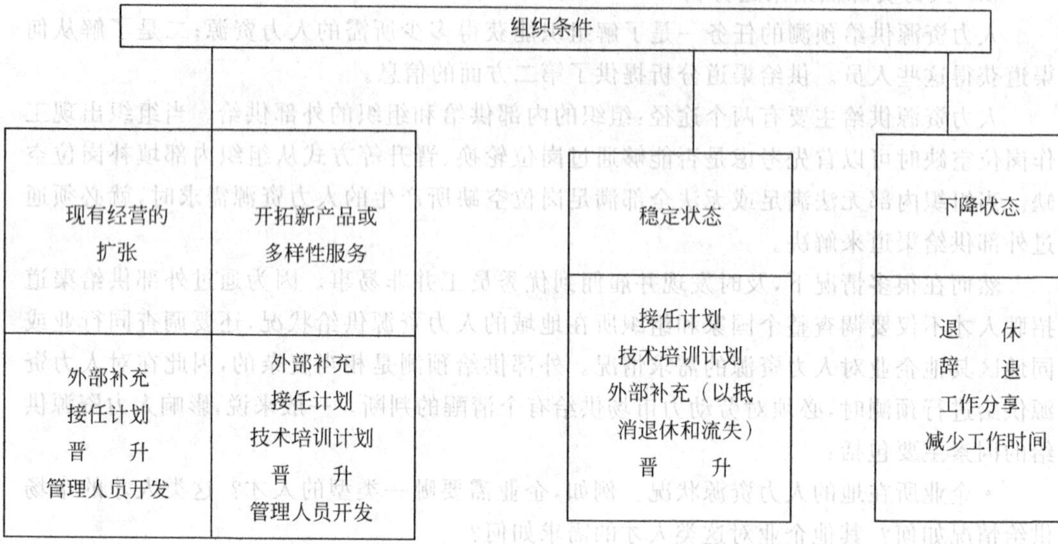

图 3-4 人力资源供求平衡方法图

在具体的政策制定上，当组织面临人力资源短缺或富余时，通常采取以下措施。

第一，解决人力资源短缺的政策和措施。

· 培训本企业的职工，对受过培训的员工根据情况择优提升补缺，并相应提高其工资待遇；

· 进行平行性岗位调动，适当进行岗位培训；

· 延长员工工作时间或增加工作负荷，给予超时超工作负荷的奖励；

· 重新设计工作以提高员工的工作效率；

· 雇用全日制临时工或非全日制临时工；

· 改进技术或进行超前生产；

· 制定招聘政策，进行外部招聘；

· 采用正确的政策和措施调动现有员工的积极性。

企业通过各种措施解决人力资源短缺问题，人员补充阶段也是企业人力资源结构调整的最好时机。避免预期出现的劳动力短缺的方法及其达到目的的速度和可回撤程度见表 3-7。

表 3-7　预期出现的劳动力短缺的方法①

方　　法	速　　度	可回撤程度
加班	快	高
临时雇用	快	高
外包	快	高
再培训后换岗	慢	高
减少流动数量	慢	中等
外部雇佣新人	慢	低
技术创新	慢	低

第二,解决人力资源过剩的政策和措施。

- 永久性的裁减或辞退职工;
- 关闭一些不盈利的分厂或车间;
- 鼓励员工提前退休;
- 通过人力消耗减缩人员(劳动力转移);
- 重新培训,调往新的岗位,或适当储备一些人员;
- 减少工作时间,随之减少相应的工资;
- 由两个或两个以上人员分担一个工作岗位,并相应地减少工资。

其中,辞退员工是最有效的方法,但是有很多消极的效果,如会产生劳资双方的敌对行为,也会带来众多的社会问题,需要有一个完善的社会保障体系作为后盾。避免预期出现的劳动力过剩的方法及其达到目的的速度和员工受伤害程度见表 3-8。

人力资源供求平衡就是企业通过增员、减员和人员结构调整等措施,使企业人力资源供需不平衡的状态达到基本平衡的状态。人力资源供求平衡是企业人力资源规划的目的,前面所述的人力资源需求预测和人力资源供给预测都是围绕着人力资源供求平衡展开的,通过人力资源的平衡过程,企业才能有效地提高人力资源的利用率,降低企业人力资源成本,从而最终实现企业发展的目标。

另外,在综合平衡的过程中,组织必须注意的是不应该仅仅关注数量的平衡,还要注意专项人力资源规划,包括人员补充计划、培训计划、使用计划、晋升计划和薪酬计划等之间的平衡与协调以及兼顾组织的需要与个人的需要。就前者而言,专项人力资源规划之

① [美]雷蒙德·A. 诺伊. 人力资源管理:赢得竞争优势. 北京:中国人民大学出版社,2001

间是有着密切内在联系的有机整体。例如,通过人员培训计划,提高了受训者的素质与技能后就必须将其安置到与其现有能力相适应的岗位上,并且重新安排薪资待遇,否则,员工就很容易滋生不满情绪,其工作积极性以及对组织的忠诚也就难以维系。就后者而言,组织和员工的立场是各不相同的,其需要自然也就不可能完全一致。站在组织的立场,组织注重的是专业化、队伍少而精、效率高、稳定、成本低廉以及领导权威得以体现;从员工的角度看,他们看重的是工作丰富化、有保障、能发展、待遇好、受尊重以及公平的竞争环境。因此,组织必须通过服务计划、培训计划、职业生涯规划、生产率计划、劳动关系计划和考核计划等一系列手段来弥合二者的差异。

表 3-8 预期出现的劳动力短缺的方法①

方　法	速　度	可回撤程度
裁员	快	高
减薪	快	高
降级	快	高
工作轮换	快	中等
工作分享	快	中等
退休	慢	低
自然减少	慢	低
再培训	慢	低

(四) 对现有的人力资源战略规划进行反馈、调整

企业战略性人力资源规划不是一成不变的,是一个动态开放的系统,它贯穿于企业整个经营管理过程,是企业人力资源需求与供给实现动态平衡的长期过程,是企业人力资源的现状与企业战略追求目标所需要的理想状态之间差距不断缩小的过程。

战略性人力资源规划要根据企业发展所处的阶段适时进行调整。企业在创业初期、成长期、成熟期以及衰退期,其所面对的内外部矛盾与人力资源需求是不同的,甚至企业核心人才的定义与范畴都会发生较大变化。因此,战略性人力资源规划在从企业长远的战略目标的角度来思考的同时,还要善于分析企业所处的成长和发展阶段,及时调整自己的方针、政策,让自身尽量与企业的现实发展阶段相匹配。

企业所处的内部环境、外部市场和政治环境等往往处于不断变化之中,变化前与环境

① [美]雷蒙德·A. 诺伊. 人力资源管理:赢得竞争优势. 北京:中国人民大学出版社,2001

契合的人力资源规划完全可能与变化后的内部环境、外部市场和政治环境等不相适应。此时，如果企业不对人力资源作相应的调整与改进以适应变化，企业人力资源规划便难以继续对企业的实践活动进行高效的指导，也难以真正支撑企业战略目标的实现。因此，企业战略性人力资源规划要保持对环境变化的敏感性，坚持从企业所处的内外部实际情况出发，以企业的战略目标为导向，不断调整、改进以适应环境，正是这种不断调整、改进和适应变化的过程，使企业战略性人力资源规划保持了对企业人力资源管理实践活动的指导性，并最终支撑企业经营战略目标的实现。

第四节 人力资源管理业务外包

在进行人力资源战略规划之后，基于成本收益的考虑，企业人力资源管理活动可能有两种选择。一是在组织内部成立机构，调配人员，自行从事人力资源管理工作；二是在组织外部寻找合作伙伴，将人力资源管理活动外包，以求达到降低成本的目的。随着人力资源管理职能的日益转变和节约管理成本的需要，人力资源管理的活动方式也在发生深刻的变化，从而使其部分事务性工作外包成为可能。现代美国著名的管理大师 P. 杜拉克曾指出："在 10～15 年之内，任何企业中仅做后台支持而不创造营业额的工作都应该外包出去。任何不提供向高级发展的机会、活动和业务也应该采取外包形式。"应该说，"人力资源管理业务外包"这种方式是信息产业发展的结果，是社会高速发展，是专业分工细化的体现。

一、人力资源管理业务外包概述

（一）人力资源管理业务外包的兴起与发展

人力资源管理业务外包是在 20 世纪 90 年代西方企业实施"回归主业，强化核心业务"的大背景下风行起来的一种新的企业战略手段。它的兴起与企业人力资源管理的战略转变密切相关。

早期企业的人事管理工作仅限于人员的招聘、选拔、分派、工资发放和档案保管等比较琐碎的工作。后来逐渐涉及职务分析、绩效评估、奖酬制度的设计与管理、其他人事制度的制定、员工培训活动的规划与组织等。这一时期的人事管理基本属于行政事务性的工作，活动范围有限，主要由人事部门负责，很难涉及组织高层战略决策。人力资源的概念起源于 20 世纪 60 年代，人力资源管理是一个组织对人力资源的获取、维护、激励、运用与发展的全部管理过程与活动。人力资源管理强调其在企业整体经营中所应有的重要地位，侧重变革管理和人性管理，是属于预警式的管理模式；将重点放在资源的获得和使用上，注重雇主或管理人员对人力资源的需要。于是人力资源管理的职能也随之发生了变化：从一种维持和辅助型的管理职能上升为一种具有战略意义的管理职能，从而使其部分事务性工作外包成为可能。同时，分工的细化使专业化程度很高的公司大量涌现，为企业的人事外包提供了良好的外部条件。

业务外包的核心思想是：企业根据需要将某一项或几项人力资源管理工作或职能外包出去，交由其他专业企业或组织进行管理，以降低人力成本，实现效率最大化。这种管理模式早在20世纪60年代的美国就开始出现了，当时由于产业空洞化和国际竞争力的下降，美国企业纷纷致力于企业重组，在这一过程中不少企业将业务委托给外部企业。业务外包最早应用于信息领域，主要是因为信息技术发展很快，设备投资巨大，再加上许多企业对信息系统的开发、运营并不十分专业。因此，企业比较愿意将系统开发和信息处理方面的业务外包出去。

比较著名的例子是柯达公司。1989年柯达将自己的信息部门委托给了IBM等两家公司。当时柯达面临着计算机设备投资的增加和从自动相机领域撤退等问题，在解决这些问题时选择了外包。柯达与IBM的契约为10年，合同总额达10亿美元。柯达在实行业务外包的同时，将计算机设备出售给IBM，将信息部门的350名员工也转到IBM。此举将柯达信息部门的计算机关联投资减少了90%以上，年运营成本也减少了20%。这一成功的尝试引发了业务外包的高潮。一时间，美国出现了大量的外包需求，企业、医院、学校甚至政府把整个项目交给专门从事某种业务的企业。在20世纪80年代后期，外包影响到日本、欧洲，全球外包业务急剧增加，继而成为一股潮流。

（二）人力资源管理业务外包的内涵和外延

所谓外包（outsourcing），是指企业整合利用其外部最优秀的专业化资源，从而达到降低成本、提高效率、充分发挥自身核心竞争力和增强企业对环境的迅速应变能力的一种管理模式。

人力资源管理业务外包（HR外包）是指在企业内部资源有限的情况下，为取得更大的竞争优势，仅保留其最具竞争优势的业务，而将其他业务委托给比自己更具成本优势和专有知识的企业。

总体而言，人力资源管理业务外包将渗透到企业内部所有的人事业务，包括人力资源规划、制度设计与创新、流程整合、员工满意度调查、薪资调查及方案设计、培训工作、劳动仲裁、员工关系和企业文化设计等方方面面。这就给人力资源外包提供了相当大的拓展空间。由于公司规模、人力资源要求和公司长远战略规划的不同，各个公司在开展人力资源管理业务外包上有很大的差异。许多公司的实践表明，外包业务需要遵循一个原则才能最大限度地为公司业务服务：公司核心业务，即有关公司文化建设、机构设置、核心决策等事项不能外包；只要是常规事务性的工作都能够外包。

人力资源管理牵涉内容众多，流程庞杂。若企业邀请咨询公司评价其专业技术与能力，给整个人力资源管理的涵盖内容进行重新设计，这就是“大外包”的概念。总体说来分为五大块：人员配置、培训与发展、薪酬福利、绩效考核、企业架构及岗位设置。而通常在完成人力资源管理体系的设计后，企业仍然需要聘用专业外包公司来实施日常繁琐的操作和管理，如薪资福利管理、薪资福利数据的获得、能力评估、人员培训与发展等，这就是普遍意义上的“小外包”概念。这样一来，企业把一些重复的、繁琐的和事务性的工作，不涉及企业秘密的技能性培训工作，高层次人才招聘的物色工作以及社会福利管理等工作外包给专业机构，而对其他一些涉及公司机密的职能依然会由企业内部的 HR 部门管理。

（三）人力资源管理业务外包与企业需要

美国印第安纳大学的管理系教授斯考特·莱沃 1998 年 1 月～7 月对位于美国北部的 500 家企业外包人力资源管理模式进行调查。调查对象是外包一项以上人力资源管理职能的企业，其规模从员工不足 100 人的小企业到 12 000 人的大型企业不等。调查发现人力资源管理的不同职能对企业的意义不同，外包程度也不同。由此可见，虽然人力资源管理的一些业务越来越外包化，但也不是全无选择性的。从 HR 管理的五大块事务性工作（人员配置、培训与发展、薪酬福利、绩效考核、企业架构及岗位设置）来看，企业比较感兴趣的是：

1. 员工招聘。人力资源相关法律法规的变化，以及外部环境的不断变化给企业的招聘政策、招聘工作带来了较大的风险；同时，企业员工的流动性和可替代性也越来越强。因此，该项工作走向外包的程度也越来越高。招聘工作要求招聘人员具有相关的专业知识和技能，而面对企业日趋复杂的人力资源需求，仅靠企业人力资源部门的自行招聘，很难为企业找到合适的员工。因此，许多企业选择了外包的管理模式。对于企业低层人员的招聘可由企业设定个性化的条件，委托专业中介机构代为招聘；对于企业需求的高层人员可外包给猎头公司，从而为企业提供较为合理的人力资源配置。

2. 员工培训。在员工培训过程中，培训设计方面的工作一般由专业培训公司来完成，因为优秀的专业培训公司通常拥有人力资源管理各方面的专家，他们能够建立起一整套可以普遍适用于多家企业的综合性专业知识、经验和技能；而在培训的实施过程中往往需要企业内部培训的专业人员、经理和其他辅助人员的参与，因为他们比外部人员更熟悉本企业的情况，对员工具有更好的示范效果和亲和力。

3. 福利和津贴。企业的福利和津贴体现了企业对员工的关心，最易使员工感到个人与企业的利益相关性，从而形成归属感和认同感。现在许多的企业也把福利和津贴的业务交由专业机构代为管理。我国国家法定的福利，如养老保险、失业保险、医疗保险和住房公积金等事务性工作也可外包出去。企业通过把类似的福利与津贴的规划与管理交给专业咨询公司，一方面会提高双方的效率，享受因各自规模经济而带来的好处；另一方面还会因此而降低企业的经营风险。

4. 薪酬管理。工资的设计与发放向来是人力资源管理部门最基本的业务。目前，我国很多行政事业单位采用银行代发工资的形式，这不是外包服务所指的薪酬管理。这里所指的是，包括了绩效考核之后代为计算薪酬、代发工资的业务。这种业务外包，国内很多企业还没有采用，他们更习惯于采用隐蔽的手段发放工资。但是在国外，薪酬由第三方发放，无疑是增加薪酬透明度，保证公正的一种方式。据统计，薪酬管理外包的结果将取得成本下降 47.4%的理想效果。

二、人力资源管理业务外包的选择动机与风险隐患

（一）选择动机

人力资源管理业务外包之所以发展迅速，受到众多企业的青睐，是和其自身的优势分不开的。

1. 能使组织把资源集中于那些与企业的核心竞争力有关的活动上。在激烈竞争的情势下，企业之间的竞争依赖的是建立和提升自身的核心竞争力，专门从事自身的优势产业，而没有过多的精力去关注于企业价值链的其他环节。因而可以考虑将非核心的业务实行外包，如将招聘员工、新员工培训、工资发放和人事档案管理等转交给专业服务公司或顾问人员，从而使这些活动尽可能少地干扰企业构建核心竞争力。

2. 可以有效地降低和控制企业的运营成本，舒缓资金压力，实现高效运作。在美国，一个典型的组织中，平均每年用在每个员工身上与人力资源管理事务有关的开支约为1 500美元，效率较低的公司这项开支是此数目的2～3倍。而行政性、事务性和非经常性活动的支出等占人力资源管理开支的相当大的一部分。对于企业来讲，从专业咨询公司那里获取人力资源方面的信息和高质量的服务，远比企业自身拥有庞大繁杂的人事管理队伍更能节约成本。根据富士通综合研究所的测算，业务外包降低成本的效果，虽然在不同领域不尽相同，但平均可以降低成本 10%～20%。

3. 降低企业的风险。有些人力资源活动，如以企业中高级管理人员和技术人员为主组成的核心人员的招聘和培训，与企业核心竞争力和经营绩效密切相关的，企业往往要慎重。由于企业内部缺少相关领域的专家、技能和工具，经常将此类活动外包给声誉较高、能力较强的专业性公司，以降低与此相关的风险，并获得优质的服务。

4. 适用于各个不同发展阶段的企业。不论是对新成立的公司、处于高速发展阶段的

公司还是对大中型的成熟企业，它都有其自身的独特优势，如表3-9所示。

表3-9 不同发展阶段人力资源外包的优势

	企业所面临的挑战	人力资源外包的优势
新成立的公司	·"麻雀虽小，五脏俱全"。人事工作的项目和难度依旧，需要及时圆满地开展HR工作 ·资金、人手和精力有限，且人事事务量相对较少，短期内企业无法考虑在人事上过多地投入	只需要少量的费用，在最短的时间内，由熟练的人事操作人员专业而圆满地完成人事业务操作
快速发展的公司	·公司新发展地区的人事政策和操作方式与总公司有不少差异 ·一时无法在各地增加人事方面的人手 ·总部人事主管，不得不奔波在旅途，费时费力费钱	·可选择在当地有分支机构的人才机构，方便人事管理 ·对应一名服务专员，办理全国的企业人事工作 ·免除差旅之苦
大中型成熟的公司	·现代企业和社会的发展对人事提出新的要求 ·现代人事需要专注于企业策略发展和变革，凸显人事的重要性 ·人事工作范围和胜任力出现新的变化，以适应日益激烈的竞争	·提供全球最先进的人事运作经验、模式和技术 ·人事社区为专业人事提供交流、学习和进步的平台 ·帮助人事跨越自我　为企业更多增值

资料来源：中国人力资源外包网

5. 能够帮助企业建立完善的人力资源管理制度，这一点对于管理资源相对不足的中小企业尤其具有现实意义。当企业的人力资源部门无力、不擅长或不便于满足某些要求时，将任务外包无疑将是必然的选择。专业的PEO（Professional Employer Organization）公司可以帮助企业突破逐渐老化的管理模式，制定清晰的工作说明书和岗位规范，将员工考核记录及时归档，管理员工进出记录，建立人力资源管理信息系统等。

6. 有助于企业留住优秀员工。人才问题已经成为企业人力资源管理过程中一个不可忽视的问题，如何留住关键性人才是企业发展所面临的最大挑战。优秀的PEO公司通常拥有人力资源管理各方面的专家，他们能够建立起一整套可以普遍适用于多家企业的综合性专业知识、技能和经验，为客户公司做更为有效的人力资源管理工作。这些外部工作者了解员工的需求，能够提高员工的综合待遇，从而增加员工满意度，员工流失率自然就会下降。

（二）风险隐患

尽管企业在选择进行人力资源管理业务外包时有良好的出发点，但由于在实施时的影响因素是多方面的，故而存在着一定的风险，具体表现在以下几方面。

1. 收费标准问题。目前尚没有统一的服务收费标准，人才机构都是自行制定的价格，参照的价格都不一样。人力资源外包的收费是否会增加企业劳动力成本，是否用得其所是大多数企业考虑最多的问题。

2. 专业咨询公司的规范经营和专业化问题。虽然目前我国有大量的外资咨询公司，但由于文化的差异，常常造成“水土不服”。而国内的专业咨询公司也存在诸多问题，我国尚无相应的、完善的法律法规去规范猎头及外包行业的运作。因此，这种风险是显而易见的。服务商的规范经营和专业化程度让人不免担心，如从业人员素质参差不齐、专业化程度不高等，加上一些非法经营的中介机构的违规经营，使服务商的诚信度大打折扣。

3. 安全问题。目前，我国尚无完善的法律法规去规范猎头及其他外包行业的运作。因此，这种风险是显而易见的。对于很多企业来说，商业机密问题、互联网和内部网运行可靠性问题一旦处理不好，必将会产生不利的影响。

4. 员工的利益如何保障问题。外包人力资源管理职能，必然影响到人力资源部门中的一些员工的自身利益。一些员工或者被辞退，或者被换岗，或者被取消或减少训练的机会等。这些如果处理不当，都会在不同程度上影响员工的积极性。

5. 可控性问题。外包并不意味着放弃责任，而是应该不断监控和评价外包商的工作进度和业绩，以达到预期的目的。然而，事实上由于外包商是一个外部独立运作的实体，双方是合作伙伴关系而不是隶属关系，因此，对对方的合作行为往往不易控制。

资料：业内人士对人力资源管理业务外包也是众说纷纭

人力资源管理外包作为新生事物正逐步被人们所认知，大多数企业对人力资源外包持肯定态度。一些人认为人力资源外包会降低成本、提高服务质量。华润物流的胡经理说，他们人事部门本来只有一个人负责，人少事却很多。但“人力资源外包”后，只需给人才服务中心交费，这个费用要比给员工付工资低几倍，而且可以减少人事上的纠纷。金鹰软件的宋经理也认为“人力资源外包”的推出给企业带来了方便——降低了企业的人力成本，提高了企业的工作效率。

但是另一方面，也有一些企业对“人力资源外包”的某些优点提出了质疑，认为外包会置企业于代理方的一些机会主义行为中，以至于限制企业发展其独特的核心竞争力；而且由于代理方不熟悉企业的战略和文化，会产生低效。例如，广东星宝集团的人力总监赵珂女士指出:“企业架构、高层培训等若外包出去,势必要让外包机构的顾问对公司的每个岗位设置、岗位描述,对每个人员的评估及对职员的核心技能、相关技能是否达到需求进行全方位的了解,才可以设置相关的培训课程,那么,这个顾问若不熟悉公司的运作、企业文化、企业目标与政策,是不可能设置到位的培训课程的。”如果真能做到对公司以上情况了如指掌,此顾问就必须常驻企业,而且这个顾问也不能是想换就换,那么,这样的费用会比公司内部的HR工作者支付的更少吗?这些顾问会更可信,更可靠吗?企业为什么要把HR管理外包出去呢?完全是为了减轻HR工作者的压力吗?若真是这样,完全实现HR业务外包的时候,也是HR工作者失业的时候了。目前,能够选择外包的企业大都具有一定的规模与知名度,外包工作的费用自然不低。Michael认为:企业的目的是要尽可能地降低成本,追求利润。若企业选择的外包服务费用,并不亚于保留一个人力资源部,那么企业还会选择HR业务外包吗?

因此,公司的反应也是不同的:一些公司很少进行人力资源外包,而另有公司将大量的人力资源活动,从常规的管理任务到人力资源的重要职能都进行外包。

三、人力资源外包的影响因素

企业对于外包态度的差异可归结为企业决策者对人力资源外包的认知和行为倾向,以及与对外包的优势和劣势评价有关。这些差异说明,人力资源管理者在进行外包决策时考虑的因素很多,主要包括以下几方面。

(一)环境因素

任何人力资源管理行为都可以被认为是企业应对外部环境变化作出的反应。HRM外包的直接环境因素可归结为两个:外包市场的成熟程度和主要竞争对手的外包程度。外包市场是由专门从事人力资源活动的公司集合体组成的,是企业寻求外部服务提供者或契约方的场所。外包市场与外包需求之间是一种相互影响和促进的关系。一般来说,一个提供外包专营服务公司数量少、规模小的市场,由于其规模不经济,无论是服务的成本还是服务质量,对企业均不具有吸引力;相反,企业更愿意将人力资源活动外包给一个公司数量众多、业务分工精细、工具或手段合理先进的外包服务市场,以从中获取质优价低的服务。对企业而言,主要竞争对手的行为也往往是判断决策“有效性”的信号和标志。因此,竞争对手人力资源的外包程度必然影响企业的外包意愿。

(二)组织及文化特征

组织特征对HRM外包决策的影响作用主要指人力资源管理独特性质对外包交易成本的影响。企业的人力资源管理系统越独特,HRM外包的交易成本越大。当文化特征明显的企业进行外包时，其投入成本高，因为公司独特的人力资源管理实践限制外包提供方为其提供满意服务的能力，而这种高成本则反映在外部索要的高价服务上。反之，企业文化特征不明显的企业外包服务容易满足，它因为相似需求的增多而产生规模经济。

（三）人力资源管理系统

企业内部人力资源管理活动和管理系统的独特性质也决定企业的外包决策，因为它直接关系到外包的成本和可能性。一些主要依赖隐性知识，如绩效评估、特殊培训、晋升和选拔等与战略和企业特征关系密切的管理活动，直接反映组织的独特文化，外包成本较大；而更多的常规性管理任务，如薪资管理、福利计划和一般性人员招募等，外包的可能性则大。

四、人力资源管理业务外包决策的成本收益分析

在作人力资源职能外包决策的时候，大多数高级管理人员都会聚焦于成本以及可能收回的回报，期望有完整的成本-收益分析。在人力资源活动方面，许多企业使用一种简单的衡量标准——计算所有工作人员完成某特定活动的成本（包括薪资、福利、办公空间、电话、计算机设备及其使用等），再将此成本与该活动外包的成本进行比较。一般来说，有多少企业采用外包方式就有多少种成本收益分析的情形。下面是一个成本效益分析实例。

CROMWELL CORPORATION 是一家分设两地、拥有 5 000 名雇员的公司。公司的高级管理人员在考察之后决定将整个福利管理职能外包出去。表 3-10 列示了企业目前的福利管理成本。

表 3-10　福利管理职能外包前的管理成本(A)

单位：美元

项　目	成　本	项　目	成　本
2 名福利计划管理员的年薪	71 000	邮资	2 600
2 名福利计划管理员的福利（工资总额的 26%）	18 460	计算机外围设备	16 000
办公空间	6 500	办公设备	1 800
电话	3 200	软件摊销	26 000
公用能源	1 200	总计	146 760

备注：1. 福利计划管理员外包后将由服务商雇佣；2. 软件摊销期为 3 年，在外包开始前 30 天结束；
3. 该公司目前无语音应答系统，正考虑添置一套。由另一家服务商提供成本为 28 000 美元。

福利管理职能外包后的管理成本(B)

单位:美元

项　目	成　本	项　目	成　本
最初注册启动成本	50 000	总成本	148 000
服务于两个地点的语音应答系统	28 000	年维护成本	7 000
福利管理软件	10 000	第一年总成本	148 000
每年服务商管理成本	50 000	以后每年的成本	67000 (50 000+10 000+7 000)
每年服务商管理维护及支持成本	10 000	备注:这些项目为一次性收费	

从表中可以看到,该公司在将福利管理职能外包之前的管理总成本为146 760美元/年,采用外包策略之后,第一年的管理总成本为148 000美元/年,比外包前高出1 240美元/年。这是因为外包后第一年的一次性支出比例较大(包括启动成本50 000美元,语音应答系统28 000美元和福利管理软件10 000美元)。第一年过后外包福利注册和管理会使每年的运营成本降低到67 000美元,将比外包前节省将近80 000美元/年,这对该公司来说是一笔巨大的节省。

然而,成本只是一方面的因素,还有很多要考虑的问题,例如必须考虑雇员和管理人员对以外包方式完成此工作的满意度、现有人员的未来能力和企业技术现状等。因此,衡量成本不能仅仅着眼于直接成本,而应该定位于更大的外延上——如何带来最高的回报率和最小的组织混乱。

由此可见,企业在作出是否将人力资源管理的某一职能实施外包之前,必须先作好成本-收益分析。如果业务外包比雇佣更多的人去做人力资源的成本更低、效益更好,那么就可以考虑将人力资源的职能外包出去,如福利、培训或人员配置,使企业有机会精简这些职能工作,这样,企业就能在大范围内的低毛利、高成本活动中节省成本。

五、人力资源管理业务外包的实施

一些企业在发展过程中常会受制于规模、成本和效益等诸多因素,这些问题已成为公司发展的瓶颈;有些公司不熟悉国家关于劳动和人事方面的相关法规政策而与员工发生纠纷,以致影响公司的发展;有些公司则亡羊补牢,迅速招聘或由现有工作人员临时处理这些问题,然而大量繁杂的操作程序却使他们疲于应付甚至不知从何做起。这时,找一家可靠的专业机构进行“人力资源外包”就可能使这一系列问题迎刃而解。

那么我们该如何实施人力资源业务外包策略呢？在人力资源管理业务外包实施的过程中，企业要考虑一系列问题，采取有效的方法，合理正确地执行。具体步骤如图 3-5 所示。

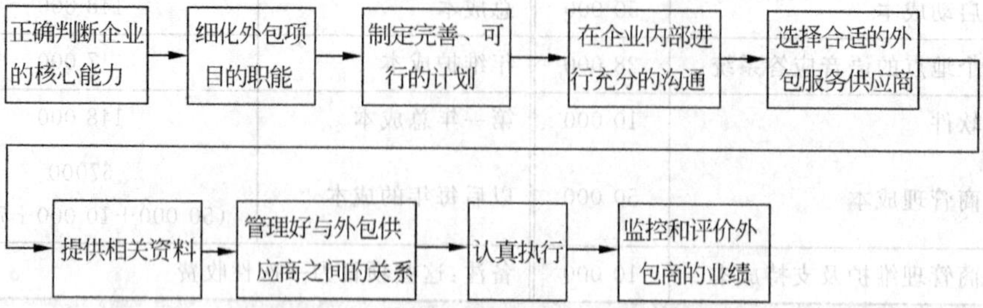

图 3-5　人力资源管理业务外包的实施流程

1. 正确判断企业的核心能力。首先要判断人力资源的哪些功能适合外包，哪些不适合外包。作为企业的决策者，不妨把每项功能细分成具体的活动，考虑每一项活动的战略意义。然后再确定哪些工作可以外包出去，哪些工作由企业自己来做。

2. 细化所要外包项目的职能。企业在外包前，要将所要外包的职能进行细分，列出每一步骤的细节并给出预算成本，然后让外包供应商阐明将对整个过程中每一步如何改善，以及从中获取的收益。

3. 制定完善、可行的计划。要明确目标，制定完善的外包计划，并对计划和方案进行可行性分析，越具体越好。

4. 企业内部进行充分的沟通。将人力资源某些业务外包，往往会招致该部门员工的反对，尤其是那些仍留在本部门的员工会觉得自己的晋升机会受到很大的限制。所以要与员工进行合理有效的沟通，取得他们的信任，将信息和新的策略传递到公司的各个层面，让员工了解其在外包中所应扮演的角色，以解释、指导和推动外包工作的顺利进行。

5. 选择合适的外包服务供应商。选择合适的外包服务商，是外包过程中非常重要的一环。企业除考虑价格因素外，更应对外包商的整体能力进行综合评估。企业在选择外包供应商的时候，不能仅仅着眼于成本考虑，还应对外包服务商对于此业务是否有长期承诺，是否有实质性的投资投于软硬件的建设、是否具有丰富的操作经验、是否会严格恪守国家法律的规定以及保密原则等方面的内容进行综合考虑。除此之外，还应该签订尽可能详细周密的外包协议，以此来规范和约束对方的行为。

6. 提供相关资料。企业需要针对外包职能向外包机构提供必要的相关资料，配合其进行资料收集和相关的项目的调查，建立资料系统。

7. 管理好与外包供应商之间的关系。企业应致力于和外包供应商建立长期合作关系,这样有助于外包供应商深入了解企业文化从而提供更好的服务。这并不意味着要与某外包商签订无限期合约。企业给予外包商的报酬是以其给企业带来的业绩提升为基础的,而不是以关系为基础。

8. 认真执行。通过沟通形成强有力的执行力是人力资源管理业务外包成功的基础。每一项变革都需要有公司执行层的全力支持,最好能由人力资源部门的经理和部门经理共同运作,共同参与。

9. 监控和评价外包商的业绩。企业应该在最初与外包商签订合同时,就与之沟通双方期望达到的绩效水平并建立衡量标准,以此作为依据来评价外包商所提供服务的质量。一旦发现问题及时解决,追求企业业绩的持续改进。

参考文献

相关网站

1　中国人力资源外包网:http://www.hros.cn/

2　中国人力资源开发网:http://www.chinahrd.net/

3　中国人力资源网:http://www.hr.com.cn/

4　博锐管理在线:http://www.boraid.com/

5　中国劳动网:http://www.labournet.com.cn/

6　阿里巴巴:http://china.alibaba.com/

7　和讯网:http://www.hexun.com/

相关文献

1　张一驰.人力资源管理教程.北京:北京大学出版社,1999

2　赵曙明.人力资源战略与规划.北京:中国人民大学出版社,2002

3　赵曙明.企业人力资源管理与开发国际比较研究.北京:人民出版社,1999

4　赵曙明.人力资源管理研究.北京:中国人民大学出版社,2001

5　谌新民.新人力资源管理.北京:中央编译出版社,2002

6　黎少华.组织智慧:人力资源整合策略.北京:首都经济贸易大学出版社,2000

7　[美]雷蒙德·A. 诺伊,刘昕译.人力资源管理:赢得竞争优势.北京:中国人民大学出版社,2001

8　[美]詹姆斯·W. 沃克,吴雯芳译.人力资源战略.北京:中国人民大学出版社,2001

9　劳伦斯·S. 克雷曼.人力资源管理:获取竞争优势的工具.北京:机械工业出版社,1999

10　加里·德勒斯.人力资源管理.北京:中国人民大学出版社,1999

11　德鲁克.大变革时代的管理.上海:上海译文出版社,1999

相关文章

1　王养成,张俊杰.企业不同发展阶段的人力资源战略与策略.中国人力资源开发,2001(1,2)

2　许庆瑞.21世纪的战略性人力资源管理[J].科学学研究,2002(1)

3　颜士梅．试论组织中关于“人”的管理的两次转变[J]．外国经济与管理，2002(6)
4　颜士梅．国外战略性人力资源管理研究综述[J]．外国经济与管理，2004(11)
5　李新建．人力资源管理职能外包及其战略特征[J]．探析科学管理研究，2004(12)
6　刘磊．企业战略从招聘开始[J]．中国劳动，2004(2)
7　夏秀芳．马尔可夫预测模型在人力资源预测方面的应用[J]．青岛建筑工程学院学报，2001(2)
8　张阳、邓华北．企业战略性成长与相应人力资源管理探讨[J]．厦门大学学报，1999，(2)

B&E

第四章 组织发展与职位设计

［开篇案例］

在整个20世纪90年代，为了适应内、外部环境的变化，组织自身也在不断发展。越来越多的组织开始转为采用以团队为基础的组织结构。在这种组织结构中，工作是以群体的方式而不是以个人为基础来进行组织和设计的。开创这种工作组织方式先河的公司之一是美国的克莱斯勒公司。该公司通过由工程、营销、采购、生产以及人事等各职能部门成员组成的"跨职能平台团队"，以缩短生产周期、改善质量以及提高顾客的满意度。当公司生产某种新产品时，各职能部门是彼此联系的。因此，让跨职能部门成员一起同时展开工作，而不采取流水线式的顺序工作方式，使队员协作顺畅，并相互激发创造灵感。

许多美国公司都曾试图通过创建自己的团队以效仿克莱斯勒公司所取得的成功，但是结果并非理想。例如，在20世纪90年代中期，列维斯公司就指示其美国的工厂以团队导向的职位设计方式取代了个人化的生产过程组织方式。在以前的计件制度下，员工都是个人独立完成工作，所执行的任务非常单一和具体，并且所得报酬也是由其所完成的工作数量决定。但在新的工作系统中，由10～25名员工组成的工作小组需要共同完成一件牛仔裤所需要完成的所有各项任务，并且公司根据每个小组所生产的牛仔裤数量来向小组支付报酬。该公司目的之一就是希望通过这样的改变使员工的工作有趣，减轻员工因重复性工作所带来的身体不适、降低成本以及提高生产率。

然而到了1998年，列维斯公司希望通过团队式工作结构来实现的那些预期利益并未如愿。事实上工作性质的变化带来的恰恰是相反的效应；员工的满意度不仅没有提高，而且其士气还有所下降。因为，新的工作系统使得原来在以个人为基础的奖酬制度下干得很好的工作经验丰富、技术水平高的工人，与那些阻碍小组实现目标的工作速度慢、经验缺乏的员工之间产生了严重的冲突。如果以每小时生产的牛仔裤数量来衡量生产效率的话，员工的生产效率下降到了组建小组生产之前效率水平的77%，而劳动力成本和管理费用则增长了25%。原来一条牛仔裤的单位成本在5美元左右，而在团队工作方式下，同样一条牛仔裤的单位成本却上升到了7.50美元。

正是这些数字反映出来的问题，团队的观念在列维斯公司的许多工厂中已经被管理人员们非正式地废弃了，又逐渐地回到了原来的工作体系——似乎更适合公司原来那种

“粗放型地，个人主义的”文化。正如一位工厂的经理人员所说：“我们给自己的员工制造了这么多的焦虑、伤害和痛苦，可我们又得到了什么呢？”

注：资料来源于李燕萍．人力资源管理．武汉：武汉大学出版社，2002

［点评］　在组织发展和变革中，设计工作职位和组织结构方面，企业需要做好公司所处环境、竞争战略及管理哲学与其工作、组织设计的匹配工作。列维斯公司在20世纪90年代初，形成上述因素之间的匹配本来是不错的，但到了90年代后期，公司设立的以团队为基础的工作结构与其员工信奉的“粗放的个人主义”理念，或者与它所处的那种相对稳定的环境并不适用；同时也与企业竞争战略的需要背道而驰——在这一时期，成本竞争的重要性是非常突出的，因为公司的许多竞争对手将生产工作和制造环节从美国转移到了工资水平较低的国家。

第一节　企业组织与职位设计概述

一、企业组织的含义

组织存在于社会中并以多种方式改变着人们的生活方式，它在社会生活各个领域都发挥着重要作用。企业是现代社会中一种非常重要的组织形式，管理者如何进行有效的组织管理与设计是企业开展经营活动的前提条件，也是整个组织有序运转的保证。

“组织”的含义有广义和狭义之分。广义上的组织不仅是指一种实体，而且是指一种活动。一般情况下所说的组织属于狭义层次，即指由信息网络联系起来，在其内部进行规范的权力设置和明确的分工协作，并为实现某种特定目标而建立起来的实体。可以从以下4个方面来理解组织的内涵：

第一，组织是一个社会实体。构成组织的要素不仅是一套政策或程序，还包括其中的人以及人与人之间形成的相互关系。人们为了达到某个目标，在既定的规则下相互影响并发挥基本作用时，一个组织也就产生了。因此，组织首先是由相关人力资源构成的社会实体。

第二，组织具有确定的目标。每个组织的存在都是为了实现一定的目标，当然这个目标可能在不同时期有所不同。对于一个企业组织来说，其基本目标是为了在最短的时间内以最低的成本获得最高的利润，企业还有每个部门、每个人为了实现这个基本目标而制定的各项具体目标。

第三，组织具有精心设计的结构和协调作用。组织的机构形式多种多样，但不管是哪一种存在形式，都是管理者设计出来用以完成组织的使命。组织中的每个职能部门在完成组织分配下来的工作的同时．还要和其他组织在各项活动中进行权责的协调、合作，共同实现组织的目标。

第四，组织与外部环境紧密联系。组织是构成社会的细胞，它不能脱离社会而独立存在，组织的目标能否实现与组织对外部环境的适应性相关。作为一个企业组织，不仅要求内部有良好的运行机制，而且需要对外部环境的迅速变化作出敏捷反应。

那么，什么是企业组织呢？企业的组织就是为了实现企业的战略目标，以企业的价值链和主导业务流程为基础，通过职能分解，建立各个部门的协调关系，使承担各种责、权角色的人员有机结合起来的团体。

二、企业组织中职位设计

除了建立新组织时，需要进行职位设计之外，由于组织的变革，原有设计不符合组织新的目标、任务和作业的要求等，也要进行新的职位设计和相应修改。例如，企业由小变大，改变经营范围、组织形式或生产工艺等，原有职位设计已经不适应生产经营的现实状况；现有员工在一定时期内还难以达到职务细则的要求，只能根据企业的实际情况，因地制宜；由于员工的精神需求和按组织效率原则拟订的职务细则发生冲突，影响了士气，等等。

（一）职位设计的概念和原则

职位设计是根据实际工作需要，并兼顾个人的需要，科学、系统化地进行职位的合理配置，以满足企业正常运营的需要。

从整个企业的生产经营过程来看，职位设计应符合下列 4 项基本原则（如图 4-1）：

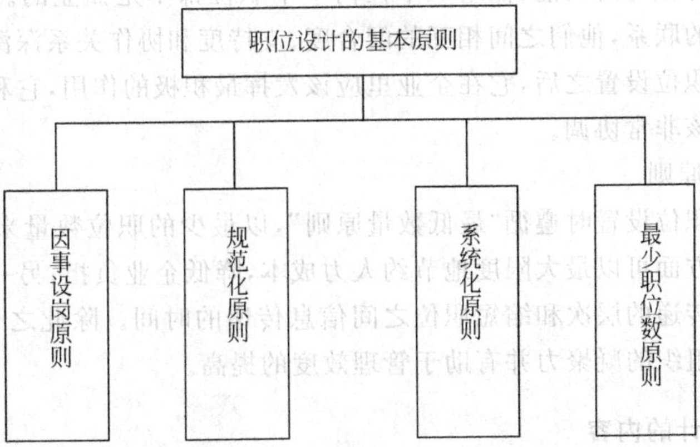

图 1-1　职位设计的 4 项基本原则

资料来源：冉斌．工作分析与组织设计．深圳：海天出版社，2002

1. 因事设岗原则

一般来说，某一组织设置什么岗位、设置多少岗位由该组织具体的工作职能划分和总的工作任务量决定。随着企业规模的逐渐扩大、职能范围的加大、生产任务的增加，当企业现有的职能岗位不能满足新的职能需求时，工作总量增加到大于现有工作职位能够承担的工作量时，企业就需要为新出现的职能和实务增加新的职位。

组织在设计每个工作职位时，应尽可能使工作量达到饱和，使有效的劳动时间得到充分利用。如果职位的工作量处于低负荷状态，必然会影响企业的运作成本，造成企业资源的浪费。如果是超负荷运作，只能带来暂时的高效率，因其给员工的身心健康带来极大的负面影响。

组织中的任何职位的设置都依赖于具体的工作职能和工作量而存在，没有具体工作内容的岗位是空洞的职位。因此，企业在设置工作职位时，应以工作职能和工作任务量为基础进行设计，因人设岗。

2. 规范化原则

工作职位名称的表述应遵循规范化的原则。虽然职位名称只是职位的一个代码，但一个好的职位名称不仅给人一种理念上的认识，同时它还能增加人们对本职位感性上的认识。尽管由于企业经营性质和企业规模多种多样，职位名称自然也就千差万别，但根本不变的一条便是名称必须与职位的任务、职责等相匹配，不然就会给具体工作带来诸多不便。

3. 系统化原则

任何一个完善的组织机构都是一个相对独立的系统。职位是组织系统的基本单元，虽然每个职位都有独特的功能，但组织中任何一个职位都不是孤立的。每个职位之间都存在着不可分割的联系，他们之间相互的配合度、支持度和协作关系深深地影响着组织系统的功能。每个职位设置之后，它在企业里应该发挥最积极的作用，它和上下左右的其他职位间的关系应该非常协调。

4. 最低数量原则

企业在进行职位设置时遵循“最低数量原则”，以最少的职位数量来承担企业中尽可能多的工作。一方面可以最大限度地节约人力成本，降低企业负担；另一方面还可以减少工作过程中信息传递的层次和缩短职位之间信息传递的时间。除此之外，遵循最低数量原则还可以提升组织的凝聚力并有助于管理效度的提高。

（二）职位设计的内容

职位设计的主要内容包括工作内容、工作职责和工作关系的设计 3 个方面。

1. 工作内容。工作内容的设计是工作设计的重点，一般包括工作广度、深度、工作的自主性、工作的完整性以及工作的反馈5个方面。

(1) 工作的广度。工作设计得过于单一，员工容易感到枯燥和厌烦。因此，设计工作时，尽量使工作多样化，使员工在完成任务的过程中能进行不同的活动，保持工作的兴趣。

(2) 工作的深度。设计的工作应具有从易到难的一定层次，对员工工作的技能提出不同程度的要求，从而增加工作的挑战性，激发员工的创造力和克服困难的能力。

(3) 工作的完整性。保证工作的完整性能使员工有成就感，即使是流水作业中的一个简单程序，也应是全过程，让员工见到自己的工作成果，感受到自己工作的意义。

(4) 工作的自主性。适当的自主权力能增加员工的工作责任感，使员工感到自己受到了信任和重视。认识到自己工作的重要，使员工工作的责任心增强，工作的热情提高。

(5) 工作的反馈性。工作的反馈包括两方面的信息：一是同事及上级对自己工作意见的反馈，如对自己工作能力、工作态度的评价等；二是工作本身的反馈，如工作的质量、数量和效率等。工作反馈信息使员工对自己的工作效果有个全面的认识，能正确引导和激励员工，有利于工作的精益求精。

2. 工作职责。工作职责设计主要包括工作的责任、权力、方法以及工作中的相互沟通和协作等方面。

(1) 工作责任。工作责任设计就是员工在工作中应承担的职责及压力范围的界定，也就是工作负荷的设定。责任的界定要适度，工作负荷过低、无压力，会导致员工行为轻率和低效；工作负荷过高，压力过大又会影响员工的身心健康，会导致员工的抱怨和抵触。

(2) 工作权力。权力与责任是对应的，责任越大权力范围越广。如果二者脱节，会影响员工的工作积极性。

(3) 工作方法。其中包括领导对下级的工作方法、组织和个人的工作方法设计等。工作方法的设计具有灵活性和多样性，不同性质的工作根据其工作特点的不同，采取的具体方法也不同，不能千篇一律。

(4) 相互沟通。沟通是一个信息交流的过程，是整个工作流程顺利进行的信息基础，包括垂直沟通、平行沟通和斜向沟通等形式。

(5) 协作。整个组织是有机联系的整体，由若干个相互联系、相互制约的环节构成。每个环节的变化都会影响其他环节以及整个组织运行，因此各环节之间必须相互合作相互制约。

3. 工作关系。组织中的工作关系，表现为协作关系、监督关系等各个方面。

通过以上3个方面的岗位设计，为组织的人力资源管理提供了依据，保证事(岗位)得其人，人尽其才，人事相宜；优化了人力资源配置，为员工创造更加能够发挥自身能力，提高工作效率，提供有效管理的环境保障。

（三）职位设计的形式

为了有效地进行职位设计，工作人员必须全面了解工作的当前状态（可以通过工作分析），以及该职位在整个组织工作流程中的位置或地位（通过工作流程分析来把握）。职位设计的形式有很多，下面介绍几种常见的形式。

1. 职位轮换

职位轮换是指在不同的时间阶段，员工在不同的岗位上进行工作。该原则不要求改变职位设计本身，而只是使员工定期从一个职位转换到另一个职位。这样，使员工有更强的适应力，更宽阔的视野，可以从全新的角度来看待问题，对组织的全局有更好的把握。日本的企业广泛实行职位轮换，对培养管理人员发挥了很大的作用。

2. 工作扩大化

工作扩大化是指扩大工作的范围，包括横向扩大工作和纵向扩大工作。前者可以将属于分工很细的作业单位合并，由一个人负责一道工序，改为几个人共同负责几道工序。或者在单调的流水线工作中增加一些变动因素，比如从事一部分维修保养、清洗润滑之类的辅助工作。还可以采用包干负责制，由一个人或一个小组负责一件完整的工作；可以降低流水线转动的速度，延长加工周期，用多项操作代替单项操作，等等。纵向扩大工作可以将经营管理人员的部分职能转由生产者承担，工作范围沿着组织形式的方向垂直扩大。例如，生产工人参与计划制定、自行决定生产目标、作业程序、操作方法、检验衡量工作数量和质量，并进行经济核算。又例如，生产工人不仅承担生产任务，还参与产品试验、设计工艺等项技术工作。工作扩大化使员工的工作范围、责任增加，改变了他们对工作感到单调、乏味的状况，从而有利于满足员工的身心需要，也有利于提高员工的工作效率。

3. 工作丰富化

工作丰富化是通过增加工作责任、工作自主权以及自我控制，以满足员工的心理需要，达到激励的目的。例如，美国一家公司的会计业务原来被分割成发票、审核和查询3个业务，分别由不同的部门人员完成。后来改成每个会计对一笔买卖的全过程负责，由于员工感到有一定的自主权和肩负的责任感，又有了工作的多样性和结果反馈，因而满意度和生产率都上升了。

4. 以员工为中心的工作再设计

以员工为中心的工作再设计是一个将组织的战略、使命与员工对工作的满意度相结合。它鼓励员工参与对其工作的再设计，有效的“以员工为中心的工作再设计”可以形成对员工的有效激励，大大提高其工作的主动性和创造性因而使得企业的效益显著增加。在职位设计中，员工可以提出对工作进行某种改变的建议，以便他们的工作更让人满意，但他们还必须说明这些改变如何更有利于实现组织整体目标。运用这一方法，可以使每个员工的贡献都得到认可，而与此同时，也强调组织使命的有效完成。

三、职位设计的权变因素

职位设计描述了如何根据组织的所有工作而设置一些职位，以使得这些工作在其相应的职位上得到最有效的完成，以及这些职位是怎样进行协调来完成这些工作的。按照图4-2所示的权变观点，企业组织职位的设计应该至少适应下列4种因素的要求：组织、环境、人的行为及技术。企业组织的绩效取决于其职位结构与这些权变因素适应的程度。

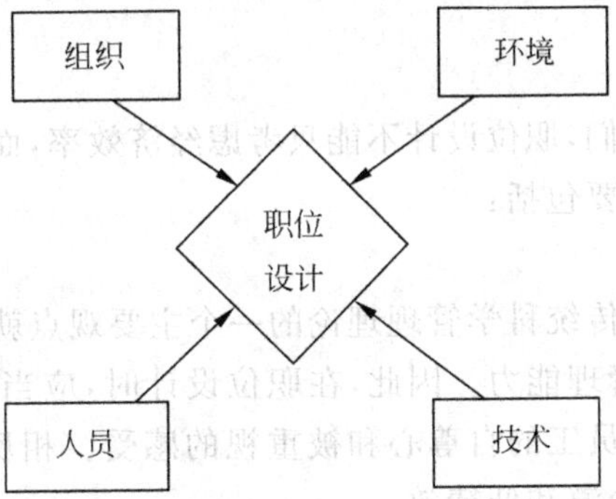

图4-2　影响企业组织职位设计的权变因素

1. 组织因素

组织因素包括专业化、工作流以及工作习惯。

所谓专业化是指按照所需工作时间最短、所需努力最少的原则来分解工作，其结果是形成很小的工作循环。

工作流问题是指在相互协作的工作团体中，需要考虑各个职位之间负荷的均衡性问题，以确保不会出现所谓的"瓶颈"现象。管理学中有所谓的"木桶原则"，就是说如果箍成的木桶木板长短不一，则该木桶盛水的容量是由最短的那块木板决定的。这也是"瓶颈"现象的原理解释。

工作习惯是在长期工作实践中形成的传统工作方式，它反映工作集体的愿望。例如，美国一个汽车公司的一家下属工厂，为了提高生产效率，决定给一些员工增加工作量，用以减少某些岗位，结果因为改变了原有的工作习惯而导致几周的工人罢工。

2. 环境因素

环境因素包括人力供给和社会期望两方面。

首先，职位设计不能仅凭主观愿望，而要考虑现实劳动力市场上的人力资源供应情况。例如，当年亨利·福特设计汽车装配线时，考虑到当时大多数劳动力缺乏汽车生产经验，因此把公司的职位设计得比较简单。可是，一些不发达国家在进行技术引进时，没有考虑到配套人力资源的制约，结果先进设备没有合格人员来使用，发挥不出技术、设备应有的效能。

社会期望是指人们希望通过工作满足一些需求。在经济不发达的地区和阶段，劳动者主要追求的是满足基本的物质需要，可以接受比较繁重的、枯燥的工作。但是，随着经济发展和文化教育水平的提高，人们的需求层次提高了，对工作生活质量也有了更高的期望，如果单纯考虑经济效率就会引起不满。因此，要求在职位设计方面适当考虑一些人性方面的因素。

3. 人员因素

行为科学研究提醒人们，职位设计不能只考虑经济效率，而应该也考虑满足员工的精神需要。这些合理需要主要包括：

(1) 自主权

现代管理理论有别于传统科学管理理论的一个主要观点就是“社会人”假设。它认为人通常有责任心，有自我管理能力。因此，在职位设计时，应当考虑给员工一定的自主权力，提供附加责任，以增强员工的自尊心和被重视的感受。相反地，如果员工没有丝毫自主权，就会引起对工作的冷漠和低绩效。

(2) 多样性

如果工作设计得过于简单，就会因为单调、枯燥而产生厌烦，影响员工的身心健康。

(3) 工作的意义

职位设计要让员工感觉到该工作对于实现组织总目标的意义，从而产生成就感。员工如果不能参与一些比较完整的工作，就会缺乏对工作成果的骄傲感受，从而失去责任感。

(4) 反馈

组织要对员工的绩效给予及时的反馈，才能正确引导和激励员工，使其不断改进自己的工作。

4. 技术因素

技术因素对职位设计的影响包括了3个方面：技术本身的发展、技术的相互依赖程度和技术的不确定性。首先，随着技术的发展和进步，或者新的技术代替了老化的技术，传统的职位设计也会随着变化，原来所设计的职位已经不能满足这种技术发展的结果，那么就需要进行职位的重新设计。例如，随着技术的发展，流水线上进行手工作业的包装工被自动化机器包装所代替，那么，原来的包装工职位就不再存在，而取而代之的是监督职位。其次，技术的相互依赖程度，即生产产品或服务时要求员工合作的程度。一般来说，技术相互依赖程度低时，就设计成个人职位；反之，当相互依赖程度较高，员工必须协同工作时，就设计成团队式的工作方式。再次，技术的不确定性，它决定了职位是设计成外部控制如监督、日程规划或标准化，还是应当设计成员工自我控制。当技术不确定性较低，员工不需要掌握什么信息时，可以设置成外部控制式的职位，如在组装线或其他类似的工作中。当技术不确定性高时，可以设置成自我控制的职位，例如软件开发技术人员，他们可以在家里办公等。

四、职位设计方法

（一）科学管理法

泰勒的科学管理原理是系统设计工作职位的最早方法之一。这种方法的思想是通过时间-动作的研究，即工程师研究和分析手、臂和身体其他部位的动作，研究工具、员工和原材料之间的物理机械关系，研究生产线和工作环节之间的最佳程序，强调通过寻找员工的身体活动、工具和任务的最佳组合，找出完成工作的"一种最好的方法"，以使生产率达到最大化。它的基本方法是工作简单化和标准化，把每项工作简化到其最简单的任务，然后让员工在严密的监督下完成它。这样设计出来的工作的优点是工作安全、简单和可靠，使得员工工作中的精神需要最小化。

尽管泰勒的科学管理原理是一套系统化的工作职位设计原理，但是，许多经理人员错误地应用了这些原理，过于强调严密的监督和僵硬的标准。人们知道，必须将机器和员工结合在一起，才能产生效果，而高效率的机器也并不一定产生高效率的人—机关系。由于这种职位设计方法在实践中重点关心的是工作任务，而很少考虑工人的社会需要和个人需要，产生了很大的副作用，包括工作单调乏味、令人厌倦，管理者和工人之间产生隔阂。另外，离职率和缺勤率也由此升高，产生怠工和工作质量下降。

前面提到，与工作简单化相对立的是工作扩大化。它的目标也是效率，但是它的优点是减少任务之间的等待时间，提高组织的灵活性，减少对支援人员的需要。而且避免了工作过于单调给工人造成的情绪压抑。迄今为止，科学管理原理对工业社会的工作岗位设计仍然具有很大的影响，在对教育水平、个人判断和决策活动要求比较少的加工制造行业的工作中应用非常广泛。

（二）人际关系法

由于科学管理运动带来了过分的专业化，使每个工人的工作越来越简单和单调，于是出现了大量的消极对抗现象，缺勤和离职率居高不下。为了解决工人对工作的不满而采取一些临时性措施：工作轮换和工作扩大化的方法。这两种方法强调的是工人在不同岗位之间的轮换和个人工作范围的扩大，对来自工人的对抗情绪起到了暂时的缓冲作用。

人际关系运动是对科学管理运动的非人性倾向的一个否定。它是从员工的角度出发来考虑职位设计。其起点就是20世纪20年代的霍桑实验。在美国西方电器公司,霍桑工厂进行的这项实验的最初目的,是研究工作条件的变化对劳动生产率的影响。而实验最终得出的却是采光、通风和温度等工作环境的变化对生产率的影响还不及工人之间的社会关系重要。研究人员发现,工人自发地构成工作环境,建立标准,并在他们之间实施制裁。因此,设计出支持性的工作群体,是提高员工工作动力和劳动生产率,从而实现组织目标的关键。

品质圈和其他的工人参与企业管理的做法,就是人际关系运动思想在当代的应用。

人际关系思想在职位设计中运用的方法,是在按照传统方法设计出来的枯燥的工作内容中增加管理的成分,增加工作对员工的吸引力。这种方法强调的是工作对承担这一工作的员工心理的影响。随着时间的推移,人们发现员工需要从工作中得到的,不仅仅是经济利益的外在报酬,而且他们还需要体验表现为工作的成就感和满足感的内在报酬。内在薪酬只能来自工作本身,因此工作的挑战性越强,越令人愉快,内在薪酬也就越高。根据人际关系哲学提出的职位设计方法包括工作扩大化、工作轮换和工作丰富化等内容。

（三）工作特征模型法

职位设计的方法有多种,但其中心思想是工作丰富化,而工作丰富化的核心是激励的工作特征模型。工作特征模型的核心内容是:①技能的多样性,也就是完成一项工作涉及的范围,包括各种技能和能力。②工作的完整性,即在多大程度上工作需要作为一个整体来完成——从工作的开始到完成并取得明显的成果。③任务的重要性,即自己的工作在多大程度上影响其他人的工作或生活——不论是在组织内还是在工作环境外。④主动性,即工作在多大程度上允许自由、独立,以及在具体工作中个人制定计划和执行计划时的自主范围。⑤反馈性,即员工能及时明确地知道他所从事的工作的绩效及其效率。根据这一模型,一个工作岗位可以让员工产生3种心理状态:感受到工作的意义;感受到工作的责任和了解到工作的结果。这些心理状态又可以影响到个人和工作的结果,即内在工作动力、绩效水平、工作满足感、缺勤率和离职率等,从而给以员工内在的激励,使员工以自我奖励为基础的自我激励产生积极循往。工作特征模型强调的是员工与工作岗位之间的心理上的相互作用,并且强调最好的职位设计应该给员工以内在的激励。

对工作特征的分析有利于清楚地理解怎样来提高员工的参与。在职位设计的时候,应当考虑给员工一定的自主权力,提供附加责任,以增强员工的自尊心和被重视的感受。如果员工没有丝毫的自主权,就会引起对工作的冷漠和低绩效。工作设计过于简单,就会因为单调枯燥而产生厌烦,影响员工的身心健康。同时还要让员工感觉到该工作对于实现组织总目标的意义,从而产生成就感。员工如果不能参与一些比较完整的工作,就会缺乏对工作成果的骄傲感受，从而失去责任感。组织还要对员工的过错绩效给予及时的反馈，才能正确引导和激励员工，使其不断改进自己的工作。总之，通过增加工作的多样性、完整性、重要性和自主性，改善雇工的心理状态，强化员工对工作意义的体验，增强对工作结果负责的精神，进而增加工作激励和工作满意度，有效提高个人成就和工作绩效，达到激励员工的目的。

在知识经济时代，组织最重视的资源是员工的热情和忠诚。通过职位的设计，把员工安排在相应的工作岗位上，让人与工作相匹配，满足员工各自独特的需求以及技术、能力与个性要求，从而使员工的终生兴趣得以实现，提高了员工的工作和生活质量，增加了留住人才机会。运用社会技术系统方法时期（从 20 世纪 80 年代开始至今），它主要是在系统理论指导下，运用工作特征模型，借助信息技术的支持对工作进行再设计、社会技术系统方法，通过全面完善工作特征和建立组织气氛来激发员工的工作积极性，它是对第二期所采用方法的进一步扩展。

（四）HP 职位设计方法——优秀业绩工作体系：科学管理哲学＋人际关系法

这是将科学管理哲学与人际关系方法结合起来的一个职位设计方法。这一模型的特点是：同时强调工作社会学和最优技术安排的重要性，认为工作社会学和最优技术安排是相互联系、相互影响的，必须把它们有效地结合起来。

在优秀业绩工作体系中，操作者不再从事某种特定任务的工作，而是每位员工都具有多方面的技能，由这些员工组成工作小组。工作任务被分配给工作小组，然后由小组去决定谁在什么时候从事什么任务。工作小组有权在既定的技术约束和预算约束下，自行决定工作任务的分配方式，他们只需要对最终产品负责。

工作小组的管理者的责任，不是去设计具有内在激励作用的工作岗位，而是建立工作小组，确保小组成员拥有完成工作所需要的资格。同时，小组的目标与整个组织的目标相互一致。

这就意味着工作小组的管理者是一个教练和激励者。当然，他们也必须使小组在组织中拥有足够的权力，并对小组实施领导。这种工作职位设计方法特别适合于扁平化和网络化的组织结构。

优秀业绩工作体系非常重视员工的自我管理和工作小组的运用。工作小组是由两个或者多个员工组成的一个工作群体，小组中的各个员工以独立的身份相互配合，以实现特定的工作目标。工作小组可以是暂时的，也可以是长期的；可以是半自治的，也可以是自我管理的。工作小组可以由具有相同技能的员工组成，也可以由具有不同技能的员工组成；可以包括管理者，也可以没有管理者。但是，小组中，通常需要有一个领导来处理纪律问题和对付工作中的困难。

（五）其他方法——辅助工作职位设计法

所谓辅助性的工作职位设计方法，指的是缩短工作周和弹性工作制。虽然它们没有完全改变完成工作的方法，从完全意义上说还不是职位设计的内容，但是他们改变了员工个人工作时间的严格规定，并且在实际上也产生了促进生产率的作用，所以可以把它们作为辅助的岗位设计方法。

(1) 缩短工作周

缩短工作周是指员工可以在 5 天内工作 40 个小时，典型的情况是每周工作 4 个 10 小时工作日。一般地，错开工作时间会使得在所有的传统工作日都有员工在工作。

缩短工作周的优点是：每周员工开始工作的次数减少，使得缺勤率和迟到率都下降，有助于经济上的节约。员工在路上的时间减少，工作的交易成本下降，工作的满足感提高。缩短工作周的缺点是：工作日延长使工人感到疲劳，并可能导致危险。员工在工作日的晚间活动还会受到影响。实行缩短工作周的企业与实行工作周的企业(5 天×8 小时)在联络时会发生时间上的障碍。

(2) 弹性工作制

弹性工作制的典型做法是：企业要求员工在一个核心期间(如上午 10 点到下午 4 点)必须工作，但是上下班时间由员工自己决定，只要工作时间总量符合要求即可。

弹性工作制的优点是：员工可以自己掌握工作时间，为实现个人要求和组织要求的一致性创造了条件。可以降低离职率和缺勤率，提高工作绩效。弹性工作制的缺点是：每天的工作时间延长，增加了企业的公用事业费，同时，要求企业有更加复杂的管理监督系统来确保员工工作时间总量符合规定。弹性工作制虽然对企业的生产率没有明显的影响，但却能使员工得到利益。目前，在美国实行弹性工作制的企业越来越多，特别是工作比较独立的专业人员，在理论上和现实中，都证明了弹性工作制的益处。

在以上职位设计的各种方法中，工作丰富化、工作特征再设计和社会技术系统方法是企业进行再造时进行工作再设计的主要方法。另外，每个组织所使用的职位设计方法都可能不同，在一个组织中，也可以对不同层次的员工和不同职位类别，实行不同的职位设计方法。而且根据组织的实际情况，可以使用一种职位设计方法，也可以同时搭配使用多种职位设计方法。

（六）职位设计的操作和容易发生的问题

1. 职位设计的操作

以部门工作人员职位的设计为例，进行职位设计时最好以部门的职能分解表作为基础，首先对职能分解表中所列的职能进行分析。除部门设经理一个职位负责本部门的全面管理外，还要看看本部门一共有多少项职能，这些职能的工作量有多大，设置几个职位为宜。

以一个企业的人力资源部为例，通常除了部门经理对本部门全面负责外，部门共有人力资源规划、员工管理、薪酬管理、培训管理和考核管理等5项职能。如果公司有一定规模，除人力资源规划不属于日常工作，编制人力资源规划可以由部门经理牵头外，其余4项可以设4个职位，分别是员工主管、薪酬主管、培训主管和考核主管。如果公司较小、人员不多，则可以不设这么多职位，如只设员工主管、薪酬主管，培训与考核工作由员工主管承担。如果公司人数还少，则在部门经理之下，只设一名薪酬主管，员工管理、培训与考核工作由经理本人承担。

2. 职位设计时应注意的问题

(1) 设计多少个职位，不等于安排多少个人员，职位数和人数不能混为一谈。职位设定以后，将来安排多少人员要根据企业的具体情况确定，可以一人多岗，也可以一岗多人。如前面例子所示：培训与考核工作由员工主管承担，这个人实际上是一人多岗，即他是员工主管兼培训主管与考核主管。又例如财务部，会计这个职位在工作量大时可能会有几名会计师，那么会计这个职位就是一岗多人。

(2) 注意各职位工作的饱和度。现在有些企业的中层领导，特别是部门经理或下属单位的负责人总认为给自己部门或单位配属的人员越多越好，这样工作紧张时调配起来比较方便。企业要按照工作的饱和度来安排每个职位的员工数，最好让每个职位工作都饱和。配属的人员越多就越容易出现人浮于事的现象，从而造成员工忙闲不均，反而会影响员工的工作热情和积极性。

(3) 要注意“能级匹配”。这里所讲的“能级”是指组织中各职位功能的等级，也就是职位在该组织中所具有的能量等级。一个职位功能的大小是由它在组织中的工作性质、任务大小、工作的繁简难易以及责任轻重等因素所决定的。功能大的职位，它的能级就高，反之，它的能级就低。对于一个组织系统而言，其岗位能级从高到低，一般可以分为4个层次，即决策层、管理层、执行层和操作层。各层次职位称梯状结构，在设置职位时，要遵循能级原则，把不同功能的职位设在相应的能级上。

五、职位再设计的后果

19世纪末期，西班牙一位叫大卫的船长，经营一个巨大的航运集团，控制了通往世界各国的许多航线。在他的航运集团中，有一艘运量最大的船“莎丽号”，承担着整个集团重要的航运任务。但令大卫苦恼的是一直找不到一位合适的船长。大卫曾出重金从航运界挖来几位经验丰富、有很好口碑的船长，但奇怪的是，每一位船长在上任“莎丽号”最高执行官一职后都失败了，他们以前在其他船队中骄人的能力表现在这里遭到了严峻的挑战。

大卫苦苦思索了许久，终于想通了一个事实：不是船长们的能力不行，而是职位设计本身存在缺陷。这个职位就像一个巨大的黑洞，任何一个踏上此船长位置的人都逃脱不了失败结局的命运，后人就将此种无人可以胜任的职位称为"守寡式职位"。

资料来源：林景新．守寡式职位：吞噬人才的无边黑洞．南方人才杂志，2004年4月

不合理的职位设计给企业带来的损失是无法估量的，那么要改变这种不合理的局面就要对企业的职位进行重新的定位和设计。造成上面案例所提到的"守寡式职位"正是由于其不合理的职位设计所造成的，例如，职位设计时涵盖太小，使优秀人才无以成长和发展；职位设计的另一项错误，是该职位称不上是一个职位，而只是一个"副手"的职位；管理人在位却无专业之事可做；用职衔作为对人的奖励等。这些原因造成了"莎丽号"以及整个企业的失败。

科学的职位分析是进行有效的职位设计的前提，只有在详尽科学的职位分析的基础之上才能够设计出适合企业组织发展的职位。然而，正确的职位再设计对企业的后果具有短期和长期两个方面的影响，在短期内对企业组织的影响主要的表现是负面方面的，在长期内的影响则是积极的。

（一）职位再设计对企业组织的消极影响

职位再设计对企业组织的消极影响有直接的和间接的两个方面。直接的消极影响也即对企业所造成的直接的成本支出，要进行职位的再设计，企业就需要花费一定的人力、物力和财力来进行这件事情。另外，还有间接的消极影响。具体如下：

1. 直接消极影响——直接成本

进行职位再设计的直接消极影响包括花费在进行职位分析和职位设计的相关人员。如企业人力资源管理人员、外聘专家及被调查或者协助工作的相应的职位上的员工工资报酬费用的支出。进行这项工作的人员一般都是相关的专家，因此企业要支付给他们的报酬是比较高的；相关的材料费、资料费的支出，在进行职位分析和再设计的过程中要运用到不同的方法，相应地就要用到大量的各种资料和材料；相对于重新设计的职位，要对员工进行适应性培训的费用支出、培训中所使用的机器设备的使用费、对员工培训的培训人员的工资报酬支出。另外，如果企业人员不够的话，针对于重新设计的职位还需要进行招聘员工而支出的招聘选拔费用；相应进行招聘工作人员的工资费用、茶水费和差旅费等；还有招聘的资料费、材料费和岗前培训费等。

2. 间接消极影响

职位的再设计在短期内妨碍了企业原来的正常生产，至少是某个职位的正常运作。要进行重新的定位和设计就要在相应的职位上进行研究和反复的试验，因此就会影响到该职位的当前工作；造成企业员工的心理阴影（害怕自己不能够适应新的职位或者工作方

式，以及使既得利益者害怕失去其所得到的利益，因而对职位再设计产生恐惧感）影响到企业的生产效率，可能重新设计的职位就要增加一些职位而减少另外一些职位。这对于年龄比较大、技术水平较低的员工来说有失去工作的危险，而对于另外一些关键职位上的人员则很可能是利益的损失（离开了这些岗位就会失去丰厚的薪水）。这些都会造成员工的抵触情绪，因此造成企业效率的损失。还有进行重新职位设计会造成以前企业对员工的培训成了沉没成本。以及企业前提的不确定性等。这些都会对企业组织产生不利的影响。

（二）职位再设计对企业组织的积极影响

职位设计是一个动态的、不断得到适应性修正的过程，即它是由适应→不适应→适应→……的不断发展变化的过程。因此，正确的职位设计对企业的积极影响是显而易见的。它更正了企业的不合理的职位设计。例如，上面的案例所提到的"守寡式职位"，吞噬人才的无边黑洞；空职，即形同虚设的职位，如果一个公司设立了副总这个职位，但没给予相应的权力，那么这个职位就没有起到应有的作用；重复职位，如果需要一个人干的职位而设计了两个人，那么就会造成两个人之间在成绩上相互抢功和在责任上的相互推诿与埋怨；还有负荷过大、过小的职位给企业造成的不利等都可以在职位的正确设计中得到合理的更正，因而极大地促进企业组织效率的提高和增强其的适应性，从而促进企业组织的发展。

合理的职位设计能使员工产生内在性激励，提高团队的工作效率。Hacker man 与 Oldham 提出的工作特性模型说明了任务特性与员工激励、员工绩效和员工满意度之间的关系。这个模型用 5 个核心任务特性来描述任何工作，即技能的多样性、任务的同一性、任务的重要性、工作的自主性与工作的反馈性。职位设计必须要考虑这 5 个方面。

合理的工作岗位能够让员工知道要干什么，什么时候干，干到什么程度，在什么条件下干，同时能使员工感受到工作的意义、工作的责任以及了解到工作的结果。这些心理状态又影响到个人和工作的结果，即工作积极性、绩效水平、工作满足感和出勤率等，从而给员工内在性激励。这种以员工自我奖励为基础的自我激励会形成良性循环，促进团队工作效率大幅度提高。

第二节　组织结构设计

一、组织结构设计的定义和原则

企业的组织结构设计就是这样一项工作：在企业的组织中，对构成企业组织的各要素进行排列、组合，明确管理层次，分清各部门、各岗位之间的职责和相互协作关系，并使其在实现企业的战略目标过程中，获得最佳的工作业绩。

从最新的观念来看，企业的组织结构设计实质上是一个组织变革的过程。它是把企业的任务、流程、权力和责任重新进行有效组合和协调的一种活动。根据时代和市场的变化，进行组织结构变革（再设计）的结果是大幅度地提高企业的运行效率和经济效益。

组织结构设计的原则，一般来说主要有以下几条：

第一，目标一致原则。企业的组织结构设计必须为实现企业的战略任务和经营目标服务，企业的战略任务和经营目标是组织结构设计的出发点和归宿点。企业的组织体制和机构是一种手段，而企业任务、目标则是采取这种手段的目的，二者是行为和目的的关系。同时，衡量企业组织设计是否合理的最终标准，是看能否促进企业任务和目标的更好实现。

第二，精干高效原则。企业组织机构在完成任务目标的前提下，应当力求做到机构最精干、人员最少和管理效率最高。现代化大生产及其管理，主要依靠先进的科学技术、合理的分工和协作。这时如果企业的机构臃肿，人浮于事，不仅降低经济效益，更重要的是造成办事效率低下，程序复杂，推诿拖拉，助长官僚主义。

第三，分工与协作原则。分工与协作是社会化大生产的客观要求。现代企业的管理工作量大，专业性强，因此需设置不同的专业科室，这样才有利于把管理工作搞得更深更细，提高各项专业管理效率，迅速培养一批专业化管理人才等。在分工的条件下，各项管理工作紧密联系，但伴随着专业分工，各专业管理部门之间会在管理目标、价值观念、工作导向等方面产生一定的差别，因而必须在企业组织设计过程中十分重视部门间的协作配合，加强横向协调，提高管理效率，以保证企业整体目标和任务的实现。

第四，集权与分权相结合原则。这是处理上下级分工关系的中心问题。企业的组织体制，既要有必要的权力集中，又要有必要的分散。集权是大生产的客观要求，企业高层领导要有必要的权力，才能对企业生产经营活动实行集中统一的领导和管理。同时，现代企业又必须把一部分管理权分散到下级组织。这样才有利于下级单位根据实际情况特别是市场变化迅速而正确地作出决策。

第五，稳定性和适应性相结合原则。企业的组织体制和机构必须有一定的稳定性，即企业要有相对稳定的组织机构、权责关系和规章制度，以保证企业管理机构能按部就班地正常运转，这是企业能够正常地开展生产经营活动的前提条件。相反，如果企业管理机构朝令夕改，必然产生指挥失灵、职责不清、秩序失常等现象，管理人员也会因此而工作不负责任，采取临时应付的工作态度。但是，企业的组织体制和机构又必须有一定的灵活性和适应性。在市场经济条件下，企业的外部环境和内部条件会经常发生变化，这要求企业组织有良好的适应能力，克服僵化状态，能及时且有效地作出相应的改变，以适应内外环境的变化。

二、组织结构设计的一般步骤

(一) 确定企业的主导业务流程

在进行企业的组织结构设计之前,首先应确定企业的主导业务流程。如果企业的组织结构重组或调整,也要先重新梳理原有的主导业务流程。主导业务流程描绘了本企业的内部价值链关系,即主导业务流程应该是一个增值流程,如果不是增值流程就说明企业盈利模式存在问题。因此,又可以说确定企业主导业务流程的过程实质上是检查企业盈利模式是否合理的过程。这一项工作对于企业,特别是高新技术企业,大有裨益。

(二) 确定企业的管理层次和管理幅度

在确定了企业的主导业务流程后,要确定企业的管理层次与管理幅度。通常情况下,大、中、小型企业3个层次就足以满足需求了,即高层、中层(下属企业的高层)、基层(下属企业的中层)、下属企业的一般职员或操作工人。

从现代组织管理的角度来看,管理层次与管理幅度,二者本身就存在着相互制约的关系。其中重要的还是管理幅度的控制。因为上一级管理人员的知识、体力和精力都有一定限制,下一级管理人员的自身素质、专业技能等也有一定局限,所以不提倡一味强调减少管理层次与盲目增大管理幅度。管理层次过少和管理幅度过大都会造成企业内部的管理松弛。通常情况下,一般企业管理层次为3层,管理幅度为6～9人比较合适。

(三) 从主导业务流程上划分企业的各种职能管理部门

严格意义上讲,企业的各种职能管理部门应该依照主导业务流程划分。例如,通常的工业制造企业,主导业务流程应该是产品研发——产品设计——原材料采购——产品制造——仓储保管——销售——售后服务这样一个过程。业务或经营部门应该包括产品研发部、产品设计部、原材料采购部、产品制造部、仓储保管部、销售部和售后服务部等。当然这些部门可以视工作量的大小合并或分拆。

(四) 企业辅助职能部门的设置

通常把游离于企业价值链和主导业务流程之外的业务工作部门,如财务管理、人力资源管理、后勤保障管理、安全管理、办公实物管理等部门称为"辅助职能部门"。这些部门也可以视工作量的大小合并或拆分。例如,有的企业行政部包括办公实物管理、后勤保障管理、人力资源管理、安全管理等,也有的由于企业规模较大,分别设立几个部门完成这几项工作。通常单独设立财务部进行财务管理,不与其他部门合并在一起。

（五）从管理流程上确定各部门之间的协作关系

在企业的部门设置工作完成之后，还要预先从管理流程上确定各部门之间的协作关系。在主导业务流程上的部门之间的关系，毫无疑问要遵照主导业务流程所确定的上、下游关系。但是主要职能部门和辅助职能部门之间的协作关系在组织结构设计时，就要事先考虑周全，避免在企业运营中出现各种各样的问题。例如，在处理企业决策、资金使用和固定资产购置等重大问题时，各部门应该是一种怎样的协作关系要考虑周全。

解决这个问题的最好方法，是除了主导业务流程之外，再做出一些子流程，如企业的决策流程、资金使用和预算管理流程、固定资产管理流程等。通过对这些子流程的编制和分析，确定各部门之间的协作关系。

（六）制定企业"组织手册"

一个管理规范的企业应该在组织结构设计工作完成后，编制本企业的组织手册，下发给企业的各部门及高、中层管理人员。组织手册至少要包括下列内容：

（1）企业的组织结构图；

（2）企业各部门和各下属单位的职能分解表；

（3）企业各部门和各下属单位的职位设置表；

（4）企业的主导业务流程图；

（5）重要的组织管理原则。

（七）以操作的顺畅性和客户满意度来验证组织结构设计的正确性

组织结构设计是否合理，要以操作的顺畅性和客户满意度来验证。通常在组织结构设计的半年或一年后，要在企业的内部和外部分别征求对企业组织结构的意见。在企业内部，主要是检查操作的顺畅性，可以通过高、中、基层干部的满意度来评价；在企业的外部，主要是坚持客户的满意度，可以通过对客户的访问或电话征询客户来获得。

如果内、外部的满意度在70％以上，就可以不作大的调整，只对内、外部反映较大的问题作适当的调整。如果内、外部的满意度在70％以下，则企业的领导就应根据内、外部的反映，重新考虑企业的主导业务流程是否有问题、组织结构是否要做大的调整。

三、企业组织结构设计应该注意的问题

第一，企业组织结构的动态管理。企业的组织结构不是一成不变的，它应该随时根据市场和客户的需要实施动态的组织变革，使企业永远充满活力。企业的组织结构惟有实施动态管理，才能使企业在激烈的市场竞争中永远立于不败。

对于一般传统的制造业企业，建议在2～3年内对企业的组织结构进行一次检查，检查它在市场上的适应度，检查客户的反映和满意度。如果需要调整，就要果断地进行组织调整，以最大限度地适应市场和客户的需要。对于从事信息技术的高新技术企业，为了适应市场的快速变化，建议每年从组织结构的角度进行一次市场适应度和客户满意度的调查，并依据回馈，作出必要调整。这一点是目前企业比较容易忽视的问题，希望企业领导人特别注意。

第二，企业组织结构设计没有最好，只有最合适。很多企业在追求最佳的组织结构设计模式，实际上组织结构设计没有现成的"菜单"。

所谓的最合适是指能够满足下列要求：

(1) 最适应市场的需要；

(2) 最适应客户的需要；

(3) 操作顺畅；

(4) 运行效率最高。

每个企业由于自己所处的市场环境、行业特点不同，组织结构的设计各有不同。就是同一行业、同一市场环境的企业由于地域不同，企业自身特点不同，组织结构也各不相同。因此，一个公司的组织结构不一定要模仿其他企业，而是要着重于自身经验的总结和不断的改进。

第三，恰当地处理"集权"和"分权"的关系。在组织结构设计中，要恰当地处理好"集权"和"分权"的关系。"集权"和"分权"是一对矛盾的统一体。当权力过于集中时，虽然有助于企业防范各种经济风险，决策效率高，但往往会影响下属积极性，有时决策人物变更或因出差原因暂时离开时，就会影响企业的基层工作效率。当权力分散时，虽然下属的积极性较高，基层工作效率也比较高，但是企业各种经济风险也容易发生，企业高层的决策效率就会降低。

第三节　组织发展与变革

组织发展(organization development，OD)是近年来西方组织行为学和管理心理学研究领域中发展起来的一个新的热门话题。20世纪80年代以来，各种新技术的迅速发展，全球经济模式的转变，组织面临的环境变幻莫测，给组织发展带来了很大的压力。为了能在竞争中取胜，西方国家的一些大型企业特别是美、英国家的企业在经营战略和运作模式上作了较大的调整，迫使组织的职能从以生产为中心转变为经营为中心。1983年，壳牌石油公司(Royal Dultch/Shell)的一项调查显示：1970年名列《财富》杂志"五百强企业"排行榜的公司，有近三分之一已销声匿迹。依壳牌石油公司估计，大型企业平均寿命不到

40年。在“适者生存”的自然法则下，一些组织不断被淘汰出局。因此，探讨组织生存与发展就显得至关重要，这也是越来越多的研究者涉足于此研究领域的原因之一。

一、组织发展的概念

组织发展的概念，在最初一般意义上指对组织某些部分和某些方面进行变革和修正，以后发展到对全部组织进行有计划的、系统的、长远的变革和开发，并形成了一整套开发和变革的战略、措施和方法。因此，对组织发展的概念有许多不同的看法：

① 是指在整个组织范围内，从上层领导开始，利用行为科学知识有计划地在组织发展过程中进行干预，以提高组织的有效性，保证组织健康运转。

② 是对变化的反应，这是一种复杂的教育策略，它倾向于改变组织的信念、态度、价值观和结构，以使组织能更好地适应新技术、市场和挑战，以及它本身飞快的发展变化。

③ 是通过一系列活动提高一个组织的战斗力、效率和士气的一种方法，这一系列活动由组织成员直接参与并去寻找各种各样的方法，把组织的事情办得更好。通俗地讲，就是组织要适应环境变化，通过自我变革，达到自我更新、自我成长、自我完善和自我发展。

④ 是指以行为科学研究和理论为基础，有计划、有系统地组织变革的过程，其目标是创造有适应能力的组织，这些组织为了保持效率能够重复地变换和创新。

从定义中知道，作为行为科学的一个领域，组织发展很大程度上来源于心理学、社会学和人类学等，其发展依赖于人格理论、学习理论、动机理论以及群体动力、权力、领导行为等。所以说，组织发展是以许多大众接受的关于组织中个人和群体行为的原理为基础的。因此，组织发展不仅仅是一种单一技术，而且还是拥有某种哲学和共同的知识和技术的集合，这就是组织发展区别于其他组织变革的方法。

从上述组织发展的定义可以看出，组织发展既包括组织结构、制度上的改革，也涉及对团体和个人的心理指导。目的在于适应环境的骤变，改善组织的绩效和满足员工的需求。因此，组织发展具有以下特征：①组织发展是一个动态的系统，即把组织看成是一个开放的社会技术系统，不仅组织内部各子系统发生相互作用、影响，而且组织本身还要不断的与外界发生联系，与外界环境发生相互作用。②组织发展是一个相互作用的过程。组织发展活动是一个相互连贯的不断变化的过程。在此过程中，组织中的人相互交换意见、学习新的知识和技能，发现并解决组织中的问题。③组织发展是以有计划的再教育手段实现改革的策略。通过再教育，可以使组织成员抛弃不适应形势发展的旧规范，建立新的规范，从而达到组织发展的目标。④组织发展中目标和计划具有重要作用，要特别重视目标管理。

二、组织发展的基本内容

虽然对组织发展的界定不同，但它所包含的具体内容一般来说包括3个方面：组织方面、技术方面、个人与群体方面。

（一）组织方面

在组织发展中，组织方面的研究主要集中在对组织结构的探讨，即组织的形式能否较快的反映和适应外界环境的改变，组织的形式如何影响组织内决策的形成和信息的共享等。

传统的组织形式往往是依赖正式的规则和条例、决策的集权化、严格的权威等级、工作责任的狭隘，强调的是遵守程序和规则，被称为"机械式"的组织形式。其实，这种组织的形式在本质上类同于韦伯提出的"官僚体制"。韦伯认为，官僚体制的组织形式特征是：个体有专业化的任务分工，任务是在已确定的规则和程序下完成，每个人只接受一个上级的命令。人事任免以技术为依据。所以，这种形式只适应于组织的最初阶段，本身具有自己的缺陷，体现在对组织内人员的负面影响、员工士气低落、工作满意度低、缺乏必要的激励和对外界环境的变化反应慢等。而现代组织应该具有弹性和适应性，应该能尽可能的发挥员工和管理者的潜力。如果组织能充分利用员工的潜力，就必须保证组织具有使员工对组织奉献的结构，按组织的规律办事，这种组织形式被称为"有机式组织"。和前者相比，这种组织强调沟通、信息的处理和决策，而且这些活动存在于不同的层次。这样的组织就具有很大的灵活性和适应性。

为了增强组织的现代竞争力以及对外界环境变化的敏感性，20世纪80年代初，许多管理者和行为学者设计了新的组织形式或组织结构。虚拟组织和无边界组织就是这些研究的成果。

虚拟组织是员工可以不顾时间、距离以及组织边界，利用计算机网络一起工作，迅速便利地共享知识。信息网络是虚拟组织的支柱，虽然规模小，但是可以发挥主要商业职能的核心组织。这种形式的组织决策集中化程度很低或者是根本不存在，具有很大的灵活性，能从组织外部寻找组织所需要的各种资源，执行开发、生产和销售等环节，把主要精力集中在自己最擅长的专业业务上，管理人员可以通过计算机网络来控制和协调外部的各种关系。

无边界组织是减少命令链，对控制的跨度不加限制，取消了各种职能部门，代之以授权的团队（多功能团队）。在这种组织中，成员的等级秩序降到了最低点，可以围绕组织的工作流程来组织活动，还有利于打破组织和客户间的外在界限和地理障碍。

（二）员工方面

员工方面的组织发展主要是强调以人为中心的理念。在研究中，重视对员工的个人训练和团队建设。团队建设的研究开始于 Mayo E 的工作，是霍桑实验中社会关系重要性的继续。Porras J & Berg PO 估计大约有 40%的组织发展是利用了团队建设的形式。研究表明，团队是组织提高效率的可行方式，有助于组织更好地利用员工的才能，有助于激励员工。有效的团队建设常包含行动研究过程的运用。在团队建设时，团队成员提供与他们觉察到的问题、工作关系有关的信息，他们可以在团队会议期间或之前用访谈或问卷法收集所需的信息，然后分析信息和诊断与工作有关的问题。以问题诊断为起点，制定具体行动计划并实施。在组织中，团队的类型有问题解决型、自我管理型和多功能型 3 种类型，它们具有自己本身的特点。

员工的个人训练就是重视敏感性训练，也称为 T 小组训练。它由美国心理学家 Bradford L 于 1947 年在美国缅因州建立的国家实验室首先施行。敏感性训练就是使参与者深入地了解自己和其他人的感情和意见，并从中提高学习和认知的能力。可以通过解决自己与工作中的问题，促进个人的价值观念，培养参加者在实际环境中作出成绩。在训练中，参与者可以自由地讨论自己感兴趣的问题，自由地表达自己的观点，分析自己的行为和感情，并接受对自己的反馈意见，从而提高对各种问题的敏感性。

（三）任务、技术方面

任务和技术方面的组织发展强调的是组织任务多样性、完整性和意义，加强工作的责任性和及时反馈工作结果的信息，从而利用工作的本身的激励因素来提高组织的发展。工作生活质量管理就是所能采取的措施之一。

工作生活质量的理论基础来源于英国塔维斯托克人的关系研究所提出的社会技术系统的概念。该概念的基本思想是为了提高组织工作效率，不能只考虑技术因素，还要考虑人的因素，使技术和人协调一致。1974 年，美国成立了全国生产率和工作生活质量研究中心，许多的大学机构也建立了专门的研究机构。1980 年，加拿大多伦多举行了关于工作生活质量的国际会议。这些都标志着工作生活质量研究得到了高度的重视。最初的工作生活质量仅仅是看成促进职工个人的工作满意感和心理健康的措施。以后，把它看成是改进工作，提高生产率的特殊技术。现在研究者认为既是一种关于人和组织关系的指导方针和管理哲学，又是一种工作方法措施。它是以改善员工生活福利和工作环境，提高决策的参与程度为手段，达到组织发展目标的一项措施。此外，组织不断地试图通过选择性工作日程来改善员工的工作生活质量。弹性时间制就是其中的一种，员工可以把工作活动安排在自己生产效率较高的时间段内。

三、实施有效的组织发展计划

虽然西方国家有各种各样的组织发展的具体战略，但是"行动研究模式"是组织发展过程的中心。这种"行动研究模式"是温德尔·弗伦奇根据行为科学家们关于组织发展计划的理论提出的。

组织发展的起初目标和战略主要是对目的组织所碰到的人际及组织之间的问题、决策过程、信息的沟通等问题的仔细诊断。开始，行为科学家与主要领导(如公司总经理、厂长和学校的校长等)共同讨论该组织存在的问题，对下层进行访问，全面了解情况。最重要的是起初的诊断必须倾听委托组织所反映的意见，行为科学家顾问与组织必须紧密结合，才能真正帮助组织解决问题，促进组织发展。组织发展模式之间的区别在于组织发展过程中所采取的技术措施。下面介绍弗雷德里克、舒斯特教授的组织发展步骤的主要内容以及常见的技术措施。

(一) 有计划的介入

组织发展是由组织内部或外部咨询顾问介入开始的。这类顾问在西方国家有时也称为"改革代理人"。聘请组织外面的顾问的长处是：他们与该组织机构无联系，与组织的领导无关系，这样可以客观地对待组织中存在的问题。

在西方一些大的组织机构中也有组织发展顾问，他们是公司上层管理组织中比较独立的组织，同那些聘请来的顾问一样，与公司各部门以及生产单位一起工作。虽然不像外面请来的顾问，但是他们的优点是对该组织比较了解，了解组织发展过程中问题产生的前因后果。

不管是内部还是外部的顾问，通常都是由上层领导聘请并进入组织，帮助组织找出有关组织成员之同协作和有效工作的能力等组织问题。

(二) 收集资料

顾问的首要任务是收集资料，以便确定组织中的具体问题，确定组织是否还能起到有效运行的作用。收集资料一般采取两种方法，即访问法或面谈了解和问卷调查。许多人通常将这两种方法一起使用，也有些人只用其中一种方法。

(三) 组织诊断

在收集资料的问题上，顾问与组织的上层领导要初步弄清该组织当前的形势和存在的问题。这时土要是听上层领导对收集资料的反馈意见，顾问也谈他们对组织内存在的问题的看法。初步诊断的目的是使顾问决定组织发展过程的卜一步，并征求该组织上层领导的同意。组织发展中最突出的问题是用什么样的标准程序来诊断组织的问题。

(四) 资料反馈与讨论

顾问将访问了解和问卷调查的材料总结报告并向该组织领导汇报，让他们作具体讨论，确定组织所关心、存在的问题。领导们要考虑需要为该组织发展做些什么，将采取什么样的战略。这一步的目的是使组织准备实行组织发展的具体措施。

(五) 行动介入

在组织发展过程中，大部分行动介入一般都是行为导向介入，即为影响个人和组织行为所设计的。但是与组织发展理论相一致的介入也有机构介入，即改革组织体系、岗位职责、技术或工资奖金报酬制度。在美国，行动介入技术有以下 4 种：

1. 实验室培训。指为个人和组织创造一种实验室的气氛，使个人和组织在这种气氛中学习和发展新的行为。

2. 协作精神的建立。指通过培训，提高组织成员之间以及组织之间的协作能力，引导大家共同努力，为实现组织目标而奋斗。

3. 管理方格图。指美国工业管理界广泛运用的一种管理风格培训。它是指让组织成员了解别人的管理风格、人际交流能力等。这种管理行为的风格由关心人和关心生产来衡量。

4. 目标管理。它既是一种管理的原则，又是一种合理方式，有时被称为“成果管理”。彼得·德鲁克对目标管理的精辟论断是，管理组织所遵循的一个原则是：“每一项工作都必须为达到总目标而展开。——任何企业都必须成为一个真正的协作体，把个人的努力凝合成为共同的努力。企业中的每一个成员的贡献有所不同，但是大家都必须是为了一个共同的目标。大家的努力都必须向着同一方向，大家的贡献联结在一起必须产生出一个完整的东西——没有漏洞，没有摩擦，没有不必要的重复劳动。”许多组织发展实践者特意将“目标管理”作为组织发展行动介入的一种具体战略。

四、组织发展变革的压力

(一) 技术的不断进步

随着信息技术的发展，上层管理者对中层管理人员的依赖程度将会减少。他们将更多地注意组织目标的确定、长期计划的制定和外部环境关系的处理等。要实现这一切，那种传统的结构即由总经理一人来进行管理就不现实。为了能作出复杂的决策，总经理要扩大包括各种专家在内的参谋人员来共同进行决策或者通过经理班子来实施决策过程。

（二）知识的爆炸

社会所积累的有用信息呈指数级增长。经营组织既刺激知识的爆炸，知识又反过来影响着经营组织的发展。各类组织均要求文化水平较高的同工来担负日益复杂的工作，知识的爆炸给管理者提出了新的挑战：①发现和传承组织中早已存在的知识；②要求和提出新的知识；③把知识转化为有益的产品和服务；④管理人员要具有高度的知识接受和创造能力。

（三）产品的迅速老化

当产品的生命周期缩短时，各组织必须相应地缩短产品从设计到投产的时间。因此，为了使组织能在未来的环境中继续生存和发展下去，就必须至少给某下层组织一定的灵活性。这种随市场变化、具有灵活性的组织，可以允许管理者把人组织成几个小群体，便于根据情况制定发展战略和分析对象。这种类型的组织结构除了使企业更具有灵活性和适应性外，还能使企业对预测系统所搜集到的信息迅速作出反应，采取新的经营形式，鼓励更多的人参与决策。

（四）劳动力素质的变化

随着科技和社会进步，劳动者的素质在提高。不仅是劳动力的成分和价值在不断变化，而且劳动力在组织之间的流动性也进一步加大。

（五）职业生活质量的提高

职业生活质量是组织成员通过他们在组织的工作经历来满足自身需要的程度。一个人的职业生活质量与他们的工作行为密切相联。改善职业生活质量之后可以更好地激发起人的积极的情感，提高他们的自尊心，提高他们对工作的满意感，并使其更加勇于为实现组织目标而作出贡献。

五、组织发展变革的阻力

当今，中国许多管理者深切关心的是为了适应不断变化的环境，应采用什么样的发展战略问题。一个国家的组织和社会的变革问题反映某些变革的基本压力。成功的管理者正在不断探索一种既能适应环境的变化，又能积极地影响环境变化的具有灵活性的组织结构。组织发展变革阻力来自个人和组织两个方面。

社会心理学家库尔特·利温提出了观察变革步骤的方法。这种方法为管理人员提供了很有用的方向，利用认为变革不是一种静止状态，而是不同方面的力量相互作用的结果，是一种动态平衡。任何一种状态均是一部分变革的阻力，要求保持原来固有的状态，而另一部分是推动变革的动力。

一种阻力经常会有抵消好几种变革的压力的效果。为开创发展变革的局面，管理者必须调整现实力量的平衡，换句话说，现时的均衡必须要“解冻”。管理者可以通过下属方法开创变革的局面：①增加变革压力的强度；②降低阻力的强度再安全地把阻力转移；③改变力量的方向，也即是说把变革的阻力变为变革的压力(推动力)。

六、企业组织发展的新趋势

高效的企业组织结构是实施企业经营战略的基础和保证。著名的管理大师彼得·杜拉克称“合理的组织结构是企业的效率之源”。20 世纪 90 年代以来，西方企业的组织结构处于积极的全面变化中，呈现出如下“四化”的发展趋势。

(一) 扁平化

扁平化是指减少组织的中间层次，压缩行政人员规模，增大管理幅度，促进信息的传递与沟通。随着计算机的广泛应用和人们观念的不断改变，减少了对企业的中间管理层次的需求，西方许多企业组织结构开始向扁平化方向发展。这种倾向有利于提高信息传递的效率和决策速度，有利于激发员工的士气、调动积极性和提高工作效率，有利于为客户提供更好的服务和节约管理费用。以往企业纵高型组织结构有其合理性，也曾发挥过重要作用，但其等级森严、层次过多、内部信息流通过慢、企业面临市场变化缺少灵活性等弊端，使扁平化成为企业组织结构变革的必然趋势。

(二) 小型化

企业组织规模小型化又被称为企业减肥。通过减肥，企业可以增强活力，降低成本，提升自身的核心竞争力。在日益复杂多变的信息时代，随着经营环境的剧变，大的企业集团普遍患上一种“大企业病”，表现为企业的精力和时间大都耗费在组织内的沟通、协调和规则制定上，组织成本飙升，而运行效率低下。西方许多企业正在缩小下属部门的规模，向小型化方向发展，但这种小型化是以适应企业自身特点为限度，这样做的主要目的是充分发挥小企业的机动灵活的特点。

(三) 弹性化

弹性化是指企业为了实现某一目标而把在不同领域工作的、具有不同知识和技能的人集中于一个特定的动态团体之中，共同完成某个项目。这种动态团体组织结构灵活便捷，打破了原有的部门界限，绕过原来的中间管理层次，直接面对客户和公司的终极目标，以群体和协作的优势赢得组织的高效率。

（四）虚拟化

相对于实体组织，借助于互联网络发展起来的概念组织被称为“虚拟组织”。这是近年来出现的企业组织变革的全新内容。它有两层含义：一是不具实体，但效率高、运行灵活的“概念”组织，在今天的生产经营中发挥着关键作用。二是指“集合全部优势于一体”的新型经营观。按照这种经营观，传统意义上的制造产品的组织已不复存在。近年来，虽然基于技术联系纽带而进行的纵向一体化并购浪潮仍在如火如荼地进行，但几乎没有一家大型企业的产品零部件完全由自己生产。那种“只有自己生产的才最好、最可靠”的观念已经被抛弃。起先，人们从传统组织实体论出发，分企业对产品的“自制”与“外包”。随着“外包”零部件越来越多，“外包”在产品制造中的地位迅速上升，就这种产品制造而言的“实体组织”也越来越虚拟化了。

第四节　组织发展不同阶段及职位设计

组织的发展过程比较复杂。总的来说，组织的发展演进到目前为止，共有3个阶段：传统官僚机构阶段、复杂性组织阶段和适应性组织阶段。在不同的组织发展阶段，它们有各自的结构模式以及相应的职位构成方式。

一、传统式官僚机构阶段及其职位构成

（一）传统式官僚机构组织

传统式官僚机构是世界上最普遍也是最为传统的组织形式。传统式官僚机构是这样的一种结构模式：主要表现为一种科层等级结构、劳动专业化和缺乏个性的制度。它强调等级、规章制度和程序等一些主要的协作方式。转变是一个从上至下的过程。由于其特殊的社会起源，官僚机构几乎不强调战略。最上层的管理者是组织的设计者。很少有公司顶层以外的人参与到新结构或制度的设计当中去。所有的重要决策都是由高层作出的。

官僚机构型的公司在资源丰富、技术相对稳定和竞争适度的时代盛行。官僚机构给人的感觉就是充满了各种各样相互矛盾的价值观。其负面的印象是“官方印章”、繁琐的文书工作和行政上的低效率。随着技术的飞速发展，以及竞争变得更加激烈，这些结构无法再拥有相应的竞争力。当出现特殊情况时，那些能有效地处理简单、明了和重复性工作的等级结构就不堪重负，就需要新的组织形式来进行代替。

因此,传统式官僚机构在结构上其实采用的是一种集权型的组织结构和集权型组织结构类型的、主要是直线制和直线职能制结构模式。直线制是最早、最简单的一种组织结构形式。其特点是:组织中各种职务按垂直系统直线排列,全部管理职能由各级行政领导人负责,不设职能或参谋部门;命令从最高层管理者经过各级管理人员直至组织末端,是直线式流动;组织中每个成员接受最近的一个上级指挥,仅对该上级负责并汇报工作;一个人一个上级,彻底贯彻统一指挥原则。它的优点是:由于按职能划分部门,其职责容易明确规定;每一个管理人员不固定地归同于一个职能机构,专门从事某一项职能工作,在此基础上建立起来的部门间联系能够长期不变,这就使整个组织系统有较高的稳定性;各部门和各类人员实行专业分工,有利于经理人员能熟练掌握本职工作的技能,有利于强化专业管理,提高工作效率;管理权力高度集中,便于最高领导层对整个企业实施严格的控制。

(二)传统式官僚机构的职位设计

官僚职位设置呈倒 Y 型,因企业性质不同,类型和规模不同,各企业职位设置的具体形式不尽相同,但从千变万化的具体表现形式中,可以抽象出传统职位设计的一般特征,如图 4-3 所示。

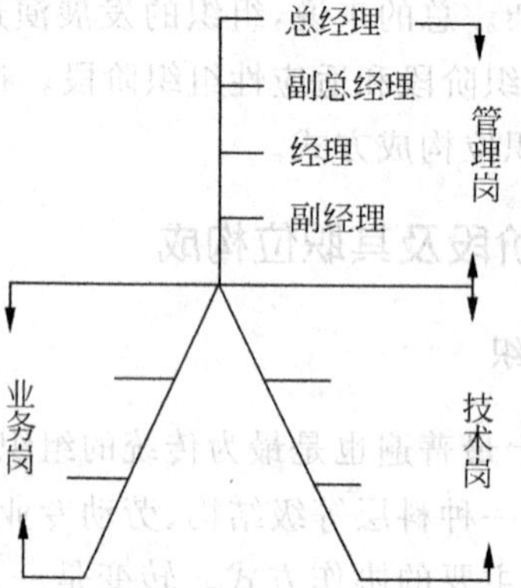

图 4-3 官僚机构的职位设置

资料来源:胡顺华. 岗位设计创新——由刚性岗位设计到柔性岗位设计. 管理实务,2003

在传统式的官僚组织中,所有职位主要分为管理职位和员工职位两种。并且管理职位非常有限,一般由正(副)部门经理岗、正(副)总经理职位等组成;员工职位相对较多,主要由业务职位和技术职位组成。业务职位和技术职位又可分为高低不同层次。员工岗向上(晋升)的发展趋势只有通过自身的努力来争夺有限的管理岗。由于管理岗的刚性及有限性特征,使得员工岗的普通员工对未来通过努力进入管理岗的预期减弱,从而大大挫伤和遏制普通员工的工作积极性和主动性。管理职位发展和变化空间有限，且一般是能上不能下，只要上去了，那怕没有什么业绩，但只要没什么过错和大的失误都不会被降职的，所以管理职位往往表现为停滞不前，缺乏激励。这种刚性特征使管理层新陈代谢不畅，同时也抑制了优秀员工进入管理岗。另外，企业内部薪酬分配制度是以职位等级层次的划分为基础的，而不是以业绩为依据来进行分配的。等级层次越高所得到的报酬就越多，反之就少。

二、复杂性组织阶段

（一）复杂性组织

第二个阶段是组织开始向更新、更复杂的组织形式发展。由于商务环境的改变，越来越多的组织都开始采用这种复杂的管理形式。这个阶段的组织通过增加新的横向渠道，打破了传统的组织设计原则。这些形式将横向的团队和现存的科层结构相结合，增强了公司的管理力度，从而提高了组织的绩效。这些新型的复杂组织形式在竞争，而当竞争需要更高的信息处理和决策水平时，更复杂的形式则是恰当的。

尽管阶段一的官僚机构形式强调了结构性的"管理原则"，阶段二的组织通过明确地破坏这些"原则"，从而在生产力方面取得了显著的成就，但是该阶段结构的转变还是最为重要。官僚机构组织强调的是"统一命令"、"权责对等"、"通过排除干扰来进行管理"这样一些思想。这些原则在复杂的竞争状态下是无效的。一般地讲，在这个阶段组织的结构形式是在事业部组织基础之上发展而来的矩阵式组织，它明确地废弃了官僚组织结构原则。矩阵式结构更便于公司内部的横向联系，更能适应外界的迅速变化。在矩阵式组织当中，员工有 2 个、3 个，甚至更多的上司。管理者是要承担责任的，但他们对员工所进行的履行职能的活动并没有指挥权。如果事情没有按计划进行，双重指挥链中一条用于指挥项目，另一条用于指挥职能部门，常常会让人很难知道究竟谁是领导者。在这种模式下，公司应具备共享的资源、信息与权力，如果不具备会造成组织结构的无效。然而，这些新的组织形式，在具有挑战性的行业领域中，如军事工业、航天工业公司采用这种组织结构形式，具有突出的优越性，显著地胜过了传统组织。其他行业的企业，为了追求相似的高水平业绩，也很快地就采用了这种形式。

（二）复杂性组织的职位设计

复杂性组织的职位设计，是以传统官僚组织职位设计为基础，是对组织发展的第一阶段，即对传统官僚组织职位设计的扬弃。这种职位设置在实践中可采取多种具体形式，但从中也可抽象出其一般特征（如图 4-4）。

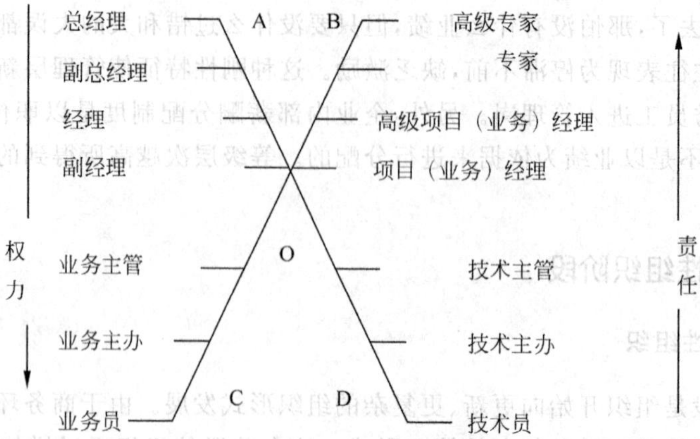

图 4-4 复杂性组织职位设置

资料来源：胡顺华．岗位设计创新——由刚性岗位设计到柔性岗位设计．管理实务，2003

在这种组织中，所有职位由管理岗和员工岗组成。管理岗由两部分组成：一部分是传统岗位设计中的以部门为管理对象的管理岗（以下称为管理岗 A），即行政管理岗，其岗位是有限的；另一部分是在传统职位设计中的管理岗的基础上增加的，主要以“项目”、以“业务”为管理对象的管理岗（以下称为管理岗 B）。此种管理岗不是部门领导也不是组织领导。这种新增的管理岗，其职位在理论上是无限的，只要符合考核要求即可设岗定编。管理岗 A 主要分为正（副）部门经理、正（副）总经理等；管理岗 B 也分多个层次（比如项目经理、高级项目经理、专家和高级专家等），并与管理岗 A 的层次划分相对应。在薪酬分配制度上，管理岗 A 与管理岗 B 坚持同层次同待遇的原则。以“O”为枢纽点，管理岗 A 员工可横向流动到管理岗 B 上去，管理岗 B 的员工也可横向流动到管理岗 A 上去；员工岗的员工可垂直攀升到管理岗 A 上去，也可垂直攀升到管理岗 B 上去。

可见，其与传统官僚组织职位设计的最大区别与创新在于，通过增设管理岗 B 而克服了传统职位设计中管理岗和员工岗的发展和变化刚性，增添了发展和变化空间的柔性。在遵循一定规则的前提下，各岗位能纵横有序地快捷流动。以“O”为枢纽点，各职位能纵向、横向方便快捷地流动，而流动的驱动力一方面来自于内部竞争力，另一方面来自于外部竞争的需要。内部竞争促使组织体内循环、流动，表现为组织各成员的有序位移；外部竞争迫使企业体与组织外界发生交换，表现为引进适应外部竞争需要的人才，促使组织体内新陈代谢，从而增加整个组织对外界的适应力、应变力，提高市场竞争力。

员工岗向上攀升空间无限扩大，提高了员工的工作积极性与主动性，同时也自动建立起一个企业内部竞争机制。员工工作积极性与主动性的提高，其动力来自于有效的激励。激励力的大小决定动力的大小，决定员工的积极性与主动性提高的程度。员工岗（包括业务岗和技术岗）通过努力工作可上升到管理岗 A，也可上升到管理岗 B，且管理岗 B 提供职位空间，在理论上是无限的。因此，在这种职位设计下，员工岗员工的上升期望值是很大的。由于管理岗 A 与管理岗 B 遵循同层次同待遇的原则，因此，所获得的提升，其效价也是很高的。这样，员工所获得的激励力远大于刚性职位设计下所获得的激励力，员工的工作积极性和主动性远高于刚性职位设计下员工的工作积极性和主动性。同时，由于员工所付出的努力，都能得到企业的承认，从而在企业内部能自动形成良性竞争机制。

另外，在这种组织的职位设置中，员工个人要对组织的成果负责，而不是组织对员工个人的成果负责。管理者要为个人的业绩表现承担责任。组织中的权力是从上至下的，而责任却是自下而上的。而且对于一个员工岗，相应的管理岗不是很明确，一个员工岗也许同时要对几个相应的管理岗负责，而且这些管理岗会对同一个员工岗下达命令。因此，容易造成命令混乱、权责模糊或出现权责不对等的情况。在职能经理和项目经理之间容易产生冲突。

三、适应性组织阶段

适应性组织是组织发展的第三阶段，由于组织所面对的经济和技术需求需要更快捷、更灵活的组织，连续地应付变化的能力将成为竞争优势的重要来源。因此，在这个阶段的组织结构设计以及相应的职位设计永远不会完成，就像不断学习新知识、不断地面对新环境一样，是不断延续的过程。阶段三的组织一开始就基于能力假设。随着越来越多的管理事务的出现，由于价值需求的阻碍，无法获得所有问题的解决办法。从某种程度上来说，第二阶段的复杂制度阻碍了组织业绩的提高。更高的生产力要求更少的管理和更多的领导。因此，适应性组织正是这样一种组织：在满足生产力增长的同时，也满足了对更有意义的工作、满意程度、授权、工作/家庭问题、个人的发展和事业的期望。它具有以下几个特点。

1. 从根本上削减了组织的管理层次。在变革之前，部门中至少有 7 个管理层，其中一些是“非正式”的，但是它们确实存在。变革之后只剩下两个管理层。

2. 围绕关键流程组成团队，取代过去存在的职能部门。

3. 流程领导者被委派管理相关流程，它们是新结构中仅有的正式管理者。每一个流程的管理者都要管理一系列的流程团队。

4. 以前的一些管理者成为团队成员。团队选举它们自己的领导。这些领导当中，其中一些是以前的领导者。

5. 团队被给予管理自身实务的处理权。

6. 通过密集的培训计划，在新组织需要的技能方面，对于团队和流程管理者进行培训。

适应性组织发展的这些内部实施情况正是一种结构变革，组织变革模型中包括了4个阶段的转型过程：向员工授权；员工参与制度；结构再造；重新制定战略。

作为一种转型模式，适应性组织项目非常成功。组织中形成了文化变革，产生了新的思维方式、行为方式和协作方式。

基于以上适应性组织的结构特点，其职位设计变得比较模糊起来，没有统一固定的模式。它以不同的项目的流程性质为依据来设置职位，是灵活多变、适应性很强的组织形式和设置职位的方式。但有一点可以肯定，那就是基于项目流程的适应性职位设计，它也呈现出了扁平化的结构形态，而且是根据个人的能力而确定每个人在团队中职位的高低和重要性。在不同的项目中，个人的职位层次可能大相径庭。在一个项目中，基于流程的特点，一个人是这个团队的领导，而在另一个团队中，也许这个人就变成了最普通的员工。同时，普通的员工也可以在职位中基于个人的能力而晋升。

参考文献

1 谌新民．新人力资源管理．北京：中央编译出版社，2002

2 胡顺华．岗位设计创新——由刚性岗位设计到柔性岗位设计．管理实务，2003

3 旷开萃．企业的组织创新．科学管理研究，2003(6)

4 李燕萍．人力资源管理．武汉：武汉大学出版社，2002

5 冉斌．工作分析与组织设计．深圳：海天出版社，2002

6 王明辉．组织发展及其研究新进展．河北理工学院学报(社会科学版)，2003(2)

7 王荣奎．成功企业组织管理制度范本．北京：中国经济出版社，2001

8 夏春刚等．企业组织结构的模式和发展趋势．科技与管理，2003(3)

9 伊隆森．组织结构与职位设计实务．北京：人民邮电出版社，2004(10)

10 张晓彤．员工关系管理．北京：北京大学出版社，2003

11 [美]查理德 L. 达夫特，李维安等译．组织理论与设计精要．北京：机械工业出版社，1999

12 [美]威廉·乔伊斯著．张成译，组织变革．北京：人民邮电出版社，2003

13 Mondy, R. Wayne, Robert M. Noe and Shane R. Premeaux, Management, Prentice-Hall, 1996

14 Milgrom, paul, and John Roberts, Economics, Organization & Management, Prentice-hall, 1992

15 Bedeian, Arthur G., and Raymond F. Zammuto, Organizations: Theory and Design, The Dryden Press, 1992

16 Chadler, Alfred D., Jr. The visible Hand: The Manegerial Revolution in American Business, Belknep Press of Harvard University Press, 1977

17 Peter F Drucker, The Practice of Management, New York: Haper and Row, 1954

第五章 员工选聘与面试

[开篇案例]

上海通用汽车的招聘策略

上海通用汽车有限公司(SGM)是上海汽车工业总公司和美国通用汽车公司合资建立的轿车生产企业,是我国最大的中美合资企业之一。

SGM的目标是成为国内领先、国际上具有竞争力的汽车公司。这一目标对员工素质提出了高要求:不仅要具备优良的技能和管理能力,还要具备出众的自我激励能力、自我学习能力、适应能力、沟通能力和团队合作精神。要在短时间内客观、公正地招聘到高素质员工配置到各个岗位,对SGM来说无疑是一个巨大的挑战。

· “以人为本”的公开招聘策略

首先,确立“以人为本”的招聘理念。应聘者必须认同公司的宗旨和5项核心价值观——以客户为中心、安全、团队合作、诚信正直、不断改进与创新。同时,公司也会充分考虑应聘者自我发展与自我实现的需求,尽量为员工的发展提供良好的机会和条件。

其次,根据公司的发展计划和生产建设进度,制定拉动式的招聘计划,从公司的组织结构和各部门岗位的实际需求出发,分层次、有步骤地实施招聘。

再次,根据公司的发展目标,确立面向全国选拔人才的员工招聘方针,并根据岗位的层次和性质,有针对性地选择不同新闻媒体发布招聘信息,采取利用媒介和人才市场为主的自行招聘与委托招募相结合的方式。

第四,为确保招聘工作的信度和效度,建立人员评估中心,确立规范化、程序化、科学化的人员评估原则。

最后,建立人才信息库,统一设计岗位描述表、应聘登记表、人员评估表、员工预算计划表及目标跟踪管理表等。

· 严格规范的评估录用程序

1. 录用人员必须经过评估

SGM借鉴通用公司位于东德和美国一些工厂采用人员评估中心来招聘员工的做法,结合中国文化与人事政策,建立了专门的人员评估中心。整个评估中心设有接待室、面试室、情景模拟室和信息处理室，中心人员也都接受过专门培训。

2. 标准化程序化的评估模式

SGM的整个评估活动完全按标准化、程序化的模式进行。凡被录用者，须经填表、筛选、笔试、目标面试、情景模拟、专业面试、体检、背景调查和审批录用等9个环节。每个环节都有标准化的运作规范和科学化的选拔方法，其中笔试主要测试应聘者的专业知识、相关知识和特殊能力；目标面试则由评估人员与应聘者进行面对面的问答式讨论，验证其登记表中已有的信息，其中专业面试则由用人部门完成；情景模拟是根据应聘者可能担任的职务，编制一套与该职务实际情况相仿的测试项目，将被测试者安排在模拟的、逼真的工作环境中，要求被测试者处理可能出现的各种问题，用多种方法来测试其心理素质及潜在能力的一系列方法。

资料来源：改编于易才网《上海通用汽车的招聘策略》

[**点评**] 上海通用汽车招聘策略的科学性体现于招聘过程的各个环节。一个完整的招聘程序包括明确人才需求、确定招聘渠道和方法、获得求职者、选拔录用和正式进入公司工作等一系列环节。快捷、高效的招聘程序是企业把握机会争取更多人才的关键条件。

员工招聘是企业人力资源管理体系中一个非常重要的环节，它与企业其他人力资源活动存在着密切的联系。人力资源管理体系作用于雇员受雇于企业的整个过程，从受雇（招聘、筛选与录用）到雇佣关系的管理（奖励、绩效考核、劳动关系、申诉与违纪处理），到雇佣关系的结束（退休、辞职、减员或解雇）。员工招聘作为企业获取人力资源的重要手段，其本身又是一个独立的系统，是建立在职务分析和企业人力资源规划基础上的一项科学的工作。

第一节 员工招聘概述

一、员工招聘的含义

在现代人力资源管理中，员工招聘是指为了实现组织目标，由人力资源管理部门和其他职能部门根据组织战略和人力资源规划的要求，通过多种渠道和方法，把符合职位要求的求职者吸引到组织中来，以填补空缺岗位的过程。招聘是一个系统过程，就人力资源的获取途径来看，这一过程的实现有赖于内部招聘和外部招聘两种。内部招聘可以实现人力资源的再配置，外部招聘可以吸收新的人力资源。就人力资源的获取程序来看，招聘由招募和选拔两个相对独立的过程组成。招募主要是以宣传来扩大影响，达到吸引人才应征的目的；选拔是使用各种方法挑选出符合组织要求的求职者。

在整个招聘工作中，就招聘者而言，最大的任务就是让最适合的人在最恰当的时间进入最合适的岗位，为组织作出最大的贡献。因此，招聘者要在适宜的时间范围内采取适宜的方式实现人、职位、组织三者的最佳匹配，以达到因事任人、人尽其才和才尽其用的目标[①]。如图 5-1 所示。

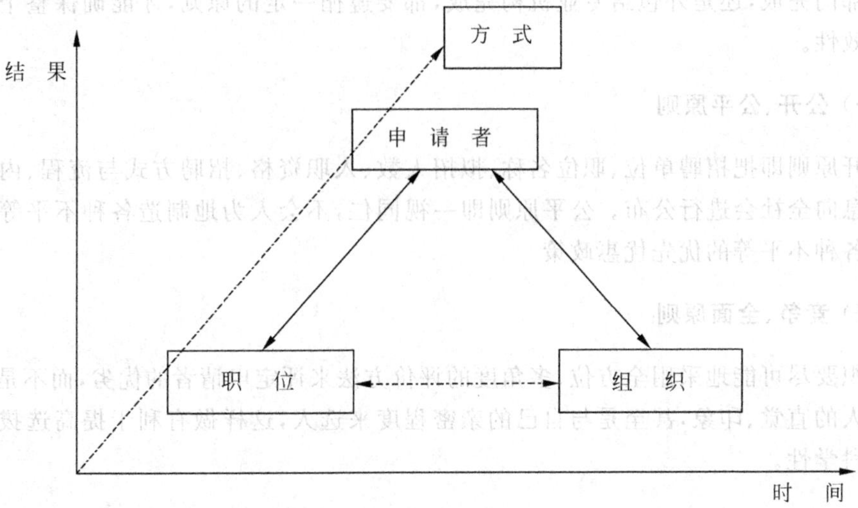

图 5-1 招聘过程

从图 5-1 可以看出，有效招聘包括 4 个要点：

1. 申请者和职位的匹配；

2. 申请者和组织的匹配；

3. 职位和组织的匹配；

4. 时间、方式和结果的匹配。

在这 4 个要点中，前两者已经引起了组织的足够重视，而后两者却常常被忽视。事实上，之所以特别强调职位和组织之间的匹配，是因为组织在开展招聘工作之前首先要明确有待招聘的职位在组织中是否不可或缺。如果该职位纯属多余，组织应予以精简。如果可以由他人分担或采取外包的方法处理，组织可进行结构和流程的优化。而特别强调时间、方式和结果之间的匹配则是出于对成本优先和组织竞争力方面的考虑。在竞争日益激烈的时代，谁能在招聘中更好的实现时间、方式和结果的匹配，谁就能在竞争中占得先机。

① 凌文辁，方俐洛．有效地招聘．北京：中国纺织出版社．2003

二、招聘的原则

在所有行业中，无论准备招聘的人员数量是多是少，无论招聘工作是由组织内部的人力资源部门完成，还是外包给专业机构完成，都要遵循一定的原则，才能确保整个招聘工作的有效性。

（一）公开、公平原则

公开原则即把招聘单位、职位名称、拟招人数、入职资格、招聘方式与流程、内容与时间等信息向全社会进行公布。公平原则即一视同仁，不会人为地制造各种不平等的限制条件或各种不平等的优先优惠政策。

（二）竞争、全面原则

组织要尽可能地采用全方位、多角度的评价方法来评定申请者的优劣，而不是靠招聘人员个人的直觉、印象，甚至是与自己的亲密程度来选人，这样做有利于提高选拔和录用人员的科学性。

（三）能级、择优原则

即因职选能，因能量级、级能匹配的原则。

一般说来，选聘人员时应尽量选择素质高、质量好的人才，但也不能一味强调高水平，应坚持能级相配和群体相容的原则。简而言之，就是要根据组织机构中各个职务岗位的性质选聘相关人员，而且要求工作群体内部保持较高的相容度，形成群体成员之间心理素质差异的互补，使得整个组织的人员结构合理。

（四）低成本、高效率原则

招聘到最优的人才只是手段，最终的目的是实现每个岗位上都有最适合的人员，使组织的整体效益达到最优。目前，在以效益为中心的组织中，招聘同样要讲求效率，讲求成本与收益之间的相互平衡。

三、招聘流程的系统模型设计

招聘过程除了作为整个人力资源管理体系的重要组成部分外，还需要有组织的发展战略作为支持。招聘工作一般包括招聘决策、人员招募、人员甄选、人员录用和招聘评估5大部分，其招聘流程的系统模型参见图5-2。

1. 根据组织人力资源规划确定人员净需求；

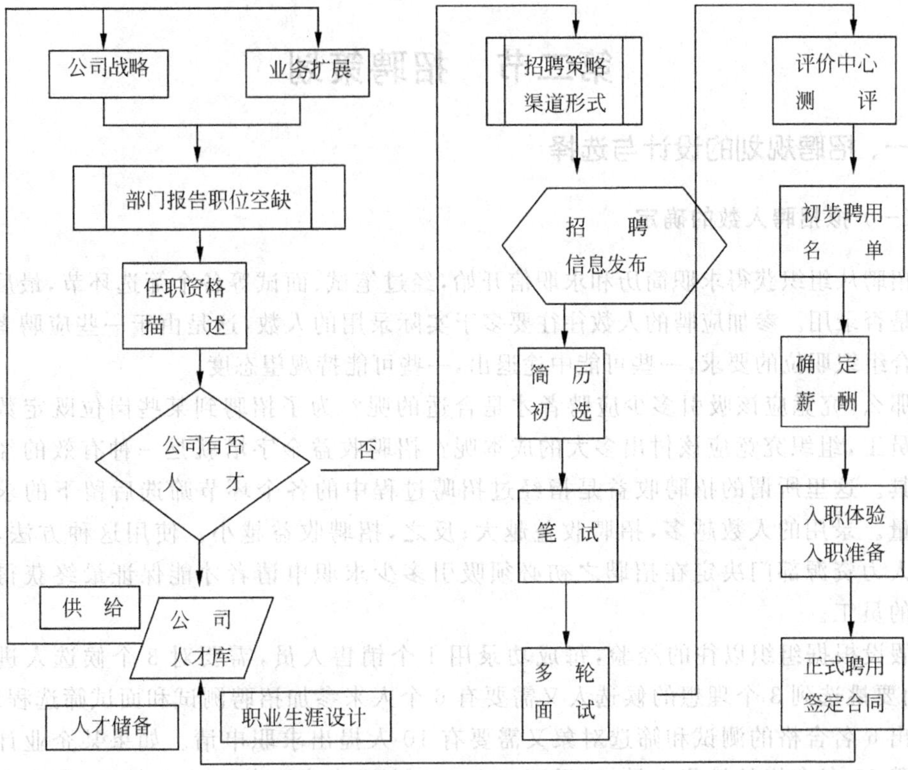

图 5-2 理想的外聘流程设计图

2. 进行职务分析，撰写工作描述和职位说明书，确认空缺职位的任职资格和关键指标；

3. 了解组织内部人力资源的分配情况，确认能否通过人力资源再配置填补空缺职位。如果不能，拟定具体的实施计划，准备进行外部招聘；

4. 人力资源部门开展招聘宣传，发布招聘信息；

5. 审查求职者申请表或简历，进行初次筛选；

6. 经过笔试、面试、评估中心测评等多种方式作出录用决策；

7. 与新员工签订劳动合同，进行职前适应性培训，将其纳入职业生涯规划；

8. 招聘评估；

(当员工进入公司或调任另一新岗位后，应持续追踪其绩效水平，并进一步检验选聘结果和实际绩效之间的差距。)

9. 根据绩效监测记录改进选聘方案，提高方案的有效性。

第二节　招聘策划

一、招聘规划的设计与选择

（一）拟招聘人数的确定

招聘从组织获得求职简历和求职信开始，经过笔试、面试等各个筛选环节，最后才能决定是否录用。参加应聘的人数往往要多于实际录用的人数，这是由于一些应聘者可能不符合组织职位的要求，一些可能中途退出，一些可能持观望态度。

那么，究竟应该吸引多少应聘者才是合适的呢？为了招聘到某些岗位既定数量的合格员工，组织究竟应该付出多大的成本呢？招聘收益金字塔就是一种有效的经验分析工具。这里所谓的招聘收益是指经过招聘过程中的各个环节筛选后留下的求职者的数量。录用的人数越多，招聘收益越大；反之，招聘收益越小。使用这种方法，可以帮助人力资源部门决定在招聘之初必须吸引多少求职申请者才能保证最终获得既定数量的员工。

假设根据组织以往的经验，每成功录用 1 个销售人员，需要对 3 个候选人进行试用，而要挑选到 3 个理想的候选人又需要有 6 个人来参加招聘测试和面试筛选程序，而挑选出 6 名合格的测试和筛选对象又需要有 10 人提出求职申请。如果某企业计划最终招聘 10 名合格的销售人员，就需要至少 100 人递交求职信和个人简历，那么企业发出的招聘信息必须有超过 100 人的社会公众能够接收到。由此可见，招聘收益金字塔可以帮助组织的人力资源部门对招聘的宣传计划和实施过程有一个准确的估计和有效的设计。

（二）招聘标准

设置招聘标准，可以将资格要求分为两大类：必备条件和择优条件。所谓必备条件，就是对候选人最低限度的资格要求，不能依靠学习新的技能或从其他途径获得帮助等加以弥补。例如，如果要求汽车司机能驾驭复杂的路况，那么他的基本驾驶能力则必不可少。一旦必备条件确定以后，与此对应的要求也需要确定，即带有倾向性的资格要求，也就是所谓的择优条件。在候选人其他方面都相当的情况下，择优条件可以帮助组织比较候选人的相对优劣。只有掌握了招聘标准，招聘人员才能用这把"尺"去衡量每一位应聘者。

［案例］

国外著名企业的招聘标准①

1. 安利作为世界著名的企业之一，对人才的要求很符合安利独特的企业文化及业务发展的需要：

· 优良的品格：诚信是安利事业得以成功的根本。安利对员工的诚信度要求很高，营销人员无论在何时都应将“言必信、行必果”作为基本信条；

· 良好的沟通能力：由于安利是以“店铺销售加雇用推销员”的方式经营，所以营销人员经过产品知识的培训，必须面对面地与顾客交流、解释产品用途，通过与顾客需求的互相了解实现互惠互利；

· 合作的团队精神：安利本身就是建立在伙伴关系的基础上的，所以鼓励员工尽心尽力地为团队合作的长远利益而努力，从而增进相互之间的信任；

· 良好的服务意识：安利要求销售人员在给顾客亲自做产品演示时，不仅要让顾客感到亲切，更要将健康和美的理念传递给顾客，提供全方位的服务。

2. 麦肯锡是一家世界著名的企业咨询机构。麦肯锡认为，如果用人时主要考察其工作能力和工作热情两个方面，则可以将人分为4种：

· 工作能力强，工作热情高；

· 工作能力低，工作热情高；

· 工作能力强，工作热情低；

· 工作能力低，工作热情低。

麦肯锡的主张是：对于第一种人采取重用、鼓励政策；对于第二种人采取培训或调用政策；对于第三种人采用文化渗透政策；对于第四种人则解雇。

3. 耐克倾向于选择“比自己聪明的人才”。

不墨守成规的人、善于进行逻辑思考的人、自我开发的人、具有强烈好奇心的人、能够提出问题的人、顽强竞争的人、敢于迎接挑战的人、健康诚实的人、富有活力的人和不怕跑腿的人。

4. 壳牌是本着“发现未来老板”的态度来实施招聘的。成就欲以及成就能力、人际关系能力、分析能力这3个方面构成了其选拔标准，同时还很注重求职者的观念是不是跟公司合拍，是不是与时代合拍。

5. 戴尔注重考察应聘者4个层面的能力：

· 基础能力，包括正直与诚信、技术能力；

① 改编自：晓光，倪宁．人才选聘．经济管理出版社，2003

・个人能力,如注重结果、对付不明朗趋势、智能等;

・领导能力,如建立有效集体的能力、培养直接汇报人的能力、激励他人的能力;

・业务敏锐性,包括注重客户、财务头脑及策略性思维能力。

6. IBM——好料子的4个标准:

・具备一定的逻辑分析能力;

・快速学习、持续学习的能力;

・适应环境的能力;

・注重团队精神。

7. 日产公司的选人标准更是独具一格:

・嗓门越大越好——良好自信心的表现;

・上班越早越好——敬业的表现;

・用餐速度越快越好——身体健康的表现;

・厕所清扫得越干净越好——为人诚实、办事认真的表现。

(三)招聘经费预算

除了参与招聘工作的有关人员的工资和福利以外,还包括广告费、差旅费、通讯费、文印费、考核费等,尽量压缩招聘成本是招聘成功的一个重要方面。

二、招聘策略

招聘策略是招聘规划的具体体现,是为实现招聘规划而采取的具体策略。招聘策略包括招聘地点策略、招聘时间策略、招聘渠道与方法的选择和组织宣传策略。

(一)招聘地点策略

选择在哪个地方进行招聘,应考虑人才分部规律、求职者活动的范围、组织的位置、劳动力市场的状况及招聘成本等因素。一般招聘地点选择的规则是:

1. 全国乃至世界范围招聘组织所需的高级管理人才或专家教授。
2. 在跨地区的市场上招聘中级管理人员和专业技术人才。
3. 在招聘单位所在地区招聘一般工作人员和技术工人。

组织之所以在这样的地理范围内进行选择,是因为在不同的范围内,劳动力的供给是不同的,尤其是不同的市场倾向于提供不同素质的劳动力。表5-1显示了由职业和地理因素共同决定的相关劳动力市场的范围。

表 5-1 按照地理范围和雇员群体划分的劳动力市场

地理范围	雇员群体/职业					
	生产工人	文职和办公人员	技术人员	科学家和工程师	管理人员	主管
地方市场	可能性很大	可能性很大	可能性很大			
区域市场	只有在短缺或紧急情况下	只有在短缺或紧急情况下	可能性很大	可能性很大	可能性很大	
全国市场			可能性很大	可能性很大	可能性很大	
国际市场			只有在极为短缺或针对特殊技能	只有在极为短缺或针对特殊技能	可能性很大	

资料来源：Mikovich, G. , and Newman, J. , : Compensation, Business Publication, 1984

（二）招聘时间策略

招聘过程中一个重要的问题是在保证招聘质量的前提下确定一个科学合理的时间花费。雇主要想使人员得到及时补充，保证招聘要求的方法之一，就是按照各种工作的要求，对整个组织劳动力的情况进行检查。在出现工作空缺之前，必须仔细确定每个招聘步骤可能占用的时间，以便决定填补空缺职位需要花费的全部时间。

可以用一个例子来说明招聘时间的选择。某企业打算招聘 30 名推销员。根据预测，招聘中每个阶段的时间占用分别为：征集个人简历需要 10 天，邮寄面试邀请信需要 4 天，做面谈准备安排需要 7 天，企业做出聘用决定需要 4 天，接到聘用通知的候选人做出接受与否的决定需要 10 天，受聘者 21 天后到企业参加工作，前后总共耗费56 天的时间。那么招聘广告必须在活动前两个月刊登出来，即如果希望招聘的 30 名推销员能在 6 月 1 日上班，则招聘广告必须在 4 月 1 日左右刊登。有经验的企业，一般都预先编制好招聘工作流程图，然后按照招聘工作的时间顺序，一步一步地实施。

（三）招聘渠道和方法的选择

任何一个确定的招聘方案中，招聘渠道和方法的选择都是最重要的组成部分。采用哪一种方式进行招聘，应根据劳动力市场、职位性质和组织规模等具体情况而定。鉴于招聘渠道和方法选择的重要性，本章将在第三节作专门的论述。

（四）组织宣传策略

招聘工作不仅受到组织形象和声誉的影响，其本身也直接影响组织形象和声誉。在推销组织提供的职位时，应该向求职者传递准确、有效的组织信息。一般来说，职位的薪水、工作类型和工作安全程度等，都是影响工作选择的重要因素。其次是晋升机会、组织文化和组织的地理位置等。组织在传递信息时，应根据影响择业的因素以及求职者的类型有针对性地提供信息，而不要把所有信息平等看待。

三、招聘团队的组建

在招聘过程中，求职者与组织的招聘者直接接触，招聘者的表现将直接影响着组织的形象，也直接影响求职者是否愿意接受组织提供的工作岗位。因此，招聘者的选择是非常关键的。

（一）对招聘者个人素质的要求

1. 良好的个人品质与修养

招聘者的品质代表着组织文化的特征，热情、公正、认真和诚实是对招聘者的基本要求。

2. 具备多方面的能力

(1) 表达能力；

(2) 观察能力；

(3) 协调和交流的技巧；

(4) 自我认知能力。

3. 广阔的知识面和相应的技术要求

招聘者需要了解许多方面的知识，诸如心理学、社会学、管理学、经济学、法学、组织行为学等。相应的招聘技术也要具备，如人员测评技术、策略性谈话技术、设计招聘环境的技术和设计问题的技术等。

（二）招聘团队的领导责任

在大型企业中，一般都有专门的人力资源管理部门，企业的人力资源管理决策大多由这个部门做出。但是有一些人力资源管理的决策必须由企业的部门管理决策者做出，主要包括提出增补雇员、审阅申请表、与应聘者面谈、培训员工和帮助上层管理人员制定职业生涯发展规划等。在现代企业中，部门经理的人力资源管理职能在逐渐扩大，人力资源管理越来越依赖于全体经理的合作。

招聘与选拔的职责在直线和职能部门之间的划分可用表 5-2 表示。

表 5-2 招聘与选拔在直线和职能部门之间的职责划分

	部门主管人员(直线人员)的活动	人力资源管理专业人员的活动
招聘与选拔职责	列出特定工作岗位的职责要求,以便协助进行工作分析	在部门主管人员所提供资料的基础上编写工作描述和工作说明书
	向人力资源管理人员解释对未来雇员的要求以及所要雇佣人员的类型	制定出雇员晋升人事计划
	描述出工作对人员素质的要求,以便人力资源管理人员设计适当的甄选和测试方案	开发潜在合格求职者来源并开展招聘活动,力争为组织招聘到高质量的求职者
	同候选人进行面谈,作出最后的甄选决策	对候选人进行初步面试、筛选,然后将可用者推荐给部门主管人员去考虑

(三) 组建招聘团队的原则

对个体的招聘者要求要有突出能力和良好素质,如果他们能够按照知识、气质、能力、性别、年龄和技能互相组合在一起的话,可以起到增值的效果,以更好地达到招聘目的。

招聘团队的组建应该遵循以下原则:

1. 知识互补

不同知识结构取长补短,互为补充,丰富招聘团队整体知识水平的深度和广度,易于对不同知识结构的人员进行考评。

2. 能力互补

招聘团队要为组织招聘各个岗位的员工。如果招聘团队中有的人懂生产、有的人精通销售、有的人了解办公室工作,各种不同能力的人组合在一起,便于招聘组织不同岗位的员工。

3. 气质互补

不同的招聘者具有不同的心理特征和气质。将不同气质的考评者组合在一起,可以消除招聘工作中由于某一气质类型员工的心理偏差或者成见而造成的失误。

4. 性别互补

不同的性别有不同的长处,女性喜欢从细节考察人,男性则往往善于从全局进行把握。另外,性别互补还可以避免考评过程中的性别歧视,有利于正确地评价应聘者。

5. 年龄互补

年龄的差别体现了精力、知识、经验、处理问题的方式、思维方式等方面的差别。年龄稍大的人，往往比年轻人更稳重、经验更丰富；而年轻人则往往富有激情，接受新事物快等。另一方面，同龄人之间更容易沟通和理解，更能够很好地获取对方的信息。因此，不同年龄层次的招聘者组合在一起，更能客观地对不同年龄阶段的应聘者进行正确的分析，把招聘工作完成得更好。

以上几个原则，可以使每个招聘者优势互补、扬长避短，使整个招聘团队的功能最优。

第三节 招聘渠道与招聘方法的选择

一、内部招聘的途径与方法

（一）内部招聘的途径

在许多著名企业的人事政策中，都有"优先从内部员工中招聘"这样一条。这不但让员工更有安全感，增加忠诚度，同时也让员工感到企业给自己提供了选择的空间。内部招聘可以激发员工去思考，去选择更适合自己、更有兴趣的职业。

在海尔，每周都会有一次内部人才流动招聘会，综合业绩排序前30%的员工都可以竞争报名，应聘相应的岗位。正如海尔的理念所说的"拆掉企业内部的墙，把企业经营成一条快速流动的河。"海尔能够保证整个过程的透明和公正，并收到了非常好的效果。因为在人力资源开发过程中，他们始终坚持观念创新、制度创新，坚持创造一种公平、公正、公开的氛围，建立一套充分发挥个人潜能的机制，在实现企业大目标的同时，给每个人提供充分实现自我价值的发展空间。

内部选拔的途径主要有内部提升、内部调动、工作轮换和返聘4种。

1. 内部提升

让组织内部符合条件的员工从一个较低级的岗位晋升到一个较高级的岗位的过程就是内部提升。

柏克德公司是一个贯彻内部提升制度较好的典范。该公司是美国乃至全球规模最大的从事基本建设工程的公司，仅员工就有3万多人。公司设有多级培训机构，并在总公司设立了一个规模很大的"管理人员培训中心"。首先，公司从2万名管理人员和工程师中，选择5000人作为基层领导的申请者，然后，鼓励他们自学管理知识，并分批组织其参加40个小时的培训，再从中选拔适合组织需要的基层领导人员。其次，从基层领导中选拔1100人参加"管理工程基础"的培训和考核，从中挑选出600人分别再给予专业训练，让他们承担专业经理的职务（如销售经理、供应经理等）。最后，再从这些专业经理中选拔300人进行训练，以补充市场经理的空缺岗位（包括各公司的总经理、副总经理等）。

2. 内部调动

当组织中需要招聘的岗位与员工原来的岗位层次相同或略有下降时，把员工调到同层次或下一层次岗位上工作的过程称为内部调动。通过调动可以向员工提供全面了解组织中不同机构、不同职位的机会，为将来的提升作准备或为不适合现有职位的员工寻找更适当的位置。

联想集团对不适合本岗位的员工，采取先分析原因的做法，是因为能力不够？还是与同事的关系没有处理好？或是岗位不适合？找到原因之后，其所在部门副总经理以上的负责人会写一份评价和一份推荐信，放到公司的决策支持系统上(访问权为公司部门副总经理以上的管理人员)。如果其他部门有空缺职位，则会首先考虑聘用这些内部人员。

3. 工作轮换

工作轮换是指暂时的工作岗位变动，以实习或培训的方式使管理职位的受训者更广泛、更深入地了解组织的工作流程和各部门的工作特点等情况，使他们在工作变换中得到全面锻炼的机会。

日本丰田公司对于岗位一线工人采用工作轮换的方式培养和训练多功能作业员工，提高员工的全面操作能力。对各级管理人员，丰田公司采取 5 年调换一次工作的方式进行重点培养。每年 1 月 1 日进行组织变更，调换幅度在 5%左右。

4. 返聘

组织将解雇、提前退休、已退休或下岗待业的员工再召回来重新工作，这些人都熟悉组织的情况，能很快适应工作环境。

(二) 内部选拔的方法

在进行内部选拔时，一般是先列出各职位所需要的技能，接着在组织内部公布所出现的职位空缺，然后再由愿意填补空缺职位的内部人员通过公开竞标的方式来进行。

1. 管理与技能档案

管理和技能档案能够全面及时地反映所有雇员的最新技能状况，有助于组织确定目前现有的工作人员是否拥有填补空缺职位的任职资格。

2. 职位公告

职位公告是公司向员工通报组织内部现有职位空缺的一种方式。组织可以通过采用诸如内部电视台、内部报刊和内部网站等多种方式发布招聘信息。职位公告通常会显示工作职称、工作职责、资格要求、工作日程、薪资待遇和申请程序等内容。职位公告是最经常使用的吸引内部申请人的方法，特别适用于非主管级别的职位。

3. 职位竞标

职位竞标是一种允许那些自己认为已经具备职位要求的员工申请公告中工作的自荐技术。通常，组织并不是鼓励所有合格的员工都去竞标同一职位，而是在考虑组织对员工的职业生涯发展规划的基础上,鼓励那些高绩效和高潜能的员工首先参与竞标,这样有利于组织人才的发展与保留。

(三)内部选拔的优缺点

内部选拔对于组织的管理职位来说是非常重要的来源。在20世纪50年代,美国有50%的管理职位是由公司内部人员填补的,目前这一比率已经上升到90%以上。正是因为内部选拔有许多优点,才会有如此多的组织采用这种招聘方式。

1. 内部选拔对现有的雇员来说是一种重要的晋升渠道,得到升迁的员工会认为自己的才干得到组织的承认,因此他们的积极性和绩效都会提高;

2. 由于现有的雇员在组织已经工作了一段时间,对组织的情况比较了解,更有效忠的意愿,因此人员流失的可能性比较小;

3. 提拔内部员工可以提高所有员工对组织的忠诚度,使他们在制定管理决策时能作出比较长远的考虑;

4. 内部选拔对于组织来说,不仅可以节约大量的招聘广告费用和筛选录用费用,还可以节约相应的培训费用。通过内部选拔,雇员在组织已经受到的培训得到了肯定。雇员对组织的贡献也得到了最好的回报。

5. 有利于保持组织内部的稳定性。新员工和老员工、新员工和组织,碰撞最多的是组织文化和组织核心价值观,当然也有一些非主流方面的碰撞。无论是何种碰撞,都有两个方面的作用:一是促进组织思考和发展;二是扰乱了组织的日常秩序和正常运作,可能出现不稳定。而内部选拔使组织在补充优质人力资源到合适岗位时,极大程度的减少了不稳定因素的出现,保持了组织内部的稳定性。

6. 减少识人用人的失误。日本采用企业内部谨慎而缓慢的提升制度,其主要作用在于尽量多地规避用人失误的风险,尽量减少因识人用人的失误而造成的损失。

作为一种选择范围相对狭小的招聘方式,内部选拔也有许多不足之处:

1. 被拒绝的申请者可能会感到不公平、失望,从而影响工作的积极性和创造性,因此要加以正确的引导,认真做解释和鼓励工作。

2. 在雇员群体中会引起嫉妒、攀比的心理,进而会引发拉帮结派。

3. 长期使用内部选拔,会导致近亲繁殖。如果组织的整个管理队伍都是按照同样的方式选拔组建,都拥有同样的风格,势必会在管理决策上缺乏差异性,那么组织管理层就会缺乏创新意识。

4. 可能引发组织高层领导的不团结。用人方面的分歧历来是组织高层领导各种可能的分歧中最容易引起断裂的分歧。当用人出现分歧时,可能引发组织高层领导原本存在的不团结因素走向深入。

5. 缺少思想碰撞的火花，影响组织的活力和竞争力。得到内部晋升的人和组织原本是和谐的，观念、文化、价值观彼此认同。因此，组织不会因为内部人事变动产生思想碰撞，也不会产生由于这种碰撞出现的不平衡，组织在这一过程中明显缺少活力。

6. 如果组织已经有了内部选拔的惯例，当组织出现创新需要而急需从组织外部招聘人才时，就可能会遇到现有员工的抵制，损害员工的积极性。

如何平衡内部选拔的优点和缺点，扬长避短，是一项非常具有挑战性的工作。其缺点可以通过细致的工作来弥补或消除。一般而言，内部选拔的员工要比外部招聘的员工更能长期地服务于组织。当内部补充机制不能满足组织对人才的需求时，就需要考虑在外部市场进行招聘。

二、外部招聘的途径与方法

(一) 外部招聘的渠道

外部招聘的渠道可分为通过招聘广告、校园招聘、人才中介机构(就业机构、猎头公司)招聘、网络招聘、员工推荐、临时性雇员和海外招聘等形式。选择外部招聘的方法主要取决于周围的雇佣环境和情境，特别是要将亟待填补的职位类型、工作接替要求的速度、招聘的地理区域、实施招聘方法的成本以及可能吸引到的求职者组合的合理化程度这5种因素结合起来考虑。

1. 招聘广告

招聘广告是补充各种工作岗位都可以使用的吸引应聘者的方法，应用最为普遍。阅读这些广告的不仅是现实的工作申请者，还包括潜在的工作申请者以及客户和一般大众，所以公司的招聘广告代表着公司的形象，需要认真实施。

使用招聘广告需要注意两点：

(1) 媒体的选择①。广告媒体的选择取决于招聘工作岗位的类型。一般来说，低层次职位可以选择地方性媒体，高层次或专业化程度高的职位则需要选择全国性或专业性的报刊。不同的媒体各有其优缺点，也各有其适用范围。

① 报纸

用报纸进行招聘广告的优点：标题短小精练；广告大小可以灵活选择；发行集中于某一特定的地域；各种栏目分类编排，便于积极的求职者进行查找。

缺点：集中的招聘广告容易导致招聘竞争的出现；发行对象没有确定性，企业不得不为大量的无效读者付费；广告印刷的质量一般来说相对较差。

---

① 改写自：[美]加里·德斯勒著．人力资源管理．北京：中国人民大学出版社，1999

报纸招聘适用于当企业将招募限定于某一地区时；当可能的求职者大量集中于某一地区时；当有大量的求职者在翻看报纸，并且希望被雇用时。

② 杂志

利用杂志进行招聘广告的优点：专业性杂志能够使广告到达很小的职业群体；广告大小也很有灵活性；广告印刷的质量一般来说比较高；有较高的编辑声誉；时限长，求职者可能会将杂志保存起来再次翻看。

缺点：发行的地域太广，当希望将招聘限定在某一特定区域内时一般不宜使用；每期的发行时间间隔较长，需要较长的广告预约期。

杂志招聘适用于需要招聘专业技术人才时；当时间和地区限制不是最重要的因素时。

③ 广播电视

广播电视的优点：只要观众收听或者收看了节目，一般都不会被忽略；能够比报纸和杂志更好地让那些不是很积极的求职者了解到招聘信息；可以将求职者来源限定在某一特定地域；极富灵活性；比印刷广告更能有效地渲染气氛；较少因广告集中而引起招聘竞争。

缺点：只能传递简短的信息；缺乏持久性，求职者不能回头再了解（需要不断的重复播出才能给人留下深刻的印象）；商业设计和制作不仅耗时而且成本很高；缺乏特定的兴趣选择，为无效的广告接收者付费。

广播电视适用于当处于竞争的情况下，没有足够的求职者翻阅企业的印刷广告时；当职位空缺有许多种，而在某一特定地区又有足够求职者时；当需要迅速扩大影响时；当在两周或更短的时间内足以对某一地区展开"闪电式轰炸"时；当用于引起求职者对印刷广告注意时。

④ 其他印刷品

海报、公告、招贴、传单、宣传旗帜、小册子、直接邮寄、随信附寄等都是在特殊场合有特别效果的方法。这些方法可以在求职者可能采取某种立即行动的时候引起他们对企业雇佣的兴趣，而且极富有灵活性。但是这些方式自身的作用非常有限，必须保证求职者能到招募现场来，因此与其他招聘方法相结合才能产生良好的效果。

这一方式适用于在一些特殊场合，如为劳动者提供就业服务的就业交流会、公开招聘会、定期举行的就业服务会上布置的海报、标语、旗帜和视听设备等。

(2) 广告的结构。广告的结构要遵循 AIDA 4 个原则，即注意（Attention）、兴趣（Interesting）、欲望（Desire）和行动（Action）。换而言之，好的招聘广告要能够引起读者的注意并产生兴趣，继而产生应聘的欲望并采取实际的应征行动。

① 广告必须能够引起求职者对广告的注意（attention）；

② 广告必须能够引起求职者对工作的兴趣（interesting）；

③ 广告必须能够引起求职者申请工作的愿望(desire);

④ 广告必须能够鼓励求职者积极采取行动(action)。

在招聘广告的结构方面,美国学者戈登(J. Gordon)、威尔逊(P. Wilson)和斯旺(H. Swann)在1982年通过对报纸读者的调查了解到企业招聘广告中各种信息的必要性。如表5-3所示,表中的数字是读者认为各种细节必要性的百分比。

表 5-3 广告的必要内容

细　节	细节的必要性(%)
工作地点	69
任职资格	65
工资	57
职务	57
责任	47
公司	40
相关经历	40
个人素质	32
工作前景	8
公司班车	8
员工福利	6

资料来源:Terry L. Leap and Michael D. Crino, *Personal, Human Resource Management*, Macmillan, 1989, p. 19

2. 校园招聘

大学校园是高素质人员相对比较集中的地方,是专业人员和技术人员的重要来源。企业能够在校园招聘中找到大量具有较高素质的合格申请者,招聘录用的手续也相对简便。而且年轻的毕业生充满活力,富有工作热情,可塑性强,对自己的第一份工作具有较强的敬业精神。

[案例] 宝洁公司的招聘有一个著名的特点——直接从重点大学选拔优秀应届毕业生。公司认为“应届毕业生像一张洁白的纸,更容易涂上美丽的色彩”。公司十分看重大学生的综合素质和潜力。管理层认为,没有经验不怕,经验可以从实践中摸索出来。P&G公司的校园招聘程序见表5-4。

表 5-4　P&G 公司的校园招聘程序

1. 招聘会/发派申请表 公司高级经理现场介绍招聘相关内容，其中包括职业发展机会、工资福利、部门职能、求职者所需技能素质等，并现场答疑。招聘申请表在招聘会上派发。
2. 填写申请表 求职者需领取一份空白的招聘申请表，填好后将原件交给宝洁公司，复印件将被视为无效。通常公司负责校园招聘的工作人员会在学校毕业分配办公室收取完成的表格。宝洁只招收国家统招统分的应届毕业生。
3. 初试 大约需要 30～45 分钟，面试官是公司各部门的高级经理。
4. 问题解决能力测试 这是一个书面测试，使用 P&G 公司全球通用试题。在中国，使用中文版的试题。考试时间为 65 分钟。主要考核求职者解决疑难问题的能力。
5. TOEIC 英文水平测试 全称是 Test of English for International Communication，用于测试母语不是英语的学生的英文能力。考试时间约为 2 个小时。
6. 复试 大约需要 60 分钟，面试官至少是 3 人，都是公司各部门的高级经理。如果面试官是外方经理，会有翻译人员进行翻译。
7. 通知录用 通过所有考核程序者，公司会给本人及学校发录用通知。
8. 加入公司 新员工在 7 月从学校毕业后加入公司工作。

但校园招聘也有明显的不足之处：

(1) 许多毕业生，尤其是优秀毕业生在校园招聘中常常有多手准备；

(2) 刚刚进入劳动力市场的毕业生，由于缺乏实际工作经验，对工作和职位容易产生一种不现实的期望；

(3) 学生气较重，在工作配合、等级管理、制度理解执行等方面会有欠缺；

(4) 流动率较高，不能给企业一种安全感，甚至有时候第一份工作就是他们的跳板；

(5) 校园招聘相对于其他一些招聘形式来说，成本比较高，花费的时间也较长。

3. 人才中介机构(就业机构、猎头公司)招聘

通过人才中介机构进行招聘可分为两类：一类是劳动力市场、职业介绍所和人才市场；另一类是各种猎头公司。前者服务的对象比较大众化，后者则是专门招聘高中级人才

的。人才中介机构的作用是帮助雇主选拔人才，节省雇主的时间，特别是在企业没有设立人事部门或者需要立即填补空缺时可以借助于人才中介机构。

就业服务机构作为一种专业的中介机构，拥有比单个组织更多的人力资源信息，而且招聘和筛选的方法也比较科学，效率较高。此外，就业机构作为第三方，能够公开考核、择优录用和公正地为组织选择人才。

猎头公司本质上也是一种就业中介组织，但是由于它特殊的运作方式和服务对象，所以经常被看作是一种独立的招聘渠道。猎头公司是一种专门为雇主搜寻和推荐高级主管人员和高级技术人员的公司。他们可以出色地采用很多渠道挖掘那些被其他老板看中但目前尚未有流动意向的顶尖级人才，并且可以对这些人才进行全面的调查，确保人才的质量，大大提高引进人才的成功率。

猎头公司能够对组织的名称保守秘密，一直到搜寻过程的最后阶段为止。猎头公司可以帮助公司节省很多招聘和选拔高级主管等专门人才的时间，因为他们承担了为这些空缺职位所做的一些初期性的广告工作。猎头公司的费用很高，一般为所推荐人才年薪的1/4到1/3。

4. 网络招聘

(1) 网络招聘的发展现状

网络招聘也称在线招聘或电子招聘（E-Recruiting），它是指利用互联网技术进行的招聘活动，包括信息的发布、简历的搜集整理、电子面试以及在线测评等。它并不仅仅是将传统的招聘业务搬到网上，而是互动的、无地域限制的和具备远程服务功能的一种全新的招聘方式。网络招聘以其招聘范围广、信息量大、可挑选的余地大、应聘人员素质高、招聘效果好和费用低获得了越来越多的公司的认可。

根据有关资料显示，网上无忧工作站（www.51job.com）每月新增职位3万个，有效职位7万个，空缺职位总数30万个。中华英才网（www.china-hr.com）每周新增职位2千多个，现有职位近19万个，每月新增个人求职简历3千余份，人才库总数10万余人，网上人才市场迅速发展，网络成为人才招聘的重要渠道。2002年5月网络调查显示，网络招聘方式以28%排名第一；亲友介绍排名第二（27%）；随后是招聘会（24%）；报纸和杂志广告（13%）；猎头公司和中介机构（7%）。与2001年相比，网络招聘上升了5%。网络招聘已显示出较大威力。

(2) 网络招聘与传统招聘方式的比较分析

下面作一个网络招聘与传统招聘方式（主要选取招聘洽谈会、报刊广告、人才猎取）的比较分析，就可以看出它为什么这么备受青睐了。

第一，招聘成本分析

招聘成本分析是决定招聘工作何时何地以及如何开始的重要因素。一般来说，招聘成本是指平均招收一名员工所需的费用，它包括内部成本、外部成本和直接成本。内部成本包括招聘人员的工资、福利、差旅费支出和其他管理费用；外部成本包括外聘专家参与招聘的劳务费、差旅费；直接成本包括广告、招聘会支出，招聘代理和职业介绍机构收费等。由于网络招聘与传统的招聘方式内部成本与外部成本的差别不是很大，这里着重分析一下招聘的直接成本。

· 招聘洽谈会：小型招聘洽谈会的直接费用比较少，一般是300～1000元/摊位；大型招聘洽谈会（如每年的春季人才市场）的费用较高，至少为两三千元。

· 报纸、杂志广告：费用高低受版面大小、位置、色彩和报刊覆盖面等因素制约，一般较高，版面为12cm×8cm的费用为6000元/次。

· 人才猎取：费用很高，按照国际惯例，应提取招聘者年薪的30%作为招聘费用。

· 网络招聘：企业可以根据本企业的实际情况选择不同的招聘方案。大多数企业都是在人才网站进行注册，成为会员，由人才网站为他们提供服务。例如，发布人才招聘启事、查询人才简历、提供中介服务、人事规划和人事诊断等。这种招聘方式费用较低，一般300～2000元/月。企业如果有自己的网站也可以在自己网站上发布需求信息，这种方式的直接成本更低，但影响力有限。

第二，时间投入分析

在各种招聘方式中只有人才猎取不需要投入大量时间，但它却是以高额费用为代价的。其他的传统招聘方式一般都需要投入大量的时间对应聘者简历进行筛选，但网络招聘却可以省掉很多时间。通过电子邮件邮寄简历要比传统的通信方式更加迅速、高效，求职者也可以通过邮件与用人单位交流。但更为明显的好处是工作人员可以从筛选简历繁杂的工作中解脱出来。

第三，招聘效果分析

传统的招聘方式有的适合招聘高级人才，有的适合招聘中级人才。而网络招聘适用范围很广，上到高层管理人员，下到办公室职员都可以招到，并且它不受时空、地域限制，从而更有利于选拔到优秀人才。从招聘的成功率来看，网络招聘也更胜一筹，利用洽谈会招聘人才往往会出现这种情况：一连参加了十几场招聘会，花费了大量的人力、物力和财力，却没有一个合适的人选。这是因为合适的求职者与用人单位之间信息闭塞造成的。在招聘会上有限的求职者无法满足用人单位对高级人才的需求，越来越多的人事经理将目光投向了网络招聘。

从以上的分析，可以总结出网络招聘的优点：

· 通过在线招聘可以使企业获得更大规模的求职者储备库。

· 对于某些技术性较强的工作来说，在线招聘所能够获得的应聘者素质比较高。

· 适应性强，不受时间、地域和场所等条件的限制，供需双方足不出户即可进行直接交流，使得组织和求职者之间的信息传递速度加快。

·网络招聘相对来说比较便宜，既节约了传统招聘活动中的参会费、交通费、差旅费、广告费和人工费，又节省了人力资源管理部门的精力和时间，因而具有很高的"产出/投入"经济性特征。比如，在美国，如果在《波士顿环球日报》上刊登一个星期的广告大约需要花费1500美元，而将招聘广告发布在网站上只需要花费75美元。

(3) 网络招聘的实施

第一，发布招聘信息。

招聘信息的发布一般有以下几种渠道：

·注册成为人才网站的会员，在人才网站上发布招聘信息，收集求职者的信息资料，查询合适的人才信息。

在自己公司的主页或网站上发布招聘信息。

·在某些专业的网站上发布招聘信息。

·在特定的网站上发布招聘信息。有些公司会选择在一些浏览量比较大的网站上作招聘广告，如新浪、搜狐和雅虎等。

·利用搜索引擎搜索相关专业网站及网页，从而发现潜在人才。

在选择好合适的网站发布完空缺职位信息之后，公司也应该在网站上发布一份组织本身的概况说明。这份说明应包括求职者所希望了解的情况，比如公司所在地、曾经取得的成就和未来发展的潜力，还应包括资产规模、营业额、利润总额、办公环境、公司的技术能力以及相对于同行业其他公司的薪资标准。

第二，搜集、整理信息与安排面试。

招聘信息发布以后，要及时注意反馈，组织在人才网站注册后可以利用这些招聘网站的人才库自己定制查询条件，从众多的应聘者中挑选出符合条件的求职者安排面试。

第三，进行电子面试。

招聘信息的发布与搜集整理仅仅是网络招聘的初始阶段，电子面试更能体现网络招聘的互动性和无地域限制性。

·利用电子邮件：电子邮件具有快捷、方便和低成本等优点，招聘者与求职者利用电子邮件交流可以省掉大量的时间。

·视频面试：可以采用"视频会议系统"(Video conferencing)——即两个或两个以上不同地方的个人或群体，通过传输线路及多媒体设备，将声音、影像及文件资料互传，达到即时、互动的沟通。

·在线测评：求职者可以在测评频道中进行测试，然后自动生成一份测评报告。它可以在招聘者花费大量时间组织面试之前，对每一个应聘者的整体素质进行大致了解。

5. 员工推荐

当工作岗位出现空缺时，可由员工推荐，经过竞争和测试合格后录用。Zottoli 和 Wanus 1998 年进行的分析研究显示：通过内部推荐和返聘等内部渠道所获得的雇员在组织的任期更长，绩效表现也更好。

员工推荐有 3 个优点：

(1) 比起刊登广告、通过人才中介机构等招聘渠道，由员工推荐的成本比较低；

(2) 当员工推荐求职者时，对方通常已经从员工那里对公司的情况有所了解，并且已经为转换工作作好了准备，公司可以尽快面试或雇佣，从而缩短招聘时间；

(3) 员工一般不会推荐不合适或不可靠的求职者，因此成为替公司筛选人才的过滤网。

员工推荐所存在的主要问题是：

(1) 易在组织内形成裙带关系，不易管理；

(2) 易使招聘工作受主管喜好程度的影响，而不是根据能力和工作绩效进行选择，从而影响招聘水平，尤其是在主管推荐的情况下；

(3) 选用人员的面较窄；

(4) 推荐者往往愿意举荐与自己同类的人，从而会在一定程度上妨碍平等就业。

综合以上几种外部招聘的方法，可以总结出各自的利弊，如表 5-5 所示。

表 5-5 外部招聘方法的利弊比较

招聘方法		利	弊
	招聘广告	覆盖面广、自我宣传	成本较高、针对性较差
	校园招聘	素质较高、专业人才	欠缺经验、需大量培训与磨合、跳槽多
人才中介机构	劳务市场、人才市场、职介所	时间集中、成本低、申请者多、及时性强	专业性较差、人员素质不高
人才中介机构	猎头公司	适用于招聘高级管理人才和专业技术人才	收费高、猎头公司的信誉和水平需要调查
	网络招聘	信息量大、传播广、时效长	虚假信息多
	员工推荐	速度快、成本低、适用面广	易形成裙带关系

(二) 外部招聘的优缺点

1. 外部招聘的优点

(1) 有利于平息和缓和内部竞争者之间的紧张关系。

每个内部竞争者都希望得到晋升的机会，但空缺职位却总是有限。当员工发现自己的同事，特别是原来与自己处于同一层次、具有同等学历和能力的同事提升而自己竞争失败时，就会产生不满情绪、懈怠工作、不服管理，甚至拆台。而进行外部招聘就可能使这些竞争者得到某种心理上的平衡，从而有利于缓和他们之间的紧张关系。

（2）能够为组织带来新的活力。

来自外部的应聘者可以为组织带来新的管理方法和经验，而且不会受太多程序的束缚，能够给组织带来较多的创新机会。

（3）可以通过外部招聘为组织树立良好的形象。

（4）可以规避涟漪效应产生的各种不良反应。

当组织由于工作需要增设一个领导岗位时，或者因为退休、离职、调动、流动、生病等各种原因产生人才需求时，内部晋升的涟漪效应会使组织被迫接受许多不应接受的岗位和人员变动，外部招聘则完全规避了涟漪效应。

2. 外部招聘的缺点

（1）外聘人员不熟悉组织的情况。

外聘人员不熟悉组织内部的情况和组织运作的流程，同时也缺乏一定的人事基础，因此需要一段时间的适应才能进行有效的工作。文化和价值观的融合需要时间，与周边工作关系的密切配合也需要时间，这种时间成本的投入也是必须考虑的不利因素。

（2）组织对应聘者的情况缺乏深入的了解。

虽然在对外聘人员进行选拔时可以借助一些测评和评估的方法，但一个人的能力很难通过几次短暂的面试和几次书面测试就能够得到全面、正确的反映。被聘者的实际工作能力与选聘时的能力评估可能存在很大的差距，这对组织来说是一种招聘风险。

（3）对内部员工的积极性造成打击。

如果组织经常从外部招聘人员，而且形成制度和惯例，则会减少内部员工的晋升机会，从而挫伤员工工作的积极性。

（4）招聘成本高。

无论是招聘高层次人才，还是中、基层人才，均须支付相当高的招聘费用，这包括招聘人员的费用、广告费、测试费和专家顾问的费用等。

三、招聘渠道、方法与职位匹合度的有效性评价

在现实的招聘实践中，组织有多种招聘来源可以选择。而组织具体选择哪种招聘方式在很大程度上取决于组织以往的经验。原则上，组织所选择的招聘渠道应该能够保证组织以合理的成本吸引到足够数量的高质量的求职者。美国人力资源管理学界的一个主流的看法是：招聘专业技术人员的最有效的 3 个途径依次是员工推荐、广告和就业服务机构。招聘管理人员的最有效的 3 个途径依次是员工推荐、猎头公司和广告。在 20 世纪

80 年代末，美国曾经公布过一个包含 245 个样本组织的调查结果，显示这些组织对不同的招聘来源的有效性的评价，如表 5-6 所示。

表 5-6　不同职位采用不同招聘渠道的匹合度

有效性	行政办公	生产作业	专业技术	佣金销售	经理
第一	报纸招聘(84)	报纸招聘(77)	报纸招聘(94)	报纸招聘(84)	内部晋升(95)
第二	内部晋升(94)	自荐(87)	内部晋升(89)	员工推荐(76)	报纸招聘(85)
第三	自荐(86)	内部晋升(86)	校园招聘(81)	内部晋升(75)	私人就业服务机构(60)
第四	员工推荐(87)	员工推荐(83)	员工推荐(78)	私人就业服务机构(44)	猎头公司(63)
第五	政府就业机构(66)	政府就业机构(68)	自荐(64)	自荐(52)	员工推荐(64)

注释：括号内的数字是调查样本组织中采取该种招聘渠道的百分比。

资料来源：George T. Milkovich and John W. Boudreau, *Human Resource Management*, Richard D. Irwin, 1994, p. 292.

由此可见，对于不同的工作岗位应该采用不同的招聘渠道。对于行政办公人员，被认为最有效的招聘渠道依次是报纸招聘、内部晋升、申请人自荐、员工推荐和政府就业服务机构；对于生产作业人员，被认为最有效的招聘渠道依次是报纸招聘、申请人自荐、内部晋升、员工推荐和政府就业服务机构；对于专业技术人员，被认为最有效的招聘渠道依次是报纸招聘、内部晋升、校园招聘、员工推荐和申请人自荐；对于获取佣金的销售人员，被认为最有效的招聘渠道依次是报纸招聘、员工推荐、内部晋升、私人就业服务机构和申请人自荐；对于经理人员，被认为最有效的招聘渠道依次是内部晋升、报纸招聘、私人就业服务机构、猎头公司和员工推荐。

第四节　筛选与测试

一、测试工具的信度和效度

筛选测试的目的就是要从应聘者中区分哪些人具备完成任务的能力，哪些人不具备。但并不是所有的筛选工具和技术都能够保证组织录用到合适的人选，只有那些可靠和有效的工具和技术才能有效降低招聘中的失误率，这就要求筛选工具具有较高的信度和效度。

(一)信度(可靠性)

员工录用测评的信度指的是测评的稳定性和一致性,即用两项类似的测试去衡量同一个人,得到的结果是基本相同的;在不同的时间用同样的测试方法去衡量同一个人,得到的结果也是基本相同的,不能因测量的时间、地点和主考官的变化而变化。

(二)效度(有效性)

效度是指根据求职者在进入组织之前的特征,对求职者进入组织之后的工作表现进行预测的成功程度。员工测评的有效性通过检验测评工作与测评目标之间的相关程度进行。如果在录用测试中成绩最好的人也是最可能在工作中取得成功的人,同时,在录用测试中成绩最差的人也是最不可能胜任工作的人,就说明这一录用过程具有高度的有效性。在雇佣测试中,效标效度和内容效度是证明测试效度的两种主要方法。

1. 效标效度

效标效度是通过测试分数(测试因子)与工作绩效(效标)相关性来证明测试是有效的一种效度类型。效标效度要证明那些测试中表现好的面试者在工作中表现得也好,在测试中表现不好的面试者在工作中表现得也不好。因此,测试分数高的人工作绩效高,则测试有效。

2. 内容效度

内容效度就是要证明在人员测试中所设计的项目、所提出的问题或者所设置的难题,在多大程度上能够代表实际的工作情景或反映出在实际工作中所存在的典型问题。一份具有较高内容效度的测试将会把求职者置身于与实际工作非常类似的情景之中,然后再来测试求职者目前是否有足够的知识、技术或者能力来处理所面临的情况。例如,招聘打字员时,对应聘者的打字速度及准确性进行测验,这种实际操作测验的内容效度是很高的。还有我们都很熟悉的GRE考试,这一考试多年来能够成为美国大学研究生院录用新生所使用的工具,是由于实践证明,能够在GRE中取得好成绩的人,大多数也能够在大学的研究生院取得良好的成绩,即这一考试是效度得到了充分证明。

二、员工筛选方法的比较分析

(一)背景调查

背景调查是组织在招聘中对外部求职者进行初选时最常用的方法。由于求职者在个人简历中可能提供虚假或模糊信息,因此,使用背景调查可以验证求职者所提供的信息是否属实。背景调查可以提供求职者的教育和工作经历、个人品质、人际交往能力、工作能力以及过去或现在的工作单位重新雇佣申请人的意愿等信息。

（二）推荐信或证明信

推荐信或证明信的格式与一般书信基本相同，有信头、发信日期、收信人姓名、称呼、正文、信尾谦称、签名、证明人姓名、职称及工作单位等部分。为他人出具推荐信或证明信的人在提供细节资料时要求实，力戒主观随意地描述，尽量用实例来支撑自己的观点或评价。

（三）工作申请表和简历

工作申请表和简历是古老且运用最为广泛的筛选技术。一般来说，应当能够反映以下一些信息：

1. 识别应聘者的信息，如姓名、性别、住址和电话等。
2. 应聘者个人的信息，如婚姻状况、家庭负担和子女情况等。
3. 应聘者的身体特征，如身高、体重、健康状况和是否残疾等。
4. 应聘者的受教育状况，如教育水平、学历和职业培训情况等。
5. 应聘者的工作经验及业绩，特别是与申请职位相关的工作经验。

（四）笔试

笔试是让求职者在试卷上笔答事先拟好的试题，然后由主考官根据求职者解答的正确程度予以评定成绩的一种方法。通过笔试，通常可以测量求职者的基本知识、专业知识、管理知识及综合分析能力、文字表达能力等素质的高低。

笔试的优点在于一次考试能列出几十道甚至上百道试题，考试的“取样”越多，对知识、技能和能力的考查信度和效度越高；可以大规模的进行评价，花费的时间少，效率高；接受测试的求职者心理压力较小，容易发挥正常水平；成绩评定比较客观，而且可以保存求职者回答问题的真实材料。其局限性在于：主考官不能直接与应聘者见面，不能全面考察求职者的工作态度、品德修养及组织管理能力、口头表达能力和操作技能等。因此，需要结合其他的测试方法一起使用。

（五）心理测试

心理测试指通过一系列的科学方法来测量被测试者的能力和个性等方面差异的一种方法。它包括能力测试、操作测试、身体技能测试、人格与兴趣测试、价值观测试、成就测试和创造力测试等。心理测试在西方国家企业人员招聘录用中应用十分广泛。许多组织不但用测试来选拔员工，而且也用来确定哪些员工有比现任职位更高的能力。

（六）工作样本测试

工作样本测试的主要目的是测试员工的实际动手能力而不是理论上的学习能力。这种测试可以是操作性的，也可以用口头表达（如对管理人员的情景测试）。实施工作样本测试的程序是：第一，选择基本的工作任务作为测试的样本；第二，让求职者执行这些任务，并由专人观察和打分；第三，求出各项工作任务的完成情况的加权分值；最后，确定评估结果与实际工作表现之间的相关关系，以此决定是否选择这个测试作为员工选拔的工具。工作样本测试的优点是：第一，让求职者实际执行工作的一些基本任务，效果直接而客观；第二，该测试不涉及求职者的人格和心理状态，不会侵犯其隐私权；第三，测试内容与工作任务明显相关，不会引起公平就业方面的问题。其缺点是需要对每个求职者单独进行测试，成本会比较高。

（七）面试

面试是专门设计以从应聘者对口头询问的回答中获得信息的过程。从这些获得的信息中，招聘者可以进行录用选择，以预测应聘者未来的工作表现。面试已经成为全部筛选技术中使用最广泛的一种。面试之所以备受重视，其原因有以下几点：

- 面试官有机会直接接触求职者，并随时解决各种疑问；
- 面试官可以判断求职者是否具有热诚和才智，还可以评估求职者的仪表及情绪控制能力等；
- 是一种双向沟通的过程；
- 考察的内容相对灵活。

1. 面试的程序

（1）面试前的准备

在进行面试之前，面试人员首先要明确面试的目的。这就需要通过工作分析资料了解所招聘工作岗位的要求；确定主要的工作职责；编写假设的工作情景作为面试问题；设计并组织面试的程序；确定面试的时间和地点等。特别是要审查求职者的申请表，并注明模糊和表明求职者优缺点的地方。如果可能，组织应该印制面试评价量表，表 5-7 是一个评价量表的示例。

如果没有事先设计这种面试表格，也可以制定面试问话提纲。面试问话提纲要根据所选择的评价要素和从不同角度了解应聘者的背景信息来设计，通常由两部分组成：一是通用问话提纲，二是重点问话提纲。通用问话提纲适用于所有应聘者，由于涉及问题多，因此要求面试官根据应聘者的具体情况，选择提问。重点问话提纲则是针对每一位应聘者提问的内容，它是在总结登记表和各项考试结果材料的基础上发现问题，在面试中提问，以便深入了解应聘者。

表 5-7 公司面试评价量表

姓名	性别		年龄	编号	
应聘职位	所属部门				
评价要素	评价等级				
	1 差	2 较差	3 一般	4 较好	5 好
个人修养能力					
求职动机					
语言表达能力					
应变能力					
社交能力					
自我认识能力					
性格内外向					
健康状况					
进取心					
相关专业知识					
总体评价					
评价	□建议录用		□有条件录用	□建议不录用	
用人部门意见 签字：		人事部门意见 签字：		总经理部门意见 签字：	

(2) 实施面试

在面试开始时，首先营造一个轻松的气氛，消除求职者的紧张情绪。然后通过与求职者的讨论和使用事先设计的情景问题，来发现求职者的工作能力、求职者与未来的工作岗位相关的经验、教育和培训以及求职者的工作兴趣和职业目标，对求职者的工作意愿和工作能力作出评价。而且面试官在面试中不仅要注意求职者回答的内容，也要关注求职者回答问题的方式。在面试过程中，考官要注意求职者的面部表情和保持目光接触，这类因素可能反映出求职者对工作的兴趣和工作能力。面试中的问题应该避免那些回答“是”或“不是”等过于直接的问题，而是提出需要求职者仔细回答的问题。

(3) 结束面试

结束面试之前,应该留出时间容许求职者提问,然后以尽可能真诚礼貌的方式结束面试。如果认为求职者可以被录用,就告诉他大概什么时间可以得到录用通知,以及下一步将如何安排;对于不准备录用的求职者,拒绝的时候要讲求策略。例如,采用以下的说法:“虽然您的表现给人印象深刻,但其他某些候选人的经历更接近我们的要求”。如果正在考虑是否录用,就应该告诉应聘者将尽快以书面形式通知面试结果。

(4) 回顾面试

求职者离开后,面试人员应该仔细检查面试记录的所有要点,根据求职者现有的技能来评价求职者能够做什么,根据求职者的兴趣和职业目标来评价求职者愿意做什么,并在面试评价量表上记录你的满意度。

2. 录用面试的种类

按照面试问题的结构化程度,通常可以将招聘面谈分为以下几种类型:

(1) 非结构化面谈。其特点是面试人员完全任意地与求职者讨论各种话题,面试人员可以即兴提出问题,不依据任何固定的线索。

这种面试的好处在于面试人员和应聘者在回答问题过程中都比较自然,由于问题不是事先设计好的,所以提问起来不会显得唐突。应聘者可以感觉更自在,回答问题的时候也不会很拘谨,很紧张。但是由于对每个应聘者所问的问题不同,面试的效度和信度都会受到影响。最大的问题在于这种面试可能会遗漏重要的问题。

(2) 半结构化面谈。所谓的半结构化面谈其实有两种含义:一种是面试人员提前准备重要的问题,但是不要求按照固定的次序提问。而且可以讨论那些似乎需要进一步调查的题目。另一种是指面试人员依据事先规划出来的一系列问题来对求职者进行提问。一般是根据管理人员、业务人员和技术人员等不同的工作类型设计不同的问题表格。在表格上要留出空白以记录求职者的反应以及面试人员的主要问题。这种半结构化面谈可以帮助组织了解求职者的技术能力、人格类型和对激励的态度。最后,面谈人员要在表格上作出评估和建议。

(3) 结构化面谈。即提前准备好各种问题和可能的答案,要求求职者在问卷上选择答案。结构化程度最高的面谈方法是设计一个计算机程序来提问,并记录求职者的回答,然后进行数量分析给出录用决策的程序化结果。结构化面谈与半结构化面谈最主要的区别是:结构化面谈不仅要在工作分析的基础上提出与工作有关的问题,而且还要设计出求职者可能给出的各种答案。因为面试人员可以根据求职者的回答迅速对求职者作出不理想、一般、良好或优异等各种简洁的结论,所以结构化面谈是一种比较规范的面试方式。在这种面试中,每一个应聘者都被问到了相同的问题,一般不会遗漏重要的内容,因而有较高的有效性和可靠性。

（八）评价中心

评价中心是通过把求职者置于相对隔离的一系列模拟工作情景中，以团队作业的方式，并采用多种测评技术和方法，观察和分析求职者在模拟的各种情景压力下的心理、行为、表现以及工作绩效，以测评求职者的管理技术、管理能力和潜能等素质的一个综合、全面的测评系统。它又被称为情景模拟测评、模拟演示测评以及管理鉴别与培训中心。评价中心所采用的测评技术和方法包括公文筐测验、管理游戏、无领导小组讨论、小组问题解决、演讲辩论和案例分析等。有人粗略统计了每一种类型的测评方法在评价中心中使用的比例，如表 5-8 所示。

表 5-8　各种测评方法在评价中心中的使用[①]

	测验方法的类型		在评价中心中的使用比例
	角色游戏		25%
	公文筐		81%
	小组任务		未调查
复杂 ↑	小组讨论	分配角色的	44%
	小组讨论	未分配角色的	59%
简单	演讲		46%
	案例分析		73%
	搜寻事实		38%
	模拟面谈		47%

评价中心技术现在已经得到较为广泛的认可，同该技术的优点是分不开的：

1. 信度和效度高。该技术采取多种测评手段，包括一些动态的测试方法，尤其是对拟聘岗位所涉及的业务行为的模拟。因此，被测者的表现也就更接近在实际工作时真实的情况。

2. 集人员测评与人员培训为一体，扩大了测评的功能和用途。

其所存在的问题在于：

1. 与其他测评方法相比，评价中心的测评费用较高。在美国，评价中心评价一名被

① 吴志明．员工招聘与选拔事务手册．北京：机械工业出版社，2002

测者的费用从50美元到2000美元不等，有的甚至高达8000美元。

2. 操作难度大。对评价者要求较高，需有相当管理经验并接受过专门训练，而且要有足够的人力、物力和财力来支持评价中心，同时，还需要花费大量的时间和精力用于准备案例和材料。

3. 可能存在草率运用评价程序或运用不当的问题。这会导致两种不良后果：一是组织盲目的接受评价数据，不能认真的考虑评价方面的其他信息；二是偏离原有的目的，影响最终的评价结果。

三、作出录用决策与人员就位

招聘工作的最后一个环节就是录用决策，即最终决定雇佣求职者并分配给他们职位的过程。因此，录用是招聘过程的一个总结，是给招聘工作划上一个句号。

（一）对职位所要求的各项能力进行系统化评估与比较

要录用的人才必须是符合组织需要的全面人才。各个组织可以根据自己的需要对不同的才能赋予不同的权重，选择正确的测试分数合成方法，然后综合评定。否则，在作出决策时就极容易出现“一叶障目”的情况。下面将举例说明。表5-9是A、B两名空调维修工程师在应聘过程中参加各项测试所获得的原始分数。

表5-9 两个空调维修工程师的各项测试分数

能　　力	A	B
适应性	5	3
细致程度	3	3
认真程度	4	3
工作动力	2	4
解决问题的能力	4	3
责任心	4	3
技术水平	2	4
平均分	3.43	3.29

从表5-9可以看出，如果采用简单平均法，企业应该选择的应聘者是A。然而，仔细看一下就不难发现问题，A在“技术水平”一项的得分只有两分。我们不禁要问，空调维

修是一项技术要求非常高的工作，A能否胜任？他的适应能力真的能否弥补其技术上的不足？如果根据空调维修工程师的工作要求，建立一套标准的指标权重体系，就可以得到完全不同的结果。加权结果见表5-10。

表5-10 两个空调维修工程师的各项测试的加权分数

能力	权重	A		B	
		原始分数	加权分数	原始分数	加权分数
技术水平	2	2	4	4	8
工作动力	1.5	2	3	4	6
细致程度	1	3	3	3	3
认真程度	1	4	4	3	3
解决问题的能力	1	4	4	3	3
责任心	1	4	4	3	3
适应性	0.5	5	2.5	3	1.5
总平均分			3.06		3.44

从表5-10可知，当根据空调维修工程师的工作要求对评价指标予以区别对待时，B就比A更适合这一职位。

以上面的实例可以看出，招聘时对职位所要求的各项能力进行综合、系统化评估非常重要，而且测试分数合成方法的选取尤为重要，将直接影响到最终的录用决策。

（二）录用标准要恰到好处

录用标准不可太高，也不可太低，最好是恰到好处。标准设定得过高，会导致“地板效应”，即能够通过录用的人寥寥无几，使组织在招聘方面的投入得不偿失，也就失去了招聘的意义；如果太低，则会出现“天花板效应”，即通过录用的人员很多，从而增大了组织在招聘方面的成本付出。

松下电器公司创始人松下幸之助有一句名言——“‘适当’这两个字很要紧，适当的公司，适当的商店，招募适当的人才。70分的人才有时反而会更好。”

（三）作出录用决策

目前，人才的竞争是十分激烈的，优秀的应聘者更是很受欢迎。因此，必须在确保决策质量的前提下，尽快作出录用决策。作出录用决策之后，要对新员工进行一些简单的接待，这对减少或消除新员工的陌生感发挥着重要作用。

（四）留有备选人名单

招聘实践中，经过层层筛选、面试，常会发现一些条件不错且适合组织需要的人才，但是由于岗位编制、组织阶段发展计划等因素限制无法现时录用，却可能在将来某个时期需要这方面的人才。这个时候，建立人才信息储备就显得很有必要。作为招聘部门，应将这类人才的信息纳入组织的人才信息库，一旦将来出现岗位空缺或组织发展需要即可招入，既提高了招聘速度也降低了招聘成本。

（五）签订劳动合同与职前适应性培训

当组织作出了录用决策，而且应聘者也同意接受职位后，接下来用人单位需要着手签订劳动合同。劳动合同是确立劳动关系的法律文书，也是劳动者与用人单位之间形成劳动关系的基本形式。劳动合同的双方当事人依法签订劳动合同是促进劳动关系良好运行以及预防、妥善处理劳动争议的前提条件。

职前适应性培训是组织雇佣新员工后对其进行的培训。其目的是使新员工熟悉新岗位的工作以及组织内部各项政策、规章和程序。这实际上是招聘过程的延续，新员工进入组织会面临"文化冲击"，有效的适应性培训可以减少这种冲击的负面影响。新员工经过培训后才能完成在组织的社会化，从而真正成为组织的一员。

第五节　评估与审核

招聘结束后，应对招聘活动的整个过程进行评估和审核，这是很容易被忽视的一个环节。招聘工作的成绩可以从很多方面来评价，如通过经济成本、时间成本、录用效率和离职率等指标进行衡量。通过评估和审核，可以发现组织招聘工作中的不足，从而改进招聘手段，提高招聘效率。

一、招聘经济成本的核算与评估

招聘的经济成本是指取得和重置人员而发生的费用支出，其中包括招聘的历史成本、重置成本和离职成本。

（一）历史成本的核算

历史成本是在员工招聘工作中实际花费的各项成本的总称，其中包括招募、选拔、录用、安置以及适应性培训的成本。

1. 招募成本

招募成本是为吸引组织所需人力资源而发生的费用，主要包括招募人员的直接劳务费用、直接业务费用（如招聘洽谈会议费、差旅费、代理费、广告费、宣传材料费、办公费和水电费等）、间接费用（如行政管理费、临时场地及设备使用费）和为吸引潜在员工的预付费用（如为吸引高校研究生与本科生所预先支付的委托代培费）。其计算公式为：

招募成本＝直接劳务费＋直接业务费＋间接管理费＋预付费用

2. 选拔成本

选拔成本即招聘者对应聘人员进行鉴别选择，以便作出录用决定时所支付的费用。选拔成本取决于雇佣人员的类型及招募方法等因素。新进员工未来担任的职务越高，被筛选的过程就越长，成本就越大。另外，在招募成本和选拔成本之间通常也会有权衡，如果利用具有广泛影响的宣传工具来公开招募职工，则选拔成本较高；如果利用代理机构招募职工，会减少选拔成本，但将导致更高的代理费支出。

选拔过程主要包括：(1)初步口头面谈，进行人员初选；(2)填写申请表，并汇总候选人资料；(3)进行各种书面和口头测试，评定成绩；(4)进行各种调查和比较分析，提出评论意见；(5)根据候选人资料、考核成绩、调查分析评论意见，召开负责人会议讨论决策录用方案；(6)最后口头面谈，与候选人讨论录用后职位、待遇等条件；(7)获取有关证明材料，通知候选人体检；(8)体检，并在体检后通知候选人录取与否。

以上进行每一步骤所发生的选拔费用不同，其成本的计算方法也不同，如：

选拔面谈的时间费用＝(每人面谈前的准备时间＋每人面谈所需时间)
×选拔人员的工资率×候选人数

汇总申请资料费用＝(印发每份申请表资料费＋每人资料汇总费)×候选人数

考试费用＝(平均每人的材料费＋平均每人的评分成本)×参加考试人数×考试次数

测试评审费用＝测试所需时间×(人事部门人员的工资率＋各部门代表的工资率)×次数

体检费＝[(检查所需时间×检查者工资率)＋检查所需器材、药剂费]×检查人数

3. 录用成本

录用成本是指经过招募筛选后，把合适的人员录用到组织中所发生的费用。主要包括录取手续费、调动补偿费、搬迁费和旅途补助费等由录用引起的有关费用。这些费用一般都是直接费用。被录用者职务越高，录用成本也就越高。从组织内部录用职工仅仅是工作调动，一般不会再发生录用成本。录用成本的计算公式如下：

录用成本＝录取手续费＋调动补偿费＋搬迁费＋旅途补助费等

4．安置成本

安置成本是为安置已录取职工到具体工作岗位上时所发生的费用。主要由为安排新职工的工作所必须发生的各种行政管理费用、为新职工提供工作所必须的装备条件，以及录用部门因安置人员时间所损失的时间成本而发生的费用构成。

安置成本＝各种安置行政管理费用＋必要装备费＋安置人员时间损失成本

5．适应性培训成本

适应性培训成本是组织对上岗前的新员工在组织文化、规章制度、基本知识和基本技能等方面进行培训所发生的费用。适应性培训成本由培训和受培训者的工资、培训和受培训者离岗的人工损失费用、培训管理费、资料费用和培训设备折旧费用等组成。

适应性培训成本＝(负责指导工作者的平均工资率×培训引起的生产率降低率
＋新职工的工资率×职工人数)×受训天数＋教育管理费
＋资料费用＋培训设备折旧费用

（二）离职成本的核算

招聘工作只是整个人力资源工作的起点，因此对招聘工作的评价不能仅仅局限于招聘这一独立的阶段。招聘成本不仅包括招聘过程中实际发生的各项费用，还包括因招聘不慎致使员工离职而给组织带来的损失，即离职成本。它主要包括由于处理离职带来的管理时间的额外支出、解聘费、离职面谈的成本支出、临时性的加班补位、策略性外包成本以及应付的工资和福利。

1．离职前的面谈费用包括由于面谈引起的面谈者和离职员工的时间耗费所发生的费用：

面谈者的时间费用＝(面谈前的准备时间＋面谈所需的时间)
×面谈者的工资率×计划期间的离职人数

离职员工的时间费用＝面谈所需的时间×离职员工的加权平均工资率
×计划期间的离职人数

2．与离职有关的管理活动费用＝人力资源部对每一离职事件的管理活动所需的时间×人力资源部员工的平均工资率×计划期间的离职人数

其中，人力资源部门对每一离职事件的管理活动所需的时间包括从工资单中删除离职员工的姓名、停止发放福利费和收回离职员工手中的公司器材设备等所花费的时间。

3. 离职金＝每位离职者的离职金×离职人数

（三）重置成本的核算

重置成本是指由于招聘失误导致人员流失而引起的组织重新招聘所花费的费用，其中包括新聘员工的补充费用和培训费用。

1. 新聘员工的补充费用

(1) 职位空缺通告费用＝［每个离职后的广告费和就业代理费＋（通告职位空缺所需要的时间＋人力资源部门员工的工资率）］＋ 计划期间的离职人数

(2) 雇佣前的管理活动费用＝人力资源部门从事就业前的管理活动所需的时间×人力资源部员工的平均工资率×计划期间的工作申请人人数

(3) 录用面试费用＝一次面试所需要的时间×面试者的工资率×计划期间的面试次数

(4) 考试费用＝（平均每人的材料费＋平均每人的评分成本）×参加考试人数×考试次数

(5) 集体评审费用＝每次评审会议所需时间×（人事部门人员的工资率＋各部门代表的工资率）×计划期间的开会次数

(6) 车旅费和迁移费＝每位申请人的平均车旅费×申请人人数＋每位新员工的平均迁移费×新员工人数

2. 新聘员工的培训费用

(1) 工作情况介绍文献费用＝文献单位成本×计划期间替补员工的人数

(2) 正式培训中的指导和培训费用＝每次培训的时间×培训者的平均工资率×培训次数×替补员工的培训成本与总培训成本之比＋每位受训者平均工资率×计划期间培训的总替补人数×培训时间

(3) 指派员工进行指导或训练费用＝指导所需要的工时数×（有经验员工的平均工资率×培训引起的生产率降低率＋新员工工资率×计划期间的指导人数）

［计算例题］ 广州某科技公司 2003 年计划招聘大学毕业生和技术人员 30 人，人力资源部门负责此次招聘，3～6 月发生以下相关经济业务。

1. 招募成本核算

3 月 1 日开始筹备人员招聘工作。招聘工作进行一个月，包括做广告、召开招聘会议、到业务定点学校宣传讲演等。3 月份发生的招募人员的直接劳务费工资和福利费共计 6600 元。3 月 10～17 日该公司参加招聘会，直接业务费包括招聘洽谈会议费 1000 元，差旅费 250 元，招聘广告费 400 元，宣传材料费 1500 元，办公费 500 元，办公用水电费等 200 元。间接管理费用包括分摊行政管理费 300 元，招聘会临时场地设施使用费 2000

元。应负担本批职工奖学金费用2000元(该费用是为了吸引未来可能成为事务所的成员面向本批新职工就读大学预付的奖学金)。则

招募成本=直接劳务费+直接业务费+间接管理费用+预付费用
=6600+1000+250+400+1500+500+200+300+2000+2000
=14 750(元)

2. 选拔成本核算

4月15~18日,进行4天招聘新职工的笔试和面试,然后进行改卷、调查、分析等选拔工作。选拔成本主要包括以下几方面:

(1) 进行初步口头面谈,选拔人员工资率20元/小时,面试人数为招聘人数的3倍,面试前的准备时间为每人2小时,面谈所需时间为每人0.25小时。计算如下:

选拔者面谈的时间费用=(2+0.25)×20×90=4050(元)。

(2) 汇总申请资料费用包括印发每份申请表资料费2元,每人资料汇总费2元,选拔人数90人,则

费用总计=(2+2)×90=360(元)

(3) 进行书面和口语测试,平均每人的材料费5元,平均每人的书面测试评分成本10元,口语测试评分成本5元,人数90人,书面和口语测试各一次,则

考试费用=(5+10+5)×90=1800(元)

(4) 人事部门请各部门代表进行各种调查和比较分析,人事部门人员的工资率为20元/小时,各部门代表的工资率平均为25元/小时,讨论3次,每次4小时,则

评审费用=4×(20+25)×3=540(元)

(5) 根据候选人资料、考核成绩、调查分析评论意见,召开负责人会讨论决策录用方案2次,均有5位经理参加,每次1小时,其工资率为50元/小时,则

决策费用=50×2×5=500(元)

(6) 最后的口头面谈,与候选人讨论录用后职位、待遇条件,费用300元。

(7) 获取有关证明材料,通知候选人体检,每人费用为10元,共计10×30=300(元)。

(8) 体检,在体检后通知候选人录取与否,体检及其他费用为每人30元,共计30×30=900(元)。

那么,选拔成本总计4050+360+1800+540+500+300+300+900=8750(元)。

3. 录用成本核算

6月份决定录用已经选拔出来的30名人员,企业在录用时支付的录取手续费为20元/人;而且需要为10名大学毕业生支付学校培养费,每人5000元。则

录用成本=20×30+5000×10=50600(元)

4. 安置成本核算

7月份开始安置已录用的30名职工到具体的工作岗位，为安排新职工的工作所必须发生的各种行政管理费用1000元、为新职工提供工作所需要的各种办公用品费用50元/人，录用部门因安置人员时间所损失的时间成本为20元/小时，共计安置时间为4小时，则

$$安置成本=1000+50\times30+20\times4\times30=4900(元)$$

5. 适应性培训成本核算

7月1日，30名新员工进入科技公司开始进行适应性培训，每个新员工的工资为50元/日，每日安排4个小时讲座，4个小时作业或模拟实习，每月按22天计算。培训教师是该公司内部的各部门经理，每日由一名经理上课，工资按每小时平均100元的工资率计算。假定培训期间教师离岗的人工损失费用为50%，教育管理费为每月2000元，资料费用平均每人每月100元，培训设备折旧费用2000元/月，则

$$\begin{aligned}适应性培训成本&=(100\times4\times50\%+50\times30)\times22+2\,000+100\times30+2\,000\\&=44\,400(元)\end{aligned}$$

把以上5个部分费用加起来，就可以得到招聘的总成本：

$$14\,750+8\,750+50\,600+4\,900+44\,400=123\,400(元)$$

6. 离职成本核算

该科技公司在对30名新员工进行为期一个月的适应性培训之后，8月1日就进入试用阶段(6个月)，试用期间每位新员工的工资为64元/日，每日工作8小时。在此期间，公司分别针对这30名新员工进行了详细、严格的考核。2004年2月1日，试用期结束，人力资源部门发现新员工李某在实际工作中表现不佳，而且不善于和别人合作搞开发，决定予以辞退；另外，一位在公司已经工作5年的员工赵某(赵某的工资为30元/小时)因对公司给予的福利待遇表示不满主动提出辞职，经研究决定，予以批准。随后，人力资源部门将赵某剩余的医疗公积金、保险金总计3万元返还，并将其二人从工资单中删除，而且停止发放福利费，并收回他们手中的办公设备和科研器材，共用10个小时，人事部门人员的平均工资率为20元/小时。这两名员工的离职面谈均由人力资源部经理负责，工资按每小时平均100元的工资率计算，准备面谈均需要半个小时，进行面谈各需要15分钟。

$$\begin{aligned}离职前的面谈费用&=面谈者的时间费用+离职员工的时间费用\\&=(0.5+0.25)\times100\times2+0.25\times\frac{64/8+30}{2}\times2\\&=150+9.5=159.5(元)\end{aligned}$$

$$与离职有关的管理活动费用=\frac{10}{2}\times20\times2=200(元)$$

$$离职金=每位离职者的离职金\times离职人数=30\,000\times1=30\,000(元)$$

由此得出：直接离职费用＝159.5＋200＋30 000＝30 359.5(元)。

若该科技公司为弥补岗位空缺需要继续进行招聘，则重置成本为新员工补充费用和培训费用之和，计算方法与招募成本的核算类似，在此不再赘述。

二、招聘时间成本的核算与评估

根据前面几节的描述，我们可以把招聘过程分为3个阶段：

· 反应时间。即从吸引求职者到介绍他们到公司去面试之间所花费的时间，这是人力资源部门有最大控制力的时间。

· 定岗时间。即确定具体人选的时间，一旦选定了受聘者，人力资源部门的控制度就开始降低。

· 到岗时间。即新员工正式上岗工作，此时，人力资源部门的招聘告一段落。

(一) 反应时间

反应时间是指从人力资源部门收到求职者申请的那天起到人力资源部门至少找到一个合格候选人来面试的那天为止的天数。尽管它并不意味着招聘任务的完成，但是可以表明招聘系统的工作速度。用公式表示为：

$$RT=RD-RR$$

其中：RT 表示反应时间；

RD 表示第一个可面试的合格候选人的日期；

RR 表示收到求职者申请的日期。

(二) 定岗时间

定岗时间是填补空缺职位的时间阶段，包括工作人员将求职者的简历、自荐信交给人力资源管理部门的时间、刊登广告的时间、初步筛选求职者的时间和合格候选人参加面试的时间。其计算公式如下：

$$TF=OD-RR$$

其中：TF 为定岗时间；

OD 为第一个求职者接受公司提供的工作的日期；

RR 为收到求职者申请的日期。

(三) 到岗时间

到岗时间是指从工作人员将求职者的简历、自荐信交给人力资源管理部门到求职者正式开始上岗工作的时间之间的天数。其计算公式如下：

$$TS = SD - RR$$

其中：TS 为到岗时间；

SD 为求职者正式开始上岗工作的日期；

RR 为收到求职者申请的日期。

对这些日期的统计对于人力资源部门而言并不困难，只需要记录关键时间点。通过记录跟踪反应时间、定岗时间和到岗时间，招聘人员和经理人自然知道工作应该如何开展，应该采取何种措施控制和降低时间成本和资金成本，提高工作成效。

三、录用人员评估指标体系

录用人员评估是指根据招聘计划对录用人员的数量和质量进行评价的过程。判断招聘数量最简易的方法就是看职位空缺是否得到满足，雇用率是否真正符合招聘计划的设计。衡量招聘质量是按照组织的长短期经营指标来分别确定的。在短期计划中，组织可根据求职人员的数量和实际雇用人数的比例来认定招聘质量。在长期计划中，组织可根据接受雇用的求职人员的转换率来判断招聘的质量。

录用人员的数量可用以下几个数据来表示：

（一）录用比

录用比＝录用人数/应聘人数×100％

该值越小，相对来说，录用者的素质越高；反之，则可能录用者的素质较低。

（二）招聘完成比

招聘完成比＝录用人数/计划招聘人数×100％

如果该值等于或大于 100％，就说明在数量上全面或超额完成了招聘计划。

（三）应聘比

应聘比＝应聘人数/计划招聘人数×100％

该值越大，说明招聘信息发布的效果越好，同时，也说明人员的素质可能较高。

（四）录用成功比

录用成功比＝录用成功人数/录用人数×100％

该值越大，说明录用人员的质量越高，组织用于招聘的时间、精力与金钱获得了理想的回报；反之，说明录用人员的质量越低，组织在招聘过程中所消耗的人力、物力、财力很多都被浪费掉了。

[**计算例题**] 某公司6月份打算通过广告的方式招聘新员工，1号广告刊出，7号就开始收到了求职者的简历、自荐信，经过人力资源部门对求职者的初步筛选，选出了50人参加面试，面试时间定于本月20号，那么此次招聘的反应时间为20－7＝13(天)。20号面试结束之后，将面试结果及时通知了求职者，等待求职者的最后决定，7月5号，第一位求职者电话告知本人同意接受此项工作。那么此次招聘的定岗时间为13＋15＝28(天)。新员工正式开始工作的日期是7月20日，那么此次招聘的到岗时间为28＋15＝43(天)。

录用人员评价指标计算案例：

续上例：(计算结果保留两位小数)

1. 该科技公司的录用比$=\frac{30}{90}\times 100\%=33.33\%$

该数值适中，说明录用者的素质符合该公司的要求。

2. 招聘完成比$=\frac{30}{30}\times 100\%=100\%$

招聘完成比恰好为100%，说明在数量上全面完成了招聘计划。

3. 应聘比$=\frac{90}{30}\times 100\%=300\%$

该公司可以从3个应聘者中挑选1人，说明招聘信息发布的效果较好。

4. 录用成功比$=\frac{29}{30}\times 100\%=96.67\%$

该值较大，说明录用人员的质量较高，此次招聘基本达到理想预期目标。

四、招聘投资收益分析

组织招聘员工有多种方法，不同方法的应用会导致招聘过程中产生不同的投资收益。如果采用的方法有效，就能使组织招聘到最佳人选，并能获得长期收益；反之，如果方法不当，不仅不能使组织顺利招聘到合适的人员，损失了招聘费用，还可能致使组织在将来失去预期的经济收益。因此，有必要对招聘的成本和收益进行分析。

常用的分析方法是会计收益法，即通过招聘带给组织的预期总收益与现实招聘总支出之间的差额，进而计算员工招聘投资净收益的方法，其计算公式为：

员工招聘净收益＝员工招聘总收益－员工招聘总成本

其中，员工招聘总收益的预测方法和员工招聘总成本的计算方法如下：

(一) 员工招聘投资总收益的预测方法

由于招聘方法对预测招聘投资总收益的取值有很大的影响，所以，进行计算时应考虑不同的因素。在考虑招聘方法时,可将预测员工招聘投资总收益划分为若干因素,如实际招聘人数、招聘过程的有效性、应聘后实际工作绩效的差别、被录用者在招聘过程中的平均测试成绩等。如果考虑上述因素,则员工招聘总收益的计算公式为:

员工招聘投资总收益=实际招聘人数×招聘过程有效性指标
×应聘后实际工作绩效的差别
×被录用者在招聘过程中的平均测试成绩

用字母表示为:员工招聘投资总收益$=N\times R\times SDy\times Z$

其中,N 为实际招聘人数;R 为招聘过程有效性指标;SDy 为应聘后实际工作绩效的差别;Z 为被录用者在招聘过程中的平均测试成绩。

1. 招聘过程有效性指标 R 是指招聘过程对最佳申请人预测的准确程度,也就是招聘方法的效度。有效性系数越高,测试成绩高的员工未来的工作业绩让组织满意的可能性越大,测试成绩低的员工未来的工作业绩让组织满意的可能性越小。R 的取值区间为 $0\leqslant R\leqslant 1$,当 R 为 0 时,说明预测结果与申请人实际工作行为完全不符,该招聘方法的有效性为 0;当 R 为 1 时,说明预测结果与申请人实际工作行为完全相符,该招聘方法的有效性为 1。一般情况下,R 的取值介于 0 和 1 之间。在实践中,准确地计算出有效性指标的数值是十分困难的,只能从工作经验中进行估测,下表 5-11 列示了可供参考的国外经验数据。

表 5-11　员工未来工作绩效预测方法的有效性系数

招聘新雇员并进行培训的预测方法		根据当前绩效预测未来绩效的方法	
智力测验	0.53	工作实例测试	0.54
工作试用	0.44	智力测验	0.53
个人简历	0.37	同事评价	0.49
背景调查	0.26	以往工作绩效评价	0.49
实际工作	0.18	专业知识测验	0.48
面试	0.14	评价中心	0.43
培训和实际工作成绩	0.13		
学术成果	0.11		
教育背景	0.10		
兴趣	0.10		
年龄	0.01		

资料来源:Wayne F. Casio, *Managing Human Resources*, McGraw-Hill, 1995, p. 206

2. 应聘后实际工作绩效的差别 SDy 是不同申请人每年工作绩效的变化程度。20 世纪 70 年代后期，美国学者经过大量的研究得知，SDy 的取值约等于年工资的 40%。

3. 被录用者在招聘过程中的平均测试成绩 Z 是某个申请人预测分数减所有申请人预测分数的平均值与其标准差之商。根据经验，Z 的取值为 $-3 \leqslant Z \leqslant 3$。

当公式中 4 个因数的值确定之后，即可计算出采用某一特定招聘方法的招聘投资总收益。

（二）员工招聘投资总成本的计算方法

从组织的角度看，员工招聘成本包括：组织招聘员工时所产生的广告费、场地费、代理费、招募资料及管理费用、招聘员的薪金和津贴、差旅费等。员工招聘总成本一般根据历史成本记录进行计算，为了便于对不同时期的被招聘人员的取得成本进行比较，应该掌握全部申请人的人均成本，以及实际录用人员的人取得成本的资料。因此，员工招聘总成本可分解为申请人数、实际招聘人数、录取过程中的人均成本等因素，其计算公式为：

$$员工招聘总成本 = 实际招聘人数 \times \frac{全部申请者人均成本 \times 申请人数}{实际招聘人数}$$

$$= 实际招聘人数 \times \frac{全部申请者人均成本}{录用率}$$

用字母表示为：员工招聘总成本 $= N \times \frac{C}{SR}$

其中，N 为实际招聘人数；C 为全部申请者人均成本；SR 为录用率。

（三）员工招聘投资净收益的计算方法

把员工招聘总收益和员工招聘总成本的公式代入员工招聘净收益的公式中，得到：

$$员工招聘的净收益 = 员工招聘总收益 - 员工招聘总成本$$

$$U = N \times R \times SDy \times Z - N \times \frac{C}{SR}$$

式中：U 为员工招聘净收益；N 为实际招聘人数；SDy 为应聘后实际工作绩效的差别；Z 为被录用者在招聘过程中的平均测试成绩；C 为全部申请者人均成本；SR 为录用率。

（四）员工招聘投资收益率的计算方法

$$投资收益率 = (员工招聘总收益 - 员工招聘总成本) / 员工招聘总成本$$

$$= 员工招聘的净收益 / 员工招聘总成本$$

［计算例题］ 某电力公司在2004年实际招聘100人。在招聘过程中采用面试与知识测验两种方法相结合。方法一为面试，其有效性指标为0.14；方法二为知识测验，其有效性指标为0.48。不同应聘者实际工作绩效的差别根据工作记录可知为5500元/年；被录用者在招聘过程中的平均测试成绩为1.5。全部申请者人均成本，在采用方法一时为30元；在采用方法二时为40元。录用率均为20%。

根据以上资料分别计算采用方法一“面试”和方法二“知识测验”，招聘方案的投资净收益如下：

$$U_1 = 100 \times 0.14 \times 5500 \times 1.5 - 100 \times 30 \div 20\%$$
$$= 115500 - 15000 = 100500(\text{元})$$
$$U_2 = 100 \times 0.48 \times 5500 \times 1.5 - 100 \times 40 \div 20\%$$
$$= 396000 - 20000 = 196000(\text{元})$$

从以上计算可知方法二的招聘净收益较大，方法一较小。

方法一的投资收益率＝100500/15000＝6.7

方法二的投资收益率＝196000/20000＝9.8

由这种方法计算的结果和员工招聘净收益相同。

从以上招聘评估的内容来看，组织可以采用多种方法来衡量招聘工作的成绩。但是，归根结底，所有的评价方法都要落实到在花费既定资源的前提下，为工作岗位招聘到合适的人员。这种人员的适应性可以用全部申请人中合格部分的数量所占的比重、合格申请人的数量与工作空缺的比率、实际录用到人员的数量与计划招聘数量的比率、录用后新员工的绩效水平、新员工总体的辞职率等指标来衡量。当然，不管采用什么方法，都需要考虑招聘成本，其中包括整个招聘工作的成本和所使用各种招聘方式的成本；不仅要计算各种招聘方式的总成本，还要计算各种招聘方式招聘到的每位新员工的平均成本。此外，组织还应该对那些面谈后拒绝所提供工作的申请人进行调查分析，特别是要对所提供工资的接受与拒绝情况进行调查分析，组织可以从中发现关于当时劳动力市场工资行情的重要信息。

参考文献

相关网站

中国人力资源开发网：http://www.chinahrd.net/

中国人力资源网：http://www.hr.com.cn/

中国国家人才网：http://www.newjobs.com.cn/

中国求职指南网:http://www.hao86.com/

中国校园招聘网:http://www.91job.net.cn/

亚太人力资源网:http://www.aphr.org/

智联招聘网:http://www.zhaopin.com/

中华英才网:http://www.chinahr.com/

上海招聘网:http://www.shjob.cn/

前程无忧:http://www.51job.com/

相关文献

1 张一驰.人力资源管理教程[M].北京:北京大学出版社,1999

2 赵曙明.人力资源战略与规划[M].北京:中国人民大学出版社,2002

3 张德.人力资源开发与管理案例精选[M].北京:清华大学出版社,2002

4 张德.人力资源开发与管理第二版.北京:清华大学出版社,2002

5 谌新民.新人力资源管理[M].北京:中央编译出版社,2002

6 李宝元.现代公共人力资源开发与管理通论.北京:经济科学出版社,2003

7 张国初.人力资源管理定量测度和评价.北京:社会科学文献出版社,2000

8 谢晋宇.企业人力资源的形成:招聘、筛选与录用.北京:经济管理出版社,1999

9 张文贤.人力资源会计.大连:东北财经大学出版社,2002

10 刘仲文.人力资源会计.北京:首都经济贸易大学出版社,1997

11 廖泉文.人力资源招聘系统.山东人民出版社,2000

12 凌文辁、方俐洛.有效地招聘.北京:中国纺织出版社,2003

13 晓光、倪 宁.人才选聘.北京:经济管理出版社,2003

14 陈 宇、王忠厚等.人力资源经济活动分析.北京:中国劳动出版社,1991

15 谢晋宇、吴国存等.企业人力资源开发与管理创新.北京:经济管理出版社,2000

16 雷蒙德·A.诺尹.人力资源管理:赢得竞争优势.北京:中国人民大学出版社,2001

17 W.H.纽曼,小C.E.萨默.管理过程.北京:中国社会出版社,1995

18 斯蒂芬·P.罗宾斯.组织行为学.北京:中国人民大学出版社,1998

19 约翰·科特.企业文化与经营业绩.北京:华夏出版社,1997

20 宿春礼、(美)H. Fred.全球顶级企业通用的10种人力资源管理方法.北京:光明日报出版社,2003

相关文章

1 张发均.国企、外企与民企员工招聘比较分析.中国人力资源开发,2002(10)

2 陈育庆.提高招聘的有效性.中国人力资源开发,2004(3)

3 彭朝晖.重视招聘行为对企业形象的影响.中国人力资源开发,2002(12)

4 于雅楠.知识经济时代员工招聘与筛选.中国人力资源开发,2002(2)

5 罗小刚.企业招聘现有问题及对策.中国劳动,2002(3)

6 周长伟.员工招聘中的背景调查.中国劳动,2003(1)
7 刘敏.科学评价招聘工作的新标准:单位招聘成本.中国劳动,2000(6)
8 任新民.有效投入——人力资源开发的基本原则.昆明大学学报,1999(2)
9 黄维德.员工招聘的多重成本.华东科技,2001(5)
10 任之婉.上海通用汽车的招聘策略.知识经济,2001(4)

第六章 素质测评理论与方法

［开篇案例］

某公司的市场部经理即将离任，打算提拔一位新的市场部经理。新任市场部经理有两个人选，一个是市场部的副经理张三，另一个是总经理办的李四。公司拟采用人才“评价中心”技术对两位候选人进行评价以确定合适人选。

1. 本次评估的目的是为了提升张三或李四其中一位来担任市场部经理，需要测试他们的综合管理能力。

2. 确定测评和考核的维度和评分标准。测评维度有计划和组织能力、口头沟通能力、判断能力、应变能力、书写能力、领导能力、决策能力、工作主动性、创造性、控制能力和时间观念，其中计划和组织能力、口头沟通能力、判断能力和应变能力为较重要指标。评分标准采用 7 分制：1＝极低，2＝很低，3＝较低，4＝普通，5＝较好，6＝很高，7＝极高。

3. 确定测评和考核员与评分方法。由公司高层、人力资源部和其他部门经理及另外聘请的 2 位考评专家共 7 人组成考核组，评分由 7 位测评人员根据对象表现的情况集体讨论给分。

4. 确定评价方法。采用“无领导方式讨论”、“与应聘者面谈”、“同事评价”和“各写自身的事业计划”等 4 种方法进行测评和考核。

5. 确定活动安排。

第 1 天：要求两位被测评者在 3 天内交一份各自的事业发展计划；

第 1～3 天：向两位候选人的同事了解两人的优缺点，同时分别与两人进行面谈，询问一些相关性问题；

第 4～5 天：分别安排两人参加一些无领导小组讨论，让他们去说服其他人接纳他的提议；

第 6～7 天：进行模拟习作，让他们各自去处理应该由市场部经理处理的一些问题；

6. 开始测评活动。按计划安排参与者进行相应的活动，由测评人员进行观察评估；

7. 给出评价报告。根据测评和考核，7 位测评人员给出两人的分数，进行计算，给出评价报告。

［点评］ 选择一位核心部门的中层管理人员是组织重要的用人策略，也是落实组织

战略性人力资源规划的重要步骤。选拔一位中层管理人员不仅需要考核他个人的业务能力和前期业绩,更重要的是应该测评出他是否具有潜力;是否具有领导能力;是否具有亲和力。因而在选择测评方法时就应该特别注重那些能够有效地表现出其职位要求的基本素质的方法。在众多的人力资源测评方法中,"人才评价中心"是被企业实践证明行之有效的方法之一。但应当注意的是,任何测评方法均有利弊,选用人才评价中心时,应注意权衡成本与收益的关系,力求在成本与收益之间寻找最佳结合点。

第一节 素质测评概述

一、素质测评

(一)素质

素质是指由先天的遗传条件及后天的经验所决定和产生的身心倾向的总称。其中智力为知的素质,气质为情的素质,性格为意的素质。人员素质结构的基本划分有:

1. 身体素质

身体素质是指个体的体质、体力和精力的总称。它是在遗传性和获得性的基础上表现出来的人体形态结构、生理机制和调节功能。其中包括力量素质、速度素质、耐力素质、柔韧性素质、灵敏性素质和对环境条件的适应能力、应激能力与对疾病的抵抗能力等。

身体素质的衡量标准是客观的,可以通过遗传学、生理学及医学来检测,因而是显性的。

2. 思想品德素质

思想品德素质是指人的思想观念、政治观念、伦理道德水平,也包括人的纪律观念、法制观念等,特别是指一个人的职业道德水平与信用水平。

由于思想品德素质是隐性的,一般通过思想品德量表测评及由他人评定。

3. 心理素质

心理素质是指人的认识过程、情感过程、意志过程的具体特征及人的个性心理特征与个性倾向性的具体特征。其中包括气质、性格、兴趣、价值观、动机和需求等。

心理素质的衡量标准是客观的,但表现基本上是隐性的,个体的心理素质一般由心理素质测评量表测定。

4. 智能素质

智能素质也称能力素质,包括科学智能素质和社会智能素质。其中科学智能素质由专业能力和非专业能力组成,专业能力指完成各具体工作所要求的理论、科学、工程和技术等专业知识,而非专业能力指人员的智力、创新等能力;社会智能素质是指与社会经验、涉世范围及深度、交际性相关联的素质，诸如交际能力、应变能力和团队协作精神等。

对于智能素质的衡量其标准是明确而直接的，其中科学智能素质可以直接通过考试、成果和学历来测量，而社会智能素质可以通过人的社会联系、社会圈子和社会关系来测定。

（二）素质测评

1. 素质测评的概念

我们可以从广义与狭义两方面来理解人员素质测评。

狭义的人员素质测评是指通过量表对人员品德、智力、技能、知识和经验进行评价的一种活动。例如，智力测验、气质测定和品德测验等都是通过问卷选择题等量表形式来测评被测者的有关素质。

广义的人员素质测评，则是通过量表、面试、评价中心技术、观察评定和业绩考核等多种手段综合测评人员素质的一种活动。

在企业人力资源开发与管理中，人员素质测评是基础工程。人员预测与规划、培养与使用、配置与管理三大环节，都离不开人员测评。它是员工与职位达到最佳匹配的桥梁；是企业人力资源科学配置、优化组合的有效工具，是开创企业人力资源管理新局面的有效手段。

2. 素质测评的对象

素质测评的具体对象不是抽象的人，而是作为个体存在的人的内在素质及其表现出的绩效。

这是由美国哈佛大学的麦克利教授在 20 世纪 70 年代提出来，并已被很多企业广泛采用的概念——胜任特征——值得借鉴。所谓胜任特征指的是“能将某一职位上表现优秀的员工与表现一般的员工区分开来的个体特征，它可以是动机(motives)、特质(traits)、自我概念(selfconcept)、知识(knowledge)和技能(skill)——任何可以测量的并且能显著区分表现优秀的员工和表现一般的员工的个性特征。”如图 6-1 所示。胜任特征包括 5 个层面，自上而下为[①]：

(1) 知识：对某一职位有用的信息(如高科技企业中人员的计算机知识)；

(2) 技能：即将事情做好的能力(如领导能力、谈判能力等)；

(3) 自我概念：对自己身份、个性和价值的看法(如将自己视为权威或教练)；

(4) 特质：个体典型的行为方式(如善于倾听他人、谨慎、做事持之以恒等)；

(5) 动机：决定个体行为的想法(如是想把自己的事情做好，还是想控制影响别人，或

① 李超平，时勘. 员工素质测评系统建立的几个问题. 人力资源开发，2000(3)

是想让别人接纳喜欢自己)。

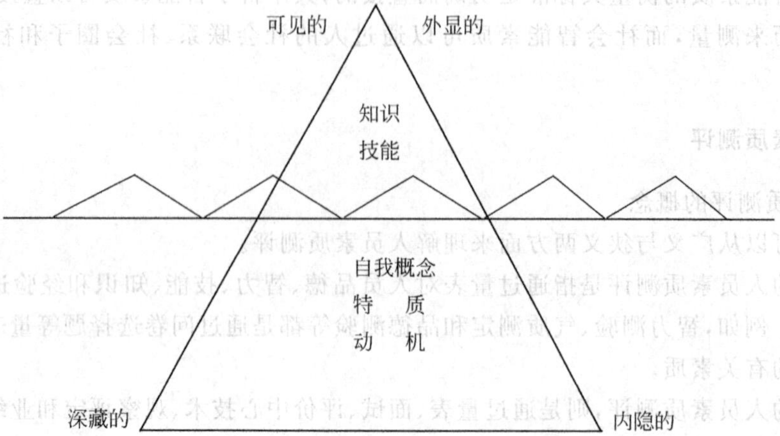

图 6-1 胜任特征

各种胜任特征可以被描述为在水中漂浮的一座冰山。水上部分代表表层的特征,如知识、技能等;深层的胜任特征,如自我概念、特质和动机,是决定人们的行为和表现的比较稳定的关键因素。所以,这时素质测评的对象应是各种职位所要求的胜任特征。

二、素质测评的功能

在人力资源开发与管理中,素质测评是个十分重要的中间环节和基础性工作,起着承上启下的作用。其主要作用表现在①:

1. 自我了解、自我设计与自我开发

每个人对自我并不是全部了解,更不是十分了解。每一个人都是通过他人来认识自我的,具体地说是通过他人对自己的评价或通过自己与他人的比较来认识自我的。而人员素质测评则是通过一定的技术设计,使人对自己的素质认识科学化与标准化,通过创设一定的情境让一个人的潜能得到充分的展现,从而达到自我了解、自我设计、自我开发与成才的目的。

2. 人力资源科学配置的有效工具

通过对新员工的素质测评,了解其基本素质,以安排最适合他的职位,达到人与事的最佳匹配,同时提高了招聘效率。

① 萧鸣政,温云云.测评人才素质致力人才开发.人力资源开发,1998(3)

3. 人力资源开发与员工培训的依据

对员工素质进行测评，发现其欠缺的素质，进行培训，使培训具有针对性；同时发现其某方面的潜能，给予肯定和晋升。

4. 员工激励的有效手段

人员素质测评不只是简单地对人员的素质状况进行测评，其测评行为结果还与人员的物质利益有密切联系。因为如果人员的测评结果优良并获得社会的认可，便可获得社会所提供的良好职位以及相应的物质待遇。在这种物质利益的驱动下，员工便希望能在测评过程中有突出的表现，因而便会不满足于自己现有知识、技能和能力，从而在学习和工作中更加勤勉努力，充分挖掘自己的潜能，在工作中更能自觉、主动地奉献自己的潜能。

5. 人力资源普查和人才库建设的依据

人力资源普查是企业搞好人事工作的基础，也是做好人力资源规划的依据。传统的人力资源普查(或说人员摸底更为准确)，是通过了解人的学历、工作经历来确定整体的人力资源状况，从而制定相应的企业人力资源规划。实际上仅仅靠上述信息远远不足以制定出好的人力资源规划，因为这种方式忽略了相当多的重要信息，如人员发展潜力、适合的发展方向等。

人员素质测评告诉你企业的整体人力资源状况和水平，从而使企业在充分认清自我的基础上制定人力资源规划，能够在对人员全面了解的基础上有针对性地培养人才、使用人才。

“工欲善其事，必先利其器”。总之，人员素质测评将市场经济运行中惟一的活要素——人力资源，与其他经济要素形成最佳耦合，从而大大推动经济与社会的发展，是实现人事工作两个调整的有力之手，是人力资源开发走高效运行之路的保证。人才素质测评技术的应用频率如表 6-1 所示。

表 6-1　人才素质测评技术的应用频率(Hansen & Conrad，1991)

人力资源开发的各个领域	人才测评技术的应用频率
最终的选拔决策	83%
提　　升	76%
职业发展	67%
职业咨询	66%
成功计划	47%
最初的应聘筛选	42%
人员安置咨询	30%

三、素质测评的方法

现代人事测评技术与方法出现于20世纪初，经过了近一个世纪的发展，在理论和实践上都得到了不断的完善。到目前为止，经常所运用的素质测评方法有：

- 面试，包括结构性面试和非结构性面试。
- 心理测验，包括品德素质测验、人格个性测验和认知测验，其中认知测验有智力测验、专业能力测验和非专业能力测验等。
- 评价中心，包括公文处理、情景模拟、无领导小组讨论、角色扮演和事实判断等。
- 观察评定法，有专家观察评定和群众观察评定。
- 推荐表、申请表、履历表和档案分析。
- 业绩考评、定量考核。
- 系统仿真测评。
- 人工智能专家系统测评。

各种素质测评方法的受欢迎程度如表6-2所示。比较系统的测评工具如表6-3所示。

表6-2 各种素质测评方法的受欢迎程度

人事测量方法	喜欢选用的人数比例
面试	100%
推荐信	96%
申请信	93%
能力测验	70%
个性测验	64%
评价中心	59%

表6-3 测评系统工具汇总[①]

测验类别	主要测评工具	测评维度
基本调查	个性品质测验	
	卡特尔16因素人格测验	乐群性、敏锐性、稳定性、影响性、活泼性、规范性、交际性、情感性、怀疑性、想象性、隐秘性、自虑性、变革性、独立性、自律性和紧张性

① 陈朝晖，黄劲松.人才测评水深几许.人力资源开发，2000(9)

续表

测验类别	主要测评工具	测评维度
基本调查	个性品质测验	
	DISC个性测验	支配性、影响性、稳定性和服从性
	管理人员个性测验	正性情绪倾向、负性情绪倾向、乐群性、责任性、广纳性、内控性、自控性、自信心、A型人格、成就动机、权利动机和面子倾向
	职业适应性测验	
	生活特性问卷	风险动机、权力动机、亲和动机和成就动机
	需求测试	生理需求、安全需求、归属和爱的需求、自尊需求和自我实现需求
	职业兴趣测验	经营取向、社交取向、艺术取向、研究取向、技能取向和事务取向
	能力测验	
	多项能力、职业意向咨询	语言能力、概念类比、数学能力、抽象推理、空间推理和机械推理
	数量分析能力测验	数量及数量关系的识别和分析能力
	逻辑分析能力测验	思维能力的测验、评估思维的逻辑性、灵活性和发散性
	敏感性与沟通能力测验	一般人员的人际敏感性、营销意识、沟通行为倾向和营销常识
基本调查	个体行为测评	
	工作感觉测评	工作满意度
	价值取向测评	
	理论取向、经济取向、政治取向、审美取向和社会取向	
	领导行为测评	
	沟通方式测评	测查正确的上下沟通的知识和技能掌握情况
	冲突应付方式测评	非抗争性、退避与顺应、解决问题型、统和与妥协、抗争型和竞争
	工作习惯测评	测查科层意识
	变革意识测评	测查对事物的灵活性和创新意识
	团体行为测评	
	团体健康测评	共同领导、团体工作技能、团队氛围、团队凝聚力和成员贡献水平
	团体绩效测评	评估团队绩效

续表

测验类别	主要测评工具	测评维度
基于情境的测验	公文筐测验	工作条理性、计划能力、预测能力、决策能力和沟通能力
	无领导小组讨论	组织行为、洞察力、倾听、说服力、感染力、团队意识和成熟度
	结构化面试	评估综合分析能力、仪表风度、情绪控制能力、应变能力和动机匹配性等
面向高绩效的管理人事测验	人际敏感性测验	对人际事务的敏感力
	管理变革测验	变革意识、创新意识
	团队指导技能测验	团队管理开发技巧
	自我实现测验	寻求自我发展、发挥的动机
	人际关系管理测验	应付人际关系
	沟通技能测验	沟通技巧
	管理方式测验	基本管理理念
	基本管理风格测验	管理风格
	管理情境技巧测验	在各种情境中的行为模式
	组织绩效测验	绩效意识与可能的潜力
	管理者自我开发测验	从事实把握、专业知识、感染力、分析判断力、社会技巧、情绪灵活性、主动进取、创造性、心智灵活性、学习技巧和自我意识等11个方面评价管理素质

总之，由于人是由生理的、心理的及社会的多因素构成的复合体，因而其功能表现为多层次、多测度和多序列的特点。而测评又是通过人本身去完成的，这就使素质测评区别于其他任何自然现象和社会现象的测量，可以说素质测评是测量科学中难度最大的测量，也是人类所有测量实践中最高级的测量。许多专家研究并设计了各种有效的测评方法，每一种测评方法获得对人的功能的某些方面的信息，但每一种测评方法又不是尽善尽美的，测评结果与现实的吻合程度是不同的。所以，测评时要注意多种方法的结合，这样才能保证其客观性和准确性。

［案例透视］

A企业是一家汽车制造的中型国有企业，在经济体制改革初期，原企业销售人员直接转做营销，营销人员是没经过甄选、测评上岗的，人员素质参差不齐。为了适应激烈市场竞争的需要，提高营销队伍的工作绩效和销售业绩，将适合的人放在适合的岗位，对不适合岗位的人员进行培训和开发。为此，A企业对营销人员进行了素质测评（资料来源：王宓愚.企业营销人员素质测评方法.中国人力资源开发，2003(10))。

1. 营销人员素质测评的指标确定

根据营销人员的工作要求确定其测评的指标要素，并分解出可评价因素，如图6-2所示。

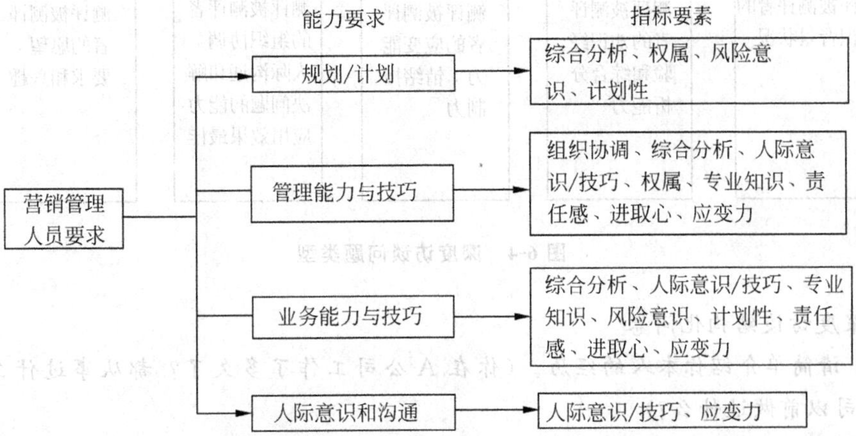

图6-2　营销管理职位的可评价因素

2. 营销人员素质测评过程

A企业对营销人员的素质测评采用深度访谈法。深度访谈是面试的一种，就是测评者与被测评者直接交谈，了解被测评者素质状况、专业知识、工作能力与个性特征等情况，从而评估被测评者适应职位的可能性和发展潜力的评价方法。

a. 深度访谈方法介绍如图6-3所示。

方法介绍	方法图示	进行方式
*根据对人员的外部行为特征的观察和对过去行为特征的考察评价人的素质特征 *以观察与谈话为主要工具 *双向沟通，被测试者不完全处于被动状态		*被测时间为1.5小时 *4名咨询顾问轮流根据访谈提纲提问，并就多数问题进行追问

图6-3　深度访谈方法介绍

b. 根据营销岗位的工作要求，确定其深度访谈问题类型如图 6-4 所示。

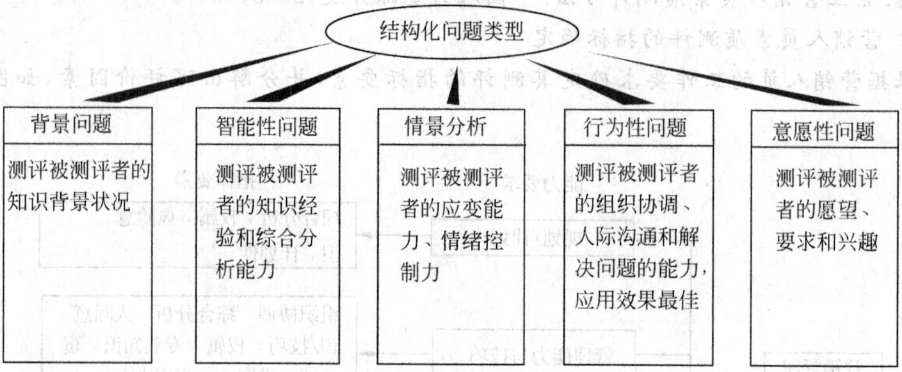

图 6-4 深度访谈问题类型

c. 深度访谈结构化问卷

(1) 请简单介绍你本人的经历。(你在 A 公司工作了多久了？都从事过什么工作？来 A 公司以前做过什么？)

测评要点：基本经历、知识背景、综合分析(逻辑思维)

估计时间：5 分钟

(2) 请介绍一下你所在分公司/区域的业绩、销售和市场情况，你近期的销售业绩下降是什么原因？业绩上升是怎么做的？

测评要点：专业知识、责任感、进取心、组织协调

估计时间：15 分钟

(3) 你所在的地区今年的市场开发是怎样进行的？明年有什么打算？

测评要点：专业知识、计划性、权属感

估计时间：10 分钟

(4) 你觉得要提高销售业绩，可以采取哪些方法？(如果投入费用作促销、广告，没有这笔钱怎么办？如果总部一定要求完成指标该如何？)

测评要点：专业知识、进取心、责任感、组织协调

估计时间：10 分钟

(5) 估计明年的市场份额，最好的情况能达到多少，为什么？需要什么努力？

测评要点：计划性、组织协调、综合分析

估计时间：5 分钟

(6) 在你的大客户出现销售异常时，你会采取什么样的措施？

测评要点:风险意识、应变力、责任感

估计时间:5 分钟

(7) 如果全国汽车的市场份额在好转,你所在地区反而在下降,你该怎么办?

测评要点:专业知识、进取心、组织协调、责任感、应变力

估计时间:5 分钟

(8) 你手下有多少业务人员?你怎么鼓励他们做好销售,完成销售指标?

测评要点:组织协调、人际交往

估计时间:5 分钟

(9) 如果 A 公司陷入了困境,你认为该怎么办?

测评要点:计划性、综合分析、风险意识

估计时间:8 分钟

(10) 中国加入 WTO 后,你认为对中国的汽车行业有什么影响,对 A 公司有什么影响?

测评要点:综合分析能力、专业知识

估计时间:8 分钟

(11) 国外的一个汽车厂家所产汽车原定的售价是 6000 美金一台,实际销售时只卖到 4000 美金,为什么?

测评要点:综合分析能力、专业知识

估计时间:5 分钟

(12) 如果你所在地区的汽车在降价促销,而 A 公司总部要求保持其市场定位,你又要完成指标,你该怎么办?

测评要点:权属观念、专业知识、计划性

估计时间:5 分钟

d. 深度访谈结束后,测评者填写评分表见表 6-4 所示。

e. 深度访谈总结

(1) 访谈历时两周半,51 名被测人分为 9 个小组,前两周为每周 3 组,每组 6 人,每半天测试 2 人(测试时间为每周一、三、五全天和二、四、六上午),最后 3 组为每组 5 人,从第三周开始,周一至周三每天上午测试 2 人,下午测试 3 人。

(2) 访谈进行顺利,被测人员绝大多数都能较积极配合回答问题,和主试人进行较好的双向交流。对极少数配合不太积极者,主试人通过各种类型问题的交叉提问考察了所要测评的因素。

总结:深度访谈进行顺利,测评者在评价中剔除年龄、经历、经验影响对被测评者各项因素进行独立客观的评判,测评的结果是可信的。

表 6-4 深度访谈评分表

姓名：								
综合分析能力								
人际技巧/意识								
权属观念								
责任感								
进取心								
专业知识/技巧								
风险意识								
计划性								
总分								
访谈分析								

3. 营销人员素质测评权重分配

对 A 企业营销人员进行深度访谈测评时，主要是从管理素质和业务素质两方面进行的。管理素质和业务素质都包括 10 种要素，即组织协调能力、综合分析能力、人际技巧/意识、权属观念、专业知识、风险意识、计划性、责任感、进取心和应变能力，只是它们各自的权重不同。为避免相关性的影响，管理素质和业务素质只对权重大的前 6 个要素进行计算。具体计算见表 6-5 所示。

表 6-5 管理素质业务素质权重调整表

调整之前			调整	调整之后		
	业务权重	管理权重	根据 10 位专家的评定结果计算出来的权重结果，在业务权重和管理权重中分别选取重要性在前面的 6 个要素来作为计算业务素质和管理素质的要素，然后再分别针对业务(管理)权重的 6 个要素进行比较，根据各自的相对重要性来计算各自的权重		业务权重	管理权重
组织协调能力	0.50	1.50		组织协调能力		2.00
综合分析能力	0.50	1.50		综合分析能力		1.70
人际技巧/意识	1.00	0.50		人际技巧/意识	1.50	
权属观念	0.50	1.00		权属观念		1.30
专业知识	1.50	0.50		专业知识	2.00	
风险意识	1.00	0.50		风险意识	1.20	
计划性	0.50	1.00		计划性		1.40
责任感	1.50	1.50		责任感	1.70	2.00
进取心	1.50	1.50		进取心	2.10	1.60
应变能力	1.50	0.50		应变能力	1.50	

[案例分析]

通过对A企业营销人员素质测评综合分析可以得出如下结论：

1. 对A企业营销人员进行素质测评，了解本企业营销人员的综合素质状况，进行合理的职位安排。

2. 由于营销人员素质测评要花费一定的时间和费用，企业在测评之前要进行充分的准备，安排好营销人员的时间，以保证测评工作的正常进行。

3. 根据营销人员不同职位的工作要求，设计不同的指标要素，并根据指标要素设计不同权重，有利于提高素质测评的科学性。

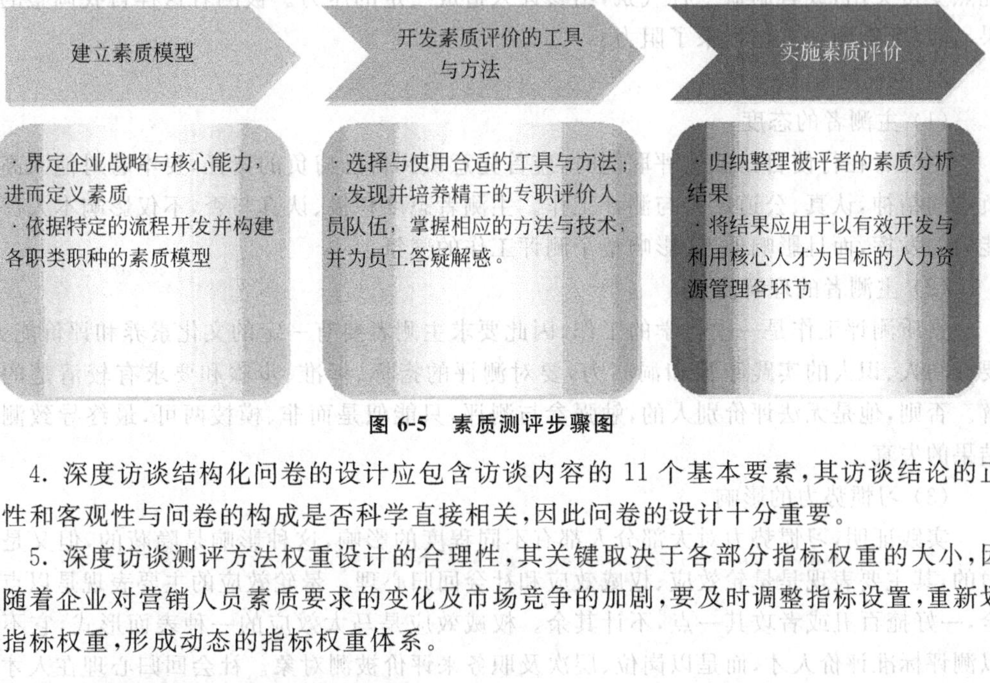

图 6-5　素质测评步骤图

4. 深度访谈结构化问卷的设计应包含访谈内容的11个基本要素，其访谈结论的正确性和客观性与问卷的构成是否科学直接相关，因此问卷的设计十分重要。

5. 深度访谈测评方法权重设计的合理性，其关键取决于各部分指标权重的大小，因此随着企业对营销人员素质要求的变化及市场竞争的加剧，要及时调整指标设置，重新划定指标权重，形成动态的指标权重体系。

四、影响素质测评结果的因素

素质测评工作是一项复杂的系统工程，它受多因素的制约，主要表现在：

1. 客观因素

(1) 量表的设计

量表包含素质量表和标准量表，这两个量表的设计规定了测评的方向、内容及标准，是素质测评的两把尺子。如果测评的尺子不准确，测评工作就从根本上出了问题。

(2) 数学方法的确定

测评得到的原始数据或等级要进行计算或转化，对数字的处理确立什么样的原则和数学方法，直接影响到计算的结果。例如，等级与分数的对应、加权技术的应用等，若使用不当，必然会给计算结果带来偏差。

(3) 测评的组织工作

测评前要进行认真的宣传和动员，恰当地选择测评空间，正确地解释量表的含义及使用方法，并合理地选择测评时机等，都是保证测评工作顺利进行的外在条件。

(4) 被测者的自我防卫(心理防卫)

有些被测者知道要对自己实施测评，便有意识地将自己的弱点在短期内隐蔽起来，使优点变得突出，或者制造一种气氛，给参评人造成一定的压力。被测者这样自我调整的结果，客观上给测评工作带来了阻力。

2. 主观因素

(1) 主测者的态度

主测者在行使自己的测评职能时，应首先意识到自己肩负的责任，要本着对他人高度负责的精神，认真、公道地参与测评工作。主测者态度积极、认真与否，不仅影响本人评价能力的发挥，而且影响他人、影响整个测评工作的气氛。

(2) 主测者的理解能力

素质测评工作是一项科学的工作，因此要求主测者要有一定的文化素养和评价能力，要有知人、识人的实践经验和洞察力，要对测评的指标、标准、步骤和要求有较清楚的理解。否则，他是无法评价别人的，勉强参与测评，只能似是而非、模棱两可，最终导致测评结果的失真。

(3) 习惯势力的影响

实践证明，习惯势力对大部分人都有不同程度的影响，这种影响是隐蔽的，但又是有力的，其主要表现是晕轮效应、权威效应和社会回归心理。晕轮效应的主要表现是以点概全，一好掩百丑或者攻其一点，不计其余。权威效应是马太效应的一种表面形式，它不是以测评标准评价人才，而是以岗位、层次及职务来评价被测对象。社会回归心理在人才测评中表现为一种中间集中倾向(趋中倾向)。这些习惯势力的影响在人才测评中应设法降到最低的水平。

(4) 主测者的感情因素

影响主测者的感情因素主要指情绪低落、心烦意乱；或者和被测者有个人恩怨；或者品质不好等。若测评时选中了这些人，而心绪又得不到正常调整，都会使测评结果严重失实。

总之，素质测评工作的全过程是一种多因素起作用的过程，任何一个环节出了问题都会前功尽弃。因此，对每个环节的精心安排实质上就是对整个测评工作不断地进行误差调整的过程。

3. 测评结果的效度与信度

所谓效度，是指测评结果对所测素质反映的真实程度，是否测量到它所要测定的东西，是否达到它所预定的测评目标。目前，常见的方法有：从内容性质方面分析的内容效度；从指标相关性方面分析的关联效度；从实证方面分析的结构效度。

(1) 内容效度，是指实际测评到的内容与所想测评内容的一致性程度。当实际测评到的内容与事先所想测评的内容越一致时，则说明测评结果的内容效度越高，测评结果就有效。其分析从两方面入手：①是否包括了欲测评素质中的各种成分；②包括在测评范围内的行为样本的比例结构是否与工作分析的结果相一致。

(2) 结构效度，是最为关心的一种效度，它是指实际所测评的结果与所想测评素质的同构程度。它表明了在多大的程度上，实际的测评结果能够被看作是所要测评的素质在结构上的替代物。其分析步骤为：

首先，给所要测评的素质的结构模式下一个操作化的定义。可以采用职务分析法，对所想测评的素质进行结构分析与行为分析，确定各种素质结构成分及代表行为。

其次，收集事实资料，评判结构效度。即找到足够的事实证据，证明测评结果的结构模型是所测素质结构的一个很好代表。一般采用排除法、咨询法来寻找事实证据。

(3) 关联效度，是指测评结果与某种标准结果的一致性程度。

所谓信度，是指测评结果反映所测素质的准确性，及所测结果的一致性或稳定性。评估的方法主要有3种：再测信度、复本信度和内部一致性信度。

① 再测信度，即指测评结果与以同样的测评工具、测评方式与测评对象再次测评结果间的差异程度。也就是将同一份试卷在相同的条件下对同一组被测者先后实施两次，两次测评结果的相关系数就是再测信度。所以，当同一对象的测评结果以同样的测评方式再次获得后，其顺序位置关系变化很小时，则说明测评结果比较准确。

② 复本信度，指测评结果相对另一个非常相同的测评结果的差异程度。比如，让同一被测者在两份或几份在构想、内容、难度、题型和题数等方面都平行或等值的试卷上测试，其测评结果的相关系数就是复本信度。

③ 内部一致性信度，是指所测素质相同的各测评项目分数间的一致性程度。即如果被测者在第一个项目上比其他人分数高，在第二个项目上又比其他人高，在第三个项目上也比其他人高，……；相反另一个人在第一个项目上比其他人的分数低，在第二个项目上又比其他人低，在第三个项目上也比其他人低，……，那么，毫无疑问会认为测评结果比较可靠。也就是其测评结果具有内部一致性信度。

五、测评软件

当前提供人才测评软件服务的组织机构和产品有很多。在国内较有影响的产品有人事部全国人才交流中心开发的全国人才测评系统、北京北森盛世公司开发的北森网上测评系统等。

为推广人才测评软件的应用，中国管理资讯网(http://www.china—min.com)还推出了“中国优秀人才测评机构与软件系列展示活动”，使当前国内优秀的人才测评机构和软件能够有一个共同交流和展示的平台，起到了广泛宣传人才测评理论、推广人才测评软件应用的目的。根据不同的测评目的、测评要素和测评对象，人才测评软件的分类如表6-6所示。

表 6-6 人才测评软件分类

大 类	子 类	举 例
测评内容	职业发展类	职业规划系统 职业生涯设计系统 职业锚测验系统 职业兴趣系统
	素质能力类	人格因素(16PF)测验 标准瑞文推理测验 创新能力评估系统 事业驱策力评估系统 领导能力评估系统
服务对象	招聘选拔类	工作动力评估系统 人才岗位胜任力测验 岗位基本能力测验 人才综合素质测评系统
	组织测评	企业的人员招聘、人员选拔、考核、晋升培训、团队协作、状况分析、人事诊断、组织诊断、管理咨询、组织设计等进行的测评服务
测评对象	个人测评	个人测评考试，个人职业指导，个人培训发展 经理人员素质测评系统 普通管理人员素质测评系统 成人综合素质测评 学生素质测评

资料来源：刘远我. 人才测评的几个认识误区，中国人力资源开发，2003(10)

尽管人才测评软件具有广阔的应用前景，但也面临着许多问题，主要是：

1. 企业选择人才测评软件应注意的问题

企业在引进人才测评软件时，应着重考虑以下几个问题：必须明确进行人才测评的目的，目的不同，测评指标就会不同，进而会影响到测评工具的选择与测评报告的形成。要使测评指标与指标体系能有效地反映测评对象的个人特点和职务能力，就应当进行职务分析。在了解职务特征与职务对任职者特定要求的基础上，根据职责特点确定测评要素和要素体系，并选择相匹配的测评软件。不同于一般的产品，它的引进必须遵循一定的程序，人才测评软件必须遵循项目管理的原则，同时要考虑许多相关的问题，如软件的培训、软件的维护，以及专业人员培训等。要提出具体的需求，许多企业在引进测评软件后，往往发现软件无法满足企业发展的需求，造成了资源的浪费。因此，企业在引进软件前一定要把需求描述清楚，如测评要素或指标能否定义和修改；试题的内容能否增加；通用心理测试量表能否添加以及数据能否共享等细节必须写入相关的合同文本。

2. 企业应建立自己的人才标准指标体系

人才测评的目的是为企业寻找到最佳的人才，以做到人尽其才。企业应该在职务分析以及测评目的的基础上，明确岗位对人员的要求，建立人才素质测评的指标体系，为下一步具体实施测评奠定坚实的基础。

3. 企业实施人才测评应遵循的原则

为保证对人进行科学、客观的评价和人员素质测评的结果真实可靠，在整个素质测评过程中必须遵循客观公正、统一标准化、可行性与实用性、可比较性等重要而基本的原则。这些原则既是素质测评实践经验及其技巧的科学总结，又是素质测评的思想方法。

4. 科学运用人才测评的结果

人才测评结果的应用是人才测评的出发点和落脚点。它关系到人才测评的最终效用，因此是至关重要的部分。

第二节　胜任特征模型

［案例透视］

某国有房地产开发企业根据当前市场环境变化，实行差异化战略强化品牌效应并获取竞争优势，以确保企业经济效益实现持续稳定增长。要求人力资源管理部门开发出经营管理者的核心能力模型。在全面了解该公司管理现状及综合分析胜任特征模型的构建方法后，人力资源管理部门根据行业关键成功因素来开发胜任特征模型。

1. 确认行业关键成功因素

为准确把握行业关键成功因素，收集资料可采取的主要方法有访谈法与查阅专家研究结果等。我们主要是通过与高层经理进行主题访谈获得信息。访谈的主题围绕行业成功因素、业务目标与所需支持资源等，经过访谈，最后将访谈结果归纳总结出行业关键成功因素与核心战略能力，如表6-7所示。

表6-7 行业成功因素与核心战略能力匹配表

行业成功因素	核心战略能力（所需支持资源）
政府关系资源	公共关系能力、善于平衡各方利益、沟通（游说）艺术、谈判技能
资 金	融资能力、资本运营手段、成本控制手段与能力、采购管理
市场灵敏性	情报获取能力与信息分析技巧、机会识别、竞争对手分析技巧
品牌形象	市场策划、项目开发管理、客户关系管理、投标技能

2. 确认最佳岗位绩效效果

确认最佳绩效效果的方法有访谈法、观察法等，其关键是选取最佳绩效员工。为此，需确定最佳绩效者标准，相应地选取标准可设定为任职时间长短、绩效等级、部门业绩目标完成情况等3个方面。最后，归纳、提炼访谈记录得到与绩效效果相对应的胜任特征，如表6-8所示。

表6-8 岗位绩效效果与相应的胜任特征一览表

绩效效果	主要胜任特征
贯彻实施集团战略，出色完成部门业务目标	计划能力、组织实施能力、战略规划能力、监督控制能力、专业技能、市场机会识别
不断提高部门工作产出对集团增长的附加值	管理创新、专业技术或技能、知识管理、业务发展规划、品牌意识、客户意识、领导艺术、团队建设、管理悟性、掌握与业务相关的法律法规
组建部门管理团队，形成核心经理序列	团队建设、激励艺术、文化建设、概念技能、培训与开发技能、员工职业生涯管理

3. 胜任特征模型建立

胜任特征模型分为两类。一类是表层胜任特征，其中包括知识、技能；另一类是深层胜任特征，其中包括社会角色、自我概念、特质和动机。胜任特征如同冰山，露出来的部分仅代表表层的特征，如技能、知识、社会角色和自我形象等，这些形象能够感知到，但不能预测或决定能否有卓越的表现。相反，处在水下部分的深层胜任特征，如动机等，却决定人们的行为及表现。中层经理胜任品质特征如表6-9所示。

表 6-9　中层经理胜任品质特征表

品质特征	提及人数	品质描述
强烈的事业心	3	不断进取的成就欲望；执著认定的目标；精益求精
一贯的自我激励	3	自觉学习以更新自我，持续钻研以改进工作，而不考虑有无相应回报
高度的责任感	2	眼光长远，不计较一时得失；顾全大局，注重集体利益
关注人际关系	2	发展亲和力；正直公道，可信可靠；既有原则性又有灵活性
偏好变化与挑战	2	乐于尝试新方法，改变惯例，打破"不可能"的预言

资料来源：张发均：以行业关键成功因素开发胜任特征模型的案例探讨．中国人力资源开发，2003(5)

一、胜任特征

自 20 世纪 70 年代初，Mc Clelland 在其具有标志意义的文章《考察胜任力而不是智力》(Testing for competence rather than for intelligence)提出胜任力概念以来，胜任力的理论研究和应用随即风靡美、英、加等西方国家，并成为 20 世纪 80 年代一个前沿的管理理念，许多世界著名的公司，如 A&T、IBM 等都建立了自己的胜任特征体系。从 20 世纪 90 年代至今，这一理念和方法在西方国家掀起应用的狂潮，其他国家也开始对胜任力的研究和应用进行探索，许多以胜任特征建模服务为主要业务的咨询公司创建和构造了各种胜任特征模型数据和通用胜任特征字典。

胜任力(competency)是指在一个组织中绩效优异的员工所具备的能够胜任工作岗位要求的知识、技能、能力和特质。胜任特征模型(competency model)则是由特定职位要求的优异表现组合起来的、包含多种胜任特征的结构，它"描述了有效地完成特定组织的工作所需要的知识、技能和特征的独特结合"。

胜任力具有 3 个重要特征：(1)与员工所在工作岗位的要求紧密联系，也就是说它在很大程度上会受到工作环境、工作条件以及岗位特征的影响。在某一工作岗位上非常重要的知识技能，在另外一个工作岗位上可能会成为制约其发展的阻碍因素。(2)与员工的工作绩效有密切的关系，或者从某种角度来看，它可以预测员工未来的工作绩效。(3)运用胜任力这一概念能够将组织中的绩效优秀者与绩效一般者加以区分。换句话说，优秀员工与一般员工在胜任力上会表现出显著性的差异，组织可以将胜任力指标作为员工的招聘、考评以及提升的主要依据之一。

二、建立胜任特征模型的程序

建立胜任力模型的程序简要说来，一般包括以下步骤如图 6-6 所示。

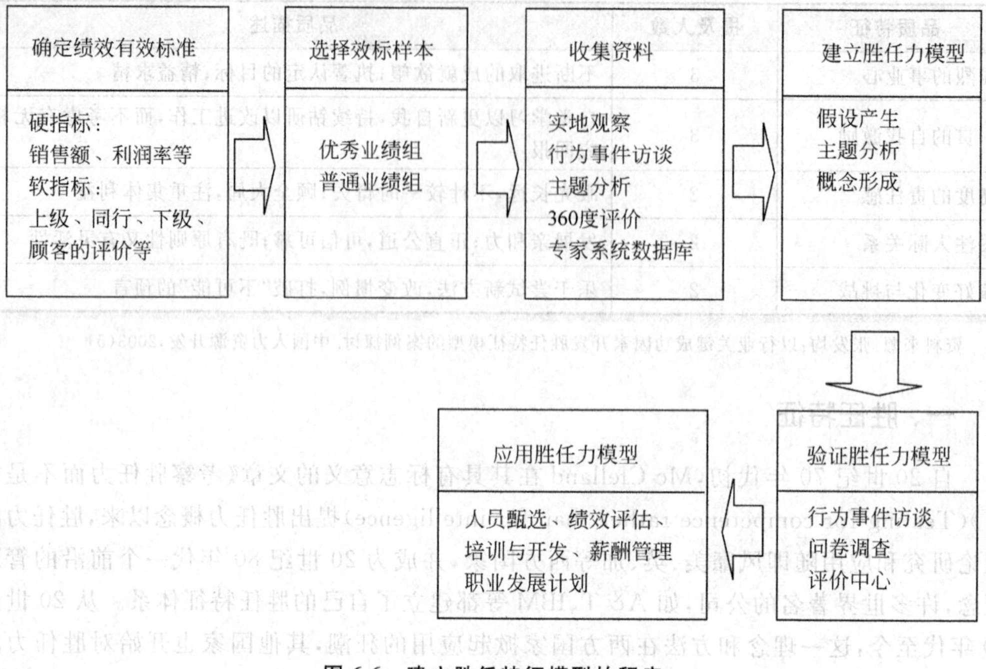

图 6-6　建立胜任特征模型的程序

第一步，定义绩效标准。可以采用指标分析和专家小组讨论的办法，提炼出鉴别工作优秀的员工与工作一般的员工的绩效标准。这些指标应有硬指标，如利润率、销售额等，还必须有软指标，如行为特征、态度、服务对象的评价等。

第二步，选取分析样本。根据第一步确定的绩效标准选择适量的表现优秀的样本和表现一般的样本，并以此作为对比样本。

第三步，获取样本有关胜任特征的数据资料。有许多种方式，但一般以行为事件访谈法为主。行为事件访谈法是一种开放式的行为回顾式调查技术，一般采用问卷和面谈相结合的方式。通过这样的访谈，获得关于过去事件的全面报告，然后通过独立的主题分析，对导致绩效优秀者和绩效一般者的思想和行为进行整理归类，整合各自的结果，形成区分绩优者和一般者的关键行为。

第四步，建立胜任特征模型。对上述数据资料进行统计分析，找出两组样本的共性和差异特征，并根据存在区别的胜任特征构建胜任特征模型。

第五步，验证胜任特征模型。可以选择另外两组样本重复上面的第三步和第四步，进行效度检验。也可以选择合适的效标对所得模型进行比较、评价。

三、分析胜任特征的方法

1. 行为事件访谈法(BEI)

当前分析胜任特征的主要方法，就是采用结构化的问卷对优秀和一般的任职者分两组进行访谈，并对比分析访谈结论，发现那些能够导致两组人员绩效差异的关键行为特征，继而演绎成为特定职位任职者所必须具备的胜任特征。主要步骤如表 6-10 所示。

表 6-10　行为事件访谈法的主要步骤

步骤	1. 访谈简介	2. 了解职责	3. 行为事件描述	4. 任职者特征归纳	5. 编写访谈报告
主要内容	·访谈者以轻松的口吻进行自我介绍 ·告知被访谈者访谈的目的和访谈程序 ·创造融洽和谐的谈话气氛	·被访谈者描述其在岗位上的实际工作内容、工作关系 ·获得代表性事件的初步信息	·以被访谈者讲故事的形式，采集访谈者在岗位上经历过的典型或关键事件	·访谈者请被访谈者归纳胜任该岗位所需要的知识、技能、个性等特征 ·回顾、拾遗补漏阶段，对前一步骤地检验与确认	·整理访谈记录 ·编写访谈报告

主要特点：要求被访对象(即特定职位的任职者)详细描述在顾客服务、团队合作、危机处理和问题分析等方面遇到的若干(通常为 2～3 个)成功的和失败的典型事件或案例，特别是他们在事件中的角色与表现以及事件的最终结果等，从中总结并归纳被访对象的思想、情感与行为，继而衡量和评价对方的能力水平，了解和发掘其动机、个性以及自我认知能力等决定人的行为的"素质"特征，最后通过归纳并组合标识，形成胜任特征模型。

2. 专家会议法

专家会议法就是邀请组织内、外的专家(包括客户)进行能力胜任特征模式分析的一种方法。其主要步骤是：

(1) 成立专案小组；

(2) 进行行为事件访谈；

(3) 分析工作能力资料；

(4) 验证能力模式。

[案例]

科研团队胜任力模型的开发

研究表明，最优秀的研发人员不是仅靠一个人，而是运用人际技能和团队合作来完成技术工作。因此，世界上许多开发“胜任力模型”的公司都认为，研发人员的胜任力模型不仅包括成就导向、概念性思维和分析性思维、专业知识、专业技能和顾客导向等业务胜任力，还包括主动性、人际技能、自信心和团队协作等人际胜任力。科研团队胜任力模型开发的主要程序有：

1. 建立一个“研发团队胜任力模型”开发小组。这个小组包括人力资源部经理、研发部门主管，还可以包括外部咨询人员。在开发胜任力模型的过程中，这个小组负责决策，交流设计思想，然后设计、开发、反馈和修正整个过程。

2. 识别优秀研发人员与一般研发人员的关键行为。对这两组样本分别进行观察、行为事件访谈。要求让被访谈者描述其职位和责任及他们为该工作职务做了哪些准备，他们如何被挑选来担任这些职位的，以及如何成功或者失败地完成工作任务。访谈内容进行独立的主题分析，形成优秀业绩者与一般业绩者的关键行为。

3. 确认研发岗位工作任务特征和胜任力要求。运用关键事件分析技术、问卷调查方法以及统计分析技术对收集到的上述关键行为进行分析评价，找出两组样本在哪些胜任特征上存在区别，确定所要分析岗位的关键工作要素以及工作胜任力要求（即胜任力模型）。

4. 对确定的工作任务特征和胜任力要求进行验证。在这里需要选择另外两个样本组优秀业绩者和一般业绩者进行验证，同样采用上述第3步的方法，考察这些假设的胜任力是否能区分业绩优秀者与业绩一般者，以进行研究的效度检验。

第三节 素质测评方法

[案例透视]

任何一个用人单位都希望找到优秀的人才，然而，当用人单位通过一系列的招聘、简历筛选、初试、复试，录用后却发现找到的人并不理想。这往往因为，一般的面试就是问几个常识性的基础问题，然后就凭感觉了。有规模的企业则多几道复试，一拨又一拨人把应聘者折腾了几个来回也拿不定主意。审犯人式的面试，用来招聘普通员工还勉强凑合，而对于骨干核心员工，就很难奏效了。如何面试核心员工？

一般的面试程序应该是：人力资源部门的初步面试——把握应聘者基本素质关，专业能力由专业的部门经理把握，重要的岗位以及经理级人选一般再加一道或两道面试程序，由高层领导面试。这些身为领导的面试官，该如何面试应聘者呢？一聊，二讲，三问，四答。

一聊：谁聊？聊什么？聊多久？

答案：面试官聊，聊与招聘职位相关的内容，聊3分钟。

领导作为面试官时，应把公司的大致情况以及公司的发展前景用三言两语作一简要描述。因为公司的发展变化需要增添新的人才加盟，这样顺理成章地把要招聘人的原因及重要意义叙述出来。进而可以具体叙述招聘的新人需要干什么，干到什么程度，甚至可以说出干到什么程度会有什么待遇等。总之，作为一名领导级的面试官，应在最短的时间内把企业现状及发展前景和招聘岗位的相关要素非常连贯地告诉应聘者，整个叙述过程大概两三分钟时间。通过这样的聊，虽然不用发问，应聘者会立即产生共鸣，围绕面试官所聊的主题，展开下一步的阐述，这样才能最大限度地节省面试时间。

二讲：谁讲？讲什么？讲多久？

答案：应聘者讲，讲自己与所应聘职位有关的内容，时间3分钟。

尽管面试官什么要求也不提，什么问题也没问，当应聘者听完面试官的简短话语之后，会立即在自己的脑海里搜索与面试官所聊的内容相关联的东西，并把自己最适合招聘职位的、关联度最高的内容有选择地、用自认为最恰当的方式表述出来。

应聘者的这段演讲是应聘过程中最关键的部分。因为面试官据此可以看出应聘者的基本素质、从业经验和资源背景，更重要的是了解到应聘者的知识总量，思维宽度、速度、深度、精度，语言组织能力、逻辑能力、概括总结能力、化繁为简能力、应变能力等，而这些在简历、笔试和测试中很难体现出来。即使有些内容在前期翻阅简历时面试官都看过了，但看他写的和听他说是两个完全不同的测试角度。有丰富经验的面试官根据应聘者上述3分钟的陈述演讲，基本上就会有一个清晰的看法和八九不离十的判断。

当应聘者作3分钟的陈述演讲时，面试官应认真听讲，并不时给予微笑式的鼓励和肯定，切记不要轻易地打断应聘者的陈述。否则，一是应聘者陈述的主题思路会中断，会顺着你的新问题而偏离主题；二是会延长面试时间，增加面试成本，进而会影响其他等待面试的人的约定时间，造成整体面试时间迟延和浪费。

三问：谁问？问什么？怎么问？

答案：面试官发问，问关键的内容和相互矛盾的地方，要刚柔相济地问。

面试官无论如何要耐着性子认真听完应聘者3分钟左右的陈述，对3分钟过后仍喋喋不休的应聘者，面试官可以通过看表等形体语言或善意地提醒应聘者尽快结束陈述。

应聘者陈述结束后，面试官应主动发问。主要问以下内容：问应该了解但在应聘者简历和笔试及3分钟陈述中一直没有了解到的问题；问应聘者在陈述中和简历中自相矛盾的地方；问应聘者陈述的事实以及简历中反映出来的内容与应聘职位不相宜的地方。总之，就应聘者的自身矛盾来问问题，看应聘者如何回答。

四答：谁答？答什么？怎么答？

答案：应聘者回答，答关键问题，答显示水平的举例，简要、清晰、明确回答。

当应聘者被面试官点到痛处时，回答才是关键，面试到这一步，才真正进入了高潮。应聘者处理矛盾的水平高低和有无艺术魅力，全在这简短的回答之中，而且双方正面的交锋才真正开始。如果应聘者回答问题清楚，可以接着问下一个问题；如果问题有破绽，可以就破绽继续追问；如果应聘者被问得局促不安或满头大汗，说明应聘者在此问题上可能有问题，或有难言之隐。作为面试官可以对此问题罢休，不要穷追不舍，可适当换一个轻松的话题给应聘者一个台阶下。

在实际问答中，应聘者在回答面试官的问题后也会主动反问面试官，而应聘者问的问题一般都是关系到所应聘职位的薪水、待遇、休假方式以及作息时间、业务程序，或者岗位之间的关系以及公司背景和竞争对手的竞争性等。面对应聘者的反问，作为面试官应该正面、实事求是地回答，但仍应注意回答的艺术性。（资料来源：景素奇. 10分钟面试招到核心员工. 通信企业管理，2004(6)。）

一、面试

面试是指在特定的时间、地点所进行的，有着预先精心设计的明确目的和程序的谈话，通过测评者与被测评者面对面的沟通，了解被测评者的素质特征、能力状况以及求职动机等方面情况的一种人员选拔与测评技术手段。

1. 面试的特点

面试与其他素质测评相比有如下特点：

(1) 以谈话和观察为主要手段。在面试中测评者必须善于运用自己的感觉器官，特别是视、听来获取来自于被测者的各种信息，并迅速加以分析。

(2) 面试是一个双向沟通的过程，这一过程是双方的互动过程，被测评者并不是完全处于被动的状态。

(3) 面试不同于其他形式的交谈，主要表现在：①这种谈话具有明确的目的性；②这种谈话预先进行了精心设计，有着严密的计划和程序。

2. 面试的分类

根据面试的标准化程度可以将面试分为如下3类：

(1) 结构化面试。指针对特定工作的所有面试中，始终如一地使用事先确定的答案的一系列与工作相关的问题。主要包括3方面的含义，一是面试程序的结构化，即面试的初始阶段、核心阶段和结尾阶段，测评者都准备做些什么，注意什么，达到什么目的，事先都需要经过精心策划；二是面试题目的结构化，即在面试中要考察被试人哪些方面的特点、能力及何时问何种问题，如何问都是事先计划好的；三是面试评定的结构化，即从哪些角度来评判被测评人的表现，如何划分评分等级，如何打分等在面试前都有明确的规定，并在测评者之间有统一的尺度。

(2) 非结构化面试。指在面试中事先没有固定框架结构(指没有预先确定测评要素等),也不对被测评者使用有确定答案的固定问题的一种面试方法。通常讲,在非结构化面试中,面试的组织、过程的把握、问题的提出及评分角度的把握都是随意的。

(3)半结构化面试。这是一种处于结构化和非结构化面试之间的一种面试。

3. 结构化面试

(1) 结构化面试的测评要素

通过结构化面试对每个被试者进行测试,可以大致了解所有被试者共同的一些要素内容,如工作经历、学习经历、工作动机、社会适应能力、语言表达能力、反应能力、思维的敏捷性、逻辑的严密性、想象力、个人的兴趣、爱好、风度、礼仪、理想和抱负、价值观念、个人专长、技术水平、认识,以及自我评价、群体观念、人际交往、责任感、忠诚感、知识的广度与深度等。

(2) 结构化面试问话提纲示例

① 个人情况

姓名、性别、出生年月、籍贯、政治面貌、健康状况、婚姻状况。

② 工作兴趣、偏好

所申请职位、工作?

你认为本职位包括什么内容?

为什么申请这个职位?

你认为你能胜任这个职位的原因是什么?

你对薪资的大致要求是什么?

你对我们单位知道些什么?

③ 目前的工作状况

你目前是否有工作?如果没有工作,你失业有多久了?为什么会失业?

如果你现在有工作,你为什么要放弃原来的工作来申请这份工作?

如果你被录用,你愿意什么时候来我们单位工作?

④ 工作经历

最近10年内的工作变换和职务变动情况及工作的名称和职责。

你所做的工作获得过何种奖励?

你现在或最近的主管是什么职位?其姓名、联系电话。

你最喜欢与最不喜欢工作的哪些方面?

你为什么想离开原来的工作单位?

你有兼职或第二职业吗?如果有,请介绍一下情况。

你开始工作时的工资大约有多少?现在的工资是多少?

你对目前的收入评价如何？

你在工作中得到什么经验，受过什么培训？

还有什么其他的经历或培训能够证明你可以胜任你所申请的工作？

请说明一下你在何处通过何种方式获得这种经历或培训？

主试人对第一阶段的评价。

⑤ 受教育、专业培训和奖惩情况

请说出你所受过的高等教育或专业培训的情况。

⑥ 业余活动

你业余时间一般做什么？

为什么要做这种活动？

⑦ 态度倾向

你是否愿意由我们单位重新安排工作？

你是否愿意经常出差？

你认为你能持续出差在外的最长时间是多少？

你能超负荷工作吗？

你怎样看待节假日或周末加班的问题？

⑧ 自我评价

你认为自己的优点是什么？

你认为自己的缺点是什么？

你认为自己的工作能力有什么欠缺和不足？

例如，对胜任特征"综合分析能力"出的一个题目：请你谈谈对国有企业人才流失问题的看法，你有什么对策来解决这个问题？

考察要素：综合分析能力

评分标准：

好：有个人的见解，能从问题产生的背景、原因、过程、后果等方面来分析，提出多种可行的方法并能对各方法加以讨论。

中：只能谈到上述某些因素，分析不全面、不透彻，条理性和逻辑性不强，只能提出单一的方法，或方法虽不算错但不具有可行性。

差：就事论事，观点片面、偏激，无分析及解决问题的思路。

4. 非结构化面试

(1) 非结构化面试一般具有如下特点：

① 面试问题的不确定性。尽管面试起初的问题是相同的，但是主试的追问，则需要根据应试者的回答来提出，因而具有很大的不确定性。

② 面试答案的非标准性。同一问题，往往可以有不同的答案，这些答案在一定的条件下，都是合理的，因而无法给出惟一的“标准答案”。

③ 面试过程的发散性。结构化面试的过程是线型的，表现为“问题—答案”这样一种单向线型过程；而在非结构化面试中，一个问题可以有多种回答，对每一种回答，又可以提出多个问题，追问可以往多个方向展开。

④ 面试评分标准的模糊性。非结构化面试的评分，没有一个明确的标准，即不可根据答出多少个要点，判定多少分。而主要是根据应试回答问题的角度、方式和风格等特征来评分，所以面试设计中难以预先给出明确的评分标准，而只能给出一些带有模糊性的标准，由主考根据应试的特征自主评分。

(2) 非结构化面试的测评要素及使用范围

基于非结构化面试的特点，使其测评重点应放在测评人员的下列一些素质上：综合分析能力、管理决策能力、应变能力、人际协调能力和组织控制能力等。

既然如此，也就给出了其最佳的使用范围。即非结构化面试方法一般用于企业的管理人员，尤其是企业中高级管理人员的招聘、选拔测试中。但是，由于非结构化面试的上述特点，又使其成为一种比较难以掌握的方法。因此，对主试者的素质要求较高，一般都聘请专门人员参与主考。

二、心理测验

心理测验实质上是对行为样组客观的和标准化的测量。通俗地说，心理测验就是借助心理量表，对心理特征和行为的典型部分进行测验和描述的一种系统的心理测量程序。第二次世界大战后，西方各国常用心理测验来作为评价选用员工的一种工具，当今已发展成为多种测验方式。国内外最流行的心理测验，有加州心理测验（CPI）、卡特尔16因素测验（16PF）、比奈-西蒙智力测验、罗夏墨迹测验、默里与摩根的主题统觉测验（TAT）、明尼苏达多项个性测验（MMPI）、艾森克人格测验（EPQ）、皮亚杰故事测验和雷斯特测验等。

1. 心理测验的特点

(1) 心理测验的优点

a. 使用方法简单，操作方便，测验效率高；

b. 测验内容集中，测验标准和成绩客观性强；

c. 可以通过计算机来测验，结果反馈快；

d. 成本低。

(2)心理测验的缺点

a. 开发周期长，编制一个测验通常要花几年的时间，且耗费大量人力、物力和财力；

b. 由于本身的局限性，无法准确测量许多能力和个人特点，如组织管理能力、创新能力、诚实性和社会责任感等，测验的效标的可靠性难以把握；

c. 每个被测者的测验表现受环境因素及内在因素影响，如测验效应和个人自卫机制的干扰，因而有出现误差的可能性；

d. 变通性比较差，一般无法根据具体情境对测验内容加以调整。

2. 心理测验的种类

人员素质测评所使用的心理测验因岗位要求不同而有所差异，但一般包括以下几方面：

(1) 职业能力测验

判断受试者具有何种能力优势，预测其工作成功和适应工作的可能性以及发展的潜能。主要测受试者言语、数量关系、知觉速度、理解和推理等能力，包括认知能力测验、职业能力倾向测验以及行政人员、领导人员基本素质测验等。认知能力测验最初主要以智力测验为主，目前人们仍多采用韦氏智力量表、比纳智力量表、瑞文推理测验和塞斯登智力测验等进行评定；能力倾向测验开发较晚，目前常用的有企业管理人员能力倾向测验、行政职业能力倾向测验、学术能力倾向测验、现代会计人员能力测试等。

(2) 职业适应性测验

判断受试者职业兴趣及职业适应性特点，为其选择职业及进行相关职业培训提供参考依据，主要包括生活特性问卷和职业兴趣测验。

(3) 人格测验

判断受试者的人格特征、人格发展的状况等，以此评价受试者适应环境和工作要求的心理素质，常用的主要有明尼苏达多项人格量表(MMPI)、卡特尔16项人格因素量表(16PF)、艾森克人格因素量表(EPQ)、管理人员人格测验和Y-G素质人格测试等。

(4) 情绪测验

判断受试者情绪的稳定性和心理健康状况等，此类量表种类繁多，常用的有抑郁量表、焦虑量表、生活事件相关量表和症状自评量表等。

3. 投射法

投射法(projection)在心理学上的解释，是指个人把自己的思想、态度、愿望、情绪或特征等不自觉地反应于外界的事物或他人的一种心理作用。投射技术(projective technique)或投射测验属于心理测验的范畴，这一类测验中比较著名的如墨迹技术(inkblot technique)、主题统觉测验(thematic apperception test)和填句测验(sentence completion test)等。

投射评价理论认为，受试者对测验题材的解释，可以反映其心理功能。人们常将内心情感及感觉投射到环境里去，由于每个人的经验不同对刺激所知觉的内容不同，所以所作的反应就不可能相同。因此，分析反应的结果可以揭示一个人的人格形态和深层动机，这就是投射测验设计的基本原理。

投射测验可以使受试者不愿表现的个性特征、内在冲突和态度更容易地表达出来，因而在对人格结构、内容的深度分析上有独特的功能。但投射测验在计分和解释上相对缺乏客观标准，对测验结果的评价带有主观色彩，对主试和评分者的要求很高。投射法的特点是通过间接的方法来了解人们对某个事物的态度或内心世界，通常是利用某些材料，如一些模糊的人形或墨迹图，或是让受试者自己描绘某个形象，或是提供一个经过设计的场景，要受试者进行描述等，受试者在看似随意的问答中不知不觉地把自己的思想、情感态度等表露出来。其主要方法有以下几种：

(1) 联想法：请受试者表达对某种刺激的联想（一般指首先引起的联想），根据受试者的反应作出分析。常用的有墨渍投射测验、字词的联想测验等。

(2) 构造法：请受试者根据图形或文字材料讲述一个完整的故事，侧重于对受试者的分析，如主题统觉测验。

(3) 完成法：请受试者根据自己的想法完成某种材料，如完成句子测验等。

(4) 排序法：请受试者把一组目标、愿望、需要等按某种标准进行选择或加以排序。

(5) 表露法：请受试者参加一些活动，侧重过程性分析，不大注意受试者的产出，如做游戏，角色扮演等。

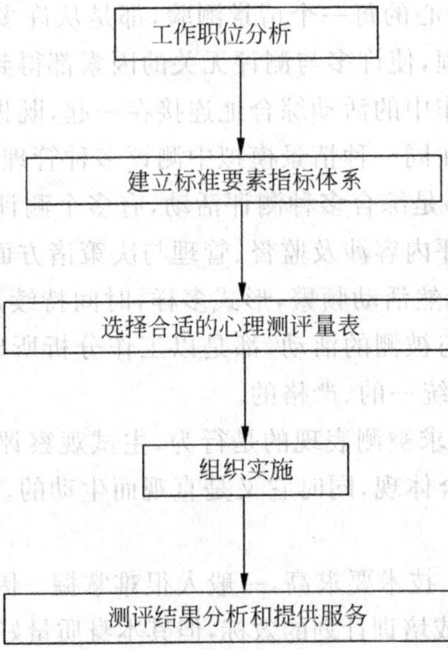

图 6-7　心理测验程序示意图

三、评价中心

评价中心就是一种测定一群人中每个个体在多种情景事件(exercises)中表现出的行为特征的操作程序。它由对多次行为的标准化评估构成,由许多受过训练的观察者运用技术手段,对被评价人主要从专门设计的模拟情景中表露出的行为作出判断,这些判断被提交到评委参加的会议上或经过统计方法加以分析整合。在为达成评分意见统一的讨论过程中,每位评委要全面地解释被考核人行为的原因,提交评分结果。讨论的结果是按照设计好的已测度被考核人行为的维度/竞争能力(dimension competence)或其他变量对被考核人的绩效进行总评。

1. 评价中心的特点

(1) 优点

a. 动态性。形式上是分开的、单独的各种测试,而实质却是彼此相关、非独立的,同时提供较长时间的紧张压力,让被测者在其中与各种有关的人员打交道,处理事宜,能在动态中评价一个人。

b. 综合性。评价中心的内容是一系列测评手段的结合,是一种集人格测验和能力测验于一体的综合性的测评方法,并且情景模拟测评是其中必须采用的方法之一。评价中心的最终结果是综合各种测评后而得出的。

c. 形象逼真性。评价中心的每一个情景测验,都是从许多实际工作样本中挑选出来的典型,经过测评技术的处理,使许多与测评无关的因素都得到了有效的控制。经过组合加工,还可以把分属不同工作中的活动综合地连接在一起,既提高了测评的准确性又扩大了测评的内容与范围,可以在同一种情景模拟中测评多种管理素质。

d. 信息量大。评价中心是综合多种测评活动,有多个测评人员共同测评。测评方式突破了各种形式的限制,测评内容涉及监督、管理与决策诸方面的技能。

e. 标准化。评价中心虽然活动频繁,形式多样,时间持续从几个小时到一周不等,但每个活动都是统一的,主试与被测的活动,都是以工作分析所确定的素质为目标进行的。此外对主试的培训程序也是统一的、严格的。

f. 行为性。评价中心要求被测表现的是行为,主试观察评定的也是行为。这种行为是复杂的,是多种素质的综合体现,同时它又是直观而生动的。

(2) 缺点

a. 评价中心操作难度大、技术要求高,一般人很难掌握。因为虽然评价中心结果可以用来作为鉴定其他测评方法或培训计划的效标,但其本身质量好坏却很难找到参照效标。

b. 人力、物力和财力花费大,且很费时间。正因为实施评价中心成本较高,从而限制了它的应用。

c. 应用范围小，主要用于管理能力的测评，且一次测评的人数不宜过多。

d. 存在一些不可克服的误差。一是被测者目前的工作行为表现并不一定能揭示他在以后新的工作中的管理能力；二是主试在观察评定中存在错误与偏见。例如，当被测者即将上任的工作与评价他的主试的工作完全两样时，主试总是用自己的行为模式来衡量被测者的优劣。

2. 评价中心的种类

(1) 公文处理

公文处理是评价中心用得最多的一种测评形式。在测评中，被测者假定为接替某个管理人员的工作，他将面对一大堆亟待处理的各种文件，要求他在规定时间内处理完毕，并且回答评价人员的提问以及说明为什么要这样处理的一种测评形式。

(2) 角色扮演

角色扮演主要用于测评人际关系处理能力。在测评活动中，主试设置了一些尖锐的人际矛盾与人际冲突，要求被测者扮演某一角色并进入角色情景去处理各种问题和矛盾的一种测评形式。

(3) 无领导小组讨论

无领导小组讨论就是让一组被试者在一定的背景下围绕给定问题进行讨论，并要求其达成一个小组决定。所有参与讨论者地位完全平等，评价人不参与讨论，只是事先给出讨论的问题和所处的背景及讨论要求的一种测评形式。

(4) 案例分析

案例分析是先让被测者阅读一些关于企业中的某些问题的材料，然后要求其向高层管理部门提交一份分析报告，以考察其综合分析能力和作出判断决策能力的一种测评形式。

(5) 个人演讲

个人演讲可分为即兴演讲和有准备的演讲，通过让演讲者就一定的题目发表演讲来评价其沟通技能、思维敏捷性、系统性、条理性、创造性、说服能力，以及自信心等的一种测评形式。

表 6-11 不同管理技能的最佳测评方法

评价指标	最佳的测评方法
经营管理技巧	公文筐测验
人际关系技巧	无领导小组讨论、管理游戏
智力状况	纸笔测验
工作的恒心	公文筐测验、无领导小组讨论、管理游戏
工作动机	投射测验、面试、情景判断测验

四、其他方法

1. 员工满意度测评

[案例透视]

A公司是广东一家著名的家电企业。据其人力资源总监反映，随着公司规模的扩大，对不同层次的员工需求越来越大。近年来，公司采用对外招聘、委托猎头和内部培养相结合的方式，基本上满足了岗位需要和企业发展需要；然而，从另一方面来讲，公司虽然建立了关于人力资源开发和管理的制度体系，但是优秀员工的流失仍然经常发生(包括高中层职业经理人、优秀的普通员工和专业技术人才)，这影响了人才队伍的稳定和公司的持续发展，使公司的人才竞争优势日渐弱化。A公司决定改革其人力资源管理体系，使外部优秀人才进来，内部优秀员工留下，达到员工和公司共同发展的目的。(资料来源：高树山，秦红兵.度量员工满意度.人力资源开发，2000(7))

[案例分析]

为什么会出现这种现象呢？对于即将进行的人力资源管理改革，应该从哪里切入和分析才能达到改革的目的呢？

首先，分析影响员工对工作和公司满意度的因素。一方面是员工的内在报酬，包括工作环境、学习机会、发展空间、归属感和成就感等；另一方面是员工的外部报酬，包括基薪、奖金、津贴、住房资助和保险计划等。内在报酬和外在报酬相辅相成，共同作用，构成了影响和衡量员工满意度的两个重要因素。其次，根据所分析的结果找出问题的根源，采取有效的措施加以改革。在这里，首要的是进行员工满意度的分析。

员工满意度(job satisfaction)就是相对于个体的生活满意度和总体满意度而言，特指个体作为职业人的满意程度。更为满意的员工将会把满意的心情带到工作中，间接影响行为，通过行为最终影响未来绩效。

员工满意度代表了员工对其工作总的态度。但是仔细研究，员工满意的原因却各有区别。如果满意，是因为机会多，还是因为薪酬高；如果不满意，是因为工作压力大，还是因为家里不支持等。一般来说，员工满意度的测评维度主要有：

(1) 对工作本身的满意程度。其中包括：①工作合适度：工作适合自己、符合自己的期望、扬长避短、有兴趣、提供学习的机会、成功机遇、可实现的目标、合适的工作量和可解决的困难等。②责权匹配度：合适、明确和匹配的责任、权利。③工作挑战性：适度挑战。④工作胜任度：拥有工作要求的技能、素质、能力等，拥有足够自信。

(2) 对工作回报的满意程度。其中包括：①工作认可度：适度表扬与批评，对所做工作的称赞等。②事业成就感：工作能激发成就感，满足自己成就需要。③薪酬公平感：与自己付出相比、或与企业内外部相关人员相比，薪酬数量或制定报酬的根据具有公平性。

④晋升机会：充分、公正的晋升机会。

(3) 对工作背景的满意程度。其中包括：①工作空间质量：对工作间的湿度、通风等物理条件，以及企业所处地区环境的满意程度。②工作时间制度：合适的工作小时、上下班时间、休息时间、合理的加班制度等。③工作配备齐全度：工作必需的工具、条件、设备，以及其他资源是否配备齐全、够用。④福利待遇满意度：对福利退休金、医疗和保险计划、每年的假期和休假的满意度。

(4) 对工作群体的满意程度。其中包括：①合作和谐度：上级的信任、支持、关心、指导，同事之间合适的心理距离，相互了解和理解，友好的见面，开诚布公，以及下属领会意图、完成任务情况。②信息开放度：信息渠道畅通，信息的传播准确高效等。

(5) 对企业的满意程度。其中包括：①企业了解度：对企业的历史、企业文化、战略、政策、制度的理解和认同程度。②组织参与感：意见和建议得到重视、参与决策的机会等。

2. 笔迹分析测评

2002年6月下旬，北京某国家机关进行了人才选拔测试，测试包括3个方面的内容：专业知识考试、能力测试和民主测评。竞聘岗位是：投资交易。受该单位委托，我们针对投资交易岗位设计了民主测评量表，并采用笔迹分析测试技术(TAE)对8名候选人进行了能力测试。下面选拔测试中一个测试人的笔迹分析为例对笔迹分析测试作简单介绍。测试人姓名：张皓男(化名)，性别：男，学历：本科，1998年金融专业毕业后，从事财会工作，欲竞聘投资交易员岗位。

笔迹特征：经过对笔迹特点的归纳，该笔迹具有速度快，连笔多，线条流畅，结构紧密，笔压轻，线条轻柔，多曲线，行间距大小不一，行向呈波浪形，字间距时大时小，字势向下，末笔回收，字体的方向左倾、右倾不定等特点。

速度较快，连笔多，结构紧密，线条较流畅、简洁，说明书写者思维较敏捷，智力水平较高，逻辑思维好，善于抽象思考和推理。字势向下，字体中等偏小，末笔回收，如"果"、"只"字下面的撇和捺被写成了方向朝向字体下方的两点，"视"、"绝"等字最后一笔向字体中心方向回收等；结构紧密，如"果"、"谁"、"鲜"等字的笔画由于过于紧密而粘连在一起，说明书写者性格内倾，注意力过于集中在内心的体验，沉默寡言，不善于表达和沟通，不善于与人交往，喜欢默默无闻，不喜张扬。多数字体笔画拘谨，末笔没有展开，显示了书写者谨慎、放不开手脚的特点。书写较流畅，笔画和谐、有弹性，连笔多，字势相连，说明书写者有较好的文字表达能力，逻辑性强。笔画略显迟滞，不够清晰和果断，在放大镜下有明显的颤抖和颗粒状，说明数理能力可能会受一些影响。速度较快，笔画多圆转的曲线，说明书写者为人处世灵活，一般能根据环境变化，采取相应对策。笔压轻，笔画轻柔，行向呈波浪状，字间距、行间距大小不一，说明书写者情绪不稳，意志力偏弱，不适合压力或风险性太大的工作。笔压轻，字体方向左倾、右倾变化不定，线条柔和多曲线，行向不稳，字体的左下方多空缺或短小，说明书写者自信心不足，决断力较弱。笔压轻，笔画收缩放不开，线条轻柔，连笔多，字势内收，说明性格偏内向，谨慎，同时喜欢保持思维的连续性，喜欢按照同一种思维考虑问题，属于"场独立型"。因此，在反应能力方面可能会受到影响。

综合分析与结论：书写者在逻辑推理能力、灵活性、书面表达、思维谋略等方面有特长，但在自信心、决断能力、心理承受能力和数量关系等方面偏弱。由于投资交易在数量关系、决断能力、反应能力和心理承受能力等方面要求较高，因此书写者不适合竞聘岗位要求。（资料来源：赵庆梅. 笔迹分析测试技术的应用. 中国人才，2002(9)）

笔迹分析测试(TAE)是欧洲大陆国家使用最多的一种素质测评方法，主要用于人才招聘和选拔。笔迹分析技术在我国的发展相对比较晚，只是在20世纪80年代以后，有关笔迹学的报道才逐渐地出现于报纸、杂志。1999年，国家人事部人事与人才研究所正式立项，将《笔迹分析技术在人才招聘中的应用研究》正式作为科研课题进行研究和开发，之后，一套建立在欧洲笔迹学理论基础之上并与中国实践经验相结合的笔迹分析技术(TAE)作为一项人事技术广泛应用于机关、企事业单位的人才招聘和人才选拔中。例如，华糖洋华堂商业有限公司、国家外汇管理局、空间技术研究院、北京石油规划院和环京联合物流有限公司等单位先后在人才招聘、选拔中使用笔迹分析测试，并对笔迹分析技术给予了较高的评价。

笔迹分析技术的特点：具有简捷、方便、准确性高和个性化强的特点。由于笔迹具有较强的书写动力定型的特点，尽管书写者可能由于心情、环境等的不同而在书写风格上略有变化，但相对客观的、充分的笔迹材料为相对准确地分析候选人提供了最基本的保证。当然，笔迹分析也有一些不足，如开发软件相对困难。正如天下没有两片相同的叶子，没有任何两个人的笔迹一模一样，这给电脑识别系统造成了一定的困难。难于开发成软件，就难以形成规模效益，从一定程度上制约了笔迹学的发展。

3. 申请表、履历表、档案

(1) 申请表

申请表是由主试单位制定，而由申请者如实填写以反映申请者基本情况，并在此基础上作出挑选决定的一种最常用的测评方法。尽管它总是与其他测评方法搭配使用，但却总是位于整个程序的第一步。

事实表明，分析申请表内的各项内容，不但可以搜集到许多素质测评的信息，而且可以为下一步的测评安排提供线索与依据，可以减少一定的测评成本。例如，下一步的面试内容中，申请表内已清楚的问题就不一定要详细问。

申请表能否在测评中发挥重要作用，关键在其形式与内容的设计上。单位不同其申请表格的设计将不同，就我国目前一般的申请表格内容来看，一般包括姓名、性别、出生年月、籍贯、家庭地址、婚姻状况、文化程度、工作经历、特长、直系亲属、社会关系、工资等级和业余爱好等。

(2) 履历表

履历表是一种有关被测者背景情况描述的材料，其项目内容与申请表格类似，但又有所不同。从项目与内容上来说，履历表比申请表格更详细更全面；从时效上来说，履历表反映的是被测者过去的情况，而申请表反映的是当前的情况，显然两者内容有所不同。

履历表是一种对个体过去经历进行剖析的十分有价值的测评手段。但要提高履历表的测评作用，关键也是在于履历表项目的设计上。履历表项目选择与申请表格一样也是以职位要求或工作绩效的相关性为标准。常见的是选择那些与生产效率、人事变动率、出勤率显著相关的项目。

(3) 档案

在人员的录用中，档案分析也是一种应用较为广泛的方法。特别是在我国，人员被录用时，总是要先看看他的档案材料。

档案分析之所以作为一种人员素质测评的方法是在于：档案中记录着一个人从上学到目前为止的所有经历、学习情况与工作绩效、家庭情况、社会关系、组织与群众的评价意见等，所有这些材料都可以是素质测评与录用的依据；资历在素质测评与选拔录用中起着重要作用，而档案中对个人的资历考查是最为详实的。

4. 计算机在素质测评中的应用

(1) 系统仿真测评

就是把被测者置身于一个由计算机"构成"的近于实际系统的动态模型之中，让其扮演一定的角色，采用人机对话方式进行"工作"，计算机将根据其在规定的全部时间内的"工作"行为及其"实绩"来预测他的各种潜能。

系统仿真测评的功能目标包括：测评管理潜能和开发潜能。其中包括：生产经营战略决策、应变决断、综合平衡、现代管理知识应用、信息处理、敢冒可估风险、综合分析、解决问题、资金运用、计划组织、技术管理、激发动机、创造能力、自信心和果断性等。它有助于被测者受到现代化管理思想的教育、有助于学到现代管理知识、有助于被测者了解自己和增进自知之明等。

模拟运作结束时，根据被测者在拟任期内的所有"工作"行为及其结果，来评价(与专家设计答案对照，并由计算机按原程序进行打分，给出评语)被测者的各种潜能。

(2) 人工智能专家系统测评

就是模拟专家的思维活动，进行情景式发问和专家级推理、判断，完成人员测评的计算机程序，它是专家面试和情景模拟测验的计算机化。

系统分成两大部分：一是知识测评部分，其中包括现代企业制度、投资经济、现代企业管理、市场营销、国际贸易、金融、财务管理、经济法规以及合资经营等方面知识；一是能力测评部分，其中包括现代企业战略管理、投资管理、现代企业管理知识运用、市场营销管理、生产管理、国际贸易管理、财务管理及合资经营管理等各种管理能力。对于不同岗位上的部门经理可采用不同的题型组合。

该系统有4个特点：

a. 因人设问、自动评价，还可以克服专家面试在空间和时间上的限制以及可能出现的感情因素的干扰偏差，使结果更趋公正、客观；

b. 便于完善、自动更新、具有自学的功能，容易补充、修改和扩展；

d. 深入浅出，易于上手；

e. 运行速度快、效率高，测评设定2小时内必须完成，否则系统自行中断，测评完毕可立即查阅或打印出评价结果的报告表，有单项成绩、累计成绩和综合评价成绩。

参考文献

1 谌新民主编．新人力资源管理．北京：中央编译出版社，2002

2 谌新民，刘善敏编著．人员测评技巧．广州：广东经济出版社，2002

3 萧鸣政．现代人员素质测评．北京：北京语言学院出版社，1995

4 陈畅．你的员工满意吗？人力资源开发，1999(10)

5 黎恒，丁晓岚．无领导小组讨论的实务操作——中层管理人才选拔案例．中国人力资源开发，2002(9)

6 陈云川，雷轶．胜任力研究与应用综述及发展趋向．科研管理，2004(6)

7 黄春新，何志聪．胜任力模型如何适用于高科技企业研发团队的管理．经济论坛，2004(8)

8 仲理峰，时勘．家族企业高层管理者胜任特征模型．心理学报，2004(1)

9 陈慧．评价中心技术与人才选拔．北京邮电大学学报(社会科学版)，2003(10)

10 Sandberg J. Understanding human competence at work: an interpretative approach. Academy of Management Journal, 2000, 43(1): 9-25.

11 Mccelland dc Boyatzis re. Opportunities for counselors from the competency assessment movement [J]. The Personnel and Guidance Journal, 1980, (1): 368-372.

12 Yang BY, Watkins KE, Marsick VJ. The Construct of Learning Organization: Dimensions, Measurement, and Validation[J]. Human Resource Development Quarterly, 2004, 15(1): 31-55.

第七章 职业生涯设计与管理

［开篇案例］

特变电工股份有限公司新疆变压器公司是特变电工股份有限公司的全资公司。近几年公司人力资源工作取得了很大成绩，但相对公司发展而言还较滞后，特别是人才流失问题比较严重。这些人才基本上是毕业3年左右的大学毕业生，都已基本成熟，正是开始发挥重要作用的时候。人才的流失给公司发展带来较大的负面影响。为此，公司人力资源部展开了一次针对公司历届大学生的员工满意度调查，以求找到员工离职的原因。调查问卷结论显示员工对企业文化、有效激励等表示满意。而不满的地方主要在于公司薪酬水平、个人职业发展等。在访谈中了解到，在员工职业发展这一问题中，主要的不满是认为员工的职业设计过于单一和对内部发展道路不清楚。如何为员工设计有吸引力的职业发展道路，以合理的薪酬留住人才成为公司人力资源管理部亟待解决的问题。其中对员工职业发展而言，如何为不同类型的员工设计职业发展道路，让员工在公司感到有足够的上升空间及前景等问题最为重要。公司人力资源部以新员工为切入点，对2003年招进的应届大学毕业生进行新员工职业生涯设计，并总结经验，制定和完善了全员职业生涯设计的方法和制度。"纵向发展、横向发展、综合发展"的员工职业生涯设计为员工明确了发展途径，方向明确，风险小，有保障。公司采用入职引导和入职培训制度，并将新员工职业生涯设计工作纳入到员工绩效考核体系中，薪资待遇也与职业发展相对应。这些措施使职业生涯设计融合于人力资源管理工作，并与人力资源管理的其他环节紧密配合，给公司带来了十分积极的影响。一般科员，特别是技术人员的工作积极性有了大幅度提高，流失率也大为降低。（资料来源：尹鹏飞．特变电工新疆变压器公司员工职业生涯设计．中国人力资源开发，2004(10)）

［点评］ 员工职业生涯设计是近十几年在发达国家兴起的一种新兴人力资源管理技术，企业可以通过对员工进行职业生涯设计来充分开发企业人力资源，从而创造一个高效率的工作环境和引人、育人和留人的工作氛围。随着时代的发展，员工的需求更多，更趋于多元化，比如成就感和个人价值的实现等，这些需求要在职业生涯中才能得到充分满足。因此，在企业中单纯的经济报酬不一定使员工满意，他们更注重工作中的成就感和个人的发展机会。在这种情况下，为了更好地激励员工，企业需要帮助员工确定自身发展需

要的职业生涯设计，并承诺帮助员工实现职业目标。对企业来说，为员工打造健全的内部成长机制，实际上是有效地开发了企业内部的人力资源，为未来发展培养和储备各类人才，使具有不同能力素质、不同职业兴趣的员工都可以找到适合自己的上升路径，最终促使公司稳定、持续和高速地成长。

第一节　职业生涯设计概述

一、职业、职业类型与职业生涯

（一）职业的概念

职业是人类社会分工的结果，随着社会的发展，社会分工越来越精细，职业的类别和内部构成、外部关系也随之越来越丰富。一般来说，倾向于把职业定义为：人为维持自己生计，同时实现社会联系和自我价值而进行的持续的活动方式。

现代意义上的职业，至少要具有3个特性：

1. 社会性：职业是为社会所需要的，职业是劳动者进行的社会生产劳动。

2. 连续性：也称稳定性，指劳动者连续地从事某种社会工作，或者从事该项工作相对稳定，才称为职业。

3. 经济性：指劳动者从事某项职业工作并从中取得经济收入。

（二）职业的类型与相应职业

职业要求个人与工作相适应，即做到个人能力和特性与职业要求相协调。从事“美国大学测试（ACT）”项目的心理学家戴尔·普雷迪格及其同事按照职业的工作对象类型把职业分成数据、观念、人和事物为对象的4种类型职业。

总的来说，倾向于与“人”共事并且在该方面颇具技巧的人能在与他人的交往之中获得乐趣，并且喜欢人际交往中的领导、劝说、教导或咨询等事务。而对“数据”王国颇感兴趣并具备一定才能的人倾向于与数字和符号打交道。喜欢使用机器、工具和器械的个人则属于喜欢“事物”的人，他们喜欢在实际的物理环境中解决问题。而对“观念”王国颇感兴趣的人倾向于在思想观念中自找乐趣，喜欢通过语言来表达抽象概念。

（三）职业生涯的概念

职业生涯，指一个人终生连续性的职业经历，特别是职位的变动及工作理想实现的整个过程。职业经历包括职位、工作经验和工作任务，受到员工价值观、需要和情感的影响。

对于职业生涯的理解，我们要把握职业生涯是人的一生中与工作相关的活动、行为、态度和价值观的有机整体，它由时间、范围和深度3个维度构成。时间指的是人所处职业生涯的不同阶段，如职业初期、职业中期和职业后期等；范围指的是职业生涯中参与不同工作的数量；深度指的是对某个工作角色投入的程度。

二、职业生涯设计

（一）职业生涯设计的概念

职业生涯设计是指组织或者个人把个人发展与组织发展相结合，对决定个人职业生涯的个人因素、组织因素和社会因素等进行分析，进而制定人在一生中的事业发展战略与实施计划。根据职业生涯设计的定义，职业生涯设计首先要对个人特点及所处的人生阶段进行分析，再要对所在组织环境和社会环境进行分析，然后要根据分析结果制定一个人的事业奋斗目标，确定职业锚并编制相应的工作、教育和培训的行动计划，并对每一步骤的时机、顺序和方向作出合理的安排。随着阅历的增长，当人处于不同的人生阶段，对职业的看法会有所不同；环境的变化也会改变发展机会和状态。因此，职业生涯设计始终需要在适应个人变化和环境变化的过程中不断调整。

应该注意的是，职业生涯设计是一个有机的、动态的，逐步展开的过程。在职业生涯的早期，人们一般都会有一个职业目标和实现目标的手段的设想。但是在实际的工作过程中，人们的每一次经历、每一种职业体验以及由于年龄的增长而引起的价值观和需要的变化，都会导致对自我的重新认识，从而会修正自己的职业目标，因而职业规划就会相应地发生适当的变动。

（二）对职业生涯设计的理解

员工的职业选择和职业生涯目标，既是个人的需要，也是企业的需要。因而，通过职业生涯设计可以把员工个人利益和企业组织利益有机地结合起来。一般说来，职业生涯设计可以从个人角度和企业角度两个方面理解。

第一，企业组织中的绝大多数员工，尤其是受过良好教育的员工，都有从自己现在及未来的工作中得到成长和发展，得到认可的强烈愿望和要求。为了实现这种愿望和要求，他们不断地追求理想的职业，并希望在自己的职业生涯中得到锻炼和发展。他们根据个人的职业动机、企业发展的需要和社会环境的变化，设计了适合个人成长、发展特点的职业生涯，被称为个人职业生涯设计。

第二，在广大员工希望得到不断成长、发展的强烈要求推动下，企业人力资源管理与开发部门为了增强员工的满意度和忠诚度，为了使员工的发展能与企业组织的发展和需要统一协调起来，根据员工个人的特点和发展的方向及兴趣，制定与组织需求和发展相结合的有关员工个人的职业成长、发展的计划，被称为员工职业生涯管理。

（三）职业生涯设计的负责人

职业生涯设计涉及到员工本身、上级主管和组织。完整的职业生涯设计应是三者共同努力来完成。具体来说，三者都有其具体的责任。

1. 员工本身的责任。对员工职业生涯设计负主要责任的是员工本身。只有员工知道自己真正要从职业中得到什么，并且这些愿望显然是因人而异的。职业生涯设计关系到员工的切身利益，必须由员工亲自来做。制定自己的职业生涯设计是一项有难度的工作。尽管个人对自己的职业生涯设计承担最终责任，但实践表明，如果没有得到鼓励和指导，则很难取得进展，组织可以通过请专家指导来帮助员工制定职业生涯设计。

2. 上级管理人员的责任。在帮助下属制定职业生涯设计过程中，上级管理人员应提供支持、建议和反馈，起到顾问、评价者、教练和指导者的作用。虽然上级管理人员不是职业生涯设计方面的专家，他们应该向员工表明进行职业谋划的程序并进行指导，在规划进行中保证畅通的信息流动和意见反馈，最后帮助员工评价职业生涯设计的结论，在员工的职业生涯设计全程中起到催化剂的作用。

3. 组织的责任。在员工的职业生涯设计中，组织的责任是制定和向员工传递组织内所存在的职业选择，组织应该把能实现员工职业目标的职业经历，向员工提出详细的忠告。在新的职位出现和老的职位被淘汰时，保证所有员工得到详实的信息。人力资源管理部门一般负责具体实施，提供必要的信息、工具和指导以及与管理层的沟通。组织并不是要对制定职业生涯设计承担主要责任，而是要改善环境和创造条件，以便促进员工职业生涯设计的制定和职业发展。

成功的职业生涯设计是个人、上级管理人员和组织协调努力的结果，其中员工是规划制定中的主要角色，上级管理者给予指导和鼓励，而组织则要提供资源和渠道。

三、职业生涯设计的作用

（一）职业生涯设计对个人的作用

在职业生涯中，自我变革的重要手段就是职业生涯设计，它是每个员工充分开发自己的潜能，并自觉地进行自我管理的有效工具。只有善于对自己所从事的职业进行自我设计的人，才能有正确的前进方向及有效的行动措施，才能充分发挥自我管理的主动性，充分开发自身的潜能，保证在事业上取得更大的业绩。具体地说，职业生涯设计对个人有下面一些作用。

1. 帮助个人确定职业发展目标

职业生涯设计重要内容之一，是对个人进行分析。通过分析，认识自己，了解自己，估计自己的能力，评价自己的智慧；确认自己的性格，判断自己的情绪；找出自己的特点，发现自己的兴趣；明确自己的优势，衡量自己的差距；获取公司内部有关工作机会的信息。通过这些分析，确定符合自己兴趣与特长的生涯路线，正确设定自己的职业发展目标，并制定行动计划，使自己的才能得到充分发挥，使自己得到恰当的发展，以实现职业发展目标。

通过职业生涯设计，可选择适合自己发展的职业，运用科学的方法，采取有效的行动，化解人生发展中的危机与陷阱，使人生事业发展获得成功，担当起一定的社会角色，实现自己的人生理想。

2. 鞭策个人努力工作

职业生涯设计会在两个方面起作用：它是努力的依据，也是对个人的鞭策。随着这些规划一步一步转为实现，员工就会有成就感。对许多人来说，制定和实现规划就像一场比赛，随着时间推移，当一步一步地实现计划，这时人的思想方式和工作方式又会渐渐改变。有一点很重要，计划必须是具体的，可以实现的。如果计划不具体——无法衡量是否实现了——那会降低员工自身的积极性。

3. 引导员工发挥潜能

没有职业生涯设计的人，即使他们有巨大的力量与潜能，也容易把精力放在小事情上，花去大量的精力，小事情使他们忘记了自己本应做什么。设计能助人集中精力，全神贯注于自己有优势并且会有高回报的方面，这样就有助于发挥个人尽可能大的潜力，使自己走向成功。另外，当人们不停地在自己有优势的方面努力时，这些优势会进一步发展。

4. 评估工作成绩

职业生涯设计的一个重要功能是提供了自我评估的重要手段。如果设计是具体的，设计的实施结果是看得见摸得着的，就可以根据设计的进展情况评价目前取得的成绩。失败者面临的共同问题，就是他们极少评估自己所取得的进展。他们大多数人或者不明白自我评估的重要性，或者无法量度取得的进步。

为了有效地实现自我价值以便保证在事业上取得更大的成就，任何人都需要对个人所从事的职业、工作单位、工作职务以及在工作职位上的发展道路，进行全面的策划，确立明确的目标，并为实现各阶段的事业目标而自觉地进行有关个人的知识、技术与能力的开发活动。因此，职业生涯设计在现代人力资源管理中是强化自我管理、有效开发与利用员工智能的重要手段。

（二）职业生涯设计对企业的作用

由于职业生涯设计的内容包括职业目标的选择和有效实现职业目标的途径，所以它不仅决定个人一生事业成就的大小，也关系到公司目标的成败。从企业角度来考虑，职业生涯设计体现了企业对员工职业生涯的管理，通过对员工职业生涯的管理，不但能保证企业未来人才的需要，而且能使企业人力资源得到有效的开发。具体来说，职业生涯设计对企业的作用体现在下面几个方面。

1. 保证企业未来人才的需要

从企业的角度来说，不能有效地鼓励雇员进行职业生涯设计，将会导致出现职位空缺时找不到合适的雇员来填补，雇员对企业忠诚度降低以及在使用培训和开发项目资金上缺乏针对性。企业可以根据发展的需要，预测企业未来的人力资源需求，通过对员工的职业生涯设计，为员工提供发展空间、人员开发的鼓励政策以及与职业发展机会等相关的信息，引导员工将自身发展与企业发展结合起来，从而有效地保证企业未来发展的人才需要，避免出现职位空缺找不到人的现象。

2. 使企业留住优秀人才

优秀人才的流失不但减少企业的人才存量，而且增强竞争对手的人力资源实力，使企业陷入被动地位。当然企业优秀人才的流失有多方面的原因，有待遇不理想的原因，有专长得不到发挥的原因，有没有发展机会原因等。但其中重要的一条就是企业缺少对员工职业发展的应有考虑，缺少对员工职业生涯的管理。

对优秀人才来说，其最关心的是自己事业的发展，如果自己才能得到应有的发挥，发展得到应有的重视，他就不会轻易的转换企业。西方企业组织的大量实践经验证明，凡重视了解并开发员工兴趣，不断地给员工提供具有挑战性的工作任务，并为他们的成长和发展以及参与管理创造机会和条件的企业，即重视职业生涯设计企业，就能使员工的满意程度增加，就能留住人才和吸引人才。

3. 使企业人力资源得到有效开发

企业对员工职业生涯的管理，使员工的个人兴趣和特长受到企业的重视，员工的积极性提高，这使员工潜能得到合理的挖掘，从而有效地开发企业的人力资源。同样，企业组织在了解员工的职业兴趣以及他们对自己成长与发展的方向和要求时，结合企业发展的需要，合理地指导员工职业兴趣的开发和他们自我成长与发展的方向，这样会增强企业的有效人力资源效能，使企业更适合社会发展和变革的需要。

第二节 职业生涯设计基本理论

一、职业发展阶段理论

人一生的不同发展阶段，其对人生的追求和对职业的需要是不同的。例如，40 岁以下的人追求有发展，敢于冒风险，而 45 岁以上的人可能追求事业平稳，趋向于避风险。认识到职业发展道路的阶段性和渐进性对个人进行职业生涯规划十分重要，这可使人们客观地评价自己和他人，做到不冒进、不沮丧，“心中”有数地向自己的职业目标迈进。对于个人整个职业生涯的划分方法，以萨珀的职业发展理论最为著名。

萨珀的职业发展理论从终生发展角度出发，把整个人生分为成长阶段、探索阶段、立业与发展阶段、维持阶段和衰退阶段。由于成长阶段属于非职业范畴，故把它省略，即职业生涯分为4个阶段：探索阶段、立业与发展阶段、维持阶段和衰退阶段。各个阶段有各个阶段的不同追求，如表7-1所示。

表7-1　不同职业发展阶段的特点

职业发展阶段	对工作方面的需求	情感方面的需求
职业探索阶段（25岁前）	1. 要求从事多种不同的工作 2. 希望自己探索	1. 进行试探性的职业选择 2. 在比较中逐渐选定自己的职业
立业与发展阶段（25～44岁）	1. 希望干具有挑战性的工作 2. 希望在某一领域发展自己的专业知识和技能 3. 希望在工作中有创造性和革新 4. 希望在经历3～5年期间转向其他领域	1. 希望面对各种竞争，敢于面对成败 2. 能处理工作和人际关系矛盾 3. 希望互相支持 4. 希望独立自主
职业维持阶段（45～60岁）	1. 希望更新技能 2. 希望在培训和辅导青年员工中发展自己的技能	1. 具有中年人较稳健的思想感情 2. 对工作、家庭和周围的看法有所改变 3. 自我陶醉以及竞争性逐渐减弱
职业衰退阶段（60岁以后）	1. 计划好退休 2. 从掌握转向咨询和指导性工作 3. 寻找自己的接班人 4. 寻找组织外的其他活动	1. 希望把咨询看作对他人的帮助 2. 希望能接受和欣赏组织外的其他活动

资料来源：李景元主编. 从大学生到人事主管. 北京：企业管理出版社，2001。

（一）职业探索性阶段

这一阶段开始于青年人刚涉足工作到25岁左右的时间段，这是一个自我考察、角色扮演和探索职业方向的阶段。在这个阶段，青年力图更多地了解自我，并作出尝试性的职业决策。同时，在尝试的过程中通过经验的不断积累，不断地改变自己的职业期望。这一时期的职业生涯规划特点是：个人在试探性地选择自己的职业，试图通过变动不同的工作或工作单位而选定自己一生将从事的职业。在这时期里，员工希望经常调换不同工作的愿望十分强烈，如在本单位得不到满足，则往往会跳槽。从企业组织来说，要了解就业初期青年人的这一特点，给予选择职业方面的引导，并努力为他们提供多种工作，特别是具有挑战性又能吸引他们兴趣的工作机会和他们自我探索的机会。

（二）立业与发展阶段

这一阶段的年龄一般在25～44岁之间。经过早期的试验和探索之后，一个人就逐渐显现出一种安定于某种职业的倾向，而就进入了立业与发展阶段。在立业与发展阶段，基本上找到了比较适合自己的职业，并寻求在这一领域里有所建树，以建立自己的地位。这一时期职业生涯规划的特点是：个人在职业生涯中主要关心的是在工作中的成长、发展或晋升，成就感和晋升感强烈，而成就、发展或晋升对他们的激励力也最大。一般来说，处于这一阶段的员工，都有自己的成长和发展计划，并会为其目标的实现而竭尽全力。企业组织对处于这一职业阶段的员工要多提供在知识、技能上具有挑战性的工作和任务，让他们有更多的自我决策、自我管理的独立性，同时要在工作上提供咨询和各方面大力的支持，为其出成果创造良好的机会，使其在从事具有挑战性的工作任务中成长、发展和感到自己的成就。

（三）职业维持阶段

这一时期的年龄一般在45～60岁之间。这一阶段需要做的工作就是最大限度地维持和巩固自己已有的地位。处于这一阶段的人，虽然尚有出成果和发展的可能，但一般来说对成就和发展的期望减弱，而希望维持或保留自己已得的地位和成就的愿望则加强；同时，他们也希望更新自己专业领域的知识和技能，或希望学习和掌握一些其他新领域的知识或技能，以便在经济停滞或萧条时保持自己的地位，以免遭裁员，或便于在被裁员时另谋其他出路。在此时期，有部分人也可能作出新的职业选择，重新调整自己的职业生涯。从组织的角度来说，则更要关心并提供他们有利于更新知识、技能或学习其他新领域知识、技能的机会。

（四）职业衰退阶段

这一时期的年龄一般指60岁以后的员工。处于这一阶段的人则在准备着退休，且致力于发展新的角色，寻求不同的工作方式，满足身心的需求和即将到来的退休生活。许多人希望为适应退休后的环境而学习或培养自己某一方面的爱好。但也有些人准备采取不同的方式重返职业社会，发挥余热。从企业组织角度看，就要重视在他们退休前为他们多创造条件，以培养或促进他们对某一娱乐活动的兴趣和爱好，并要有计划地为退休员工多开展一些他们喜爱而又有利于他们身心健康的娱乐活动。

二、职业锚理论

（一）职业锚的含义

职业锚由美国著名的职业指导专家施恩教授提出。他认为，职业生涯发展是一个持续不断的探索过程，在这一过程中，每个人都在根据自己的天资、能力、动机、需要、态度和价值观等慢慢形成较为明晰的与职业有关的自我概念。正如"职业锚"这一名词中"锚"的含义一样，职业锚实际上就是人们选择和发展自己的职业时所围绕的中心。

职业锚是个人和工作情境之间早期相互作用的产物，只有经过若干年的实际工作后才能被发现，职业锚核心内容的职业自我观由 3 部分内容组成：自省的才干和能力，以各种作业环境中的实际成功为基础；自省的动机和需要，以实际情境中的自我测试和自我诊断的机会以及他人的反馈为基础；自省的态度和价值观，以自我与雇佣组织和工作环境的准则和价值观之间的实际遭遇为基础。

（二）职业锚的类型

寻找自己的职业锚是职业定位的基础。施恩根据员工在不同职业领域的倾向性和自我观，总结出下列 5 种类型的职业锚。

1. 技术智能型职业锚。员工个人的整个职业发展，都是围绕着他所擅长的一套特别的技术能力或特定的职能工作而发展的。这种员工认为职业成长只有在特定的技术或职业领域内才意味着持续的进步。这些领域包括工程技术、财务分析和营销等。

2. 管理型职业锚。员工的整个职业发展都是围绕着某一组织的权利阶梯逐步攀升，直到达到一个担负全面管理责任的职位。这类人努力追求总裁及常务副总裁这些全面管理职位。他们一般同时具有 3 种能力，即分析能力、人际能力和感情能力。

3. 创造型职业锚。这类型的员工追求创建完全属于自己的成就，他们以自我为中心，对于创建新的组织，团结最初的人员，为克服初创时期难以应付的困难会废寝忘食而又乐此不疲。

4. 自主独立型职业锚。员工追求的目标是随心所欲的制定自己的步调和时间表、生活方式和工作习惯，尽可能少地受组织的限制和制约，这类人可能是大学教授、自由职业者等。

5. 安全稳定型职业锚。员工个人追求稳定安全的前途，比如工作的安全、体面的收入、有效的退休方案和津贴等。同时，信仰组织或社团对他们能力和需要的识别和安排。

"职业锚"理论为员工进行职业生涯设计提供了一种新的独特视角。这 5 种职业类型不一定涵盖所有的职业类型，但它对员工进行职业生涯设计具有重要的参考价值，为员工进行职业生涯设计的客观性提供了理论根据。

（三）利用职业锚引导职业发展

员工职业发展的成功与否受到很多因素的影响，如个人的智力、经验和知识技术等认知因素，但在很大程度上取决于员工控制之外的因素，如任务的性质、员工感觉到的工作压力和员工所处的工作情境等。不同职业锚的员工所感受到的工作压力程度是不同的，不同职业锚的员工对工作情境的要求也不同。因此，在人力资源管理实践中，针对不同职业锚类型的员工采用相应的培训方法，最大限度地利用员工的优势，发挥员工的潜能，达到职业成功是十分重要的。一般来说，管理锚类型的员工体会到的人际压力比较大，高压力下员工感到焦虑，这不仅使员工对自身能力产生怀疑并降低自我标准，还会使员工的注意力从工作中分散出去，因而在高人际压力条件下员工倾向于利用经验，在管理岗位上宜安排人际经验比较丰富的人容易取得好的绩效。或者对有管理锚倾向却又经验不足的员工采用降低人际压力的培训方法，尤其是对从技术岗位转向管理岗位的员工，加强行政管理能力和人际技巧方面的培训，有助于绩效的提高。安全锚类型的员工追求工作安全，把稳定的前途作为最终目标，倾向于使用理性的最优化方法来解决问题，他们对人际的压力体会比较小，因而在高人际压力条件下，仍然较好发挥取得绩效。对安全锚员工主要进行一些提高其智力效能和工作技能的系统培训，会较好地提高工作绩效。

三、需求与职业的适应

人的需求对一个人的职业有重要影响，不同需求的人，就业的期望值是不同的。美国著名心理学家马斯洛的“需要层次论”认为，人的基本需要划分为 5 个层次，即生存需要、安全需要、社交需要、尊重需要和自我实现的需要。一般而言，生存和安全需要属于较低层次的物质方面的需要，社交、尊重和自我实现的需要则属于较高层次的精神方面的需要。马斯洛认为，人们常常是 5 种需要同时存在，只是各自的需要强度不同，呈现出不同的需要结构。人的需求遵循递进规律，在较低层次的需要得到满足之后，较高层次的需求的强度就会增加。但是，低级需要是有限的。比如，生理需要主要是衣、食、住、行等方面，它们是人类生存的基本条件，在吃的方面只要有有限的食物就可以解除人的饥饿；然而，人们对友爱、尊重、自我实现的需要的满足是无限的，企业职业生涯开发与管理的目的，就是要帮助企业员工特别是管理人员提高在各个需要层次上的满足度，使人的需要满足度从金字塔形向梯形过渡最终接近矩形。既使企业员工尤其是管理人员的较低层次的物质方面的需要逐步提高，又使他们的自我实现等精神方面的高级需要的满足度逐步提高。职业发展属于人的高级需要，能够满足人的成就感和自我实现等要求。因此，企业职业生涯开发与管理要立足于人的高级需要，即立足于友爱、尊重和自我实现的需要，真正了解员工在个人发展上想要什么，协助其制定规划，帮助其实现职业生涯发展目标。

四、兴趣与职业的吻合

兴趣是使个体积极探索某种事物的认识倾向。兴趣使人对有兴趣的事物给予优先注意，积极地探索，并且带有情绪色彩和向往的心情。兴趣在职业发展中起到重要作用，兴趣会成为事业成功的强大动力。兴趣也是制定职业生涯规划时需考虑的因素。

不同的人有不同的兴趣，不同的职业也需要不同的兴趣特征，兴趣是职业选择应考虑的重要因素。加拿大职业分类词典中的兴趣与职业的对应关系如表7-2所示。美国著名的企业家艾科卡在大学时是学工科的，他在研究生毕业后被招聘到福特汽车公司做技术工作。然而，他干了9个月之后，主动要求转做销售工作，理由是他与人打交道的兴趣大于同机器打交道的兴趣。后来事实证明他的选择是正确的，由于他善于人力开发的组织与协调工作，每隔五六年就晋升一次，直至总经理，成为一名出色的企业家，曾经领导克莱斯勒汽车公司度过最艰难的时期。

表7-2　加拿大职业分类词典中的兴趣类型与相应职业

兴趣类型	概念与特点	相应职业
1. 愿与事物打交道型	喜欢同事物打交道，而不喜欢与人打交道	制图、勘测、工程技术、建筑、机器制造、出纳、会计等
2. 愿与人接触	喜欢与人交往，对销售、采访、传递信息一类的活动感兴趣	记者、推销员、服务员、教师、行政管理人员、外交联络等
3. 愿干有规律的工作	喜欢常规的、有规则的活动，习惯于在预先安排好的程序下工作	邮件分类、图书管理、档案管理、办公室工作、打字、统计等
4. 喜欢从事社会福利和助人工作	乐意帮助人，他们试图改善他人的状况，帮助他人排忧解难	律师、咨询人员、科技推广人员、医生、护士等
5. 愿做领导和组织工作	喜欢掌管一些事情，希望受到众人尊敬和获得声望，他们在企事业单位中起着重要作用	行政人员、企业管理干部、学校领导和辅导员等
6. 喜欢研究人的行为	对人的行为举止和心理状态感兴趣，喜欢谈论人的问题	心理学、政治学、人类学、人事管理、思想政治教育等研究工作以及教育、行为管理工作
7. 喜欢从事科学技术事业	对分析的、推理的、测试的活动感兴趣，长于理论分析，喜欢独立地解决问题，也喜欢通过实验作出新发现	生物、化学、工程学、物理学、地质学等工作

续表

兴趣类型	概念与特点	相应职业
8. 喜欢抽象的和创造性的工作	对需要想象力和创造力的工作感兴趣，大多喜欢独立的工作，对自己的学识和才能颇为自信。乐于解决抽象的问题，而且急于了解周围的世界	社会调查、经济分析、各类科学研究工作、化验、新产品开发等
9. 喜欢操作机器的技术工作	对运用一定技术、操作各种机械、制造新产品或完成其他任务感兴趣。他们喜欢使用工具，特别是喜欢大型的、马力强的先进的机器，喜欢具体的东西	相应的职业如飞行员、驾驶员、机械制造、建筑、石油、煤炭开采
10. 喜欢具体的工作	希望能很快看到自己的劳动成果，愿从事制作能看得见、摸得着的产品的工作，并从完成的产品中得到满足	室内装饰、园林、美容、理发、手工制作、机械维修、厨师等

五、能力与职业的匹配

能力是作为掌握和运用知识技能的条件并决定活动效率的一种个性心理特征。能力的强弱直接影响到人们的工作效率。能力分为一般能力和特殊能力。一般能力通常人们又称为智力，其中包括注意力、观察力、记忆力、思维能力和想象力等。特殊能力是指从事某项专业活动的能力，也可称为一个人的特长，如计算能力、音乐能力、动作协调能力、语言表达能力和空间判断能力等。对任何一种职业而言，必须要求从业者具备相应的能力。能力是职业适应性的首要的和基本的制约因素。因此，无论是用人单位在招聘人员时，还是个人在择业时，都应考虑到能力与职业的吻合问题。

（一）能力与职业吻合的原则

1. 能力类型与职业相吻合原则

不同的人有不同的能力，职业也因工作的性质、内容和环境不同，对人的能力也有不同的要求。因而应注意能力类型与职业类型的吻合。比如，从思维能力来看，有人擅长于形象思维，有人擅长逻辑思维（抽象思维），还有人擅长于具体行动思维。因而如果根据思维类型来考虑职业的话，属于形象思维型的人比较适合从事文学艺术方面的职业和工作；抽象思维型的人比较适合于从事哲学、数学等理论性较强的职业和工作；而具体动作思维型的人则比较适合于从事机械修理等方面的工作。如果不考虑人的能力类型，而让其从事与之不同，甚至相斥的职业，效果都不会很好。

2. 能力水平与职业层次相吻合原则

对一种职业或职业类型来说，由于所承担的责任不同，又可分为不同层次，不同的层次对人的能力有不同的要求。因而，在根据能力类型确定了职业类型后，还应根据自己所达到或可能达到的能力水平确定相吻合的职业层次。只有这样，才能使能力与职业的吻合具体化。

3. 发挥优势能力原则

每个人都具有多种类型的能力，但各种类型的能力的发展是不平衡的，常常是在某些方面的能力比较突出，而另一些能力则不太强。对职业选择和职业指导而言，应主要考虑其比较占优势的能力，选择最能体现其优势能力的职业，这样就会更能发挥他的作用。

（二）一般能力与职业

一般能力又称为智力，它是认识、理解客观事物并运用知识、经验等解决问题的能力。一般能力是人在学习、工作、日常生活中必须具备、广泛使用的能力。职业或专业的水平越高，对人的一般能力的要求也越高。某些职业对从业者的智力水平有绝对的要求，智力在相当大程度上决定了所要从事的职业类型。对一般职业而言，智力的制约作用虽不那么明显，但不同的职业对人的智力皆有一定的要求，这一点却是很明显的。某些职业需要从业者具有较高的智商，如律师、工程师、科研人员和大学教师等。智商低于平均值以下者，一般只能从事一些简单工作。

（三）特殊能力与职业

职业除对一般能力作出要求之外，还有对特殊能力的要求。在选择职业时，必须把智力与特殊能力结合起来考虑。在加拿大《职业分类词典》中，将职业能力分为 11 个方面，其中包括智力和 10 个基本的特殊能力。现将介绍其中的 8 个方面（如图 7-3 所示），供职业指导和个人择业时参考。

表 7-3　相应职业对特殊能力的要求

能力类型	概念与特点	相应职业
1. 语言表达能力	指对词的理解和使用能力，对词、句子、段落、篇章的理解能力，以及善于清楚而正确地表达自己的观点和向别人介绍信息的能力，它包括语言文字的理解能力和口头表达能力	教师、营业员、服务员、护士等
2. 算术能力	指迅速而准确的运算能力	会计、出纳、统计、建筑师、工业药剂师等

续表

能力类型	概念与特点	相应职业
3. 空间判断能力	指能看懂几何图形、识别物体在空间运动中的联系、解决几何问题的能力	与图纸、工程、建筑等打交道的工作，牙科医生、内外科医生、裁缝、电工、木工、无线电修理工、机床工等
4. 型态知觉能力	指对物体或图像的有关细节的知觉能力。如对于图形的阴暗、线的宽度和长度作出视觉的区别和比较，能看出其细微的差异	生物学家、建筑师、测量员、制图员、农业技术员、动植物技术员、医生、兽医、药剂师、画家、无线电修理工等
5. 事务能力	指对文字或表格式材料细节的知觉能力，发现错字或正确地校对数字的能力等	设计、经济、记账、出纳、办公室、打字等工作
6. 动作协调能力	指迅速准确和协调地作出精确的动作和运动反应能力	驾驶员、飞行员、牙科医生、外科医生、雕刻家、运动员、舞蹈家等
7. 手指灵巧度	指手指迅速准确和谐地操作小物体的能力	纺织工、打字员、裁缝、外科医生、护士、画家等
8. 手腕灵活度	指手灵巧而迅速地活动的能力	体育运动员、舞蹈家、画家、兽医等

六、气质与职业的匹配

气质是人的心理活动的动力特征。这主要表现在心理过程的强度、速度、稳定性、灵活性及指向性上。人们情绪体验的强弱、意志努力的大小、知觉或思维的快慢、注意力集中时间的长短和注意力转移的难易等等，都是气质的表现。气质与职业选择存在很大的相关性，研究和实践表明，气质类型的某些特征往往为一个人从事某种工作提供了有利条件。个人的气质特征是制定职业生涯规划时考虑的相当重要的因素。

从气质的类型上看，人们一般把气质分为 4 种，即多血质、黏液质、胆汁质和抑郁质。4 种不同的气质类型具有不同的心理特征。

气质特征是职业选择的重要依据之一。每种气质类型都有其相应的职业范围。表 7-4 是 4 种气质类型的相应职业范围表，供大家参考。

事实上，对大多数职业而言，之所以把气质作为职业决策所要考虑的心理因素之一，是为了个人更好地适应工作，提高效率；但气质并不是决定职业适应和成功的主要因素，它只具有一定的辅助作用。但在一些特殊职业中，其工作性质对从业者的某些气质特征要求非常高，而且无法用其他心理特点来弥补。如果从业人员不具备这些气质特征或没有达到应有的水平，那么有关工作就很难进行，甚至会造成重大事故。这方面的职业有飞行员、宇航员、大型动力系统调度员以及运动员等，他们都要求身心的高度紧张、反应敏感、具有顽强的耐力等，这些气质要求都不是一般人所能达到的。因而，就这些职业来说，气质成了职业适应性的最主要的决定因素。

表 7-4 气质与其相适应的职业

气质类型	相应职业
多血质	适合从事与外界打交道灵活多变、富有刺激性和挑战性的工作，如外交、经商、管理、记者、律师、驾驶员、运动员等。他们不太适合做过细的、单调的机械性工作
黏液质	喜欢从事与人打交道，工作内容不断变化，环境不断转换并且热闹的职业，如导游、推销员、节目主持人、公共关系人员等，但明显不适合长期安坐、持久耐心细致的工作
胆汁质	适合做稳定的、按部就班的、静态的工作，如会计、出纳员、话务员、保育员、播音员等
抑郁质	适合安静、细致的工作，如校对、打字、排版、检查员、化验员、登记员、保管员等

七、性格与职业的匹配

性格是人对现实的态度和行为方式中比较稳定的心理特征的总和。例如，正直、诚恳、热忱、谦虚，或者虚伪、狡猾、懒惰、粗心、傲慢等都属于性格特征。每个人都有这样或那样的一些性格特征，其中有些是积极的，有些是消极的。这些特征相互结合，构成一个整体，便是一个人的性格。一个人的性格特征对其职业选择有重大的影响，性格是制定职业生涯规划时考虑的相当重要的因素。

瑞士的一位心理学家把人在生活中、与人交往中的性格特点分为 4 类。它们分别是敏感型、感情型、思考型和想象型。在实际生活与工作中，纯属于这四种类型的人并不多，大部分人属于混合型。因而，表 7-5 中提到的性格与职业的吻合，不可能适用于每一个人。在实际的吻合过程中，应根据个人的性格与职业的要求，具体情况具体处理，不能一概而论。这里只提供基本的方法，供组织在选人时、个人在择业时参考。

表 7-5 性格类型、特征及相应职业

性格类型	性格特征	相应职业
敏感型	精神饱满，好动不好静，办事爱速战速决，但是行为常带有盲目性。与人交往中，往往会拿出全部热情，但受挫折时又容易消沉失望。这类人最多，约占 40%	运动员、政府人员和各种职业的人中均有

续表

性格类型	性格特征	相应职业
感情型	感情丰富，喜怒哀乐溢于言表。别人很容易了解其经历和困难，不喜欢单调的生活，爱刺激，爱感情用事；讲话写信热情洋溢。在生活中喜欢鲜明的色彩，对新事物很有兴趣。在与人交往中，容易冲动，易反复无常，傲慢无礼，所以与其他类型人有时不易相处。这类人占25%	在演员、活动家和护理人员中较多
思考型	善于思考，逻辑思维发达，有较成熟的观点，一切以事实为依据，一经作出决定，能够持之以恒。生活、工作有规律，爱整洁，时间观念强；重视调查研究和精确性。但这类人有时思想僵化、教条、纠缠细节、缺乏灵活性。这类人约占25%	在工程师、教师、财务人员和数据处理人员中较多
想象型	想象力丰富，憧憬未来，喜欢思考问题。在生活中不太注重小节，对那些不能立即了解其想法价值的人往往很不耐烦。有时行为刻板，不易合群，难以相处。这类人不多，大约只占10%	在科学家、发明家、研究人员和艺术家、作家中居多

第三节　员工个人的职业生涯管理

[案例]

职业生涯设计使何江走向成功

现某著名公司的董事长何江，在中学毕业时便立志要成为一名优秀的企业家。抱着这样的梦想，何江开始设计自己的职业生涯，他为自己描绘出了职业生涯的蓝图，即大学毕业去读企业管理专业，然后运用这些知识进入企业界。蓝图是描绘好了，但在父亲和老师的分析之后，认为要成为一位真正的企业家，应进入理科班学习。因为，在创业过程中，更需要的是技术基础，而且工科学习不仅是知识技能的培育，还能帮助建立一套严谨求实的思维体系，训练逻辑推理能力，养成一种严谨踏实的工作态度。在学习工科的同时，还可以选择学习企业管理知识，这样能使知识结构达到最优化。

在大学期间，何江在学习工科知识的同时，大量涉及了企业管理、经济方面的知识，并参加了大量的实践，使自己各方面的素质都得到培养。在毕业之后，他已经具备了发展成为企业家的知识和素质。

但何江毕业时，并非立即进入企业工作，而是进入一家研究院工作，于是何江开始了科学创造的追求。在这一时期，何江的努力有了成果，并申请了专利，但作为职务发明，何江是不能带走该发明的。此时，何江提出了辞职，与另一合伙人创办了一家公司，并将其发明创造向应用性发展，为自己公司的发展提供了拳头产品。这时，何江又发现自己的管理水平和知识与现实已有点不大适合，于是，边工作边考取在职的MBA学位，为其职业生涯打下坚实基础。何江使自己的职业生涯与公司同步发展，成为一位出色的企业家。

我们在此可以看到何江职业生涯设计思路清晰，步骤合理，充分考虑了自己的兴趣、素质、能力和职业技能的培养。在父亲和老师的指导下，经过不断的努力，实现自己的梦想。

一、个人职业生涯设计的步骤

个人职业生涯设计，是指个人根据自己的特点，对所处的组织环境和社会环境进行分析，制定自己一生中对事业发展的战略思想与计划安排。个人职业生涯设计主要有下面几个步骤。

（一）确定人生目标

目标是事业成功的基本前提，没有目标，事业的成功也就无从谈起。目标是人生的起跑点，反映着一个人的理想、胸怀、情趣和价值观，影响着一个人成就的大小。因此，设计职业生涯时，首先要确立人生目标。

（二）自我评估

自我评估的目的，是认识自己、了解自己。因为只有认识了自己，才能对自己的职业作出正确的选择，才能选定适合自己发展的职业生涯路线，才能对自己的职业生涯目标作出最佳抉择。自我评估包括自己的兴趣、特长、性格、学识、技能、智商、情商、思维方式、思维方法、道德水准以及社会中的自我等。

（三）职业生涯机会的评估

职业生涯机会的评估，主要是评估各种环境因素对自己职业生涯发展的影响。每一个人都处在一定的环境之中，离开了这个环境，便无法生存与成长。所以，在个人职业生涯设计时，要分析环境条件的特点、环境的发展变化情况、自己与环境的关系、自己在这个环境中的地位、环境对自己提出的要求以及环境对自己有利的条件与不利的条件等。只有对这些环境因素充分了解，才能做到在复杂的环境中避害趋利，使你的职业生涯设计具有实际意义。环境因素评估主要包括组织环境、政治环境、社会环境和经济环境。

（四）职业的选择

职业选择正确与否，直接关系到人生事业的成功与失败。据统计，在选错职业的人当中，有80%的人在事业上是失败者。正如人们所说的“女怕嫁错郎，男怕选错行”。由此可见，职业选择对人生事业发展是何等重要。如何才能选择正确的职业呢？至少应考虑以下几点：①性格与职业的匹配；②兴趣与职业的匹配；③特长与职业的匹配；④内外环境与职业相适应。

（五）职业生涯路线的选择

在职业确定后，向哪一路线发展，此时要作出选择。即是向行政管理路线发展，还是向专业技术路线发展；是先走技术路线，再转向行政管理路线……由于发展路线不同，对职业发展的要求也不相同。因此，在职业生涯规划中，必须作出抉择，以便使自己的学习、工作以及各种行动措施沿着你的职业生涯路线或预定的方向前进。通常职业生涯路线的选择须考虑以下3个问题：①我想往哪一路线发展？②我能往哪一路线发展？③我可以往哪一路线发展？对以上三个问题，进行综合分析，以此确定自己的最佳职业生涯路线。

（六）设定职业生涯目标

职业生涯目标的设定，是职业生涯规划的核心。一个人事业的成败，很大程度上取决于有无正确适当的目标。没有目标如同驶入大海的孤舟，四野茫茫，没有方向，不知道自己走向何方。只有树立了目标，才能明确奋斗方向，犹如海洋中的灯塔，引导你避开险礁暗石，走向成功。

目标的设定，是在继职业选择、职业生涯路线选择后，对人生目标做出的抉择。其抉择是以自己的最佳才能、最优性格、最大兴趣、最有利的环境等信息为依据。通常目标分短期目标、中期目标、长期目标和人生目标。短期目标一般为1～2年，短期目标又分日目标、周目标、月目标、年目标。中期目标一般为3～5年。长期目标一般为5～10年。

（七）制定行动计划与措施

在确定了职业生涯目标后，行动便成了关键的环节。没有达成目标的行动，目标就难以实现，也就谈不上事业的成功。这里所指的行动，是指落实目标的具体措施，主要包括工作、训练、教育、轮岗等方面的措施。例如，为达成目标，在工作方面，你计划采取什么措施提高你的工作效率？在业务素质方面，你计划学习哪些知识，掌握哪些技能，提高你的业务能力？在潜能开发方面，采取什么措施开发你的潜能等，都要有具体的计划与明确的措施。而且这些计划要特别具体，以便于定时检查。

（八）评估与回馈

俗话说："计划赶不上变化。"是的，影响职业生涯设计的因素很多。有的变化因素可以预测，而有的变化因素难以预测。在这种情况下，要使职业生涯设计行之有效，就需要不断地对职业生涯设计进行评估与修订。其修订的内容包括职业的重新选择、职业生涯路线的选择、人生目标的修正和实施措施与计划的变更等。

二、员工自我的职业生涯管理

（一）增强职业敏感性

由于企业的组织结构、经营环境和资讯系统正在发生惊人变化，职场中的雇员应该增强职业的敏感性，增强职业危机意识，才能有效地提高自己终生受雇佣的可能性。增强职业的敏感性主要包括增加自己的职业弹性与提高自己的职业洞察力两个方面。职业弹性是指雇员处理某些影响工作问题的能力大小。高职业弹性员工对组织的变革、对工作的不确定性有较强的适应能力。员工掌握的技能越多、工作轮换的次数越多，其职业的弹性越强。职业洞察力包括雇员对自己的兴趣、优势和不足的自知能力；包括对组织结构的变化、经营环境的变化、新技术的采用对自己从事的工作岗位和职业的影响的感知能力。具有较强职业洞察力的员工能及时收集公司的各种信息，及时作好职业应对的准备。

（二）提高学习能力，防止技能老化

树立终身学习的观念，把学习看成工作和生活的第一需要。要不断接受新观念、新事物，实施新想法和工作策略，保持自己的学习能力。建立自己的信息系统，扩展信息来源，要寻找与同事、经理共同探讨问题的机会，提出自己的想法，分享别人的经验；跟你感兴趣领域的专家保持联系，建立自己的知识管理系统。扩大现有工作的内容，寻找更多的有挑战性的工作机会，如争取工作轮换、参加新的工作团队或新的工作项目组等。这样就能不断丰富自己在不同岗位的经验，增强自己的职业适应能力，同时提高自己的综合能力。

（三）维持个人的工作与家庭的平衡

工作与家庭是一个人完整生命不可缺少的统一体，处理好工作与家庭的平衡关系，对个人职业生涯的发展具有重要的促进作用。如何处理好工作与家庭的平衡，主要有以下几方面的建议。首先，更新观念，解决传统家庭角色冲突所带来的矛盾。其次，确定工作家庭的优先次序，做好工作与家庭的计划，找好发展的中心。第三，在工作关系中，让你的上司或同事了解你的家庭背景，以便于解决家庭问题时无工作的后顾之忧与组织对你进

行切合实际的职业规划。第四，家庭内部协商解决对工作有影响的问题。

第四节　组织对员工的职业生涯管理

一、职业生涯管理概述

（一）职业生涯管理概念

职业生涯管理是指组织管理部门根据组织发展和组织人力资源规划的需要，根据员工自身的特点及岗位特征进行评价，并帮助员工具体设计个人合理的职业生涯发展规划，为员工提供适当的教育、培训、轮岗和提升等发展机会，协助员工实现职业生涯发展目标。一般来说，完整的职业生涯管理能够体现两方面的要求，一是员工个人职业发展的要求，二是组织发展的要求。

（二）建立动态的职业生涯管理系统

职业生涯管理是一项系统工程，职业生涯管理体系的各个组成部分必须按照统一的条件和前提联系起来，也就是说职业生涯管理应与企业各项总体业务目标结合在一起，应与其他人力资源开发活动结合在一起。许多企业的实践证明，职业生涯管理与业绩考核、招聘、人力资源规划和提升、转岗等人力资源开发活动联系密切，而职业生涯管理与这些人力资源开发活动的结合，能够极大地加强职业生涯管理对企业产生的推动作用。

职业生涯管理所面临的环境是不断变化的，主要体现在两个方面，一方面是职业生涯管理的内环境的变化，主要指职业生涯管理理论的最新发展，它反映了企业和员工的职业生涯观念的变化；另一方面是职业生涯管理外环境的变化，主要包括组织的变迁、经济的全球化、信息技术的迅速发展、政治法律环境的变化与人口和劳动力环境的变化等。因此，职业生涯管理是一个动态的、持续的管理过程。由于决定职业生涯的主客观条件的变化，企业员工的职业生涯设计与发展也会发生变化，职业生涯管理的侧重点也应有所不同，以便适应情况的变化。

（三）职业生涯管理流程

职业生涯管理是一个相当复杂的过程，但职业生涯管理按其管理的方式来分，主要包括下面几个方面的内容。

1. 员工自我评估

员工的自我评估指员工个人对自己的能力、兴趣、气质、性格以及自己职业发展的要求等进行分析和评估，以确定自己合适的职业生涯目标和职业生涯发展路线。员工的自我评估的好坏受到员工的知识水平和所了解信息的限制，可能出现自我估计不足的情况，这时需要组织为员工提供必要的帮助。组织可以为员工提供关于如何进行自我评估的材料，为员工制定一些针对员工具体情况的估计方法，协助员工做好自我评估，但要注意绝对不能替代。

2. 组织对员工的评估

在员工的自我评估之后，组织也要利用相应的信息对员工的能力和潜力作出客观公正的评估。组织能否正确评价每个员工个人的能力和潜力是组织职业生涯管理成败的关键。职业测验指运用适宜、有效的测量工具(各种心理测验、体能测验等)对寻求指导的个体的职业素质进行评价的过程；职业鉴定则指对测量数据进行综合分析，并作出职业适应性判断的过程。对员工的评估通常采用职业测验方法。

世界著名的摩托罗拉公司采用了把员工的绩效评估和职业发展紧密结合的方式，强调上司对下属的绩效评估主要用来作为员工职业发展的基础。当员工在某方面表现欠佳时，由上司在绩效评估时和员工一起讨论如何改进目标和计划。这样的评估以帮助员工发展为主题，目的在于将绩效评估突出为一种具有建设性的交流和反馈方法。

3. 职业信息的传递

一般来说，员工进入一个企业组织以后，要想制定出切实可行的职业发展目标，必须知道可利用的职业选择和职业发展机会，并获得组织内有关职业选择、职业变动和空缺的工作岗位等方面的信息。组织为了使员工的个人职业发展目标定得实际并有助于其目标的实现，需要及时为员工提供有关组织发展和员工个人的信息，增进员工对组织的了解，包括职位升迁机会与条件限制、工作绩效评估结果、训练机会等的信息，帮助员工了解自己的职业发展通道。

组织在传递职业信息时，必须注意公平地将有关员工职业发展的方向，职业发展途径以及有关职位候选人在技能、知识等方面的要求及时地利用企业内部报刊、局域网、公告或口头传达等形式传递给广大的员工，以便对该职位感兴趣，又符合自己职业发展方向的员工进行公平的竞争。

4. 职业咨询与指导

组织的人力资源管理部门应关心每个员工职业需求和目标的可行性，并要给予他们各方面的咨询，以便使每个员工的职业计划目标切实可行，并得以实现。对咨询人员来说，要搞好咨询或指导，就要切实地了解并正确地从各方面的信息资料分析中，对员工的技能和潜能作出正确的评价，并在此基础上对他们的职业发展目标实现的道路或途径提出建议或指导。

作为本企业组织员工的职业计划的制定和其目标实现的咨询人员——各级管理人员和人力资源管理部门的工作人员应协助员工回答上述的一系列问题，并对其职业计划目标的实现和途径进行具体的指导和必要的支持。

5. 员工职业发展设计

员工职业发展设计是对员工可能的各种职业发展途径所做的安排，它是职业生涯管理最核心的一块。例如，为了锻炼员工各方面的工作能力，对员工的职位轮换计划和培训计划；为了直接实现员工职业的发展，制定员工的提升计划等。通过职业发展计划可以帮助员工实现对个人创造力和职业扩展的期望，促进形成个人必需的能力，这符合组织和员工的共同利益。

二、为员工提供职业生涯发展通道

在企业寻求发展的同时，员工也自然要寻求发展。员工寻求发展的目光将首先定位于组织内部存在的条件和机会，即成长通道。这里所谓的成长通道即员工进入企业后，在其已有的专业知识和技能特点的基础上，配合组织发展目标进行有计划的学习、培训和锻炼，不仅在专业知识和技能方面，而且在职务和职位晋升方面可能获得进步与提高的一种组织机制。如果通道顺畅，员工就能随着组织的发展而不断获得成长和进步；如果通道阻塞，员工就可能把寻求发展的目光投向企业外部，这样就意味着辞职跳槽。解决这个问题的关键就是如何使组织与员工的成长既同方向又同步伐。

（一）组织内部职业发展通道模型

美国管理学家艾德加·沙因提出了关于职业发展的职业圆锥模型，描绘了个人在组织中的发展路线，如图 7-1 所示。沙因的职业锥体表现了在机构内部的三种发展途径：垂直的、向内的和水平的发展途径。

第一种发展途径是垂直运动，也是最为人熟知的一种，它就是平常所说的提升，从下一层的职位提升到上一层的职位。对于大多数人来说，能否在公司的职务阶梯上往上爬是评判成功的普遍标准。我们都对这样的故事耳熟能详：一名没有太多技能的工人，通过勤奋工作和坚持不懈的努力，最后一路直升直到坐上总经理的宝座。雇员是否值得信赖，是否具有承担越来越重的职责的能力，如处理复杂的事务或管理别人，是衡量该人是否有升职潜能的标准。对压力的承受能力和有无接受额外职业培训的意愿也对职员是否能升职起重要作用。

第二种发展模式是向核心集团靠拢。这可能是三种中最令人陌生的，因为它并不一定要伴以职位或头衔上可见的变化。雇员需要用实际行动证明给上司看自己是值得信赖的，并且献身于公司。对于新雇员来说，第一步考验往往是这样的：上司说出了一个机构内部秘密，如做某项特别决定的原因，或是谁现在得到了老板的欢心以及为什么。分享这个秘密意味着雇员要在实施某行动或决定时给予帮助和支持。如果雇员经受住了考验，上司的其他任务也会源源不断地到来。所分享的这些秘密会变得越来越重要，如果这名雇员后来成了决策核心集团中心人物的话，在机构内部地位的形成不光因为“你做了什么”，而且还有“你认识谁”。相反，如果雇员经不住考验，没有保守住秘密的话，后果是惨重的：丢失升职机会，没人向他提供会影响到工作地位的消息。当然，通过考验有时也非惟一选择或最好选择。

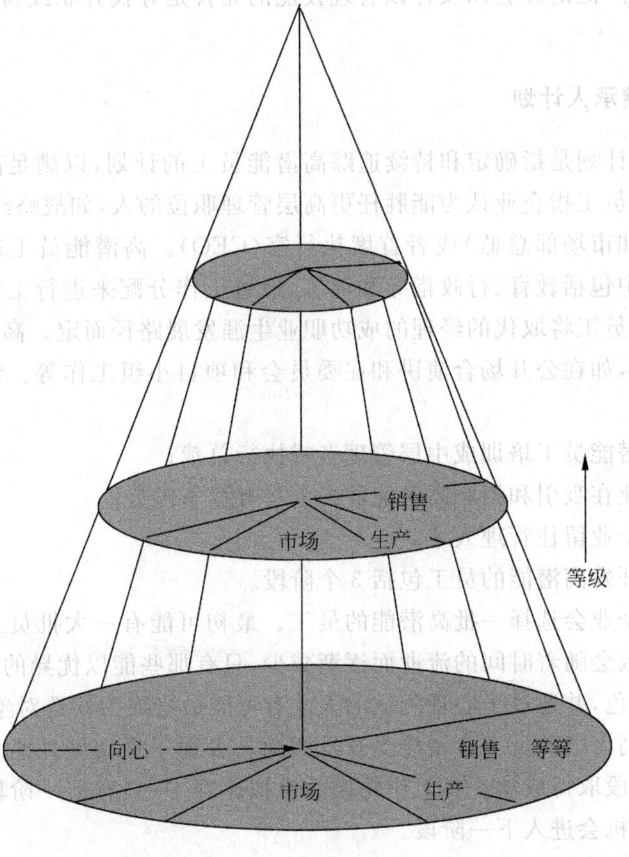

图 7-1 沙因的职业圆锥体：三维模型图

总的来说，地位越高，得到机构内部秘密消息的渠道就越多，处于高级领导层的人需要有大量的消息来帮助决策。所以，向核心集团的迈进往往也会伴以升职或头衔的改变。

第三种发展途径是在机构内部不同功能部门之间的轮换。职员不是在向上攀爬，而是在同一级别的不同职位水平移动。许多管理项目都使用这种形式让雇员接触机构的方方面面。比如说，未来的销售代表需要先在生产部门呆几个星期，然后再依次去其他部门工作，直到获取公司各个环节的工作经验。对于有些人来说，这种短期的水平切换为将来的长期发展打下了基础。曾在不同部门担任相同级别工作的人形成了一套适用性很强的技能来完成相关的事务。此外，这种水平移动还创造了不少新的学习机会，让人得以保持职业知识常新。广泛的经验以及伴以管理技能的完善是寻找升职或新的工作机会的人不可多得的财富。

（二）管理继承人计划

管理继承人计划是指确定和持续追踪高潜能员工的计划，以满足高潜能员工发展的需要。高潜能的员工指企业认为能胜任更高层管理职位的人，如战略经营部门的总经理、职能部门总监（如市场部总监）或者首席执行官（CEO）。高潜能员工通常会参加快速路径开发计划，其中包括教育、行政指导和训练，通过工作分配来进行工作轮换。工作分配通常根据高潜能员工将取代的经理的成功职业生涯发展路径而定。高潜能员工还可接受特殊的工作分配，如在公开场合演讲和在委员会和项目小组工作等。管理继承人开发计划的目标是：

第一，把高潜能员工培训成中层管理者或执行总裁；

第二，使企业在吸引和招聘高潜能员工上具有竞争优势；

第三，帮助企业留住管理人才。

研究表明，开发高潜能的员工包括 3 个阶段。

第一阶段，企业会选择一批高潜能的员工。最初可能有一大批员工被认定为是高潜能员工，但其人数会随着时间的流逝而逐渐减少，只有那些能以优异的成绩完成学业或工作表现一直很出色，并通过了心理测试的人才有可能最终成为候选对象。

第二阶段，高潜能的员工开始接受开发活动。表现一贯良好并愿意为企业作出牺牲的人才能在该阶段取得成功。在工作轮换的模拟比赛中，只有前一阶段达到其高层主管要求的员工才有机会进入下一阶段。

第三阶段，通常要由最高管理者来确认高潜能员工是否适应企业的文化，并了解其个性特征是否能代表企业，只有具备条件的员工才有可能进入企业的最高管理层。值得注意的是，开发高潜能员工是一个缓慢的过程。到达第三阶段可能要花 15～20 年的时间。

（三）双重职业发展通道

职业发展道路指员工在职业组织中流动所要经历的、所涉工种与技能大体相同的职位序列。对于一个雇佣工程师、专业技术人员的职业组织来讲，一个非常重要的问题是如何使他们感到职业组织看重他们。如果一个职业组织的职业发展道路是高度结构化的，以至于工程师和技术人员（或任何形式的重大贡献人员）得到晋升或经济奖赏的惟一通路就是进入经理阶层。

图 7-2 所表示的就是科技人员和管理者的传统职业道路。在传统的职业生涯道路中，技术职业发展道路所提供的升迁机会十分有限。同时，管理人员职业发展道路比技术职业发展道路所提供的经济报酬也要高得多。

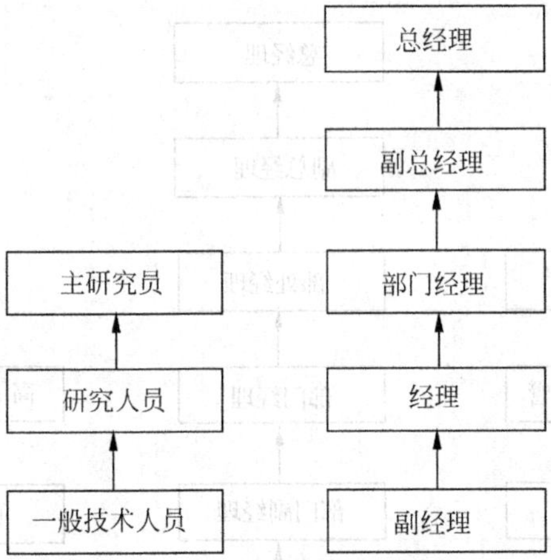

图 7-2　传统的技术人员与管理人员职业发展通道

从现代管理的眼光来看，图 7-2 中所描述的职业发展道路体系对职业组织是不利的。在这样一种职业发展体系之下，由于地位低、工资少、晋升的机会又比管理人员少，科技人员很可能选择离开职业组织，跳槽到更有利于他们发展的地方去。如果科技人员希望得到地位和高薪，他们也有可能放弃科研技术工作去当管理人员。

［**案例**］　贝尔—阿尔卡特移动通信有限公司考核与激励制度设计的核心是设计出行政职位系列和专业技术职位系列。这一并行的职位系列制度能充分调动不同工作性质员工的积极性，为其提供公平合理的待遇，激发其创造潜力。行政管理职位系列设 7 个级别：由低级到高级依次为初级职员、中级职员、高级职员、主任职员、三级经理、二级经理和一级经理。每一级的行政管理职位享受相应的待遇，如初级职员享受 1～3 级工资待遇、1 等住房补贴待遇，而一级经理享受 10 级工资待遇，7 等住房补贴待遇。技术职位系列分为 6 个级别，由低级到高级依次为：职业技师、助理职业工程师、三级职业工程师、二级职业工程师、一级职业工程师、专家。各级专业技术职位也享受相应的待遇。如职业技师享受 1～3 级工资待遇、1 等住房补贴，而专家享受 8～9 级薪资待遇、6 等住房补贴。每年年

末，部门经理在本部门员工个人申请职位的基本要求，根据员工年终考核结果，结合各级职位的基本要求，提议晋升各级职位的人选，报公司设立的“职位评审委员会”评审通过；公司的二级经理和专家由总经理根据公司实际需要直接提名，报董事会批准后任命。

许多职业组织目前都制定了多元或双重职业发展道路系统，给科技人员或其他有重大贡献的人员以更多的职业发展机会。双重职业发展道路给予员工继续留在技术岗位上发展或进入管理层的机会。图 7-3 表示的就是一个双重职业发展道路系统。

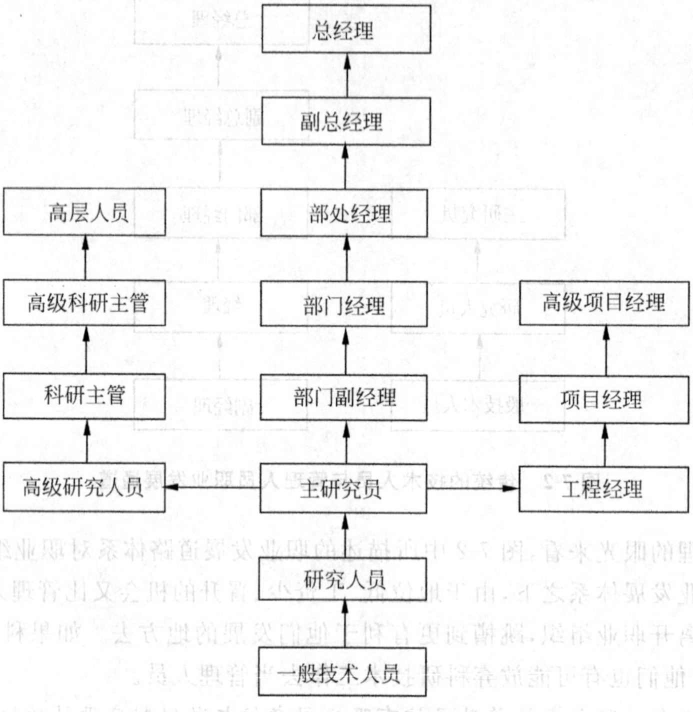

图 7-3 双重职业发展道路

在双重职业发展道路系统中，科技人员有机会进入 3 条不同的职业发展道路：一条技术的职业道路和两条管理的职业道路。假如在 3 条职业发展道路中，员工的工资和升迁机会都差不多的话，员工会去选择最适合他们兴趣和能力的职业道路。有效的职业发展道路有如下几个特点：

第一，科技人员的工资、地位和待遇与管理人员相当。

第二，有贡献的个人的基本工资可能低于管理人员，但是他们有机会通过高额奖金使自己的总收入大大提高。

第三，有贡献的个人的职业发展道路并不能常常满足缺乏管理潜能的生产效率低下者，这条职业发展道路是为具有突出技术能力的员工创设的。

第四，给有贡献的个人以选择职业发展道路的机会。职业组织提供评定的资源（如心理测验、发展状况反馈等）。评定的信息给予员工机会，弄清自己的兴趣、职业价值观、技能在多大程度上与技术岗位或管理岗位相匹配。

需要提醒的是，为了使职业通路不断满足组织变化的需要，对职业通路要常作修订，还要适当考虑跨职能部门的安排。另外，员工在成长过程中，可能会遇到"路障"，这种障碍可能来自员工职业工作自身、来自家庭，也可以产生与个人的生物社会生命周期。例如，一个优秀的职员，因子女太小而难以去国外发展。这时组织应该为员工疏通职业发展通道，去除发展障碍。

三、职业生涯不同阶段的开发策略

组织由员工个体构成，每个员工在其整个人生中经历不同的生命周期。在个人漫长的职业生涯中，尽管每个人具体的职业选择过程、所从事的职业、职业转换等情况各不相同，但是，由于职业发展常常是伴随着年龄的增长而变化，每个人在同一职业生涯阶段表现出大致相同的职业特征和职业需求及职业发展任务。

（一）职业准备阶段的开发策略

在这一时期，人们一般还没有正式参加工作，而是通过各种方式接受学校教育，确定职业取向和为实际工作作准备。这一阶段的职业取向可能很笼统，但接受学校教育则显得十分实际。在就业竞争日益激烈的现在，良好的教育几乎成为未来职业发展的必要条件。

依此看来，在职业准备阶段，人力资源开发应注重普通能力的培养，这种能力是一个人未来从事任何职业都必不可少的跨职业的基本能力，也被称作"关键能力"。如果具备了这些能力，就容易实现职业变换，适应千变万化的劳动力市场需求，像解决实际问题的能力、与他人交流和合作的能力、计算的能力、应用新技术的能力等都是各国学者一致强调的关键能力。

（二）职业探索阶段的开发策略

这一阶段个人职业运行的基本任务是，进入组织、学会工作、寻找职业锚、在组织和职业中塑造自我、力求在选定的职业领域获得成功。对于刚刚进入组织的员工，无论其学历高低，通常都对将要从事的特定职业感到陌生，因此应有针对性地对新员工进行上岗前和上岗初期的培养与训练，使其尽快熟悉本职工作。应当注意的是，新员工进入组织后，对其进行培训锻炼的时期不宜过长，否则将会挫伤新员工的积极性和自信心，甚至造成有潜力的优秀雇员的流失。所以，当新员工经过一段时间的定向培训后，应适时地让他们承担具有一定挑战性的工作，让新员工初试其能力，独立完成某项工作任务。对于工作出色者，应予以表扬、奖赏等正面激励，以树立其在组织中的地位。如果工作不称职，个人才干与其最初选定工作的能力要求不匹配，组织应尽早识别。这种情况下首先可以考虑在组织内部的转岗，因为在某一岗位上业绩平平者可能在另一岗位上会很出色。组织和个人都可以通过岗位转换对工作能力进行客观评价，逐步确定职业锚，为中后期职业生涯发展奠定基础。当然，如果工作绩效与所要求的相差甚远，且通过转岗也不能满足工作要求，或者组织内部无合适的可转换岗位，这时组织也应果断决策，予以解聘。

（三）立业、发展与维持阶段的开发策略

这是一个时间长，富于变化，既有事业成功又可能有职业危机的宽阔地带，它是一个人人生中最重要的时期。相对于职业生涯早期，个人的地位和作用发生了变化，职业运行也呈现复杂化，对于有信息暗示可以“上得去”的中年员工来讲，他们自我发展的劲头甚足，组织只要创造适宜的环境，他们就会积极主动进行自我开发，就能在职业生涯的阶梯上达到新的高度。但是有相当数量的其他员工，已不大可能再得到职务晋升或承担更多的责任，这时我们说这部分员工遇到了事业发展的“玻璃天花板”或达到了职业生涯高原。处于职业生涯高原的员工，容易变得情绪异常，这种受挫感可能会导致工作态度恶劣、缺勤率上升以及工作绩效不佳。因此，针对职业中期的员工，组织的任务一是促进员工职业朝向顶峰发展；二是针对职业中期危机，进行有效的预防、改进、补救，使组织中每位处于职业中期的员工都能沿职业通道继续发展。

（四）衰退阶段的开发策略

处于衰退阶段的员工开始考虑退休问题，也开始有意识地进行角色转换，从职业中期的中心、主导角色向后期的辅助、指导、咨询角色转变。由于体力、精力等开始衰退，员工对工作的参与感确实已经降下来，而参与家庭、社团和个人爱好等活动的需求与日俱增。

退休通常意味着员工职业生涯的结束，相当一部分人面临退休时都会感到一种失落。如果组织对员工职业后期的这种危机感和失落感漠然置之，必然对员工造成伤害，对组织的工作也会产生影响，所以为了减少和避免可能的伤害和影响，组织帮助员工作好退休准备，为其最终结束职业生涯做好工作上、情感上和心理上的过渡十分必要。比如，组织可以针对处于衰退阶段的员工的生理和心理特征，允许他们从事非全日制工作；可以举办老年大学，鼓励老年员工发展多种兴趣与爱好，以丰富其退休后的生活；支持他们参加社会公益活动，以此增进身心健康。此外，处于这一阶段的员工，虽然其工作积极性和进取心

大多不如从前，但他们有丰富的经验，业务熟练，社会阅历广泛，此时他们若能在组织的安排下做一些咨询、指导性工作，也是对他们价值的一种认同。总之，职业后期主要以"心的资源"开发为主。

四、"玻璃天花板"效应

吴鹏是一家跨国公司中国公司市场部经理，年近不惑，虽然作为一个部门的"掌门人"，但他并不感到多么风光，总有隐痛在心头。他知道：在这种国际化的大企业，如果到了45岁还不能做到高层，就意味着你在这个公司的升迁也就到此为止了。朋友劝他：以他的能力何不自己出来做？他不是没有动心过，但是他的担忧是：办一个自己的公司，对外的身份变了，游戏规则也变了。现在他折腾得红红火火，是因为背着企业的牌子，一旦自己来开公司，客户能认可他的实力吗？跨国公司开拓市场的惯用方法是，大笔大笔的票子开路，强大的广告宣传先行，大造声势，这个路子个体小公司无法模仿。因此，他的感觉是，现在在外企的经验不是财富，他的创业没有资源可以利用。所以，明知道自己已经碰到了事业的天花板，但他还不得不犹豫观望一段时间。

"玻璃天花板"效应也被叫做职业生涯高原，是指员工已不大可能再得到职务晋升或承担更多的责任，尽管发展通道和更高层次的职位是清晰可见的，但在职务晋升时似乎被一层玻璃挡着，可望而不可及。当员工感到工作受阻和缺乏个人发展的空间时，到达职业顶峰就使人变得情绪异常，这种受挫感可能会导致工作态度恶劣，缺勤率上升及工作绩效不佳。严重时还会促使员工萌生离职的想法，这样不仅浪费了企业对其投入的培训费用，还可能导致商业秘密的泄漏。员工遇到事业的"玻璃天花板"的原因包括：①缺少培训；②低成就需求；③不公平的工资制度或工资提升不满意；④岗位职责不清；⑤由于缺少发展机会而造成的职业成长过慢。"玻璃天花板"效应常常表现为职业发展的停滞状态，按照造成停滞状态的原因来划分，主要有以下3种：

1. 结构型停滞。造成结构型停滞的原因是由组织的阶层或结构所造成的，表现为晋升的停止。传统金字塔式的组织，越向上职位越少，我们都知道当我们努力向更高职位晋升时，更进一步机会也越来越小。结构型停滞是一种客观存在，在企业管理者身上表现最为突出，在未来中国10～20年内结构型停滞会给组织带来大量的问题。针对结构型停滞，企业可以安排富有挑战性的新的工作任务，或者安排探索性的职业工作。多进行感情交流沟通、各种仪式与表彰建立一些临时的矩阵组织完成和协调相关任务、担任一些非正式组织职务等。

2. 满足型停滞。满足型停滞多表现在专业技术人员身上，尤其是业务熟练的专家水准的人，他们通常觉得没什么好学的了，因此感到非常乏味。从事技术工作的高级管理人员也会频繁出现停滞情形。例如，当一个具有高超技术才能的人被提升为技术主管以后，除非他学过管理方面的技能或接受过这方面的培训，否则就不会升到更高的职位。还有市场和技术的迅速变化也把经理们送入停滞期。因随着年龄的增长，他们的技能会逐渐偏离公司的核心目标。满足型停滞几乎是小型机构或家庭企业中员工的“必由之路”。对他们来说，结构型停滞永远不会出现，因为晋升对他们可能没有太大意义。在大型组织中，结构型停滞往往在所难免，但满足型停滞则不然。企业可以通过工作丰富化、工作轮岗和培训，改变他们的工作内容，使他们接受新任务和新挑战的机会，保持工作的新鲜感。还可以提供适宜机会赋予他们以良师益友的角色。

3. 生活型停滞。组织中的员工除了过职业生活外同时还要有个人的生活，工作与生活间的潜在冲突对职业的影响甚至超过个人发展目标对职业的影响。每天千篇一律、周而复始的工作让员工容易进入生活型停滞。工作和家庭在很多方面难于调整，企业和员工应该在努力创造出想要的平衡，在一定程度上塑造工作和家庭领域的类型，以及两领域间边界和桥梁。

第四节　国外职业生涯开发的新发展

近年来，组织环境的急剧变化对企业的职业生涯开发活动提出了新的挑战。经济活动对人才和知识的依赖程度越来越强；人才竞争会进一步加剧；计算机网络技术和无线通讯技术的发展使员工的工作方式发生重大变化。在这种情况下，企业为了吸引人才、激励人才和留住人才，对以往的职业生涯开发活动进行了较大的改进。越来越多的组织缩减了自己的业务领域，进行了业务流程重整和企业重组，以增强组织的灵活性，这些组织授权员工自己管理自己的职业生涯。总的看来，主要有以下一些新发展：

一、易变性职业生涯

易变性职业生涯指由于个人兴趣、能力、价值观及工作环境的变化，使得员工改变自己的职业。在传统的职业生涯管理时代，雇主安排员工的职业发展，而现在易变性职业生涯观念认为员工本人要对自己职业生涯管理负主要责任。

易变性职业生涯与传统职业生涯的区别主要体现在以下几个方面。首先，易变性职业生涯目标是心理成就感，这种目标很大程度上由员工自己掌握和控制，它是一种自我的主观感觉，而不仅指公司对员工的认可。而传统职业生涯的目标是加薪和晋升，它不仅受雇员自身的影响，还受到公司所提供职位的影响。其次，易变性职业生涯理论认为员工必须具有动态的学习能力。最后，易变性职业生涯的主要特征是“无界性”，跨专业和短暂性的职业生涯将成为普遍现象。而传统的职业生涯方式是一种线形的等级结构，许多大公司的职业生涯都是“高耸”性，带有科层制的职务结构，较高的等级往往意味着较大的权力、责任和较高的薪金。此外，传统的职业生涯还包括专家型的职业生涯方式，终生从事某一专业领域(如法律、医疗、管理)，这种职业生涯的方式还会继续存在。

二、工作重新设计

在传统的工业社会生产方式下，工作的设计提倡劳动分工的细化，许多工人在生产流水线上年复一年地从事简单的重复劳动，这种工作方式不但容易使人厌烦、降低生产效率，而且还是对工人个人发展的一种忽视甚至摧残。新型的职业生涯管理要求组织对工作进行重新设计，使得员工的能力得到更快的发展，员工的人性得到更多的尊重。工作重新设计的具体做法有工作轮换，工作内容扩大化、多样化和丰富化等方式。

工作轮换是指将员工从一个岗位流动到另一个岗位，从一个工种调换到另一个工种的做法。工作轮换可以消除员工对长时间固定一个岗位或工种所产生的厌烦情绪。当然，这种工作轮换也不能过于频繁，不能在员工对其工作产生浓厚兴趣时进行轮换。只有员工主动申请，或经考察不能胜任工作或已对其工作不胜其烦时，才能进行工作轮换。如果员工对其一项工作已经驾轻就熟，希望有更多的机会展示其才能或愿意承担更多的挑战时，企业组织应该及时扩大员工的工作内容，使员工不只干一道工序而可以干多种活。工作扩大化必然会提高员工的工作热情和兴趣。员工也能从更多的新的工作中获得满足感。工作丰富化不仅指增加员工的工作内容，它还包括扩大员工的责任范围，让员工参与他们所从事工作的目标制定、规划、组织和控制。

工作轮换、工作扩大化和工作丰富化是从扩展人的知识和技能、挖掘人的潜能、激励员工承担更大的责任，提供更多的进步和发展机会出发来设计的措施。这里包含着让企业员工自行规划自己工作、自行控制生产的产量和质量的自我管理含义。

无论是工作轮换、工作扩大化还是工作丰富化，企业组织都必须从改善工作环境出发，着眼于组织的人员配置和工作团队的建设来进行。教育培训是推行工作轮换、工作扩大化和工作丰富化并取得预期成效的关键性环节，集体意识和团队精神的培育与文化技能的培训同等重要。

三、弹性工作时间

弹性工作时间安排是一种以核心工作时间(如上午 11 点到下午 2 点)为中心而设计的弹性日工作时间计划。它之所以被称为弹性日工作时间计划，是因为在完成规定的工作任务或固定的工作时间长度的前提下，员工可以自己先行选择每天开始工作的时间以及结束工作的时间，以代替统一固定的上下班时间的制度。比如，他们可以选择从上午 7 点到下午 3 点之间工作，也可以选择从上午 11 点到下午 7 点之间工作。在美国，除了本来就是自己确定工作时间的专业人员、管理人员和自雇佣人员以外，大约有 15%以上的员工按照弹性工作时间计划来自行安排工作。弹性工作计划在实践中还产生了许多具体多样化的形式，如工作分担计划、临时工作分担计划、弹性工作地点计划和弹性年工作制计划等。

四、组织变革带来职业模式变换

经济全球化竞争的压力、劳动力市场竞争的加剧、市场的变化速度加快等因素共同引发了组织结构与员工职业模式的一系列更深刻的变革。自 20 世纪 80 年代中期以来，美国出现了一股企业重组、组织再造的强烈趋势，企业通过缩小长期全职员工的规模来降低劳动力成本，这些裁减既涉及蓝领工人也涉及中层管理人员。企业减少了管理层次，使组织更为扁平化、反应更迅速、更贴近顾客。为了适应变动中的劳动力需要，重组后的企业雇佣短期的工人或把工作转包给更小的机构与兼职顾问。此外，企业还大量增加对兼职工人的雇佣，兼职工人成本较低、有更高的边际利润，而且在劳动力市场发生变化时可以更灵活地安排人事。单个员工的职业模式也正在变动。图 7-4 所示的是一个传统的职业模式，在该模式中，新员工先进入组织的基层，在同一机构工作许多年以后，缓慢地按部就班地升迁，然后从组织中一个相对较高层的岗位上退休。但是，组织结构变革的趋势使得按等级序列升迁的竞争空前激烈，一方面管理职位的数目不断减少，另一方面适合的候选人数却在不断增加。这点在进行机构改革的中国政府和国有企业中也很明显，中国政府和国有企业这几年一直在压缩规模、减员增效，组织成员可以获得提拔的管理职位机会正在不断减少，而同时新增潜在竞争者的人数却还在不断增加，这无疑将极大打击组织成员的士气。在美国，不少企业重组后也曾经被这个问题所困扰，当时，一部分自认为怀才不遇的员工离开大企业去独立创业或者作为顾问自由工作，其他人则采用一种新的职业模式，他们比先辈们更频繁在组织的不同部门间流动。

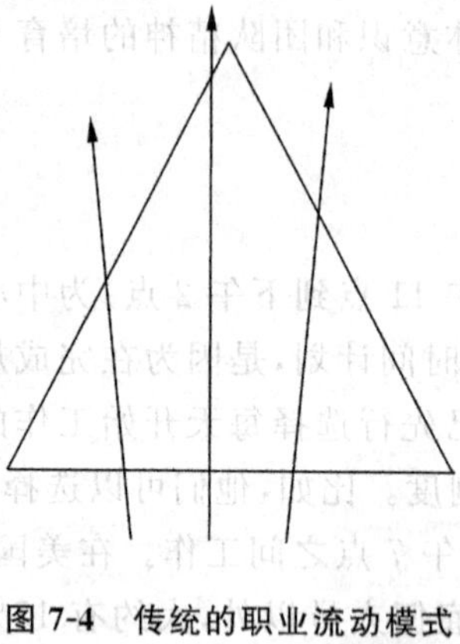

图 7-4 传统的职业流动模式

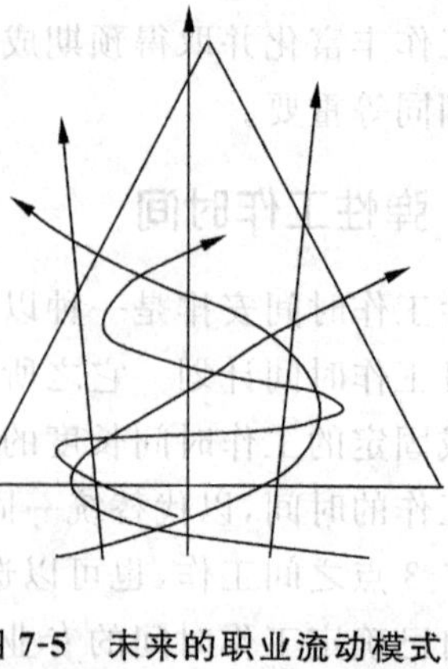

图 7-5 未来的职业流动模式

组织正试图通过开发传统职业道路的替代物来维持组织的动力和创造力，图 7-5 所显示的是一些替代办法。一些箭头进入组织并很快离开了，代表从一个组织到另一个组织的短期雇员，其他的遵循螺旋形的职业化道路，其中有一部分是在职能区间横向移动，这比喻员工正在接受更多的经验和新任务的不断挑战，但他们在等级升迁上也更为缓慢。组织还采用专业等级升迁制的做法，它鼓励员工在某一专门技术领域内增长专业知识，而不必转到管理部门。

参考文献

1　陈丽芬．职业生涯不同阶段的人力资源开发策略分析．科学管理研究，2001(5)
2　谌新民，唐东方．职业生涯规划．广州：广东经济出版社，2001
3　李景元．从大学生到优秀从事主管．北京：企业管理出版社，2000
4　李宏，周正训．21 世纪人生职业规划．北京：金城出版社，2001
5　龙立荣等．组织职业生涯管理的发展趋势．心理学动态，2001(4)
6　罗双平．职业生涯规划．北京：中国人事出版社，1999
7　罗双平．职业生涯规划基本步骤．中国人才，2002(1)
8　宁本荣．环境变迁中的职业生涯管理．中国人力资源开发，2004(9)
9　吴国存．论企业职业管理的新观点——职业发展观．南开管理评论，1999(5)
10　谢伟．国外企业的职业生涯管理．石油管理干部学院学报，2003(10)
11　张再生．职业生涯管理．北京：经济管理出版社，2002
12　[美]吉姆·柯林斯．从优秀到卓越．北京：中信出版社，2002
13　[英]鲁斯·霍尔兹沃斯．职业咨询心理学．天津：天津大学出版社，1988
14　[美]斯蒂芬·P. 罗宾斯．组织行为学．北京：人民出版社，1998
15　[美]施恩．职业的有效管理．北京：北京三联出版社，1992
16　[美]维恩·卡西欧．人事心理学．北京：中国人民大学出版社，1992
17　Crabtree M J., 1999: "Employees' perceptions of career management practices: The development of a new measure", in *Journal of Career Assessment*.
18　D. C. Feldman, 1988: "*Managing Careers in Organizations*", Scott. Foresaman.
19　Hall D. T., Moss J. E., 1998: "The new protean career contract: Helping organizations and employees adapt", in *Organizational Dynamics*.
20　James Fadiman etal, 1994: *Personality and Personal Growth*, Harper College Publishers.

第八章
员工培训与发展

［**开篇案例**］

IBM之所以能成为拥有40多万名职工、500多亿美元资产、500多亿美元年销售额的首屈一指的国际著名大企业，对人才的不断培训、不断教育是它在行业中领先的一大法宝。其公司总部就有一块“学无止境”的铭牌，提醒员工不断加强学习。

IBM在员工培训上大概是全世界投入最大的，他们每年用于培训的费用相当IBM总营业额的2%，这个数字恐怕是任何一家企业都无法企及的。他们对员工有非常详细的培训计划，从新人到经理，从刚进公司的新员工到为公司服务十几年的老员工，每年都会被安排一定时间的培训。IBM的业务与技术人员的教育可以长达20年，他们将IBM的理念融合在各种教育培训中，将IBM真正打造成为学习型组织。

曾有人戏称IBM是“魔鬼训练营”，因为他们的培训过程相当艰苦。除了行政管理人员只有两周的培训外，IBM所有市场部门和服务部门的员工都要接受为期3个月的“魔鬼式”训练，其中包括了解IBM内部工作方式，了解自己部门职能，了解IBM的产品和服务，用模拟法学习怎样做生意，学习团队工作和沟通技能、表达技艺等。在此期间，员工像跑障碍赛一样，要不断地跨越高栏，才能取得最后胜利。IBM有十几种考试，包括演讲、笔试产品性能、角色扮演销售人员和客户等。如果在IBM做销售人员，还要接受进一步的为期12个月的初步培训。他们会将75%的时间分配在公司实际工作，25%的时间分配在公司教育中心学习。担任授课的教师全部由公司第一线有突出销售业绩的一流人才担任，考试全部合格后，学员获得正式职称，从此成为IBM的新员工。在正式接受自己的职责后，这些员工还要继续接受6～9个月的业务学习。在这之后，千万不要以为培训就此结束了，因为IBM的培训是从来都不会停止的，从进IBM的那一天起，公司就为每一个员工都设计好了远景蓝图。鼓励员工学习，是IBM培训理念的精髓，IBM里盛传着一句话：“如果你要提薪，IBM可能会犹豫；如果你要学习，IBM肯定欢迎。”

在IBM，每一个员工都能清楚地看到自己的未来，员工们通过许多不同的培训，重塑了自己的职业前途，这样的发展机会是任何公司都无法比拟的。

［**点评**］IBM为培养人才，从来不惜一切代价。一个企业的存在和继续发展只能依靠管理人员和广大员工不断取得新知识和新技能，而这种知识和技能只能通过终生不倦

的学习来获得。IBM就为员工提供这种终生培训，无论是现职人员，还是临近退休的职工，甚至连已经离开公司的人，都被纳入IBM的终生教育体系，作为教育培训的对象。IBM把培养优秀人才作为至高无上的使命，其根本宗旨是通过终生教育使IBM的员工素质得到提高，从而使IBM的事业更加发扬光大。

第一节　员工培训与发展概述

一、员工培训与发展的概念和形式

（一）员工培训的含义

员工培训并不是现代市场经济的产物，它有着源远流长的发展历史。只是到了近代社会工业化经济的发展，培训才作为企业的一种有规则的活动出现。现代培训的方式多种多样，并随实践的发展而发展。

一般认为，员工培训是指通过一定的科学方法，促使员工在知识、技能、能力和态度4个方面的行为方式得到提高，以保证员工能够按照预期的标准或水平完成所承担或将要承担的工作和任务。

员工培训内涵有广义和狭义之分。狭义上的员工培训就是指员工的工作训练，是使员工"知其行"的过程。所谓"行"也就是特定岗位所要求的工作技能以及态度等方面。"知其行"也就是根据岗位要求掌握相关技能的过程。而广义上的员工培训包括训练和教育两个方面，不但要使员工"知其行"，而且要使员工"知其能"。"能"代表员工的潜在能力。"知其能"过程就是让员工充分发挥潜力以展示其才能的过程。

员工培训强调的是帮助员工更好地完成现在承担的工作，而员工开发强调的是鉴于以后的工作对员工将提出更高的要求，而对员工进行的一种面向未来的人力资本投资活动，可以说培训是开发的基础。另外，企业内部员工培训范围比员工开发的范围要广。培训面向的是全体员工，而开发面向的主要是企业的科技、工程专业技术人才以及主要的管理人员。

（二）员工培训与开发的形式

从培训与工作的关系来划分，员工培训与开发的形式主要有在职培训、岗前培训和脱产培训。在职培训是指不离开自己的工作岗位，在工作进行同时而实施的培训；岗前培训主要是针对新员工招聘进来以后在上岗前进行的培训或企业内员工轮换到新工作岗位前进行的培训；脱产培训是指企业为了企业发展和员工个人发展的需要，让在职员工离开现任的工作岗位去接受培训。

按培训目的来划分，员工培训与开发的形式主要分为过渡性教育培训、知识更新培训或转岗培训、提高业务能力培训和专业人才的培训。过渡性教育培训主要是指企业在录用中学毕业或大中院校毕业的应届生后，帮助其完成由学习生活向职业生活过渡的教育培训；知识更新培训或转岗培训是使员工掌握新产品的生产制造、使用维护等方面知识或适应新岗位要求的培训；业务能力主要是为了不断提高本企业员工的业务素质能力，最终达到提高企业生产率的目的；专业人才的培训是以开发优秀员工使其在企业中发挥特殊作用而进行的培训，包括专业技术人才的培训和管理人才的培训等。

按培训对象在公司中的地位划分，其形式还可以是公司经理培训、基层经理培训、专业技术人员培训和一般员工培训等。

二、为什么要进行员工培训与开发

企业员工培训是以发展劳动者职业技能，全面提高劳动者思想和业务素质，改善劳动力结构，促使企业劳动生产率和经济效益的提高为目的，其根本目的是通过培训为企业培养一大批能迅速适应和满足生产及经营需要的员工。企业要想获得持续、稳定的发展必须要有较高的整体素质，而员工培训就是其不可缺少的一个环节。

（一）来自内部劳动力市场理论的依据

内部劳动力市场是相对外部劳动力市场而言的，主要是指员工的雇佣和工资并不直接受外部劳动市场的影响，而是由企业按照内部的规定和惯例来决定，从而形成一个与外部劳动力市场相对隔离的内部劳动力市场。企业主要依靠隐含契约来解决员工的雇佣和报酬，只要员工为企业增加了价值，将会得到长期雇佣、提升工资和职位以及得到奖金和福利等。

内部劳动市场在日本取得的成功已经使该理论越来越受到学界和企业的关注。那么，内部劳动力市场的作用机理是什么呢？它对企业的培训工作又提供了什么样的依据呢？

这种理论认为，内部劳动力市场能有效降低招聘新员工（包括招聘、筛选和新员工培训）和解雇老员工的成本，而且还可以避免老员工不愿与新员工合作而破坏两者的关系，以及员工替换期间产生的效率损失。内部劳动力市场理论对员工培训与开发有着重要的指导作用。员工培训可以稳定员工队伍，降低劳动力替换成本和潜在风险，通过稳定员工队伍的途径来强化内部劳动市场的正面效应。在组织变革不断成为时代主题的今天，员工队伍的稳定是每一个企业组织都非常关注的问题。培训可以使员工有进步的满足感，有受到企业青睐的自豪感。同时通过价值观方面的影响使员工的承诺与忠诚度增加。员工流动可能会增加竞争对手的竞争力，还有附带商业秘密、技术标准、操作技巧和有效管理的“内部信息”流失的可能性。

内部劳动力市场的重要特点就是长期雇用和内部晋升。随着分工进一步深化，在现代企业中各岗位上的人力资本和知识的专用性得以提高，很多岗位对从业人员提出了特殊的要求。无论是长期雇用还是内部晋升，都有助于企业特殊人力资本的积累。企业对员工的特殊需求和员工技能的特殊性，使得从事不同职业的劳动者之间并不具有充分的替代性，这也要求企业对其员工进行特殊技能培训。实践表明，通过培训从内部晋升企业所需人才比从外部招聘有着无可比拟的优势。

（二）企业增强自身竞争优势的需要

构筑自身的竞争优势，这是任何企业在激烈的竞争中谋求生存和发展的关键所在。当今时代，随着知识经济的迅猛发展和科学技术的突飞猛进，企业的经营环境日益复杂多变，“未来惟一持久的优势，是有能力比你的竞争对手学习得更快”(彼得·圣吉)。

1. 员工培训是企业发展的支柱

企业通过培训，可以提高员工的整体素质。新员工在培训过程中迅速适应企业新环境，尽快掌握岗位所需的操作技能；老员工可以利用培训补充新知识，掌握新技能，以适应工作变化的需要。企业人力资本在培训以后能够增值，这主要反映在员工整体素质的提高，而员工素质的提高最终将会带来企业经济效益的提高。因此，培训是企业人力资产增值的重要途径，是企业人力资源开发的核心内容，也是企业组织效益提高的重要过程。

通过培训，可以提高企业开发与研制新产品的能力。培训能够开发员工潜力，激发员工创新欲望，为企业不断开发与研制新产品以满足市场的需要。培训可以改善员工工作质量、降低工作损耗以及减少企业事故发生率。

2. 培训逐渐成为员工对企业的要求

现代社会职业竞争性和流动性的增强使员工认识到充电的重要性。培训是企业员工增长自身知识、技能和就业能力的一个重要途径。目前，很多员工将企业能否提供足够的培训机会作为择业中考虑的一个重要方面。

培训可以增加员工获得较高收入的机会。员工的收入和其在工作中表现出来的劳动效率和工作质量直接相关。为了追求更高收入，员工就要提高自己的工作技能，这也使得员工主动要求企业提供培训机会。

培训可以使员工获得除收入以外的其他满足。培训还能够满足自身对知识渴求的欲望，提高员工对娱乐活动的欣赏能力以及某些方面的兴趣，这也符合企业激励制度中物质激励和精神激励相结合的原则。

3. 培训为企业树立良好的形象

企业对员工进行培训，不仅能保持高技能的员工队伍，还可以让员工获得与企业要求一致的价值观和行为标准。这些良好的素质，有助于树立良好的企业形象。培训的一项重要内容，就是让每一位受训者的工作行为和精神面貌都要体现企业的优良形象。在很多情况下，人们观察一个企业如何，往往从其员工的行为举止、接人待物、工作态度和办事能力等许多外显的指标来进行判断。培训通过树立良好的企业形象，从而团结和吸引优秀员工，并增加了在公众心里的美誉度，无形中也节约了企业的广告成本。企业的美誉度已经越来越成为企业在未来竞争中出奇制胜的无形"秘密武器"。

三、员工培训与开发的原则

（一）战略原则

所谓培训的战略原则包括两层含义：一是企业培训要服从或服务于企业的整体发展战略，最终目的是为了实现企业的发展目标；二是培训本身也要从战略角度考虑，要以战略眼光去组织企业培训，不能只局限于某一个培训项目或某一项培训需求。

（二）长期性原则

员工培训需要企业投入大量的人力、物力，这对企业的当前工作可能会造成一定的影响。有的培训要在一段时间以后才能反映到员工工作绩效或企业经济效益上，尤其是管理人员和员工观念的培训。因此，应正确认识智力投资和人才开发的长期性和持续性，应有以人为本的经营管理理念来搞好员工培训。

（三）按需施教、学用一致原则

企业组织员工培训的目的在于通过培训让员工掌握必要的知识技能以完成规定的工作，最终是为提高企业的经济效益服务。培训的内容必须是员工的个人需要和工作岗位需要的知识、技能以及态度等。为此，在培训项目实施中，要把培训内容和培训后的使用衔接起来，这样培训的效果才能体现到实际工作中去，才能达到培训目标。如果不能按需培训、培训与使用脱节，不仅会造成企业人力、财力和物力的浪费，而且会使培训失去意义。

（四）投入产出原则

企业员工培训是企业的一种投资行为，和其他投资一样，也要从投入产出的角度来考虑问题。员工培训投资属于智力投资，它的投资收益应高于实物投资收益。但这种投资的投入产出衡量具有特殊性，培训投资成本不仅包括可以明确计算出来的会计成本，还应将机会成本纳入进去。培训产出不能纯粹以传统的经济核算方式来评价，它还包括潜在的或发展的因素。

（五）培训方式和方法多样性原则

公司从普通员工到最高决策者，所从事的工作不同，创造的业绩不同，能力和应达到的工作标准也不同。因此,不同的员工通过培训需要获取的知识也就有所不同。比如,对一线员工来说,技术能力应是其能力构成中最主要的部分组成;公司最高领导层,是决定公司命运的关键人物,要具有较强的管理、商业、财务和会计等方面的能力。

培训内容主要按员工培训需求来确定,而培训内容不同,培训方式和培训方法也就应有所不同。例如,一线员工操作技能的培训采用模拟训练法比较合适;管理人员管理技能的培训主要是用案例研究法和课堂传授法。

(六)全员培训与重点培训相结合

企业员工培训对象应包括企业所有的员工,这样才能全面提高企业的员工素质。全员培训也不是说对所有员工平均分摊培训资金。在全员培训的基础之上,还要强调重点培训,主要是对企业技术、管理骨干,特别是中上层管理人员,因为这些人对企业的发展起着关键作用,所以培训力度应稍大一点。

四、企业属性与员工培训

(一)企业性质与员工培训

外资企业的员工培训工作相对比较完善,许多企业都设有自己的专业培训机构,常见的形式有培训中心、人力资源开发中心和公司大学等。超大型企业的培训机构多以公司大学的形式出现,如摩托罗拉大学,有自己的独立的教学培训设施,员工可以在大学里接受培训,食宿都可在大学里,十分方便。由于外资企业员工的成长环境和所受的文化熏陶不同,因此尤其要重视跨文化的培训以及在不同背景下员工的冲突管理。

国有企业和民营企业由于长期以来形成了固有的思维模式和行为方式,对培训工作的重要性认识不足,因而培训投入也相当缺乏。国有企业和民营企业应该特别注重培训激励机制的建立和完善,承认员工对于人力资本投资的收益权。经过重点培训的员工应给予适当的职位晋升、薪酬的提高或是精神的激励,以稳定员工队伍。

另外,企业的市场定位也影响着培训的内容。随着中国加入 WTO,中国经济也以前所未有的速度与国际经济融为一体。许多企业将目光投向国际市场,因此对于外派人员的培训就显得迫在眉睫。外派前的跨文化管理固然重要,但一些研究者指出,由于外派人员在东道国不可避免地遇到突发事件,外派人员到达东道国后进行的跨文化培训可能比外派前的培训更有效。培训的内容包括文化敏感性和适应性培训、语言与跨文化交流培训、市场竞争能力培训和技术、业务及管理能力培训等。

(二)企业规模与员工培训

中小企业由于企业领导认识不到位、缺乏与培训相配套的制度以及培训预算的约束,常常不能对培训工作进行科学的管理。在培训资源非常有限的情况下，对资源的分配尤为重要。企业应该在普遍提高企业员工素质的基础上，重点作好管理人员和业务骨干的培训，尤其要选送年轻业务骨干进行新增知识的培训，培养他们成为多面手，以满足中小企业发展的需要。

大型企业由于其经费相对雄厚，除了要保证培训费用(建议为1年销售收入的1%～4%左右)外，重点应在完善和规范员工培训系统上下工夫，建立起保证培训有效性的各项制度，包括培训奖惩和激励制度、时间保证制度、培训考评制度、培训档案管理制度以及效果跟踪制度等。此外，培训文化的建立也是非常重要，培训文化是企业文化的重要组成部分，也是知识经济时代企业文化的重要特征。它是衡量培训工作完整性的工具，更是考察组织中培训发展现状的重要标志。

(三) 企业发展阶段与员工培训

企业不同的发展阶段应该有不同的培训重点。在创业初期，公司人数有限，主要精力放在市场销售上，主要业务活动创业者独立支撑，此时对公司而言主要问题是发现客户，推动企业快速成长，员工技能、对企业的认同等因素对企业并非当务之急，创业者的营销公关能力、客户沟通能力此时是企业的生死所在，企业此时如果要搞培训就应该集中力量于这一方面，其他培训除极少数非常重要的员工技能培训外，性价比都比较低并无开展必要。

当企业有了稳定的销售量，闯过了发展初期的生死关头后，随着业务的成长，组织开始快速扩张。这时企业需要在对自己未来发展有一个较清晰的认识基础上，选择管理体制，这需要核心的管理团队在管理知识、行业发展认识等方面有所提高，在管理观念能形成共识，不仅中层干部要向创业者领导靠近，同时也需要创业者领导对企业对自身的认识有所调整。所以有必要对管理团队的管理技能与观念进行深入的培训，这些培训如果能充分发挥作用，对企业未来的长远发展会起到不可忽视的影响。

当企业完成规模扩张，成为行业内主要竞争者之后，就需要提炼自己的核心竞争力，推动企业中每一个员工把自己的工作同企业的目标紧密结合起来，从根本上提高企业的素质。这不仅需要各种严格的规章制度，更需要员工对企业目标的认同、对企业的归属感，此时的培训重点应在建设企业文化上，将企业长期发展所必需的观念、规则和态度传播到每一个员工中去。

(四) 员工职业生涯发展阶段与员工培训

在初期阶段，企业的培训任务主要是同化工作。同化是指使不相同的事物逐渐变成相近或相同。对企业员工的同化就是要通过采取有效措施，逐渐地使员工的个人愿望与企业的共同愿望相接近。这时的培训工作通常是对他们进行入职教育，内容一般都有包括本企业的发展历史、现状和奋斗目标、企业文化、各种规章制度等，教育的形式可能是多种多样的，如听报告、看录像片、参观企业等，使新员工对企业有深刻的了解，从而达到共同愿景和价值观的统一。此外，在这一阶段还有必要对其进行职业生涯规划的培训，使其对自身的职业生涯规划有一个相对清晰的认识。

在成长阶段，对员工成长尤为重要的是提高他们的素质与能力、提供其发展与学习的机会。企业满足员工发展与学习的需要有几种途径：第一，提供更高层次的受教育的机会，如提供在职培训和继续教育的机会等。对员工进行不断培训，一方面可以提高员工的技能，使其适应企业发展的需要，另一方面也是企业对员工重视与尊重的具体表现，它将为员工今后的发展提供更多的机遇；第二，进行工作轮换，如内部岗位流动、扩大工作内容等。这样既可以培养员工的多种技能，促使其全面发展，也可以减少企业人才的工作枯燥感；第三，为有效满足员工自我实现需要而晋升其职位，如让员工补充企业内工作岗位的空缺，这是为员工提供发展机遇最直接的途径；第四，帮助企业人才建立职业生涯发展计划和目标，并把个人目标与组织目标相结合，使组织与个人的同化进一步深化。

在成熟阶段，许多员工感到知识老化，同时感到对相关新知识需要学习和掌握。因此，企业应该本着“缺什么、补什么，用什么、学什么，干什么、会什么”的原则，对人才进行“充电式”培训。企业培训通常包括“育道德、建观点、传知识、培能力”4项内容，而“充电式”培训则侧重于培养能力，即培养员工胜任当前工作的实际能力，采取的具体方法主要是案例教学法和亲验性练习法。

在晚期阶段，对员工成长尤为重要的是保健投资。当员工进入职业生涯的晚期阶段，随着体能的下降和年龄的老化，员工的保健问题日益突出，企业在此时应加强对员工保健的投资，这样可以给他们以安全感，提高其满意感，也可以为其他员工提高对企业的信任感和归属感。

第二节 员工培训体系的构建

一、员工培训体系构建的要求

（一）结合企业文化

培训是企业人力资源管理中的一个重要环节，人力资源在企业中能否发挥作用取决于两方面的因素：员工的能力和员工的态度。提高员工的能力和改善员工的态度都可以通过培训来达到。通过培训来传承企业文化和增强企业凝聚力则是培训更高层次上的作用，这对于许多企业提出的“创百年企业”的目标有非常重要的意义。对于员工来说，如果在企业有良好的发展机会，员工也不愿离职。因此，公司的管理人员在建立培训体系和制定培训策略时，要将对员工企业核心价值观、经营目标、企业文化内涵的培训纳入培训体系，同时也将职业生涯规划纳入到培训管理系统中，只有这样才可能避免企业成为为竞争对手培养人才的学校。在 Intel 公司，新员工培训基本上不涉及技术方面的内容，很大部分是讲 Intel 的文化，详细介绍 Intel 的方向是什么，战略是什么，通过这种熏陶使员工认同公司的价值观，与企业真正融为一体。

（二）紧扣企业目标

任何一项工作任务都是为了完成某一个目标，培训也是一样。作为企业培训，它最终的目的是为了实现企业的经营目标，因此在培训前有必要对企业的战略和经营目标有一个清晰的认识。企业的战略往往是制定长期培训计划的基础，而经营目标则是制定短期培训计划的基础。如果企业在下一阶段的目标是为了扩大市场，增加销量，那么对于人力资源部门来说，就要把培训的重点放在对市场策划人员和销售人员的能力提高方面；如果企业准备加大新产品的上市步伐，延长现有的产品线，则更应该为研发人员提供更多的培训机会；如果企业在未来一年工作目标的重点是提升企业内部管理水平，对企业内部流程进行重组，则对于管理人员的培训应有更多的投入。因此，如果从一份培训计划可以使人窥视到公司的发展目标，这份培训计划则是一个成功的培训计划。

（三）强化其他人力资源管理活动的支持

培训活动的对象是企业员工，员工对于培训的态度直接影响培训效果。根据成人学习的特点，参训者的培训意愿对于培训效果有重要的影响。因此，在对员工进行培训时，要制定一系列的人力资源政策以配合培训活动，如可以考虑将员工的晋升、调动、加薪与培训结合起来，使员工真正重视培训，这点在外资企业里表现得非常突出。例如，麦当劳公司的管理培训，员工的每一次晋升都伴随着管理培训，而且每个层次的培训内容都不同，这就使得公司的员工真切地知道培训发展对于个人来说意味着什么，从而珍惜每一次培训机会。培训与人力资源管理其他活动之间的关系可以用图 8-1 表示。企业的培训活动的驱动力来自于员工和企业的需求，当员工的目标和企业目标相融合时，则可以实施培训。而员工参与培训的拉动力来自于企业提供的职业发展机会、晋升机会或薪酬激励；对于企业来说，其拉动力来自于企业绩效的提高和企业人力资源素质及能力的提高，从而使企业的竞争能力增强。反过来，这些拉动力又变为驱动力，分别满足了员工个人的需求和完成了企业的经营目标。因此，在其他人力资源管理活动的配合下，培训所发挥的作用是非常大的。

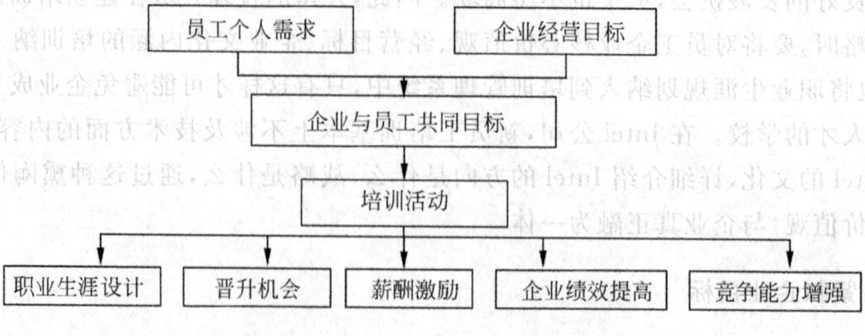

图 8-1 其他人力资源活动对培训的支持

二、员工培训系统模型

应当说，大部分企业都能认识到员工培训工作的重要性，而且势在必行。然而，培训的成本无论从费用、时间与精力上来说，又都不低，这又令许多企业管理层犹豫彷徨。我们并不提倡企业不计成本地盲目进行培训，但只要对培训工作加以精心设计与组织，就能有效地、经济地做好这一工作。员工培训尽管是人力资源管理中的一环，但它又是一项相对独立的系统工程，所以应该采用一种系统的方法，使培训符合企业发展的目标，让培训的每一项工作都能实现企业组织、员工个人以及员工所从事的工作 3 方面的优化。基于长期从事企业人力资源管理咨询服务的实践，笔者提出一种员工培训系统模型，如图 8-2 所示。

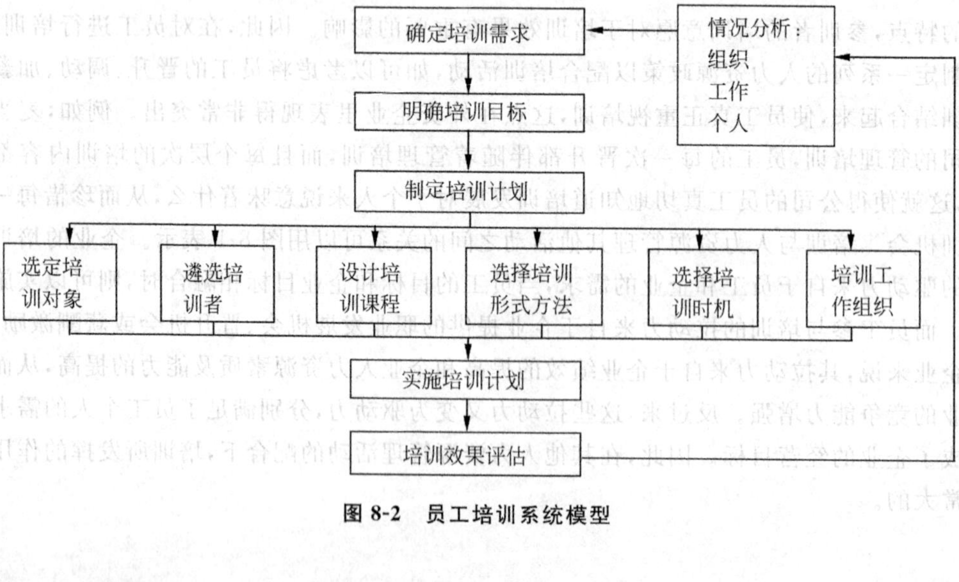

图 8-2 员工培训系统模型

（一）培训需求分析

培训需求分析就是在企业培训需求调查的基础上，采用全面分析与绩效差距分析等多种分析方法和技术，对企业及其成员在知识、技能和目标等方面进行系统分析，以确定是否需要培训，以及培训的内容。

需求产生于目前的状况与理想的状况之间存在的差距，这一差距就是“状态缺口”。企业有培训需求，也正是由于存在“缺口”。企业对雇员的能力水平提出的要求就是“理想状态”，而雇员本人目前的实际水平即为“目前状态”，两者之间的差距就是“状态缺口”。企业要努力减小这一“缺口”，就形成了培训需求。

培训需求分析对企业的培训工作至关重要，是真正有效地实施培训的前提条件，是使培训工作到达准确、及时和有效的重要保证。培训需求分析至少有以下一些作用：

①了解受训员工现有的全面信息；②确定员工的知识、技能需求；③明确培训的主要内容；④提供培训材料；⑤了解员工对培训的态度；⑥可以获取管理者的支持；⑦有利于估算培训的成本；⑧避免时间和金钱的浪费；⑨使培训做到量体裁衣；⑩提供测量培训效果的依据。

1. 培训必要性分析框架

对症下药，才能药到病除，培训工作也是如此。企业经营管理会遇到许多不同的问题，解决企业存在问题的方法或途径也有所不同。因此，在开展培训工作时首先就要分析评估培训是否必要，或者说培训是否是解决问题的最优方法。培训需要的分析框架如图8-3所示。

在企业生产经营中，常常会出现许多可能产生培训需求的情况（原因），但是这些可能的原因并不真正说明培训是正确解决问题的途径。例如，设想一名卡车运输司机，他的工作是向医疗机构输送麻醉气体。结果这名司机错误地将麻醉气体的输送管与一家医院的氧气供应管线连在了一起，从而导致这家医院的氧气供应收到了污染。这个司机为什么会犯这样的错误呢？是在于他缺乏正确的连接麻醉气体管线的知识，或是因为最近他对公司拒绝给他加薪的要求而怀有不满情绪以致工作不专心，抑或是由于连接气体供应管线的阀门没有标识，或者他本身就是一个工作不认真仔细的粗心人呢？

然而只有知识的缺乏，容易由培训手段来解决，工作上的粗心不认真的态度或许也可以经过培训来纠正，但那是培训最难实现的目标——改变态度。若是通过绩效考评、奖惩制度来解决则容易得多。其他的原因则需考虑工作环境或薪酬体系重新设计来解决。

2. 培训需求分析的3个层次

企业培训需求分析具体内容的3个层次是：组织分析、工作分析和人员分析。通过组

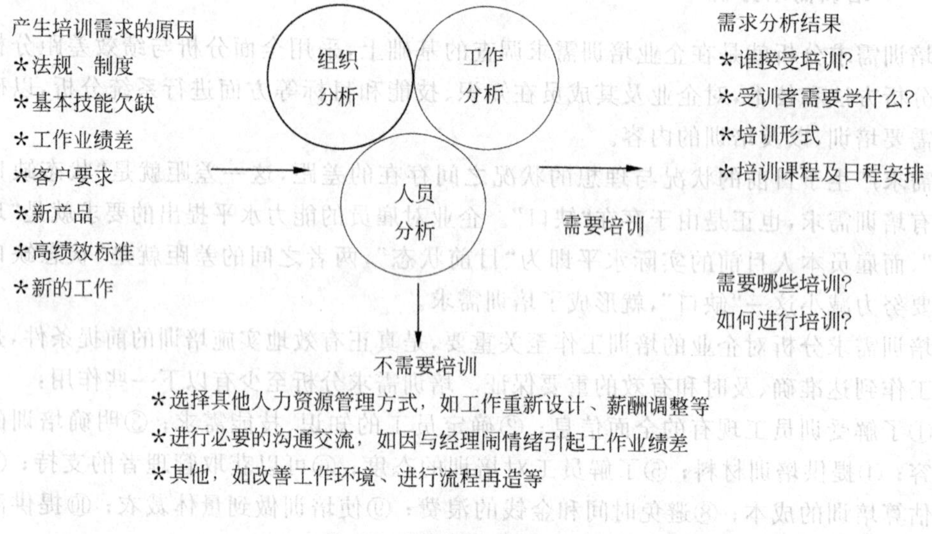

图 8-3　培训必要性分析框架

织分析可以帮助企业认识到组织的人力资源状况以及企业战略对组织效率和组织文化的要求；工作分析是分析各个职位的工作任务，各项工作任务要达到的标准，以及成功完成这些任务所必需的知识、技能和态度；人员分析则是评价不同层次员工的绩效以确定培训需求的"压力点"、弄清解决当前和未来问题的培训需求以及重点培训人群。各层次的分析内容如表 8-1 所示。

表 8-1　培训需求的层次分析内容

分析层次	具体分析内容
组织分析	企业经营战略分析
	人力资源需求分析(包括种类、数量和质量)
	企业效率分析(如劳动生产率、投人产出比、产品质量和利润等)
	组织文化分析
工作分析	工作名称分析
	工作规范分析(包括工作任务、工作责任、督导与组织关系和工作量等)
	工作环境分析(物理环境、安全环境等)
	任职条件分析(教育培训背景、必备知识、经验和心理素质等)

续表

分析层次	具体分析内容
人员分析	培训对象层次分析(企业高管、中层骨干、基层管理者和一线员工等)
	人员能力、素质和技能分析
	人员绩效分析
	重点培训对象分析

3. 培训需求分析的方法选择

常用的培训需求分析方法有访谈、观察、小组工作和问卷调查等。这些方法都有其不同的实施要点以及自身的优缺点,企业要根据自己的实际情况,从中选择或综合运用。

表 8-2 培训需求分析方法的比较

方 法	实施要点	优 点	缺 点
访谈	* 确定访谈对象和人数 * 准备好访谈提纲 * 访谈中注意气氛和过程控制 * 整理并分析结果	* 工作灵活、信息直接 * 更易于得到员工的支持和配合	* 分析难度大 * 被访对象有其主观性 * 需要水平高的访问者
观察	* 比较适用于操作技术方面的工作 * 一般在非正式情况下进行,以免造成被观察者的紧张不适 * 观察结果得到的是表层的东西,与其他方法配合使用才有效	* 得到有关工作环境的数据 * 将评估活动对工作的干扰降至最低	* 需要水平高的观察者 * 员工的行为方式有可能由于被观察者而受影响
小组工作	* 小组成员的选择和人数确定(一般 8~12 个) * 小组成员要有代表性 * 注意气氛和过程控制 * 整理并分析结果	* 分析更全面 * 有利于发现培训需求的具体问题,及问题的原因和解决办法	* 费时 * 工作小组需要有良好的组织、协调 * 费用较高
问卷调查	* 列出培训者所要了解的事项 * 将列出的事项转化为问题 * 设计问卷 * 问卷试答、修改 * 发放并回收问卷,并对问卷结果进行分析	* 费用低廉 * 可从大量人员那里收集到数据进行归纳总结	* 时间长 * 回收率不能保证,有些答案不符合要求 * 不够具体

[案例]

伊莱克斯的培训内容基于市场调查。培训部每一个课程的设置都需要大量的考察准备工作。比如,销售培训,培训师必须跟着销售员一起去拜访零售商场,去看伊莱克斯专柜的销售情况,去看销售员是怎么卖东西的,另外还要征求顾客、商场人员、公司业务人员、零售人员、促销人员、销售经理的意见和需求。根据这些反馈信息确定哪些是必须的,哪些是需要改进的。在培训课程的修订过程中,还要查阅很多资料,召开研讨会。综合所有意见后,才会最终形成一个相对完善的培训课程。这样的课程因其实用性、直接性和独到性而赢得员工的欢迎。另外,公司各部门有一些优秀的人才,培训部会为他们安排一些课程,充分利用他们的资历和经验为普通员工服务,当然公司会有一些配套的奖励机制。营销培训师张铸久说,专业性很强的培训,单靠培训部的力量是不够的,这时培训部的作用更多的是起协调整合的作用。

(二)制定培训计划

培训计划和设计是基于对培训需求了解基础上展开的工作,其目的是保证培训工作合理开展、规范培训工作和提高培训效率的有效手段。培训计划主要有以下一些内容。

1. 选定培训对象

明确培训要求之后,企业首先要确定需要培训的人员。培训的一个重要目的就是让不符合岗位知识和技能要求的员工通过培训后符合要求。但是,企业的培训资源是有限的,如何合理的分配培训资源是人力资源部和直线经理面临的重要问题。并不是员工接受培训以后,就一定有所收获,因为这与各员工的主观意愿和学习能力有很大关系。特别是在培训经费紧张的情况下,培训工作就更要保证满足确实需要培训的人员的要求。一般来说,企业的重点培训对象包括:①新招聘员工;②可以改进目前工作的人;③组织要求他们掌握其他技能的人;④有潜力的人。

影响员工培训效果的因素是三维的——员工的态度、学习能力和技能差距。可以将员工态度分为好和差、学习能力强和弱、技能差距大和小,由此组成了8种状况。将公司的员工按其个人状况可以分别划分在不同的区间中,据此可以确定哪些员工可以进行培训;哪些员工的培训是浪费企业资源;需要培训的员工的培训重点是什么等。将这些内容可以归纳为表8-3。

表8-3可以帮助我们辨别企业中到底哪些人需要培训,培训的重点是什么,有了这样的指导,就可以避免企业培训资源的浪费,提高培训的效果。

表 8-3 培训对象分析维度

区间	员工特点			是否投入培训	培训重点或人力资源管理对策
	态度	技能差距	学习能力		
A	差	小	强	是	了解员工真实想法,加强对其敬业精神的培训,增强对企业的认同感
B	好	小	强	是	对其进行进一步的能力开发培训,作为企业的重要后备力量培养
C	差	大	强	不确定	视情况而定,如是新员工则可以对其进行培训;若是老员工则没有培训价值,应该放弃
D	好	大	强	是	主要对其进行技能方面的培训,这部分人是培训的重点
E	差	小	弱	否	其技能能满足工作要求,对该员工投入过多的培训费时、费力,其还可能得不到好收益
F	好	小	弱	否	由于其学习能力差,而且已能很好地完成工作,所以不用过多地投入
G	差	大	弱	是	可以采用师带徒的方式对员工进行最简单的培训
H	好	大	弱	否	经考察确认后可以淘汰这部分人员

2. 遴选培训者

企业培训工作者是企业培训工作的主体,在员工培训中占据重要地位,他们承担着培训提高企业员工素质的重任,是企业培训的具体实施者和落实者,他们素质的高低关系到培训效果的好坏。一名合格培训师,必须在个人能力、心理素质和职业态度等方面有严格的要求。

一般来说,培训者的来源渠道无非是两种:一是外部聘请;二是内部开发。应当说,这两种来源渠道各有利弊。现将这两种方式进行简单的比较,如表 8-4 所示。

企业在生产经营中感到迷茫或者企业员工缺乏活力时,常常需要"外脑"来输入新的观点和理念。同时,企业高层管理者的培训常常通过聘请外面的讲师或者让管理者走出去的方式来进行。除此之外,我们建议企业在大部分场合应该采用如选择内部资深员工作为培训导师的培训方式,这一方面可以节省外聘讲师的高额课酬费用;另一方面,也是最重要的方面,即内部资深员工对企业的经营特点和方式,以及目标市场的状况更为熟悉,由他们对员工进行培训和交流可以有针对性,使受训员工更快地将所掌握的知识在工作中运用。

表 8-4 培训者来源渠道的优缺点比较

来源渠道	优 点	缺 点
外部聘请	培训者比较专业,具有丰富的培训经验 不受束缚,可以带来新观点和新理念 员工比较容易接受	费用比较高、风险大 对企业不了解,培训内容可能不实用,针对性不强 责任心可能不强
内部开发	对企业比较了解,培训更有针对性 培训专业技能和知识比较有优势 费用比较低 可以和受训人员进行更好的交流	可能缺乏培训经验和技巧 受企业状况的影响比较大,思路没有创新 可能耽误培训者自身的本职工作

内部培训者的遴选,可以由各个部门上报有资格的培训者候选人名单,培训部门对候选人进行筛选,然后培训部门负责对培训者队伍组成人员进行培训技能方面的培训,再由企业高层管理机构或高层管理者对培训合格后的人员进行培训者的资格认定。

对于内部培训者的管理,首先,要激发他们对于培训工作的积极性和主动性,除了进行颁发聘书或荣誉证书以授予资格外,重点还有物质上的激励以认可、鼓励其所做的培训工作,比如提高薪酬、增加福利等。其次,应对培训者实行双重管理,对于本职工作,由其所在的部门进行管理,人力资源培训部门不必、不需也不要予以干涉,而且要负责与其所在部门及其管理者沟通协调妥当,保证其本职工作顺利圆满地完成;对所兼任的培训工作,人力资源培训部门要及时、经常地给予他们适当的指导和监督。人力资源培训部门和培训者之间是伙伴合作的关系,是业务指导与被指导的关系,而不是领导与被领导的关系。最后,要保持培训师开发实施培训的相对独立性,但需及时协作、指导和监督。

3. 设计培训课程

现代培训的内容一般分为 5 个方面:①知识培训,目标是解决“知”的问题;②技能培训,主要解决“会”的问题;③思维培训,解决“创”的问题;④观念培训,解决“适”的问题;⑤心理培训,解决“悟”的问题。

根据培训的内容和培训需求分析的结果,又可以将培训课程分为员工入职培训课程、固定课程和动态课程 3 类。

员工入职培训课程设置较为简单,属普及性培训,主要包括企业文化、企业政策、企业相关制度和企业发展历史等。

固定培训课程是基础性培训,是从事各类各级岗位所需掌握的应知应会知识和技能,岗位调动、职位晋升、绩效考核反应知识和技能有欠缺者需加强固定课程培训。固定培训课程设置的工作量最大。首先,人力资源部会同各级部门,从岗位分析入手,对所有岗位进行分类，如分为管理类、专业类和技术类等。在分类基础上对每一类进行层次级别定义和划分。由此，按照企业的组织结构和岗位胜任模式来建立固定课程体系就有了分析的基础和依据。其次，以各级各类岗位为基础，分析员工开展业务工作所需的职业化行为模块和行为标准，分析支持这些职业化行为模块和行为标准所需的专业知识和专业技能。由此，确定各级各类的培训课程，从而开发出相应的培训教材。不同级别的必备知识可以是相同的，但在深度和广度上应该有所区别。

动态培训课程是根据科技、管理等发展动态，结合企业发展目标和竞争战略作出培训分析。这类培训保证员工能力的提升，为企业的发展提供人才支持。动态培训课程可以从两个层次上进行分析：第一，企业目标。分析企业的发展方向和竞争战略，考虑与此相关的管理思路、管理观念和工作重点的转移，组织流程的改造及涉及新的技术领域、工艺技术，并以此确定培训课程。第二，从科技发展角度分析。如今科学技术、管理知识发展日新月异。当一项工作内容发生重大革新时，根据由此带来的新技术、新的管理理念来确定培训课程。

课程开发中的课程设置要本着“缺少什么培训什么、需要什么培训什么”的原则，使学员掌握生产技术和技能；适应多样化的学员背景，选择不同难度的课程内容进行课程水平的多样组合；要满足学员在时间方面的需求，开发不同时间跨度的课程组合；要根据培训在技能方面的要求，确定课程内容、难度和时间3要素的组合方式。但课程内容的选择一直是课程设计的核心问题，也是一个很棘手的难题。课程教材的开发应注意相关性、有效性和价值性。开发教材的信息来源可以是客户、参训者和有关主题专家以及社会上的各种培训课程，但要注意将其中不适合企业实际情况的部分加以改编，以做到量体裁衣。当然，如果培训平时要进行大量教学及培训工作，或者希望自编高质量的教材，则要花费较多的精力查阅相关资料来获取信息。

4. 选择培训形式和方法

培训有很多种形式，包括在职培训、岗前培训和脱产培训等，我们根据培训的实际需要来选择。如果培训内容含量大、要求高和时间长，那么选择脱产培训比较合适；反之，对于那些知识、技能补充性的培训，可以采用在职培训的形式。

随着科学技术、培训管理理论的发展，培训方法日益丰富。在实际工作中，要依据公司培训的需要和可能、培训的内容以及培训的对象等方面，合理地选择采用。不同培训方法有不同特点，其自身也是各有优劣，如何选择培训方式要根据具体情况具体分析。具体的培训方法将在第三节中进行介绍。

5. 培训时机选择

什么时候需要就什么时候培训，这道理显而易见。但事实上，做到这一点并不容易，却往往步入一些误区：许多公司往往是在时间比较方便或培训费用比较便宜的时候提供培训。例如,许多公司把计划订在生产淡季以防止影响生产,却不知因为未及时培训却造成了大量次品、废品或其他事故,代价更高;再如有些公司把培训订在培训费用比较便宜的时候,而此时其实并不需要培训,却不知在需要培训时进行再培训却需要支出再培训的成本。员工培训方案的设计必须做到何时需要何时培训。通常情况下,有下列4种情况之一时就需要进行培训。

(1) 新员工加盟组织。大多数新员工都要通过培训熟悉组织的工作程序和行为标准。即使新员工进入组织前已拥有了优异的工作技能,他们也必须了解组织运作中的一些差别。很少有员工刚进入组织就掌握了组织需要的一切技能。另外,针对新员工刚入职时稳定性差、倾向离职的特点,企业可以对在试用期内的员工除进行新员工的引导培训外,不要做过多的深层培训,这是因为在试用期内企业与员工双方还了解不深,在信息不全面条件下的决策常常会给企业带来巨大的风险。这样可以避免企业的培训投资成本无法收回,给企业造成巨大的、长远的损失。

(2) 员工即将晋升或岗位轮换。虽然员工已经成为组织的老员工,对于组织的规章制度、组织文化及现任的岗位职责都十分熟悉,但晋升到新岗位或轮换到新岗位,从事新的工作,则会产生新的要求。尽管员工在原有岗位上干得非常出色,对于新岗位准备得却不一定充分,为了适应新岗位,则要求对员工进行培训。

(3) 由于环境的改变,要求不断地培训老员工。由于多种原因,需要对老员工进行不断培训。例如,引进新设备,要求对老员工培训新技术;购进新软件,要求员工学会安装与使用。为了适应市场需求的变化,组织都在不断调制自己的经营策略,每次调整后,都需对员工进行培训。

(4) 满足补救的需要。由于员工不具备工作所需要的基本技能,从而需要培训进行补救。在下面两种情况下,必须进行补救培训:①由于劳动力市场紧缺或行政干预或其他各方面的原因,不得不招聘不符合要求的职员;②招聘时看起来似乎具备条件,但实际使用上其表现却不尽如人意。

在作培训需求分析时,确定需要培训哪些知识与技能。根据以往的经验,对这些知识与技能培训作出日程安排,看大致需要多少时间,以及培训真正见效所需的时间,从而推断培训提前期的长短。根据何时需用这些知识与技能及提前期,最终确定培训日期。

6. 培训工作组织

一次高效的培训离不开培训的组织工作。培训的组织工作首先应获得培训支持,组建培训项目小组。培训单靠培训部门很难完成,必须得到很多方面的支持,尤其是各个部门的配合与协助。在准备阶段成立项目小组,主要是协调培训中的各项工作安排,确保培训如期圆满地进行,其分工可以参看表8-5。

表 8-5 培训项目小组成员分工

人 员	具体分工
人力资源部经理(组长)	整个培训的总体筹划、总体安排
培训专员(副组长)	培训工作的具体操作、执行
培训讲师或机构	培训讲义、培训要求的传达,培训反馈的整理
培训支持部门	培训器材、食宿和车辆等后勤供应工作
相关部门主管、受训者	提供培训建议和辅助性工作

另外,在培训过程中,组织者要及时与老师、学员沟通交流,指出讲师培训的优缺点和学员反映的情况,并与讲师协调改进。这时组织者要做的工作主要有:

(1) 加强学员兴奋点。如果老师的讲课很受学员欢迎,培训组织者就要把学员兴奋点及时反馈给讲师,让其着重对待。如果学员对现场培训意犹未尽,这时可以采取适当延长培训时间、安排课下座谈研讨等形式,让培训效果更佳。

(2) 把握主题方向。培训过程中,讲师讲课或者学员讨论,出现跑题甚至是企业避讳的话题,或者讲师讲课层次混乱、内容含混不清时,培训组织者就要随时提醒讲师、调整讲课内容或层次安排,使培训按照事先的计划进行。

(3) 把握课程松紧度。培训过程中,学员如果反映课程节奏慢或者跟不上讲师的速度时,就需要提醒讲师调整时间和节奏,按学员接受的速度进行。

(4) 协调培训形式。培训形式要与学员的具体情况相匹配,在培训中如果学员对培训形式(如游戏、讨论等)不认可,表现出不耐烦,或者学员对培训形式所表现的主题不明白,接受起来有难度,这样就需要及时调整培训形式。

(三) 培训效果评估

所谓的培训评估也就是对培训进行评价,它指依据培训目标,对培训对象和培训本身作一个价值判断。培训评估是对培训项目的改进,或者是为企业以后的培训工作积累经验,一般的培训项目都要进行评估。从严格意义上来讲,培训评估并不能说是培训的最后一个阶段。因为在有些培训中,评估可能是贯穿于培训活动的始终。在后面的章节将专门详细阐述培训效果的评估。

第三节 培训技术与方法

企业培训的效果在很大程度上取决于培训方法的选择。当前，企业培训的方法有很多种，不同的培训方法具有不同的特点，其自身也是各有优劣。要选择到合适有效的培训方法，需要考虑到培训的目的、培训的内容、培训对象的自身特点及企业具备的培训资源等因素。下面根据培训传授方式，按直接传授式培训法、参与式培训法来阐述。另外，还介绍了网络培训和其他一些培训方法。

一、直接传授培训方式

直接传授培训方式是指培训者直接通过一定途径向培训对象发送培训中的信息。这种方法的主要特征就是信息交流的单向性和培训对象的被动性。尽管这种方法有不少弊端，但仍有其独特作用。其具体形式主要有课堂教学法、工作指导法和影视法等。

（一）课堂教学法

［案例］

汉堡大学的历史

麦当劳为了追求高品质、一致性，对加盟者进行必要的培训，一直是其重要的举措。1957 年，麦当劳制作了一部训练影片，打算在各加盟店里分别讲习训练。后来麦当劳的经理们觉得必须制造出教室的气氛，才能教这些加盟者一般的经营的哲学和理论，而这些在各个店里是做不到的。当时，没有任何经营连锁业者想到开设一个全天候的训练中心，但麦当劳为了使所有加盟者对标准化有充分认识，决心付诸实践，努力达到这一目的。最初，麦当劳在一个店里的地下室建造了一间教室，配备了必要的教学器材，并且聘请全天专职的教师任教。这样，1961 年 2 月麦当劳成立了著名的汉堡大学。

麦当劳采用的这种方法就是课堂讲授法。这种方法属于传统模式的培训方式，指培训师通过语言表达，系统地向受训者传授知识，期望这些受训者能记住其中的重要观念与特定知识。这种培训方法的优点在于传授内容量大，有利于大面积培养人才；传授的知识比较系统、全面；对培训环境要求不高；学员可利用教室环境相互沟通；学员能够向教师请教疑难问题；而且这种培训中员工平均培训费用较低。但是课堂教学中常常因为传授内容过多，学员难以吸收、消化；课堂教学这种方式容易导致理论与实践相脱节，而且单向传授不利于教学双方互动，同时也不能满足学员的个性需求；一般情况下，这种传授方式较为枯燥单一，不适合成人学习。

培训中采用课堂教学法时，应注意以下一些问题：课堂讲授内容逻辑性要强；课堂讲授中要把握住难点、重点；要聘请合适水平的教师授课；尽量配备必要多媒体设备，加强培训效果。

（二）工作指导法

[案例]

联想集团的新员工培训

联想集团的新员工在上岗之前，都要指定一对一的指导人。公司有一系列的规范来选择指导人，包括要求和资格认定及指导工作评价。在新员工报到前一周，各部门就要将名单报人力资源部，进行资格审查。新员工在没有指导人的情况下，该部门要暂缓进人计划，待有合格的指导人后方可进人。指导人负责带新人并考察新员工在试用期间的表现能力等。其作用一是代行人力资源部的考察职责；二是通过帮带行使部门职责。在这种体制下，新员工通过指导人的帮助，能够尽快进入角色。

联想集团这种指导人制度和我国以前的"师傅带徒弟"或"学徒工制度"相类似。目前，我国仍有很多公司在实行这种帮带式培训方式，其主要特点在于通过资历较深的员工的指导，新员工能够迅速掌握岗位技能。

在工作指导中，新员工在师傅指导下开始工作，可以避免盲目摸索，从指导人处直接获取丰富的经验，而且能够尽快融入团队；特别是对于刚从高校毕业的学生来说，这种培训方法可以消除他们进入工作的紧张感；工作指导法还有利于企业传统优良工作作风的传递。但如果企业没有良好的制度保障，工作指导法有时并不能发挥出这些作用。例如，为防止新员工对自己构成威胁，指导者可能会有意保留自己的经验、技术，从而使指导浮于形式；指导者本身水平的高低对新员工的学习效果有极大影响；相反，指导者不良的工作习惯也会感染新员工；最为关键的是，采用个别指导法进行培训，不利于新员工的工作创新。

（三）影视法

影视法就是运用电影、电视、投影或录像等手段对职工进行培训，员工在观看相关内容的影片过程中学习。我国以前常以看影片为职工教育方式，那时只是侧重于通过爱国主义教育片来提高员工的工作热情。现在，一些企业可以自制录像带或幻灯片，向新员工介绍本企业的概况，也可以将一些技能操作场景摄入其中，进行技能培训。

影视培训法的优点在于形象，但如果缺乏现场讲解，其效果会受到很大影响，而且这种方法比较枯燥单一，不易于员工集中精神，掌握重点。一般情况下，只依靠电影等影视设备进行培训效果并不大，其主要是为了增强培训的效果，提高培训工作的趣味性、生动性，而作为其他培训方式的辅助培训设备。

二、参与式培训方法

参与式培训法是调动培训对象积极性，让其在培训者与培训对象双方互动中学习。这类方法的主要特征是：每个培训对象积极主动参与培训活动，从亲身参与中获得知识、技能和正确的行为方式。其主要方法有：角色扮演法、案例研究法、头脑风暴法和游戏法等。

（一）角色扮演法

［案例］

IBM如何培训销售人员

模拟销售角色是IBM公司市场营销培训的一个组成部门。在公司第一年的全部培训课程中，没有一天不涉及这个问题，并始终强调要保证演习或介绍的客观性，包括为什么要到某处推销和期望达到什么样的目的。同时，对这些产品的特点、性能以及可能的效益要进行清楚的说明和演习。该公司采取的模拟销售角色的方法是：学员们在课堂上经常扮演销售角色，教员扮演客户，向学员提出各种问题，以检查他们接受问题的能力。

角色扮演法，又叫角色模拟法，就是培训者给一组人或某一个人提出一个情景，让参加者身处模拟的日常工作环境之中，并按照他在实际工作中应有的权责来担当与其实际工作类似的角色，模拟性地处理工作事务，从而提高处理各种问题的能力。这种方法的精髓在于“以动作和行为作为练习的内容来开发设想”，也就是说，它不针对某问题的相互对话，而针对某问题的实际行动，以提高个人及其集体解决问题的能力。这种方法比较适用于训练态度仪容和言谈举止等人际关系技能。比如，询问、电话应对、销售技术、业务会谈等基本技能的学习和提高。适用于新员工、岗位轮换和职位晋升的员工，主要目的是为了尽快适应新岗位和新环境。

这种培训方法的优点是学员参与性强，学员与教师之间的互动交流充分，可以提高学员培训的积极性；特定的模拟环境和主题有利于增强培训效果；通过观察其他学员的扮演行为，可以学习各种交流技能；通过模拟后的指导，可以及时认识到自身存在的问题并进行改正；在提高学员的业务能力同时，也加强了其反应能力和心理素质。这种培训方法的不足之处是场景的人为性降低了培训的实际效果；模拟环境并不代表现实工作环境的多变性；扮演中的问题分析限于个人，不具有普遍性。

实施角色扮演法中应注意以下一些问题：一是教师要为角色扮演准备好材料以及一些必要的场景工具；二是扮演目的要明确；三是扮演前的角色描述应该详细；四是扮演结束后要进行必要的讨论，并对每一个扮演要做“事后汇报总结”。

（二）案例研究法

[案例]

哈佛大学的案例研究法

目前世界上最有名的案例设计来自哈佛大学。早在1980年，哈佛法学院教授Mr. Christoper Langdell发明了案例研究方法，将法院的判例作为个案。以后，这种方法逐渐发展到医学、商业和社会工作方面。

现在，哈佛大学的案例研究法是：讲师先将故事作简要介绍，并描述问题发生所需要条件或可能的状况，学生自行想过一遍以后，再看资料，这样有利于激发学生的想像力和发现案例的吸引力，然后由学生个人从个案中寻找答案。或者透过团体训练方式，由于每个学生想法不同，可能提出许多不同形式的解决方法，学员在训练中可以互相观摩学习。

案例研究法是培训界应用最多的培训方法之一。首先由培训顾问按照培训需求向培训对象展示真实性背景，提供大量背景材料，并作出相关解释后，由培训对象依据背景材料来分析问题，提出解决问题的各种方案，找出最佳方案，达到训练人员解决企业实际问题能力的目的。

案例研究法是一种信息双向性交流的培训方式，其将知识传授和能力提高两者融合到一起，是一种非常有特色的培训方法。案例研究过程中学员的参与性强，而且这种教学方式生动具体，直观易学，可以激发学员的学习积极性，学员在分析过程中将解决问题能力的提高融入到知识传授当中。另外，学员之间能够通过案例分析达到交流的目的。但是应用案例研究法需要较长的时间准备案例，需要较多的培训时间进行案例分析；案例分析对培训顾问的能力要求很高，同时对学员能力也有一定要求；所准备的案例要有一定代表性，无效的案例会浪费培训对象的时间和精力。

实行案例研究法有以下几点要求：一是案例要具有真实性，不能随意捏造。在缺乏案例的情况下，可鼓励培训对象从自己的工作环境中寻找案例，这样也有利于学员自身能力的提高；二是案例要和培训内容相一致；三是案例的呈现要客观生动，不能只是一些事例、数据的罗列；四是案例不能只包含惟一的答案；五是教学中采取分组讨论法，并且每一个人都要提出自己的意见和看法，讨论结束后，要将讨论结果公布，并由培训顾问再对培训对象进行引导分析，直至达成共识。

（三）头脑风暴法

[案例]

西门子的“后院大学”

任何公司都会遇到一些令自己棘手的难题，西门子公司也不会例外，但它没有像其他公司一样花高额费用请外脑来解决。西门子的主管们建立了西门子大学，参加培训计划的分析部、工程部的主管们像攻读 MBA 的学生一样，分析公司的业务案例，解决实际问题。每年西门子公司学员们要在一起聚好几次，参加在世界各地举行的课堂难题讨论会。

有一次，由 6 个中层管理人员组成的学习小组为了解决驻英机构问题，声称正在设计用什么方法收购电话业务。为了转化那些对其不信任者的观点，改变他们现有的管理思路和方法，他们起草了一份报告，详细列举了可节省数百万美元的方方面面。结果新措施使公司移动电话费猛降了 60%。

西门子公司的这种培训方法就是人们所说的“头脑风暴法”，也有人将其称为“研讨会法”、“讨论培训法”或“管理加值训练法”等。头脑风暴法的特点是培训对象在培训活动中相互启迪思想、激发创造性思维，能最大限度地发挥每个参加者的创造能力，提供解决问题的更多更佳的方案。

运用头脑风暴法只规定一个主题，明确要解决的问题，如上述案例中“驻英机构问题”就是一个非常明确的问题，这样才能使讨论内容不太过于泛滥。把参加者组织在一起无拘无束地提出解决问题的建议或方案，组织者和参加者都不能评议他人的建议和方案。事后再收集各参加者的意见，交给全体参加者。然后排列重复的、明显不合理的方案，重新表达内容含糊的方案。组织全体参加者对各可行方案逐一评价，选出最优方案。头脑风暴法的关键是要排除思维障碍，消除心理压力，让参加者轻松自由、各抒己见。

运用这种方法进行培训，培训本身就能为企业解决实际问题，帮助学员解决工作中遇到的实际困难，大大提高了培训的收益；而且这种培训方法集中了集体的智慧，达到了学员之间相互启发的目的，大大提高了培训中学员积极性，小组讨论也有利于加深学员对问题理解的程度。尽管这是一种培训收益很高、很明显的培训方法，但它不一定适应所有培训，主要是这种培训法对培训顾问要求高，培训顾问在培训中主要扮演引导的角色，讲授的机会较少，如果其不善于引导讨论，可能会使讨论漫无边际；而且主题的挑选难度大，不是所有的主题都适合用来讨论；研究的主题能否得到解决也受培训对象的水平限制。

（四）游戏法

[案例]

宝洁的 Build A Tower 游戏

Build A Tower 游戏内容如下：在 15 分钟内，仅用报纸和透明胶纸在地上搭一个塔，越高越好。作者在完成任务的过程中发现了这样的难题：垒到一定高度后，发现塔根本站不住，因为中间有些“关节”比较脆弱。所以应先解决稳固程度，再解决高度。于是在每个关节处加固，但最后还是站不稳，因为毕竟只是报纸和透明胶布，塔基根本不牢固。一个绝好的解决办法：用胶纸从四个方向把塔身和地面连起来，起到平衡作用。

到这里，宝洁想要告诉员工的已经很清楚了：每张报纸何尝不是宝洁的每项业务，或者说开发的某种产品，目标是“塔尽可能高”，即公司要不断开发新的产品，寻找新的利润点，开拓新的业务，这样才能使企业不断成长和发展。而在这些产品开发和业务拓展的过程中，产品和产品的关联度，业务与业务的衔接是很重要的，体现在“报纸与报纸的黏合处”。然而解决了这个问题，却还没解决好“稳固”的难题。最后解决的办法是用胶纸“以一贯之”，从各个不同的方向将地面——塔基——塔身用胶布连起。在公司的经营过程中，胶布何尝不是一种管理要素，而这“以一贯之”的胶布难道不像企业的哲学、企业的精神、价值观，以及企业的文化吗？只有共同的目标、共同的理念，整个企业才能稳固地不断成长，才能将企业的产品、业务统一到企业经营整体。这个培训游戏其实告诉人们这样一个重要道理：管理的重要作用、企业文化的强大的黏合力、企业的各部分需良好有效的结合。

游戏法是指由两个或更多的参与者在遵守一定规则的前提下，相互竞争并达到预期目标的方法。游戏训练法是一种在培训员工过程中常用的辅助方法，目的是为了改变培训现场气氛，并且由于游戏本身的趣味性，可提高参与者的好奇心、兴趣及参与意识。游戏形式取决于游戏或练习的内容。通常游戏中含有竞争或变革的内容，在某些实例中，小组要在一个新创的游戏中获得一个角色，此角色要在一段时间内或一个特定的事件中依据所掌握的信息经营公司的业务，如公司销售活动游戏等。而在宝洁的 Build A Tower 游戏中，游戏本身不仅仅是在测团队的分工能力和考察 leader 的把握重点能力，它还告诉被测者重要的企业哲学。

游戏法的要点在于这种方法的趣味性能激发学员积极参与，培训对学科的兴趣。通过寓教于乐，学员在感受游戏乐趣的同时得到启发，不仅可以激发学员的创新精神和潜在能力，还能改善学员集体的人际关系，加深相互了解。同时将复杂的场景直观化、形象化，便于学员理解和记忆；但是游戏法使用面不宽，较适合观念和态度方面的培训，而且游戏的开发准备需要花较多时间，游戏需根据情况经常修改。

三、其他培训方法

现代社会技术进步加快、企业产品生命周期缩短以及竞争的加剧，这一切对员工的学习提出了更高的要求，终身学习对员工职业生涯发展不可缺少，这就对员工的自我学习提出了更高要求。随着现代社会信息技术的发展，大量的信息技术被引进到培训领域，网上学习方兴未艾。

（一）网上培训

LG的网络培训

LG培训的形式不仅仅限于“大家坐在教室里集中听课”，而相当一部分培训已经采用最新的网络工具来实现，如使用在线培训课堂软件进行远程教育等。其培训的新渠道是IBL课程(Internet Based Learning的缩写)，即基于互联网的学习。公司设计了以网络为基础的学习软件，活用网络提供的资源，以远程教育的形式营造有利的环境来促进学习。目前LG开发的课程有《新人社员课程》、《社员能力向上课程》和《超一流亲切课程》。把培训的课程输到软盘里，每个员工可以随时随地按照自己的方式和进度进行自我培训，完成课程中的课题，最后指导人员会把这种学习的效果评估反馈给员工。

LG有全球性的Internet，中国和韩国可直接交流课程的各种设置、培训的方式和方向等。例如，在中国可以查看韩国培训中心的课程运营表，决定是否参加某个课程。

网上培训是将现代网络技术应用于人力资源开发领域而创造出来的培训方法产物，它以其无可比拟的优越性受到越来越多的公司的青睐。网上培训（Online Training），又称为基于网络的培训（Web-based Training），是指通过公司的内联网（Intranet）、外联网（Extranet）或因特网（Internet）对学员进行培训。在网上培训，教师将培训课程储存在培训网站上，散布在世界各地的学员利用网络浏览器进入该网站接受培训。根据培训进程的不同，网上培训有同步培训与非同步培训两种类型。同步培训是教师和学员同时上网，教师在网上及时指导学员学习，而非同步培训是指学员根据自己的学习进程来安排培训。与传统培训相比，网上培训有很大的优越性。培训过程中，无须将学员从各地召集到一起，大大节省了培训费用；在网上培训方式下，网络上的内容易修改，且修改培训内容时，无须重新准备教材或其他教学工具，费用低，因此，可及时、低成本地更新培训内容是网上培训的又一大优势；网上培训还可充分利用网络上大量的声音、图片和影音文件等资源，增强课堂教学的趣味性，从而提高学员的学习效率；网上培训的进程安排也比较灵活，学员可以充分利用空闲时间进行，而不用中断工作。

但网上培训也有一些缺点。首先是网上培训要求企业建立良好的网络培训系统，这需要大量的培训资金。中小企业由于受资金限制，往往无法花费资金购买相关培训设备和技术；另外，某些培训内容并不适用于网上培训方式，如关于人际交流的技能培训就不适用于网上培训方式。

实行网上培训的企业应确保网络通畅，并确信每个学员都掌握了关于网络操作的基本知识；网上培训内容形式的设计应尽量和站点形式一致；培训过程中，最好大量利用多媒体技术实现培训信息的传输。实际上，网上培训并不能完全替代课堂培训，企业在实现以网络为基础的培训的同时，要注意企业内部人际关系的培养。

（二）员工自我指导

员工自我指导是指在不需要任何指导者的情况下，由受训者自己根据自身的情况，安排学习进度和学习内容的一种方法。这一方法比较适合于一般概念性的学习，由于承认学习具有偏重经验和理解的特性，让具有一定学习能力与自觉的学员自学，是一种既经济又实用的方法。

员工自我指导的优点是学员的自主性比较强，可以在不影响工作的业余时间中，依照自己的进度节奏进行有重点、有选择的学习。这种方式还有助于为企业节约培训费用和培养学员的自学能力。而这种能力对于学员终生受教育起着重要的作用。但自学的缺点也很明显，自学的内容受到限制，一些需要交流、演练、指点才能掌握的内容显然不适合自学，学习中的疑问和难点也往往得不到解答。另外，自学还具有监督性弱的缺陷。

四、培训方法的选择

很多人在选择培训方法时，总是追求选择所谓的最佳培训方法。其实，普遍适用的、最佳的方法是没有的，只能说对于不同的目标和条件而言，某种培训方法是最合适的。在培训时，要力求采用最合适的培训方法。如果选择了不恰当的培训方法，将直接影响学员对培训内容的接受，从而影响培训的整体效果，从经济效益上来说也是不合算的。那么，怎样选择培训方法的依据是什么呢？

（一）依目标而定

如果培训的目标只是为了令学员获取一些理论方面的知识，那么自学由于操作方式简便、费用较低易被成年学员所接受而成为首选方法，而内部网络借助计算机界面的丰富性与学习时间的灵活性优势在备选项中列第二位。课堂讲授因具有费用低、操作简便的特点一直作为这一目标的传统培训方式，但有关专家认为它在记忆力与注意力方面效果欠佳，因此反不及案例研究和头脑风暴等方式。

当培训目标是为了训练学员分析解决问题的能力时，案例研究由于其分析有针对性特点列第一位；角色扮演由于实践性强列第二位；头脑风暴由于学员参与度高的优点列第三位。

当培训目标是为了改变学员态度与提高人际交往能力时，由于需要借助人与人之间的实际交流来进行，因此具有信息传递单向性特征的培训方式通常不被使用，如影视法等。

在实现知识的巩固与保持这一培训目标方面，由于自学的实践性与主动性最佳，因此是实现这一目标的最合适选择。而影视法与课堂讲授由于在学习上主动性与信息传递等方面的缺陷，因此使用效果不佳。

（二）视条件而变

1. 学员构成。学员构成这一条件会通过学员的职务特征、技术心理成熟度与学员个性特征3方面来影响培训方式选择。就学员职务特征看，可分为低层操作型、中层管理型与高层管理型员工。低层操作型员工的培训多与日常事务性工作相关，往往通过聘请专业技术人员授课的方式对其进行新技术讲座、新标准的培训，也常通过小组讨论的方式让学员巩固所学知识；中层管理者由于需对其进行协调能力与分析解决问题能力的培训，案例研究、讨论等实战性的方式较多被运用。由于中层管理者日常工作的不确定性较高，因此面向获取概念性知识的集中培训往往较少使用；高层管理者由于工作的不确定性更大，且需作出企业发展的战略，因此研讨会方式尤其适合，另一方面，因其对培训时间的灵活性与信息的速度与质量要求高，因此网上培训、自学也适合高层管理者的培训。

从学员的技术、心理特征来看，学员可分为成熟与非成熟两种类型。当学员的技术、心理都成熟时，已不愿轻易接受他人的观点，对事务有自己的分析与理解，对其采用灵活性差的培训方式就不符合其已成熟的心理特点，因此课堂讲授、影视法的运用效果较差；当学员技术、心理不成熟时，采用课堂讲授等尽管灵活性差，但适合基本知识技能传授，可促使其尽快掌握基本的技术，适应企业的管理方式。

学员的个性特征也是影响培训方式选择的一大因素。库柏将学员分为4类：积极主动型、反思型、理论型和应用型。积极主动型的学员在学习中有强烈的参与意识，表现欲强，具有丰富的想像力和创造力，注重感情，对这类学员可采用讨论、案例法等；反思型的学员擅长归纳推理，特别注重对信息的收集和分析，考虑问题过于理性化，做事小心谨慎，对别人常持否定态度，对这类学员不适合采用参与度高的培训方式，而宜用讲授的培训方式；理论型学员偏好假设、思维、理论模型和系统分析，崇尚理性和逻辑，此类人善于用分析的方法进行学习，宜采用自学、研究、案例分析、网络等培训方式；应用型学员注重理论与实践相结合，喜欢新的经历和冒险，适应能力强。基层管理者、工程师、高级技工等多属此类型人才，对其宜采用案例分析、角色扮演等方式。

2. 工作可离度。如果学员工作可离度低，进行集中培训会影响其业务的开展，因此较适合自学，内部网络也为此提供了硬件支持；当学员工作可离度高时，企业可以根据其他条件对培训方式进行选择。如现行企业对销售员工的分散培训就多考虑这一因素。

3. 工作压力。当组织中员工的工作压力很大，内外部竞争激烈时，即使企业不组织集中正式培训，员工也会为了提高自己的竞争实力而去自学，此时适合采用控制力较弱的内部网络学习、自学；而当组织中员工的压力较小时，采用这种方法常常会因为员工的惰性而导致培训的失败，因此这时适宜用正式的培训。如目前许多公司在制度中对员工的职业资格、素质标准作出硬性规定，通过对员工施加制度压力的方式来促进组织内学习风气的养成。

此外，各种培训方法在学习效果的各项指标上也有所区别。企业在选择培训方法时，可以参看表 8-6 的一些内容。

表 8-6 培训方法效果比较表

内容 \ 方法	课堂授课	影视	案例研究	头脑风暴	游戏	角色扮演	网上培训
信息反馈	差	差	中	优	优	良	差
信息强化	差	差	中	良	中	良	差
实践	差	差	良	良	差	良	差
激励	差	差	中	优	良	中	差
费用	低	中	低	中	中	中	高
获得知识	中	中	中	优	中	优	良
转变态度	差	中	良	良	中	优	差
解决问题能力	差	差	优	中	优	良	中
人际关系能力	差	中	中	中	良	优	差
参与者接受性	差	良	优	中	优	良	良
保持知识	良	中	中	优	差	中	良

五、管理人员的开发

管理人员是组织中的主导力量，在组织的一切活动中处于领导地位，管理人员水平的高低直接决定着组织活动的成败。每一个组织都应把对管理人员的培训与开发工作当作一项关系组织命运、前途的战略性工作。科学技术的迅速发展，对企业生产方式产生了巨大影响。产品周期大大缩短，新产品不断涌现，要求企业能够根据市场的变化作出灵活的生产决策。对管理者而言，不仅要求其能够根据消费者爱好的变化提供相应产品，而且对新产品的外观设计、性能以及其推销方式作出相应的调整。

组织所面临的外部环境和内部条件在不断变化着，这种变化要求管理人员具备新的知识和技能。因此，无论从组织发展还是个人价值实现，管理人员的开发工作都尤为重要，除了上面谈到的一些培训方法和技术，管理人员的开发通常还有以下一些形式：

（1）替补训练。每一名管理人员都被指定为替补训练者，除原有的责任外，要求他们熟悉本部门的上级职责。而且，一旦其上级离任，替补训练者即可按预先准备接替其工作。如果其他上级职位出现空缺，替补训练者也可填补之。

（2）决策模拟训练。决策训练也叫做"解决和处理问题方法训练"，是指在训练中让管理人员正确地掌握决策步骤，如确定问题、提出假设、收集数据、测定方案、最优选择和测定结果。

（3）决策竞赛。它可以归结为对发生的各种事件进行决策的模拟设计。决策竞赛可以由许多人分成小组参加，由小组作出决策。各组之间展开比赛，看谁的决策效果更佳。

（4）敏感性训练。这种方法是直接训练管理人员对其他人的敏感性，常常针对下述内容：管理者指导如何体察下情？管理者对各种人的情感注意到什么程度？公司的某一目标或计划如何影响各种人的态度和追求？争论、命令、讨论、协商等应如何进行？

（5）跨文化管理训练。这种方法的培训目的是了解各国不同的文化，学会尊重各自的文化，并转化为竞争优势。培训的方式是讲课和开展讨论。

第四节　培训效果评估与成果转化

与管理中的控制功能相似，在企业培训的某一项目或某一课程结束后，一般要对培训的效果进行一次总结性的评估或检查，以便找出受训者究竟有哪些收获与提高。所谓人员培训的评估，就是企业组织在人员培训过程中，依据培训的目的和要求，运用一定的评估指标和评估方法，检查和评定培训效果的环节。实际上，人员培训的评估就是对人员培训活动的价值判断过程。

一、培训评估概述

为什么要对培训活动进行评估，评估究竟有哪些好处？第一，通过评估，可以对培训效果进行正确合理的判断，以便了解某一项目是否达到原定的目标和要求；第二，通过评估，看看受训人知识技术能力的提高或行为表现的改变是否直接来自培训的本身；第三，通过评估可以找出培训的不足，归纳出教训，以便改进今后的培训；第四，通过评估可以检查出培训的费用效益。

培训评估的整个过程主要有评估决定的作出、评估规划、评估操作、数据的分析与整理以及评估报告的编写等。设计培训评估工作的流程如图 8-4 所示。

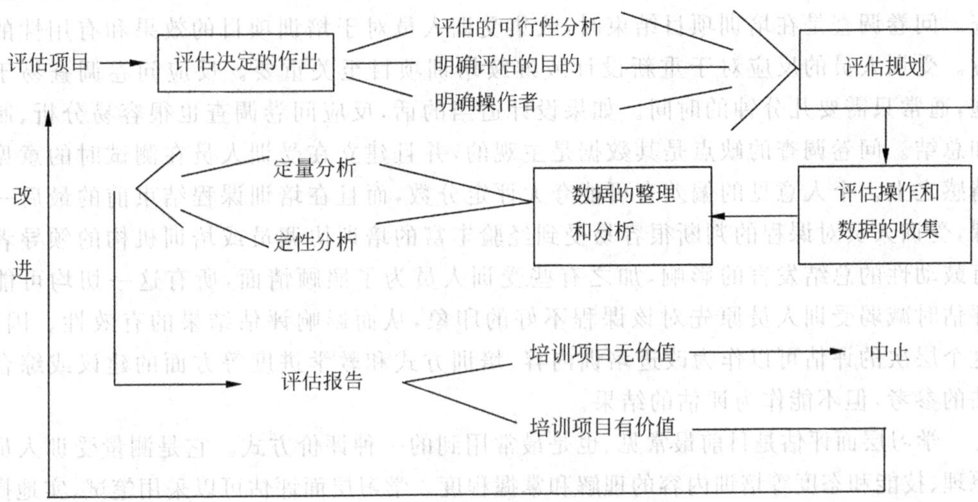

图 8-4 培训评估工作的流程

二、培训效果评估的层次分析

目前,国内外运用得最为广泛的培训评估方法仍然是美国学者柯克帕特里克在 1959 年提出的培训效果评估模型。柯克帕特里克从评估的深度和难度将培训效果分为 4 个递进的层次——反应层面、学习层面、行为层面和效果层面,如表 8-7 所示。

表 8-7 柯克帕特里克四层次评估方法

层 面	名 称	问 题	衡量方法
第一层面	反应层面	受训者喜欢该项目吗?对培训者和设施有什么意见?课程有用吗?他们有些什么建议?	问卷
第二层面	学习层面	受训者在培训前后,知识以及技能的掌握方面有多大程度的提高?	笔试、绩效考试
第三层面	行为层面	培训后受训者的行为有无不同?他们在工作中是否使用了在培训中学到的知识?	由监工、同事、客户和下属进行绩效考核
第四层面	结果层面	组织是否因为培训经营得更好了?	事故率、生产率、流动率、质量、士气

反应层面评估是指受训人员对培训项目的印象如何,包括对培训科目、讲师、设

施、方法、内容和自己收获的大小等方面的看法。反应层面评估的主要方法是问卷调查。问卷调查是在培训项目结束时,收集受训人员对于培训项目的效果和有用性的反应。受训人员的反应对于重新设计或继续培训项目至关重要。反应问卷调查易于实施,通常只需要几分钟的时间。如果设计适当的话,反应问卷调查也很容易分析、制表和总结。问卷调查的缺点是其数据是主观的,并且建立在受训人员在测试时的意见和情感之上。个人意见的偏差有可能夸大评定分数,而且在培训课程结束前的最后一节课,受训人员对课程的判断很容易受到经验丰富的培训协调员或培训机构的领导者富有鼓动性的总结发言的影响,加之有些受训人员为了照顾情面,所有这一切均可能在评估时减弱受训人员原先对该课程不好的印象,从而影响评估结果的有效性。因此,这个层次的评估可以作为改进培训内容、培训方式和教学进度等方面的建议或综合评估的参考,但不能作为评估的结果。

学习层面评估是目前最常见、也是最常用到的一种评价方式。它是测量受训人员对原理、技能和态度等培训内容的理解和掌握程度。学习层面评估可以采用笔试、实地操作和工作模拟等方法来考查。培训组织者可以通过书面考试、操作测试等方法来了解受训人员在培训前后,知识以及技能的掌握方面有多大程度的提高。笔试是了解知识掌握程度的最直接的方法,而对一些技术工作,如工厂里面的车工、钳工等,则可以通过操作考核来掌握他们技术的提高。另外,强调对学习效果的评价,也有利于增强受训人员的学习动机。

行为层面的评估指受训人员培训后在实际岗位工作中行为的变化,以判断所学知识、技能对实际工作的影响。可以说,这是考查培训效果的最重要的指标。这往往发生在培训结束后的一段时间,由上级、同事、下属或客户观察受训人员的行为在培训前后是否有差别,他们是否在工作中运用了培训中学到的知识。这个层次的评估可以包括受训人员的主观感觉、下属和同事对其培训前后行为变化的对比,以及受训人员本人的自评。这通常需要借助于一系列的评估表。这种评价方法要求人力资源部门建立与职能部门的良好关系,以便不断获得员工的行为信息。培训的目的就是要改变员工工作中的不正确操作或提高他们的工作效果。因此,如果培训的结果是员工的行为并没有发生太大的变化,这也说明过去的培训无效。

效果层面的评估上升到组织的高度,即判断培训是否对企业经营成果具有具体而直接的贡献。这可以通过一些指标来衡量,如事故率、生产率、员工流动率、质量、员工士气以及企业对客户的服务等。通过对这样一些组织指标的分析,企业能够了解培训带来的收益。例如,人力资源开发人员可以分析和比较事故率,以及事故率的下降有多大程度归因于培训,从而确定培训对组织整体的贡献。

三、培训效果评估的方法选择

（一）培训评估的定性分析

目前，采用定性评估法进行培训效果评估是国内大多数企业的做法。它是指评估者在调查研究、了解实际情况的基础之上，根据自己的经验和相关标准，对培训的效果作出评价。这种方法的特点在于评估的结果只是一种价值判断，如“培训整体效果较好”、“培训讲师教学水平很高”之类的结论。

以定性方法进行评估只是对培训项目的实施效果作出方向性的判断，也就是说主要是“好”与“坏”的判断。由于其不能得到数量化结论，故不能对培训效果达到的程度作准确表述。

定性方法的优点在于综合性较强、需要的数据资料少、可以考虑到很多因素、评估过程评估者可以充分发挥自己的经验等，因此定性方法简单易行。培训中有些因素并不能量化，这时定性评估比较适合。如果对员工工作态度的变化进行评估，要想全部量化成一系列的指标几乎不可能。

但定性评估法的一大缺点在于其评估结果受评估者的主观因素、理论水平和实践经验影响较大。不同评估者可能由于工作岗位不同、工作经历不同、掌握的信息不同、理论水平和实践经验的差异以及对问题的主观看法不同，往往会对同一问题作出不同的判断。

定性评估法有很多种，如讨论、观察、比较和问卷调查等方法都是定性评估法的范畴。

（二）培训评估的定量分析

国内许多企业较少对培训进行评估，即使做了，也多仅仅是前面讲的定性分析，只能对培训活动和受训人员的表现作出原则的、大致的、趋向性的判断。而定量分析是对培训作用的大小、受训者行为方式改变程度及企业收益多少给出数据解释。通过调查统计分析来发现与阐述行为规律，目前还不普遍，但很有前途。数量分析体现了国际管理科学的发展趋势，有助于企业树立结果为本的意识；有助于扭转目标错位，关注的应是受训员工素质能力的提高程度，而不是证书之类的符号形式。从定量分析中得到启发，然后以描述形式来说明结论，这在行为学中很常见。

根据培训目标要求和受训对象的工作实际，确定评估内容及使用的具体指标，即构成评估方案。培训效果表现形式是多样的，因此一种评估方案的指标形成一个完整的体系。在评估时进入体系的相关指标是能反映培训效果并被使用的指标。建立评估指标体系时容易出现两种偏差：一种偏差是指标体系列入了不相关的指标，如进行安全意识培训，评估的是员工的缺勤改变情况；另一种偏差是指标体系不完整，如对管理者进行沟通技巧培训，结束后只评估他与其他管理者的沟通技能改变，忽略了他与下属间的沟通技巧改变。

培训效果评估的指标包括受训者在工作中行为的改进和企业在培训中获得的成果。行为改进主要是软性指标，如工作习惯、沟通技能、对企业文化的认同感、自我管理能力及社会效益等。这类指标无法收集直接数据，通常是问卷调查的结果或观察的主管印象。评估时可将指标划分为几个等级，如优、良、中、合格和不合格，也可以是1～5分，然后给每一级一个描述，并与收集到的效果信息进行比较得出一个等级(水平)结果。

企业在培训中所获得的成果主要是硬性指标，如时间节省、生产率提高、产量增加、废品减少、质量改进、成本节约和利润增加等。下面介绍以下两种定量分析方法。

1. 成本—收益分析

通过成本—收益分析，计算出培训的投资回报率(ROI)是培训效果评估的一种最常见的定量分析方法。培训成本来源包括项目开发或购买成本；培训师工资成本；培训师及受训者学习材料成本；培训场所、设备成本；培训组织者及辅助员工的工资及福利成本；因培训发生的交通及餐宿成本；受训者因参加培训而损失的生产量。若是一次性发生的成本，如项目开发、购买培训设备和修建场所，可按会计方法进行分摊。培训的实施可能是要降低生产成本或额外成本，或改进产品质量，或者增加生产量，增加市场销售。总之，培训收益是企业因培训获得的经营成果的增加量。下面就以某研究所的一次培训实例来进行成本—收益分析。

某研究室专门生产手机用声表面波滤波器，日产量200只，共有60名工人，6名一线主管，2名监督管理员和1名研究室主任。在生产经营中出现了3个问题。第一，每天生产量的10%的滤波器因性能测试不符技术指标要求而报废；第二，生产场所环境管理不善，如半成品堆放区域卫生条件差，影响了半成品质量；第三，工人常与主管或监督发生争执，工人闹情绪以致缺勤率高。为了消除这些问题，培训部提出要求，对管理人员进行如下培训：①与质量问题和员工不良工作习惯有关的绩效管理；②人际关系沟通技能；③如何奖励、表彰工作绩效有提高的员工。一线主管、监督管理员及主任都参加了培训，培训在研究所的宾馆内进行。培训项目是从一家咨询顾问公司购买的录像带和印刷材料，还聘请了一名管理咨询专家。培训后产品质量明显改善，废品率下降为5%；生产环境卫生得到改善；工人缺勤率下降，每日产量增加40只。培训的成本—收益分析见表8-8和8-9。

表8-8 成本分析

直接成本	培训项目购买费用(录像带及印刷品)	8000元
	咨询专家费用(工资、交通及食宿)	6500元
	培训场地租借费用	3000元
	视听设备租借费用	1200元

续表

间接成本	培训组织者及辅助员工的工资及福利	7250 元
	受训者的工资及福利(根据离岗时间计算)	36250 元
	因联系培训有关事宜分摊的电话费	680 元
	企业的总体支持,高层管理时间成本(直接成本+间接成本)×10%	6280 元

表 8-9 收益分析

经营结果	如何衡量	培训前结果	培训后结果	差异(+或-)	每年收益(250 个工作日计算)
滤波器质量	废品率	200×100% 即每天 20 只	240×5% 即每天 12 只	5% 8 只	2000 只×50 元/只=100000 元
环境卫生	用包括 10 项内容的清单进行检查	10 处不合格(平均)	2 处不合格(平均)	8 处不合格	无法用金额表示(但能间接改进质量)
产量	日产量	200 只	240 只	40 只	10000 只×50 元/只=500000 元

$$\text{投资收益率} = \frac{\text{培训收益}}{\text{培训成本}} = \frac{600000}{68508} = 8.76$$

从上面的计算可得出此次培训的投入产出比为 1∶8.76

考虑到培训效果发挥的年限,可以用更一般的表达式来计算培训收益:

$$TE = (E_2 - E_1) \times TS \times T - C$$

式中:TE——培训收益;

E_1——培训前每个受训者一年产出的效益;

E_2——培训后每个受训者一年产出的效益;

TS——参加培训的人数;

T——培训效益可持续的年限;

C——培训成本。

投资回报率是指用于培训的每单位投资所获取的收益,它也可以作为衡量培训成果的一个指标。当然,投资回报率和培训效果是成正比的。可以用下列公式表示培训的投资回报率:

$$IR = \frac{TE}{C} \times 100\%$$

式中：IR——投资回报率；

TE——培训收益(净收益)；

C——培训成本。

2. 假设检验分析

假设检验分析是对培训效果的显著性问题进行评估的方法。通过判定培训效果的有效性程度，对培训项目作出接受或拒绝的判断，是在成本-收益分析的基础上又一个层次对培训项目作出的评估。我们看下面的例子。

某企业为提高产品产量，决定对部分职工进行为期3个月的培训。为了了解培训效果如何，从经过培训的职工和未经过培训的职工群体中各随机地抽取10名(假设这两组成员在培训前的个体差异很小，甚至没有)，记录当月产量，得到有关样本数据如表8-9。又假定这两组职工的实际产量均近似地服从正态分布，且如其标准差及培训前后的平均产量分别为：

$$\delta_1 = 140, \delta_2 = 170, \overline{Y} = 1939, \overline{X} = 2059,$$

现在要求通过这些统计数据(样本数据略)来判断该企业的培训效果，也就是说检验培训对职工产量提高有无显著性影响。

采用假设检验法：

(1) 建立假设：

$\boldsymbol{H}_0 = XT_1 = XT_2$，即培训对职工产量提高无显著性影响；

$\boldsymbol{H}_1 = XT_1 > XT_2$，即培训对职工产量提高有显著性影响。

(2) 选择检验统计量：

这里标准差δ_1、δ_2均已知，可采用z检验：

$$z = \frac{\overline{X} + \overline{Y}}{\sqrt{\frac{{\delta_1}^2}{n_1} + \frac{{\delta_2}^2}{n_2}}} = \frac{2059 - 1939}{\sqrt{\frac{140^2}{10} + \frac{170^2}{10}}} = 1.723$$

(3) 选定显著性水平 $\psi = 0.05$

查正态分布表得：$z > z_{0.05} = 1.645$

(4) 作出判断：

由于$z > z_{0.05}$，所以拒绝$\boldsymbol{H}_0$，接受$\boldsymbol{H}_1$，即至少有95%的把握认为培训对职工产量提高有显著性影响，培训效果显著，达到了预期目的。在不考虑其他条件的情况下，对企业管理人员而言，这些信息已足够支持他作出决策。

四、培训成果的转化

要成功地完成培训项目，受训员工必须持续有效地将所学知识技能运用于工作当中，最好是转化为受训者的习惯行为，成为其自身素质的一部分，这一过程称为培训成果的转化(其实质是一种学习迁移)。如果培训活动结束后便无人过问培训是否起到了作用、受训员工是否把所学知识技能应用到实际工作中，从而改变他们的态度或行为、真正改善工作绩效，那么这个培训项目就是失败的。即使是受训者无意识地有所运用，但仍可以说这个培训只是走过场，因为结果无人问津，如同只开花不结果的果树，又岂能称为果树？前期工作做得再好，若是培训晚了便认为一切结束，那也只能是“行百里者半九十”，功亏一篑了，因此培训转化这个环节对于提高培训的有效性可谓生死攸关。培训转化的影响因素包括：受训者特点、培训项目设计和工作环境等。培训成果转化的过程可以用图 8-5 来表示。

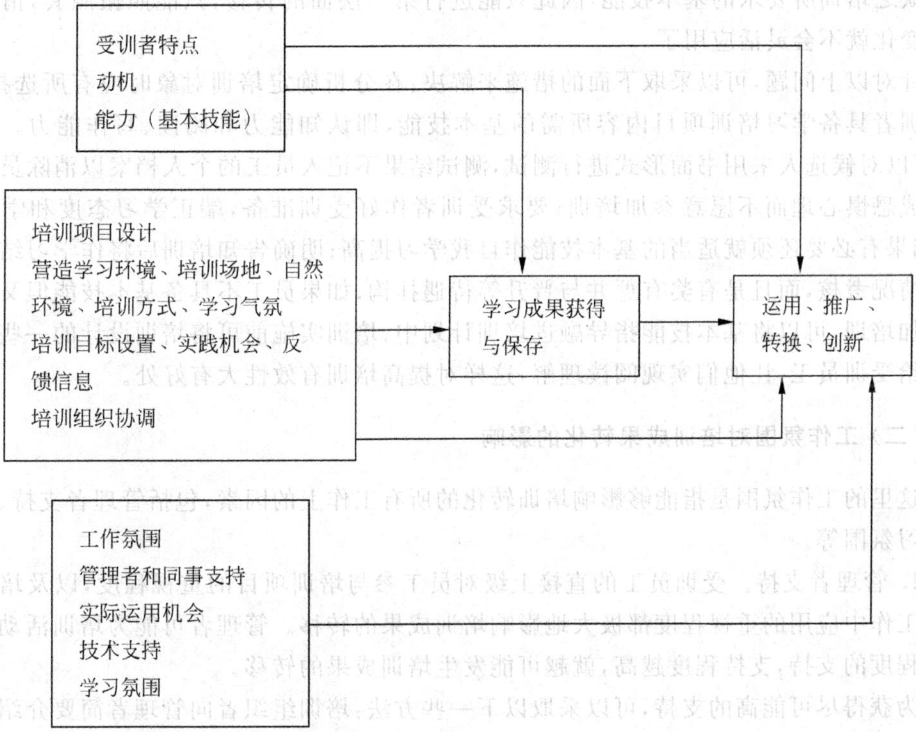

图 8-5 培训成果转化过程图

从上面的转移过程可以看出，受训者的特点和培训项目设计这两方面因素不仅直接影响受训者在既有学习成果条件下的培训转化，而且还通过影响培训过程中受训者的学习效果间接影响培训的有效性。工作氛围是影响培训转移的重要因素，也正是目前许多企业员工培训中存在的关键问题，它往往成为提高培训有效性的瓶颈。下面就受训者特点和工作氛围两方面谈谈其对培训成果转化的影响。

（一）受训者特点对培训成果转化的影响

受训者特征包括培训动机、文化水平及基本技能。一方面，受训员工的培训态度、动机极大地影响培训学习的效果和培训转化的程度。例如，某研究所的员工，有的抱着"既然让我去，那么去学学也没什么坏处"的思想，有的希望通过培训获得一个文凭或证书，将来能因此获得晋升或技术职称的好处，未去思考学过之后有多少得到了实际应用。这样的动机对培训的有效性是一大破坏。另一方面，虽然员工主观上积极参加培训学习，但是由于缺乏培训所要求的基本技能，因此只能进行第一层面的转移，只能照搬照套，情况稍有些变化就不会灵活应用了。

针对以上问题，可以采取下面的措施来解决：在分析确定培训对象时应有所选择，要求受训者具备学习培训项目内容所需的基本技能，即认知能力和阅读、写作能力。选择时，可以对候选人采用书面形式进行测试，测试结果不记入员工的个人档案以消除员工对此形成恐惧心理而不愿意参加培训；要求受训者作好受训准备，端正学习态度和学习动机；如果有必要还须就适当的基本技能作自我学习提高；明确告知培训后将作学习结果和应用情况考核，而且是有奖有惩并与晋升等待遇挂钩；如果员工不具备基本技能但又不得不参加培训，可以将基本技能指导融进培训计划中；培训实施前可将培训设计的一些资料印发给受训员工，让他们实现阅读理解，这样对提高培训有效性大有好处。

（二）工作氛围对培训成果转化的影响

这里的工作氛围是指能够影响培训转化的所有工作上的因素，包括管理者支持、企业的学习氛围等。

1. 管理者支持。受训员工的直接上级对员工参与培训项目的重视程度，以及培训内容在工作中应用的重视程度都极大地影响培训成果的转移。管理者可能为培训活动提供不同程度的支持，支持程度越高，就越可能发生培训成果的转移。

为获得尽可能高的支持，可以采取以下一些方法：培训组织者向管理者简要介绍培训项目目的及与企业或部门经营目标、经营战略间的关系；将管理者应该做到的、以促进培训转化的有关事项制成日程表发给他们；培训组织者鼓励受训者，让他们将工作中遇到的难题带到培训中去解决，并将结果反馈给管理者，以引起管理者对培训项目重视，从而信任受训者能经过培训提高工作能力；可能的话，聘请管理者做培训讲师，或者让管理者先接受培训，然后赋予他们培训下属的责任。

表 8-10 管理者支持对培训转化的影响

支持程度		重点内容	
在培训中任教	高支持↑低支持	作为培训指导者参与培训计划，督促最大程度转移	高转化↑低转化
目标管理		与受训者共同制定转移目标：提出待解决的项目或难题，提供必要的各种资源，明确进度要求	
强化		与受训者讨论培训成果应用情况，对成功应用加以表扬，对失误加以引导解决	
实践技能		提供工作中的现有机会让受训者应用新知识技能	
参与		全过程关心了解培训进展、受训者的收获	
鼓励		通过重新安排工作日程让员工安心参加培训	
接受		承认培训的重要性，同意员工参加培训	

2. 学习氛围。一是几名同事的员工一同参加培训比单独一名员工参加培训的转化效果好。这可以用成人理论来解释，几个同事在培训学习中共同学习讨论、相互提问作答本身就是对学习内容的一种强化。培训结束后，几个同事经常交流、共享应用新技能的心得、经验，探讨工作中的难题，共同克服转移应用中的障碍，这种相互指出能给予受训者极大的勇气和信心，能促使员工积极主动进行培训成果转化。因此，培训组织者在实施培训时可利用这一特点，尽量避免某部门一名员工独自参加培训（管理者接受的培训除外）。即使不得已遇到这种情况，也要让这名受训员工与其他部门的受训者多交流沟通、共享成功经验，或者让该部门已参加过此类培训的员工作应用指导，以尽可能提高培训转化的成功率。

3. 学习型组织。为了使工作氛围更有利于培训成果的转化，让受训者获得更多应用新知识技能的机会，企业应该努力向学习型组织转变。在美国学者彼得·圣吉（Peter Senge）的重要论著《第五项修炼——学习型组织的艺术与实务》中详细阐述了学习型组织的内涵与意义。学习型组织是通过整个组织持续有效地学习的形式获得生存与发展机会的组织形态。据资料表明，学习型组织是21世纪最具竞争优势和最具适应能力的组织形态。在日益激烈的商业环境中，建立起学习型组织已经是任何希望成功的企业都必须具备的一个先决条件。企业要在全球竞争中脱颖而出，并且保持领先的优势地位，越来越取决于企业全体员工的学习能力。培训这种学习形式不仅发生在个体员工这个层面，而且还发生在团体和组织层面上，学习型组织强调系统这一层面的学习。企业向学习型组织转变，那么整个组织内学习氛围浓厚，全体员工都有学习、培训意识，有共享与创造的理念，易于接受新事物，适应外界环境和内部组织结构的变化。这样的工作氛围对培训成果转化是最高水平的支持。

参考文献

1 谌新民，徐汪奇．员工培训方案．广州：广东经济出版社，2002
2 傅浙铭．培训金典．广州：广东经济出版社，2001
3 华茂通咨询．员工培训与开发．北京：中国物资出版社，2003
4 李宝元．人力资源管理案例教程．北京：人民邮电出版社，2002
5 江南．向国际著名企业学习培训之道．统一战线，2003(9)
6 田杨．培训预算：一切尽在掌控中．中国人力资源开发网，2004
7 王凯燕，王玓玭．现代培训课程设计．北京：中国人事出版社，1999
8 王明辉，凌文轮．外派员工培训的新趋势．中国人力资源开发，2004(8)
9 王婷，许和硕．21世纪人力人才资源开发利用管理全书(卷一)．北京：中国物价出版社，1999
10 吴宇虹．结构化培训体系的构建．中国人力资源开发，2004(3)
11 张全忠．充分利用企业内部的培训资源．中国人力资源开发，2004(10)
12 张以琼．走出企业培训资源浪费的怪圈．中国人力资源开发，2004(10)
13 [美]莱斯利·瑞．培训效果评估．北京：中国劳动社会保障出版社，2003
14 [美]雷蒙德·A. 诺伊等．人力资源管理：赢得竞争优势，北京：中国人民大学出版社，2000
15 [英]琼普莱尔．培训与发展手册．上海：商务印书馆，2000
16 [美]史蒂芬·罗宾斯．组织行为学．北京：中国人民大学出版社，1999
17 D. Laird, 1985: "Approaches to Training and Development", 2d ed. Boston: Addison-Wesley.
18 Mcain, 1994: "Apprenticeship Lessons from Europe", in Training and Development.
19 M. London, 1994: Managing the Training Enterprise, San Francisco: Jossey-Bass.
20 Wills, Mike, 1993: Managing the Training Process, McGraw-Hill.

第九章 员工激励类型与模式

[开篇案例]

明星激励法

A公司是一家西部地区的中外合资网站，成立于20世纪末期，其时正值网络行业高速发展时期。在当时，这家网站的规模属于中下水平，资金实力也不如其他网站，不可能为所需人才付出有竞争力的薪酬；同时，由于处于内陆地区，工作与生活条件远不及沿海发达地区。显然，该网站在人才竞争领域明显处于劣势，本地人才严重不足，又难以吸引外地高手加盟。结果是：在优秀内容编辑上，与竞争对手有很大差距，网站内容的深刻度、创新度、吸引力方面也差强人意。2000年，网站引入了新的内容部门负责人Z先生，他为激励员工独创了"明星激励法"，情况发生了改变。这一激励法是这样操作的：一方面，为调动众编辑的创造力和工作激情，同时使其得到有效的业务锻炼，Z先生为每位编辑"量身定做"地选择了一位或几位业界有名的"明星"，先通过各种方式向编辑们传达有关"明星"的名气、声誉、身价、收入和生活方式等信息，使编辑对他们产生向往心理，然后Z先生本人和编辑一起，研究"明星"的成长历程，分析、讨论该"明星"在写作、编辑和其他工作方面的风格、长处、短处，并且用心理暗示、创造条件让编辑与这些"明星"认识、对话和商榷问题等方式，让员工明白，这些"明星"不是天生的，而是普通的编辑、记者锻炼成长起来的，只要自己努力，也一定能够成为业界"名人"。另一方面，在公司的制度上，工作安排上，为编辑创造成名的条件。例如，设立以编辑个人名字命名的栏目，尽可能安排他们在各种"抛头露面"的活动上亮相等。这种"明星激励法"并未增加企业任何成本，只是给员工制定了具体的、具有美好前景和诱惑力，同时又现实可行的奋斗目标。短短的半年时间，该网站众编辑在敬业精神、工作态度和工作能力等方面明显提高，内容质量大大提升，访问量快速增加，权威性和影响力也获得长足进步。到2001年，该网站以超过竞争对手总和的市场占有率成为业界惟一的领袖。

[点评] A公司所采取的激励方案在满足企业利益的前提下，也满足了员工的切身需要。Z先生激励员工的目的很明确。从公司角度，培养出了高素质员工并充分发挥了他们的潜能。对于员工本人来说，其能力的提高、声誉的确立也会直接带来其自身利益的提高。事实也证明了这一点，经过激励后的员工自身潜力得到了极大发挥，收入也相应增

加,不少人还成为业界的抢手货。

A公司的激励措施对员工个人有利而无弊,他们自身虽然会付出一定的努力——更多地加班、更为积极地分析和思考、更加勤恳地写作,但这一牺牲相对于可能取得的重大回报是值得的;同时公司管理层采取各种措施引导员工,为他们指明成为优秀编辑的方法和途径,向他们传授“成名”的秘诀,让员工认识到成功其实并非遥不可及,因此在激励操作的过程中,得到员工的普遍积极响应和主动配合。在实施激励的过程中,A公司不是单方面地为员工设置激励目标,而是为其提供必要的资源支持:针对每个员工的不同特点和水平的差异,分别为其设定瞄准的目标对象——知名编辑,并对这一目标对象进行了具体的分析,其优秀、值得借鉴的地方在哪里,员工如何进行学习,都有较为详细的指导和帮助;并且,公司还利用各种资源,为员工创造近距离接触“名人”的机会和成名的机会,其激励最后才能落到实处,从资源上保证了员工能够实现激励的目标。

第一节　激励概述

一、激励的特性

激励的对象是人,因此人性决定了激励的特性。激励有5个基本的特性:系统性、易逝性、社会性、信用性和有限性。

1. 系统性。企业激励的对象涉及到高层管理人员、中层管理人员和基层员工。缺少了任何一个层次,都可导致激励失效,因此从被激励的对象涉及高、中、低3个层次的员工来看,激励是一个系统性的工程。在管理实践中实施的任何一项措施,都必须具备使该措施生效的基础,激励也不例外。

2. 易逝性。激励易逝的特性体现在两个方面:一是激励的效力随时间衰减的特性;二是激励容易受到其他事件的影响而加速激励的衰减或者完全抵消激励效力。

3. 社会性。人是社会人,有物质需要和精神需要。对被激励者而言,激励的效力是物质激励和精神激励的总和;对企业而言,进行物质激励所付出的成本远高于精神激励。当企业充分利用人的社会特性后,同样的激励成本会产生更强的激励效果。

4. 信用性。从激励的实施过程来看,激励的承诺先于员工的行为,激励的兑现滞后员工的行为。如果只有承诺,没有兑现,激励的承诺就不会再有效。

5. 有限性。一个公司的健康发展,人才的正常循环是必须的。即便是有能力的人才,如果激励的成本很高,挽留对企业是一种伤害。在这种情况下,企业没有必要继续满足被激励者。激励的有限性体现了激励的成本与收益所决定的激励限度。为了避免高成本激励人才的离开对公司造成的伤害,公司需要事前就做好相关的预防措施,注意进行人才梯队的培养。

二、激励理论概览

20世纪以来，伴随着"科学管理之父"泰勒科学管理理论的出现与发展，对如何调动人们的工作积极性这一问题的研究也有了长足的发展，形成了比较系统的激励理论。

1. 需要层次理论

需要层次理论是由美国心理学家马斯洛提出的。他认为，需要是人类行为积极的动因和源泉。需要引起动机，动机驱动行为。因此，弄清了人类的基本需求结构或层次，就能很好的说明、解释、预测和控制人类的行为。马斯洛按照由低到高的顺序将人的需要分为5个层次：生理需要、安全需要、社会需要、尊重需要和自我实现需要。当某一种需要没有满足的时候，人就会去追求它，产生一种内驱力。当这种需要满足以后就不再有动力了。而这时又会产生高一个层次的需要，再驱使人去追求它，直到自我实现。同时，马斯洛还认为，每个人在不同时期都有一个占主导地位的优势需要，它是在五种需要中力量最强的一个。

2. 双因素理论

双因素理论是由美国心理学家赫兹伯格提出的。他认为每个人都生活在特定的社会环境中，社会环境有许多因素影响人的行为。这些影响因素可分为两类：一类叫保健因素，主要指与工作环境和条件有关的外部因素，包括政策、人际关系、工作环境和工资等，没有这些因素容易使人产生不满意，降低人的工作积极性，但具有这些因素并不足以使人对工作产生积极的态度。因此，它不具有激励作用。另一类叫激励因素，主要包括成就、对工作成绩的承认、工作本身的吸引力、责任、价值感以及事业发展和前途等。它的存在有利于增加人的满意度，提高人们的工作积极性，但没有这些因素还不至于引起人的不满。保健因素和激励因素在激发人的工作积极性方面有不同的作用。

3. ERG理论

1969年奥德弗提出了ERG理论。他认为人有3种核心需要：生存需要、关系需要、成长需要。各种需要可同时具有激励作用。如果较高层次的需要未得到满足，就会出现倒退，对满足较低层次需要的欲望就会加强。显然，ERG理论比马斯洛的需要层次理论更加灵活，人们可以同时去追求各种层次的需要，或在某种限制下，在各种需要之间进行转化。

5. 期望理论

美国心理学家弗鲁姆在其《工作与激励》一书中提出了期望理论。这一理论认为，人的工作动机由以下3种因素决定：人关于工作结果的预期、人关于工作成绩可能带来的各种后果的预期、每种后果对于他们的价值。动机激励水平取决于人们认为在多大程度可以期望达到预计的结果，以及人们判断自己的努力对于个人需要的满足是否有意义。

6. 激励需要理论

麦克利兰认为，成就动机是人们追求卓越、力求成功的一种内驱力。麦克利兰以此来解释人们在工作中的动机。这种理论认为，成就动机具有挑战性，可以引发人的成就感，增强奋斗精神，对人们的行为具有重要的影响作用。在社会生活中，一个人是否具有持续做某种工作或选择某种工作的倾向程度，主要取决于这个人追求成功动机的强度、工作成功的可能性，以及该工作所具有诱因的价值。

7. 公平理论

1963年，美国心理学家亚当斯提出了公平理论，其主要内容是探讨个人所做的投入与他所取得的报酬之间的平衡。亚当斯认为，员工最关心的是奖励措施的公平和公正，希望自己所付出的代价得到应有的报偿。如果他认为自己的报偿/代价比等同于别人的报偿/代价比，那么就会产生公平感，原来的工作热情和行为水平就能得到维持；如果他认为自己的报偿/代价比低于别人，他就会产生不公平感。在这种情况下，他会通过各种方法力图消除不平衡感。如果他认为自己的报偿/代价比高于别人，他也会觉得不平衡。在这种情况下，他可能会因为自己得到过多的报偿而付出更多的代价，也可能试图增加别人的报偿，还可能对自己和别人的报偿和代价重新作出估价，以求得心理上的平衡。

三、激励的原则

1. 物资激励和精神激励相结合的原则

物质激励是指通过物质刺激的手段，鼓励职工工作。它的主要表现形式有正激励（如发放工资、奖金、津贴和福利等）和负激励（如罚款）等。物质需要是人类的第一需要，是人们从事一切社会活动的基本动因。因此，物质激励是激励的主要内容和表现形式。

2. 充分考虑员工的个体差异，实行差别激励的原则

激励的目的是为了提高员工工作的积极性。那么影响工作积极性的主要因素有：工作性质、领导行为、个人发展、人际关系、报酬福利和工作环境，而且这些因素对于不同企业所产生影响的排序也不同（见表9-1）。

3. 实事求是原则

激励的实事求是包括3个方面的含义：一是客观存在的事实；二是对事实必须进行全面系统的研究；三是在弄清事实、经过分析研究的基础上，确定事物的性质。这3个方面是辩证的统一体，忽视任何一方面，都不可能实施激励，发挥不了激励应有的作用。

4. 公平公正原则

激励作为奖赏员工良好行为、调动积极因素、惩罚不良行为和约束消极情绪的重要手段，关键是要公平、公正。一方面，使员工在激励面前享受平等的权利和义务；另一方面，实施激励的领导和部门必须秉公心、去私虑，避免激励人为地发生倾斜。这是激励必须遵

循的基本原则，也是充分发挥激励作用的重要保证。

表 9-1　不同因素对不同类型企业的影响力排序

国外企业	国有企业	中外合资企业
成就	公平与发展	成就与认可
认可	认可	企业发展
工作吸引力	工作条件	工作激励
责任	报酬	人际关系
发展	人际关系	基本需求
责任	领导作风	福利报酬
基本需求	自主	

5. 区别对待、适度激励原则

激励的过程，就是满足需要。需要的情况不同，而且多变，相同的激励政策起到的激励效果也会不同。即便是同一员工，在不同的时间和环境下，也会有不同的需求。由于激励取决于内因，是员工的主观感受，所以激励就要分情况，因人而异，灵活对待；需要分清主次、轻重缓急进行。激励不能停留在满足一种需要上，要根据员工需要变化，改变激励内容与形式，否则，激励效用就会下降甚至消失。在制定政策时，首先要调查清楚每个员工真正需要的是什么，再将这些需要整理、归类，然后来制定相应的激励政策，帮助员工实现这些需要。此外，奖励和惩罚不适度也会影响激励效果，同时增加激励成本，适度的激励才会起到良好的激励效果。

6. 系统性原则

激励策略要优化组合，在空间上相辅相成，在时间上相互衔接，形成综合治理的格局及员工积极性的良性循环。人的积极性运动机制的复杂性、影响因素的众多和交叉性，决定了激励必须采取综合治理的方式。所谓综合治理就是根据积极性各个影响因素相互联系、相互制约的特点及系统理论，使若干项激励措施同步配套实施。这样做一方面可防止顾此失彼，保证激励措施奏效；另一方面，可以利用几项措施的结合达到增强激励功能的效果，即系统的"组织效应"。

7. 目标结合原则

在激励机制中，设置目标是一个关键环节。目标的设置必须体现组织目标的要求和满足员工个人的需要。企业的凝聚力来自于员工对公司、群体目标和前景的认同、向往，即员工的目标与组织的群体目标相一致。群体和个人目标、任务、追求的一致能产生很强的群体凝聚力，迸发出巨大的能量，从而给组织带来高绩效。

四、影响员工激励效果的因素

影响员工激励有许多因素，而这些因素会随时间、空间的变化而变化。因此，国内企业需要掌握其中一些主要因素及其随时间、空间不同而带来的差异，从而根据这些差异和自身的具体情况选择合适的激励方法。①

（一）企业外部环境

1. 经济发展水平

一个国家或地区的经济发展水平在很大程度上决定着当地人的需要强度结构，从而也决定着企业所采取的激励模式。19 世纪末 20 世纪初，虽然西方资本主义各国的经济有了空前发展，但工人并不富裕。因此，早期的管理学家比较强调物质激励，以提高工人的货币收入来激励员工采纳更有效的工作方式。这在当时十分有效。随着西方国家经济的进一步发展，人们生活水平的不断提高，基本需要逐渐下降，而较高层次的需要也成为产生动力的重要源泉。这样，西方的管理学家为了适应这种变化而进行了新的探索。开始强调情感激励，如满足员工受尊重的需要、满足员工参与管理的需要等。

2. 传统文化

任何国家或地区企业的员工激励模式无不受本地区传统文化的巨大影响。因为传统文化直接决定着一个地区的人们的价值观，从而也就决定着人们的精神需要。因此，同样激励员工的方法，对美国员工很有效，但在中国，可能不但没有使员工产生动力，反而使之产生了不满或消极情绪。

3. 社会环境

社会环境也是影响员工激励模式的一个重要的宏观要素。因为每一个企业都要随环境的变化而采取相应的措施，对企业的某些环节或全部施加影响，使整个企业以适应这种变化。这样企业就有可能用与以往不同的激励方法，以改变部分或全部员工的努力方向。

（二）企业内部环境

1. 管理方式

不同的经济发展过程和不同的传统文化造成了各国不同的管理方式，不同的管理方式下所采用的激励模式也往往是有区别的。美国的管理往往比较强调制度明确，岗位职

① 参见曹超学. 影响员工激励的要素探析. 昆明理工大学学报，2003(1)

责明确，强调每一个人的具体责任与相应的权限；在报酬方面比较重视公平、公正，真正体现"按劳分配"；劳资双方主要任务在于认真履行双方的协议，责任心建立在严格的制度和协议上，而很少涉及情感。因此美国的管理更偏重于"法制管理"，比较倡导个人英雄主义。日本的管理则是强调一个团队、一个部门的整体责任与权限，非常重视群体的和谐一致，强调群体价值观。员工的责任心来源于对自己所在企业的价值观的认同，来源于对企业的忠诚与感情。因此，日本企业对员工的激励比较偏重于保障职业安全、奖励忠诚以及价值观激励等。

2. 领导方法

一个国家或地区的传统文化往往造就了大多数企业内的领导方法，而不同的领导方法采用的激励手段也是不同的。比如，德国文化传统偏爱信赖职权来指挥工人，因此他们的领导方法偏重于独裁式的。因此，其激励手段往往是为了促使员工更好地去按照上级已经决定了的计划行事。与之相反，日本企业则偏重于民主型领导，激励方法主要体现在让员工尽可能的参与决策，参与管理。

（三）个体因素

个体因素是指在一个企业内部员工之间的个体差异，而这种差异决定了不同员工需要强度结构的不同，进而使得企业采取多种的激励模式。个体因素包括以下几个方面：

1. 收入水平

一个人的收入水平直接决定着他的需要强度结构。总的来说，一个人的需要可分为物质需要和精神需要。这两种需要的强度随收入的变化情况可用图 9-1 来表示。从中我们可以看出，物质需要强度随收入水平的升高而降低，而精神需要强度则相反。其中物质需要在收入水平较低的情况下更多的体现为货币需要，精神需要主要体现为专业需要。随着收入水平的升高，物质需要越来越体现为物品需要，精神需要中的社会需要和自我实现需要则增长越来越快。

2. 受教育程度

受教育程度影响一个人的价值观，因而也进一步影响人的需要强度结构。随着受教育程度的变化，物质需要强度和精神需要强度也会发生变化，一般情况如图 9-2 所示。物质需要强度随受教育程度的升高而降低，而精神需要强度随受教育程度的升高也不断增加。

3. 年龄与工龄

年龄其实并不是完全独立地影响着一个人需要强度结构，因为年龄的变化往往意味着教育程度和收入水平的变化。两种需要的强度随年龄变化的一般情况如图 9-3 所示。这里需要说明的是图表 9-3 中的 AB 段。这一段是一个人刚结束教育进入社会，并和父母分开相对独立生活时，他面临着结婚、买房、购置家具等问题，因此物质需求强度有一个反弹，这主要是由货币需要反弹引起的。随着年龄增长，这些问题逐步解决后，则又开始下降。

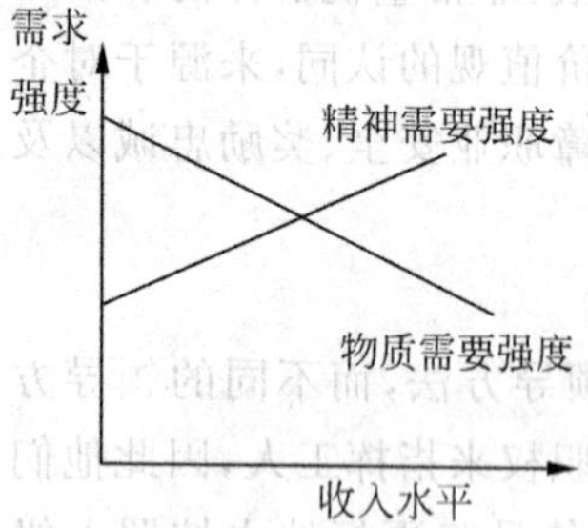

图 9-1

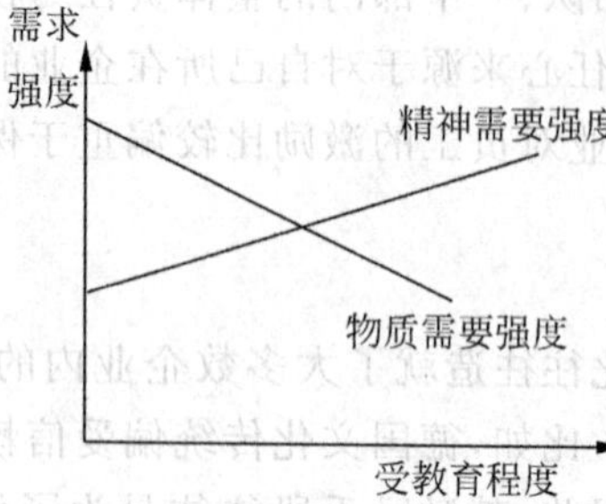

图 9-2

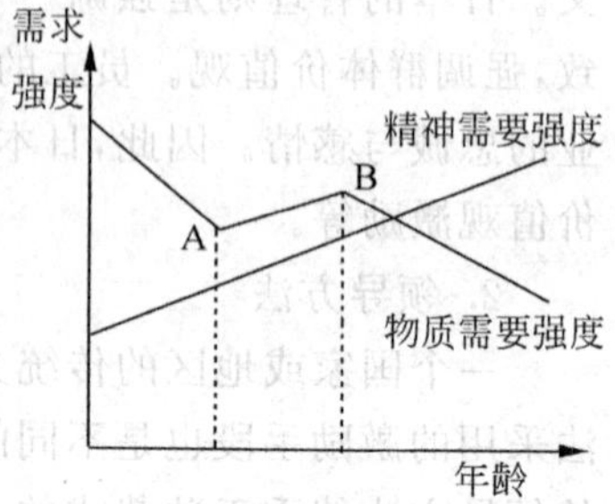

图 9-3

4. 性格特征

性格也是影响一个人需要强度结构的重要因素。例如，一个喜欢创新，敢于冒险，自主性强的员工，可能参与决策，参与管理和目标管理等激励方法会使他干劲十足；而对于一个相对保守，喜欢循规蹈矩的人，这些可能会使他不知所措。

5. 个人价值观

每个员工都有各自不同的生长环境和成长过程，这决定了他们的价值观念也不相同。而不同的价值观决定了不同的员工对同一种需要的强烈程度是不一样的。有的人可能把幸福建立在个人或自己家庭的基础上，追求闲适、安静的生活，从自己的业余爱好中能获得更多的快乐；有的人则把对外界影响的大小作为自己成功的尺度，从大家对其工作的充分认可中得到较大满足；还有的人把自己在专业上的突破作为自己幸福的主要来源。对此，管理人员应当对不同的员工在工作安排、奖励方式等方面作一些调整，会收到比较好的激励效果。

第二节 激励手段[①]

［案例］ 激励/约束失衡案例

上海船用设备公司有14个事业部，每个事业部分别从事2～3个船用产品的生产与

① 关于货币性的薪酬激励形式，请参见本书第十一章。

经营。该公司对各个事业部采用利润分成的方式,激励各个事业部的发展,分成比例在最后阶段达到50%,而同时关于业务管理等的各项制度却非常粗略。合同管理、生产管理和采购管理等方面均缺乏实质性的约束,属于典型的"强激励/弱约束"组合模式。后来随着各事业部越来越熟悉了各种机会性的做法,导致公司的业务量虽然在整体增加,但公司的利润率却越来越低,以至于公司提留的利润总额不足于支付各项管理费用。

2002年2月,该公司取消了利润分成,实施目标管理,不再和各事业部进行利润分成。这样,当年公司实现的利润增加了一倍(原分成给事业部的50%利润部分变为公司利润)。同时,其他各项约束制度没变。公司本意是想通过经济目标的约束迫使各事业部发展。代替原来激励发展模式,即向"弱激励/强约束"组合发展。但由于各项业务制度并没完善,业务约束弱化留下的黑洞仍然存在。

2002年下半年以后,该公司的问题越来越严重,主要表现为:各事业部的业务总量增长缓慢,甚至有的在下降;事业部内的生产人员不愿多干,生产任务拖期现象严重;成本上升很快,利润率进一步下降。

[**点评**] 显然,问题不在于原来的利润分成的政策不好,而是同时缺乏相应的约束,导致公司利益流失严重;而现在的管理变革,是一种饮鸩止渴的做法,是一种更加低级的激励/约束组合做法。

上海船用设备公司以前的激励约束组合是"强激励/弱约束"模式,导致的管理问题很多。例如,容易使员工出现败德行为,对员工的培养和发展不利;企业管理难以完善,长期陷于粗放状态;企业发展过于依赖个人的主观状态,风险很大;很容易出现资源个人垄断,二合一(技术资源和人力资源)、甚至三合一(市场资源、技术资源和人力资源)现象严重。但更严重的是,导致上海船用设备公司当期利益的严重流失。

经过2002年的变革,上海船用设备公司表现为"弱激励/弱约束"的组合模式。与以前的"强激励/弱约束"相比,短期看,对上海船用设备公司既有积极作用,又有负面影响;长期看,对上海船用设备公司的影响则更多是负面的,但并没能阻止实际利益流失和机会利益损失。

一、奖惩激励

(一)奖励及其技巧

通常人们的行为遵照奖励的趋向而定。不管是不是明文规定,每个组织都有一套属于自己的奖励制度。当制度订立后,不用太久,人们就会领悟它,并遵从这套制度的取向修正自己的表现。如果取向正确,人们就会朝正确的方向做。正确的奖励具有无比的力量。任何一个成功企业,必然拥有一套严密的奖励制度,并且能够在实际的执行中遵循以下几条原则：

1. 该做的事不奖

对于员工份内的事情进行奖励，会强烈的暗示：被奖励的事情是一种常见的事情；那么，不做此事就变得可以理解了。比如，发放“全勤奖”，就似乎告诉员工：迟到是有一定的合理性。因此，奖励应该与员工的优秀超常行为相联系。

2. 奖励要大张旗鼓地进行

在对员工进行奖励的同时，应该伴随隆重的、与具体行为相挂钩的描述性表扬。通过语言文字的形式，公开地告示，并倡导广大员工向被表扬者学习。相反，如果奖励与表扬是悄悄地、不为人知地进行，那么奖励就无法以此来激励、调动员工的积极性，甚至会降低被激励者的满足感。

3. 要掌握奖励的时机

奖励的时机直接影响激励效果，好的奖励应是及时的，太晚的奖励会使员工受到伤害，并对组织失去信心与忠诚。那么怎样的奖励才是及时的呢？这要看双方的约定，这个约定可以是成文的，也可以是不成文的心理约定。需要注意的是：及时的奖励应该是在完成了任务之后就立即给予奖励。

4. 奖励要有层次性

管理者要从满足员工最迫切的需要出发，来调动员工的积极性。马斯洛的需要层次理论表明员工的需要从低级到高级可以分为5个层次，在这5类需要中，不同的员工有不同的优势需要，同一员工不同时期的优势需要也会有所不同。而奖励只有满足了员工的迫切需要，才能达到奖励的预期目的。

5. 奖励要有结合性

奖励的结合性主要是指在奖励过程中，要坚持物质奖励与精神奖励相结合，且以精神奖励为主，做到寓情于物，寓关怀于物，使奖励对象在得到实惠的同时，使其感受到上司的关怀、期望和鼓励。从而强化企业意识，增强企业的内聚力。

（二）善用惩罚

惩罚是对个体施与心理或生理的不愉快刺激，从而减退或遏制不良行为的出现。若能适当地应用，它可以抑制较为特殊的不良行为，收到一定的预期效果。具体而言，惩罚具有两种功能：矫正功能和威慑功能。

1. 影响惩罚效果的因素

惩罚只能暂时阻止不良行为的出现，不能根除不当行为。而且重复使用惩罚，难免留下多种不良后果：

（1）既有的不当行为，即使暂时因逃避惩罚而被抑制，个体可能改以其他不当行为来表现，或促成不良行为的长期显现，表现为对工作态度冷淡，缺乏创造性。

(2) 惩罚不利于人际关系的建立，员工可能会因受到惩罚而疏远管理者，甚至记恨管理者。

(3) 惩罚引起的恐惧反映，可能产生制约作用，使受罚环境变为制约刺激，甚至导致员工害怕工作环境，常常表现为员工的高缺勤率和高离职率。

(4) 惩罚可能会压抑员工的主动精神和灵活性。滥施惩罚会形成一批漠不关心的员工；持续的惩罚还会在员工中造成普遍的消极自卑情绪，这反过来影响自信心，而自信心是大多数工作所必需的。

2. 合理运用惩罚的原则

(1) 惩微原则。人的微小不当行为，一般总有一个逐步积累的过程。如果能将问题解决在萌芽阶段，防微杜渐，甚至在问题还未出现就预测到可能的倾向，及早采取措施，尽可能少地依赖惩罚措施。即使必须惩罚，也应遵循惩微的原则。

(2) 沟通原则。要惩罚员工，必须了解他做了什么错事，违反了什么规定，更要弄清楚他为什么违反这个规定？因此，在惩罚要作出前、中、后，都应该与被惩罚对象进行持续的有效沟通，从而把惩罚的不利影响最小化。

(3) 及时原则。根据中止原理，当员工不当行为开始出现时就给予及时的惩罚，这样不当的行为就会与惩罚所引起的焦虑、恐惧等经验相连接。员工就不得不中止该行为，惩罚此时就应立即结束。如果在员工不当行为发生很久后才施以惩罚，就会使他不十分清楚守法的原因，甚至有的员工还会认为是管理者对他个人有意见而报复。

(4) 协调原则。惩罚过程涉及的因素一般包括执罚者的方式、惩罚的类型和被惩罚者的态度等。在实践中要综合地协调和处理各要素之间的关系，使之发挥系统的最大功效。此外，协调原则还应体现在多种惩罚方式的采用和结合上。

（三）寻求奖惩的最佳结合点

奖罚是规范人们行为的有效杠杆，是激励员工的基本手段。但究竟奖励和惩罚如何恰当匹配、综合运用，这历来是管理者和管理学者们有争论的一个问题。但一般说来，如果在实施时注意到以下几个方面，就能够比较好地把握奖惩激励的最佳结合点。

(1) 奖励和惩罚要相互结合。奖励和惩罚虽然是激励的两种不同手段，但在实施中常常是紧密联系，不可分割的。有奖有罚、有罚有奖、先奖后罚、前罚后奖、奖中有罚、罚中有奖、多奖少罚和少奖多罚等手段是其主要体现形式。

(2) 以奖为主，以罚为辅。在奖励的实践中，要有主有辅，有重有轻，不可同等对待。一般来说，奖励的次数宜多，而惩罚的次数宜少；奖励的气氛宜浓，惩罚的气氛宜淡；奖励的场合宜大，惩罚的场合宜小；奖励以公开进行，惩罚以个别进行；可奖可不奖者，奖，可罚可不罚者，不罚；在制定奖励和惩罚条例时，要考虑到人们的期望值和承受力。奖罚的要义应该是鼓励良好行为重复出现，而不仅仅是消除不良行为。

(3) 奖惩要适度。只有奖惩适度才能服众，才能收到预期的激励效果。如果奖惩无度，小功大奖，则助长人们的侥幸心理；大功小奖，则缺乏应有的激励强度；小过重罚，则会加重挫折行为；大过轻罚，不足以纠正非期望行为。所有这一切行为都会在员工中产生不公平感，因而达不到调动员工积极性的目的。

(4) 奖惩应指向具体行为。奖惩应该和下属的具体行为紧密挂钩，使他明白什么行为是被领导欣赏的、需要加强的；什么行为是要被抑制的、需要改进的。

二、特殊激励

［案例］

提拔也错了吗？

约翰是一家房地产公司的负责销售的副总经理，他把公司里最好的推销员索伊提拔为销售部经理。可索伊在这个位置上干得并不怎么样，她的下属说她待人不耐烦，几乎得不到她的指点与磋商。索伊也不满意这一工作，因为做推销员时，做成一笔买卖就可以立刻拿到佣金，可当销售部经理后，她干得是好是坏取决于下属们的工作，再说，她的奖金现在要到年尾才能定下来。人们总说索伊是"被高度激发了的"，她拥有一套价格昂贵的市区住房，开着奔驰牌轿车，全部收入都用在生活开销上了。所以现在和过去的表现似乎判若两人，约翰被搞糊涂了。

一家著名的咨询机构被请来研究这一情况。他们的结论是：对索伊来说，销售部经理一职不是她所希望的，因此她不会卖力工作，也不祈求成功。

［点评］

其实，我们可以用现代激励理论来解释这个问题。马斯洛需要层次理论认为能激励索伊的有两种需要：一是工作上的成功，而这点她早已有了；二是一种低层次的需要，维持她的生活方式。这份新工作对她在工作上的成功并没有增添什么，却潜在地从她生活方式中拿掉了一些称心如意的东西。而双因素理论认为，虽然新的工作提供了索伊一种挑战和一份施展优势的机会，但也同时给她带来在工资和奖金上令人不快的地方。从需要理论的角度分析，索伊显得对物质需要比发展更感兴趣，而且，她并没有感到这个新职位给她带来了什么个人发展。这样她就心灰意懒，退而更看重金钱。成就激励理论告诉我们：索伊与她的下属们的关系表明了她不想结交什么人，尽管大家相处还过得去，也看不出来她需要什么权力，但她对成就上的需要却相当高，就提供成功的机遇而言，这份工作并不像干推销员那样富有吸引力。再说，索伊似乎不想扩大它的工作责任范围，管别人的事；对她的工作表现的反馈速度与过去的工作相比，也太慢了。

总而言之，与过去的工作相比，现在的工作对索伊没什么激励力，反而提不起她的劲。需要理论可能更说明问题，如果索伊回头去干推销员，她会感到更快活。

（一）晋升激励

1. 内部晋升的发光点

对个人来讲，职务晋升是员工个人职业生涯发展的重要途径。员工获得了晋升的机会，会认为这是企业对其工作能力与工作业绩的肯定与赏识，是自身价值的提升，是个人职业生涯成功的标志。职务晋升将带来员工经济地位与社会地位的提高、进一步晋升的机会以及更多的外部选择机会等。对企业来讲，内部职务晋升有以下重要意义：

首先，相对于其他激励措施，晋升可以鼓励组织成员的长期行为。第二，企业从内部晋升优秀员工，能使与企业同甘共苦、一起成长的员工受惠于企业发展的成果。相对于外部招聘，企业从内部提拔合适的人选更能加强企业的凝聚力。第三，内部晋升的员工已经认同企业的价值观，熟知企业的运作，比外部招聘的员工有更强的适应性与融合性。第四，内部晋升不但让被晋升者得到更多的机会和在更大的范围施展其才华，也给未晋升者或新来者提供了职业发展的期望，使员工将个人职业发展与企业的长期发展结合起来，从而增强员工对企业的归属感与忠诚感。

2. 内部晋升的潜在风险

企业把晋升作为一种激励措施，通常会存在以下一些问题：

(1) 职务晋升的等级是有限的。企业只能晋升少数员工，而不能像货币激励那样，同时奖励大多数人。

(2) 在员工的整个职业生涯中，即使最优秀的人才，其晋升的次数也不可能很多。而企业对员工则可经常进行货币奖励。

(3) 由于晋升机会不多，同事之间会因为争取晋升而产生竞争，或多或少会对组织的团队合作精神产生影响。

(4) 晋升具有激励与选拔管理人员两种功能，这两种功能会存在冲突。奖励功能是对员工过去的优秀业绩进行奖励。选择管理人员是将合适的人放在合适的岗位上。在现有岗位上业绩优秀的员工不一定适合、也不一定有兴趣做管理工作。典型的例子是优秀的科学家和工程师不一定能当出色的经理。

(5) 对于未能晋升的员工来讲，晋升的愿望得不到实现，为了晋升所付出的努力得不到收获所带来的负面影响可能是巨大的。特别是当员工认为与自己条件相当的人得到了晋升，甚至不如自己的人也升迁了，而自己仍在原地踏步时，他们就会认为企业违反了公正、公平的原则，从而产生愤怒的情绪，并重新评价与调整个人与组织的关系，包括降低对企业的心理承诺、增加离职的意向、寻找跳槽机会或者马上跳槽等。

(6) 内部晋升极易造成人浮于事、相互扯皮，也会导致员工之间为争夺有限的资源(个人发展机会、继续晋升、领导赏识等)而进行过度竞争。富有讽刺意味的是，在这种竞争中，胜利者往往是业务能力较弱的员工，而失败者往往是业务能力强的员工。

3. 内部晋升的评估

内部晋升的收益率是一个衡量晋升激励效益的数量指标，它的计算公式为：晋升收益率＝晋升收益/晋升成本×100%。晋升收益可依据员工在新的晋升岗位上所创造出的价值来计算；而晋升成本可依据大量的经验数据来估算不同类型员工在新的晋升岗位上创造的平均价值。显然，如果晋升的收益率大于1，那么就可以说晋升决策至少是正确的，达到组织的基本目的；而如果晋升的收益率小于1，那么至少说明了晋升决策有失误。在估算某一员工的晋升收益率时，由于对晋升收益特别是对收益的受益期限问题难以确定，所以企业一般只计算某一年的晋升收益率。假如依据估算，某一企业一年对一线员工的晋升成本总和为200万元，收益为300万元，那么该企业该年度管理人员的晋升收益率为：300/200×100%＝150%。

(二) 工作环境激励

1. 什么是工作环境激励

所谓工作环境，是指一种工作的氛围和条件。这种氛围和条件虽然看不见、摸不着，但群体中的每个人都可以亲身感受到，它既是一种相互间的信任与支持、理解与沟通、默契与配合、鼓励与帮助、开拓进取、紧张有序、和谐一致、团结协作的气氛；又是一种催人奋进、激人向上、鼓励成功者上和怯懦无能者下的竞争机制。在这种环境条件和竞争机制下，责权利紧密有机的结合在一起，个人要对组织尽自己应尽的义务，同时个人的权利、需求又可得到充分的保障、维护与尊重。

2. 工作环境激励的有效手段

第一，在组织内形成良好的人际关系氛围

在一个组织中，良好的人际关系会使每一个身在其中的人都产生心灵的安全感与归属感。随着科学技术的不断发展，工作难度越来越大。不管一个人的知识多么渊博，多么先进，在创新面前都是那么的有限。在一个组织内，在整个创新过程中，个人之间的有效互动，以及个人知识对集体知识的有效程度是组织内集体知识有效的必要前提。对他人知识的依赖，为他人知识作出奉献，是员工取得成就的必然途径。

第二，为员工创造自主的工作空间

由于知识的不断更新，劳动过程会经常出现变化，因而劳动过程希望少受组织的指挥和调控，更多地受创造者自我制约。给员工尤其是知识型人才较大的工作自主权，在不影响组织战略目标的条件下，让他们自行决定工作时间和工作程序，无疑会有利于其成功。

（三）授权激励

1. 授权激励概述

随着组织的成长和壮大，会有越来越多的部门和人员决策难以通过最高层作出或者高层管理者不堪重负。因此，组织规模越大，就越需要分权化。许多高层管理者相信放弃中央集权式控制不但能够提高工作速度、增进工作灵活性及选择性，而且还可以有效激励员工的工作积极性。鼓励雇员们充分参与组织活动的理念被称为"授权"。授权指在组织内部共享权力，或将权力分给组织中的其他人。授权激励的作用主要表现在：

第一，有效的授权以多种方式为长期竞争优势提供基础。因为授权不仅可以增加组织中的权力总量，而且还能增强雇员的工作动力。

第二，有效的授权激励有助员工的成长。

第三，有效的授权有助于共同远景的形成。

第四，有效的授权有助于学习型组织的形成。

2. 授权的误区

虽然越来越多的高层管理者意识到，授权对组织生存和发展的重要性。而且也实行了不同程度的授权，但效果却相差甚远。有的组织进展很顺利，有的组织却没有达到预期目标。究其原因，主要是这些组织存在着授权误区，集中表现在以下两方面：

第一，拒绝授权。

完全拒绝授权的现象极少，也不现实。因此，领导者就采取各种方式拒绝授权，如含糊其辞的授权、三心二意的授权、空头支票式的授权及完美式的授权等。产生以上现象的原因主要在于领导者的用权观念和领导方法不当。

第二，授权之后放任不管。

其有两种表现形式：一种是牧羊式的放权。授权人授权后，像牧羊人放羊一样，一切听其自然。这种看似给下属完全自由、切实放权的做法，实则陷入了放任不管的泥沼之中；另一种是无反馈式的授权。授权人无意于亲自建立和实行有效的对授权人工作状况的反馈控制机制。这种无反馈式的领导人既不能及时获得各方面的最新信息，以便领导者修订本部门的发展战略、策略，也不能使领导者根据各种变化，积极地、有效地指导下属的工作。

（四）培训激励

培训是一种目标激励。通过培训，以满足员工个人的归宿需要以及成就需要，才能促进员工掌握新的知识和技能。在努力达到个人目标的同时将个人目标与组织目标结合起来。

培训是一种内在激励。就如同“工作的报酬就是工作本身”一样,“培训的效果就是培训本身”。通过参加培训,员工将感受到培训是员工工作与生活中一个重要组成部分的意义所在。只要培训能取得新的成果,受训者将获得自尊,会感到一种强烈的自我价值的实现。

培训是一种关心激励。企业的员工将企业作为主要的生存空间,大多也把企业作为自己的归宿。通过培训可以帮助员工提高对新的工作环境的适应能力以及岗位的竞争能力,使员工产生强烈的归宿感。

培训是一种奖励激励。通过培训,可以提高员工的岗位竞争力;可以通过提高技术技能水平获得较高收入的回报;可以为员工的职业生涯发展创造更有利的条件;可以通过培训获得晋升的机会等。

（五）文化激励

文化的激励性是指文化本身所具有的激发组织成员与组织目标的实现保持一致的动机的特征。组织文化的一个非常重要的功能就是要激发组织成员为实现组织的目的与目标而努力工作的动机。

1. 企业文化的功能

第一,企业文化可以加强企业对职工激励的功能

激励是基于企业内外环境的刺激和影响而诱发企业这个有机体产生的一种自勉力、发奋进取精神,以及推动职工献身企业的责任感和行为。在众多的激励因素中,组织环境的好坏与激励的强弱密切相关,企业文化建设能够为职工培养起一个良好的激励环境,从而起到激励职工的作用。

第二,企业文化可以增强企业内部职工的凝聚力

内聚功能是企业文化最显著的一种功能,它能把劳动者的意志和行为引向同一目标和同一方向,并为这个目标和方向协同动作。从企业的发展看,劳动者通过对企业经营理念的共同理解,及共同的价值观念体系的形成,本身也产生一种很强的凝聚点。它能汇集全体职工的聪明和智慧,使企业职工之间产生共同的语言、共同的组织荣誉感和共同的责任心,并在此基础上,发挥出强大的凝聚力。

第三,良好的企业激励文化有利于降低企业的成本

良好的企业激励文化有利于形成良好的企业价值理念、价值体系,还会使劳资双方形成良好的心理契约、稳定的职业预期,各种类型的员工就容易达成共识。这样不但有利于员工间的沟通成本的降低,还有利于组织变革的顺利实施。企业的员工流失率、企业的各

种制度运作成本也都会太太降低。

2. 提高企业文化有效性的基本措施

企业文化不仅仅是一种管理方法，更是象征企业灵魂的价值导向，企业文化是企业经营哲学、价值取向、行为规范等要素的综合体现，是企业一切经营管理活动和思想精神活动的总和。显然构筑良好企业文化对企业相当重要，那么如何提高企业文化的有效性呢？通常可以采取以下措施：

第一，从个人愿景到共同愿景

从个人愿景到共同愿景是说企业的共同愿景必须构筑在个人愿景之上，同时共同愿景又不同于个人愿景，它应该高于个人愿景，共同愿景的实现过程同时也是个人愿景的实现过程。组织在建立共同愿景时应该容纳那些与组织共同愿景无利害冲突的个人愿景，并能够给予一定的实现空间。

第二，把握方向，塑造整体形象

把握方向是组织在构建自己的共同愿景时要把握组织未来的发展方向，达到的状态。这种方向既可以指示组织将成为什么样的组织，也可以指示组织未来将从事什么产业领域，更可以指示组织未来在市场、在顾客、在同行中的地位。显然这些方向如果比较明确的话，共同愿景中的景象也就比较鲜明了，可以明白地让员工知道组织的未来，从而起到应有的内在激励作用。

第三，使命宣言与使命感

所谓使命宣言是指把组织与员工们拥有的使命用一些简练、明了、带有激动性的文字加以表达，形成格言、座右铭等。

第四，发展核心价值观，融入组织理念

共同愿景中含有组织价值观。价值观不同，组织的共同愿景也会有所不同。由于组织的价值观是组织关于对自己、未来、社区、社会等方面的完整看法和价值取向，所以它是完整的一个体系。共同愿景中含有组织价值观，实际上它不能全面包含组织的价值观体系，而只能是含有这一价值观体系中的核心部分，这种核心部分就是组织价值观。

三、动态激励

动态激励就是指企业针对员工个性的成熟度和他的事业发展规划，采取不同的激励措施，让员工的发展与企业的发展真正融为一体，从而最大限度的激发出员工的巨大潜能。动态激励的表现手段为工作内容丰富化、职务雕塑和双阶梯型的晋升通道等。

（一）员工的成长与发展

就员工方面来看，随着个人生命周期的演进，他的个性经历着从不成熟到成熟的演变，企事业的发展也呈现出明显的阶段性特点。因此，管理者必须及时、深入地把握员工的变化，及时地对管理方式作出调整，以便能更好地激发员工的积极性。

1. 员工个性的发展

个性是指一个人怎样去影响别人，怎样理解和看待他自己，以及他内部和外部可以测量的特质是如何形成的。人的个性形成和发展受多方因素的影响，主要体现以下几个方面：

第一，遗传。体形、性别、肌肉与神经系统等都是由遗传决定的。由于遗传的结果，员工表现出不同的学习潜力，不同的生物节律、反应时间和对挫折的忍耐力。这类特点影响着员工的需求和期望。

第二，群体成员资格。人类学家已经清楚地证实了民族文化在个性中所起的重要作用。出生在任何一种民族文化中的人们，都要受到现存价值观的影响。作为一个群体成员，随之而来的就是要经受这种社会环境的熏陶，有别人在场，个人就会改变以求适应。人们的个性是由人们与之有个人接触的群体中的成员们塑造出来的，也是由我们对群体这个统一体的认识塑造出来的。

第三，角色。在不同时期，要求人们所担任的角色也不同。这是因为每个人都参加好几个群体，而个人担任的角色又会受到自己所参加的群体的影响。

第四，境遇。境遇因素是影响个人的独特因素。通常个人的家庭背景、个人经历等境遇因素对一个人的个性形成与发展影响甚大。

2. 员工事业的发展

事业发展与规划是一个人不断地寻求工作与生活质量满意的动态平衡过程。组织虽然为员工提供一定的岗位或职位，但员工追求的是自己的事业，怎样在两者之间达成一致，是组织激励工作的重要内容。对组织来说，帮助下属规划和发展他们的事业是最具有长期效应的激励措施。

通常，员工在事业锚的作用下，他们的事业往往沿着 3 个方向发展：

第一，沿纵向发展。就是指个人在组织内部沿着垂直阶梯向上发展。

第二，沿横向发展。就是指个人在组织的各种平级职能部门之间发展和变动，其发展的领域与个人的知识、技能和经验相关。

第三，向核心方向发展。就是指个人由组织外围逐步向组织内圈方向变动。当向核心方向发展时，员工对组织的全局和内情了解得会更多，承担的责任也会更大，并且会经常参加重大问题的讨论和决策。

个人的需要随着年龄与发展阶段的变迁而不断变化。无论是员工的个性发展还是事业发展，实际上都是员工需要的发展，并且是从低层次向高层次需要发展。对于组织来说，不仅要能识别员工追求高层次需要的动机，更为重要的是，要满足员工高层次需要的激励措施与员工个人所追求的高层次需要的实现方式有机地结合起来。

（二）动态激励的具体方式

1. 工作内容丰富化

工作丰富化的激励方法始于20世纪40年代。它试图把一种更高的挑战性和成就感体现在工作中。它可以通过赋予多样化的内容而使一项工作丰富起来。通常可以使用以下的方法使工作内容丰富化。

第一，在决定工作方法、工作秩序和速度方面给员工更大的自由。或是让他们自行决定接受或拒绝某些资料或材料；

第二，鼓励下属参与管理及与人们（包括上级、同事和客户等）之间的交往；

第三，增进员工对自己的工作有个人责任感；

第四，采取措施以确保人们能看到自己的工作对组织或部门所作出的贡献；

第五，把工作完成情况反馈给员工，而且最好是在员工基层主管得到这种反馈以前；

第六，在分析和改变工作环境的物质条件方面，让员工也参与进来。

2. 职务雕塑

职务雕塑就是指企业管理人员根据每位员工追求的生活乐趣，安排员工的工作，设计员工的职业发展道路。要做好职务雕塑工作，必须做好以下工作：

第一，深入了解员工。有时，管理人员比较容易了解员工生活中的乐趣，但往往是员工自己都无法明确其兴趣所在。同时，随着员工的环境转变以及年龄、知识的变化，其乐趣也在不断变动之中。因此，管理人员必须仔细观察和深入调查，识别和发现员工生活中的真实兴趣。

第二，诚心诚意。管理人员不仅要向员工公开表明自己愿意尽力帮助他们设计职业发展方向，而且应通过外部营销活动，宣传本企业的职务雕塑措施。这样，不但有利于留住人才和激励人才，而且还有利于吸引到更为优秀的人才。

第三，双向交流。要做好员工职务雕塑工作，管理人员应该在正常的考评中与员工一起分析员工的工作业绩，深入了解员工喜欢的工作任务以及厌烦的工作任务，从而确定员工今后的工作任务，并与员工一起来规划其职业发展计划。

3. 双阶梯型的晋升渠道

双阶梯制度主要是为企业中的科技人员设计的。它可以为科技人员提供两种发展道路：一是管理生涯道路，选择这条道路可以通达高级管理职位；二是专业人员发展道路，可以使之在研究领诚继续发展。对于这两种不同的选择，相同级别人员可以享受相同的地位和待遇。显然，这种制度设计既为员工开辟了广阔的晋升通道，又适应了员工的不同需要，使得员工的积极性、主动性和创造性得到了极大提高。通常，要合理设计双阶梯制度，必须坚持以下几个原则：

第一，双阶梯制度要不断地变革，与企业文化、组织结构相适应。

第二，管理层要给予足够的支持和热情。

第三，各个职位阶梯之间必须确保平等。只有这样，技术阶梯的定义才有意义，才能让员工对该制度具有足够的可信度。

第四，在重视企业文化建设的同时，要让专业技术人员参与企业决策。

第五，要建立一套晋升标准和专门的晋升审查机构(如晋升评审委员会)。

第三节 不同企业的员工激励模式

一、国有企业激励模式构建

1. 国有企业物质激励的原则

(1) 公司享有充分的工资奖金分配自主权，公司可以根据其经济效益和经营特点，在自负盈亏的前提条件下，实行灵活多样的内部分配形式；

(2) 公司平均工资增长率低于公司劳动生产率增长；

(3) 公司应该依照法律规定，参加社会保障制度，并建立公司的福利体制；

(4) 个人工资水平应该与其劳动生产率和工作性质相联系；

(5) 工资水平应该随通货膨胀率和社会生活水平的变动而及时调整。

2. 国有企业的精神激励

在重视职工物质需要的同时，国有企业还要满足职工的各种非经济性的需要，要注意与职工的沟通和了解，使职工工作富有挑战性和成就感。

第一，加强企业民主管理，在深化国有企业的改革中，要坚持全心全意依靠工人阶级的方针，增强职工的主人翁意识，激发职工在生产经营中的自觉性、积极性和主动性。从制度上看，要强化工会或职代会制度，赋予职工参与公司管理的一定权利，让工会或职工代表参与公司的一些重大决策特别是涉及职工利益的重大决策。

第二，企业要协调好职工之间的关系，创造融洽、和谐的企业人际关系氛围。人力智能的发挥与所处的组织人文环境密切相关。大量的实践证明：一个人在领导公正廉明，人文和谐的人际关系中，他不仅能有效地发挥现有能力，而且他的潜能也能得到展现。公司可以通过建立和发扬企业文化等手段，培养良好的群体意识和公司行为规范。

第三，国有企业要积极发展极具特色的企业文化。长期以来，国有企业所提倡的是把国家、集体和个人利益结合起来的集体主义价值取向，以及人与人之间的互助合作精神。

在企业中，对于维护正常的生产经营秩序，减少欺骗、偷盗等机会主义行为，仍起着不可忽视的作用。因此，国有企业应利用这一优势，并结合现代市场经济法则形成一种新的企业文化。这些企业文化对于增强企业职工的内聚力，激发工作积极性，减少偷懒、搭便车行为，提高企业经济绩效，都有十分积极的作用。

第四，国有企业应强化企业培训，加大人力资本的投资。当前，我国的国有企业在职工学习和培训上的投资相当落后，为了加强国有企业的国际竞争力，迎接国际大公司的挑战，国家应制定相应的政策，加强对职工培训的指导，服务和宏观管理；企业在制度创新中，应对职工和提高职工素质作出明确的规划，加大人力资本的投资。

二、非公有制企业激励模式构建

1. 当前非公有制企业的激励误区

第一，以“经济人”假设看待全体员工。在这种观点支持下，企业往往简单地以经济利益作为驱动员工的惟一手段，而忽略了员工的归属需要和成就追求，不重视企业内部的人际关系，更不会利用客观存在的非正式组织提高组织的凝聚力和效率。

第二，“灵活性”与“随意性”划等号。代表企业的领导缺少一种稳定的、有连续性的行为规则，类似问题的处理往往因时、因人而不同。这一方面使员工感到企业在对待不同人员缺乏公正，另一方面又有“鞭打快牛”的不良效果。组织效率的下降是必然的。

第三，人力资源管理无序。企业一般没有对各项工作进行认真分析，设岗缺乏科学性，对人员的招收和使用不作预测和规划。

第四，缺乏沟通，反馈不及时。企业将它与员工的关系视为契约关系，重视工作，但不重视人际关系，企业缺乏领导与员工、员工与员工相互沟通的机制；由于员工得不到对自己行为评价意见的及时反馈，工作的激情衰减很快。

2. 非公有制企业激励框架的构建

企业的整体激励框架大致可分为 3 个层面：权益层、经营管理层和基层员工。其基本原则是：在定编定岗的前提下，针对不同阶层、不同部门、不同个人采用不同的激励措施。

第一是权益层激励。权益层指通过对企业投资（包括人力资本投资与非人力资本投资），并以法定途径获得企业所有权的整个群体。在通常情况下，权益层就是指企业股权的持有人。对这一阶层激励的目的是保持其对企业投资的兴趣，并积极参与企业的治理与监督。对此阶层最好的激励方式就是通过高效经营让股东获得稳定而可观的分红，并创建一支能征善战的企业团队，从而让他们看到企业发展的远景。

第二是经营管理层激励。企业经营管理层对企业效率起着决定性的作用，因而也是企业激励的主要对象。其激励计划可分为 5 部分：一是目标管理计划。在工作目标制定相对合理的前提下，经营管理者的绩效工资与工作目标挂钩：达到目标，绩效工资全拿；超越目标，加发超额奖金；未达成目标，视情况按比例扣除。二是利润分享计划。具体做法是在企业的税前利润中提取一小部分放在一个基金中，依据每位经营管理者的基本薪资进行分配。利润分享计划通常一年实施一次。三是股份转赠计划。针对服务满一定年限，且对公司有突出贡献者，可以考虑实施股份转赠计划。四是充分的授权并允许一心为公的人才犯小错。五是营造较为舒适的办公环境与融洽的人际关系。

第三是基层员工激励。基层员工指在企业计划范围内，负责生产、销售和服务等具体操作环节的所有员工。这一群体数量多，占企业人员比重大。应该使员工个人的成长与企业的发展统一起来，让员工与企业共同成长；重视对员工的培训，为员工创造学习机会，促进员工的发展；给员工一个看得见的希望，员工的前途完全取决于他个人的表现；给员工一个明确的职业期望；建立以绩效为主独具特色的薪酬体系；注重内在激励，使员工工作内容丰富化，为员工创造参与企业管理的机会。

三、中小企业激励模式构建

虽然中小企业不是与国有企业、非国有企业并存的范畴，但由于其数量众多，且在进行员工激励时难度较大，故在此专门进行探讨。

1. 中小企业激励员工存在的难点

第一，由于企业规模小，财力有限，使得大部分中小企业难以以高薪酬、高福利来激励员工。

第二，企业缺乏一个系统的、完善的激励人才管理体系，随意性比较强，使得其难以吸引和留住人才。

第三，企业的地域性强，容易形成排外的企业氛围。

第四，企业缺乏良好的企业文化。

2. 中小企业员工激励措施

第一，中小企业的薪酬制度，一般可选用“底薪＋奖金”的模式。“底薪”可以与企业原有的薪酬制度相统一，也可以采取岗位薪酬，而将尽可能根据工作性质和人才层次的不同，采取不同的标准和评价方式。在此基础上，一是对从事技术工作的人才，可根据其参与的项目为企业所带来的效益，以项目提成的方式给予奖励，而对于一般的技术人员等可采取一次性奖励的办法；二是对从事管理工作的人才，可采取目标管理的办法，根据其目标完成的程度以及效果给予奖励；三是对从事市场方面的人才，可采取以市场业绩为依据来确定报酬，同时辅以目标管理方式来鼓励其开拓新市场。

第二，运用职位、机会和培训激励。依照企业的目标策略，给员工设置有挑战性的工作或职位，使其能在工作之中得到发展空间，满足员工的自我实现感。采取这种激励方式，关键要在企业内部形成一种良好的人才竞争机制，如采取公开竞争上岗，开展新市场、新项目等。目前，培训激励已成为吸引人才的一种重要方法，为人才提供接受新技术、知识更新培训的机会往往能起到意想不到的激励效果。

第三，运用股权激励。股权激励是通过将人才的利益与企业的利益统一起来。通常，中小企业可采取以下两种方式：一是送干股的办法，这是给特殊人才的一种激励手段，即特殊人才留在企业时可享受分红，但不拥有产权，一旦离开企业就取消。二是期股权。这种办法适合上市公司或处于成长期的企业，当然要在企业可承受的范围内实施。

第四，运用企业文化激励。良好的企业文化不但可以激发全体员工的热情，齐心合力为实现战略目标而努力；而且是留住和吸引人才的有效手段。具体可以这样做：一是做好日常管理工作，创造一个环境整洁、氛围友善、运作有序和管理规范的良好企业形象。例如，送给过生日的员工有企业领导签字的记事本、书籍或贺卡，为员工的小孩开生日派对等。二是采取荣誉激励方式，并邀请员工家人参加隆重的集会等。

四、企业发展阶段与员工激励模式

企业不同的发展阶段，其员工激励的主要方向与目标也会不同。不同阶段其人力资本在企业各资源中的稀缺程度和谈判力也会不同，在不同的阶段，引入合理有效的股权激励，相应完善法人治理结构，形成合理的产权结构。从而有效调整分配方式，并结合多种激励手段的组合激励方式，才能建立有效的激励与约束机制。

1. 初创阶段的激励模式选择

这一阶段是企业核心能力开始但不明确的时期，企业各种资源要素处于购买和磨合阶段，人力资源的流动性很强，人力资本积累和存量难以沉淀下来，收入和利润都较低。此阶段，企业要致力于建立相应的企业机制，配备相应的环境条件，吸引和留住影响企业生存与发展的关键人才，培育企业核心能力。

面对严峻的竞争，这一阶段企业注重在短期内创造高额利润回报，迅速成长并形成规模。为与这一经营战略保持一致，薪酬水平应具有较强的激励作用。经营者与核心技术人员的存留和引进是企业核心能力培育的重要因素。较高的基薪是对其身价和能力的肯定，这种肯定本身就是一种激励。以短期激励为主，实行年薪制，以高于市场平均薪酬水平的较高基薪为其高额报酬的主要来源，制定以业绩与目标实现情况为考核标准的中等水平的奖金或劳动分红，与普通员工收入拉开距离。相对于各种因素的变化，经营者的薪酬水平应适时进行调整，同时要强化企业内部竞争机制。经营者的福利构成应多样化，除了享受一般员工享有的诸如免费餐饮、基本养老保险、医疗保险等福利外，还应有职务消费和额外福利。

除短期激励外，可适当结合长期激励方式，对个别关键核心技术人员和经营者采用技术入股和股票期权计划，但其股权比例很小。对中低层员工实行岗位工资制，并强化福利机制和文化机制。同时，创造良好的工作和竞争环境，提供更多的晋升机会，鼓舞员工的创业激情，肯定工作表现，给予适当的精神奖励和创新奖、贡献奖等物质奖励。结合企业的实际情况，对员工进行短期的上岗和技能培训，以此激励和稳定员工。

2. 成长阶段的激励模式选择

在此阶段，随着企业核心能力的逐步形成，公司的体制和性质也在不断发生变化。股权结构呈现多元化，持股更分散。股东的控制力减弱而经营者的控制力增强。此时，人力资本成为企业重要的价值源泉，特别是经营者人力资本，成为企业重要的稀缺资源，在公司中起着越来越重要的作用。

随着所有权与经营权的进一步分离，企业所有者对企业日常经营活动介入越来越少，对经营管理者的依赖程度越来越强。因此，为了对经营者进行有效激励，以股权为基础的激励成为必然的选择。实施年薪制与股票期权相结合，经营者的报酬结构实现多元化，收入由基本薪金、年度奖金、长期激励项目，即股权收入、养老金和津贴组成，既包括固定收入，也包括风险收入。这种收入结构多元化的特征，就是要发挥不同形式收入对经营者行为所具有的不同激励约束作用，从而保证经营者行为长期化、规范化。

随着社会的发展，员工自身的发展需求也日益加剧，员工不仅希望得到可观的收入，而且希望个人能力也不断提高。他们在择业和工作的时候，把个人发展、培训机会和晋升机会等放在优先考虑的地位。此时，企业也具备了对员工进行长期培训的能力，企业只有努力把组织发展同员工的发展结合起来，把员工培训作为管理的一个重要部分，才能更好地激励人才和保留人才。除了对员工进行专业技能培训和知识积累外，还要加强员工对企业文化认识的培训，增强员工的贡献意识，树立个人发展依赖于企业发展的理念。

3. 成熟阶段的激励模式选择

在这一阶段，企业面临的市场广度和深度不断扩展，竞争日益加剧，企业的经营风险日益增强，知识成为企业持续发展最重要的资源。人力资本的稀缺日益严重，企业不仅依赖于企业家才能，更需要一般性人力资本所包含的知识和技能，激励模式的设计和完善需更加重视人力资本因素。因此，此阶段的激励模式应以股权激励为主。

第一，实行普遍的员工持股制度。科学地设置股权结构，合理安排员工持股数量，避免过度持股和持股过少。员工持股太少，就不能充分发挥主人公作用，但员工如果获得了过大的控制权，可能会出现损害公司原始股东利益的行为。因此，员工持股既要能普遍激励员工积极性，又要能预防各种短期行为，实现激励和民主管理的统一。

第二，企业拥有了清晰的产权结构，员工也能够把自己的劳动果实与企业的经济效益相挂钩。员工持股从根本上提高了员工对企业的关切度和参与度，在公司治理结构中发挥了有效的作用，形成了有效的、制衡的、激励和约束相结合的公司治理机制。股票期权制度的进一步加深，范围进一步扩大，经营者持股比例进一步增大，参与企业剩余分配的程度加强，对企业的控制力超过了企业所有者。此时，应进一步将年薪制的利益激励机制与股票期权、期股制等风险控制机制相结合，以风险报酬收入为主，做到短期激励与长期激励最紧密的结合，提高激励效果。

第三，通过给员工提供晋升、发展以及积累财富的机会，鼓励他们与组织共同奋斗。进行员工职业生涯设计，针对不同员工的情况，对员工能力的提升、阶段性培训和职位提升等员工的发展前景进行合理设计，使员工充分意识到在企业中的发展机会和前景，激励员工不断寻求自身发展的途径，也使企业获得持续发展的宝贵知识资源。薪酬高低已不能满足经营管理者的需要，他们开始更多地追求工作的成就感、权利的支配程度和所获得的地位和荣誉。除进行必要的薪酬激励和产权激励外，还要加强工作激励、权利激励、职位激励和荣誉激励。

4. 衰退阶段的激励模式选择

在此阶段，企业的核心能力已经衰退，原有产品和技术失去了在市场上的竞争地位，企业只有进一步发挥创新优势，重获竞争优势。股权的进一步分散，强化了利益相关者各自的利益，阻碍了企业资源配置的优化，创新机制难以继续顺畅运行。企业迫切需要发挥员工的创新精神，形成新的核心能力。因此，企业应对公司治理结构进行改造，对企业的股权进行收缩，将股权集中于股东和经营管理层手中，并给予经营管理层广泛的决策控制权，从而形成集中的权利和决策中心，将主要力量集中于核心能力的再造上。为达到此目的，我们可以从以下几个方面营造该阶段的激励体系：

第一，为员工创新提供必要的条件和激励方案。对于为创新作出突出贡献的员工，进行技术转股、股票期权或给予巨额创新奖，以激发员工的创新激情。此外，也要注重非货币性的激励方式，如精神激励、职位激励，事业发展的机会、职位、权利、声誉是其实现的主要途径。精神激励与职位激励并不直接随创新业绩的变化而变化。由于创新效益不是立刻就能呈现，对于有创新意识和承担创新风险的员工在创新阶段要给予精神激励和职位激励。同时，要把精神激励、职位激励与报酬激励紧密结合。

第二，在追求自我价值的实现和能力的充分表现时，更需要知识的更新和自身能力的提高，知识虽有了一定量的积累，但不足以支持创新的需要。对经营管理层进行专业资格培训，提供高等教育、出国等各种机会，通过多种渠道提升新知识的积累，为核心能力再造做好准备。对员工进行再培训，进行知识更新，同时也要引入新的员工，注入新的知识和活力，企业资源再次进入新的磨合阶段。

第三，要为员工提供自由的工作环境，提供自由发表意见、展示自身才能、发挥创造力的空间。许多员工都是伴随着企业而成长起来的，对企业有着深厚的感情，因此强化文化机制，可以更好地激励员工为企业作贡献，发挥创新精神，致力于进行核心能力再造，使员工的个人发展与企业的持久发展再次结合。

第四节 员工类型与激励

激励具有生命周期，当采用某种方式对某员工产生激励效果后，随着时间的推移或员工需求逐渐得到满足时，他的积极行为也将逐渐消退，激励的效果逐渐减弱甚至消失。要想再产生激励的效果就需要再次激励或改变激励的方式。因此，激励的内容要根据员工的需求变化而变化。

一、不同年龄阶段的员工激励

1. 青年员工的激励需求

一般20～30岁之间的员工自主意识比较强，对工作条件等各方面的要求比较高，对事业的追求狂热而执著，工作事业都不稳定，“跳槽”现象较为严重。对物质方面的激励需求要更加强烈一些，在薪酬结构方面，对过于优厚的福利等辅助薪酬不感兴趣，对以股权形式的延迟报酬深为反感，追求的是明明白白的高工资。

2. 中年员工的激励需求

中年员工经过年轻时的拼搏，事业也会有点成绩，对于事业的追求也不如以前，通常因为家庭等原因比较安于现状，相对而言比较稳定；处于对物质激励与精神激励都平衡需求的胶着状态中，在薪酬结构方面对工资的期望较高，因为这既是自我价值的承认的表现，也是实实在在的金钱。

3. 老龄员工的激励需求

通常，老龄员工的事业都小有成就，由于年龄的关系，对创新与开拓发展不再执著追求，认为自己的职业生涯已经接近尾声。当前重要的是保住目前的职位，追求一种稳定而舒适的生活。在激励结构方面，他们偏重于精神激励方面的需求；在物质激励方面，偏向于对福利保险等刚性较强的薪酬。

4. 不同年龄阶段员工的激励模式比较分析

如表9-2所示，企业应根据自己的实际情况，结合本身的企业文化以及员工年龄阶段，设计合理的员工激励模式组合。

表 9-2 不同年龄阶段员工的激励模式比较

员工类型	薪酬结构		激励需求	
	物质激励	精神激励	工　资	各种福利、保险
青年员工	须提供良好的工作环境和条件。激励的形式尽量货币化	不需过多强调	占绝大部分比例。需求强度最强	只保持必需的福利形式，其比例可以适当降低
中年员工	需求强度较强，对货币形式的激励期望较高，可提高股权激励形式方面的报酬。比例也可以适度提高	需求强度一般，要开始提供各种形式的精神激励，如授权、培训等	保持适度的工资增长率。需求强度较强	提供比较优越的各种福利，但比例只能是在企业中处于平均水平
老龄员工	在激励时，货币形式的激励可以适当降低标准	着重提供灵活多变的各种精神激励	工资可以基本不变。需求不太强烈	较大比例的增加

二、不同性格类型的员工激励

在现实中，企业内的员工类型可以分为指挥型、关系型、智力型和工兵型。针对不同类型的员工，领导者应该分析其类型特点，采取不同类型的激励技巧，这样才能取得良好的激励效果。

1. 指挥型的激励技巧

指挥型的员工喜欢命令别人去做事情，面对这一层次的员工，领导者在选取激励方式和方法的时候应该注意以下几点：

- 支持他们的目标，赞扬他们的效率；
- 帮助他们通融人际关系；
- 让他们在工作中弥补自己的不足，而不要指责他们；
- 避免让效率低和优柔寡断的人与他们合作；
- 容忍他们不请自来的帮忙；
- 巧妙地安排他们的工作，使他们觉得是自己安排了自己的工作；
- 别试图告诉他们怎么做。

2. 关系型的激励技巧

关系型的员工关注的对象不是目标，而是人的因素，他们的工作目标就是打通人际关系线。对于这种类型的员工，领导者应该考虑采取类似下列的激励技巧：

- 对他们的私人生活表示兴趣，与他们谈话时，要注意沟通技巧，使他们感到受尊重；
- 由于他们比较缺乏责任心，应承诺为他们负一定责任；
- 给他们机会，充分地和他人分享感受；
- 把关系视为团体的利益来建设，将受到他们的欢迎；
- 安排工作时，强调工作的重要性，指明不完成工作对他人的影响，他们会因此为关系而努力地拼搏。

3. 智力型的激励技巧

智力型的员工擅长思考，分析能力一般很强，常常有自己的想法。这类员工喜欢事实，喜欢用数字说话。领导者在激励这部分员工的时候，应该注意到：

- 肯定他们的思考能力，对他们的分析表示兴趣；
- 提醒他们完成工作目标，别过高追求完美；
- 避免直接批评他们，而是给他们一个思路，让他们觉得是自己发现了错误；
- 多表达诚意比运用沟通技巧更重要，他们能够立即分析出别人诚意的水平；
- 必须懂得和他们一样多的事实和数据；
- 别指望说服他们，除非他们的想法与你一样；
- 赞美他们的一些发现，因为这是他们努力思考得到的结论，并不希望别人泼冷水。

4. 工兵型的激励技巧

工兵型的员工主要特征是喜欢埋头苦干。这类员工做事谨慎细致，处理程序性的工作表现得尤为出色。对于这样的员工，领导者要采用的激励技巧有以下几点：

- 支持他们的工作，因为他们谨慎小心，一定不会出大错；
- 给他们相当的报酬，奖励他们的勤勉，保持管理的规范性；
- 多给他们出主意、想办法。

三、不同工作岗位的员工激励

1. 专业技术人员的激励模式组合

专业技术人员是企业技术革新和科技成果推广应用的主力军，是企业持续发展的动力。他们具有较强的成就感，有继续深造的愿望，对企业的培训及施展自己才华的机会十分重视，很在乎企业对他们的付出是否承认和认可。他们不同于传统上听从命令或规定程序操作的员工，对工作的自主性要求较高，对组织的忠诚度较低，而更多地忠诚于他们的专业。基于此，对他们的激励要注意以下两点：

第一，营造良好的用人环境和工作环境

专业技术人员首先需要一个自主的工作环境，自主地创造，自主地决策；其次需要一个信息、知识平等交流、共享的环境。扁平化的以团队为中心的网络组织结构倾向于分权，有利于专业技术人员之间互相交流，实现信息、知识共享。

第二，建立培训、提升及报酬体系的综合激励方式

首先，专业技术人员认为工作本身就是对他们的重要激励，他们喜欢处理问题并找到解决方法。因此，应该给专业技术人员提供不断发展，有挑战性的工作，给他们一定的自主权去实现他们的兴趣，允许他们以自己认为有效的方式工作。其次，需要加强对专业技术人员的培训和开发，创造良好的学习环境。再次，制定专业技术职务提升办法，将科研成果、发明创造、学术报告和绩效评估等指标作为对专业技术人员职务提升前的考核内容，进行量化评价，符合条件的被提升高一级专业技术职务。最后，在报酬体系设计时，报酬应该与知识、技能挂钩，对于骨干技术人员和特殊知识技能拥有者，可以考虑让其享有一定的股份，将个人的利益与组织的利益联系在一起。除此之外，组织还可以给专业技术人员提供非金钱报酬，如满意的办公设备、职务头衔等。

2. 销售人员的激励模式组合

销售部门是公司的利润中心，销售人员直接与客户接触，促成业务交易和货款回收，同时也代表着企业的形象。因此，企业需要有一支既有良好的工作动机又渴望创造优秀绩效的销售人员队伍。销售人员是否具有良好的工作动机和渴望创造优秀绩效的热情则取决于企业的激励机制。销售人员的激励机制包括薪酬激励和业绩考核，这两者紧密相关。

中外企业中销售人员现行的有形薪酬无非就是工资、奖金、提成和补贴，但如何有效对工资和奖金提成进行组合并非易事。那么究竟是采用高额年薪制还是采用高额提成制，这要看企业的具体情况。首先看企业成熟程度。管理体制较完善、发展较成熟的企业，销售人员的任务主要是客户关系维护，年薪制较合适；而刚起步不久或处于初级成长期的企业，销售人员的主要任务是开发客户，偏重提成制更有效。其次要看企业的市场投入水平。投入高、知名度高的企业，其销售额很大程度上来自于公司的投入而非销售人员的努力；而市场投入低，其销售额主要靠销售人员频繁拜访的企业，应把大部分薪酬放在提成奖励上。最后还得看企业提供的产品特征，需要销售人员直接面对面接触消费者，销售技能和人际关系起很大作用的产品宜采用提成制，而强调服务和团队合作的销售形式注重年薪制更能体现服务质量和团结协作精神。

3. 一线生产人员的激励模式组合

一线生产人员是企业生产经营的目标的直接完成者，他们文化层次较低，工作内容具

体单一，体力劳动比重较大，工作环境相对较差。他们的需求层次决定了企业对他们的激励措施。

首先，制定工作目标。通过工作目标设置来激发员工的动机，指导他们的行为，使个人的需要、期望与企业的目标挂钩，调动员工的积极性。

其次，任务的完成与经济利益挂钩。一线生产人员普遍收入较低，低水平的生活决定了他们对收入的重视，他们总是期待着工资、奖金的上涨。因此，将任务的完成与经济利益挂钩能够激发他们的积极性。

再次，改善劳动条件，搞好劳动保护，增强员工的工作安全感，以达到激励员工积极性的目的。

最后，加强对员工的培训。一线工作人员都有学习多种技能的愿望，掌握多种技能的要求，以拓宽就业渠道。对员工进行培训，在提高员工自身素质的同时，也提高了企业的整体能级水平。

4. 管理人员的激励模式组合

麦克利兰的成就需要理论告诉我们，管理人员的优势需要集中在成就需要和权力需要；双因素理论告诉我们，高层次需要更多地是从工作本身得到满足的。结合我国企业实际情况，"晋升＋激励性薪酬"是适用于管理人员的有效的激励模式。

管理人员权利需要的满足是成就需要满足的前提。这是因为没有相应的权力，工作就无法开展，权力太小，管理人就沦为一般的执行人员。因此，只有拥有一定的权力，管理人员才可能开展相应的管理工作。

晋升对管理人员来说，可能是最有吸引力的激励措施。因为，晋升意味着得到了认可，可以享有更大的权力，可以获得创造更大成就的机会等。晋升激励在于能满足人的多种需要：职位的晋升往往伴随着薪金、待遇的提高，满足生理、安全的需要。因此，晋升的激励是对复杂的人性的激励。

随着现代组织向扁平化发展，中层管理工作缩减，管理者的晋升计划减少。在这种情况下，采用激励性薪酬模式，也就是差别薪资来保证优秀管理人员"升不了官就发财"。

激励性薪酬模式设计的目标是吸引和保留企业的核心管理人员，激励他们，使其能力不断得到开发。这意味着，设计的薪酬体系，对内要公平合理；对外要具有竞争力，同时符合国家和地方的法律、法规。因此，薪酬模式运用于企业中应当考虑以下两点：一要加大薪酬模式的激励性；二是在薪酬发放时要灵活采取公开与秘密相结合的方式。

四、团队激励

团队激励体系中的团队可能是工作团队，可能是某个部门，甚至是整个企业。尽管所指范围不同，涉及的基本概念却是一样的，即建立一种通过比较员工可变绩效来确定薪酬标准的基准。从薪酬管理发展的历史上看，财务指标是团队激励计划中使用最为广泛的绩效参考标准。显然仅仅使用财务指标并不能帮助管理人员解决这一问题。对这一问题的解决结果就是所谓的平衡记分卡，即对企业的经营从客户、财务、学习与成长、内部经营等方面对企业的运营进行评估。要搞好团队激励，使团队绩效大于个体绩效的总和，必须做好以下几方面的工作。

1. 给团队制定清晰的目标

组织的整体目标最终实现是与各团队的具体目标实现是密不可分的。团队目标的制定要做到具体、可衡量、可认可、可行以及具有时间性。只有清晰目标的制定才能使团队的激励具有方向性。

2. 评定团队等级，提高团队地位

管理者对于团队要定期进行评级，这种级别代表一种荣誉，不代表实际权利，但如果一个团队的级别连续多次排在最后，就可将这种团队降档，同时进行必要的人员调配。这样成员就会促发团队内部改革，激起成员斗志，使整个组织内部产生一种以团队为单位的竞争。

3. 肯定团队的成就，及时提高团队成就感

团队如果能够很好地完成工作，领导就需要对其进行必要的肯定，使其有一种成就感。如果不及时进行反馈，就会使那些绩效良好的团队觉得自己被忽视，从而难以继续努力。另外对优秀的团队给予适当的物质奖励也是必要的。

4. 培养良好的团队文化，搞好团队精神建设

团队文化对于团队的工作来说有一种强大的促进作用，精神的动力往往比物质动力所起的作用更大。当一个团队建立了一套完整的运行规则和约束机制，那他的成员就会有个标准要求自己。但最重要的还是团队要有自己的文化，只有这样团队才明白自己的前进方向，才知道自己为什么存在和将如何开展工作。有时候团队精神直接影响着团队的生存与消亡。

5. 在团队内部尽量多开展活动，以增加团队的凝聚力

团队多开展活动会使成员增加了解。团队成员可能来自不同部门，有着不同的经历，这样相互了解非常有必要，有利于团队内部工作的开展。活动内容尽量丰富，在不同活动中如果得到大家的认可，就会使自己增加一种成就感，提高自信心，增强团队凝聚力。

6. 增加对团队内部的成员的激励

团队要想得到很好的绩效，最终还是要做好对内部员工的激励。团队的绩效来自于员工的努力，只有做好对员工的精神与物质的激励，才能使整个团队得到有效的激励。

7. 了解团队成员的需求

根据马斯洛的需要理论，员工的工作动机主要是为了满足自己的各种需要。只有了

解了团队成员的不同的需求，针对不同的需求采取相应的激励措施，才有可能产生激励效果。

参考文献

1 曹超学.影响员工激励的要素探析.昆明理工大学学报，2003(1)

2 曹元坤，占小军.激励理论研究现状及发展.当代财经，2003(12)

3 陈晓东，谭伟，田利华.销售薪酬管理.北京：经济管理出版社，2003

4 谌新民.新人力资源管理.北京：中央编译出版社，2002

5 谌新民，武志鸿.员工潜能激励.广州：广东经济出版社，2002

6 郝辽钢.激励理论研究的新趋势.北京工商大学学报社会科学版，2003(5)

7 郝玮.个人激励与团队激励的选择.地质技术经济管理，2002(6)

8 李公正.如何分析企业培训的经济效益.中国人才，1996(3)

9 李芝山.授权妙诀.企业管理，2001(1)

10 廖冰.团队激励模型的探讨.重庆大学学报，2003(10)

11 林根祥，袁虎.企业有效激励模式探讨.科技与管理，2004(3)

12 卢锋.激励的效用.IT经理世界，2003(3)

13 孟昭宇.中外企业人力资源管理案例精选.北京：经济管理出版社，2003

14 秦朝晖.激励成本和激励效果评价.中南民族大学学报，2004(24)

15 曲炜，可星.企业核心能力生命周期各阶段人力资本的组合激励.科技进步与对策，2004(1)

16 王振侠，杜建国.浅谈知识性员工的激励问题.华北电力大学学报，2001(2)

17 魏凤.企业激励文化务实层面的构建.经济与管理，2003(12)

18 相飞.企业员工激励原则与应用.江西行政学院学报，2004(11)

19 肖凤德.做好年度培训计划保障培训效果.中国培训，2003(12)

20 徐红林.论团队与团队激励.西南民族学院学报，2003(4)

21 曾明.工作激励理论研究综述.大连大学学报，2004(5)

22 张莉，张芸.组织内部如何有效授权.现代管理科学，2004(1)

23 张秀娟.论职务晋升的激励作用与公正原则.南开管理评论，2003(2)

24 张远科.晋升之痒.企业管理，2004(5)

25 章哲，尤佳.授权的风险控制.山东农机，2003(12)

26 张志刚.激励奥秘：调动员工积极性.北京：中国物质出版社，2004

27 郑刚.关于授权问题的新认识.管理科学文摘，2002(11)

28 诚信人力资源网：http://www.cxrc.com.cn

29 博锐管理在线：http://www.boraid.com/

30 晟辉人力资源网：http://www.365hr.com.cn/

31 柳州经贸信息网：http://www.lzet.com.cn

32　人力资源开发管理网：http://www.hrdm.net/
33　亚太人力资源网：http://www.aphr.org/
34　中国人力资源网：http://www.hr.com.cn/
35　中华人力资源网：http://www.sino-hr.cn
36　珠海人力资源网：http://www.zh-hr.com/
37　佐佑人力资源顾问公司：http://www.zuoyou.com

B&E

第十章 绩效考评与绩效管理

[开篇案例]

科龙的绩效考评

科龙的绩效考评工作，自上而下，分为下列3个层面。

1. 公司对部长的绩效评估

主要是季度考评。在每个季度结束后，各部部长(业务部门叫总监)就填写一份《科龙干部绩效季度评估表》。表中内容主要有4部分：季度业绩回顾、综合素质评价、综合得分和评语。填写时，先由部长对上述4部分内容一一作出自我评价，然后再由其直接领导对上述内容作出评价，最后由领导填写评语。

2. 部门对科长或分公司经理的绩效评估

这是科龙公司绩效评估工作的重点和难点。不同的部门，职责不同，而且涉及人数和范围都很广，有时还会有交叉考核或共同考核的情形。比如，在全国的30个分公司中，冰箱分公司经理和业务代表由冰箱营销本部考核，而分公司的财务经理则同时由财务部和冰箱营销本部考核。

部门对科室或分公司进行绩效评估的频率，基本上是每月一次，而每季、每半年和每年的绩效评估，也会与当月的月度评估同时进行。但各部门评估方法和评估指标，千差万别。下面以冰箱营销本部来举例说明。

冰箱本部作为业务部门，其绩效评估的指标，与作为职能部门的市场研究部相比，有很大不同。它考核的对象有4个科室和30个分公司，其中分公司是重点。对分公司的考核指标，主要有：销量计划完成率、资金回笼完成率、库存量、渠道结构、零售网点数量、卖场管理、零售效率和市场份额等。根据不同的季节，或者根据营销策略的需要，其中有些指标会处于变动之中，有时又会增加一些指标。例如，在新产品上市阶段，往往会增加“出样商场数量”等指标。在对这些指标通过加权评分后，得出各分公司总的绩效评分。

3. 科室或分公司对其员工的绩效评估。

对具体员工的绩效考核频度，一般也是每月一次，但评估指标就简单得多。他只对与其职责相关的指标负责。在总部，这项评估工作的执行者就是科长，而在分公司，执行者则是分公司经理。

绩效沟通。根据每月、每季、每半年或每年的绩效评估结果，科龙各级管理层都会以正式的书面报告来公布评估结果。这是绩效沟通的主要方式。在这样的绩效评估报告里，绩效评估的结果，往往与相应的奖惩举措相伴随。

对于团队中表现最好的20%和最差的10%，则另外通过绩效面谈的方式来沟通。通过绩效面谈，使优秀者继续保持其良好的绩效，并为其进一步的发展提供指导。对于表现不佳的员工，以绩效面谈的方式，对其进行提醒、分析、指导或者警告。对于那些绩效表现变化显著的员工，也要对其进行绩效面谈，以更加准确地了解变化的原因，从而采取针对性的举措。

[点评] 科龙的绩效考评之所以获得成功，其原因在于：一是考评指标的设计合理，不但在量化与定性之间找到了比较好的平衡点，而且标准也是明确的、适度的。考评周期适时，能够达到激励员工的目的。二是考评主体多元化，保证了考评信息、考评结果的可靠性。三是对考评者有完善的监督机制；对被考评者也有畅通的申诉渠道，提高了最后结果的公正性。四是对评估结果进行了适当的比例控制，既让员工可以看到希望，也可以看到自己的不足。这不但有利于员工绩效改进，也有利于公司激励效益最优化。五是通过形式多样的沟通，不但促进了员工绩效的改善，还得到了员工们的积极配合，这也是绩效考评取得成功的关键所在。

绩效管理就是依据员工和他的直接主管之间达成的协议来实施的一个动态的、持续的沟通过程，是双方共同学习和提高的过程。它是一个在管理大系统中运行的小系统，绩效的考评是这个系统中的一个重要构件。通常，绩效管理系统由以下6个部分组成：绩效计划，动态、持续的绩效沟通，数据收集、观察和建立文档，绩效评价，绩效诊断与辅导，回到起点再计划。

第一节 绩效计划

[案例]

某银行金融集团的质量绩效计划方案

某银行金融集团是加拿大一家在众多金融市场上领先的服务商，同时在36个国家中有业绩良好的运作。1997年，该银行引入了质量绩效激励计划，这是一项用途广泛的激励方案。目的是表彰员工为企业发展所作的贡献，并引导金融服务业的发展，该计划是公司在北美地区首先推出的方案之一。它规定：每一年，若银行的工作达到了某种级别的财务业绩，就会设立一个基金来奖励员工。基金库的规模由银行达到业务目标的程度而定。

该方案主要有两个组成部分：银行金融集团中的整体绩效激励计划由与自己年度业务计划相关的业绩及与对手比较的业绩而定。个人的质量绩效激励计划报酬等级由决定业务单价为关键指标相对应的个人业绩决定。随后几年，该集团都创造了非常好的业绩。

[点评]　银行集团制定的质量绩效激励计划是个不错的方案，该方案制定了3个评价指标：股权回报率，它决定着质量绩效激励计划基金的发放总额；营业收入增长指标，能与银行金融集团的战略重点相适应；与对手相比的绩效，因为加拿大的金融服务领域处于高度竞争状态之中，若只有内部标准衡量指标已没有任何实际意义。财务、顾客满意度、员工奉献精神等相对于绩效将给股东、顾客及员工带来更大的价值。

一、绩效计划概述

1. 绩效计划是绩效管理中的起点

绩效计划是绩效管理中的第一个环节，是发生在新的绩效期间的开始。制定绩效计划的主要依据是工作目标和工作职责。在绩效计划阶段，管理者和员工之间需要在对员工绩效的期望问题上达成共识。在共识的基础上，员工对自己的工作目标作出承诺，主管和员工共同的投入和参与是进行绩效管理的基础。

绩效计划包括定义企业的目标、制定全局战略以实现这些目标、开发一个全面的分层计划体系以综合协调各种活动。绩效计划既涉及目标，也涉及达成目标的方法(怎么做)。通常，绩效计划是指正式的计划，对每一个时期都有具体的目标，并为员工所熟知。

2. 绩效计划是绩效管理的指南针

绩效计划能给主管和员工指明方向，让他们能协调活动，少走弯路。通过计划能减小变化的冲击，还能减少重叠和浪费。最为重要的是，计划中设立目标和标准便于调整和控制。

3. 绩效计划的类型和特点

绩效计划从时间上划分，可分为长期、中期和短期计划。通常，1年或1年以下的计划称为短期计划；1～5年的计划称为中期计划；而5年以上则称为长期计划。从计划的广度上来划分，可分为战略性计划和作业性计划。前者应用于企业，为企业设立总体目标和寻求企业在环境中定位的计划，它的时间跨度通常比较长，覆盖较宽的领域且不规定具体的细节。后者规定目标如何实现的细节计划，它通常覆盖较短的时间间隔。

绩效计划有4个特点：一是计划具有明确的目标性；二是计划具有首要地位；三是计划具有普遍性；四是计划具有效益性。

4. 绩效计划的内容

绩效计划中包括3方面的内容：关键绩效指标(KPI)、工作目标设定(GS)和能力发展计划。

• 关键绩效指标，是指企业宏观战略目标决策经过层层分解产生的可操作性的战术目标，是用来衡量评价对象工作绩效表现的具体量化指标，是对结果绩效的评价方式。

KPI 作为一种构建绩效指标的方法，不仅发挥评价和监督员工行为的作用，还强调组织目标在绩效评价过程中的核心作用。通过企业战略目标和员工的个人行为目标的结合成为企业战略实施的工具。

· 工作目标设定，是指员工在考核期内应该完成的主要工作及其效果；是对工作职责范围内的一些相对长期性、过程性、辅助性和难以量化的关键工作任务完成情况，即对过程绩效的评价方法。工作目标设定能弥补完全量化的关键绩效指标所不能反映的方面，反映更加全面尤其是基层员工的表现。

工作目标设定的步骤是：①了解公司战略；②确定部门绩效指标；③职务分析、设定工作要项；④对关键结果区域设置绩效指标。

· 能力发展计划，这里的“能力”是指根据企业发展的整体要求，个人需要发展的能力与知识，而不是个人需要完成的任务和职责。个人需要发展的能力与知识可以用个人的行为表现具体化，从而为实现关键绩效指标与工作目标提供帮助能力，可分为专业能力和基础能力。专业能力包括知识和技能；基础能力包括理解、判断、决断力、应用、规划和开发力等。

5. 绩效计划的使用

在绩效计划制定后，人力资源主管如何有效使用呢？首先，要让计划成为主管指挥的依据；其次，要让计划成为掌握主动权(指应对复杂变化的形势)的手段；再次，要让计划成为减少浪费、增加效益的重要手段；最后，要让计划成为主管进行控制的主要客观标准。

二、绩效计划与目标体系的设定

1. 目标管理的特点

目标管理是一种管理思想，它有 4 个显著特点。

第一，强调组织计划的系统性，即通过组织计划的系统性来保证组织活动内部的逻辑联系。

第二，强调目标制定过程本身的激励性，因为人的积极性来自于他对目标价值的认同和对该目标实现可能性的估计，且建立在对工作本身理解的基础上的热情要胜于建立在由金钱刺激出来的干劲。

第三，目标管理重视人的因素。目标管理是一种民主的、自我控制的管理制度，是一种把个人需求与组织目标结合起来的管理制度。在这种制度下，上下级的关系是平等、尊重、支持和相互依赖的，下级在承诺了工作目标和被授权之后是自觉、自主和自治的，为了对自己负责，下级在工作时还能积极主动并能发挥主观能动性。

第四，目标管理重视成果。目标管理以制定目标为起点，又以目标完成情况的考核为终结，工作成果是评定目标完成情况的标准，是人事考核和奖惩的依据，完成目标的具体过程并不受到过多的干预。所以,在目标管理制度下,监督的成分少,而控制目标实现的能力较强。

2. 目标管理的程序

第一,确定目标。即确定部门目标和具体的评估鉴定系统。当然,目标的确定必须是明确的、可行的、有挑战性的、具体的和可验证的。

第二,执行计划。主管和员工都应按照既定目标来执行这个计划。大家应讨论如何实现这个计划目标,应确定完成任务的必要步骤、评估的方法和对每一步骤的责任鉴定。

第三,过程检查。目标管理的检查不是评估行为,而是评估结果。在目标确定恰当的前提下,工作项目发展的正规监控在于判别困难的出现是否属偶然现象,行动的矫正是否必须。主管与员工应讨论他们是否完成了目标,并研究为什么能完成或不能完成。

第四,自我调节。每一个主管都应该协调它本身的工作项目,并对自己和员工的工作行为加以必要的纠正。

3. 设立有效目标体系的原则

- 有效目标要具体和现实。
- 有效目标要与主管的权限相一致。
- 有效目标要具有适度的灵活性。
- 有效目标的含义应该明确。
- 有效目标要与员工的能力和经验相适应,同时,使员工有发挥能力的余地,也就是说目标高度应适度。

4. 有效目标的设置步骤

有效目标的设置是目标管理过程中最重要的阶段,这一阶段可以分为以下 4 个步骤:

第一,主管与员工之间共同商讨,确定目标。

第二,重新审议,职责分工。目标管理要求每一个分目标都有确定的责任主体,因此预设目标之后要重新审视现有的部门结构,根据新的目标分解进行调整,明确目标责任者和协调关系。

第三,明确规划,协调一致。在确定目标之前,主管首先要明确部门的规划和目标,然后才有可能商定下级的分目标。每个员工的分目标要同其他部门员工的分目标协调一致,共同支持企业总体目标的实现。

第四,配置权利,责权统一。分目标确定后,要赋予员工相应的资源配置权力,实现责权利的统一。在设置目标过程中,主管和员工应该考虑的一个问题就是什么样的目标才是恰当的目标。

三、绩效计划的实施和评估

绩效计划的实施和评估实质就是目标管理的实施和评估，实施和评估的目的在于通过各级目标的制定、考核、鉴定、实施和评估，使员工在工作中实行自我控制，激发部门全体员工的创造性和工作热情，使其发现自己在部门目标中的价值和责任，从中得到满足感，从而更好地为实现企业的总目标作出自己的贡献。

1. 目标管理的实施过程

一般而言，目标管理的实施过程主要包括确定目标、执行目标、评估目标、反馈目标4个阶段，如图表10-1所示。

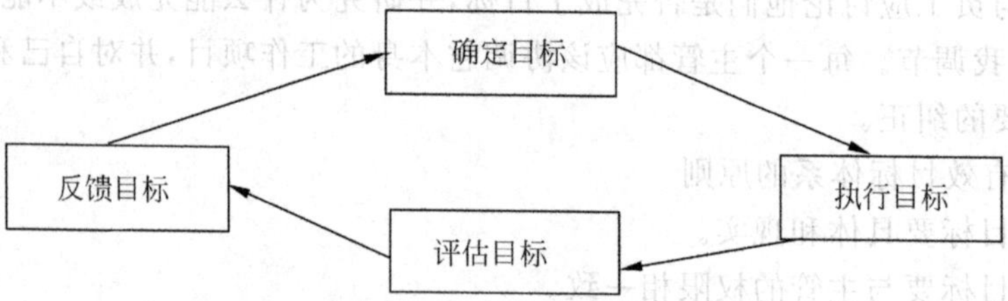

图 10-1　目标管理的实施过程

确定目标。一般有两种方式：自上而下和自下而上的方式。自上而下是由主管根据它所期望的组织目标以及员工的工作要求和了解来确定员工的目标。自下而上是员工听取主管的意见后加以确定的，它强调员工通过自我调节来达到个人目标是员工的个人职责。

执行目标。在这一过程中，主管通过充分授权，让员工发挥主动性和创造性。但是，主管还应进行适当的非正式检查、鼓励和引导。

评估目标。主管在每一个考核周期的期末，要对员工执行目标的情况进行评估，这个过程可以通过主管和员工的共同努力来完成。他们可以对照既定目标，依据原先制定的检验目标的标准，讨论员工是否完成了目标，相互之间又有什么可取的经验和教训。

反馈目标。评估的结果出来后，主管和员工结合上一阶段目标完成的情况，双方充分沟通，同时制定下一阶段的目标，并对员工的工作情况保持持续的关注。

2. 目标管理的绩效评估

目标管理的绩效评估主要是对成果进行考评。所谓成果考评，就是主管在目标实施过程结束后，将取得的工作成果与原先确定的目标标准进行比较，从而对目标的实现情况和员工的工作状况进行衡量，并总结目标管理活动的经验教训，然后依此为据对员工进行适当的奖励和惩罚，以便在更高的起点上，开始新一轮的目标管理循环。

目标绩效评估的评估项目可分为目标实绩、达成过程和执行者评估。具体说来，达成结果的评估包括：绩效高低、成果满意程度、偏差程度。对于达成过程的评估主要包括：达成目标活动是否顺利进行？是否按进度进行？当环境变动时如何处理？执行者的评估主要包括：执行者工作能力和应变能力、能力成长状况和处事方法。

第二节　绩效沟通

绩效沟通是绩效管理系统的一个重要组成部分，也是促成绩效管理系统目标实现的重要手段。具体来说，绩效沟通的必要性体现在以下几个方面：一是作为绩效考评基础的目标责任书、工作计划表必须在有效沟通的基础上完成。二是正向激励作用的发挥需要通过有效的双向沟通来实现。三是有效的绩效沟通是提升管理者素质的重要手段。

一、绩效沟通的原则

一般来讲，沟通应符合以下几个原则：

第一，沟通应该真诚。一切的沟通都是以真诚为前提的。真诚的沟通可以尽可能多地从员工那里获得信息，进而帮助员工解决问题，不断提高经理的沟通技能和沟通效率。

第二，沟通应该及时。绩效管理具有前瞻性的作用，在问题出现时或之前就通过沟通将之消灭于无形或及时解决掉，所以及时性是沟通的又一个重要原则。

第三，沟通应该具有针对性。泛泛的沟通既无效果，也无效率，管理者必须珍惜沟通的机会，关注于具体问题的探讨和解决。

第四，沟通应该定期。经理和员工要约定好沟通的时间和时间间隔，保持沟通的连续性。

第五，沟通应该具有建设性。沟通的结果应该是具有建设性的，给员工未来绩效的改善和提高提供建设性的建议，帮助员工提高绩效水平。

二、绩效沟通的方式

沟通方式可分为正式沟通和非正式沟通两类。正式沟通是事先计划和安排的，如定期的会议、面谈等；非正式沟通通常是随机进行的，如闲聊、走动式交谈等。绩效沟通大多采取正式沟通的方式。以面谈沟通为主，会议沟通主要用于对组织工作目标进行分解和对组织绩效进行评价的情况。面谈沟通具有许多优点：可以使上级与下级进行比较深入的沟通，面谈的信息可以保持在两个人的范围内。可以谈论一些比较不易公开的观点，可以使员工有一种受到尊重和重视的感觉。有利于建立上级与下级间的融洽关系，上级可以根据下级的特点。因人制宜地给予帮助。因此，上级与下级进行一对一的面谈沟通是绩效沟通中常用而主要的一种方式。

绩效沟通时管理者可采取以下方式:一是每月或每周同每名员工进行简短的情况通气会;二是定期召开例会,让每位员工汇报他完成任务和工作的情况;三是收集和记录员工行为或结果的关键事件或数据;四是督促每位员工定期进行简短的书面报告;五是非正式沟通;六是当问题出现时,根据员工的要求进行专门的沟通。

沟通在绩效管理中起着决定性的作用。沟通不仅仅在开始,也不仅仅在结束,而是贯穿于绩效管理的整个始终,制定绩效要沟通,帮助员工实现目标要沟通,年终评价要沟通,分析原因寻求进步要沟通。总之,绩效管理的过程就是员工和经理不断沟通的过程。离开了沟通,企业的绩效管理将流于形式。

三、绩效沟通的内容

绩效沟通的内容应由 3 部分组成,即工作目标和任务、工作评估、要求与期望。

1. 工作目标和任务。主要包括:双方各自阐述自己的工作目标;明确团体目标,并努力把二者统一起来;讨论确定下个绩效考评周期的工作计划和目标,以及为此应采取的措施,制定短期和长期个人发展计划。

2. 工作评估。主要包括:讨论工作计划完成情况及效果,目标实现与否;讨论个人发展计划落实情况,如工作能力、经验的提高等;回顾过去一段时间工作表现情况,如工作态度、工作绩效等;讨论工作现状及工作环境情况,如工作量、工作动力、与同事合作、工作方法等;工作中存在的问题和不足。

3. 要求与期望。主要包括:针对工作中存在的问题和不足提出改进措施或解决方法;明确应进行哪方面的培训;提出对员工工作和个人发展的期望;讨论员工可以从上级得到的支持和帮助;了解员工对上级提出的工作建议和意见。

四、绩效沟通的技巧

为了达到沟通的目的,管理者应当具备良好的沟通技术。绩效沟通的方式很多,但无论采用哪种方式,以下沟通技术都将有助于改善绩效沟通的效果。

1. 倾听技术

在进行绩效沟通时,管理者可从如下角度培养自己的倾听素质。

第一,呈现恰当而肯定的面部表情。作为一个有效的倾听者,管理者应通过自己的身体语言表明对下属谈话内容的兴趣。肯定性的点头、适宜的表情并辅之以恰当的目光接触会显示:你正在用心倾听。

第二,避免出现隐含消极情绪的动作。看手表、翻报纸、玩弄钢笔等动作则表明:你很厌倦,对交谈不感兴趣,不予关注。

第三，呈现出自然开放的姿态。可以通过面部表情和身体姿势表现出开放的交流姿态，不宜交叉胳膊和腿，必要时上身前倾，面对对方，去掉双方之间的什物，如桌子、书本等。

第四，不要随意打断下属。在下属尚未说完之前，尽量不要作出反应。在下属思考时，先不要臆测，仔细倾听，让下属说完，你再发言。

2. 反馈技巧

管理者可从如下角度历练自己的反馈技巧：

第一，多问少讲。发号施令的管理者很难实现从上司到"帮助者"、"伙伴"的角色转换。建议管理者在与员工进行绩效沟通时遵循 80/20 法则：80%的时间留给员工，20%的时间留给自己，而自己在这 20%的时间内，又用 80%的时间发问，20%的时间才用来"指导"、"建议"、"发号施令"。因为员工往往比管理者更清楚本职工作中存在的问题。换言之，要多提好问题，引导员工自己思考和解决问题，自己评价工作进展，而不是发号施令，居高临下地告诉员工应该如何。

第二，沟通的重心放在"我们"。在绩效沟通中，多使用"我们"少用"你"；"我们如何解决这个问题？""我们的这个任务进展到什么程度了？"或者说，"我如何才能帮助您？"

第三，反馈应具体。管理者应针对员工的具体行为或事实进行反馈，避免空泛陈述。例如，"你的工作态度很不好"或是"你的出色工作给大家留下了深刻印象。"模棱两可的反馈不仅起不到激励或抑制的效果，反而易使员工产生不确定感。

第四，对事不对人，尽量描述事实而不是妄加评价。当员工做出某种错误或不恰当的事情时，应避免用评价性标签，如"没能力"、"失信"等，而应当客观陈述发生的事实及自己对该事实的感受。

第五，应侧重思想、经验的分享，而不是指手画脚地训导。当下属绩效不佳时，应避免说"你应该……，而不应该……"这样会让下属体验到某种不平等，可以换成："我当时是这样做的……"。

第六，把握良机，适时反馈。当员工犯了错误后，最好等其冷静后再作反馈。避免"趁火打劫"或"泼冷水"；如果员工做了一件好事则应及时表扬和激励。

第三节 绩效考评

[案例]

许昌通信的创新绩效管理

河南通信许昌分公司自2002年以来，不断完善公司的绩效管理系统，取得了良好成效。公司针对部门和员工分别制定相应的绩效管理办法，即一级绩效管理和二级绩效管理。由于各部门自成体系,部门负责人对部门的岗位情况和人员结构比较了解,根据管理授权的有关理论,许昌通信重点制定了一级绩效考评体系,即针对部门的绩效考评,二级绩效考评体系则授权公司各部门分别制定。

为适应形势变化,公司需要通过不同方式对绩效考评体系进行修正。一是公司职能部门、生产部门根据工作需要,安排专业竞赛和业务达标活动,并按月进行考评,其考评结果作为月度绩效考评得分调减的依据。二是每月绩效考评后,公司总经理可根据公平公正原则,对考评结果进行的修正。

[点评] 许昌通信分公司重新制定的这套较为完善、科学的绩效管理方案,改变了以往公司绩效考核中存在的诸多缺点,使公司的绩效管理向规范化、科学化更进了一步,进而推动了企业通信建设、业务发展、服务质量等各项工作的开展。

一、绩效考评系统的设计

(一) 设计原则

1. 绩效考评制度化原则。对企业的高、中、低层员工均应进行考评。当然,不同级别员工考评要求和重点不同。考评程序上一般自下而上,层层逐级考评,也可单项进行。

2. 责任与权利相结合的原则。必须将绩效考评的结果与激励、奖惩相结合,才能最终促使员工绩效的进一步提高。

3. 客观公正的原则。制定的考评方案要有可操作性,是客观的、可靠的和公平的,不能掺入考评主管个人好恶。

4. 公开原则。考评要有一定的透明度,不能搞暗箱操作,甚至制造神秘感、紧张感。

5. 沟通原则。提倡考评结果用不同方式与被评者见面,使之心服口服、诚心接受,并允许其申诉或解释。

6. 效益原则。大部分考评活动应属日常工作,不要过于繁复地冲击正常工作秩序,更反对无实效的走过场、搞形式主义。

(二) 考评内容及确定原则

绩效考核的内容就是“绩”。“绩”指员工的工作绩效,其中包括完成工作的数量、质量、经济效益和社会效益(如图 10-2 所示)。对不同职位,考核的侧重应有所不同,但效益应该是处于中心地位。

绩效考核内容主要以岗位的工作职责为基础来确定的,但要注意遵循以下 3 个原则:一是要与企业文化和管理理念相一致;二是绩效考核内容要有侧重点;三是不考核与绩效无关的内容。

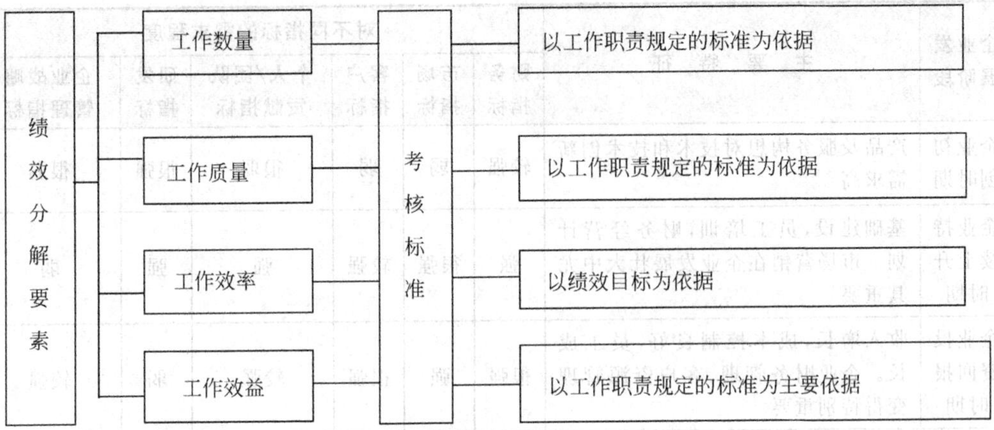

图 10-2　绩效分解要素过程

（三）绩效考评指标体系的确定

1. 绩效考评指标设计的原则

第一，绩效评估指标的目标原则是简单、明确、清晰。

第二，时刻坚持和灵活处理绩效评估指标的有效性原则，不能提倡指标越多越客观，或定量指标比定性指标更客观等意见。应该提倡用最少的指标控制最大的绩效结果的成本——受益原则。

第三，在素质指标、基本技能指标、发展潜力指标之间寻求基本的平衡点，以求简化绩效考评体系。

第四，在量化指标、定性指标之间寻求基本的平衡。要避免量化指标与定性指标之间的严重失衡而被反对者找到攻击的借口。在绩效考评中，是定量指标好还是定性指标好，并没有绝对的标准，关键在于适用。

第五，绩效评估指标之间保持内在的相关性和一定的互补性。在设计绩效评估指标时，设计指标的目的要明确，使指标之间可以相互对应，或者一一对应，彼此存在互补性。

第六，重视绩效评估指标设计与指标结构的“本土化”问题。在绩效考评指标设计中，常会出现“一方企业养一方人”指标的现象。因此，在引进外国先进的指标设计理念的同时，只可参照其他企业的设计指标，结合本企业的实际情况，设计合适的绩效考评指标体系（参见表 10-1）。

表 10-1 企业发展不同阶段对企业绩效考评指标的需求

企业发展阶段	主要特征	对不同指标的需求程度					
		财务指标	市场指标	客户指标	个人/团队贡献指标	研发指标	企业战略管理指标
企业初创时期	产品及服务构想对技术和技术创新需求高	较强	弱	弱	很弱	很强	很弱
企业持续上升时期	基础建设，员工培训，财务经营计划。市场营销在企业发展壮大中尤其重要	强	很强	较强	强	强	弱
企业投资回报时期	收入增长，成本控制良好，员工成长。企业财务管理、客户资源管理变得特别重要	很强	强	很强	较强	弱	较强
企业低成本扩张时期	进入大企业集团经营或跨国经营阶段，企业制度建设尤其重要	强	强	强	强	强	很强

注：参见谢康. 企业激励机制与绩效评估设计. 中山大学出版社，2001。

2. 绩效指标确立的基本步骤

(1) 工作分析。依据工作分析提供的与工作有关的信息，一方面可以分析出任职者的主要任职资格；另一方面可以把工作目的、职责、人物等转化成关键绩效指标。

(2) 工作流程分析。绩效考评指标必须从流程中去把握。根据被考评者在流程中的角色、责任以及上游、下游之间的关系，来确定其衡量工作的绩效指标。

(3) 绩效特征分析。可以是用图表标出各个指标的绩效特征，按需要考评程度分档。例如，可以按照非考评不可、非常需要考评、需要考评、需要考评程度低、几乎不需要考评5档对上述指标要素进行评估，然后根据少而精的原则按照不同的权重进行选取。

(4) 理论验证。依据绩效考评的基本原理与原则，对所设计的绩效考评要素指标进行验证，保证其能有效可靠地反映被考评对象的绩效特征和考评目的的要求。

(5) 要素调查，确定指标。根据上述步骤所初步确定的要素，可以运用多种灵活的方法进行要素调查，最后确定绩效考评指标体系。

(6) 指标的修订。通常，修订分为两种：一种是考评前修订，通过专家调查法，将确定的考评指标提交领导、专家会议及咨询顾问，征求意见、修改、补充、完善绩效考评指标体系；另一种是考评后进行修订，根据考评及考评结果应用之后的效果等情况进行修订，使考评指标体系更加理想(见表 10-2)。

表 10-2 员工绩效考评指标体系的确立

内容/指标		考核要点
业绩考评	工作的正确性	工作是否仔细认真;所完成的工作内容是否达到预期效果;工作完成后,文件是否妥善保管
	工作效率	在指定的时间内,工作完成的程度与质量如何;工作程序与准备是否到位、是否存在浪费等其他不合理情况;是否因为返工而影响工作进度
	对指标的理解	能否迅速正确地把握指标的重点及问题,在工作中的利用如何;对问题能否积极思索并有进一步的理解;对突发事件能否采取措施,处理的内容是否合乎上司的意思;是否因擅自作主张而引起太多的麻烦;是否因草率的断定引起失败的事实;是否忘记指标的内容
能力考评	知识与技能	是否具有所担当职务的一般知识及专业知识技能;对判断的一般知识、看法、常识、教育程度如何;能否把知识充分地运用在复杂而困难的问题的处理上;对工作是否向往;在回答问题时,是否会有措手不及的现象;对本公司的产品是否具备一般的知识;是否经常会有一些新的构想
	理解与执行	能否正确地了解本身职务内容或上司的指示;能否正确地把握本身职务所扮演的角色;能否正确地掌握问题所在、事物的相互关联性并加以整理、分析,适时地作出适当的结论或对策。对平时不太熟悉的工作是否也能根据经验或稍加努力即能顺利完成
	判断与监督	能否根据既有的知识、事例、经验,洞察未来或对未知事项作出全盘性的判断;是否作出过草率性的判断;是否把主管的违纪行为向上级反映
态度考评	积极性	对改善现状,是否具有高昂的斗志,是否有良好的工作意愿;是否积极地学习业务工作上所需的知识;是否坚持到底不畏挫折
	协作性	是否坚持立场,促进团结与合作;是否有阳奉阴违的行为,是否与他人做无谓争执;对后进者是否亲切关照;是否乐于协助他人工作
	责任心	是否能认清自己在组织中的立场与角色,对此负责到底;自己的工作是否不必再令别人操心;是否不必一一指示监督,也能明确、迅速地工作;对工作中的责任,是否往往逃避或辩解
	纪律性	是否能遵守工作规则、标准,以及公司其他规定;在时间或物质上是否公私分明;是否以不适的理由请假或迟到;是不是有教唆他人破坏公司规定的行为;仪表是不是端庄,态度是不是有不规矩的现象

注:参见杨剑.目标导向的绩效考评.中国纺织出版社,2002。

3. 绩效考评频率设计

企业绩效考评的频率设计主要有两个控制点:一是发起绩效考评的时间,二是在不同的时间里发起绩效考评的内容和技术手段。

不同类型的企业发起绩效考评的频率也不尽相同。生产型企业可以按照日、周、旬、月、季、半年、全年这样的频率来设置绩效考评点；贸易型企业则难以做到这么详细，一般按照季度、半年和全年设置考评点。对于不同性质的部门员工，绩效评估频率设置也不同，对于销售人员来说，可以按照日、周、旬来考评，也可以依照季度来考评；对于财务人员或技术开发人员，则多按照季度、半年或全年的频率来设置。对于高级管理人员，一般都是按照半年甚至一个年度为考评周期。对于一线的基层员工，一般都是采纳月、季度、全年来设置考评周期。不同时间发起的绩效考评的内容和操作技术也不相同。一般来说，全年度考评时，考评指标的设置比较齐全，企业管理者希望借助年度考评来全面衡量和分析企业的发展状况；半年度或季度考评的指标相对要少一些，操作方式也相对简单些；按月或周，或日考评，通常企业都会遵照某个固定的格式进行，考评指标又相对少一些，内容标准化和操作规范化程度都比较高。

（四）绩效考评前的准备

1. 绩效考核前应考虑的问题：

第一个问题是员工反对绩效考核吗？员工反对绩效考核有什么样的心理障碍？反对的原因又是什么？通常，员工不会对基于事实而不是一种意见的考核表示反对，员工喜欢的是：员工在指出主管不正确时，主管愿意改变考核结果。

第二个问题是考核的时间间隔。

第三个问题是绩效考核与工作考核、表彰、优点评价及提薪关系如何？这是一个敏感问题，需要经常检查他们之间的关系是否恰当。

2. 考评者的选择

(1) 不同考评主体的优缺点

上级考评由直接上级对下属员工进行考评。直接上级对员工的工作业绩最为了解，有责任提高下属绩效并对此负责。因此，考评较为认真，直接上级是绩效考评的最佳人选。

同事考评由一起共事的同级员工对其进行考评。有研究表明，同事对关联绩效的评价有效程度显著高于上级考评，同事考评可能是对员工业绩的最精确评价。同事考评适用于同事间关系融洽、相互信任，并且具有较高协作性与依赖性的专业性组织或专业性很强的部门。同事考评随着自我管理小组与全面质量管理理念的兴起，越发显得重要。

自我考评由被考评者对其自身工作绩效进行描述、评价和总结。通常管理人员适用于工作述职，一般员工适用于员工自评。员工自评首先用于绩效反馈与面谈之前，员工对其绩效进行自我评价；其次进行适应性自我申报，并结合上级对员工的能力考评，制定相应的发展规划与培训方案等。

下级考评由下属员工对自己的上级主管进行考评。员工对上级主管的授权、计划、组织和沟通等方面的能力以及工作表现有切身体会，下级考评可能是上级的一面最好的“反光镜”，是其管理行为的最好反馈。

相关客户考评由有业务往来的企业内外部客户对服务质量进行考评。在服务营销风靡的今天，服务已成为产品的有机组成部分，甚至是其竞争取胜的决定性因素。同时，客户反馈在某些情况下可以为组织和个人提供重要的信息。因此，宜采用相关客户考评，以此增强服务意识，提高团队合作精神。

各考评主体受主客观因素的制约，其参与考评具有不同的优缺点（见表 10-3）。在绩效考评实施中，取长补短，合理组合各考评主体，从而提高考评的信度与效度。

表 10-3 不同考评主体参与考评的优缺点

考评主体	优　点	缺　点
上级	对考评内容比较熟悉；容易获得考评客体的工作业绩；利于发现员工的优缺点，使员工培训、能力开发、职业生涯设计等更加切合实际	无法了解自身监控之外的员工表现，易造成以偏概全；受个人偏好及心理影响，易产生偏松偏紧倾向或定式思维
同事	接触频繁，评价更加客观全面；利于提高工作热情和协作精神；易发现深层次问题，提出改进方向	工作量大，耗时多；易受私心倾向、感情因素、人际关系等的影响
自己	对自身有更清楚的认识，评价更为客观；利于增强参与意识、提高工作热情；利于对问题等达成共识，降低抵触情绪	易于高估自己；易夸大成绩、隐瞒失误；善于为自己寻找借口，积极开脱
下级	利于管理的民主化；使员工有认同感，从而调动工作积极性；利于发现上级工作的不足，使其改进工作方式；形成对上级工作的有效监督，使其在行权时有所制衡	受自身素质的限制，易拘泥于细节；只说好话，不讲缺点；担心上级的打击报复或为取悦上级，可能导致上级为取得下级的好评而放松对其的管理
相关客户	所受干扰少，评价更真实客观；利于强化服务意识、提高服务能力；利于发现自身优劣势及潜在需求	操作难度大；耗时久、成本高；考评资料不易取得

（2）选择考评主体的原则

第一，最近相关原则。考评主体应是与考评客体紧密联系，密切相关，处于观察考评客体工作表现的理想位置。合格的考评主体应当满足的理想条件是：熟悉考评客体的工作表现，尤其是本考评周期内，有近距离密切观察其工作的机会；了解考评客体的职务性质、工作内容、工作要求及公司政策；与考评客体的工作高度相关、接触频繁；能将观察结果转化为有用的评价信息。只有符合条件的上级、下级、同事及内外部客户才适宜列入考评主体的选取范围。

表 10-4 考评主体结构表

考评主体类别	适用范围	考评目的	考评重点	考评量表	考评频率
上级考评	所有员工	晋升、培训、薪酬制定、人职匹配等人事决策	业绩指标和能力指标	业绩考评表	月度考评
				能力考评表	年度考评
同事考评	同事往来频繁，团队协作以及要求高的员工	增强协作意识，明晰工作过程	关联绩效行为指标	同事考评表（工作态度为主）	季度考评
自我考评	所有员工	业绩沟通、员工潜力开发	业绩指标和工作适应性	业绩考评表	月度考评
下级考评	管理人员	职业生涯设计，改善管理者的管理行为	管理行为指标	下级考评表	年度考评
相关客户考评				客户投诉表	半年汇总
				客户满意度调查表	年度考评

第二，有机结合原则。结合不同考评主体参与考评的优缺点，合理选择考评主体，设置考评内容和考评重点，确定考评权重，形成考评主体的有机组合体系如表 10-5 所示。

第三，经济可行原则。在根据企业实际情况和考评目的，在有效保证考评信度与效度的基础上，合理选取考评主体，力争以最小的成本达到对考评客体客观公正的评价。

对企业而言，首先，要根据考评主体的选择原则，针对具体的考评客体和考评目的，结合实际情况，因时因地制宜，灵活选择考评主体和考评频率。其次，立足考评主体的观察视角与考评优势，确定考评重点，制定考评量表（见表 10-4）。最后，根据考评客体的工作性质及考评主体考评的有效性、重要性等赋予考评主体不同的权重（见表 10-5），在考评主体优化组合的基础上，将考评结果有效综合，达到考评的经济合理性与结果的客观真实性。

3. 考评者的培训

考评者不光意味着权力，还意味着责任。怎么担当这个责任？就是要对考核者进行训练，一般来讲有 5 个环节，这 5 个环节正好构成了我们平常所说的“绩效循环”。

第一个环节，设定绩效标准

考核者一定要按照指挥链为他的下属设定合适的考核标准，否则就会出现混乱。

第二个环节，绩效观察

设定了绩效的考核标准以后，就要对员工进行绩效观察，以便做出准确的判断。

第三个环节，绩效考评

表 10-5 考评主体权重配比表

	不同考评主体所占比重			
	上级考评	同事考评	下级考评	客户考评
管理人员	60%	/	30%	相关部门 10%
财务人员	70%	10%	/	相关部门 20%
研发人员	80%	10%	/	相关部门 10%
人事人员	70%	10%	/	相关部门 20%
生产人员	100%	/	/	/
生产辅助人员	70%	10%	/	相关部门 20%
营销人员	70%	/	/	外部客户满意度 30%
营销服务人员	60%	10%	/	外部客户满意度 30%
行政人员	70%	/	/	相关部门 30%

对于绩效考评，企业常见的一个现象就是打分有越来越集中的趋势，给大家打的分都差不多，特别好的没有，特别差的也没有，解决这个问题也比较好办，有几种思路：

· 强制性分配。所谓的强制性分配有一个特点，就是在一定的样本量里面按比例分配，比如5%优秀，10%良好，60%一般，20%较差，5%最差，不过这要在部门比较大、人数比较多的企业才好操作。

· 按职类考核。就是在公司分若干个职级，比如M级代表的是管理者(manager)、S级代表的是文员(secretary)、W级代表的是职工(worker)，然后把相同的职级放在一起考核。比如说，所有文秘的薪酬都处于同一个等级，这样就可以避免集中的趋势。

· 绝对考核法。绝对考核法有很多地方在做，年薪制是最常见的形式，它主要是按照阶段性的目标是否达成来支付薪水，与公司的效益无关，

第四个环节，绩效面谈

谈到绩效面谈大家都觉得流于形式，主要的原因有这么几个，一个是没有从绩效面谈中尝到甜头；一个是整个公司的管理水平比较低，你要谈绩效面谈，他觉得你在瞎扯，或者就把它当作一个玩笑；再一个就是对绩效面谈的技巧和方法还掌握得不好。

要解决这个问题，第一项就是做好面谈的准备工作；其次就是合理确定面谈的时间、地点；三是要求员工写好个人总结和述职报告。

二、运用科学的考评方法

（一）行为考评法

1. 交错排序法

交错排序法是由上级主管按照整体的工作表现从员工中先挑绩效最好的，再挑出最差的；然后挑出次最差的；……如此循环，直至排完。

不论是上级主管排列还是下属成员自己排队，这种方法的效率都很高。因此，其特别适合于作为一个团队履行同一职责的员工。

排序法容易操作，一般由员工的直属上司实行，其结果一目了然。但因为这种方法是在员工间进行比较，这实质是迫使员工相互竞争，容易对员工造成心理压力。

2. 对偶比较法

对偶比较法不仅仅对一个员工的评价，而且还把每个员工与群体中的其余每一位员工相比较。这种方法不仅仅反映一个员工工作完成好坏，而且还可以说明与其他员工相比干得怎么样。其优点是判断范围小，准确度高，但如果被考评人数多，则工作量比较大。配对总数由考评人数确定（N 代表被考评人数）：

$$PC = N(N-1)/2$$

在每一次比较时，给表现好的员工记“＋”，另一个员工就记“－”。所有员工都比较完后，计算每个员工的“＋”的个数，依此对员工作出评价——谁的“＋”个数多，他的名字就靠前。在表 10-6 中，员工 E 从工作数量来看是最优的，而员工 D 的工作质量是最好的。这种方法适用于工作绩效能够比较准确量化的工作，这样才能展开两相比较。

表 10-6　对偶比较示例

就工作质量所做的比较							就工作数量所做的比较					
对比对象	被考评员工的姓名：						对比对象	被考评员工的姓名：				
	A	B	C	D	E			A	B	C	D	E
A		—	＋		＋		A		—	＋	＋	＋
B	＋		＋	＋	＋		B	＋		＋	＋	＋
C	—	—		—	＋		C	—	—		＋	＋
D	＋	—	＋		＋		D	—	—	—		—
E	—	—	—	—			E	—	—	＋	＋	

3. 强制正态分布法

此法是按事物“两头小，中间大”的正态分布规律，先确定好各等级在总数中所占的比例，然后按照每人绩效的相对优劣程度，强制列入其中的一定等级。如表10-7所示。

表10-7 强制正态分布法

整体绩效水平	评估分类	
	比例	姓名
最好	10%	李某
较好	20%	于某、刘某等
中等	40%	张某、曹某等
较差	20%	……
最差	10%	……

这种方法适用于工作绩效难以通过数量来衡量的工作。特别要注意各个职位的区别，不能将比例统一划定。其优点是有利于管理控制，特别是在引入员工淘汰制的公司中，它能明确筛选出淘汰对象，由于员工担心因多次落入绩效最差区间而遭到解雇，因而具有强制激励和鞭策作用；它还能避免考核过程中考核标准过宽或过紧的情况发生和考核结果全部趋中倾向的现象。它的不足是：如果一个部门的员工都很优秀，如果运用此法划分等级，可能会带来许多问题。

4. 记录考核法

这种方法操作最简单。它要求评价者记录下每个员工的强项、弱项、潜力等。老员工、老师、同事的考核记录对员工在提薪、晋升等方面起到举足轻重的作用。这种由相互熟知的人通过口头或书面的形式呈现出来的真实、客观的信息较其他复杂的方法同样也具有说服力。但问题是，这种方法可能导致不同的人在记录时会侧重不同的方面，如绩效或人格特点，这样记录下的信息之间就很难进行比较和融合。

5. 评级量表法

这种方法并未放弃记录考核法，而是更稳定、更可靠。一般来说，采用这种方法，主要是在一个等级表上对业绩的判断进行记录。这个等级被分成几类，它常用诸如杰出、优秀、一般或不满意这些形容词来评价。根据不同的工作性质，它的考核因素也会做出相应的调整，但一般都包括对个性特征评价，如诚信和合作精神等。尽管评级量表法常常遭致攻击，但它仍以简单、迅速的特点广为企业所采用。

6. 行为观察量表法

这种评价方法是由美国人力资源管理专家拉萨姆于 1981 年提出的。它既有评定量表的优点,又克服了各种主观判断所造成的偏误。一定数量的员工或核心管理者与来自各阶层领导组成的评估小组共同对员工进行评价。该量表是通过职员亲自参加的职务分析建立的,因此,在使用中评定比较明确;行为观察量表也有效地定义了职务的标准,为认识人事选择预测源提供了客观依据。但这种方法依赖于评定者对有效及无效行为的感知和回忆。因此,员工管理部门的偏见就会对评估结果产生一定的影响。另外,整个评估过程时间拉得过长。

7. 强迫选择表

和行为观察法一样,强迫选择表也是为减少评价者的主观偏见和为员工之间的比较建立客观标准而设计的。但它不涉及到第三方的参与。强迫选择表一般由 10～20 个组构成,每组又由 4 个行为描述项目组成。在每组 4 个行为描述中,要求评定者分别选择一个最能描述和一个最不能描述被评者行为表现的项目。和业绩评价表不同,强迫选择法用来描述员工的语句中并不直接包含明显的积极或消极内容。评价者并不知道评价结果到底是高还是低或是中等,这就避免了趋中倾向、严格/宽松变化等评价误差。其缺点在于,评价者会试图猜想设计者提供的选项的倾向性,并根据自已的理解进行评定。此外,设计量表需要花费大量的财力和时间,且由于难以把握每一选项的积极或消极成分,因而所得到的数据很难在其他管理活动中得到应用。

8. 关键事件法

关键事件法是由美国学者弗拉赖根和伯恩斯共同创立的。就是通过观察,记录下有关工作成败的关键性事实,依此对员工进行考评。关键事件法要求保存最有利和最不利的工作行为的书面记录。当一种行为对部门的效益产生无论是积极还是消极的重大影响,管理者都应把它记录下来,并把这些资料提供给评价者用于对员工绩效进行评价。虽然它在认定员工的良好表现和劣等表现方面是十分有效的,而且对于制定改善不良绩效的规划也是十分方便的。但其缺点在于如果考察期较长,基层主管的工作量较大。此外,由于每一关键事件可能都会对绩效评估结果产生重大的影响,因而要求管理者在记录过程中不能带有主观色彩,必须始终如一地坚持客观、全面、精确的原则。这在实际操作过程中往往很难做到。

9. 行为锚等级评价法

此法实质上是把量表评分法与关键事件法结合起来,使兼具两者之长。它为每一职务的各考核维度都设计出一个评分量表,并有一些典型的行为描述性说明词与量表上的一定刻度(评分标准)相对应和联系(即所谓锚定),供操作中为被考核者实际表现评分时作参考依据。

其优点是:工作绩效的计量更为准确;工作绩效评价标准更为明确;具有良好的反馈

功能；各种工作绩效评价要素之间有着较强的相互独立性；具有良好的连贯性。

（二）针对不同考评者的考评方法

1. 主管考评法

这是凭领导者个人的判断来评定下属人员的一种考核方法。这种方法的优点是简便易行，缺点是缺乏客观标准，考核结果很难达到公平合理。

2. 民意测验法

该法把考核的内容分为若干项，制成考核表，每项后面空出5格：优、良、中、及格和差，然后将考核表发至相当范围。考核前，也可先请被考核者汇报工作，作出自我评价，尔后，由参加评议的人填好评估表，最后算出每个被考核者得分平均值，借以确定被考核者工作的档次。民意测验的参加范围，一般是被考核者的同事和直属下级，以及与其发生工作联系的其他人员。

此法的优点是群众性和民主性较好，缺点是主要从下而上地考察干部，缺乏由上而下地考察，由于群众素质的局限，会在掌握考核标准上带来偏差或非科学因素。此法适用于做群众工作的干部，如工会干部、人力资源部门负责员工福利的干部等。

3. 360°反馈评价法

又称全方位绩效考评，即由被评价者上级、同事、下属和客户等对被评价对象了解、熟悉的人，不记名对被评价者进行评价，被评价者也进行自我评价，然后由专业人员向被评价者提供反馈，以帮助被评价者提高能力、水平和业绩的一种考核评价法。

其优点是能全方位、多视角对员工进行评价，更多的信息渠道增强了信息的可靠性。而缺点是：一是这种方法对组织环境有较严格的要求。二是当评价主要目的是确定个人发展需要时，评价结果可信度高；若目的是服务于激励性人事政策时，评价者往往会考虑个人利益得失，所作评价相对来说难以客观公正；而被评价者也会怀疑评价的准确性和公正性。三是收集信息的成本较高，方法比较复杂，费时费力。

4. 全视角考评法

全视角考评法是通过不同的考评者从不同的角度全面、精确地考评员工工作绩效的一种方法。这种方法的优点有：一是综合性强；二是信息质量可靠；三是从多个人那里获得反馈信息，可以减少主观偏见对考评结果的影响；四是从员工周围的人那里获取反馈信息，可以增强员工自我发展意识。但是，此法也有缺点：一是员工可能会串通起来集体作弊；二是来自不同方面的意见可能会发生冲突；三是在综合处理来自各方面的反馈信息时比较棘手。

（三）结果考评法

1. 目标管理法

1954 年，彼德·德鲁克首次提出目标管理法后，因其在组织绩效管理工作上的有效性，在全世界的企业中得到迅速推广。这一理念特别重视利用员工对组织的贡献，因此它也是一种潜在有效的评价员工绩效的方法。在目标管理法中，员工同他们的部门经理共同参与目标的建立，在如何实现目标方面，经理给予员工一定的自由度。参与目标建立是使得员工成为该过程的一部分。作为一种有效的反馈工具，目标管理是通过员工知道对他们的期望是什么，从而把时间和精力投入到最大限度实现重要的组织目标的行为中去。

目标管理法的优点是：首先，有利于工作行为与组织整体目标一致。其次，为控制提供明确的标准。再次，有利于沟通，减少工作中的冲突和紊乱。最后，使工作任务和人员安排一致。缺点是易发生短期行为，且有时不易被使用者所接纳。它没有具体指出达到目标所要求的行为；绩效标准因员工不同而不同，也没有为相互比较提供共同的基础。

2. 岗位绩效指数化法

所谓的岗位绩效指数化是指对考核对象的业绩与所确定的岗位指数之间进行比较的评估方式。由于岗位指数是职位要素、岗位目标和影响目标达成的各种因素的综合指标，岗位绩效指数一旦确定，评估就有了一个动态的、相对固定的参照坐标。原有的不确定因素和不可控因素在固定的岗位绩效指数面前有了清晰的显现，从而使得考核有了较为现实的依据。

模糊理论为岗位绩效指数化法提供了理论依据。随着模糊数学的发展，人事考核和评价系统也开始引进隶属度，即把对象属于某个事物的程度用(0,1)之间的一个实数来表示。隶属中 0 与 1 是两种极端，0 表示差，1 表示最好，其他情况处于 0 和 1 之间。这样就能客观地描述人员职能的差异。如表 10-8 所示。

3. 层次分析法

层次分析法是美国匹兹堡大学塞替教授提出来的。其特点为：集定性与定量于一身，能够很好地提高绩效的可比性与客观性，对人事测评指标体系和权重体系的确定更为合理；对人进行评价时，采用二二比较法，可以提高测评准确性；对结果进行分析处理时，可以对测评人评判结果的逻辑性、合理性进行辨别和筛选；层次分析法通过计算机编制程序，可以提高考评效率，减少主观因素的干扰。

层次分析法的优缺点如下：

第一，采用多角度的考评，可以综合群体的意见，较好地体现民主集中的原则；

第二，采用层次分析方法定权重，也可确保权重确定的可靠性和客观性；

表 10-8　岗位绩效考核指数表

<table>
<tr><td colspan="3">被评估者姓名</td><td colspan="2"></td><td colspan="2">现任职务</td><td colspan="3"></td><td colspan="2">所属单位</td><td colspan="2"></td></tr>
<tr><td colspan="3">评估期间</td><td colspan="4">从　年　月至　年　月</td><td colspan="3">评估时间</td><td colspan="4">从　年　月至　年　月</td></tr>
<tr><td colspan="2" rowspan="2">原定目标设定要素</td><td rowspan="2">目标难度</td><td colspan="3">达标情况</td><td colspan="3">努力程度</td><td colspan="3">外界影响</td><td rowspan="2">权重</td><td rowspan="2">小计</td></tr>
<tr><td>未完成</td><td>完成</td><td>超额完成</td><td>不努力</td><td>一般</td><td>努力</td><td>有利</td><td>一般</td><td>不利</td></tr>
<tr><td></td><td></td><td></td><td></td><td></td><td></td><td></td><td></td><td></td><td></td><td></td><td></td><td></td><td></td></tr>
<tr><td colspan="7">评估单位签章：</td><td colspan="7">评估负责人签章：</td></tr>
</table>

第三，采用综合评价方法，不仅可以获得人力资源的总体状况的评价，而且可以获得其不同侧面素质高低的评价，满足选拔、提升、晋级、素质测评以及培训等多方面的需要；

第四，整个过程通过计算机软件完成，减少了文案工作，易于实现；

第五，层次分析方法是一种专业性非常强的考评方法，它对考评人员自身的素质提出了更高的要求，不仅要求考评人员熟练地掌握计算机程序的应用，而且要求考评人员具有良好的运筹学的基础，这就限制了它的广泛应用。

（四）绩效考评的变异方法

1. 双向评估

双向评估的意思是评估和信息的反馈可以双向流动，不是仅仅从上级流向员工，也包括从员工流向主管人员。其实质是，管理人员评估员工的绩效，员工评估经理的绩效。通常双向评估以绩效评估会议的形式进行。

双向评估的优点：首先，它可以采用非正式的方式进行，同两个人的沟通结合在一起，对每个人的绩效都有提高。其次，双向评估法简单易行。最后，能够使员工与经理站在相同的位置。

双向评估的缺点：一是对管理人员的交际能力要求较高；二是要求管理人员必须是一个良好的倾听者。

2. 增强效力法

增强效力法要求上司和员工一同决定考评绩效的具体细节，包括多种表格、方法、会晤周期等。在实施过程中，将员工个人置于客户的位置来考虑。

增强效力法的优点：一是这种方法建立在每个人不同需要之上，他们可以因为采用不同的方法而受益；二是可以得到员工更多的支持与理解。

增强效力法的缺点：一是不容易为员工所理解；二是难以得到一些部门的支持，如人力资源部门等。

3. 平衡记分卡法

20 世纪 90 年代哈佛大学教授罗伯特·卡普兰提出的"平衡记分卡"是一种综合绩效评价体系：平衡记分卡是与企业远景和战略紧密联系，从顾客角度、内部经营角度、财务角度和学习成长角度出发，综合了财务指标与非财务指标、长期与短期、内部与外部的企业绩效测评方法，促使管理者更加全面地考察企业业绩，提供了更加综合的企业业绩的提升方式，有效地实现了股东、员工与顾客三者的利益兼顾。

但平衡记分卡也有一些不足：一是其指标覆盖面较大，作为绩效考评系统，指标计算以及评价结果过于琐碎；二是它没有把其他重要的利益相关者（如供应商、政府等）的利益包括在内。平衡记分卡适用于同一企业不同时期的纵向比较，不适用于企业间的横向比较。

（五）考评方法的发展趋势

由于传统的绩效考评在全面、客观和公正性方面不尽人意，随着科技的进步，绩效考评方法也在向技术型、定量化方向演变，其主要标志是心理测试技术与方法的借鉴、统计方法的普遍运用以及计算机技术的开发。定量考评因为可以进行分项与综合的评价计算，可以进行多方面的比较，因此优于定性考评。但是定量化考评中还须解决好以下几个方面的量化问题：

1. 评价项目的量化

为了将不同性质的项目综合，就必须加以量化，即赋予不同评价等级以不同的数值。常用的等级划分有三级、五级、七级等。以五级量表为例，常见的赋值方法如表 10-9。

表 10-9　评价项目赋值法

等　　级	优秀	良好	合格	稍差	不合格
等差非对称赋值	5	4	3	2	1
等差对称赋值	4	1	0	−1	−4
累进对称赋值	3	1	0	−1	−3
不对称非等差赋值	2	1	0	−2	−4

2. 对同一项目不同考评结果的综合

由若干人对一名员工的同一项目进行评价时，得出的结果往往不一致。为了综合这些意见，可以采取加权平均法。

3. 对不同项目的考评结果加以综合

考评目的不同，需要重点考察员工不同方面的情况。这就要对各个考评项目或指标分配不同的权数。确定各考评项目权数的主要依据是考评目的、阶层集体职务。例如，日本企业推荐提薪时有关考评因素的权数如表 10-10 所示。

表 10-10 考评因素权数表

因素		管理层	中间指导层	操作层
业绩	工作数量	25	20	—
	工作质量	25	10	—
	小计	50	50	—
态度	纪律性	—	8	20
	协作性	—	8	20
	积极性	10	12	20
	责任性	10	12	20
	小计	20	40	80
能力	知识技能	4	8	10
	判断能力	6	5	10
	筹划能力	5	5	—
	交涉能力	5	5	—
	指导管理能力	10	7	—
	小计	30	30	20
合计		100	100	100

三、绩效考评的有效实施

（一）绩效考评系统的操作流程

公司要使绩效考评确实能有效地改进员工的个人绩效和公司的整体绩效，一般都应有如图 10-3 所示的连续过程。

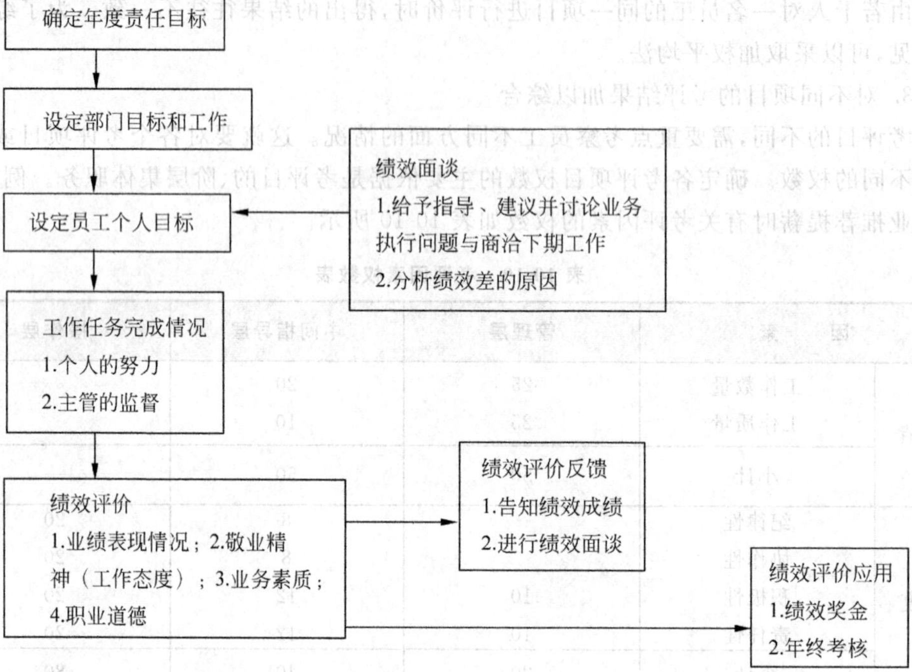

图 10-3　绩效考评循环流程图

1. 制定计划

为了保证绩效考评的顺利进行，管理人员必须事先组织本部门人员制定有关计划。首先要明确考核的目的和对象，再根据目的和对象的不同，选择具有不同侧重点的考评内容以及对考评的时机进行选择。

2. 考评前的技术准备

绩效考评是一项技术性很强的工作，在考评之前必须有充分的技术准备。这主要包括绩效标准的确定、绩效考评方法的选择以及考评人员的培训。

3. 收集数据、资料和信息

收集到什么样的数据部分取决于组织的目标，这里主要强调与绩效考评有关的信息：确定绩效好坏的事实依据；找出绩效问题的原因；查明那些绩效突出情况背后的原因等。

4. 绩效考评的实施

在这一阶段，考评者的主要任务是对员工的德、能、勤、绩等作出综合性的评价，并要同员工进行面谈。绩效考评的过程是一个从定性到定量再到定性的过程。

5. 绩效改进

进行绩效考评的真正目的是为了提高组织的生产效率，帮助每个员工取得成功。因此，管理者在绩效考评中应该知道员工绩效差异的原因，并想办法多做一些改进员工绩效的工作。这样才能达到组织进行绩效考评的最终目的。

（二）绩效考评中的误差校正

人力资源主管在绩效考核过程中会出现各种误差，所谓绩效考核过程中的误差，是指人力资源主管对员工工作绩效的考核与员工的实际工作绩效之间有差距。造成考核误差的原因很多，如考核项目设立不当、考核各项目之间所给分数值不当、考核的目的和意义不明确、考核程序不严格以及考核者未进行培训等。常见的误差有以下几种：

1. 晕轮效应误差

这种误差现象意味着主管对员工的某一业绩要素的评价较高，从而导致主管对此人所有的其他业绩要素也评价较高。当考核对象是那些对主管表现特别友好或特别不友好的员工时，这种问题最容易发生。晕轮效应误差可以通过加强对主管的培训来避免。

2. 趋中误差

在确定考核等级时，许多主管都很容易造成一种趋中误差。如果主管所使用的是图尺度考核法，那么趋中误差就意味着所有的员工都被简单地评定为“中”。这种过于集中的考核结果会使绩效考核变得扭曲，它对于企业做出晋升等方面的决定所起到的积极作用就很小。而对员工进行等级考核法（而不是使用图尺度考核法）就能避免这种趋中误差。因为在这种情况下，所有的员工都必须被单线地排列在一条纵向或者横向的线段上，这样就不可能把他们全部都排在中间的位置上。实际上这正是等级考核法所具有的最重要的优点。

3. 过宽、过严误差

一些考核出于各种原因，总是以考核量表的最高分来进行考核，这就是所谓过宽考核，从而导致了过宽误差。一些主管总是以考核量表的最低分数来进行考核，这就是所谓过严考核，从而导致了过严的误差。

克服绩效考核这类误差的办法，除了培训主管，激励他们进行正确考核外，还可用两种方法进行控制。一是控制评定结果的分布状况，使被考核者结果接近正态分布；二是降低考核量表本身的模棱两可程度，制定多维度的、清晰的考核标准。

4. 个人偏见误差

个人偏见指主管的价值观或偏见扭曲了考核结果。主管的偏见既可能是有意的也可能是无意的。如果一个人对某一种族群体具有强烈的反感情绪，这种偏见就使他在评分时很难坚持客观性和公正性，其结果就必然是使某些员工的考核信息处于被扭曲的状态。如果考核过程设计不当，那么年龄、资历、性别、相貌或其他任意的划分标准都可能对考核结果产生不应有的影响。这一问题应通过更高层的主管对考核结果进行检查来予以校正。

5. 近期效应误差

近期效应指在考核员工工作表现时，对最近时期的表现给予较大的权重。对于主管来说，一般很难记住一个员工七八个月前的工作表现。员工对工作表现的关注也是随着正式考核日期的来临而日甚一日。主管可以通过对正反两方面的表现进行日常记录的方式，将这类问题减少到最低限度。

6. 考核标准变化不定误差

当考核一个员工时，主管应避免对从事类似工作的员工采用不同的标准和要求，否则必然引起员工的愤怒。如此，在设计考核标准时，应尽量避免使用模棱两可的标准，负责考核的人员在考核时则应避免主观色彩。

7. 完美主义误差

主管可能是一位完美主义者，他往往会放大员工的缺点，从而对员工进行了较低的评价，造成了完美主义误差。解决该误差，首先要对主管讲明考核的原则和操作方法，另外可以增加员工自评，与主管考核进行比较。如果差异过大，应该对该项考核进行认真分析，看是否出现了完美主义错误。

8. 记录效应误差

主管忽视员工现在的表现，注重记录情况，从而出现记录效应误差。如果过去的考核记录分数较高，主管将按照这一记录给予高分，即使是这次考核的分数很低，主管的打分通常也不会低于上次。

9. 自我比较误差

主管不自觉地将员工与自己进行比较，以自己作为衡量员工的标准，这样就会产生自我比较误差。解决办法是将考核内容和考核标准细化和明确，并要求主管严格按照考核要求进行考核。

10. 盲点误差

主管由于自己有某种缺点，而无法看出员工也有同样的缺点，这就造成了盲点误差。盲点误差的解决方法和自我比较误差的解决方法相同。

四、绩效考评结果的运用

要想在绩效考评方面投资后得到最好的效益，就必须能够把绩效考评和组织的其他过程联系起来。绩效考评需要其他过程的信息，同时它又把信息传递到其他过程中去。

如图 10-4 所示，绩效考评是人力资源管理的重要内容，它的质量与效果对其他的人力资源管理职能产生深刻的影响。

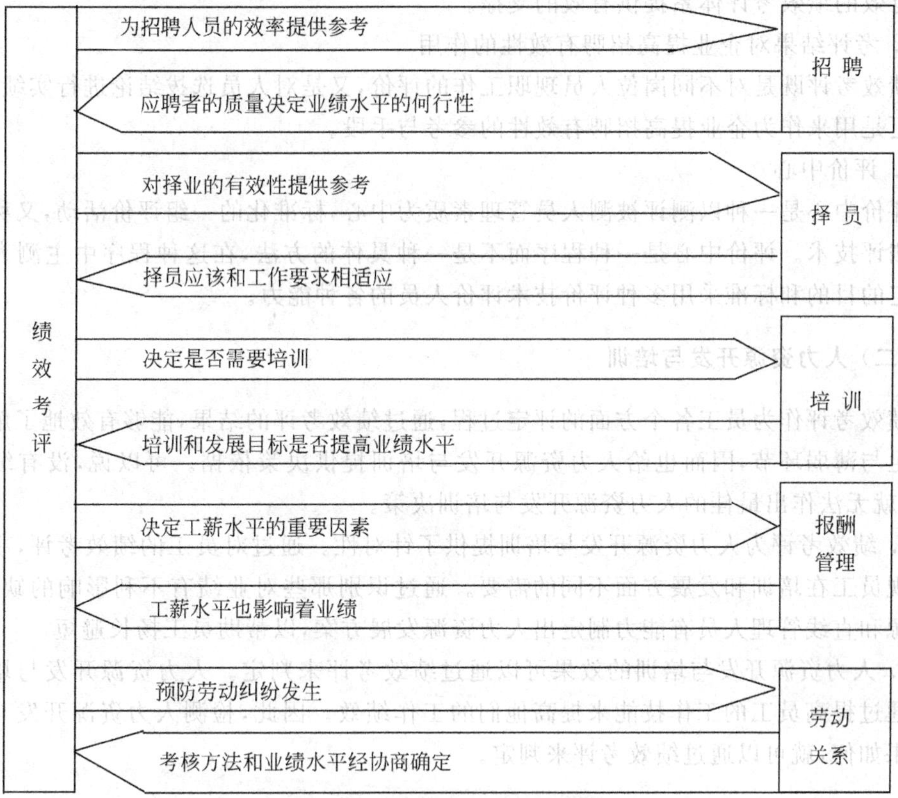

图 10-4 绩效考评与其他人力资源管理职能的关系

（一）选拔与招聘[①]

企业因扩大业务或因原有职位的员工离职而产生职位空缺时，往往需要从企业中进行选拔或从社会上招聘新员工，在企业的选拔与招聘过程中，绩效考评的结果发挥着重要的作用。

1. 企业选拔对考评结果的依赖

选拔往往表现为职位的晋升或薪资的增加，相应地，其所承担的责任也增大，所需的

① 参阅杨剑等编著. 目标导向的绩效考评，北京：中国纺织出版社，2002

知识、经验和技能也更多。因此,选拔是否科学与有效,是企业人事决策的一个关键问题之一。科学选拔包括两个方面,一是选拔程序科学;二是选拔方法科学。而这其中都需要科学有效的绩效考评体系提供有效的支撑。

2. 考评结果对企业提高招聘有效性的作用

绩效考评既是对不同岗位人员现职工作的评价,又是对人员选拔结论进行实绩检验,同时更是用来作为企业提高招聘有效性的参考与手段。

3. 评价中心

评价中心是一种以测评被测人员管理素质为中心,标准化的一组评价活动,又称情景模拟测评技术。评价中心是一种程序而不是一种具体的方法,在这种程序中主测人员针对特定的目的和标准采用多种评价技术评价人员的各种能力。

(二)人力资源开发与培训

绩效考评作为员工各个方面的评定过程,通过绩效考评的结果,能够有效地了解员工的不足与薄弱环节,因而也给人力资源开发与培训提供决策依据。可以说,没有绩效考评,也就无法作出最佳的人力资源开发与培训决策。

1. 绩效考评为人力资源开发与培训提供了针对性。通过对员工的绩效考评,主管可以发现员工在培训和发展方面不同的需要。通过识别那些对业绩有不利影响的缺陷,人力资源和直线管理人员有能力制定出人力资源发展方案,以帮助员工扬长避短。

2. 人力资源开发与培训的效果可以通过绩效考评来判定。人力资源开发与培训主要是通过提高员工的工作技能来提高他们的工作绩效。因此,检测人力资源开发与培训的效果如何,就可以通过绩效考评来判定。

(三)报酬方案的设计与调整

报酬是员工收入的总和的统称。报酬方案是和绩效考评体系紧密相联系的,没有报酬方案的强化与正反馈的放大机制,绩效考评体系的有效性和激励约束功能就得不到保障。从广义上讲,制定报酬方案是设计整个绩效考评体系的重要组成部分。

(四)协调处理内部员工关系

绩效考评除了广泛运用于报酬调整、招聘选拔、培训开发之外,也常用于企业内员工关系的处理,以改善组织氛围,提高员工士气,增强组织的凝聚力与战斗力。绩效考评对于企业处理内部员工关系的意义主要表现在以下几个方面:

1. 绩效考评促进了企业与员工的沟通交流

良好的交流是组织的生命线,它将帮助员工更多地参与组织决策,并在此过程中加强员工对组织的认同，进而提高其业绩。

2. 塑造员工的共同心智

企业良好的内部关系可以归结为一种员工的共同心智，它表现为员工关系的和谐，有共同的信念、使命与追求，积极的团队精神等。绩效考评是一种强化共同心智的过程。在这个过程中，绩效考评的结果提供了反馈控制的信号，正是通过这样不断纠偏、强化的过程，共同心智才能得以形成。

3. 调和劳资关系

首先，绩效考评制度一定要建立在员工的自尊之上，考评评价制度必须按照一定的方式进行设计与贯彻，以保持员工的自尊。其次，绩效考评不能存在任何方面的歧视，在绩效考评中重视员工工作生活质量，把绩效考评作为激励员工和发展员工的一种手段，同时也成为员工广泛参与的一项有意义的活动。

（五）认识和调动员工潜能

考评结果及时反馈给员工个人，考评者同时还应指出其工作的优缺点，使其改进工作有了依据和目标。在组织目标的前提下，员工不断提高工作能力，开发自我潜能，不断改进和优化工作，这同时也助于个人职业目标的实现和个人职业生涯的发展。

五、绩效考评的评价及其改善

为实现通过绩效考评达到提升企业组织绩效的目的，对绩效考评活动需要不断地分析，并进行有效的评估诊断，以保证不断提高绩效考评活动的效果，从而真正让企业组织成为高绩效的业绩机构。当然，提高绩效考评的效果并不是一件很容易的事，它是一项全面的系统工程。它需要在绩效考评中抓住关键，并通过有效地分析与评估、诊断，把握绩效考评各个环节可能面临的问题，以便有效地改进绩效考评的制度设计与流程再造。

不同的人对于绩效考评系统评价的标准也不尽相同，一般而言，有效的绩效考评系统必须达到以下5个方面的标准是：战略一致性、效度高、信度强、广泛的可接受性、明确的指导性。

（一）该如何评估绩效考评

评估绩效考评，其实质就是进行绩效考评分析，也就是要分析影响绩效考评效果的各个因素，以便对绩效考评有更直观地把握，从而提高绩效考评的效果。其具体步骤如下：

1. PDCA 分析①

PDCA 及计划(Plan)、实施(Do)、检查(Check)、处理(Action)的缩写,是质量管理控制的基本模式。提升绩效考评的效果也意味着是要不断提高绩效考评的质量,因此绩效考评应该符合这一质量管理基本原则,这也成为对绩效考评进行分析的有力工具。所反映的即为绩效考评的 PDCA 过程(见图 10-5)。

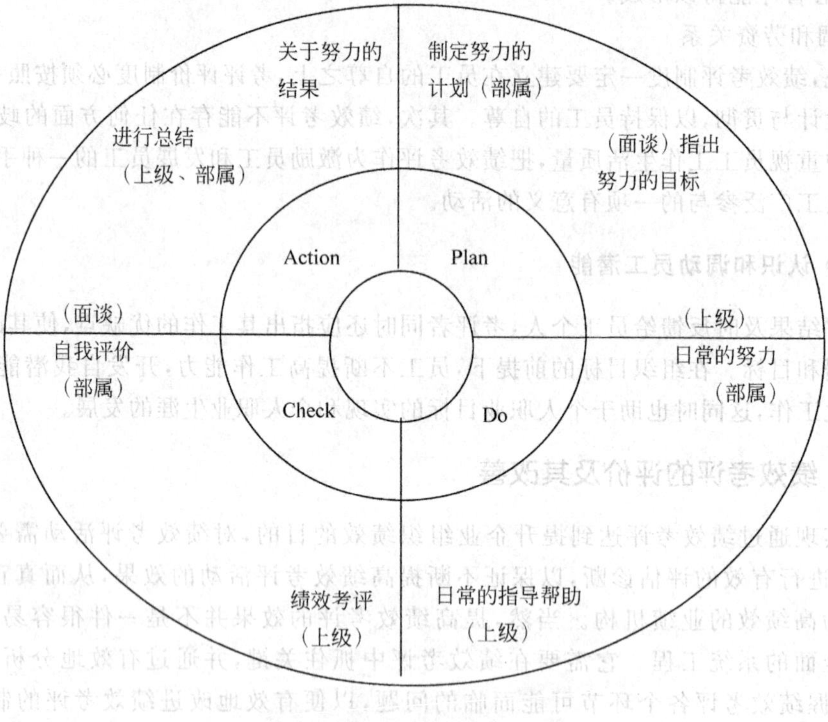

图 10-5　绩效考评的 PDCA 过程

2. 绩效分析框架

通常我们采用如表 10-11 所示的绩效分析框架,这个框架的优点就是特别针对以员工为中心的绩效考评管理。我们可以从组织、程序、个体 3 个层次上进行分析。通过这些分析,可以发现在绩效考评体系设计与操作过程中存在或可能存在的问题,从而也能够有效地帮助我们改进和完善绩效考评体系及其操作,全面提高绩效考评的综合效果。

① 可参阅杨剑等编著. 目标导向的绩效考评. 北京:中国纺织出版社,2002

表 10-11　绩效分析可以提出的问题

绩效变量	绩效层次、组织层次	程序层次	个体层次
宗旨与目标	组织宗旨是否适合现有的经济、政治和文化	程序目标是否能使组织达到组织和个体的宗旨与目标	个体的专长和个体目标是否与组织的目标相一致
系统设计	组织系统是否提高了支持预期业绩的结构与政策	以这种方式设计的程序是否可以被用作系统。	个体设计是否支持业绩
能力	组织是否拥有达到目标所需的领导、资金和基础设施	这个程序是否有取得业绩的能力	个体是否具有取得业绩的脑力、体力与情绪上的能力
动机	政策、文化和奖励系统是否支持所预期的业绩	程序是否提供了要维护程序所需的信息和人力因素	个体是否无论在什么情况下都愿意作出业绩
专门知识	组织是否建立并维护了选拔和培训的政策及资源	开发专门知识的程序是否满足了知识不断变化的需求	个体是否具有作出业绩的知识、技能和经验

（二）绩效考评系统病因诊断

1. 绩效考评系统诊断的要点

绩效考评诊断是企业人力资源管理诊断的主要内容之一。它是在对绩效考评的操作过程及运作的全面分析基础上所进行的有效系统检讨，绩效考评的诊断要点可以从以下几个方面着手。

- 人事记录是否完整；
- 是否有成文的绩效考评规程；
- 绩效考评的方法是否适当；
- 对考评人员是否进行了培训教育，对被考评人员是否进行了辅导与改进；
- 绩效考评的间隔时间是否适当和有效；
- 绩效考评的结果是否得到了有效的反馈及在薪酬、人力资源规划、培训等中得到有效地运用。

2. 绩效考评系统的诊断流程

绩效考评系统诊断是将绩效作为执行者投入——产出过程的结果来看待的，通常我们可以从业绩规范、任务支持、结果、反馈、技能与知识以及个体能力 6 个方面对绩效考评加以系统诊断（见图 10-6）。

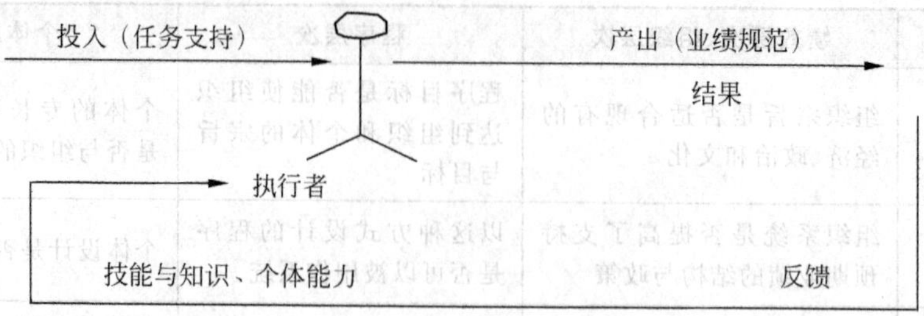

图 10-6　绩效考评系统诊断的因素

（三）绩效考评的总结

1. 绩效考评总结的内容

第一，绩效考评总结的目的是绩效考评者对每项标准的目标、含义以及掌握的尺度进行磋商，这个过程其本质就是逐渐融合并形成具有普遍认同意义的新的企业价值观。

第二，绩效考评的总结注重于对企业绩效影响因素的探讨和分析，而不仅仅是对绩效评估结果的描述。绩效评估的过程应该是绩效讨论或业务分析的过程。因此，绩效评估的过程也应该是企业绩效总结与业务总体分析的过程，更多地讨论企业市场状况、竞争状况、发展环境与技术领先优势等。

2. 绩效考评总结的技巧

绩效总结不仅需要排成绩，也应该分析不足。成绩该奖，不足也应得到足够的重视；在讨论的不足时，应该更多地从正面探讨，对不足作层层分解，而不是从负面来发牢骚。在绩效评估总结中，针对成绩，应当讨论如何或可以采取什么计划或措施进一步巩固成绩；针对不足，应当讨论采取何种措施或计划来改进提高。拿出具体的行动计划是改进绩效的重要手段。

3. 绩效考评总结报告

绩效考评总结报告有两种形式：一种形式是撰写绩效考评总结报告书提交企业决策层；二是绩效评估者以绩效总结会的形式向企业决策层汇报绩效评估结果，同时提交绩效总结报告书。

绩效总结报告书的内容结构一般由征文和附录两个部分组成。其中，正文部分由 3 项内容组成：一是绩效评估操作概况；二是绩效探讨与相应的业务或管理分析；三是总结与建议。附录部分由绩效评估结果统计分析以及未来评估年度内改进绩效的行动计划组成；行动计划中一般包含采取行动的绩效统计依据等资料。

(四)绩效考评的改善

1. 组织结构及岗位工作分析

评价要有的放矢,绩效管理失控是因为没有对合理的对象进行考核。绩效管理是对价值创造活动效果及效率的评价,评价的主体可以是一个公司、部门、团队或个人,但真正的评价对象是工作本身。上述各种规模的组织,无论公司还是个人,都需要针对各自的职能和职责进行考核。因此,公司需要有针对性地依据各层组织的职能及工作职责确立设计考核指标。考核的工作必须是本部门或岗位任职者正在做的工作,而不是其他部门或岗位做的工作,也不是将来打算要做的工作。

2. 业务流程与关键成功因素

考核需要抓住要点。可以把工作职责归纳为几大类重点工作区域,每一个工作区域都可以归纳出决定工作成败的关键成功因素。公司要根据公司战略,确定核心业务流程和辅助业务流程。公司在流程的各节点合理分配部门职能,部门在其内部流程的各节点合理分配岗位职责。具体做法是,先固化现有流程,再对其进行优化,关键成功因素就来源于流程中的关键控制点。

3. 加强绩效面谈和反馈

只作考核而不将结果反馈给员工,考核便失去它极重要的激励、奖惩与培训的功能,而这又恰恰是很多企业容易忽视的地方。反馈的方式主要是绩效面谈,对于绩效差的员工,因为谈话具有批评性,又与随后的奖惩措施相联系,所以很敏感,但又是必不可少的。绩效面谈需要相应的技巧乃至艺术。

绩效面谈应做到对事不对人,将焦点置于以数据为基础的绩效结果上,先不要责怪和追究员工的责任与过错,尽量不带威胁性。其次是谈具体、避一般,不要做泛泛的、抽象的一般评价,要拿出具体结果来支持结论,援引数据,列举实例。最后通过双向沟通,找出绩效较差的原因,共同商量制定相应的改进计划。

4. 员工绩效改进辅导

要想达到绩效改进的目的,绩效改进指导必需从以下 5 点出发:

第一,引导员工的绩效改进意愿。通过各种不同的办法,让员工自己很想改进。

第二,教会员工一些必要的知识和技术。让员工知道要做什么,并知道该如何去做。

第三,营造良好的工作氛围。员工在不同的工作环境,其工作方法和态度也会不同。而工作氛围很大程度上取决于主管自身的行为特征(见表 10-12)。从表中我们不难发现哪一种情况是最有效的。

第四,为员工绩效改进提供协助与支持。如果员工想改进自己的缺点,主管就应该给予必要的协助和支持。人力资源部门也需提供协助支持,或者二者合力帮助员工。

表 10-12 主管类型与员工绩效改进氛围

主管类型	员工的工作氛围
抑制型	主管不让部属做他想做的
挫折型	对于员工的改进，主管用一些诸如不赞成甚至威胁的话来回答。这都会伤及员工的勇气而永远不再想改变
不置可否型	主管要员工自行决定。最常见的态度是：我只管结果，如果你想这么做，你自己看着办
鼓励型	主管鼓励肯定员工的改进想法。常见的态度是：听起来不错，为什么不试一试
要求型	主管帮助员工实施改进计划。通常会说：放手去做，我会协助你

第五，为员工提供一个合适的绩效改进奖励预期。如果员工知道行为改变后会获得奖赏，那么人们较容易去改变。如果真能获得奖励，对未来的行为改变具有激励作用。奖励的方式可以是物质奖励，也可以是精神方面的奖励。关键是要给予合理、及时的奖励。

第四节　常用的绩效考评模式

一、不同类型员工考评模式

（一）一般营销人员的考评模式

1. 考评的主要内容

第一，年度和月度业绩的考评。此项考核将主要依据营销部和财务部联合统计的各类营销人员的月度和年度销售业绩，其中包括各类财务指标：销售额、利润率和回款率、回款日期等。

第二，服务能力的考评。员工服务能力的考核取决于顾客当月和全年投诉率。此项考核由各部门分别完成。

第三，能力考评。主要包括以下几个指标：沟通能力、创新能力、信息收集和利用能力和工作态度考核。

第四，工作的安全性和规范性。

第五，工作的纪律性。主要包括出勤率、旷工率、迟到率、其他工作纪律的遵守情况和团队协作能力和敬业精神。

一般营销人员的考评内容如表 10-13 所示。

2. 考评方式

实行职能部门经理评分和考核小组确认的两级考核方式。考核方法上实行 270°考核法，由员工的上级、同事、顾客（或参考顾客投诉率）进行考核，考核结果直接与工资挂钩，同时结合员工自评。

表 10-13　一般营销人员的考评表

考核内容	考核权重	综　合　得　分
业绩指标	40%	总分为 100 分，考核得分为各项指标考核得分之和。
服务能力	30%	
能力考核	15%	
态度考核	15%	

3. 考核周期

实行全年考核（年度和月度考核）与年终考核相结合的考核模式。考核工作贯穿员工工作的全年，对员工的表现给予及时的反馈，在员工表现好时给予一定的奖励，如员工表现不好，则加强与员工的沟通和交流，进行绩效面谈，制定绩效改进计划，并监督员工实施，同时此计划将列入下月考核项目。

（二）中层管理人员的考评

1. 中层管理人员考评的主要内容

第一，专业知识和技能的考核，不同的中层管理人员有不同的管理方向，也要求其本身必须具备一些基本的素质和技能，这些能力对他的管理能力起着非常重要的作用，考评时根据中层管理人员的不同管理内容设计考核项目。

第二，工作经验，中层管理人员不仅需要有相应的专业知识和技能，在许多时候，他们的工作经验在工作中将发挥更为重要的内容。

第三，管理能力，中层管理人员的工作已经在一定程度上脱离了基层的工作，因此中层干部的管理能力在一定程度上就显得非常的重要。

第四，指导能力，中层管理者还应当对自己的下级进行工作上的指导，帮助员工更好的完成工作。

第五，沟通和协调能力，工作中不可避免地会发生这样那样的矛盾，作为中层管理人员，他们的沟通和协调能力将是解决员工间、各部门之间的矛盾的关键因素之一。

第六，创新能力，管理者是否可以经常在工作中对自己的工作方式方法加以改进。

第七，业绩指标，无论是什么层次的工作者，他的业绩指标一定是被列为考核中的关键指标之一。

第八，工作纪律，包括责任感、工作态度和考勤情况等。

中层管理人员的考评表如表 10-14 所示。

表 10-14 中层管理人员的考评表

考核内容	考核权重	综合得分
管理能力	30%	总分为 100 分,考核得分为各项指标考核得分相加。
业绩指标	30%	
沟通和协调能力	20%	
工作态度	20%	

2. 中层管理人员的考评方式

中层管理人员的考评宜使用 360 度考评法,由中层管理人员的上下级、同事,以及客户进行考评。中层管理人员的考核将每季度进行一次,但同时每月都将对其工作和任务完成情况进行统计,作为考核成绩保留。

(三)高层管理人员的考评

1. 高层管理人员的考评内容

第一,领导能力,作为高层管理人员,其必定管理公司的某个一级组织,因此,其必须具备一定的领导能力。

第二,计划性,作为高层管理人员,其工作中的决策往往是战略性的,因此,在实施之前必须要有周密的计划。

第三,预见性,在工作中,计划的实施难免会遇到一些困难和阻力,高层管理者在制定计划之前必须对此要有充分的考虑。

第四,危机处理能力。

第五,管理能力。

第六,创新能力,企业或组织在考核中会不断遇到各种各样的问题,作为高层管理者,必须要有很强的创新能力,不断寻求更好、更新的方法去解决这些问题,突破企业发展的瓶颈。

第七,人才培养能力,人才是一个企业或组织长盛不衰的最重要因素,作为企业高层管理者,在平时的工作中应当注重培养更多的人才,这些人才将是企业未来的希望所在。

第八,年度业绩考核,考核小组统计高层管理人员所领导部门的月度目标实现情况,并最终汇总出年终业绩指标。如表 10-15 所示。

表 10-15　高层管理人员的考评表

考核内容		考核权重	综合得分
业绩指标		35%	总分为 100 分，考核得分为各项指标考核得分相加。
管理能力	人才培养和储备	20%	
	危机处理能力	10%	
领导能力		20%	
工作态度		15%	

2. 考评方式

高层管理人员的考评宜采用 360 度考核法，由高层管理人员的上下级、同事，以及客户进行考评。高层管理人员的考核将每年年终进行一次，但同时每月都将对其工作和任务完成情况进行统计，作为考核成绩保留。

在对高层管理人员进行 360 度绩效考核的同时，还将组织专门的考核小组对高层管理人员进行另外的考核，考核小组由人力资源部牵头，由其他部门精英和外聘专家组成。考核小组大约 10 人左右，考核结果将由其他人员进行统计汇总，以保证考核工作的公平、公正。高层管理人员的最终考核得分将由上述两种考核得分汇总后得出。

(四) 技术研发人员的考评

考评研发人员非常重要，但也要遵循一般管理体系的设计原理。考核研发人员应重结果轻行为，重外评轻内评，重价值评估轻产出评估。

1. 研发人员业绩管理体系的设计要点

第一，业绩目标不要太多，最多 6～8 个。

第二，业绩目标设定要符合 SMART 原则。研发目标也要符合 SMART 原则——目标要具体、可以测量、调一调能够实现、和整体目标相一致、有时间限定。

第三，重结果，轻行为。对于研发人员来说，应该特别强调结果，应该用 4 个维度来测量：质量、数量、时间和成本，强调投资回报。

第四，重外评，轻内评。内部评价，包括进度、预算等评估是必要的，但过分强调内部评价是很危险的，因为内评很可能不太关心研发对企业的实际价值。内部评价作为公司内部的质量控制工具是很重要的。但是，考虑到评价的目的，应该强调外评。

第五，重价值评估，轻产出评估。

第六，考评指标和企业战略要结合起来。在设计考核指标时，重点在于设计首要指标和次要指标。在企业的特定阶段，先于竞争对手推出该新产品是最重要的，就可以把上市时间或产品开发周期作为首要的考核指标。有的企业的竞争策略在于低成本，就可以把产品成本作为首要要素。第一要素和第二要素确定之后，再分别赋予不同的权重，从而体现和企业战略的结合。如表 10-16 所示。

表 10-16　技术研发人员的考评表

考核内容	考核权重	综合得分
年度成果	30%	总分为 100 分，考核得分为各项指标考核得分相加。
产生价值	50%	
技术能力	10%	
创新精神	10%	

2. 考评方式选择

对技术研发人员的考评，将在每年年终时进行，主要通过营销部和财务部对技术研发人员的产品或技术在市场所创造价值的大小进行考核。将外聘专家估计产品改进的价值，也可以请工程和制造人员来估计，而不是让研发部门经理来估计他们成绩的价值，从而保证考核的公正、公平。

二、企业规模与考评模式

(一) 大型企业考评模式

1. 大型企业绩效考评的特点

第一，由于企业规模大，有能力也可能建立比较完善的员工绩效考评体系。

第二，在大型企业由于企业规模大、人数多，人力资源管理的职能不能由人事部门独揽。作为每天大量与员工打交道的、对员工需求与能力最了解、最有发言权的一线经理，应承担部分员工绩效考评的职能。

第三，在大型企业由于一线经理的管理幅度一般比中小企业大，一线经理与员工之间的关系并没有中小企业那样紧密，企业经理更多的是靠制度而不是靠人际关系来维持，这称为非人格化管理。在非人格化管理条件下，一线经理对员工特点和需求的了解，将更多的依赖现代的测评技术和员工自身素质。因此，一线经理对员工的考评更可能具有间接性。

第四，大型企业的员工素质普遍偏高，在绩效考评中也可以吸收每一位员工亲自参与进来，这一方面能充分体现民主管理的精神，另一方面也能充分体现人力资源管理的人本管理和差异管理，从而大大提高绩效考评的质量和效益。

2. 大型企业的绩效考评模式

根据大型企业自身的特点，可以采取许多种绩效考评模式，现介绍一种最新的比较适合大型企业的绩效考评模式——全过程动态绩效考评[①]。所谓全过程动态绩效考评，是指为了达成组织的目标，通过持续开放的沟通过程，形成组织目标所预期的利益和产出，并推动团队和个人做出有利于目标达成的行为。全过程动态绩效考评的过程通常被看做一个循环。这个循环的周期通常分为4个步骤，即绩效计划、绩效实施与管理、绩效评估和绩效反馈面谈。

全过程动态绩效考评是一种从全面、系统、动态的角度来对企业绩效进行的考核评估工作，其考评分别从业绩、能力、态度3个维度进行，其中业绩指标引入了经济增加值(Economic Value Added，简称EVA)指标。(考评指标体系见表10-17)

表10-17　大型企业绩效考评指标体系

基础业绩	任务绩效	1. 工作质量、工作数量、创造性指标；2. 关键事件绩效指标；3. EVA指标
	管理绩效	1. 计划任务分解；2. 团队管理与控制；3. 沟通；4. 员工培养与业务；5. 指导；6. 员工绩效管理
	周边绩效	1. 维护组织利益与形象；2. 积极协作；3. 乐于承担额外工作任务；4. 重视工作结果，追求更出色结果；5. 积极改进工作方式，提高工作效率和工作质量
能力指标	管理能力	1. 团队管理能力；2. 沟通、协调能力；3. 开拓、创新能力；4. 评价、决策能力
	专业知识能力	1. 知识水平；2. 知识应用能力；3. 学习知识能力
	其他能力	1. 计划、执行能力；2. 人际交往能力；3. 观察判断能力；4. 自我激励能力；5. 适应能力；6. 时间管理能力
态度指标	1. 责任心；2. 积极主动性；3. 协作性；4. 纪律性	

在这里着重介绍一下经济增加值指标。经济增加值的计算公式为：

$$EVA_t = E_t - r \times C_{t-1}$$

其中，EVA为公司在第t时间阶段创造的经济增加值大小；E_t为公司在t时间阶段使用该资产获得的实际收益；r为单位资产的使用成本；C_{t-1}为t时间阶段初使用的资产净值。

如果使用传统的基于利润的业绩评价方法，则公司或事业部的经理们会倾向于只注

① 参见王璞. 全过程动态绩效考评. 中国人力资源开发，2002(12)

重利润指标。引入 EVA 进行评价时,经理们不仅要注意他们创造的实际收益大小,还要考虑他们所应用的资产量的大小以及使用该资本的成本大小。

（二）中小型企业的考评

1. 中小型企业绩效考评的特点

中小型企业是否需要进行绩效考评,要根据企业的具体情况而定。如果企业中管理者与下属之间、同事之间沟通顺利、关系比较融洽,并且任务的布置和完成比较顺畅、员工不抱怨企业的管理和待遇,则企业可以进行比较粗略的绩效考评。如果企业的管理者与员工在某些问题上(特别是待遇问题、公平性问题等)经常产生矛盾,则必须进行系统的绩效考评。

中小型企业有其特点,比如管理灵活、岗位划分不明确、工作职责变动较大等,所以中小企业的绩效考评工作应该根据它自身的特点来设计。一般而言,小企业的绩效考评不必做得太复杂。另外,应适当侧重于主观考评。

2. 中小型企业绩效考评的内容

第一,工作总结。

由于员工的工作内容相对比较繁杂,通过工作总结可以让管理者系统地了解员工的工作状况和工作成果,有助于管理者对企业管理和企业活动进行整体把握,也有助于管理者对员工进行客观的考评。

第二,员工自我评价。员工自我评价可以让管理者更加清楚地了解员工真实的想法,并且为考评沟通作了准备。

第三,分类考评。可以分为岗位技能、工作态度和工作成果 3 方面的内容进行考评。

第四,考评沟通。不论上面 3 项内容如何进行,考评沟通都必须进行。

三、团队绩效的考评模式选择

1. 不同团队类型与绩效评估手段选择[①]

团队通常包括以下几种常见的类型:一是项目团队;二是固定工作团队,其中包括管理团队、生产团队、服务团队和研发团队;三是功能团队,其中包括质量团队、临时解决问题团队;四是网络化团队。

对不同类型的团队通常既要考虑团队层面的评估,也要考虑个体层面的评估;既要考虑对工作过程的评估,也要考虑对工作结果的评估;既要有管理层的评估,也要有相关业务伙伴的评估(如表 10-18 所示)。

① 参见徐芳. 团队绩效的有效测评. 企业改革与管理,2003(11)

表 10-18 不同团队采用的绩效考评手段

团队类型	考评对象	考评者	考评内容			
			成果	行为	能力	提高
工作和服务团队	团队成员	管理者	√	√	√	√
		其他团队成员		√	√	√
		顾客		√		√
		自己	√	√	√	√
	整个团队	管理者	√	√	√	√
		其他团队成员		√		√
		顾客	√	√		√
		自己	√	√	√	√
项目团队	团队成员	管理者	√		√	√
		其他团队成员		√	√	√
		顾客		√		
		自己	√	√	√	√
	整个团队	顾客	√	√		
		自己	√	√	√	√
网络化团队	团队成员	管理者		√	√	√
		团队领导者		√	√	√
		同事		√	√	√
		其他团队成员		√	√	√
		顾客		√	√	√
	整个团队	自己	√	√	√	√
		顾客	√			

2. 团队绩效测评的流程与方法

尽管不同类型的团队在绩效测评方面存在不同的关注点，但研究者们始终试图寻求一些共性的东西。目前，国际最新的研究成果表明，对团队绩效的测评同样可以遵循一个固定的流程。首先要确定对团队层面的绩效测评维度和对个体层面的绩效测评维度，然后是划分团队和个体绩效所占的权重比例，再在测评维度的基础上，分解测评的关键要素，最后再考虑如何用具体的测评指标来衡量这些要素。

可以说在上述环节中，如何确定团队层面的绩效测评维度是关键点，同时也是难点。对团队绩效的测评维度的确定通常可以采用以下 4 种方法(见表 10-19)。

表 10-19 不同团队考评方法选择

考评方法	适用条件、范围	主要测评维度
客户关系图法	当客户满意度是团队的主要驱动力时	满足组织内外部客户需求的满意度
支持组织绩效法	当重要的组织绩效目标必须得到团队的支持时	压缩运转周期、降低生产成本、增加销售额、提高客户的忠诚度等方面
业绩金字塔法	当团队和组织之间的联系很重要,但团队和组织之间的关系却不甚明了时	选择那些能够把团队和组织目标紧密联系起来的绩效维度
工作流程图法	当团队的工作具有清楚明确的工作流程时	向客户提供的最终产品;整个团队应负责的重要的工作移交;整个团队应负责的重要的工作步骤

第一,利用客户关系图确定团队绩效的测评维度。要描述团队的客户以及说明团队能为他们做什么的最好方法就是画一张客户关系图。这张图能够显示出你的团队、提供服务的内外客户的类型,以及客户需要从团队获得的产品和服务。该图完成以后,它就可以显示出团队及其客户之间的"连接"。那么,在什么情况下宜采用客户图表法呢?当团队的存在主要是为了满足客户需求时,最理想的方法是采用客户关系图。客户就是那些需要团队为其提供产品和服务并帮助他们工作的人,可以是组织内部的同事,也可能是组织外部的顾客。

第二,利用组织绩效目标确定团队绩效测评维度。该种方法最适用于那些为帮助组织改进绩效目标而组建的团队。组织的绩效目标体现在压缩运转周期、降低生产成本、增加销售额、提高客户的忠诚度等方面。通过以下步骤可以确定能够支持组织目标实现的团队业绩:首先,要界定几项团队可以影响的组织绩效目标。其次,如果团队能够影响这些组织绩效目标,接下来就要回答这样一个问题:"团队要做出什么样的业绩才能有助于组织达到目标?"最后,把这些成果作为考核维度并把它们添加到业绩考核表内。

第三,利用业绩金字塔确定团队绩效测评维度。业绩金字塔的出发点首先是要明确业绩的层次。组织必须创建这些绩效维度,并选择那些能够把团队和组织目标紧密联系起来的绩效维度。因此,把团队业绩和组织绩效紧密联系起来将会有利于整个组织目标的实现。那么,该怎样建立一个工作业绩金字塔呢?通过回答以下有关工作成果的问题可以有助于构筑业绩金字塔。

- 什么是整个组织的宗旨或功能?
- 组织要创建什么样的业绩?
- 以什么业绩来产生组织绩效?

· 在这些业绩中的哪几项是团队负责创建的？

如果创建的业绩金字塔是为整个组织而建立的，那么只有金字塔内的某些部分需要你的团队负责。通过对金字塔的观察，团队可以确定它应当对此负责的是哪几项成果。

第四，利用工作流程图确定团队绩效测评维度。工作流程图是描述工作流程的示意图。工作流程是贯穿于各部门之间，向客户提供产品或服务的一系列步骤。客户既包括组织内部的顾客，也包括组织外部的顾客。

那么，怎样使用工作流程图来确定团队绩效测评维度呢？通常，工作流程图内含有3个测评维度：一是向客户提供的最终产品；二是整个团队应负责的重要的工作移交；三是整个团队应负责的重要的工作步骤。

总之，当客户满意度是团队的主要驱动力时，最常采用的方法是客户关系图方法；当重要的组织绩效目标必须得到团队的支持时，最常采用的方法是支持组织绩效的业绩方法；当团队和组织之间的联系很重要，但团队和组织之间的关系却不甚明了时，最常采用的方法是团队业绩金字塔方法；当团队的工作具有清楚明确的工作流程时，最常采用的方法是工作流程图方法。

3. 应用中应注意的问题

我国的企业管理者和团队领导在实施团队绩效测评时还应当注意以下几个方面：

第一，必须要赢得团队成员的关注与认可，团队成员需要充分理解他们的测评系统；

第二，确保团队的战略与组织战略相一致；确保团队绩效测评的目的是确保问题的解决，从而提高团队的工作业绩；

第三，选取最重要的几个方面来测量；

第四，开发绩效测评系统时，应充分考虑顾客的意见；

第五，测评系统应详细描述每一位团队成员的工作。

四、绩效管理的新发展

（一）自我管理法

自我管理法是解决员工工作表现不符合要求的一个相对较新的方法，它要求员工对自己的工作行为进行自我监控。通常它的实施应包括以下3个步骤：

1. 员工自己寻找各自存在的导致绩效不高的影响因素，并制定有针对性的、能够有效解决有关问题的特定目标。

2. 一旦目标设定后，员工们就要讨论促使或阻碍目标达到的影响因素；

3. 制定战略，扫除影响绩效提高的阻碍。

显然，自我管理法就是促使员工进行自我观察，比较工作成果与工作目标之间的差距，努力改善工作绩效，实现自己的目标。它的优点是效果好、经济而且具有激励作用；而它的缺点是对应用对象要求相对较高，应用范围不广、实用性有待提高。

（二）计算机的应用

科技在20世纪的飞速发展使得计算机在各个领域的应用越来越广泛。在过去的几年中应用计算机计算绩效考评结果的方法快速普及，考评的形式和图表都可以利用计算机来完成，大大节约人力资源管理活动的成本，同时也极大地提高了人力资源管理活动的工作效率。绩效考评也不例外，也得到了广泛的应用，主要表现在4个方面：

1. 在绩效考评中，利用计算机技术监管出勤

这种技术就是电子计时。准确而又经济适用是它的优点。目前，这种低成本的微型电子计算机所控制的电脑化时间管理系统已经取代了老式机械钟来记录员工的出勤情况。

2. 一些考评者目前开始使用计算机辅助他们进行评估面谈的准备工作

由于计算机能指导人们如何准备面谈，这就在实际操作以前给管理者提供了学习机会，减少紧张心情。这一项目对于毫无经验的管理者格外有价值，因为它能帮助他们在非常短的时间内掌握一定的技巧。

3. 在开发程序中，可以利用计算机辅助考评并对考评结果进行验证

4. 绩效改进和提高方面的运用

尽管有关绩效改进和提高的软件技术目前还处于发展阶段，但其前景是令人乐观的。人力资源管理者已经发现，计算机技术的客观和公正性恰恰非常适合应用于一种容易被人为的偏见、主观性和故意性所干扰的过程之中。最近，借助于一些新的计算机技术，绩效诊断技术得到了迅速发展。

（三）边际员工的绩效管理

边际员工就是指那些由于缺乏能力或者缺乏做好工作的动力而导致绩效水平几乎处于最低水平的员工。由于边际员工的形成原因各不相同，管理者要想有效促进他们绩效的改进，就必须针对不同类型的员工而采取不同的行动(见表10-20)。

管理者在考虑如何改进员工绩效时，首先应当考虑员工的绩效不良究竟是能力不足造成的，还是由于工作积极性不高造成的，还是二者兼而有之。为了确定一位员工的能力水平，管理者应当考虑员工是否具备有效完成工作需要的知识和技能。如果一位员工是刚刚开始从事某一项工作，或者是他从事的工作本身发生了变化，那么很可能会存在能力不足的问题。要想确定一位员工的工作动机强度，管理者需要考虑员工正在从事的工作是否是他愿意做的工作，以及他对自己的薪酬是否满意。如果一位员工的绩效突然下降，

这很可能是因为员工遇到了个人困难，此时，需要组织的管理者给予更多的关怀。

表 10-20 边际员工绩效改进对策

形成边际员工的原因	绩效改进对策
能力弱	在职辅导；频繁的绩效反馈；制定目标；以开发能力为目的进行培训或做出临时性的工作安排；重新进行工作安排
工作动机不强	提供诚实、直接的反馈；提供绩效改进咨询；采取团队建设与解决冲突的办法；将奖励与员工的绩效结果挂钩；就所需的知识和技能提供培训；强化管理
能力不够，工作动机也不强	冻结加薪；另行安排工作；职位降级；解雇；就绩效问题提供具体而直接的反馈

参考文献

1 鲍勃·纳尔孙，唐义军等译．激励员工 1001 法．北京：外文出版社，1999

2 曹荣．至尊企业，至尊人力资源：绩效考评与激励管理．上海：世界知识出版社，2003

3 谌新民，武志鸿．绩效考评方法．广州：广东经济出版社，2002

4 谌新民．新人力资源管理．北京：中央编译出版社，2002

5 谌新民．用人方略．广州：南方日报出版社，2003

6 陈波等．组织目标导向的员工绩效计划．中国人力资源开发，2004(10)

7 邓宇峰．绩效考核的有效补充：效果评价制．通信企业管理，2002(9)

8 飞利浦·L.胡萨克尔，张颐等译．管理技能实战训练手册．北京：机械工业出版社，2003

9 惠调艳，赵西萍．360°绩效考评．企业管理，2003(8)

10 郝忠胜，李虹．人力资源主管绩效管理方法．北京：中国经济出版社，2003

11 姜进章．绩效考评的七大风险．企业管理，2004(3)

12 孟昭宇．中外企业人力资源管理案例精选．北京：经济管理出版社，2003

13 祁玮，康宁．绩效沟通．煤炭企业管理，2003(11)

14 孙永玲．红仁食品公司的战略绩效管理体系．中国劳动社会保障报，2004 年 12 月 31 日

15 唐纳德·C.莫斯利，刘庆林译．督导管理——授权和培养员工的艺术．北京：人民邮电出版社，2003

16 屠金琳．绩效考核来点创意．中国科技产业，1994(7)

17 王璞．全过程动态绩效考评．中国人力资源开发，2002(12)

18 王宜科．许昌通信创新绩效管理．通信企业管理，2003(5)

19 谢康．企业激励机制与绩效评估设计．广州：中山大学出版社，2001

20 熊苹，何骏．绩效评估的选择．企业管理，2003(6)

21 徐芳．团队绩效的有效测评．企业改革与管理，2003(11)
22 杨剑，白云，郑蓓莉．目标导向的绩效考评．北京：中国纺织出版社，2002
23 张艳丽．现代绩效评估反馈面谈技巧．人才瞭望，2003(2)
24 赵筠．影响绩效考评的十大因素．人才瞭望，2003(12)
25 赵颖惠．由一则案例引发对绩效评估的探讨．中国人力资源开发，2003(1)
26 赵勇．理顺被考核者和考核者的关系．IT时代周刊(www.erpworld.net)，2003
27 博锐管理在线：http://www.boraid.com/
28 诚信人力资源网：http://www.cxrc.com.cn
29 东莞台商信息网：http://www.3722.cn
30 晟辉人力资源网：http://www.365hr.com.cn
31 人力资源开发管理网：http://www.hrdm.net
32 世界经理人网：http://www.cec.globalsources.com
33 亚太人力资源网：http://www.aphr.org
34 天下管理培训网：http://www.showstudy.com
35 中国人力资源网：http://www.hr.com.cn
36 中国人力资源开发网：http://www.chinahrd.net
37 中华人力资源网：http://www.sino-hr.cn
38 珠海人力资源网：http://www.zh-hr.com
39 佐佑人力资源顾问公司：http://www.zuoyou.com

B&E

第十一章 薪酬设计与薪酬管理

[开篇案例]

朗讯的薪酬结构由两部分构成：一是保障性薪酬，主要与员工的岗位有关；二是业绩薪酬，跟业绩紧密挂钩。在朗讯，非常特别的一点是，朗讯中国所有员工的薪酬都与朗讯全球的业绩有关。这是朗讯在全球推行Grows行为文化的一种体现。朗讯有一项专门奖——Lucent Award，也称全球业绩奖。朗讯的销售人员的待遇中有一部分专门属于销售业绩的奖金，业务部门根据个人的销售业绩，每一季度发放一次。在同行业中，朗讯薪酬中的浮动部分比较大，这样做是为了将每个员工的薪酬与公司的业绩挂钩。

朗讯公司在执行薪酬制度时，不仅看公司内部的情况，而且将薪酬放到一个系统中考虑。它主要有两个方面，一是如何保持自己的薪酬在市场上有很大的竞争力。为此，朗讯每年委托专业的薪酬调查公司进行市场调查，以此来了解人才市场的宏观情形。这是大公司在制定薪酬标准时的通常做法。二是考虑人力成本因素。综合这些之后，人力资源部会根据市场情况给公司提出一个薪酬的原则性建议，指导所有的劳资工作。人力资源部将各种调查汇总后会告诉业务部门总体的市场情况。在这个基础上每个部门有一个预算，主管在预算允许的范围内对员工的待遇作出调整决定。

人力资源部必须对公司在6个月内的业务发展需要的人力情况非常了解。朗讯在加薪时对员工尽可能透明，让每个人知道他加薪的原因。加薪时员工的主管会找员工谈，根据你今年的业绩，你可以加多少。每年的12月1日是加薪日，公司加薪的总体方案出台后，人力总监会和各地的薪酬管理经理进行交流，告诉员工当年薪酬的总体情况：市场调查的结果是什么？今年的变化是什么？加薪的时间进度是什么？

朗讯在招聘人才时比较重视学历，贝尔实验室1999年招了200人，大部分是研究生以上学历。对于从大学刚刚毕业的学生，学历是基本要求。但学位的观念到了公司之后在比较短的时间内就淡化了，无论做市场还是做研发，待遇、晋升和学历的关系慢慢消失。在薪酬方面，朗讯是Merit Pay——根据工作表现决定薪酬。薪酬和职业发展跟学历、工龄的关系越来越淡化，基本跟员工的职位和业绩挂钩。

一方面，高薪酬能够留住人才；另一方面，薪酬不能任意上涨，必须和人才市场的情况挂钩。在成熟的企业里，通常是薪酬涨多少跟人力资源部没有太大关系。所以涨薪必须有制度和根据,如业绩评估,这牵涉到一个系统,而不是个人说了算的问题。

遇到因薪酬达不到期望值而辞职的员工,朗讯会找辞职的员工谈话,他的主管经理和人事部会参与进去。朗讯非常希望离职的员工能够真实地谈出自己的想法,给管理提出建议。朗讯注重随时随地评估,对于能力不强的员工,给他一个业绩提高的计划,改进他的工作,如果达不到要求,朗讯会认为这个工作你没有效率,只好另请人来做。

因薪酬不满而申诉的情况每年都有几例。朗讯总监李剑波认为,业绩考评本身就有些主观性。员工的投诉不能表明一个公司的薪酬体制好坏,一个最重要的指标是员工因薪酬离职的多不多。还有一个必须掌握的原则,是人力资源部的薪酬制度是否表现了公司的意图。比如,公司将薪酬全部放在业绩上、销售上,浮动部分就会加大,并向销售人员倾斜。任何一个人力资源部的事,都跟公司的业务紧密联系。如果薪酬制度不能表明是与公司的业务紧密相关的,那么会是在瞎忙。(资料来源:朗讯公司的薪酬管理.职业,2003(2))

[点评] 薪酬管理不同于薪酬体系设计,薪酬管理是一个系统过程,它包括薪酬战略、薪酬结构、薪酬体系、薪酬调整和薪酬沟通等内容。它是在企业经营与发展战略前提下,在企业所处的具体环境、业务需要及人力资源管理战略下进行设计和完善具有本企业特色的薪酬政策和薪酬制度的过程。

第一节 企业薪酬概述

一、目前薪酬体系存在的主要问题

1. 对薪酬功能的错误定位

目前我国企业薪酬管理实践中,并存着两种对薪酬功能的认识:惟薪酬论和薪酬无效论。所谓惟薪酬论,指相当一部分企业将薪酬当成是激励员工的惟一手段或至少是最重要的手段。他们相信重赏之下必有勇夫,认为只要支付了足够的薪水,就能容易招到一流的员工,员工也不会轻易离职。

所谓薪酬无效论,指一些企业总在强调,薪酬在吸引、保留以及激励人力资源方面并不是很重要,只要有了良好的企业文化、发展前途、良好的工作环境、人际关系以及给员工提供发挥能力的机会,薪酬水平比其他企业低一些没什么关系,即内在报酬比外在报酬对于员工的激励性要强得多。

上述两种看法既有合理成分,又都过于偏颇。一方面要承认较高的薪酬对于某些特定人群尤其低收入者和文化素质不高的人还是有较明显的激励作用;另一方面又必须清醒认识到,对于企业中高素质人才来说"金钱不是万能的",加薪产生的积极作用也同样遵循边际收益递增然后递减的规律。

2. 薪酬管理与企业战略、文化及人力资源管理系统脱节

薪酬体系的设计以及薪酬管理必须围绕企业战略以及远景目标进行。如果不考虑战略性导向的差异，正如我国许多企业的薪酬管理都处在方向不明的混沌状态中一样，缺乏明确战略指导，企业的薪酬管理系统往往会给自己选择一些可能会对企业的战略实现产生阻碍甚至破坏作用的目标：比如薪酬成本的最低化以及内部收入分配的公平最大化等。

从人力资源管理系统的角度来说，薪酬决策应当在企业对职位（或技能、能力）进行分析和评价以及制定了良好的绩效管理体系之后才能作出，但我国很多企业却将薪酬决策当成了一种可以独立完成的"分蛋糕"的工作，既不去做认真细致的工作分析和评价，也没有进行客观、公平的绩效评价，导致没有明确的"分蛋糕"的依据或大家认识不统一，造成许多纷争和不满。

另外，薪酬及管理系统与企业文化也是紧密联系。不同类型的企业文化需要不同的人力资源管理系统支撑，而薪酬则要与企业人力资源管理系统的总体思路和导向保持一致。很多企业往往企业文化强调的是一套，薪酬系统向员工传递的却是另外一套信息。例如，有些企业一方面高呼创新和学习口号，另一方面却不在薪酬体系中对那些努力进行创新和不断学习的人提供任何报酬。结果是企业一方面不断地强调并期望塑造强烈的绩效推动型文化，但另一方面却屡屡失望。

3. 薪酬结构零散，基本薪酬的决定基础混乱

在于许多企业的薪酬体系设计是机械式的设计思路，认为只要薪酬中应当体现某种因素比如岗位的重要性、技能水平的要求、最低生活费用等，就必须在薪酬结构中单独设立一个板块。很多企业的工资表上都能看到多达十几项的工资构成：基础工资/生活费用工资、岗位工资、技能工资、绩效工资、浮动工资、奖金、职称工资、工龄工资、住房工资、交通补贴、书报费、洗理费等。

当企业的薪酬构成被划分得越是支离破碎，员工的薪酬水平差异就越是不容易得到合理的体现。不仅如此，薪酬构成板块过多还会造成另外一个不利的后果，就是员工的薪酬水平高低到底取决于什么变得模糊了。员工既不清楚决定自己的工资与他人的差异主要是什么原因造成的，也不清楚自己怎样能够通过个人的努力来增加薪酬收入，更看不到企业的薪酬系统鼓励什么，与企业的战略之间是一个什么样的关系。

4. 薪酬系统的激励手段单一，激励效果较差

薪酬分配本身既是一种结果，也是一种过程。也就是说，薪酬分配的过程及其结果所传递的信息有可能会导致员工有更高的工作热情、更强烈的学习与创新愿望，也有可能导致员工工作懒散、缺乏学习与进取的动力。

从薪酬的激励角度，能够直接与员工的工作成果挂钩的薪酬体系通常激励性最强，员工的收入差距一方面应取决于员工所从事的工作本身在企业中的重要程度以及外部市场

的状况；另一方面还取决于员工在当前工作岗位上的实际工作业绩。然而，许多企业既没有认真细致的职位分析和职位评价，也没有明白客观、公平的绩效评价，所以拉开薪酬差距的想法也就成了一种空想，薪酬的激励作用仍然没有发挥出来。

5. 薪酬管理过程不透明，沟通不足①

从薪酬管理过程来看，企业中目前存在的两个比较突出的问题是管理过程的不透明性以及企业就薪酬问题与员工进行的沟通严重不足。一些国内企业甚至以薪酬保密为本公司的天条。然而薪酬管理的目的实际上是要通过薪酬分配过程及其结果来向员工传递信息，即企业推崇什么样的行为和业绩，鼓励大家向哪种方向去发展。一旦员工看不到自己的行为和业绩与报酬之间的联系，激励的链条就中断了薪酬管理系统是否公平合理，很大程度取决于员工对于薪酬系统的理解和认同程度。

本章节正力求围绕对上述问题的回答进行展开分析。

二、全面薪酬体系

［案例］

W企业工作取得一定成效的时候，老板会给员工发放一笔上千元的奖金。老板本以为这样就可以充分调动员工的积极性了，但是近年来发现这样的激励方式已经逐渐失去了作用，员工在领取奖金的时候反应非常平淡，就像领自己的薪水一样自然，并且在随后的工作中也没人会为这上千元的奖金表现得特别努力。同时，老板还发现员工的抱怨也比以前有所增加，员工们认为老板不重视他们的需求，给不了他们想要的东西。于是员工离职尤其是优秀人才的跳槽现象开始增多，这给企业造成了巨大的损失。

员工的激励方式多样化、自主化是未来企业制定员工激励方案的发展方向。但是如何在企业的具体实践中去操作呢？进行员工需求调查和满意度调查分析，树立全面薪酬的概念。

“全面薪酬战略”是目前发达国家普遍推行的一种薪酬支付方式，它源自20世纪80年代中期的美国。当时美国公司处在结构大调整时期，许多公司将相对稳定的、基于岗位的薪酬战略转向相对浮动的、基于绩效的薪酬战略，使薪酬福利与绩效紧密挂钩。“全面薪酬战略”的概念在此基础上产生。

全面薪酬体系包括：货币性薪酬体系和非货币性薪酬体系。货币性薪酬体系有固定薪酬和可变薪酬两部分。在具体使用这些货币性薪酬工具时一般要配合本公司的经营策略、人员策略等一系列发展策略，尽量利用各种薪酬手段的长处而避开各种弊端，同时可

① 刘昕. 警惕薪酬陷阱——评析中国企业薪酬管理实践中若干问题. 企业研究，2003(8)

综合使用多种薪酬手段。

（一）货币性薪酬体系

1. 固定薪酬

固定薪酬主要是维持员工的劳动力生产与再生产的需要，保证员工基本生活的需要，具有体现不同岗位相对重要性的作用，其占总薪酬比例30%～80%不等。优点是薪酬给付标准明确，等级明了，以岗位为中心。缺点是不灵活，不能反映员工实际业绩。其主要包括：

基本工资。它是相对稳定的报酬部分，通常由基本工资、岗位工资、工龄工资，以及其他政策性的补贴等构成。保证员工基本生活需要，以岗位、职务为标准确定，受公司所处行业、地域、规模、所有制等影响。

年度奖金。它是企业奖励给员工的超额劳动部分或劳动绩效突出部分所支付的奖励性报酬。其目的是鼓励雇员提高劳动效率和工作质量，它与员工的工作业绩紧密结合在一起，具有鲜明的针对性和刺激性。以绩效奖励指标的完成情况而定，且容易造成经营者的短期行为。

福利。它是一种员工人人都能享受，并且与工作业绩关系不大的利益分配。其形式多种多样，有时以金钱出现，有时是以物质出现，是对环境、政策、公司凝聚力等的一种补偿。其主要包括：医疗保险待遇、养老保险待遇、工作保险待遇、生育保险待遇、失业保险待遇和法定的各种假日、组织规定的年度休假、病假或事假，以及工间休息等。

津贴。它是企业对员工在特殊劳动条件下所付出的额外劳动消耗和生活费开支的一种物质补偿形式。恶劣的工作环境需要劳动者付出更多的劳动力支出，或对劳动者的身体造成一定的伤害，如危险作业、有毒作业、高温高空、海上野外作业和重体力劳动等，企业需要以津贴的形式予以补偿。这样有利于吸引劳动者到工作环境脏、苦、险、累的环境岗位上工作。

在职消费。它是依据员工的职务高低而享有公司给予的一种物质补偿形式，其中包括个人办公室、个人交通通讯费用补贴、交际应酬费用、个人用车等。能增加消费者的社会地位和荣誉感。

2. 可变薪酬

可变薪酬是一种替代性薪酬体系，该体系将薪酬与经营业绩紧密结合并支持参与性管理过程，其现金支付是以预先确定的方式或团体与组织的业绩为基础的。优点是体现了员工的不同贡献，实现按贡献取酬。缺点是实施该薪酬体系需要较规范的企业环境。其内容有：

股票期权。股票期权是给予其持有人以特定价格购买公司股份的权利，从而激发员工特别是管理人员努力工作，引起公司股票价格的提升，达到员工和企业的共同发展。

股票期权的执行不会导致公司的现金流出，与此同时，员工以现金支付期权行权价格还可能给公司带来现金流入；从员工角度看，股票期权的实施可以让员工避免立即拥有股票带来的市场风险，同时还能享受股票升值而不使自己的资金受损。

股票增值权。股票增值权是指员工无须实际购买该股票即可获得从股票增值权授予日到行权日其公司股票的升值。执行该权利时，股票升值通常以现金支付，有时也以股票或股票与现金混合的方式支付。

对企业来说，股票增值权将在一定程度上增加现金流出的不确定性。由于员工可以控制行权数额及时间，就使得公司相关的资金流出具有相当大的不确定性；对员工来说，与期权不同，股票增值权的行权不需要现金流出，其持有者欲获得预期收益无须购买相关股票。因此，股票增值权给员工提供了一个享受公司股票升值的无风险手段。

受限股票。受限股票即提供给员工其公司股票的一定份额，但要受到可转换性限制，也就是只有在将来提供实质性服务时才可获得股票的实际拥有权。如果员工未能满足这一条件，股份将被没收并返还公司。在限制期内参与者通常享有表决权及股票红利。

从现金流量角度看，受限股票对企业是廉价的。但如果通过发行新股来发放受限股票则会引起所有权的稀释。受限股票奖励通常不需要员工进行投资，要获得预期收益，员工只需在规定时间内为公司服务即可。

绩效奖励计划。绩效奖励计划即公司规定在一个预先设定的绩效奖励期限结束时，根据份额给予员工一定的奖励。公司可自主决定绩效奖励期限的长短，一般为3～5年。

对企业来说，在奖金实际给付参与者的期间内，绩效奖励计划将产生一个可以预测的现金流出水平；对员工来说，绩效奖励计划不会造成现金的流出。因此，员工一般会竭力争取长久的优秀表现以达到预先设定的绩效目标。

虚拟股票。虚拟股票一般是以企业的股票作为衡量基础，主管人员获得与普通股相对应的"单位"，但是并不拥有实质上的所有权，公司只是把这些"单位"记入他们的账户。在某一确定的时期，公司计算出主管人员的"单位"价值并将价值增值部分支付给主管人员，并且可在主管人员退休后或任期内某一特定时点进行支付。

通过用员工的激励性报酬按公司股票的当前价值购买一定数量的虚拟股票，同时虚拟股票可以用于推迟对一个独立奖励计划的偿付，最终的给付可以使用现金或股票，或者同时使用，具有很大的灵活性。

（二）非货币性薪酬体系

思科公司（Cisco）为了让员工安心工作，用在硅谷买来很贵的地皮盖了托儿所；为了给公司员工提供上班的便利，更在办公室和员工住宅社区修了专用铁道。思科公司还有一个非常有特色的服务，就是紧急医疗帮助，在全球所有国家的员工都能获得一家全球医疗服务机构的24小时紧急服务。有些服务甚至超出了医疗范围，包括急病和社会不安因素、人身意外等构成的危险，员工所遇的任何问题都能够通过打一个对方付费电话获得帮助。

虽然，一个好的全面薪酬体系固然是吸引人才、保留人才的基础，但在实际运作时，还要靠大量、具体的沟通来支持。要为员工们所理解和接受，要真正符合他们的愿望和要求。否则，再好的体系构想也难以奏效。而受聘者由于年龄、经历、企业工龄、个人和家庭情况等千差万别，对同一种全面薪酬体系的反应和要求也会很不一样。

非货币性薪酬体系能够得到广泛使用，主要是因为①：

1. 能为货币性薪酬计划提供补充。即公司在拥有合理的货币性薪酬计划的同时，使用非货币性薪酬奖励以加强对某些特定目标的重视程度。

2. 能使公司激励计划的过渡更加平稳。当公司准备采用新的激励计划而又对新计划没有充分把握时，这时可以考虑使用非货币性薪酬奖励作为一种过渡性的策略，然后在实施过程中不断摸索寻找新策略的弊端，直至完成过渡。这是因为非货币性薪酬中不涉及到"货币"这一敏感的内容，所以引入、退出或更改一个非货币性薪酬方案很容易，一般不会引起公司员工的不良反应。

3. 加强公司的经营目标。在已有的货币性薪酬激励下，同样可采用非货币性薪酬计划加强公司的目标驱动。

4. 认可突出的绩效。非货币性薪酬包含很强的"认可"意味。因为一些纪念品的奖励能给予员工十足的自豪感和满足感，以至于奖品所带来的真正价值将远远超过其实际价值。

5. 适用于大多数员工。无论是私人部门还是公共部门，非货币性薪酬奖励都可以被广泛使用。

常用的非货币性薪酬工具有：

通过社交增进感情。其具体包括：与员工亲切的交谈、组织员工野游、组织员工参加体育活动、帮助员工解决生活问题、具有融洽的人际关系等。使用这些奖励方式可以鼓舞员工的士气并增加员工对公司的认同感。

商品奖励。即给予那些绩效有所改进的员工一定的商品奖励。这些商品可以是一些预先选定的品种，也可以是没有品种限制的各类商品。

① 参见陈清泰，吴敬琏．公司薪酬制度概论．北京：中国财政经济出版社，2001，295～304

奖励商品的来源一般有两种：一是由提供全方位服务的代理机构提供。它们根据公司或各参与者自己提供的绩效信息签发并邮寄奖励支票，如果参与者所得到的奖励分数超过了购买奖品所需的分数，它们会进行相应的处理；二是传统超市里的一般商品。另外，公司也可直接进行购买奖励商品，但直接购买成本更大，一般很少公司用。

工作用品补贴。工作用品补贴包括私人工作用品和工作环境设施。其中私人工作用品有：个人装备，如工作服、工作工具；特殊服务，如免费的午餐、上班中免费茶水供应、喝咖啡时间等。工作环境设施有提供办公桌、复印机、档案柜、照明、停车场、绿地、员工休息间等。

个人晋升与自我发展机遇。个人晋升与自我发展指员工在企业中因为成绩出色有得到晋升和内部岗位轮换的机会，有受教育和培训的机会，培训的内容除了技能培训外，还应有人际交流的培训、情商培训、减压培训、心理培训等。这将有助于增加员工人力资本，培养了其奉献的精神。

带薪休假。带薪休假的方式通常有两种：一是当公司实现了某个预定目标时，公司全体员工放假一天或几天；另一种是通过公司庆典的方式实现带薪休假。

旅游奖励。旅游奖励是公司给员工的绩效改进打分，然后发放以分数为面值的旅游券，达到一定额度后，即可用于旅游。这对于员工来说有一种特殊的吸引力。因为旅游奖励可以授予个人、家庭或团体。另外，以分数表示的旅游券在发放时不会给公司带来现金流出。

象征性奖励。象征性奖励包括勋章、奖杯、照片、纪念品、T恤衫、装饰品、预留车位、提高公司用车的档次、加入顾问委员会等。这些奖励极具象征性但货币价值一般很低。使用象征性奖励的目的有两个：认知和认可。认知就是指让员工知道一个目标或目的的重要性；认可即公司所希望的绩效改进让员工得到认可或员工的成绩得到公司的认可。

促进家庭的介入。当员工把公司的奖励商品目录拿回家中时，家庭的每个成员都会参与到商品选择的过程中来，并挑选各自喜欢的物品，这必然会更加激发员工的上进心。

总之，全面薪酬体系就是要建立与公司发展战略相协调，具有适当的薪酬、福利、事业发展、企业文化的分配结构，实现公司对员工的投资最大化和员工对公司利润贡献的最大化，平衡公司与员工的需求，做到吸引潜在的应聘者，留住符合公司需要员工，激励员工更好地工作，提高生产率，减少离职率，保护员工劳动安全和健康，提高员工的生活和工作质量，不断提高员工的素质，发掘员工潜能。全面薪酬体系的决定因素，如图 11-1 所示。

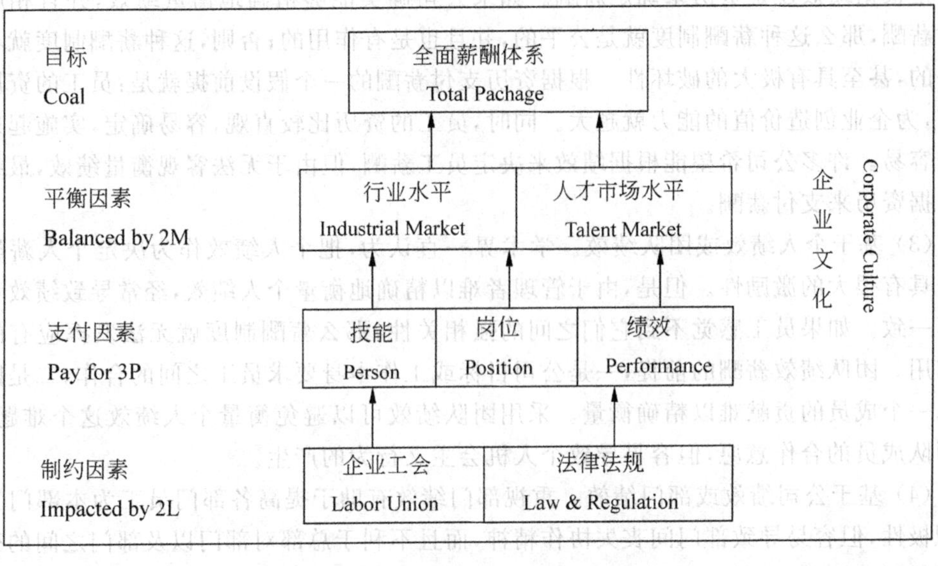

图 11-1　全面薪酬体系的决定因素

三、薪酬决策的主要内容

管理一定程度上就是决策，企业在薪酬管理的过程中必须作出一些重要的选择或决策。主要包括薪酬决定标准、薪酬支付结构和薪酬制度管理等 3 方面（Gomez Mejia，1988）。

1. 薪酬决定标准是指决定薪酬高低的依据，岗位、技能、资历、绩效和市场状况等都可能是决定薪酬的依据。究竟按照什么依据来决定薪酬，取决于有关依据的特征和企业的具体状况。

(1) 基于岗位或技能。传统薪酬制度通常按岗位来决定薪酬，认为岗位分析能够科学地衡量一个岗位对公司的价值，可以避免薪酬的决定受人为因素的影响。但由于岗位是流动和变化的，企业无法用过去的岗位分析结果来衡量现在的岗位对公司的贡献。此外，同一岗位，工作人员不同，其绩效也不同。因此，按岗位支付薪酬难以保证其激励的公正性。技能薪酬观认为，员工尤其是掌握多种技能的员工是公司竞争力的源泉，企业应该根据员工的技能水平来决定员工的薪酬。但是，技能薪酬往往依据员工的潜在能力，而不是对企业的实际贡献来决定员工的薪酬，这容易导致员工薪酬与公司绩效相脱节，不利于公司的持续发展。

(2) 基于绩效或资历。许多学者认为，应该依据组织目标和公司衡量绩效的能力来决定是根据绩效还是资历来确定薪酬。如果公司确实能够精确地衡量绩效,并且相应地支付薪酬,那么这种薪酬制度就是公平的,并且也是有作用的;否则,这种薪酬制度就不是公平的,甚至具有极大的破坏性。根据资历支付薪酬的一个假设前提就是:员工的资历越丰富,为企业创造价值的能力就越大。同时,员工的资历比较直观,容易确定,实施起来也比较容易。许多公司希望能根据绩效来决定员工薪酬,但由于无法客观衡量绩效,最终还是根据资历来支付薪酬。

(3) 基于个人绩效或团队绩效。学术界一直认为,把个人绩效作为决定个人薪酬的依据具有很大的激励性。但是,由于管理者难以精确地衡量个人绩效,经常导致绩效和薪酬不一致。如果员工感觉不到它们之间的强相关性,那么薪酬制度就无法发挥应有的激励作用。团队绩效薪酬的前提,一是公司目标或工作本身要求员工之间的合作,二是团队内每一个成员的贡献难以精确衡量。采用团队绩效可以避免衡量个人绩效这个难题,增加团队成员的合作意愿,但容易导致个人机会主义行为的产生。

(4) 基于公司绩效或部门绩效。重视部门绩效有助于提高各部门员工为本部门工作的积极性,但容易导致部门间丧失协作精神,而且不利于总部对部门以及部门之间的行为进行控制和协调。而如果仅使用公司绩效标准,有些能力不强的员工又得到了不该得到的收入,从而导致薪酬分配不公,挫伤员工的工作积极性。

(5) 定性或定量测度绩效。定量测度能够比较精确地反映部门或者个人的绩效水平,从而能够比较公平地确定薪酬。因此,企业一般倾向于用定量指标来衡量绩效,但这也取决于定量数据的可获得性、精确性及部门之间的业绩界限的明晰性。部门之间的业绩界限清晰,数据容易获得,企业倾向于采用定量绩效;反之,则倾向于采用定性绩效。

(6) 基本薪酬高于或低于市场标准。一般而言,公司的基本薪酬高于市场标准,能够提高公司吸引和留住员工的能力,并让员工感觉到自己属于一个层次较高的团体。然而,要使基本薪酬居于市场领先地位的一个前提就是考虑企业未来的现金流状况,即企业是否能够在不影响其现金流的情况下,持续向员工支付很高的基本薪酬。其实,基本薪酬低于市场标准的公司也可以具有很强的激励性。例如,新成立的高技术公司可能在刚开业时支付低于市场标准的基本薪酬,但是其员工有可能在未来的几年里因高激励薪酬而成为百万富翁。

2. 薪酬结构是指薪酬的各个构成部分及其比重,通常指固定薪酬和变动薪酬、短期薪酬和长期薪酬、非经济薪酬和经济薪酬两两之间的比重。选择什么样的薪酬结构这也取决于每一种结构的特征和具体的企业状况。

(1) 固定薪酬和变动薪酬。固定薪酬比例高,意味着风险低,但预期总收入也低;而变动薪酬比例高则意味着风险高,但预期总收入也高。一般而言,对于偏好风险的员工,低固定薪酬、高变动薪酬的激励作用大;对规避风险的员工,高固定薪酬、低变动薪酬的激励作用大。Marcia 和 Robert(2000)认为,是否采取高变动薪酬,除了要考虑员工特征外,还要考虑企业的外部环境、组织特征等因素,企业在竞争激烈、支付能力较强时,应该支付高比例的固定薪酬。

(2) 短期激励和长期激励。许多有关高管薪酬的研究在这个方面存在冲突。一些观点赞同向经理提供短期激励,使他们关注组织的短期绩效,尽管这些绩效和公司的长期目标可能不一致。同时,完全关注公司的长期目标,就意味着放弃短期薪酬所能够产生的激励,而这些激励往往有助于使经理的行为和公司目标一致。倾向于给予经理短期激励的原因是短期绩效容易衡量,且相关信息容易获得;长期绩效很难衡量,而且经理一般不大愿意接受长期目标,因为风险太大导致结果不确定。不过,具有企业家精神的管理者,往往愿意接受长期激励,因为这使得他们和企业成为命运共同体,增强企业对其的信任,使其在经营企业的过程中具有更大的权力空间。

(3) 非经济薪酬和经济薪酬。Lawler(1983)和约翰·E. 特鲁普曼(2002)等认为,公司要获取更有竞争力的地位应该重视非经济薪酬,如成就、认可、培训机会、工作环境、职业发展前景等,以满足员工的精神需要。但是,就需求层次而言,员工只有在对经济薪酬基本满意的基础上,才会重视非经济薪酬。

3. 薪酬制度管理。薪酬制度管理是指制定和调整薪酬制度的行为方式和决策标准,包括授权程度、员工参与方式、薪酬内外导向性、薪酬等级状况、薪酬支付方式以及薪酬制度的调整频率等。选择什么样的管理机制,也取决于每一种机制的特征和具体的企业状况。

(1) 集权管理与分权管理。薪酬制度由总部还是部门来制定,是集权与分权管理的区分标准。一般而言,部门独立性小的公司,其薪酬制度倾向于由总部统一制定;反之,由部门决定自己的薪酬制度。

(2) 员工参与度。员工低参与度意味着薪酬制度主要反映公司高管人员的意志。高参与度意味着员工可以根据自己的需要来影响或决定薪酬制度的内容,前者导致薪酬制度难以满足员工的真正需要,而后者则能够避免上述问题,从而提高员工满意度。

(3) 内部公平与外部公平。薪酬制度的重点究竟是内部公平还是外部公平的依据是各部门的自治程度。如果各个部门倾向于自治,那么部门之间的薪酬制度的可比性就很小,也就不必追求内部公平,外部公平则成为主要的关注点,而对于部门之间依赖性很强的公司,恰好相反。

(4) 窄带薪酬与宽带薪酬。窄带薪酬制度薪酬等级多,每一个等级档次少甚至只有一个档次,员工往往只能通过职位的提升来增加薪酬,无法满足非管理员工的需求。宽带薪酬制度的薪酬等级少,每一个等级的档次多,员工可以通过多种渠道(如职位渠道、技能渠道和专业渠道等)来增加薪酬,使不同类型的员工都有快速提升的机会,有助于提高员工满意度,从而提高各类员工的积极性,加快企业的发展。

(5) 公开或秘密支付。Lawler(1983)认为,秘密支付会导致员工之间互相猜疑,降低信任水平;而公开支付则能增加企业管理的透明度,让员工知道企业薪酬体系的运行状况,减少甚至杜绝在秘密支付过程中可能存在的以个人好恶取代客观标准的弊端。公开支付不仅可以有效发挥薪酬的激励作用,而且还可以迫使管理者有效地管理薪酬制度。但是,公开支付薪酬会导致优秀员工遭受排斥、非优秀员工不合作和相互攀比等问题,从而不利于企业经营。Gomez Mejia(1987)认为,重视共担风险、长期目标导向的企业比较适合公开支付方式。

(6) 薪酬制度偏刚性还是偏弹性。偏刚性的薪酬制度意味着员工能够较好地预测未来的薪酬状况,有助于稳定人心,但难以适应环境的变化。偏弹性的薪酬制度在环境发生变化时容易进行调整,具有较强的适应能力,但容易造成过去的薪酬政策难以发挥作用,员工对其未来的薪酬状况无法预测,不利于稳定人心。

表 11-1 企业薪酬管理决策的框架

政策维度	维度解释	政策指向	衡量指标
薪酬水平	企业为保持外部竞争性而确定的相对于其他组织或市场一般水平的薪酬水准,考虑如何以市场为 导向参照竞争对手的薪酬水平进行定位	选择领先于市场、追随市场或低于市场水平的政策,使薪酬水平符合企业发展水平	1. 薪酬政策与企业经营战略的一致性 2. 竞争性人才的吸收和流失率 3. 满意度
内部薪酬等级划分	以员工对完成组织目标所作的贡献为主要依据,确定以何种标准对员工薪酬进行等级划分,关注企业内部不同职位之间或者不同技能员工的薪酬(包括加薪数额)对比问题	如何合理拉开从事不同工作的员工之间的收入差距;控制最高薪酬,平均薪酬与最低薪酬的倍数;确定增加员工薪酬的依据(资历、业绩还是技能)	1. 员工满意度 2. 公平感
薪酬组合形式	考虑薪酬以何种组合形式发放,引导员工行为取向	确定稳定部分与可变部分的比例,短期薪酬与长期薪酬的结构,以及直接经济性薪酬与间接经济薪酬的替代性	薪酬对员工行为的导向与企业目标的一致性
薪酬管理与控制方式	对薪酬体系的运行状况进行监督和控制,尽量减少薪酬运行偏差	确定控制方式,如员工参与程度、薪酬透明程度;确定成本控制标准	1. 人工成本效益比 2. 人工成本总量 3. 满意度

资料来源:何燕珍. 国外企业薪酬政策及其对我国企业的启示. 外国经济与管理,2003(6)

四、薪酬成本控制与总额预算

（一）薪酬成本

1. 薪酬成本的分类

薪酬成本有广义与狭义之分。狭义的薪酬成本是指雇主支付给雇员的所有实物和现金报酬，以及代雇员向社会保障项目、私人抚恤项目、人身保险以及其他类似项目的捐赠和缴款。即组织直接支付给雇员的工资、奖金、津贴等劳动报酬总额（包括实物的价值）和保险福利费用总额，它是组织人工成本的主要组成部分。广义的薪酬成本即组织的人工成本，除了狭义的薪酬成本外，还包括组织支付的教育培训费用、住房费用、劳动保护费用和其他成本。

传统的薪酬成本管理比较侧重于对狭义薪酬成本的管理，但随着经济与社会的发展，狭义薪酬成本以外的人工费用急剧上升，人工成本总额与狭义薪酬总额比例达到1.7：1，有些大公司由于福利待遇好，员工培训费用高，该比例达到 1.9：1。因此，当前的薪酬成本管理应当是广义的薪酬成本管理。

2. 薪酬成本的决定因素

组织人工成本总额＝员工人数×人均人工成本。该式表明，决定组织薪酬成本的因素主要在于两点：一是人均人工成本；二是雇佣人数。因此，要控制薪酬成本，关键要控制人均人工成本的水平与组织的雇员数量。

（二）薪酬总额的确定

对于庞大的薪酬体系，我们不可能也不应该对其细节加以详细的控制，而应该抓住其总体水平，只要控制了总的薪酬总额，一切问题也就迎刃而解。那么如何控制薪酬总额呢？最根本的办法就是依据公司的实际情况确定一个合理的薪酬总额，然后以总额为标准，实施薪酬控制。一般来说，主要依据企业的支付能力、员工的基本生活费用及一般的市场行情等因素来计算薪酬总额。

1. 组织支付能力的衡量。要想确定一个合理的薪酬总额，就必须将企业的支付能力精确量化，通常用以下几个指标来衡量：销售额与人工费用比率、劳动分配率、损益平衡点。

（1）销售额与人工费用比率

销售额与人工费用比率＝人工费用÷销售额＝薪酬水准÷单位员工销售额

式中：薪酬水准＝人工费用÷员工总额；单位员工销售额＝销售额÷员工总数。

由上式可以发现，如果企业的销售额较大，销售业绩较好，那么人工费用也可以相对地增加，因为企业的支付能力较大；如果企业的销售额较低，此时就不应盲目地增加人工费用的支出。这里的人工费用不仅仅包括员工的基本薪酬、奖金、津贴和福利，而且还包括激励员工所发生的一切费用。通过过去数年的经营业绩，可以求出人工费用与销售额的合理比率，求出合理的适合企业承受能力的人工费用。

(2) 劳动分配率

$$劳动分配率=人工费用÷附加价值$$

依据劳动分配率，可以计算出合理的人工费率。公式如下：

$$\begin{aligned}合理的人工费率&=人工费用÷销售额\\&=(附加价值÷销售额)\times(人工费用÷附加价值)\\&=目标附加价值率\times目标劳动分配率\end{aligned}$$

例如，假设某公司的目标附加价值率为45%，目标劳动分配率为50%，目标销售额为8500万元，那么人工费用应控制在：

$$\begin{aligned}人工费用&=销售额\times目标附加价值率\times目标劳动分配率\\&=8500\times45\%\times50\%=1912(万元)\end{aligned}$$

此外，根据劳动分配率，还可以求出合理的薪酬调整比例。

(3) 损益平衡点

$$损益平衡点=\frac{固定费用}{1-\dfrac{流动资本}{销售额}}=\frac{固定费用}{临界利益率}$$

$$临界利益=销售额-流动费用$$

$$临界利益率=临界利益÷销售额$$

例如，假设某公司的固定费用为2200万元(含人工费1500万元)，临界利益率为40%，得到损益平衡点销售额为：

$$\begin{aligned}损益平衡点&=固定费用÷临界利益率\\&=2200÷40\%=5500(万元)\end{aligned}$$

因此，我们可以得出：人工费用支出不得超出销售额的限度＝人工费用÷销售额×100%＝1500÷5500×100%＝27%。如果企业超出此界限，企业很可能将亏损。如果企业主管决定利润目标为800万元时，其销售额及人工费用率将发生如下变化：

$$\begin{aligned}销售目标&=(固定费用+利润目标)÷临界利益率\\&=(2200+800)÷40\%=7500(万元)\end{aligned}$$

$$\begin{aligned}人工费用率&=人工费÷销售额\\&=1500÷7500=20\%\end{aligned}$$

因此，如果该企业要想实现800万元的利润目标，那么其人工费用率必须控制在20%以内。

2. 员工基本生活费用的衡量

员工的基本生活费的支出是企业必须支付的人工成本，如果企业的薪酬水平很低以至于无法满足员工基本生活方面的支出，员工很可能选择离开，企业也就难以生存。因此，薪酬水平至少应该高于员工基本生活费用的支出。一般来说，员工基本生活支出的确定可依据消费品物价指数、货币购买力、基本生活消费品的项目等指标来衡量。基本生活费用应随物价和生活水平的变动而变动，由于不同地区的生活水平差异甚大，因此在确定员工基本生活费用时要依据实际情况而定，客观确定生活水平，切忌脱离实际。

3. 一般市场行情

通过市场薪酬调查，了解当地通行的薪酬水平，将本地企业的薪酬与之对比，决定企业的总体薪酬额。

当然，企业薪酬总额的高低还与企业经营状况、环境及薪酬政策有关。如果在产品成本中，薪酬部分所占比例很少；管理或生产效率很高，从而可以使单位产品的人工成本很低；如果产品具有独占性、售价高，可以将高薪转嫁给消费者，以较高的薪酬吸引高技术人才，提高企业士气，那么就可以实行高薪政策。

总之，为实行有效的薪酬控制，应该确定一个合理的薪酬总额，通过调整这个总额达到控制整个薪酬体系的目的。

第二节　战略薪酬管理

一、企业战略薪酬的类型

（一）经营战略与薪酬战略[①]

1. 成本领袖型薪酬战略

成本领袖型经营发展战略实际上就是低成本战略，即在产品本身质量大体相同的前提下，企业可以以低于竞争对手的价格向客户提供产品的一种竞争策略。所以，推行这一战略的目标是用较低的成本做较多的事情，非常重视生产效率。因此，在低成本战略背景下，企业在薪酬总额方面，尽可能降低薪酬总额支出，强调员工工作岗位的稳定性；在薪

① 刘昕. 薪酬管理. 北京：中国人民大学出版社，2004；彭璧玉. 战略薪酬模式的选择. 中国人力资源开发，2004(6)

酬水平方面，加强薪酬的市场调查，非常关注竞争对手的薪酬支付状况；在薪酬构成方面，提高浮动薪酬或奖金在薪酬构成中的比重；在薪酬体系方面，建立与产品成本相关的可变薪酬制度，鼓励员工降低成本，提高生产效率。

2. 创新型薪酬战略

创新型战略是以产品的创新以及产品生命周期的缩短为导向的一种竞争战略。创新型战略取得成功的关键因素是企业的新产品开发能力和技术创新能力，以及培育成熟的项目开发团队、产品设计团队和服务团队。在此背景下，企业的薪酬体系应十分重视对于产品创新和新的生产方法和技术创新给予足够的报酬或奖励，鼓励员工的创新精神；对于勇于创新、敢于创新的员工提供资金和环境支持，增强工作方面的灵活性。

3. 客户中心型薪酬战略

客户中心战略是以提高客户服务质量、服务效率、服务速度等为中心，以吸引潜在客户、稳定现有客户，从而不断扩展产品的市场份额的一种竞争战略。因此，客户满意度是该类企业最为关心的一个绩效指标。所以，这类企业的薪酬理念将会根据员工向客户提供服务的数量和质量来支付薪酬，或根据客户对员工或员工群体提供服务的评价来支付奖金。

（二）企业发展阶段与薪酬战略

1. 成长期薪酬战略

企业成长期战略一般关注市场开发、产品开发、创新、合并，通过整合和利用组织所拥有的所有资源达到自身力量的增强和自我扩张，以及通过兼并、联合、收购等方式扩展企业的资源或强化其市场地位。这个时期企业的资金显得非常紧张，因此与之相联系的企业薪酬战略是：提供较低的固定薪酬水平，实行奖金、持股或股票期权等计划，突出绩效薪酬和可变薪酬。另外，薪酬方面更加关注员工的技能提升而不是具体的职位。

2. 稳定期薪酬战略

稳定期战略是一种强调市场份额或者运营成本的战略，企业在保持现有的产品和市场基础上，追求均匀的、小幅度的增长速度。企业维持竞争力的关键在于是否能够维持住自己已经拥有的市场和人力资本，并且此时企业的各项管理较规范。因此，在薪酬管理方面，薪酬决策的集中度较高，薪酬确定的基础主要是员工的工作本身；在薪酬构成方面，采用较为稳定的基本薪酬和福利制度；在薪酬水平方面，一般追求与市场水平相当或略高于市场水平的薪酬。

3. 收缩期薪酬战略

收缩期战略是指企业面临衰退的市场或失去竞争优势时，想要缩小一部分经营业务，以放弃某些产品或市场所采用的战略。这种战略往往与裁员、剥离及清算等联系在一起。因此，这类企业对于将员工的收入与企业的经营业绩挂钩的愿望非常强烈，即降低薪酬中固定薪酬的比重，增加员工的可变薪酬，力图实行员工持股，鼓励员工与企业风险共担。企业在不同发展阶段所采取的薪酬战略具体如表 11-2 所示。

表 11-2　企业不同发展阶段的薪酬体系

企业发展阶段		初创期	快速成长期	成熟稳定期	衰退期	再造期
薪酬竞争性		强	较强	一般	较强	较强
薪酬刚性		小	较大	大	较大	小
薪酬构成	基本工资	低	较高	高	较高	较低
	绩效奖金	较高	高	较高	低	较高
	福利	低	较高	高	高	低
	长期薪酬	高	较高	高	低	较高

二、战略薪酬对提升企业竞争优势的作用①

美国斯坦福大学的教授 J. Pfeffer 在其著作《经由人员获得的竞争优势》中，较系统描述了提高公司竞争优势的 16 种人力资源管理实践，其中有几种是有关薪酬管理实践。而有效的薪酬管理实践源于与企业经营战略目标密切相关的薪酬战略。一个薪酬战略对提升企业竞争优势的作用，主要表现在以下几方面：

1. 增值功能

薪酬不但关系到企业的成本控制，还与企业的产出或效益密切相关。虽然薪酬本身不能直接带来效益，但可以通过有效的薪酬战略及其实践，将薪酬交换成劳动者的活劳动、劳动力和生产资料结合创造出企业财富和经济效益。这样薪酬就与企业的经济效益密不可分，对企业具有增值功能。

2. 激励功能

薪酬是企业人力资源管理的工具。管理者可以通过有效的薪酬战略及其实践，反映

① 顾琴轩. 提升企业竞争优势的薪酬战略研究. 人力资源开发与管理，2001(9)

和评估员工的工作绩效。即将员工表现出来的不同工作绩效，报以不同的薪酬，从而促进员工工作数量和质量的提高，保护和激励员工的工作积极性，以提高企业的生产效率。

3. 配置和协调功能

企业可以发挥薪酬战略的导向功能，通过薪酬水平的变动，结合其他的管理手段，合理配置和协调企业内部的人力资源和其他资源，并将企业目标传递给员工，促使员工个人行为与组织行为相融合。

4. 帮助员工实现自我价值的功能

薪酬可用于获得"实物、保障、社会关系以及尊重的需求，对这些需求的满足，在某种程度上也能满足自我实现的需求"。因此，通过有效的薪酬战略及其实践，体现薪酬不再仅仅是一定数目的金钱，它还反映员工在企业中的能力、品行和发展前景等，从而充分发挥员工的潜能和能力，实现其自身价值。

传统薪酬和战略性薪酬体系的比较如表 11-3 所示。

表 11-3 传统薪酬和战略性薪酬体系的比较

	传统的薪酬	战略性薪酬
目标	·强调公司发展重点 ·为员工管理提供支持	·吸引、保留和激励优秀员工 ·实现组织目标与个人目标协调发展
对人的认识	·人是一种成本	·人是获取竞争优势的核心战略资源
薪酬政策	·内部公平性和外部竞争性	·内部公平性和外部竞争性 ·员工贡献 ·管理问题
核心机构	·人力资源部	·董事会领导下的薪酬管理委员会
设计依据	·支持指令与控制管理和传统的工作等级	·依据企业的目标和战略计划来设计
方法	·高度结构化设计，弹性空间很小	·弹性设计，适应经营重点的变化
特点	·为工作描述中的义务和职责所驱动，强调任务 ·严格控制沟通，只需要知道为基础	·激励和奖励关键性行为，强调贡献 ·公开交流共同的价值观、绩效期望和成功

资料来源：李燕萍等. 战略性薪酬设计——获取企业竞争优势的推进器. 中国人力资源开发，2004(1)

三、战略薪酬的设计

企业要充分发挥薪酬战略对其竞争优势提升的作用，首先得取决于薪酬战略的有效设计。图 11-2 描述了获得竞争优势的薪酬战略的设计过程。企业战略选择分为 3 个层次：

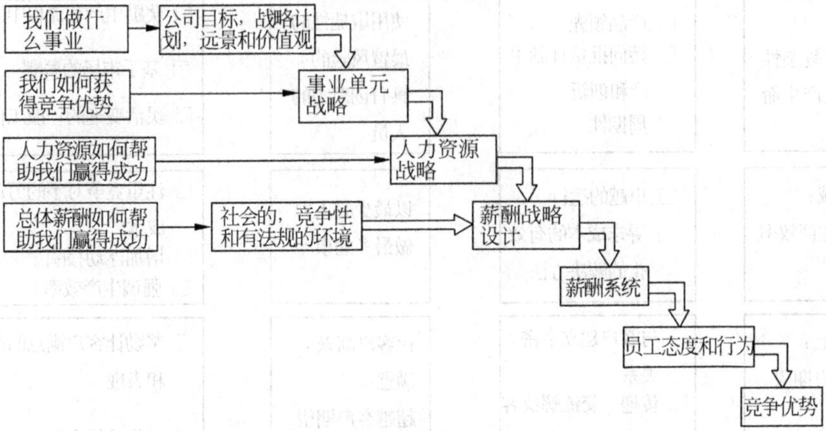

图 11-2　获得竞争优势薪酬战略的设计过程

1. 在公司层次，根本性的战略选择是：我们的事业应该是什么；

2. 在事业层次，战略选择将转变为：我们怎样获得和支持竞争优势，我们怎样并在哪些事业中取得胜利；

3. 在职能系统层次，战略的选择又是：薪酬应该怎样才能帮助获得和支持竞争优势。

薪酬战略是依据企业经营战略而设定，并服务于企业经营战略，最终实现企业竞争优势提升的目的。企业不同的经营战略需要由不同的薪酬战略支持。由图 11-3 可知，创新开拓的经营战略通过较少强调评估技能和岗位，较多强调奖励缩短产品设计到投放市场时间的新生产过程中的创新，从而强调风险意识和行为。以成本领先的经营战略，则通过将成本降低到最低点，奖励生产效率的不断提高、工作执行的专门化来强调成本领先。以顾客为中心的经营战略强调让顾客满意，其薪酬战略则注重回报员工在使顾客满意上所做的工作。

一般地说，设计和制定企业战略薪酬的步骤，可概括为如图 11-4 所示步骤。

1. 评估薪酬的意义和目的

要求了解企业所在的行业情况，以及企业计划怎样在此行业中竞争，公司对待员工的价值观也反映在公司的薪酬战略中。此外，社会、经济和政治环境同样影响薪酬战略的选择。

员工的薪酬需要是多种多样的。通常年纪较大的员工对现金的需求较弱，较重劳保和福利条件，而年纪轻的员工有较强的现金需要，他们要买房子或要支持家庭，较看重高工资收入。应考虑员工不同的薪酬需求，制定灵活的薪酬战略。

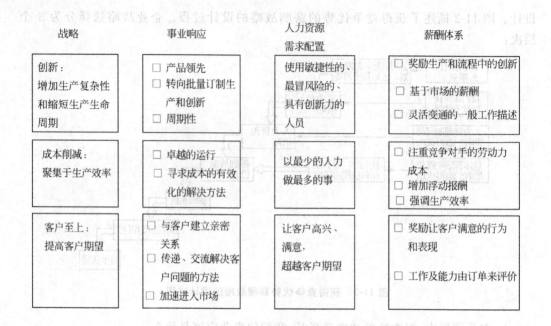

战略	事业响应	人力资源需求配置	薪酬体系
创新：增加生产复杂性和缩短生产生命周期	□ 产品领先 □ 转向批量订制生产和创新 □ 周期性	使用敏捷性的、最冒风险的、具有创新力的人员	□ 奖励生产和流程中的创新 □ 基于市场的薪酬 □ 灵活变通的一般工作描述
成本削减：聚集于生产效率	□ 卓越的运行 □ 寻求成本的有效化的解决方法	以最少的人力做最多的事	□ 注重竞争对手的劳动力成本 □ 增加浮动报酬 □ 强调生产效率
客户至上：提高客户期望	□ 与客户建立亲密关系 □ 传递、交流解决客户问题的方法 □ 加速进入市场	让客户高兴、满意，超越客户期望	□ 奖励让客户满意的行为和表现 □ 工作及能力由订单来评价

图 11-3　支持三种不同经营战略的薪酬体系

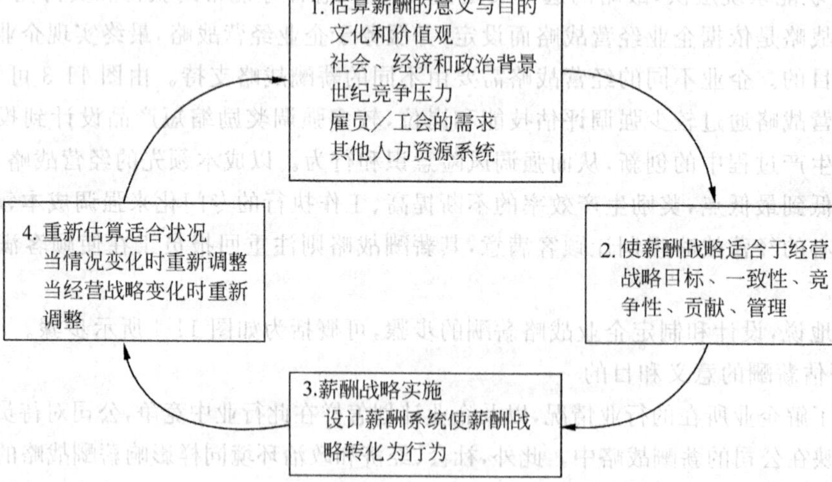

图 11-4　设计和制定企业薪酬战略的步骤

2. 开发薪酬战略，使之同企业经营战略和环境相匹配

通过对企业所处的内外环境和经营战略的分析，开发支持企业经营战略、提升企业竞争优势的薪酬战略。

3. 实施薪酬战略

通过设计薪酬体系来实施薪酬战略，薪酬体系是将薪酬战略转变成薪酬管理实践。

4. 对薪酬战略和经营战略匹配进行再评价

企业所处的环境不断变化，经营战略也相应在不断变化，因而薪酬战略就必须随之而变。为确保这点，定期对薪酬战略和经营战略匹配进行再评价就成为必要。

微软、惠普和美敦力3家世界著名跨国公司的薪酬战略运作

这3家公司，均属高新技术企业：微软和惠普是著名的计算机公司，美敦力则是排名世界500强前列的生产医疗器械的公司。人才是这3家公司的首要资源，也是获取企业竞争优势之源。因此，它们都非常重视员工的工作绩效和忠诚度，强调通过提高员工工作绩效和忠诚度来提升企业竞争优势。但它们这种竞争优势却是通过不同的薪酬战略来获得的。

在薪酬的意义与目的方面。微软：支持企业目标，支持招聘、激励和保留微软的人才，保留微软的核心价值；惠普：不断地吸引创造性和热情的员工，确保公平，反映已作出的贡献；美敦力：支持企业使命和战略，表明核心价值观，吸引、保留、激励一流员工。

在薪酬体现内部一致性方面。微软：整合微软的文化，支持微软以绩效为驱动力的文化，企业基于技术的组织；惠普：反映惠普的方式，支持跨职能工作，支持惠普员工职业生涯发展；美敦力：反映企业目标，将职位和履行的工作保持一致。

在薪酬体现外部竞争性方面。微软：总体薪酬领先，基薪较低，在奖金、期权上领先；惠普：给予领导者高薪，走惠普之路；美敦力：与其经济效益相一致，绩效工资反映市场价格。

在薪酬对员工贡献回报方面。微软：基于个人绩效的奖金和期权；惠普：业绩增加和利益共享，基于个人绩效；美敦力：支持绩效和主人翁的文化，强调基于绩效的奖金、期权和所有权。

在薪酬管理方面。微软：开放、透明的沟通，集中管理，由软件支持；惠普：开放的沟通；美敦力：简单、清楚的理解，宽松管理，开放，员工自主选择。

［**分析**］ 这3家公司的薪酬战略各有特点。微软在基薪方面低于其竞争对手，但相对较低的基薪却从奖励绩效和成功共享中得到补偿，微软在奖金和期权方面的报酬远远高于对手。美敦力同样采用与绩效挂钩的奖金和期权，但覆盖的员工人数比例却比微软小。惠普主要从基薪、业绩奖和利润共享方面与对手竞争。可见，这3家公司有完全不同的薪酬战略，以支持其各自不同的企业经营战略。

第三节　薪酬体系与薪酬管理

［案例］

IBM公司即国际商用机器公司，是美国一个拥有34万员工、520亿美元资产的大型企业。该公司把员工的工资问题作为人事管理的根本工作。他们认为：在工资上如有不合理的地方，会使员工对公司和上司感到失望，影响员工的干劲，因此必须建立完整的工资体系。

IBM根据各个部门的不同情况，根据工作的难度、重要性将职务价值分为5个系列，在5个系列中分别规定了工资最高额与最低额。假设把这5个系列叫做A系列、B系列、C系列、D系列与E系列。A系列是属于最单纯部类的工作，而B、C、D、E则是困难和复杂程度依次递增的工作，其职务价值也愈高。A系列的最高额并不是B系列的最低额。A系列的最高额相当于B系列的中间偏上，而又比C系列的最低额稍高。

做简单工作领取A系列工资的人，如果只对本工作感兴趣，那么他可以从A系列最低额慢慢上升，但只限于到A系列的最高额。领取A系列工资的许多员工，当他们的工资超过B系列最低额的水准时，就提出"请让我做再难一点的工作吧！"，向B系列挑战，因为B系列最高额比A系列最高额高得多。各部门的管理人员一边对照工资限度，一边建议员工"以后你该搞搞难度稍大的工作，是否会好一些？"从而引导员工渐渐向价值高的工作挑战。

员工个人成绩大小由考核评价确定。通常由直属上级负责对员工工作情况进行评定，上一级领导进行总的调整。每个员工都有进行年度总结和与他的上级面对面讨论这个总结的权利。上级在评定时往往与做类似工作或工作内容相同的其他员工相比较，根据其成绩是否突出而定。评价大体上分10～20个项目进行，这些项目从客观上都可以取得一致。例如，"在简单的指示下，理解是否快，处理是否得当。"

对营业部门或技术部门进行评价比较简单。但对凭感觉评价的部门如秘书、宣传、人事及总务等部门怎么办呢？IBM公司设法把感觉换算成数字，以宣传为例，他们把考核期内在报纸杂志上刊载的关于IBM的报道加以搜集整理，把有利报道与不利报道进行比较，以便作为衡量一定时期宣传工作的尺度。

评价工作全部结束，就在每个部门甚至全公司进行平衡，分成几个等级。例如，A等级的员工是大幅度定期晋升者，B等是既无功也无过者，C等是需要努力的，D等则是生病或因其他原因达不标准的。

从历史看，65%～75%的IBM公司员工每年都能超额完成任务，只有5%～10%的人不能完成定额。那些没有完成任务的人中只有少数人真正遇到麻烦，大多数人都能在下一年完成任务，并且干得不错。IBM公司认为，所谓一流公司，就应付给员工一流公司的工资。这样才算一流公司，员工也会以身为一流公司的员工而自豪，从而转化为热爱公司的精神和对工作充满热情。为确保比其他公司拥有更多的优秀人才，IBM在确定工资标准时，首先就某些项目对其他企业进行调查，确切掌握同行业其他公司的标准，并注意在同行业中经常保持领先地位。

［点评］

IBM公司薪酬确定的依据明确，薪酬结构、薪酬水平的给付标准清晰，支持其企业发展战略，并持续地进行薪酬的沟通，体现了薪酬管理的过程理念。一个有效的薪酬管理机制应具备的特征：对内的公正性、对外的竞争性、个人的激励性、易于管理性。

一、职位薪酬

职位薪酬制度就是对职位本身的价值作出客观的评价，再根据这种评价的结果来赋予承担这一职位工作的人与该职位的价值相当的薪酬决定制度。具体就是对每个职位所要求的知识、技能以及职责等因素的价值进行评估，根据评估结果将所有职位归入不同的薪酬等级。每个薪酬等级包含若干综合价值相近的一组职位，然后根据市场上同类职位的薪酬水平确定每个薪酬等级的工资率，并在此基础上设定每个薪酬等级的薪酬范围的过程。

1. 具体步骤：

第一步：职位分析。职位分析是确定薪酬的基础。结合公司经营目标，公司管理层要在业务分析和人员分析的基础上，明确部门职能和职位关系。人力资源部和各部门主管合作编写职位说明书。

第二步：职位评价。职位评价重在解决薪酬的对内公平性问题。它有两个目的：一是比较企业内部各个职位的相对重要性，得出职位等级序列；二是为进行薪酬调查建立统一的职位评估标准，消除不同公司间由于职位名称不同，或即使职位名称相同但实际工作要求和工作内容不同所导致的职位难度差异。它是职位分析的自然结果，同时又以职位说明书为依据。

第三步：薪酬调查。薪酬调查重在解决薪酬的对外竞争力问题。企业在确定工资水平时，需要参考劳动力市场的工资水平。公司可以委托比较专业的咨询公司进行这方面的调查。

第四步：薪酬定位。在分析同行业的薪酬数据后，需要做的是根据企业状况选用不同的薪酬水平。影响公司薪酬水平的因素有多种。从公司外部看，国家的宏观经济、通货膨胀、行业特点和行业竞争、人才供应状况甚至外币汇率的变化，都对薪酬定位和工资增长水平有不同程度的影响。在公司内部，盈利能力、支付能力和人员的素质要求是决定薪酬水平的关键因素。企业发展阶段、人才稀缺度、招聘难度、公司的市场品牌和综合实力也是重要影响因素。

第五步:薪酬结构设计。薪酬结构设计时,往往要综合考虑3个方面的因素:一是职位等级,二是个人的技能和资历,三是个人绩效。在工资结构上与其相对应的,分别是职位工资、技能工资和绩效工资。也有的将前两者合并考虑,作为确定一个人基本工资的基础。

第六步:薪酬体系的实施和修正。在确定薪酬调整比例时,要对总体薪酬水平作出准确的预算。目前,大多数企业是财务部门在做此测算。为准确起见,最好同时由人力资源部做此测算。因为按照惯例,财务部门并不清楚具体工资数据和人员变动情况。人力资源部需要建好工资台账,并设计一套比较好的测算方法。

在制定和实施薪酬体系过程中,及时的沟通、必要的宣传或培训是保证薪酬改革成功的因素之一。从本质意义上讲,劳动报酬是对人力资源成本与员工需求之间进行权衡的结果。世界上不存在绝对公平的薪酬方式,只存在员工是否满意的薪酬制度。人力资源部可以利用薪酬制度问答、员工座谈会、满意度调查、内部刊物甚至BBS论坛等形式,充分介绍公司的薪酬制定依据。

2. 优点

(1) 实现了真正意义上的同工同酬;

(2) 有利于按照职位系列进行薪酬管理,操作比较简单,管理成本较低;

(3) 晋升和基本薪酬增加之间的连带性制约了员工提高自身技能和能力的动力。

3. 缺点

(1) 由于薪酬与职位直接挂钩,因此当员工晋升无望时,也就没有机会获得较大幅度的加薪,其工作积极性必然会受挫,甚至出现消极怠工或者离职的现象;

(2) 由于职位相对稳定,同时与职位联系在一起的员工薪酬也就相对稳定,这显然不利于企业对于多变的外部经营环境作出迅速的反应,也不利于及时激励员工。

4. 实施的前提条件

(1) 职位内容是否已经明确化、规范化和标准化;

(2) 职位的内容是否基本稳定,在短期内不会有大的变动;

(3) 是否具有按个人能力安排职位或工作岗位的机制;

(4) 企业中是否存在相对较多的职级;

(5) 企业的薪酬水平是否足够高。

二、技能/能力薪酬

某公司为国有电信企业,下设两级分公司,按行政区域设置。员工大约2万人,分布在公司总部和各级分公司，专业技术人员占全部员工数的31%。过去该公司的薪酬体系为单一职位薪资制，员工薪资增长主要依靠管理职位提升，因此专业技术人员都不太愿意干技术，而喜欢干管理，千方百计往管理方面靠。这样的直接后果是：一方面管理队伍膨胀；另一方面高素质专业技术人才匮乏。为此公司特意聘请专家研究对策，改革薪酬体系，改变过去单一职位薪资制，为专业技术人员增设了以技能为基础的薪酬模式。

该公司根据专业技术人员技能成长规律，为专业技术人员的职业生涯设计两条不同的路径：一条是以职位等级提升为主线；另一条是以专业技术职务提升为主线。与此相配套薪酬设计也并行设计管理和专业技术职务两条跑道，专业技术跑道比管理跑道低半个等级。由此构建了职位等级薪资与专业技术职务薪资并行的薪酬体系。职位等级薪资是公司在综合考虑各级管理职位工作的责任、难度、重要程度以及对任职者的资格要求等因素的基础上建立起来的等级薪资制度。专业技术职务与管理职位等级对应关系如表11-4所示。

表11-4　专业技术职务与管理职位等级对应表

职等	管理职位	技术职务	学历	薪资标准	岗位系数				
					A	B	C	D	E
一	总裁			1.7500×S	5.7	5.6			
二	副总裁	资深专家		1.5500×S	5.5	5.4	5.3		
三	总监	高级专家		1.3500×S	5.3	5.2	5.1	5.0	
四	副总监	专家		1.2500×S	5.0	4.9	4.8	4.7	
五	经理	主任工程师		1.1500×S	4.7	4.6	4.5	4.4	4.3
六	副经理	高级工程师		1.1250×S	4.4	4.3	4.2	4.1	4.0
七	主管	工程师		1.1000×S	4.1	4.0	3.9	3.8	3.7
八	副主管	一级专业助理		1.0875×S	3.8	3.7	3.6	3.5	3.4
九	主办	二级专业助理		1.0750×S	3.5	3.4	3.3	3.2	3.1
十	副主办	三级专业助理		1.0625×S	3.2	3.1	3.0	2.9	2.8
十一	一级助理	四级专业助理	博士	1.0500×S	2.9	2.8	2.7	2.6	2.5
十二	二级助理	五级专业助理	硕士	1.0375×S	2.6	2.5	2.4	2.3	2.2
十三	三级助理		本科	1.0250×S	2.1	2.0	1.9	1.8	1.7
十四	四级助理		大专	1.0125×S	1.5	1.4	1.3	1.1	1.0
十五	五级助理		中专	1.0000×S	1.5	1.4	1.3	1.1	1.0

专业技术职务薪资则是在职位等级薪资之外，针对专业技术人员的专业技能发展变化特点确立的、以公司设立的专业技术职务为对象建立起来的薪资体系。公司根据专业技术工作的性质和需要，设立专业技术职务级别，在专业技术岗位上工作的员工，根据被聘用的专业技术职务，享受相应的薪资等级。（资料来源：刘军胜. 专业技术人员薪酬设计. 企业管理，2003，(7)）

技能或能力薪酬制度，是指根据一个人所掌握的与工作有关的技能、能力以及知识的广度和深度支付基本薪酬的一种报酬制度。这种薪酬制度的特征是：组织更多的是依据员工所拥有的工作相关技能和能力，而不是其承担的具体工作或职位的价值来对他们支付薪酬，并且员工的薪酬上涨也取决于员工个人所掌握的技能与能力水平的上升或改善。

1. 步骤

第一步：成立技能、能力薪酬体系设计小组。制定技能、能力薪酬制度通常需要建立起两个层次的委员会。一个是指导委员会；另一个是设计小组。此外，还要挑选出一部分员工作为专家，他们的作用是在设计小组遇到各种技术问题时提供协助。

第二步：进行工作任务分析。具体分析每项工作任务需要的具体技能、能力，确定这些技能、能力可以由哪些品质、特性和行为组合表现出来，即具备何种品质、特性及行为的员工最有可能是绩效优秀者。

第三步：确定技能、能力等级并为之定价。首先确定技能、能力模块，即确定员工为了按照既定的标准完成工作任务而必须能够执行的一个工作任务单位或者是一种工作职能所表现出来的技能和能力。其次对技能、能力模块定价，就是确定每一个技能、能力单位的货币价值。

第四步：技能、能力的分析、培训与认证。首先分析那些能真正使得员工绩效与众不同的能力和行为，并给予未具备者进行技能、能力培训，最后对员工表现出来的某种技能、能力水平予以认证。

2. 优点

(1) 向员工传递的是关注自身发展和不断提高技能和能力的信息，激励员工不断开发新的知识和能力，有利于员工和组织适应市场上快速的技术变革；

(2) 有助于达到较高技能和能力水平的员工实现对组织更为全面的理解；

(3) 有利于鼓励优秀专业人才安心本职工作，而不去谋求报酬尽管很高但自己并不擅长的管理职位；

(4) 在员工配置方面为组织提供了更大的灵活性；

(5) 有助于高度参与型管理风格的形成。

3. 缺点

(1) 由于企业往往要在培训以及工作重组方面进行投资，结果很有可能会出现薪酬在短期内上涨的状况；

(2) 要求企业在培训方面付出更多的投资，如果企业不能通过将这种人力资本投资转化为实际的生产力，则企业可能会因此而无法获得必要的利润；

(3) 这种薪酬体系的设计和管理要比职位薪酬制度更为复杂，因此它会要求企业有一个更为复杂的管理结构。

4. 实施条件

(1) 适用于技能和能力较容易被确认的职位；

(2) 取决于管理层认识。

5. "以个人为基础"的薪酬与"以职位为基础"的薪酬比较

"以个人为基础"的薪酬是一种以技术、知识和能力为基础的薪酬。它与传统的以职位为基础的薪酬方式不同，强调以员工的个人能力为基础提供薪酬。而且，只有确定员工达到能力标准时，才能对其提供薪酬。相反，以职位为基础的薪酬只要职位的职能或作用发生了变化就可以得到薪酬，而不管员工是否能够很好的履行该职能。表 11-5 列出了这两种薪酬方式的区别与联系。观察此表，可以总结出无论两种方法在理论基础和实施方法上有多大区别，它们的基本思路是一致的。比如，它们都要收集关于某项工作的数据，都要对该数据进行分析，必须确定哪些因素对公司的运行起着十分重要的作用，最后皆以分析结果为依据确定薪酬水平。

表 11-5　"以个人为基础"和"以职位为基础"的薪酬体系比较

步　骤	薪　酬　制　度		
	"以职位为基础"的薪酬方式	"以个人为基础"的薪酬方式	
		以技术为基础	以能力为基础
分析对象的选定与进行	职位分析 职位描述	技术分析	能力分析
评估对象的选定	"薪酬要素"等职位评定因素	员工技术	员工能力
相对价值的确定	等级排列或基点得分等评定法	确定技术水平的等级	确定能力的等级
评定结果与薪酬的确定	按职位排列确定其薪酬水平的排列	按技术证书或市场水平确定薪酬	按技术证书或市场水平确定薪酬

三、绩效薪酬

绩效薪酬是有效运用经济资源将员工薪酬的不同构成部分与他们的实际贡献联系起来，以吸引、保留和激励人员的一种手段。从最早出现的计件工资制开始，绩效薪酬制度的发展经历了一个世纪的风雨，仍保持旺盛的活力。其主要种类及特点[①]如下所述。

（1）计件工资制(piece rate)。最早的绩效薪酬制度是由泰罗在19世纪晚期推广使用的。为了解决"有组织的怠工"现象，他在科学观察和评价的基础上，对计件工资制进行完善和发展。至今，计件工资制仍是制造型企业中应用最广泛的个体绩效薪酬制度。

（2）业绩工资制(merit pay)。20世纪七八十年代，一种基于员工年度绩效评估结果的基本工资增长制度——业绩工资制受到众多美国企业的追捧。业绩工资制的适用范围非常广，上至企业的管理者、专业人员，下至一般员工。但是，近十几年绩效工资受到严厉批评，原因有二：第一，每年员工的绩效工资增长进入员工基本工资，因而创造了一种年金形式，呈现出工资上涨的永久性承诺，组织为此支付了昂贵的代价；第二，业绩工资对员工绩效增长的影响并不显著。

（3）一次性奖金(lump-sum bonus)。近年来，市场竞争日益激烈，企业无不使出浑身解数以求降低成本。根据员工绩效进行年终一次性支付但不进入基本工资基数的奖金制度，不仅可以帮助企业控制成本，提高员工的满意度，还具有非常大的弹性，因而受到很多企业的青睐。

（4）员工持股计划(employee stock ownership plans，ESOPs)。员工持股计划自20世纪50年代在美国问世以来，得到了飞速发展。一方面，公司通过实行员工持股计划可以获得税收优惠；另一方面，一些公司认为，通过员工持股计划可以提高员工在组织中的参与度，并借此提升公司的业绩。但是员工持股计划是有风险的，因为公司股票价格是会随着股票市场的变化或公司的管理状况发生波动。

（5）股票期权(stock option)。和员工持股不同，最初实施股票期权计划的目的是激励公司的中高层管理人员。然而，目前许多公司正试图将股票期权计划推广至所有员工，即实施宽基础的股票期权计划(BBOP)。根据汉威特的一项调查显示，财富200家公司中至少有49%的公司将股票期权授予管理层以下的员工，至少有20%的公司将股票期权授予一半以上的员工。覆盖大部分员工、基础广泛的股票期权计划正越来越多地被一些大公司所采用。

总之，关于以技术、知识和能力为基础的薪酬与绩效薪酬并不完全相同。绩效薪酬注重员工的现有业绩，而基于技术、知识和能力的薪酬则更加注重员工的潜力，即创造更好的业绩的能力。因此，这种薪酬并不是一种完整的薪酬计划，需要绩效激励计划进行补充。通常基于技术、知识和能力的薪酬与一些团队激励计划相结合，构成一个完整的薪酬机制。因为前者鼓励员工加强自身能力的培养，主要对个人提供薪酬；而后者则可以将业

① 参阅朱晓妹，唐宁玉.国外绩效薪酬管理的发展脉络、趋势与特点问题.科技进步与对策，2003(10)

绩表现适当地体现在员工报酬上，有利于增强集体凝聚力，两者相得益彰[①]。

四、宽带薪酬

宽带薪酬又称海氏薪酬制，是由美国薪酬设计专家艾德华·海于1951年研究开发出来的。宽带薪酬就是将企业原来较多的薪酬等级压缩成几个级别，同时将同一级别内的薪酬活动范围扩大，从而形成一种新的薪酬管理系统及操作流程。虽然组织的薪酬等级减少了，但每个薪酬等级内的最高值与最低值的区间变动范围却扩大了，这将更有利于对员工的激励，充分体现组织对员工的尊重。比方说，宽带薪酬的每个薪酬级别中的最高值和最低值之间的区间变动范围比率有时能达到200％～300％，而在传统的薪酬结构中，这种薪酬区间的变动比率通常仅为40％～50％。

1. 步骤

第一步：确定宽带的数量。企业根据自身的特点、行业的特点、员工的特点和岗位分布的特点来确定宽带的数量。假如有一个以食品生产为主的A企业，可以将其薪酬宽带划分为普通员工级、主管级、部门经理级和总经理级4个等级。

第二步：不同等级的宽带定价。在岗位分析和职位评价的基础上，结合外部市场薪酬调研，为A企业4个等级的宽带进行定价，确定每一宽带的浮动范围以及级差，如图11-5所示。

A企业的4个宽带等级的定价分别为：普通员工1000～4000(元/月)，主管2000～5500(元/月)，部门经理3500～7500(元/月)，总经理6500～10000(元/月)。

第三步：同一宽带内部定价。在同一等级宽带中，每个职能部门根据市场薪酬情况和职位评价结果确定不同的薪酬等级和水平。以普通员工这一等级为例，它包括生产、采购、财务、技术支持和营销等职能部门。对这些职位族的薪酬分别定价，定价方法如图11-6所示。

第四步：将员工放入薪酬宽带的特定位置。在完成薪酬宽带的设计之后，便可根据员工的工作绩效、掌握的知识和技能将他们在薪酬宽带中进行定位。

第五步：跨级别的薪酬调整以及宽带内部的薪酬调整。这一步骤主要是在员工需要在不同等级宽带之间进行流动时实施，关键是要根据员工的技能或能力评价体系以及绩效考核体系，确定公平合理的员工薪酬变动标准。

2. 优点

(1) 打破了传统薪酬结构所维护和强化的等级观念，减少了工作间的等级差别，有利于组织结构扁平化的形成，增强组织的灵活性以及对外部环境的适应能力。

① 参见陈清泰，吴敬琏．公司薪酬制度概论．北京：中国财政经济出版社，2001

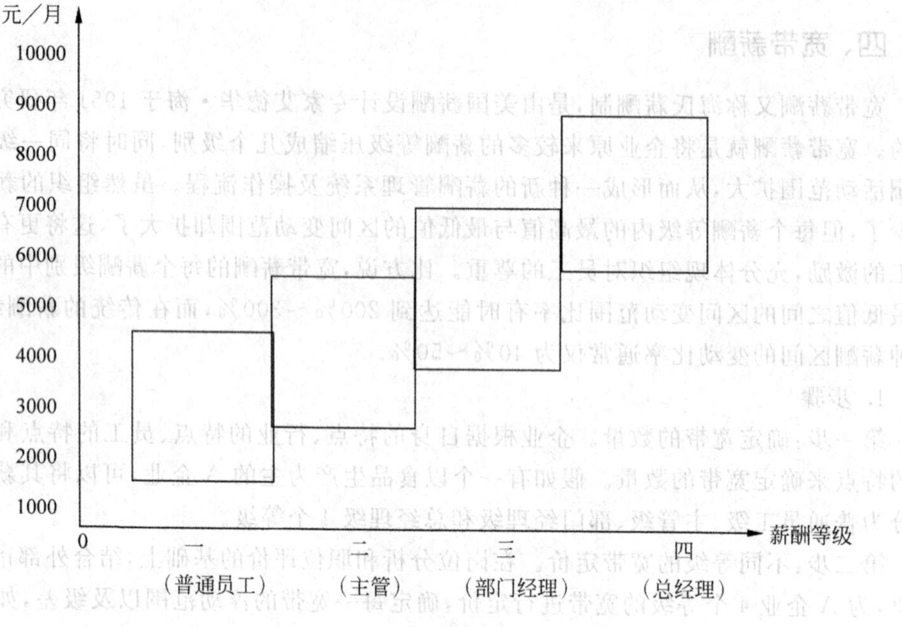

图 11-5　A 企业不同等级的宽带定价

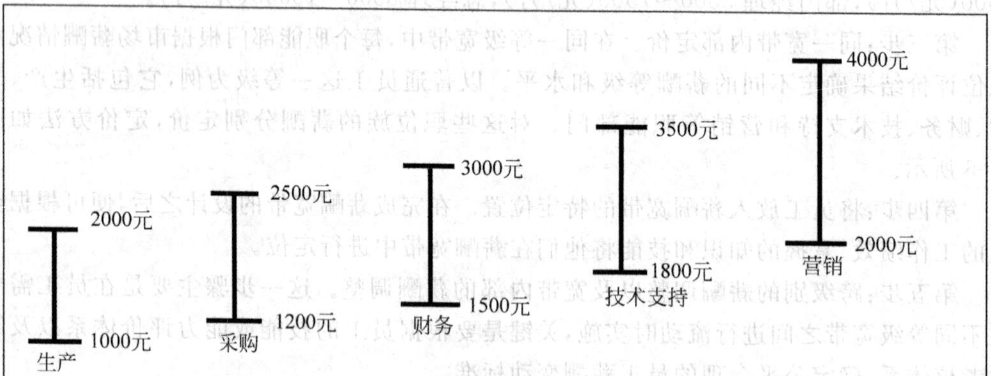

图 11-6　同一薪酬宽带内部的差异定价

（2）引导员工注重个人技能、能力的提高。员工不必为了薪酬的增加而去过分地关注职位的晋升，而只要把精力和时间放到那些企业需要的技能上。

(3) 有利于职位轮换。对于宽带薪酬而言,薪酬注重按绩效付酬而非注重按岗位付酬,所以职位轮换要相对简单。从上一级轮换到下一级并不意味着薪酬的降低,同级之间的职位轮换也是以员工自身发展为基础的。

(4) 密切配合劳动力市场的变化。宽带薪酬以市场为导向,一方面使员工的成本效益更为有效;另一方面使员工从内部公平转向为更注重个人发展空间以及自身在市场的价值。

(5) 有利于管理层的管理和人力资源专业人员的角色转变。在宽带薪酬中,即使是在同一薪酬等级中,其区间的薪酬浮动范围也相当大,这对员工薪酬水平的界定留有很大的空间。在这种情况下,部门经理对薪酬的决策方面拥有更多的权利和责任,可以对下属的薪酬定位提出更多的意见和建议。同时也有利于人力资源管理部门人员从一些附加价值不高的事务性工作中解脱出来,参与到企业的经营决策中,制定相应的人力资源战略以支持企业战略的实现。

(6) 推动良好的工作绩效。在宽带薪酬结构中,上司对有稳定突出表现的员工可以在报酬方面进行明显的奖励,因为员工的薪酬与绩效挂钩,只要员工的业绩突出,就能获得薪酬的提高,促使员工更加注重自身业绩的提升。

(7) 宽带薪酬结构不仅通过弱化头衔、等级以及单一的向上流动方式向员工传递一种个人绩效文化,而且还通过弱化员工之间的晋升竞争而更多地强调员工之间的合作和知识共享来帮助企业培育积极的团队绩效文化,从而建立一种集体凝聚力。

3. 缺点①

(1) 增加了绩效管理压力。由于宽带薪酬的评估基础是员工对组织的贡献程度,因此绩效管理就成为组织管理的重要方面。如果绩效管理不能有效、公正、合理地评估员工的业绩,就会伤害员工的工作积极性,打击员工的士气,降低员工对组织的忠诚感、归属感。

(2) 晋升机会减少。组织实施宽带薪酬后,原有的许多岗位被归到一类中。也就是说员工晋升渠道大大减少,可能员工一生就只在一个职级内移动,而没有机会晋升到另外一个职级内。

(3) 获取市场数据的难度很大,导致成本上升。由于宽带薪酬中的每一个薪酬等级涵盖了太多工作岗位,而且工作范围又大大扩大,因此基准工作的确定相当困难,这会对组织起薪点的确定产生不利影响。

(4) 不适用所有类型的组织。经过有关专家学者的研究发现,宽带薪酬只适合于那些创新型、技术型的组织。它是匹配与扁平化的管理结构,不强调资历,而是提倡职业发

① 参阅郑秀敏,梁为.宽带薪酬:"薪"趋势,现代管理科学,2004(7)

展，所以宽带薪酬特别强调与组织文化的吻合。

4. 适用范围

(1) 宽带薪酬需要与人力资源管理战略相融合；

(2) 宽带薪酬的实施要求有一个健全的人力资源管理体系；

(3) 比较适合于技术型、创新型企业；

(4) 比较适合于技术类、管理类的员工；

(5) 比较适合于扁平型的组织结构。

五、可变薪酬计划

可变薪酬计划可以采取各种形式：个人、团队、业务单位或者全体雇员的。其主要有3种基本类型：

1. 现金利润分享(cash profit sharing)。这种体系的支付额是利润或盈利性的某些度量标准的函数。起决定作用的度量标准包括完全会计利润、经营利润、资产回报、投资回报及其他可能的回报。纯利润可以完全分享或从一个门槛标准起开始分享。盈利性度量标准可应用于一个公司、部门、机构或其他组织实体。

利润分享可以采取多种形式。最简单的一种是公司向雇员支付公司税后会计总利润的一个固定百分比(如15%)；或者只对公司税后会计总利润超过一个门槛数额的一部分(比如投资回报率超过12%的那部分利润的25%)进行分配。另一种方法是将赢利能力的预算水平或计划水平设定为门槛水平，比如将超过预算部分利润的50%分配给雇员的一项计划就属于这种情况。

利润分享方法的主要优点在于它把雇员和雇主的利益联系在一起；只有企业所有者取得杰出的业绩时，雇员才能取得良好的业绩。通过实行利润分享，雇员在企业赢利较差时不可能获得较多的奖金。然而，利润分享也有一些不尽如人意的地方。在较大的公司里，雇员一般不会认为公司利润的增减与自己的工作表现有很大联系，他们觉得自己并不能对公司利润有任何实质性的影响。因此，他们的工作表现不太可能有很大的变化，这种体制对组织的工作文化影响甚微。

2. 收益分享(gain sharing)。该体系的支付表示了企业与雇员分享同企业或团队业绩的改进有关的财务收益，该经济收益是伴随组织的业绩改善而产生的。通常使用的度量标准包括成本、生产率、原料和存货的利用，质量(包括内部及外部的)、时效性或反应灵敏性、安全性、环境协调性、出勤率和客户满意程度。这些度量标准的基础水平也许包括目前表现、过去表现以及对目前或过去表现的改善。

3. 目标分享(goal sharing)。根据本系统当完成小组或组织的目标后将支付预先确定数额的薪酬。通常确定目标所涉及的变量与收益分享所涉及变量相同。一些计划对每个变量只设立一个目标，而其他一些计划为每个变量设立多个目标层次，其支付额逐步递增。

目标分享最简单的形式是包含了每一个衡量标准所对应的单独目标。这种简单形式的一个缺点是奖金要么全部支付，要么一点也没有。如果刚好没有达到目标的话，业绩改进就得不到任何奖励，超过目标的业绩水平也得不到额外的奖励。

目标分享和收益分享的主要区别：目标分享是执行商业策略，是将每个雇员与关键策略目标相联系的一种奖励计划。收益分享计划注重由雇员控制的选定领域内收益的财务公式；目标分享则注重公司的整体效益，每个人与弄清楚如何促进执行经营策略方面都有关系。

4．各种组合计划

一个企业并不限于仅仅选择利润分享、收益分享或目标分享中的一种形式，而是运用这些形式的某种组合。最流行的一种组合方式是利用一种形式的利润分享来为公司或部门层次的奖金提供资金。同时，在运营层次上对完成可控制的目标支付奖金（在运营层次上支付的奖金要由可控制的目标能否完成而定）。

这个计划把利润分享与目标分享结合在一起，这样设计是为了达到两全其美的目的。由于衡量赢利能力的一种标准为奖金提供了资金来源，所以此计划所发放的任何奖金将同公司的赢利能力密切挂钩。同时，运营层次上合格化目标的存在，让雇员致力于他们有某种程度控制能力的业绩领域，因而能比单独使用利润分享带来更大的行为变化。换句话说，雇员不得不努力把由公司赢利带来的奖金挣到手中。

这种组合的方法由于其奖金是由财务成果衡量标准提供资金，因此还有另外一个优点：即公司可以随意将雇员发展或者文化变化的衡量标准加入到合格化目标中去，而不用担心这些奖金是如何筹集而来的，这给雇员提供了关于变化的重要性的有说服力的信息。

组合公式的主要缺点是：如果用于为计划提供资金的衡量指标没有达到提供奖金必需的水平，那么不管雇员达到了哪一层次的业绩目标，也不能获得任何奖励。如果这种情形经常发生，这种计划在雇员中就会失去可信性①。

六、福利计划

据统计，美国企业为员工所提供的福利与员工所获得的直接薪酬之间的比例大约是30％～40％。与基本薪酬相比，福利具有两个重要特征：一是基本薪酬往往采取货币支付和现期支付的方式，而福利则通常采取实物支付或延期支付的方式；二是基本薪酬在企业的成本项目中属于可变成本，而福利无论是实物支付还是延期支付，通常都有类似固定成

① 吴敬琏．可变薪酬体系原理与应用．北京：中国财政经济出版社，2001

本的特点。

1. 福利的种类

(1) 强制性福利

根据政府的政策法规要求，所有在国内注册的企业都必须向员工提供福利，如养老保险、医疗保险、失业保险、工伤保险、生育保险、公积金，病假、产假、丧假、婚假和探亲假等政府明文规定的福利制度，还有安全保障福利、独生子女奖励等。

(2) 自愿性福利

自愿性福利是企业根据自身特点有目的、有针对性地设置一些符合企业实际情况的福利。主要包括住房贷款利息给付计划、商业人寿保险、医疗及有关费用的支付、带薪休假、教育福利、法律和职业发展咨询、子女教育辅助计划和企业年金。

2. 弹性福利计划

弹性福利计划又称为"自助餐式的福利"，即员工可以从企业所提供的一份列有各种福利项目的"菜单"中自由选择其所需要的福利。弹性福利制强调让员工依照自己的需求从企业所提供的福利项目中选择组合属于自己的一套福利"套餐"。每一个员工都有自己"专属的"福利组合。另外，弹性福利制非常强调"员工参与"的过程，希望从别人的角度来了解他人的需要。

由于企业经营环境的多样化和企业内部的特殊性，弹性福利制在实际的操作过程中逐渐演化为以下几种有代表性的类型：

(1) "附加型弹性福利计划"。它是最普遍的弹性福利制，就是在现有的福利计划之外，再提供其他不同的福利措施或扩大原有福利项目的水准，让员工去选择。例如，某家公司原先的福利计划包括房租津贴、交通补助费、意外险、带薪休假等。如果该公司实施此类型的弹性福利制，它可以将现有的福利项目及其给付水准全部保留下来当作核心福利，然后再根据员工的需求，额外提供不同的福利措施，如国外休假补助，人寿保险等，但通常都会标上一个"金额"作为"售价"。每一个员工则根据他的薪资水准、服务年资、职务高低或家眷数等因素，发给数目不等的福利限额，员工再以分配到的限额去认购所需要的额外福利。

(2) "核心加选择型"的弹性福利计划。由"核心福利"和"弹性选择福利"所组成。"核心福利"是每个员工都可以享有的基本福利，不能自由选择，可以随意选择的福利项目则全部放在"弹性选择福利"之中，这部分福利项目都附有价格，可以让员工选购。员工所获得的福利限额，通常是未实施弹性福利制前所享有的，福利总值超过了其所拥有的限额，差额可以折发现金。

(3) "弹性支用账户"是一种比较特殊的弹性福利制。员工每一年可从其税前总收入中拨取一定数额的款项作为自己的"支用账户"，并以此账户去选择购买雇主所提供的各种福利措施。拨入支用账户的金额不需扣缴所得税，不过账户中的金额如未能于年度内用完，余额就归公司所有；既不可在下一个年度中并用，也不能够以现金的方式发放。

(4)"福利套餐型"。由企业同时推出不同的"福利组合"，每一个组合所包含的福利项目或优惠水准都不一样，员工只能选择其中一个的弹性福利制。就好像西餐厅所推出来的A餐、B餐一样，食客只能选其中一个套餐，而不能要求更换餐里面的内容。在规划此种弹性福利制时，企业可依据员工群体的背景(如婚姻状况、年龄、有无眷属、住宅需求等)来设计。

(5)"选高择抵型"福利计划。它一般会提供几种项目不等、程度不一的"福利组合"给员工作选择，以组织现有的固定福利计划为基础，再据以规划数种不同的福利组合。这些组合的价值和原有的固定福利相比，有的高，有的低。如果员工看中了一个价值较原有福利措施还高的福利组合，那么他就需要从薪水中扣除一定的金额来支付其间的差价。如果他挑选一个价值较低的福利组合，他就可以要求雇主发给其间的差额。

七、延期报酬①

当一名员工自知今后晋升无望而变得消极的时候，该怎样去激励他变得积极？一位明天就要退休的员工，如何使他在今天仍然努力工作？上述这类问题，人事管理经济学家拉齐尔(Lazear)构筑的延期报酬(delayed payments 或 deferred compensation)理论为我们提供了答案，至少是提供了部分答案。

延期报酬理论可以简单地表述如下：有些员工在组织内部已经无法继续晋升，或者其职业生涯(worklife)就快要结束，于是他们可能变得消极；如果组织在开始的时候支付他们以低于其所值的工资，而在工作的末期支付高于其所值的工资，陡峭的年龄—工资剖面曲线就可能起到积极的激励效果。

下面基于 Lazear 的分析，简要介绍延期报酬模型。假设员工在工作中可以选择努力也可以选择偷懒(shirk)。如图 11-7，员工努力带来的产出是 V，如果他偷懒则产出 V'。W 表示员工使用时间的替代方式，在这里可以把它看作闲暇对于员工的价值。时间 t 是员工应该退休的日期。如果员工得到工资 V，他们将选择在时间 t 退休，因为 t 是员工的边际产出(或报酬)与其闲暇价值相等的时刻。

考虑这样两种报酬合同曲线：即图 11-7 中的 W 和 V，合同 W 称为延期报酬合同，V 称为按实际报酬支付合同。其中 W 是时间 t 的函数，可写成 $W(t)$；V 也是时间 t 的函数，写作 $V(t)$。我们定义从 0 到 t 时间内，W 的报酬现值与 V 的报酬现值是相等的。这意味着员工选择合同 W 或合同 V 的所得是无差异的，即：

① 参见拉齐尔. 人事管理经济学. 北京：中国人民大学出版社，2000

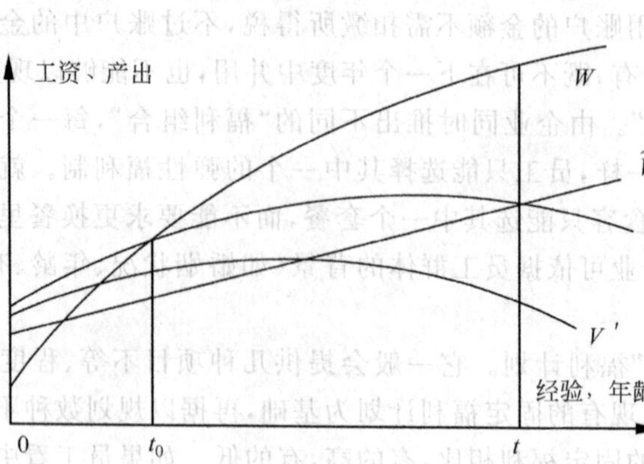

图 11-7

$$\int_0^t W(t)e^{-rt}\,\mathrm{d}t = \int_0^t V(t)e^{-rt}\,\mathrm{d}t \tag{11-1}$$

式(11-1)中的 r 是贴现率。考虑按合同 V 支付的员工，在其退休前夕(时间 t 附近)可选择努力也可选择偷懒。如果偷懒，最坏的结果就是被辞退；如果他被辞退，则他损失工资 $V(t)$，但获得闲暇价值 $V(t)$(因为在时刻 t 的闲暇价值)。所以，他将会选择偷懒，因为他不会损失什么，即便被辞退，也可以从闲暇中补回其工资的损失。

如果按合同 W 支付员工则结果就不一样了。员工在退休前夕(时间 t 附近)，当然也可以选择偷懒。但他知道，如果偷懒而被辞退，将失去工资 $W(t)$，虽然可以获得闲暇价值 $V(t)$，但是 $W(t)$ 远大于 $V(t)$，这使他认识到被辞退的损失是明显的，于是他有动力努力工作到 t 时刻。

从模型中看到，在职业初期，雇主支付低于其边际产品的工资给员工，而在末期雇主支付高于其边际产品的工资给工人，实际上相当于雇主先扣留员工的一部分收入，以后逐渐返还给员工；或者，也可以说是在职业初期员工借钱给雇主，而在职业末期雇主还钱给员工。这一模型叫做延期报酬模型是非常恰当的。与严格按照边际产出支付报酬的合同 V 相比，延期报酬合同对员工更具有激励性，尤其是防止员工退休前的机会主义行为方面作用显著。

延期报酬模型实际上强调的这样一个思想：对员工的激励应该放在其职业生涯范围内来考虑，使其在整个职业生涯内得到激励；而在其职业生涯的报酬支付顺序将极大地影响激励效果。

然而，在哪些情况下适合运用延期报酬作为激励因素呢？Lazear(1998,2000)指出，在这两种情况下，运用延期报酬合同是有价值的：(1)直接测算产出的成本很高，(2)竞赛性奖励有较好的效果。

当员工的产出很容易衡量时，就可以直接根据员工的产出确定其报酬(比如计件工资)，产量本身就可以激励员工，此时没有必要使用其他激励手段。而当员工的产出不易测算的时候，延期报酬可能就成为最有价值的激励因素。因为这可以有充足的时间让雇主来考察员工的业绩，同时员工也因为不努力的代价沉重而受到激励。

竞赛性奖励也具有激励作用，但是如果竞赛结果一旦明朗，则失败者就会失去积极性，对那些失败者，可以利用延期报酬进行激励。另外，竞赛也可能会有副作用，如果要强调合作，那么竞赛性奖励就不太合适，而在保持合作的情况下，更好的办法是采用延期报酬合同。

八、薪酬市场调查

“内具公平性，外具竞争力”是企业薪酬体系的建设目标。其中，薪酬制度的对外竞争性主要是通过外部薪酬调查，掌握市场薪资水平并结合本公司的实际情况来实现的。

所谓薪酬调查就是应用各种正常的手段，来获取相关企业各职务的薪酬水平及相关信息，然后对调查的数据进行统计和分析。在此基础上，结合自己公司人事战略和经营业绩，确定公司薪酬水平的市场定位过程。当前，了解某个地区、某个行业的薪酬水平已成为企业人力资源管理的重要内容。

目前，比较通用的薪酬调查的渠道主要有3种：

1. 企业之间开展相互调查

现阶段我国薪酬调查系统和服务还没有完善，薪酬调查中最可靠和最经济的渠道是企业之间的相互调查。可以采取与相关企业的人力资源部门进行联系，或者通过协会等机构进行联系。但是薪酬管理政策及薪酬数据在许多企业属于头等商业秘密，普遍实行密信制管理。因此，企业间尤其是主要竞争对手间交换薪资信息的可能性微乎其微。

2. 委托专业机构进行调查

为了实现获取薪酬决策参考依据的目标，企业可以考虑委托专门机构进行调查，通过参与调查或购买调查数据的方法进行。委托专业机构调查会减少人力资源部门的工作量，避免企业之间大量的协调工作，拓宽获取信息的渠道。但它需要向委托的专业机构支付一定的费用，而且专业机构中鱼龙混杂，咨询公司资信业绩直接影响薪酬调查的参考价值。

这一类代表性的专业机构有：北京西三角人事技术研究所、北京中新人才公司、上海荣正投资咨询有限公司、德勤咨询公司、香港华信惠悦国际集团、美世咨询、韬睿咨询、翰威特咨询和毕马威咨询公司等。

3. 查询社会公开信息

表 11-6 某公司职位与市场同类职位薪资比较表

工号	美世代码	职位名称	总现金收入	市场数据			偏离率		
				25 分位	中位值	75 分位	与 25 分位	与中位值	与 75 分位
70044	16.691	70044	235,630	150,140	167,880	232,559	56.9%	40.4%	1.3%
70760	16.693	70760	277,190	115,312	132,390	154,683	140.4%	109.4%	79.2%
70138	16.693	70138	129,065	115,312	132,390	154,683	11.9%	−2.5%	−16.6%
70340	16.693	70340	76,660	115,312	132,390	154,683	−33.5%	−42.1%	−50.4%
70224	16.244	70244	103,005	88,478	115,582	136,970	16.4%	−10.9%	−24.8%
70235	16.244	70235	71,117	88,478	115,582	136,970	−19.6%	−38.5%	−48.1%
70759	16.695	70759	79,685	71,606	105,000	132,063	11.3%	−24.1%	−39.7%
70912	16.695	70912	57,636	71,606	105,000	132,063	−19.5%	−45.1%	−56.4%
71047	16.695	71047	54,899	71,606	105,000	132,063	−23.3%	−47.7%	−58.4%
70917	16.245	70917	56,202	68,389	91,203	111,815	−17.8%	−38.4%	−49.7%
70979	16.245	70979	52,958	68,389	91,203	111,815	−22.6%	−41.9%	−52.6%
70981	16.245	70981	53,417	68,389	91,203	111,815	−21.9%	−41.4%	−52.2%
71162	16.696	71162	51,697	42,640	50,640	64,430	21.2%	2.1%	−19.8%
70763	15.505	70763	66,499	30,911	42,944	58,098	115.1%	54.9%	14.5%
71165	15.505	71165	51,581	30,911	42,944	58,098	66.9%	20.1%	−11.2%
71163	16.246	71163	51,581	60,299	78,766	95,495	−14.5%	−34.5%	−46.0%

对比上面两种方法，公开的信息源比较广泛。例如，有些企业在发布招聘广告时，会写上薪金待遇，调查人员稍加留意就可以了解到这些信息。另外，某些城市的人才交流部门也会定期发布一些岗位的薪酬参考信息。再则，目前一些人力资源专业网站、一些热门BBS站点会定期依据不同的市场细分对象，进行相关的薪资水平及福利制度实施状况的“在线网络调研”。例如，中华英才网新近推出的英才薪资指数调研结果，范围涉及40余个城市，30多个行业，28种职业的2.1万多名网民。在清华BBS站点，老生纷纷将各企业最新的员工待遇进行总结公告，成为应届毕业生求职择业的一本“入门经”。这些公开信息可以从不同方面提供市场薪资动态，但也有一些明显的缺点：一是时间的滞后性，公共信息中多为政府、行业公开的报告，其时间滞后的特点比较显著；二是收集效果属于“广种薄收”型。公共信息覆盖面广，需要在各种公共信息渠道中随时进行广泛收集，工作量

较大。而对于企业而言需要的是个性化信息。虽然信息量大,但针对性差,对于个别制度或政策有参考价值,对于整体薪资政策的参考利用度则比前两种低。

第四节 不同群体的薪酬制度设计

一、高级管理人员

对于高级管理人员,当前国内外主要实行经营管理者年薪制。确定年薪制绩效薪酬的依据的优缺点如表 11-7 所示。年薪制一般由 5 个部分构成,即:

年薪=基本薪酬+年度红利+长期奖励+附加福利+特别待遇。

表 11-7 年薪制中的绩效薪酬的确定依据比较

绩效测量	优 点	缺 点
基于公司股价的绩效测量	1. 在一个有效的市场中,股价体现公司预期未来现金流量的贴现值。当前股价反映了市场对股东长期价值的当前预期。股东的回报包括股价增值与红利,可以测量股东长期价值的变化 2. 股东回报最简单、最容易测量,促进股东长期价值的变化 3. 高层经理,如 CEO 的薪酬与股价挂钩能够奖励(或惩罚)CEO 增加(或减少)公司长期价值的行为	1. 股票市场不是完全有效率的。当前股价反映所有可公开获得的信息。但是,关于公司前景的信息经常只被董事会与高层经理占有,市场不知道这些信息,从而股份中也就无法包含这些信息 2. 由于经理掌握产权信息知识,他们能够在短期内"操纵"股价 3. 股价还受到管理者无法控制的因素的影响
基于公司内部数据的绩效测量	1. 此类测量是基于会计收益指标,包括每股收益、资产回报、股票回报等,可以免除"市场波动"风险 2. 在一些具体条件下,基于会计的绩效测量优于基于公司股价的绩效测量 3. 分支机构或单位无法获得基于公司股价的绩效测量,要求使用基于会计的绩效测量	1. 会计收益是短期指标,它反映公司过去的而不是未来的绩效。基于会计指标的薪酬鼓励,高层经理避免采用不利于当前收益但有利于未来收益的项目 2."长期会计绩效测量"计划也无法克服基于会计的绩效测量缺点,因为这种计划在 CEO 退休时成为既得利益(CEO 退休后,很少从会计收益获得奖励)

1. 基本薪酬(salary)。基本薪酬可以为高级人员提供一个稳定的收入来源,使个人不必承担过多的风险。基本薪酬在高级经理人的总收入中所占的比重有逐年下降的趋势,虽然基本薪酬的绝对值在逐年上升。

2. 年度红利(bonus)。这是一种短期激励行为,但数额却相当可观。一般说来,红利的数额一般与薪水成正比,即薪水较高者参照投资方分红的比例为指标;有的以税后利润为指标;有的以税前净收益为参考;有的以税后净收益加上股票价值。当然所有这一些均与企业的绩效有关,故在许多企业也将此称为绩效工资(merit pay),这也便是年薪制设定的基础。

3. 长期性奖励(long-term incentive)。这是非常重要的一项内容,通过项目可以保持一个团队的稳定性,对上市公司而言主要靠股票期权计划(stock option plan)来实施,即经理人员报酬的一部分以股票的形式给付,股票可以在持有一定年份,或股票价格超过一定水平后出售。对于非上市公司,有的企业设计了许多类似的诸如"虚拟股权计划"或"综合福利基金"等来吸引人才。

4. 附加福利(supplementary benefits)。高级经理人享受除一般员工都享有的诸如医疗福利之外的福利。例如,无偿使用企业的车辆、报销招待费、报销带家属的旅游、报销小孩学费或赞助费、向企业获得低息或免息贷款、额外商业人寿保险等。此外,企业同高级经理人的约定中还包括完成一定时间的合同后还有可能获得大额的离职费"金降落伞"计划。

5. 特别待遇。为了体现企业高级经理人地位,企业还安排了许多"特权"性质的福利,如弹性工作、俱乐部会员、经理餐厅、头等舱旅行、个人理财及法律咨询、定期体检等。

高层经理薪酬构成及特点如表 11-8 所示。

表 11-8　高层经理典型薪酬构成及特点分析

薪酬构成	时间特点	风险特点
基本薪水	基本薪水是永久薪酬,并定期支付,通常每月支付一次或两次(要么一月支付两次或一周支付两次)	基本薪水是最安全的薪酬形式,只涉及就业风险,津贴的风险程度也非常低
年度奖金或短期激励薪酬	年度奖金或短期薪酬激励计划通常每年支付一次,尽管有些计划每季度或每半年测量绩效一次并支付绩效薪酬。通常,新绩效标准始于每个财务年度	年度奖金计划涉及未来就业风险与公司的未来绩效低于目标水平的风险

续表

薪酬构成	时间特点	风险特点
中长期激励薪酬,包括:股票期权、股票增值权、受限制的股票、虚拟股票、绩效单元(股份、现金)	中长期薪酬激励计划的时间跨度从3年至10年不等。一个公司很少会同时使用多个时间跨度不等的中期激励计划与长期激励计划。一些公司按年支付,其他公司定期支付,但不是每年支付;一些公司对某种形式的长期激励计划按年支付,而另一种计划则每年支付两次	中长期薪酬激励计划涉及未来就业风险与未来公司绩效(股票风险)
法定福利与公司内部福利,包括:养老金计划、医疗计划与牙医服务、储蓄计划、寿险计划、伤残计划	福利计划覆盖范围是在职、退休、残障、死亡的高层经理,以及因公司合并、重组或其他原因导致就业终止的高层经理	法定福利的风险通常比补充计划小
补充福利计划,包括:延期支付薪酬计划、高层经理的补充退休金计划、超额退休金计划、补充医疗与残障计划、补充寿险计划	延期支付薪酬计划的计时各不相同,通常是长期计划	补充福利计划涉及未来就业风险与公司的未来绩效风险。多数(不是全部)补充计划与延期支付计划是没有保障的。近年来的趋势是:设计补充福利计划,使公司绩效与福利之间的关联度更大
津贴,包括:俱乐部会员、理财规划、顾问、享用公司汽车与飞机、航空俱乐部会员、司机	只要高层经理在职,津贴通常是永久性的	

资料来源:林泽炎.美国公司高层经理薪酬管理考察报告.经济理论与经济管理,2003(8)

二、独立董事

我国上市公司引入独立董事制度始于"青岛啤酒",股票1993年在香港联合交易所上市,在最初发展的几年内一直处于试探阶段。2001年8月16日,中国证券监督管理委员会发布《关于在上市公司建立独立董事制度的指导意见》,掀开了国内上市公司全面引入独立董事制度的新篇章。

在独立董事制度的实践中,不同公司在独立董事的薪酬问题上做法都不一致。美国的做法是独立董事每年从董事会领取固定数量的津贴,一般在3000～5000美元之间。除此之外,独立董事每参加一次董事会或者专业委员会会议还能得到一些额外津贴,一般为

1000～5000 美元不等。独立董事的年平均津贴收入一般为 33000 美元。英国的做法是采用法律的形式规定独立董事的年度薪酬为公司董事的 5%～10%。

国内上市公司基本上学习了美国的做法，典型的独立董事薪酬机制是采用固定的年度津贴和每次参加董事会发放额外津贴并报销相关合理费用的做法。这主要是因为《指导意见》对独立董事的薪酬规定为"上市公司应当给予独立董事适当的津贴。津贴的标准应当由董事会制订预案，股东大会审议通过，并在公司年报中进行披露。除津贴外，独立董事不应从该上市公司及其主要股东或有利害关系的机构和人员处取得额外的、未予披露的其他利益。"

从 2001—2003 年度国内上市公司独立董事年度津贴的变化情况来看，独立董事年度津贴呈逐年递增趋势。2001—2003 年度的平均值分别为 2.18、3.39、3.77 万元，中位值与平均值的差距以及最大值的逐年增加说明国内各个上市公司独立董事年度津贴的高低差距逐步拉开。某些重视并承认独立董事作用的上市公司从年度津贴的角度上给予受聘独立董事较高的薪酬。此外，2003 年度国内聘请了独立董事的上市公司，98.13% 在年报中都明示"报销独立董事参加董事会的交通费用和相关合理费用"。

影响独立董事薪酬的因素主要有：前期的业绩以及长期的价值创造能力（正相关）、公司资产规模大小（正相关）、第一大股东持股比例（负相关）、以召开董事会会议次数为代表的独立董事工作时间（正相关）、独立董事相对规模大小①。

三、研发人员

研发人员是知识型员工，他们的工作热情和创造性直接影响着企业核心能力的培养。因此，要非常重视研发人员的薪酬设计。应注意以下几点：

1. 研发人员的薪资水平要看企业的性质和发展阶段。例如，技术驱动型企业中，研发人员的薪资水平一定要高。设计薪酬时，可以设计管理跑道和专家跑道，两条跑道可以是平行的，即技术专家可以比自己的上级收入高。

2. 研发工作往往以项目为基本组织形式，研发人员的岗位不固定。因此，在考虑研发人员的基本工资时，最好是依据他们在团队中承担的具体角色而定。不是所有的研发人员都要付给很高的工资，激励的重点应该是核心技术人才，如学术带头人、项目经理，因为他们承担的角色是他人很难替代的。

3. 技能因素是很重要的方面。为研发人员的技能付酬，业绩工资要按照项目整体的完成情况和个人的业绩表现情况来共同确定。当然，为了吸引和留住研发人才，激励的方式也可以灵活一点，比方说对创新工作进行重奖等。

---

① 杜胜利，张杰. 独立董事薪酬影响因素的实证研究. 会计研究，2004(9)

概括地，研发人员的薪酬模式主要有以下几种：

1. 单一的高工资模式。单一的高工资模式，就是一般不给予奖金，而是给予高工资。这种模式特别适合于从事应用基础性研究，即在短期内无法确定准确的工作目标，进而无法把工作成果作为薪酬决定基础的研究工作。

2. 较高的工资加奖金。这种模式以研发职位等级和能力资格为基础，首先确定较高水平的工资，然后仍以较高的职位等级为基础，按照企业奖金占工资的一定比例确定奖金水平。此种模式一般与研发人员的具体业绩联系不大，收入也较为稳定，基本保证了研发人员在职工收入排序中的地位，但激励作用一般。

3. 较高的工资加科技成果转化提成。这种模式多适用于担负新产品开发的研发人员。为了鼓励研发人员瞄准市场多出成果、快出成果，采取了产品营销收入提成、营销净收入提成或利润提成等办法。这种方式的激励作用相当明显，因此应用面也相当广泛。

4. 科研项目薪酬制。这种模式是将研发人员的薪酬列入科研项目费，并采取按项目实行费用包干。这是一种按任务定薪酬的办法，其目的就是鼓励研发人员快出成果。采用这一模式，往往还有后续的其他激励措施，如营销提成奖励。

5. 股权激励。股权激励有不同的形式，即对研发人员实行股份优先购买权，并鼓励科技人员持有公司较多的股份；向科研人员赠送干股；采取科研成果折股；实施具有长期激励机制的股票期权；实行兼有激励与约束机制的期股等。例如，联想、四通、东大阿派等一些高科技公司都在明晰资产和量化资产的过程引入职工持股制度，对科技人员，特别是科技骨干实施了力度较大的股权激励措施。

四、销售人员①

对于销售人员的薪酬体系，在理论和实践中都较成熟，主要有以下几种：

1. 纯佣金制。纯佣金制指的是按销售额（毛利、利润）的一定比例进行提成，作为销售报酬，此外销售人员没有任何固定工资，收入是完全变动式的。纯佣金制的销售报酬制度在美国有 20％的企业采用，国内的企业运用得也较多。计算公式如下：

个人收入＝销售额（或毛利或利润）×提成率

纯佣金制的实施需要一系列的条件，具体包括在已有人获得众所周知的高额收入时，收入有一定的稳定性和连续性；从开始工作到首次提成的时间勿须太长；纯佣金制适用的产品应是单价不是特别高，但毛利率又非常可观的产品。

纯佣金制最大的优点就在于销售报酬指向非常明确，能激励销售人员努力工作。它

① 鞠强．销售报酬制度．企业管理，2000(9)

还将销售人员工资成本的风险完全转移到销售人员自身，大大降低了公司运营成本的压力。当然，其弊端也是很明显的：完全的佣金行为导向使得销售人员热衷于进行有利可图的交易，而对其他不产生直接效益的事情不予重视，有时甚至会损害公司的形象；纯佣金制带给销售人员的巨大风险和压力，减弱了销售队伍的稳定性和凝聚力；易于助长销售人员骄傲自大，不服从管理，不尊重领导的倾向。

2. 纯薪金制。纯薪金制指的是对销售人员实行固定的工资制度，而不管当期销售完成与否。纯薪金制在美国有28%的企业运用。公式可以表示为：

个人收入＝固定工资

当推销员对金钱以外的东西（如荣誉、地位和能力锻炼等）有了强烈的需求时，再单纯地采取提成刺激的方式，就起不到激励的效果了，这时宜于采用纯薪金制。尤其是在知识分子云集的销售队伍中，或是实行终身雇佣制的企业里，采取纯薪金制实际上已经成为一种必然手段。

纯薪金制的优点表现在易于管理、调动，并使员工保持高昂的士气和忠诚度。但由于对销售人员缺少金钱的刺激，容易形成"大锅饭"作风；固定工资制的实施给评估销售人员的业绩带来了困难；不利于公司控制销售费用；工资晋升制度复杂且产生的矛盾很多；不能够吸引和留住较有进取心的销售人员。

3. 基本制。基本制指将销售人员的收入分为固定工资及销售提成两部分内容，销售人员有一定的销售定额，当月不管是否完成销售指标，都可得到基本工资即底薪；如果销售员当期完成的销售额超过设置指标，则超过以上部分按比例提成。基本制实际上就是混合了固定薪金制和纯提成制的特点，使得销售人员收入既有固定薪金作保障，又与销售成果挂钩；既有提成的刺激，又给员工提供了相对固定的收入基础，使他们不至于对未来收入的情况心里完全没底。正因为基本制兼具了纯薪金制和纯提成制两者的特点，所以成为当前最通行的销售报酬制度，在美国约有50%的企业采用。用公式表示如下：

个人收入＝基本工资＋（当期销售额－销售定额）×提成率

在实际工作中，有些公司名义上实行的也是"工资＋提成"的收入制度，但是规定如果当月没有完成销售指标，则按一定的比例从基本工资中扣除。例如，某公司规定每月每人的销售指标为10万元，基本工资1000元，当月不满销售指标的部分，则按1%的比例扣款。这实际上是一种变相的全额提成制，因为它除了指标前后比例不一定一致以外，性质都是一样的。

4. 瓜分制。瓜分制是指事先确定所有销售人员总收入之和，然后在本月结束后，按个人完成的销售额所占总的销售额的比例来确定报酬，从而瓜分收入总额。公式表示如下：

个人月工资＝团体总工资×(个人月销售额÷全体月销售额)

个人月工资＝团体总工资×(个人月销售毛利完成额÷全体月销售毛利完成总额)

团体总工资＝单人额定工资×人数瓜分的人数

(起码多于5人,否则易于串通作弊,从而达不到鼓励内部竞争,提高工作效率的目的。)

瓜分制的优点在于:操作简单,易学易懂;成本相对固定,却照样能鼓励竞争。主要弊端:员工理解较为困难;瓜分制引发的较为激烈的内部竞争,不利于部门之间的工作协调。

5. 浮动定额制。浮动定额指的是将每月的销售定额(当月的销售总额除以销售人员人数所得的人均销售额)乘以一定比例。如果某员工的个人实际完成销售额在定额以下,则只拿基本工资;如果完成的销售额在浮动定额以上,则超过定额部分按一定比例提成,外加基本工资。公式表示如下:

个人工资＝基本工资＋(个人当期销售额－当期浮动定额)×提成率

当期浮动定额＝当期人均销售额×比例

其中,设定的比例一般为70%～90%较为合适。

采用浮动定额制时要确保如下两条:第一,每个销售员的销售机会比较均衡;第二,参与浮动定额制的销售员人数要尽可能多。

浮动定额制可以综合反应市场行情,减弱环境的剧烈变化对销售人员收入的影响;操作起来比较简单,可以减少误差程度;能够充分鼓励内部员工竞争,大大提高工作效率有助于控制成本。但是浮动定额制引发的激烈的内部竞争,有损内部的团结合作。

6. 同期比制。同期比制,指的是将每人与上一年同期比较销售额,如果比上一年差,则予以处罚,处罚程度与下降比例挂钩。公式表示如下:

$$个人工资=[基本工资+(当期销售额-定额)\times提成率]\times(当期销售额\div去年同期销售额)^n$$

n可以为1或2或3……视需要而定。

实施同期比法主要是防止销售人员由于工作时间较长,资格较老而出现的“老油条”的工作态度;或者是不安心于本职工作,在外兼职而导致销售额下降。它不适合由于市场状况的整体恶化而导致的销售额下降。其最大优点就在于见效快,但缺点也很明显,容易产生矛盾,而且由于操作时前后换算的困难,也使得采用同期比制往往只能持续几个月时间。

7. 落后处罚制度。规定凡销售额倒数第一名、第二名、第三名……予以罚款。

落后处罚制度是针对公司销售员中出现较多的松懈,不认真努力工作的情况而采取的一种治乱之法。其优点是处罚面小，影响面大，能对其他人起到警示作用。但同时易于使后进人员产生消极心理，甚至与管理者对抗或离开公司，所以这种方法主要应用于国有企业。

8. 排序报酬法。所谓排序报酬法，即把所有销售人员的报酬或工资各自固定，统计出当月各位销售员的销售额，最后按照第一名、第二名、第三名……的顺序发放工资。

实施排序报酬法应注意将最后一名的工资与倒数第二名的工资拉开较大的差距，以防止出现吃"大锅饭"的情况，该法所调动的积极性与收入差距正相关。计算公式：

个人工资＝最高个人工资 －(高低工资差距÷当期人数)×(名次－1)

当市场形势急剧变化而无法确定销售定额、提成率时，可以考虑排序报酬法。

排序制剔除了市场变化对销售的影响，使职工的收入有保障，又鼓励了适度的竞争；对于销售队伍的稳定和提高销售员的忠诚度有好处。但是在原有的销售额已经很高的情况下，将很难鼓励有新的突破。

9. 谈判制。所谓谈判制是在基本制(基本工资＋提成)的基础上对据以提成的销售收入与提成定额之间的差距予以调整，销售人员按调整后的标准获得报酬。以公式表示为：

销售人员工资＝[基本工资＋(销售收入－定额)×提成率]×(价格系数)n

而价格系数又是由实际销售价格和计划价格之间的比例决定的，即：

价格系数≤(实际销售额/计划价格销售额)n

所以，谈判制的销售报酬制度可综合表示为：

销售人员工资＝[基本工资＋(销售收入－定额)×提成率]
×(实际销售额÷计划价格销售额)n

其中定额和提成率可由企业根据本行业和企业本身的情况予以确定和调整。根据销售价格的具体情况，企业可以对价格系数的幂加以调整，如采取宽松政策，n 可定为 1，如需采取较为严厉的政策，n 也可定为 2，甚至是 3、4……以此来严格控制成交价格。

采取谈判制的报酬制度可以克服产品销售价格弹性过大，企业难以控制的缺点，一定程度上预防了销售人员为成交而故意压低价格的现象发生。因为提成标准与实际价格和计划价格之间的系数密切相关，如果销售人员故意以低价成交，那么这一系数必然随之减小，这样销售员即使完成了很多销售额，也很难拿到提成或提成很少，销售人员必然会权衡利弊，使企业的价格维持在合理的水平上。

第五节　薪酬管理的发展趋势

一、薪酬管理的发展趋势

现代薪酬管理的内容受到经济全球化、知识经济、组织变革、公司治理结构等宏微观因素的影响。这些因素的不断深化将促使薪酬管理内容的向前发展，主要表现在：

1. 从“以职位为基础”向“以个人为基础”的薪酬体系转变

“以个人为基础”的薪酬体系是一种以技术、知识和能力为基础的薪酬，它与传统上以职位为基础的薪酬方式不同，强调以员工的个人能力为基础提供薪酬。而且，只有确定员工达到能力标准时，才对其提供薪酬。而“以职位为基础”的薪酬只要职位的职能或作用发生了变化就可以得到薪酬，不管员工是否能够很好的履行该职能。因此，以个人为基础的薪酬体系支持组织结构的扁平化，对个人具有更强的激励性。

2. 内在薪酬的重要性日益突出

内在报酬具体包括一体化的工作环境、个人发展机会、个人生活方式的保障、融洽的员工关系；给予员工酗酒、上班迟到、同性恋、心理变态等提供情感管理等。随着知识经济时代的来临，员工越来越重视自身的发展，对他们来说，增长知识与经验的锻炼机会远远比现时的金钱报酬具有诱惑力。

3. 绩效奖励计划越来越普遍

绩效奖励计划是现代薪酬体系的目标之一，是一面新的旗帜。绩效奖励计划是指员工的薪酬随着个人、团队或者组织绩效的某些衡量指标（如利润、生产率、质量、客户服务、创新、灵活性、生产或服务周期等）所发生的变化而变化的一种薪酬设计。绩效奖励计划有助于强化组织规范，激励员工调整自己的行为，以及有利于组织目标的实现。

4. 团队薪酬、团队激励计划成为现代薪酬管理的内容

企业生产过程就是一系列员工合作的过程。团队薪酬就是强调团队之间与团队内部的合作，为员工由于作为团队的成员承担额外的责任而支付报酬并鼓励团队成员完成团队预定的目标。团队激励计划就是强化团队的协作，培养雇员对公司的忠诚，同时也提高工作效率。

5. 跨国公司的全球薪酬制度成为薪酬管理的内容

随着经济全球化的日益深入，跨国公司成为全球化的主角，它们在全公司范围内定义整个世界市场，同时在世界范围内参与竞争。但是各国的薪酬体制因行业、文化、地理位置、公司规模与发展阶段、公司创新能力以及对风险的态度等因素的不同而不同，如何在跨国公司内部建立全球薪酬策略是跨国公司薪酬管理的重要内容。

二、团队薪酬

随着社会经济环境的转变，经营管理人员逐渐意识到：没有所有层次员工的承诺和参

与就无法在严酷的国际竞争环境中生存下来。这种意识导致管理发生了根本性的变化，即由传统的独裁式管理正缓慢地向一种以团队为基础的、参与性更强的管理体制转变。随着这些文化变化的过程，传统的薪酬制度变得不足以支持这种转变，而出现了一种以团队为基础的薪酬体制，就是团队薪酬。

团队薪酬就是根据整个团队的工作结果，而对整个团队付薪的一种薪酬制度。团队薪酬的支付对象是整个团队。团队薪酬的目的是促使员工紧密团结和配合来完成整体工作，以推动公司团队文化的发展。

（一）团队的类型

团队通常包括以下几种常见的类型：一是项目团队；二是固定工作团队，包括管理团队、生产团队、服务团队和研发团队；三是功能团队，包括质量圈、临时解决问题团队；四是网络化团队。

Lawler 和 Cohen（1992）最近的调查表明，在财富 1000 强的公司中，运用着各种不同类型的团队，比率为 47%～100%。在这些公司中将近 100%的公司都运用项目团队，通常是将跨职能的团队结合在一起来完成一个项目，要持续几个月到几年。当项目完成后，团队就解散了。有将近 87%的公司中都运用功能团队——为了提高质量，与现行的组织结构平行的工作团体。像质量圈和其他解决临时性问题的团队就是属于该类型。有 47%的公司现在还在采用固定的工作团队作为完成工作的方法。

（二）制定团队薪酬面临的问题

1. 团队薪酬方案的适用对象的确定。在企业中，团队的类型多种多样，不同的团队对队员的才能和素质要求不同，而使得团队薪酬方案的制定非常复杂。因此，首先应明确团队类型，然后才能有针对性制定薪酬方案。

2. 对团队绩效进行评价和奖励方法的选定。对于不同的团队，其绩效评价和奖励方法也不同，而怎样才能做到客观、合理，是团队薪酬设计首先应解决的问题。

3. 团队队员个人以及团队之间薪酬如何平衡。不同的团队之间，薪酬设计不合理，将不利于团队之间的合作；同一团队中，各队员的情况也不完全相同，有些队员贡献较大，有些队员贡献相对较小，而对不同贡献的队员所支付相同的薪酬显然是不公平的。

4. 团队薪酬方案的执行时机。所有团队都需要经历一个发展的过程才能得以巩固，过早地实行团队薪酬会阻碍这一过程的发展。

（三）团队薪酬的主要内容

（1）基本工资

在企业中，基本工资在员工的薪酬收入中仍然占有相当大的比重，因此团队薪酬中，各成员都有一定的基本工资。团队队员的基本工资通常有两种确定标准：市场定价和工作评价或工作比较。如果有与本公司人员组织结构相似的可比公司，则市场定价相对来讲要直接点。否则，应该运用工作评价或工作比较法，使用工作比较法通常采用3种要素来评价工作：技能、解决问题的能力及责任感。

（2）加薪

团队成员的加薪与团队类型有关。对于功能团队，关键要考虑团队成员在团队工作中投入的时间和精力。因此，企业可以同时基于功能团队队员的团队绩效和他们独立于团队之外的常规工作绩效确定加薪情况。

固定团队的加薪方法很多，取决于团队的激励方向。若鼓励成员提高其个人素质和能力，则在其增添了新技能或能力时，就给以加薪；若强调业绩，则通过衡量成员对整个团队绩效的贡献大小，确定加薪数量。

对于项目团队，由于团队成员的基本工资一般相差较大，且各成员的工作贡献也有很大的不同，因此个人加薪的作用将会很大。

（3）认可奖励

认可的方式有：非货币性的和少量货币性的奖励。非货币性的认可奖励比较常用，货币性认可奖励的价值一般不是很大。非货币性认可奖励常用来认可优良的工作表现，而货币性认可奖励用来认可优良的工作结果。

（4）激励性薪酬

团队的激励性薪酬通过影响团队的行为可以推动公司团队文化的改变，将公司的目标清晰地传达给公司员工，将薪酬与公司的经营结果相联系，消除员工的"特权心态"，并增进员工的主人翁感。

只有当团队激励性薪酬所奖励的团队绩效能够为团队成员所接受时，这种激励才会奏效，并且激励薪酬的金额必须足够大。但对于每一个成员是否得到相同的激励性薪酬，不同的公司有不同的做法：有的公司对所有的团队成员支付相同金额的激励性薪酬；有的按各成员基本工资的相同百分比支付；有的基于对成员贡献的评价支付激励性薪酬。具体选择哪一种激励薪酬，视公司的具体情况而定。

每个最优秀的团队都必须做好如下7个方面互相关联的工作：领导艺术；价值观念和文化；工作流程和业务系统；组织架构、团队和工作设计；个人和团队的能力；管理的流程和系统；奖励与表彰。

团队薪酬制对薪酬规划和管理的最大贡献是：促使企业组织采用更为整体观的薪酬方式。企业组织必须重新审视它们付薪金的目的和方式。最佳的团队薪酬方案要求企业组织将员工个人业绩与成长的衡量标准与以市场为基础的竞争性薪酬水准结合起来，迫使企业组织在建立其薪酬架构时应考虑多种因素。

三、国际薪酬[①]

（一）国际薪酬产生的背景

20世纪90年代以来，许多业绩卓越的美国跨国大公司在全公司范围内定义整个世界市场，同时在世界范围内参与竞争。这些公司不再像以前那样细化各个国家的薪酬制度差异，而是最大限度的发掘其相似之处，以求建立一个全球范围内的薪酬策略，在其各国的子公司中实施。在这一策略中，提高产品与服务质量、扩大市场份额和保持竞争能力则一直作为核心目标。

要了解跨国公司的薪酬机制，首先要对其员工的分类有所了解。传统的划分是把跨国公司的员工分为本地员工和外派员工两类。

本地员工指的是在其本国境内被雇用并工作的员工，他们的薪酬一般以本地的薪酬制度为基础。本地的薪酬制度建立在各自的文化价值观念、政府政策（如税收政策）以及雇主与雇员的传统社会关系上。近几年，各国劳工组织和行业组织的活动在薪酬制度的制定上也起了很大作用。因此，各国本地员工的薪酬水平各不相同。

外派员工是指那些在国外进行短期工作（一般时间为1～5年），在合同期满后回国的员工。尽管这些员工可能会与公司签订不止一个外派合同，从而在国外工作时间相当长，但他们的薪酬与工作地的规定无关，而是基本服从其国内的薪酬政策。通常，公司会向这些外派员工提供必要的补贴，从而使他们在其他国家工作时依然保持原有的生活水平。因此，外派员工的工资和可变薪酬水平与其国内员工大体一致。

（二）国际薪酬策略

当一个公司的业务开始超越国境源源不断的流动，并且在世界各地建立分公司，雇佣不同肤色、讲不同语言的员工时，它已经成为一家名副其实的跨国公司了。此时，它的首要任务就是将公司策略扩展到世界范围，其中包括建立一个国际薪酬策略。在这一过程中，公司需要注意以下几点问题：

1. 必须打破传统上局限于本国的视野界限；

2. 薪酬策略必须以公司的经营策略为引导；

3. 薪酬策略要与其他人力资源管理策略相一致；

4. 人力资源的重要性应该更加突出。

关于如何确定跨国公司的全球薪酬策略，许多薪酬专家认为基本思想为："在全球范

① 参见陈清泰，吴敬琏. 公司薪酬制度概论. 北京：中国财政经济出版社，2001

围内思考，根据当地情况行动。"跨国公司业务的增长和日益复杂化，为这一基本思想的实现提供了不同的经济环境。有的公司既拥有完全国际化的生产与贸易流程，又拥有对个别市场和消费者极其敏感的当地业务。这就要求跨国公司管理者必须有广阔的视野和缜密的思维。

为制定一套行之有效的薪酬策略，跨国公司必须先对人力资源的重要作用进行分析。第一步要分析公司各业务范围内的相关人力资源管理策略，对员工在推动公司发展中所起的作用进行比较。按其作用大小，员工可以归为4类：①潜在优势员工；②重要员工；③基础员工；④支持性员工。

潜在优势员工就是使公司具有某种潜在竞争优势，且这种优势不久将能够体现出来的员工；重要员工是为公司带来现有竞争优势的员工；基础员工是本行业所有公司都必须拥有的、提供基础技能的员工；而支持性员工则指那些为公司正常运营提供支持性服务的员工。对这4种不同员工的分析为公司薪酬水平的确定提供了依据。他们与其各自对公司的贡献相结合，构成了跨国公司薪酬策略的基础。比如，如果基础技能在世界人才市场上供不应求，这就意味着公司要在世界范围内争夺此类人才，因此对此类员工采取全球薪酬标准。但是，如果这种人才在某些国家供不应求，而在其他国家供给却相当充裕，那么各国公司将会"出口"或"进口"该类人才，从而引起公司在各国对此类人才薪酬策略的不同。再如，支持性人力资源由于在当地市场就很容易获得，所以其薪酬水平与当地市场中等水平相同。对基础技能员工可能采用行业中等薪酬水平。而重要员工和潜在优势员工的薪酬水平则根据人才供给量的多少和对公司贡献的大小而定，在很多情况下为平衡公司目前和将来的竞争优势，可能会趋于市场平均水平。

跨国公司的薪酬策略以员工的作用为基础制定，以管理者的工作为依据进行实施。与那些仅在一国范围内开展业务的公司相比，跨国公司对其人力资源管理者提出了更高的要求，即他们必须跨越国界与文化差距实现公司员工的公平薪酬。

(1) 管理者必须建立一套覆盖全公司的基本原则对薪酬体系进行管理。

(2) 管理者要对公司在国内和世界人才市场上薪酬水平的定位作出决策，同时还要确定薪酬体系中各组成部分的定义与基本框架。

(3) 管理者要对职位间的关系进行协调。比如，跨国公司在各国分公司设有相同职位，这些职位职能相同，但报酬却可能因所在国家不同而有所差别。各国任这些职位的员工每天做着相同的工作，而且彼此之间联系甚多，这就使得实行分离的薪酬策略具有一定难度。

(4) 管理者还应该准确界定公司哪部分业务是完全国际化的，从而不能采取传统的国内薪酬方式，而哪部分业务又是区域性的，应该以当地市场薪酬水平为标准。总之，跨国公司的管理者要花费比以往更多的精力和时间确定公司的薪酬机制。

（三）国际薪酬的文化背景

对于跨国公司的人力资源管理者来说，最头疼的事情不是对庞大的公司结构的管理，而是对各家公司间不同文化背景的分析与对策，而这一点却是影响公司薪酬策略的重要因素。

在引起世界各国文化差异的因素中，有5点必须考虑在薪酬策略的制定过程中：语言、发展背景、对时间的利用程度、权力与平等在人际关系中的地位以及信息的传递方式。对这5个因素的深刻理解不仅仅是制定正确薪酬策略的基础，也是设计其他人力资源管理方案的基石。它决定了个人价值、道德观和激励措施等影响公司文化的因素的内容。

要达到以上要求，管理者必须认真分析国内外的文化差异：

(1) 要尽量减弱本国文化在薪酬机制的支配地位。美国许多专家在考察了近几年几家世界知名大公司的薪酬实践后，认为本国文化的支配性在全球薪酬战略的制定中具有很大的阻碍作用。许多公司仍以本国文化传统为依据界定职位职能和员工间的关系，评估员工业绩，进行公司管理和设定决策程序。它们的薪酬理念仍建立在一国文化基础上，带有浓厚的本域特色，这样就很难保证其薪酬策略在其他国家的成功。这是跨国公司在处理文化差异中遇到的首要难题。

(2) 管理者还应该确保公司的全球薪酬策略能够融入各种不同文化，得到准确无误的实施。薪酬策略是人力资源管理中极为重要的一环，所以对其任何的误解都可能会影响公司经营目标的实现。为此，管理者应该具体分析各种文化对同一种制度的不同理解。比如，东西方国家存在着很大程度的文化差异。东方国家提倡集体主义，一项工作一般由一个团队来完成，而且个人奖励为数不多并且很多情况下还以非货币薪酬的形式出现。而与之相反，西方国家提倡个人主义，它们积极承认个人贡献，并且愿意给予丰厚的奖励。而且，西方国家的公司中，最高与最低薪酬水平之间的差距很大，给予员工很大的发展空间；在东方，这一差距则相对较小。另外，各国常用的薪酬方式也不同。比如，德国公司的传统做法是采取高比例的固定工资和相对份额很小的可变薪酬的结合，而美国公司则倾向于采用高比例的可变薪酬。在分析以上这些文化差异并采取相应的薪酬方式过程中，管理者必须重视信息交流的重要性。它在薪酬计划实施中具有重要作用，并且在不同的文化背景下采取不同的方式。在许多国家中，信息的传播并不采取明文规定的形式，而是借助一些传统或公认做法。但跨国公司薪酬信息的交流必须直接、明确、条理清楚、避免产生歧义，而且必须采取各国最能接受的方式，以确保最大限度地传递信息。

参考文献

1　谌新民主编．新人力资源管理．北京:中央编译出版社,2002

2　谌新民,张帆编著．薪酬设计技巧.北京:广东经济出版社,2002

3　陈清泰,吴敬琏主编．公司薪酬制度概论．北京:中国财政经济出版社,2001

4　陈清泰,吴敬琏主编．可变薪酬体系原理与应用．北京:中国财政经济出版社,2001

5　加里·德斯勒著,刘昕等译．人力资源管理.第6版．北京:中国人民大学出版社,1999

6　刘昕著．薪酬管理．北京:中国人民大学出版社,2004

7　王凌云,刘洪等.论企业薪酬战略与经营战略的匹配．外国经济与管理,2004(11)

8　孙建敏.国内薪酬调查的现状及存在的问题,人力资源,2003(3)

9　吕守升．薪酬设计按步走．IT经理世界,2001(6)

10　谌新民．实行年薪制要处理好十大关系．光明日报(理论版),1999年10月8日

11　Andrew Dzamba: Compensation Strategies to Useamid Organizational Change[J], Compensation & Benefits Management, 2001(4): 16—29

12　Marcia P Miceli & Robert Heneman: Contextual Determinants of Variable Pay Plan Design: Aproposed Research Framework[J], Human Resource Management Review, 2000(11): 289—305

B&E

第十二章 劳动关系与雇员流出

[开篇案例]

A公司是西北一家泵业销售有限公司，销售业绩连续两年明显下滑。为了使得公司渡过难关，其总经理决定减员，以便削减成本，保持企业在市场上的竞争力。经过"精心斟酌"，总经理已经有了一套"满意"的裁员方案：那就是借人力资源部王经理之手减掉他已列好的雇员名单，然后再将业绩平平的王经理扫地出门以息众怒。于是，一天上早班时，总经理把王经理叫到了总经理办公室并向其秘密下达解雇雇员的任务，命令他在35天之内辞退掉30名雇员。并给他定了两个"硬性指标"：第一要一个一个地解雇，不准"大批轰"；第二是对被解雇的员工，不能发给补偿金。

经过一个月的努力，这位王经理"不辱使命"，先后裁掉21名员工，已经完成解雇任务的70%。眼看再辞退9人就可以"圆满"完成任务了，但没想到，剩下的9个人个个都是"难啃的骨头"，王经理花了近一个月的时间居然没把其中的任何一个人裁掉。

总经理对人力资源部王经理十分不满，并当众宣布，将王经理与剩下的9名员工一并辞退。王经理被解雇后感到很委屈：自己在这个企业干了那么多年，一直"忠实"地贯彻领导旨意，这次自己亲自裁掉了21名员工，没让企业付出一分钱的补偿，而总经理居然也这样对待自己。想到这里，王经理心里愤愤不平，于是准备联合被辞退的30名员工一起，与公司打劳动争议官司。但被辞的30名却拒绝王经理的邀请，另外选出员工代表向劳动争议仲裁委员会提出了集体劳动争议的请求。而王经理也认识到自己辞退这些员工的非法性，损害了这些员工的合法权益。"自己是单独去打这场官司呢，还是忍气吞声无声无息地离开公司?"王经理陷入了深深的思考之中。之后，就在王经理打算向劳动争议仲裁委员会提出劳动争议请求时，劳动争议仲裁委员会裁定A公司必须向被辞退的30名员工支付不低于每个人2个月的实得工资共计66000元。而这时公司里有26名员工悄悄地离开了公司，其中有12名是掌握着大量长期客户群的核心员工。(参考：左祥琦. 企业裁员的合法原则和手段. 劳动关系，2005年3月)

[点评] 案例中的总经理真是聪明绝顶，明知道辞退员工是要支付给国家所规定的补偿金的，而且集体辞退的话还会对公司极为不利。因此，就用"借刀杀人"的方法一个一个"除"掉，而且还可以省掉一大笔补偿金。真是想得"周到齐全"。不过最后的结果并非

他所想的那样。这种损害了被辞退员工的合法权益，违背了劳动法的有关规定，在仲裁或诉讼中肯定会败诉，并需要承担因其违法解除员工劳动合同所带来的法律责任，以及给公司带来的负面影响所造成不可估量的损失。

第一节　劳动关系

劳动关系是企业人力资源管理工作所涉及的基本的经济关系，在企业人力资源战略中具有重要地位。劳动关系是企业中劳动的雇佣方和被雇佣方之间就劳动的使用而发生的关系在不同的国家有着不同的称谓。比如，日本称劳使关系，欧美称劳工关系或产业关系，也可以称劳资关系、雇佣关系，我国理论界更多地称其为劳动关系。劳动关系从劳动合同生效开始，到劳动合同终止结束是一系列权利和义务的总和，其中包括工作岗位和任务、工作环境、工作方式和工作报酬等。这些权利和义务如何确定在很大程度上取决于劳资双方的力量对比。劳动关系涉及的领域广泛，包括劳动用工、劳动管理与监督和劳动者权益保护等方面。

一、企业劳动关系

（一）企业劳动关系的含义

劳动关系有广义和狭义之分。广义劳动关系是社会劳动关系，即人们在社会过程中发生的一切关系，包括劳动力的使用关系、劳动管理关系和劳动服务关系等；狭义劳动关系是劳动力所有者（劳动者）与劳动力使用者（用人单位）之间，以实现劳动为实质而发生的劳动力与生产资料相结合的社会关系。简单地说，劳动关系就是劳动者在运用劳动能力、实现劳动过程中与用人单位产生的一种社会关系。企业劳动关系指企业的所有者或其委托代理人、企业的经营者与员工及其工会组织之间基于有偿劳动所形成的权利义务关系。企业的劳动关系由3个要素构成（见图12-1）：

第一，主体。主体是劳动关系的参与人，包括企业的所有者或其委托代理人、企业的经营者与员工及其工会组织。

第二，客体。客体指主体的劳动权利和劳动义务所共同指向的对象。客体可以是实物，如劳动时间、劳动报酬、福利保险、福利保障及劳动环境等；也可以是某种行为，如员工对企业有关事宜的参与等。

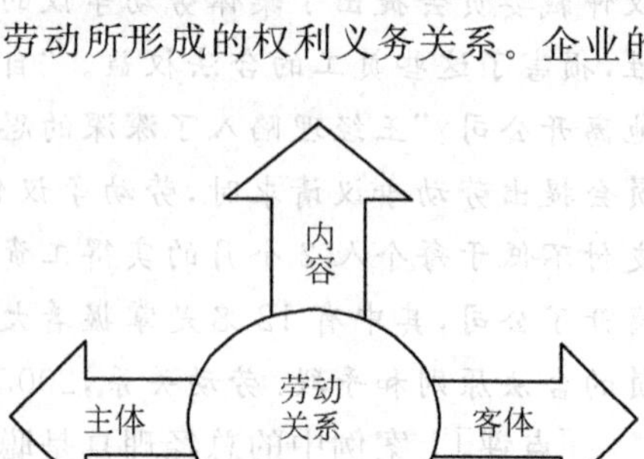

图12-1　劳动关系三要素

第三,内容。内容是主体双方的权利和义务。

(二) 企业劳动关系的内容

劳动关系的内容是指劳动关系主体双方依法享有的权利和承担的义务。劳动关系中主体双方在法律地位上的各自独立相互平等关系赋予了职工参与企业管理的权力。实行市场经济体制,建立现代企业制度以后,劳动关系中两个主体在法律地位上是各自独立相互平等的。对企业而言,劳动关系指法人企业在组织生产经营活动中所享有的劳动者有关的劳动力使用、工资分配、社会保险、劳动保护等权力、责任和义务。具体包括:依法录用、调动和辞退职工;决定企业的机构设置;任免企业的行政干部;制定工资、报酬和福利方案;依法奖惩职工。其主要的义务有:依法录用、分配、安排职工的工作;保障工会和职代会行使其职权;按职工的劳动质量和数量支付劳动报酬;加强对职工思想、文化和业务的教育、培训;改善劳动条件,搞好劳动保护和环境保护等。对劳动者而言,劳动关系指劳动者在履行劳动义务的同时所享有的与劳动有关的权力和利益。劳动者所享有的这种权利称为"劳动权",它通常包括3个方面:一是经济权利,包括劳动权、获取报酬权、劳动保护权、福利保障权、对企业经济行为的选择和建议权等。二是政治性权利,包括知情权、推荐权、选择权、监督权、参与管理决策权等,三是思想文化权利,包括企业精神文明活动建设的参与权、接受文化教育和技能培训的权利等。它是构成现代企业制度条件下职工参与管理的重要依据,具体包括:劳动权、民主管理权、休息权、劳动报酬权、职业培训权、社会保险、劳动争议提请处理权等。员工主要承担的义务有:保证质量、按量完成生产任务和工作任务;学习政治、文化、科学、技术和业务知识;遵守劳动纪律和规章制度;保守国家和企业的机密等。

企业劳动关系的内容,按员工与企业结合的不同阶段分,主要包括:

1. 企业与员工结合的双向选择方面。主要是指企业主与员工的互择权,企业主能在多大程度上自由选择经营管理人员和一般的员工,管理人员和普通员工能在多大程度上自由选择自己的就业机构。处理这方面的关系涉及到合同的签订、合同的解除等问题。

2. 企业与员工结合后双方的责、权、利关系。在市场经济条件下,员工受业主及经营者支配。因此,如何保障员工合法权益是这一关系中的主要方面。包括员工的正当收益权、劳动保护权、社会保障权、民主权、参与权和个人尊严权等。

3. 员工与企业分离时及分离后的责、权、利关系。这时指员工被辞退或员工辞职时双方应有的权利和责任,包括事先得到通知权、申诉权、补偿权等。在社会保障体系尚不健全的情况下,特别要依法保护员工这方面的合法权益。

（三）建立劳动关系的原则

建立劳动关系的原则是指由劳动立法所确定的用人单位在招收、录用员工时应遵循的基本法律准则。根据我国的有关法律，用人单位在招聘录用员工时应坚持的基本原则有：

1. 平等原则。包括两个方面的内容：一是劳动者享有平等的就业权利；二是劳动者享有平等的就业机会，不因种族、民族、性别及宗教信仰不同而受到不同和不公正的待遇。

2. 公开原则。公开原则就是指劳动者通过企业或组织公开招聘考核获得就业岗位的原则 。我国 1992 年颁发的《全民所有制工业企业转换经营机制条例》第十七条、《国营企业实行劳动合同制暂行规定》第四条都明确规定了企业在招聘员工时必须遵守“面向社会、公开招收、全面考核、择优录取的原则”。

3. 互选原则。互选原则即劳动者自由选择用人单位，而用人单位自主选择和优先录取劳动者。我国《劳动法》第三条规定劳动者享有选择职业的权利。我国《企业法》第三十一条、《全民所有制工业企业转换经营机制条例》第十七条以及《私营企业劳动管理暂行规定》第六条等规定了企业对劳动者的用工自主权和择优录取权。

4. 照顾特殊群体的原则。我国《劳动法》第十四条、《残疾人保障法》第四章、《女职工劳动保护规定》第三条、《兵役法》第五十六条以及《民族区域自治法》第二十三条等都分别对妇女、残疾人、少数民族人员、退出现役的军人等特殊群体的就业以具体的规定：对谋求职业有困难的或处境不利的上述人员给予特殊的照顾。

5. 禁止未成年人就业的原则。我国《劳动法》第十五条规定禁止用人单位招用未满十六周岁的未成年人。国务院颁布的《禁止使用童工规定》明确规定：禁止任何用人单位和个人（包括父母和监护人）使用童工。需要指明的是，文艺、体育和特种工艺单位确需招用未满十六周岁未成年人时，必须按照国家有关规定，履行审批手续，并保障其接受义务教育的权利。

6. 先培训后就业的原则。我国《宪法》第四十二条规定，国家对就业前的公民进行必要的劳动就业培训。劳动部发布的《就业训练规定》也明确规定，未接受过培训的求职人员，以及需要转换职业的城乡劳动者，应在就业或上岗前接受必要的就业训练。《劳动法》第八条规定，用人单位应当建立职业培训制度，按照国家规定提取和使用职业培训经费，根据用人单位的实际情况，有计划地进行职业培训，特别是从事技术工种的劳动者，上岗前必须接受培训。

（四）处理劳动关系的基本原则

1. 要兼顾各方利益。“不患寡而患不均”，在一个企业里面要保持各方面的和谐合作的关系，首要就是兼顾各方面的利益而不是偏颇一方而损害另一方的利益。为此，企业的管理人员在处理各方面关系以及分配员工既得利益时要实事求是，让各方都得到他们的应得利益，这样才能提高各方的满意度，企业才有发展的可能。

2. 要以协商为主解决争议。当企业内部劳动关系紧张而发生劳动争议时，应尽量采取协商的办法解决，不应轻易采取极端行动，如怠工、搞蓄意破坏、罢工、游行和开除等，以免形成尖锐的对立和造成很不好的社会影响，这对两方都会造成比较大的损失。在处理劳动争议时，应尽量遵循协商解决问题的原则，凡能诉诸法律的就不上法庭。这样比较节省时间，又不伤感情，双方都有很大的回旋余地。

3. 及时处理的原则。一旦企业发生了劳动争议，企业里面特别是管理人员一定要及时准确的了解情况，进行及时的处理。

4. 以法律为准绳。正确处理企业内部劳动关系一定不能随心所欲，要以国家有关法律法规为依据。为此，我国企业各方都要认真学习《中华人民共和国劳动法》及其相关的法律法规，依法办事。凡是涉及企业各方责权利关系的应尽量签订契约、合同或规章制度、章程，出现问题应及时找法律专家咨询。以法律规定协调各方关系，可以减少许多因不合理要求而造成的争端。

5. 劳动争议以预防为主。企业经营管理人员除了要关心企业生产经营活动外，还应当花一部分精力搞好人力资源的开发与管理，协调好各方面的关系，化解企业内部已经发生和将要发生的矛盾。作为管理人员应经常分析劳动关系形式，了解员工的情绪，预见可能发生和存在的问题，及时加以沟通，及时采取有效措施，使矛盾得到及时解决，而不能等到矛盾已经激化才去处理。

6. 明确管理责任。处理劳动关系是企业经营管理中一项重要实务，应当明确各层次管理人员改善劳动关系的责任，有条件的企业应在工会之外再设立必要的、正式的或非正式的机构来处理劳动关系，并配备专职或兼职人员。例如，美国大中型企业都有工业关系(Industrial Relations)部负责处理有关劳动关系问题。

二、劳动合同概述

劳动关系从劳动合同生效开始，到劳动合同终止结束是一系列权利和义务的总和。劳动合同是劳动关系的法律凭证。企业管理者只有了解和掌握劳动合同的有关知识，熟悉劳动合同的建立、履行、变更和解除的基本程序，了解劳动合同的法律法令，才能在实践中预防和正确、灵活地处理各种劳动纠纷，才有可能理顺企业经营管理活动中出现的各种复杂的劳动关系。这是搞好企业人力资源管理工作的前提。

(一) 劳动合同的含义、内容和期限

1. 劳动合同的定义

劳动合同又叫“劳动契约”或“劳动协议”，是劳动者和用人单位确立劳动关系、明确双方权利和义务的协议。我国《劳动法》第十六条、第十七条规定，“劳动合同是劳动者与用人单位确定劳动关系、明确双方权利和义务的协议。”“劳动合同依法订立即具有法律约束力，当事人必须履行劳动合同规定的义务。”

2. 劳动合同的内容

根据《劳动法》第十九条规定，劳动合同应以书面形式订立，并包括必备条款和协商条款。必备条款也称法定条款，包括以下内容：

第一，劳动合同期限。

第二，工作内容。

第三，劳动保护和劳动条件。

第四，劳动报酬。

第五，劳动纪律。

第六，劳动合同终止条件。

第七，违反劳动合同的责任。

不具备这些条款，合同即不成立。协定条款是指双方根据具体情况协商约定的权利、义务条款，没有协商约定的条款，不影响合同的成立，根据需要视双方的情况而定。

3. 劳动合同的期限

我国《劳动法》第二十条规定：“劳动合同的期限分为有固定期限、无固定期限和以完成一定的工作为期限。”“劳动者在同一工作单位连续工作满 10 年以上，当事人双方同意续延劳动合同的，如果劳动者提出订立无固定期限的劳动合同，应当订立无固定期限的劳动合同。”另外，第二十一条规定：“劳动合同可以约定使用期。使用期最长不得超过6 个月。”

(二) 劳动合同的签订、履行、变更与解除

1. 劳动合同的订立

(1) 劳动合同的订立原则。劳动合同的签订是指劳动者与企业行政之间，就劳动合同的条款经过协商一致，达成协议，并以书面形式明确双方权利义务的法律行为。应注意以下原则：

我国《劳动法》第 17 条规定：“订立和变更劳动合同，应遵守平等自愿的原则，不得违

反法律、行政法规的规定。"明确规定劳动者与企业签订和变更劳动合同必须遵循三项根本的原则：一是平等自愿的原则，指签订和变更劳动合同的双方在法律地位上是平等的，并完全出于双方当事人自己的真实意见；二是协商一致的原则，指双方就合同的所有条款进行充分协商，达成双方意思一致；三是不得违反法律、行政法规的原则，即不得违反劳动合同的合法原则。

劳动合同订立的注意事项有：第一，劳动合同的当事人必须具备法定的资格。劳动者必须是年满 18 周岁以上具有劳动权利能力和劳动行为能力的公民，企业一方不仅要具有法人资格，而且是经国家有关部门批准具有招收员工、订立劳动合同资格的组织；第二，劳动合同的内容必须合法，即当事人双方约定的劳动权利义务，不得违反国家的有关法律政策；第三，订立劳动合同的程序必须合法。即要符合面向全社会、公开招收、自愿报名、全面考核、择优录用的具体原则；第四，劳动合同的形式必须合法。根据《劳动法》规定，签订劳动合同，必须采用书面的形式。

(2) 劳动合同的订立程序。任何一种合同的订立一般都要经过要约和承诺两个程序阶段，劳动合同的订立也不例外。劳动合同的订立程序是指劳动合同在订立过程中必须履行的手续和必须遵循的步骤。也要经过要约和承诺两个阶段，共有 9 个步骤。

企业或组织提出要约，并寻找和确定被要约方。其中这个阶段包括 4 个步骤：一是企业或组织公布招聘简章；二是劳动者自愿报名；三是全面考核；四是择优录取。

第二签订劳动合同，完成要约和承诺的全过程。这个阶段分为 5 个步骤：一是企业或组织提出劳动合同草案；二是向劳动者介绍企业内部劳动规章制度；三是双方协商劳动合同内容；四是双方签约；五是合同鉴证机构或劳动主管部门签订合同。

2. 劳动合同的履行

劳动合同的履行是指合同当事人双方履行劳动合同所规定的义务法律行为。这一过程实质上也是劳动关系双方实现劳动过程和各自合法权益，履行各自权利和义务的过程。双方履行劳动合同，必须遵守亲自履行原则、全面履行原则。对于劳动合同必须全面履行，从而使双方的合法权益得到全面实现。

3. 劳动合同的变更

劳动合同双方已订立的合同条款达成修改补充协议的法律行为，称之为劳动合同的变更。劳动合同双方当事人的任何一方对劳动合同的内容都可以在正当的理由和时间内提出修改补充意见，并经由双方同意时候方可变更劳动合同内容，若给对方造成损失的要负赔偿责任。

4. 劳动合同的解除

劳动合同的解除是指当事人双方提前终止劳动合同的法律效力，解除双方的权利和义务关系。劳动合同一经订立，双方应认真履行，不得擅自解除。但是，如果发生特殊情况，劳动合同的当事人经协商一致后可以解除劳动合同。

(1) 在下述条件下，企业有权提出解除劳动合同：

第一，合同期满或者当事人约定的劳动合同终止条件出现。

第二，经劳动合同当事人协商一致。

第三，在试用期间，发现员工不符合录用条件的。

第四，严重违法劳动纪律或企业，组织的规章制度。

第五，给企业或组织造成重大利益损害、依法被追究刑事责任的。

(2) 出现下列情形时，企业需提前 30 日书面通知后方可辞退员工。

第一，患病或者非因工伤，医疗期满后，不能从事原工作也不能从事由企业或组织另行安排的工作的。

第二，不能胜任低工作，经过培训或者调整工作岗位仍不能胜任工作的。

第三，劳动合同订立时所依据的客观情况发生了重大的变化，致使劳动合同无法履行，经当事人协商不能就变更劳动合同达成协议的。

第四，企业或组织濒临破产进行法定整顿期间或生产经营状况发生严重困难，确需裁减人员，应当提前 30 日向工会或全体员工说明情况，听取其意见，并向劳动部门报告。

(3) 企业在下述情况下，不得提出解除劳动合同：

第一，合同期未满，又不具备在(1)中陈述的各项理由。

第二，因工伤残，因病或非因工伤在规定的医疗期限内的。

第三，女工在怀孕、生育和哺乳期的。

第四，员工家庭遇到严重的自然灾害和严重的意外灾害的。

(4) 出现下列情形时，员工有权提出解除劳动合同：

第一，合同期满或约定的合同终止条件出现。

第二，经国家有关部门确认，劳动安全、卫生条件恶劣，严重危害员工身体健康以及以暴力、威胁或者非法限制人身自由的手段强迫劳动的。

第三，在使用期间。

第四，企业不履行劳动合同，或者违反国家政策、法规，侵害员工合法权益的。

第五，提前 30 日书面通知企业或组织解除劳动合同的。

第二节　我国目前劳动关系的概况

一、我国劳动关系现状

目前我国劳动关系具体表现有两个方面的特征：

1. 积极方面的特征

一是劳动法律关系的主体进一步明确、具体、规范。计划经济时期,企业作为国家行政的附属物,企业的用工主体地位根本不存在。劳动者实质上成为附属于国家的企业职工,不能自由支配自己的劳动力,不能充分地享有择业权。从十一届三中全会到1995年,《劳动法》的实行,把劳动合同制上升到了法律地位,规定用人单位和劳动者签订劳动合同确立劳动关系,从而使企业成为真正的劳动用工主体。劳动者也通过劳动合同制度,成了劳动法律关系的主体,享有劳动和择业的权利,可以自主地依法与企业建立、变更和解除或终止劳动法律关系。而且随着经济体制改革的逐步深化,这种主体不仅明确、具体而且越来越规范。

二是劳动关系的性质多样化和丰富化。计划经济时期,只存在一种劳动关系,即全民所有制劳动关系。实行改革开放以后,非公有制经济取得长足发展。我国出现了多种所有制经济并存的劳动关系,即国有经济劳动关系、集体经济劳动关系、私营经济劳动关系、个体经济劳动关系、股份经济劳动关系、合伙联营经济劳动关系和外商投资经济劳动关系。

三是劳动关系变化剧烈,动中趋静。劳动合同制的实施,从根本上改变了计划经济体制下的静态的劳动关系。它不仅使企业拥有了依法录用和辞退职工的权利,也使职工拥有了依法自主择业的权利,同时也从根本上打破了各种职工的身份界限,能进能出的动态劳动关系。特别是在国有企业改组、改造的今天,这种变动就更为剧烈。它打破了原有的相对稳定的劳动关系,在联合、改组、破产和兼并过程中,大量的职工下岗待业,需转岗培训再就业。原有的劳动法律关系被打破,新的劳动法律关系还没有形成,这种不稳定状态的持续是现阶段劳动关系的重要特征。因为作为企业和个人都要追求自身的价值,所以劳动关系的这种变化趋势也应该是符合社会发展前进方向的。

四是劳动法律关系的建立机制标准化、法律化。我国《劳动法》的颁布及相关的法律法规明确规定了作为法人主体的企业组织和个人或组织在劳动关系中的权利和义务,这样就使得企业的劳动关系具有统一的执行标准和法律依据。在劳动争议案件处理中,依法裁决的比重逐步增大了,相应地,从前的按关系裁决的做法慢慢萎缩了。这一点反映了我国法制逐步健全的现状。

另外,我国目前劳动关系的基本趋势是:当今劳动关系的基本趋向是心理契约与法律契约并存。法律契约就是劳动规定、劳动时间和劳动安全等用法律确定下来的那些劳动执行准则。如今的员工关系管理使我国的劳动关系正从最基本的、健康的法律契约逐渐地向心理契约靠近。心理契约是指企业把员工绑在一块的那种心理束缚的投入感。这两种契约要并存发展。这就是当前劳动关系的基本发展趋势。

2. 消极方面的特征

一是争议数量上升包括争议案件数量和集体争议案件数量及涉及的人数。劳动争议在当今社会是很普遍的事情，人们可以通过种种途径发现劳动争议的第一个特点——劳动争议案件数量在高速增长。这种现象的激增在很大程度上是由于个体自我保护意识的不断增强。从劳动部公布的一个简单的数据可知：从1995年开始劳动争议案件就已经开始增多，当时的案件涉及人数已经达到了10万人；之后一直快速增长，时至2000年，全国涉及劳动争议的人数高达60万人。

二是劳动争议的主体和内容复杂化。多种经济结构形式使得用工主体的扩大，劳动力市场的发展和城镇户籍制度的改革，以及就业格局呈现多元化，造成劳动关系多样性，劳动争议涉及的主体日益广泛。争议内容不仅包括合同履行期间的权利义务，还包括在解除、终止劳动合同所产生的附属义务；不仅包括常见的工资报酬、社会福利待遇纠纷，也包括在国有企业改革、改制中出现的特殊纠纷。劳资纠纷的内容日趋复杂。另外，沿海和南方经济发达地区劳动争议案件明显多于经济相对落后的地区。在经济比较落后地区的员工，他们的温饱先要得到满足，然后才会按照马斯洛的需求理论，需求一步步提高，最后到自我实现。

三是劳动者多为弱势群体。这表现为劳动者申诉比重大和胜诉比重高。争议的内容主要涉及劳动者基本权益的报酬和保险福利问题。这种现象的产生主要是因为企业刚刚开始重视劳动争议，在认识上有很多不够正规的地方，所以就有许多漏洞。当员工去申诉的时候，仲裁机构往往会站在弱者的一方，致使许多企业败诉。

四是劳动争议纠纷的社会性特点日益显露。在当前，劳动报酬、保险福利和经济补偿金等内容的纠纷占劳动争议纠纷总量的50%以上。劳资双方的利益矛盾成为纠纷的主要焦点，尤其是我国正在进行的企业改革所引发的劳动关系剧烈变动和冲突，直接关系到劳动者生存权，是社会敏感问题，具有极强的社会性。

二、影响我国劳动关系现状的因素分析

根据劳动关系双方对立和冲突的程度我们可以把劳动关系分为3种类型。首先是对立和冲突。工会和雇主处于公开的冲突中，每一方都挑战对方的行为动机，不存在合作，经常发生严重的罢工。资本主义早期的劳动关系通常属于这种情况。其次是协调状态。在这种状况下每一方都尊重对方并承认对方的合法利益，经常换位思考并且试图通过讨价还价来解决而力图避免公开的冲突。最后是劳资合作。每一方都承认对方在财富创造中的重要作用，尊重对方的需要，将企业看作是一个实现雇主和雇员共同利益的合作团队。这是一种理想的劳动关系。它是知识经济时代的产物，当前它只存在于少数由知识员工组成的企业中。劳资双方形成团队、追求双赢，员工不仅积极工作还积极参与管理、积极提合理化建议。这就是我们所谓的理想的劳动关系。

（一）社会环境对劳动关系的影响

一定社会背景下的企业劳动关系的状况与该环境中的经济、政治和文化3个方面是息息相关的。

社会的经济状况是影响企业劳动关系的首要因素。一般来说，经济处于繁荣阶段，经济增长速度较快，劳动力需求旺盛，失业率低，员工选择就业机会多，成本低。相反，经济发展水平低，员工为了维持基本生活需要只能迁就雇主的苛求。同时，由于受教育程度低，员工的维权意识和维权能力都较弱。

政府的就业政策对劳动力市场和劳动关系的影响最为直接。我国对雇佣残疾人和下岗工人的企业给予税收和费率的优惠从而使部分弱势群体在就业中增强了竞争力。政府的教育培训政策改变和提高了劳动者技术结构和水平，这会改变不同劳动力市场的供求关系，同时提高劳动者的知识技能水平而提高其就业的能力。

文化环境对劳动关系的影响是潜在的，它不具有强制性但却无处不在。比如，择业自由、个人发展在美国是天经地义和理直气壮的。但在日本过分跳槽是不忠于组织，是不道德的，是不良的记录。在我国在计划经济下，一个人只关注个人发展并非是褒扬。而今专业不对口、没有兴趣、人际关系紧张均是要求换岗和离职的充分理由。但目前我国强调引进外资，各地政府为发展经济千方百计提供优惠条件，这些都非常有利于劳资合作理念的产生。

（二）企业自身因素对劳动关系的影响

理解企业劳动关系的状况不仅要了解相应的外部环境，更要认识企业或行业自身的特殊性。资本、技术密集型的企业（IT行业）相对于劳动密集型的企业（传统的制造业和建筑业）来说其劳动关系有很大的不同。具体来说，前者对员工的知识和技能要求高同时员工也可以和雇主讨价还价；而在后者，劳动者维护自身权益的能力相当有限。在这个领域，特别需要劳动法来规范企业的有关行为。

企业所处的成长阶段对劳动关系的状况也有一定的影响。一般说来，在企业刚建立时雇主和雇员要建立长期稳定的合作关系是不可能的。当一个企业进入衰退期劳动关系会变得很复杂，裁员、岗位调整、安置和劳资冲突等就在所难免。

企业员工的岗位特点与劳动关系的状况也有某种内在的联系。有些工作岗位，如机械操作工，劳动双方对劳动报酬的标准容易达成共识。相反，有些高级复杂的工作岗位，劳动双方就这些问题很容易产生纠纷。另外有些工作岗位更取决于个人的技术和人际关系，如销售工作。一般来说，后者容易夸大自己在工作中的作用，容易对雇主产生不满并找借口跳槽；前者则较难与企业讨价还价，利益容易被侵犯。

最后,企业中工会组织的状况对企业劳动关系的影响是不容忽视的。企业中有没有工会,工会是否真正代表员工的利益,工会与企业的谈判能力如何,这些都将直接影响劳资双方力量的对比。

三、建立和谐稳定的劳动关系的对策

(一)目前我国劳动争议原因(见图 12-2)

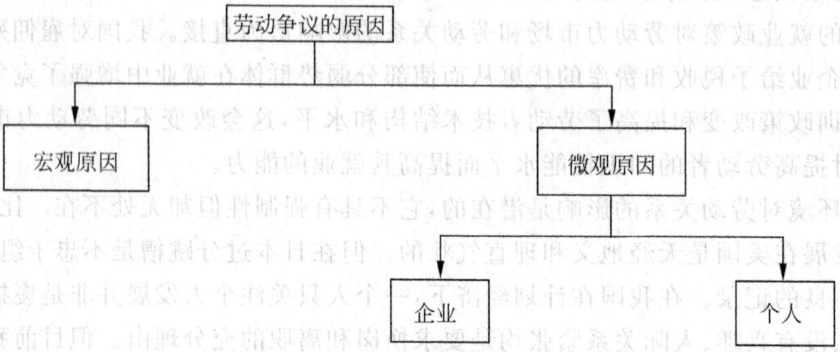

图 12-2 劳动争议原因的层次图

劳动争议的产生主要有宏观和微观两方面的原因,其中微观原因又包括企业和个人两个层次,如表 12-1 所示。

造成我国劳动争议宏观方面的原因包括:劳动关系主体双方的具体经济利益差异性更加明显;劳动立法及劳动法的制定滞后且不配套、人们的法制观念淡薄、我国劳动力供过于求、过去劳动关系中长期遗留问题的显性化等。这几个方面容易造成劳动争议。作为企业则要求工作具有效率,目的一般都是为了追求利润最大化;而作为企业里的雇员个体,他们也有自己的追求,对自身利益的要求和自身价值要得到实现。因此,两个劳动主体之间难免经常要发生摩擦。另外,我国整体的国民法制观念比较淡薄,两个劳动主体之间可能会为了自身的利益而不惜侵害对方的利益。目前,劳动双方实际地位的不平等是劳动争议的主要原因。我国劳动力市场处于供过于求的局面,劳动关系力量对比明显不平衡,造成劳动者处于弱势地位。因此,企业不用担心劳动力资源的枯竭,往往轻视或者损害劳动者权益,而劳动者尤其是外来劳动力,维权意识不强,其合法权利难免会遭受到侵害。以前计划经济体制遗留下来的劳动问题在市场经济的改制中还得以显性化,劳动主体的双方冲突在所难免。我国劳动方面的法律法规还不是十分规范和健全,这在一定程度上也给了一些人钻法律空子的机会,侵害对方的合法权益。

表 12-1　劳动争议的原因①

<table>
<tr><td rowspan="3">劳动争议</td><td colspan="2">宏观原因</td><td>劳动关系主体双方的具体经济利益差异性更加明显
劳动立法及劳动法的制定滞后且不配套
人们的法制观念淡薄
我国劳动力供过于求
过去劳动关系中长期遗留问题的显性化</td></tr>
<tr><td rowspan="2">微观原因</td><td>企业层次</td><td>企业内部劳动规章制度不合理、不健全或不依照合理程序制定
企业法制观念淡薄，人力资源管理人员缺少劳动争议管理方面的专业训练
企业改制和一些企业经营困难导致了劳动争议的产生
一些企业知法犯法造成劳动争议</td></tr>
<tr><td>个人层次</td><td>贪图私利，钻企业政策空子的心理
法制观念淡薄
习惯观念制约</td></tr>
</table>

造成劳动争议还有企业层次和个人层次两个方面的原因。第一，企业层次。作为劳动法人主体的企业一方，由于企业内部劳动规章制度不合理、不健全或不依照合理程序制定，企业法制观念淡薄，人力资源管理人员缺少劳动争议管理方面的专业训练，企业改制和一些企业经营困难以及一些企业知法犯法等会产生劳动争议。在现代企业制度形成过程中，由于历史原因所形成的企业体制及机构等方面的问题，致使不少企业管理结构不合理、法人治理结构不健全，缺乏必要的监督约束机制，使管理者权力过于集中而我行我素、独断专行、滥用职权、假公济私、任人唯亲、听不进不同意见，对工会及劳动者意见及建议置若罔闻，造成干群关系紧张、劳资矛盾突出；另外，企业改革过程中的不均衡性是产生劳动争议的重大隐患。在企业"三项制度"改革过程中，由于个别管理者事前没有经过充分调查研究，没有认真分析本企业内外部条件及职工整体素质、承受能力等实际情况，盲目照搬、套用改革政策。有的企业缺乏改革中的预见性，不能及时总结改革实施过程中的经验教训，并及时辅之疏导、沟通等配套措施，导致企业劳动者的误解而产生严重抵触情绪和信任危机，从而破坏了和谐、稳定的企业氛围。第二，个人层次。有的企业的员工，平时就有比较懒惰的习惯、不思进取、贪图小利、法律观念淡薄、钻法律的空子，从而产生劳动争议。另外，员工在精神方面的满意度低也会造成劳动争议。如果说提高员工物质上的

① 摘编自：张晓彤. 员工关系管理. 北京：北京大学出版社，2003

满意度,受制于企业的财务和经营状况,那么提高员工精神上的满意度的空间就很大了。员工精神上的不满意往往是因为工作过分琐碎、枯燥、单调、工作没有自主性被动、受制于人而不知工作的意义所在和没有成就感。现代企业的员工个性成熟、需求层次较高,精神上的满意度低会导致消极怠工甚至跳槽等行为。

最后,心理契约的不履行也是造成劳动争议的主要原因。每个员工与雇主之间都有正式规定双方权利义务的用工合同。同时,劳动双方往往还存在一种心理契约。为了得到相互认可,劳资双方在最初往往都会给对方一些许诺。劳动者承诺自己可以干这个、干那个,但到了工作岗位却发现由于种种主客观的原因不能或无法实现。这令企业很失望。而另一方面,企业也会承诺或暗示有较高的工作条件和晋升培训的前景。但在最后由于各种原因的不能兑现,使员工产生受骗的感觉。因此,劳动冲突的根源就产生了。此外,一些员工会对一些知名度、美誉度高的企业抱有过高的期望而企业通常也会对一些高学历、或经历背景优秀的员工期望值太高,这些期望中的虚幻成分往往也是今后劳动冲突的根源。

(二)我国劳动关系冲突的处理

1. 劳动争议处理的基本原则

第一,调解和及时处理原则。及时处理劳动争议是很重要的,这个原则也就是"热炉"原则。对于劳动争议的处理,最关键的就是及时处理,一定要趁着炉子还热的时候赶紧去解决争议,不能等到过后再处理,那就不叫棘手了。

第二,合法原则。合法原则要求在查清事实的基础上,依法根据实际情况进行处理。

第三,公正原则。公正原则要求当事人在使用法律上一律平等,不能有所偏向。

2. 解决劳动争议的途径和方法

解决劳动争议可以通过劳动争议委员会进行调解,通过劳动争议仲裁委员会进行裁决以及通过人民法院处理。可以登录中国仲裁网(http://www.china-arbitration.com)和劳动专家网(http://www.molss.gov.cn)来获取有关信息。

(三)企业处理劳动争议纠纷的对策

1. 强化劳动合同管理,规范劳动用工行为。在市场经济规律作用下,企业与劳动者之间不仅是管理与服从的关系,而且也是合同上的平等关系。劳动合同具有稳定劳动关系的作用,是劳动关系的调节器。企业在行使用工自主权时,应规范用工行为,以合同管理作为和动态管理方式进行劳动力管理,从而有效避免无效劳动合同和事实劳动关系的出现,防止劳动合同争议的发生。

2. 依法制定内部规章制度。依照《劳动法》的规定,企业应当依法建立和完善规章制度，这既是权利条款，也是义务条款。依法制定的企业内部规章制度，不仅是建立现代企业制度的基础，同时也是人民法院审理劳动争议案件的依据。因此，企业在制定内部规章制度时必须注意：

(1) 内容必须合法。企业在制定人力资源管理、收入分配管理和生产经营管理等制度方面，内容不得违反法律法规、不得违反国家有关政策。(2)程序必须合法。根据最高人民法院《关于审理劳动争议案件适用法律若干问题的解释》第十九条的规定，企业制定的规章制度的合法程序为：必须通过民主程序，即职代会或职工大会讨论通过，用人单位单方制定的应属无效。必须向劳动者公示的，即规章制度应向全体劳动者公开告之。(3)禁止行使经济处罚权。大多数企业往往在规章制度中有对劳动者违纪等行为进行处罚的规定，但我国相关法规规定：企业不能对劳动者行使经济处罚权，在企业的规章制度中规定经济处罚权是无效的。

3. 理顺劳动关系，全面深化国有企业改制。随着国企改制深入进行，在原有机制下不正常的劳动关系也随之暴露出来，出现的矛盾亦愈加突出。根据中央和地方先后出台的企业改制的政策，国有企业在理顺劳动关系时，应注意：(1)坚持 4 个原则：即依法办事、严格执行政策、规范操作程序、完备相关手续的原则。(2)规范劳动合同管理。对于企业的各种不同的变更情况，企业要严格依据相应的法律法规对劳动关系进行有效管理，以避免劳动争议的发生。

第三节　雇员流出中的劳动关系处理

一、雇员流出的界定和影响因素

(一)雇员流出的界定

对于企业雇员的流出的最一般定义是指从一个企业领取货币性报酬的人彻底中断作为企业成员的关系过程。具体来说，企业雇员流出按员工的意愿来分，包括两方面的内容。一是雇员的自愿流出：与组织解除契约关系，如辞职、自动离职；二是雇员的非自愿流出：与组织解除契约关系，如解雇、开除和结构性裁员等。

另外，需要说明是，员工虽然未与企业解除契约关系，但在客观上已经构成了离开企业的事实的行为过程，如停薪留职、第二职业等不属于企业员工解聘的范畴，因此不作为本章要讨论的内容；另一方面，不以人的意志为依据的自然流出，如退休、伤残和死亡等也不属于本章所讲的雇员流动的内容。雇员流出的关系，如图 12-3 所示。

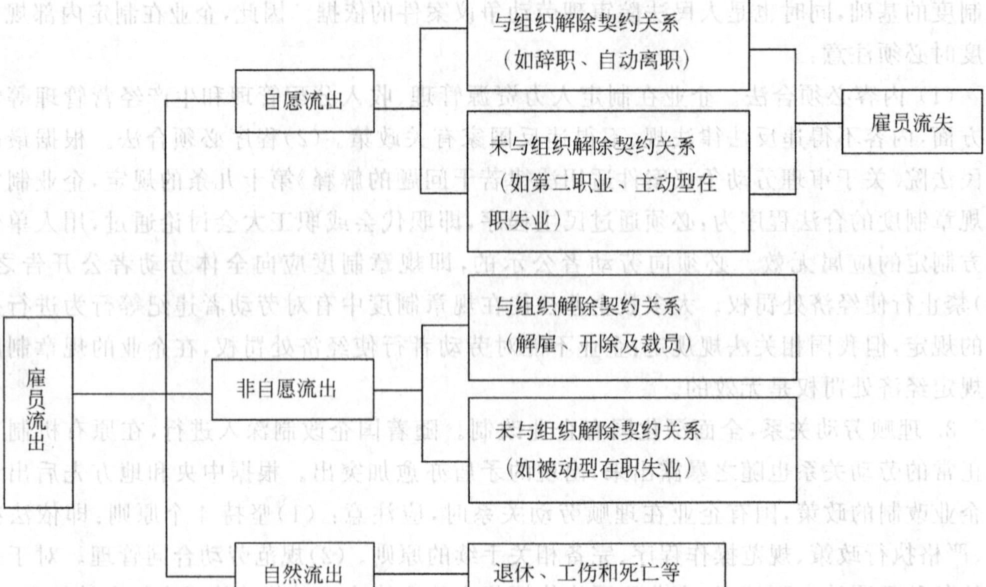

图 12-3　雇员的流出

（二）雇员流出的影响因素

1. 企业雇员自愿流出——离职意向的影响因素

在对离职问题进行研究时，有两个方面的问题是至关重要的：第一，影响离职意向（指员工所产生的离开组织的想法或意愿）因素；第二，员工产生了离职意向后，又有一些什么因素将影响企业雇员作出最终的离职行为（指员工事实上离开组织的行为）。本文就从这两方面来探讨有关离职的问题。

一般情况下，可以把离职意向的影响因素归结为以下 5 个维度。

(1) 个体因素

年龄、性别、教育水平和在组织内的任期等这些个人因素已被证明是离职或离职意向和工作满意的有意义的预测源，且它们对离职意向的影响主要是间接的。当员工在现有单位或岗位的工作年限太长时，就会产生厌倦的感觉，从而导致其离职意向的产生。年轻的、无经验的、有较高教育水平的员工倾向于对工作和职业持低水平的满意以及对组织有较低的承诺，这些负面态度转而与离职意向相联系。

个体能力也是离职意向的影响因素。当个体不足以胜任其本职工作，或当个体有较强能力，而不能在所属公司得到充分发挥时，员工就有可能产生离职意向。

一个人的家庭责任越大(如员工是单身父亲或母亲，或其收入是家庭中最主要的来源等)，他离职的可能性就越小。对30岁以上的员工而言，责任尤其是阻碍其离开的一个重要因素。

总之，个体因素或直接影响了离职、离职意向，或通过其他变量的调节而对它们产生间接影响。

(2) 与工作相关因素

角色压力对离职意向有正向间接的影响，角色模糊(员工不清楚自己在组织中的职责、任务及所担当的角色)，员工感到无法满足和兼顾他在组织内外所"扮演"的不同角色、身份对他的期望和要求。这样的员工倾向于对工作和组织不满意，并对组织有较低的承诺，因而有较强的离职意向。

员工任务的多样性对工作满意有显著的、正向的影响，从而对离职意向产生影响；自治(指员工对他们工作的控制程度)与离职有负向的联系；工作常规化(一个高度重复性的工作具有高度的工作常规化)与旷工或离职相联系。

当员工每天的工作时间太长，工作环境不好，工作单调重复、无新鲜感，工作过于简单、毫无挑战性时，员工也很有可能会产生离职意向。

(3) 个体与组织之间的适合性因素

在现实当中，常可看到这样的现象，员工能力的高低与他们绩效的高低及对公司贡献的大小并不成正比，其中一个重要的原因就是个体特征和组织的特征或环境特征不匹配。

在企业中，员工总是处于某个职位，并承担一定的工作任务，当特定职位所要求的工作任务和特定工作任务所要求的个体能力之间具有一致性或相互适合时；当个体道德观与组织所持的道德观相互适合时；当员工的个性与职业类型及当前工作要求相符时(如外向型员工从事推销工作)；当个体价值观与组织价值观相符时，员工会产生较高的工作绩效、工作满意和较低的离职意向。

一般而言，如果个体和组织有彼此的价值、满意和承诺，从而使员工有较低的离职意向。组织在招聘时，应注意选择与本企业在价值、风格和特征上相一致的个体，并把他们安置在合适的工作岗位上。

(4) 组织因素

公司或部门的人际关系对员工是否产生离职意向有重大的影响。当公司或部门内的人际关系复杂，存在许多派系或小团体，员工很难处理好与同事、上司的关系，或者员工需要花大量的精力才能处理好在公司或部门内的人际关系时，员工就极有可能产生离职意向。

公司是否能给员工提供培训和再学习的机会也将对员工是否留在该组织有重大影

响。员工总是抱有一定的理想和抱负，如果公司不能给他提供学习的机会，他不能进一步完善其能力，不能继续成长，从而使员工无法在该公司得到自我实现，员工就可能会产生离职意向。

员工对公司或部门决定的参与程度也积极地影响了工作满意的水平，转而直接或间接地影响了离职意向。员工的离职也能从其在沟通网络中的结构性的位置而得到预测：结构上相当的个体(都从同样的其他个体接受信息)将更有可能做出相似的行为(如离开或继续留在组织)；与离开者有更多直接联系的员工将更有可能离开其工作；位于沟通网络外围的个体(接受较少的信息)将更有可能离开其工作。

有关研究指出组织的道德氛围(它表明了组织道德价值观以及它所期望的行为)与离职意向、工作满意、组织承诺之间的联系。

组织付薪规则对离职也有一定的影响。基于技能的薪水支付系统可提高员工留在本公司的意愿，而基于团队的薪水支付系统却与更大的离职相联系，而且后者的这种联系会随着组织规模的增加而增加；其次，如果组织的薪水支付更多的是凭借工龄或论资排辈，员工就更有可能产生离职意向。

因此，组织的一些政策、制度、措施和管理特征等都可能对员工的满意和承诺产生影响，转而与离职意向、离职相联系。

(5) 与态度和其他内部心理过程相关的因素

这些变量主要涉及到工作满意、组织承诺、公平感及其他一些内部心理过程。

① 工作满意、组织承诺对离职意向的影响。工作满意和组织承诺与离职或离职意向的联系已通过众多的研究而得到确立。二者对离职意向都有直接的负向的影响，且其他变量对离职意向的影响大多是通过这两个与工作相关的态度起作用。

② 其他内部心理过程。一般认为，员工所获得的低薪水能预测其离职意向。但事实上，员工对薪水的公平感比所获得的实际薪水更能预测离职意向。员工一般会拿自己的薪水下意识地作3种比较：与公司内其他人比较；与公司外其他同行比较；与自己的实际付出、贡献比较。当他感觉到不公平时，就极有可能产生离职意向。另外，员工感觉到的付薪规则的公平、受主管对待的公平、工作节奏的公平等与感觉到的薪水公平一样，都能预测员工的离职。更高的公平感(分配公平或过程公平)将会导致更高的组织承诺和更低的离职意向。

对计算机专业人员的一项研究发现，成长需要(对挑战和成就的需要)与工作满意的交互作用决定了离职意向。这提供了一个新的解释离职意向的变量，同时也能说明为什么IT行业的人员在工作满意的情况下仍有较高的离职率。

可见，诸如公平感(尤其是薪水公平感)、成就需要等内部心理过程对员工离职意向、离职行为的影响不容忽视。

2. 雇员的非自愿流失——解雇的影响因素

解雇是企业对雇员可采取的最严厉的纪律处分。因此，对于解雇，企业必须要慎重行事。

通常大规模的被解雇是由于企业根据其发展的实际情况，需要进行产业结构的升级和调整而进行的合并、并构等结构重组而执行的结构性裁员，以及当经济发展到萧条阶段的时候，企业为了压缩成本，保持其市场竞争力和占有率而进行的经济性裁员。

另外，导致解雇的常见原因可分为工作业绩不合要求、行为不当、缺乏从事本职工作的资格、工作要求改变等几类，这种解雇一般是小规模的或只是个别的。工作业绩不合要求可界定为，一直没有完成指定任务或一直不符合规定的工作标准。这里具体的原因包括矿工过多，行动迟缓，一直不符合定额的工作要求，或对公司、主管或同事持反感的态度。行为不当可界定为：蓄意、有目的地违反雇主的规定，可能包含偷盗、吵架和不服从。缺乏从事本职工作的资格界定为：某雇员虽然很勤奋但没有能力从事指定的工作。在这种情况下，因为这个雇员可能在努力工作，所以尽一切努力帮助他或她尤其重要。工作要求改变可界定为：在工作性质改变以后，雇员没有能力从事指定的工作。同样，在本职工作被淘汰时，雇员可能要被解雇。这里再强调一下，该雇员可能很勤恳，因此，如果可能，应尽一切努力留住这个人，或给他调动工作。

不服从(insubordination)指故意蔑视或不服从上司的权威或正当的指挥；当众批评上司等。不服从时常是解雇的原因，虽然它可能比其他解雇原因更难证明。偷盗、大声吵闹以及工作质量差是清楚有形的解雇原因，而不服从则往往更难以讲清楚。因此，记住一些不服从或应被视为不服从的举动(不管它们是在何时何地发生的)可能是有用的。这些举动包括：

1. 直接蔑视上司的权威。

2. 完全不服从或拒绝遵照上司的命令，尤其是当着他人的面。

3. 故意蔑视明确规定的公司政策、规章、制度和程序。

4. 当众批评上司。与上司对抗或争执也是消极和不适当的。

5. 公开无视上司的正当指令。

6. 不尊重的轻蔑表示，如提出蛮横无理的批评，更重要的是在工作态度上表现出这些情绪。

7. 通过绕过顶头上司或经理提申诉、建议或政治策略来表示对指挥链的蔑视。

8. 领导或参与暗中消弱和取消上司权力的活动。如果这些活动不成功(它很少能成功)那些参与者都将陷于困境。

当然,如同在人类其他活动中一样,认为任何这类行为都应"总是"导致解雇的观点是危险的。因此,这样的情况应由基层主管的上司来审查。

资料来源:[美]加里·德斯勒著,刘昕,吴雯等译.人力资源管理.北京:中国人民大学出版社,1999

二、雇员流出的后果

(一) 雇员流出对企业的影响

1. 雇员流出的企业成本[①]

(1) 解雇雇员给企业造成的成本主要有4个部分:遣散成本、重置成本、怠工成本和机会成本。

遣散成本包括:准备与通知期、面谈成本与补偿费、安全风险、心理风险和劳动争议风险等。

① 准备与通知期

按照规定,辞退员工时要提前一个月通知他。如果没有提前一个月通知,公司要赔偿该员工一个月的待通知资金,这是一个基本的过程。

但是对于那些高层次的员工来说则需要一个准备期,因为如果你辞掉这位员工,那就意味着需要新进员工替补他的工作绩效。否则,对于高科技企业来说,很可能因为无准备地突然辞退某个高层次的员工而造成某些科研项目的断层。

② 面谈成本与补偿费

面谈成本主要涉及到心理成本,最棘手的是补偿费的问题。一旦处理不好,可能会给公司带来无穷无尽的损失。

③ 安全风险

员工被辞退时,心理上总会发生或大或小的变化。公司的人力资源管理者一定要充分重视被辞退员工的心理变化。如果处理不当,很可能会造成很大的矛盾冲突,有时甚至会危及个人以及公司的安危。因此,人力资源的从业人士在解决员工辞退问题时一定要妥善地考虑到部门的、自身的、公司领导的以及公司的运营安全。

④ 心理风险

心理风险主要是指被辞员工是否会给公司其他员工带来负面影响。如果处理不好被辞员工的心理问题,让被辞员工带着怨恨离开公司,很可能会给公司的安全带来隐患。因为一定的心理风险就会带来相当的谣言、恐惧,还很有可能带来一定的暴力冲突,所以对被辞员工的心理辅导工作是必不可少的。

---

① 相关资料参考:程向阳.辞退员工管理与辞退面谈技巧.北京:北京大学出版社,2003

⑤ 劳动争议风险

劳动争议是不可避免的，因为员工只要去仲裁部门上诉，仲裁部门只要确认他是你公司的员工就会接受申诉。在劳动争议过程中，积极咨询相关的人力资源专家和劳动仲裁部门的官员是一个非常重要的问题，否则，员工在被辞之后很容易发生一连串不该发生的事件。据统计，2002 年的劳动争议案已经超过 20 万件，仅北京就有 1 万多件，所以在进行遣散成本核算时，人力资源部经理一定要力争做到合法、合情和合理。

重置成本包括：招聘广告费用、行政及面试费用、素质测试费用、旅行及搬迁费用、各种手册及资料费、体检费、再培训费用、安置费用等。这些费用对企业来说绝对不是一个小的数目。

怠工成本包括：雇员薪酬成本（工资和福利）；管理成本；其他成本（事故成本、低质量和低数量成本）；心理成本等。

当员工感觉到自己即将被解雇时，即使是在几个月以后，但从这个员工得到此消息时，他（她）首先的反应就是怠工，经常上班迟到，请假次数增多，对工作漫不经心，得过且过。但是，对公司而言，却依然要支付这位员工的薪酬和福利，一样也不能少。

同时，公司还要付出管理成本。如果一位员工要离开公司，在他怠工的情况下，管理他的难度也相应地就会增加。怠工期间，他的职位责任就需要别人帮他替补；如果怠工者所在的企业是操作性比较强的生产性的企业，可能还要支付事故成本。因为在这类企业中很容易发生事故，当员工处于怠工期，心不在焉很容易造成事故，这样会给他个人以及公司都将带来不应有的直接或间接的损失；员工怠工了，质量自然会下降，数量也会自然下降。

员工在公司发展的最根本动力是他的职业发展。一位敬业的员工的工作效率是普通员工的 4 倍，所以每个公司都要尽力为员工提供一个广阔的发展空间，使员工对自己工作和对企业忠诚。这样不仅可以为企业带来不菲的利益，更可以有效地避免怠工现象。

机会成本包括业绩成本、保密成本和竞争成本等。

① 业绩成本

员工被辞退之后，首先带来的机会成本就是业绩成本。例如，被辞退的员工是一位软件工程师，他可能会带走软件，甚至带走项目。一旦一个项目被带走，那么公司为这个项目付出的前期投入都会因被辞退员工带走此项目而化成泡影，代价将是相当之大。

② 保密成本

高科技企业或一般性生产企业都会有一个保密成本，例如可口可乐的配方、百事可乐的配方以及健力宝的配方等，一旦把这些配方公布出来，公司为此付出的成本就无法估量了。一旦掌握这些技术的员工被辞退之后，很可能会泄露公司秘密的想法和做法。这样一来就会给公司造成巨大的保密成本方面的经济损失。

③ 竞争成本

一位核心员工被辞以后，如果他去了你的竞争对手的公司上班，把目标指向原来的公司，很可能会因此事而搞垮原来的公司。在很多情况下，一些很好的顾问公司就是因为员工被辞退，或是因员工主动辞职带走了原始客户的资料和技术资料，从而导致了前一家公司的倒闭，甚至破产。

辞退成本净现值，即相当于3～24个月的工资，就很可能搞垮一家企业，与企业的机会成本等值，企业对此一定要小心处理！

另外，雇员主动离职的企业成本有3个部分：重置成本、怠工成本和机会成本。这三方面的成本和以上雇员解雇的企业成本是一致的，值得注意的是如果一个企业的雇员流失率太高，不仅会给企业造成这三个方面的主要成本，长时间内还会影响到企业的名誉，进一步会使得企业的流失率提高，最终很可能搞垮整个企业。

2. 雇员流出对企业的价值

在我国，许多企业为了防止员工离职，封堵日益严重的人才流失现象，纷纷使出扣住房、卡档案和设置违约金等手段。这些做法的直接后果非但不能有效留住员工，反而会恶化离职员工与企业的关系。离职员工对企业来说，是泼出去的脏水。可是，国外许多公司已经开始注意并开发离职员工的价值，它们一般都在人力资源部设立一个新岗位——旧雇员关系主管，其理论基础便是：离职员工也是企业重要的财富。

(1) 对低素质雇员的替代

员工解聘对企业产生的积极影响是长远的、潜在的，也是很难量化的，但是在这里对其进行分析是有实际意义的。员工的解聘特别是辞退企业员工最明显的好处是由高质量的雇员来代替低素质的人员。为了流出的雇员的贡献，人们建立了雇员的贡献大小与工作年限的关系的假设。比较传统的观念认为，雇员的最初贡献比较低，随着工作经历的延长其对企业的贡献逐渐增大，最后趋于稳定，也就是呈“传统的J”型，如图12-4所示。事实上对于大多数高强度或非常耗体力的工作，还有技术或知识结构变化较快的职业，通常最初阶段贡献率较低，随着工作年限及工作经历的延伸其贡献率不断增强，达到中年时贡献率最大，以后贡献率则呈下降的趋势，呈“倒U”型。另外服务性的行业，雇员在初始工作贡献率更大，随着年龄的增加，其对企业的贡献率在逐步下降，即呈现“下坡”型。因此，在估算流失者的贡献大小时首先要根据流失者所从事的职业来做初步的判断。当然仅仅凭工作年限来判定雇员的贡献率是不够的。不过，工作贡献率与工作年限及经历的关系可以作为估计流失者贡献率的参考依据。对于大多数企业来说，工作年限与贡献率的关系基本上呈现“J”型。因此，对于大多数企业来说，流失青壮年雇员对企业来说是不利的。

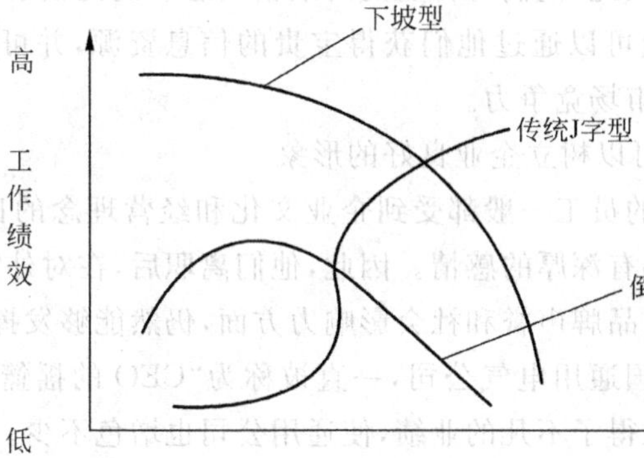

图 12-4　假设的工作绩效曲线

资料来源：谢晋宇. 雇员流动管理. 天津：南开大学出版社，2001

(2) 创新、灵活性和适应性的提高①

雇员流失给企业带来的积极影响还有由于新的更替者的介入给企业注入了新鲜血液，带来新知识、新观念、新的工作方法和技能等，从而改进和提高企业的工作效率。另外，雇员的流失会给企业提供降低成本的机会。比如，通过撤销或合并由流失而产生的空闲职位，对工作进行重新设计或由此而促进新的自动化的工作设备的引进，这都对企业的发展具有积极的催化作用。许多企业也许正是从雇员的流失现象开始研究企业机构的设置的合理性或重新考虑改革企业的发展战略，以便更大限度地挖掘企业内的人员潜力，提高企业总体运营效率，使雇员成为少而精的高效运作队伍。雇员的流动还可以增加雇员的职业生涯发展机会，增加雇员接受多种培训的机会，从而提高留下来的雇员的士气。当然，这些积极影响是否能够成为现实取决于企业的性质。企业所采用的技术、离职者所留下的职位的性质、流失的数量、企业进行创新的机会等。

(3) 离职员工能为企业提出客观而中肯的意见

员工离职或多或少凸显了企业存在的一些问题。管理者可以利用员工离职的机会，认真听取其对企业管理及其他方面的问题，直言不讳地提出自己的看法，并加以解决，对企业内部管理体系、文化理念、激励约束机制和发展战略等进行适时调整，防患于未然。可以说，离职员工的抱怨是企业最宝贵的财富。

(4) 离职员工是企业创新和信息的重要源泉

① 谢晋宇. 雇员流动管理. 天津：天津大学出版社，2001

离职员工大都具有相当丰富的从业经验和较高的专业水平，而在离职后，其大部分仍然会在行业内继续发展。因此，他们对行业内的最新动态总是比较了解，对市场和技术信息的发觉也相当敏锐，企业可以通过他们获得宝贵的信息资源，并可了解竞争对手的情况，以资借鉴，增强企业的市场竞争力。

(5) 优秀的离职员工可以树立企业良好的形象

在企业工作时间较长的员工一般都受到企业文化和经营理念的良好熏陶，对企业各方面较为了解，且对企业怀有深厚的感情。因此，他们离职后，在对外宣传企业理念，树立良好的企业形象，提高企业品牌声誉和社会影响力方面，仍然能够发挥积极作用。曾多年位居财富500强之首的美国通用电气公司，一直被称为"CEO的摇篮"，其培养的优秀人才在离职后，在别的企业取得了不凡的业绩，使通用公司也增色不少。

(6) 离职员工是企业未来招聘时的最优人选

有的离职员工离开原企业之后，在从外面获得了一定的技能或者知识经验之后很可能再回到原企业当中，对于这些在外"镀金"的员工，企业可以在招聘时予以优先考虑。研究表明，企业雇佣离职员工的成本仅为新员工的一半，同时，在投入工作后的第一个季度，这些员工的劳动效率比新员工高出40%。因此，重新招聘离职员工可以给企业创造更高的生产效率，节约大量成本。离职员工在与企业管理制度以及管理者的适应和磨合上较为容易和迅速，许多著名企业都有招聘离职员工的偏好。例如摩托罗拉公司有一项规定，如果离职员工在90天内回来，其以前在公司的工龄可以延续。

由此可见，离职员工仍然是企业可以利用的稀缺资源，得到企业珍惜并加以优化配置，只要善于开发，他们会为企业创造巨大的价值。

(二) 雇员流出对离职员工本人的影响

对于个人而言，辞职的雇员大多是为了追求更大的净收益。这些收益可以有不同的表现形式，例如期望在新的工作或职位上能够获得更高的工资收入，试图寻找更具有挑战性的工作，寻找更有利于自身的职业生涯发展的企业或职业，寻找一个适合自身希望且具有良好工作氛围的企业或者雇员自己所看重的价值。另外，为了逃避来自原来的工作的压力或紧张的人际关系等。如果是基于以上各项因素的考虑而流失，并且确实通过流出获得了新的职位或自己理想的企业环境，这对流出者个人来讲无疑获得了净收益。通过这种流出会增加流出者个人的自信心，使其在新的工作环境中提高工作效率，获得更高的工作满意度，同时可以证明自己。如果雇员发现自己在原来的工作中缺乏挑战、刺激和多样性，而他在新的职位中找到了这些东西，这对于雇员无疑是很好的发展。

表 12-2　企业雇员流失的可能影响(积极影响"十",消极影响"一")

企　业	个人(流动者)	个人(非流动者)	社　会
可能的消极影响			
一招聘、录用、同化成本	一资历和有关津贴的损失	一社会和交流模式的破坏	一生产成本上升
一更替成本	一非工资收入的损失	一损失能够默契配合的同事	一区域吸引和保持
一生产停止成本	一破坏家庭和社会联系	一工作满足度下降	
一破坏社会和交流结构	一"围城情节"和由此可能带来的幻想破灭	一在寻到新人之前工作负担加重	
一新手的生产率损失	一流动本身的成本	一凝聚力下降	
一高效率操作者损失	一与流动相关的压力	一对企业的效忠下降	
一刺激企业采取"没有差别的流失控制"政策	一对配偶的职业生涯发展的破坏		
一职业生涯退步			
可能的积极影响			
十更换低效率雇员	十增加收入	十增加内部流动机会	十向新产业的流动
十通过更替带来新额	十职业生涯进步	十由于新雇员到来而在同事间形成刺激	十减少收入不平等
十刺激政策和时间的变化	十更好的"企业一个人吻合"从而带来更好的工作绩效	十增加工作满足度	十降低失业水平和福利成本
十增加内部流动机会	十在新环境中产生新的刺激	十增加凝聚力	十减少与工作压力有关的成本
十增加结构灵活性	十获得非工作价值的满足	十增加忠孝	
十减少其他形式的消极行为	十增加自我效率感觉		
十减少潜在冲突			

资料来源:谢晋宇.雇员流定管理.天津:南开大学出版社,2001

三、雇员流出中劳动关系处理上常见问题及预防

（一）企业处理雇员流出存在的问题[①]

1. 裁员的随意性很大，用人单位一方说了算，对工会及职工的意见置若罔闻，视为耳旁风。许多企业在裁员的时候都没有遵守"应当在作出决定前，提前30日向工会或者全体职工说明情况，听取工会或者职工的意见"的法律规定。有的企业甚至在提出裁员后就让被裁雇员两个小时内走人。

2. 用人单位裁员时，性别歧视现象严重，裁女不裁男已成为公开的"秘密"。妇女同男子具有平等的劳动就业权，这是我国《宪法》规定的一项宪法原则。我国《劳动法》第十三条规定："妇女享有与男子平等的就业权利。在录用职工时，除国家规定的不适合妇女的工种或者岗位外，不得以性别为由拒绝录用妇女或提高对妇女的录用标准。"我国《宪法》及《劳动法》的规定表明，妇女同男人不仅在劳动就业方面具有平等的权利，而且在面临裁员时，仍应被用人单位一视同仁，不能厚此薄彼。然而大多数企业有裁女不裁男的性别歧视现象。在这些性别歧视比较明显的裁员方案中，在职妇女被裁员的人数比例高于在职男性，在职妇女被裁减的岗位及范围也均高于男性。甚至在一些本来就很适合女性的传统工种、岗位上工作的女职工也成为用人单位裁减方案中划定的裁减对象。

3. 年龄歧视成为当前用人单位裁员时普遍存在的问题。一些危困企业在裁员时，首先把年龄较大、在本单位工作时间较长的在职职工以提前退休的方式作为裁减对象。年龄较大的职工一旦被裁员，难以再就业，这样就给本来就紧张的劳动力就业市场带来更大的压力，在一定程度上导致社会不安定因素的增加。

4. 裁员标准模糊，一些国有企业负责人借此徇私舞弊，排除异己。笔者在调查中发现，由于个别国有企业没有裁员方案或裁员方案中的裁员范围、裁员标准模糊，导致不该下岗的下岗，一些平时与企业负责人有不同意见的中层领导或与车间、班组领导有矛盾的普通职工，被用人单位以"莫须有"名义被裁减下岗。

5. 员工在出现第一次过错时就予以解雇。"人非圣贤，孰能无过"，但有的企业因为个别雇员初犯了一点点过失，而且在没进行应有的教育的情况下就将其解雇。

6. 一些企业裁员未依法履行报告程序。企业裁员前，应按《劳动法》第二十七条的规定，向当地的劳动行政主管部门报告。然而，有一些企业并未履行该程序，导致其裁员行为游离在劳动行政主管部门的监管之外。一些违法裁员行为之所以发生并得逞，一个重要的原因就是由于该程序的欠缺使企业裁员规避了有关部门的监督造成的。

---

① 相关资料改编自：文宇．危困企业经济性裁员违法现象严重．劳动保护，1998

7. 只裁减人员不给予经济补偿，一些用人单位只享受权利不承担义务。一些企业在裁员的时候，违反国家相关规定的经济补偿条例，而不给被裁员工任何补偿就将他们解雇。

8. 知法犯法进行裁员。一些企业把国家规定的不允许裁减的员工也列入到裁员对象中。我国《劳动法》第二十九条规定，用人单位对符合以下条件的人员不得裁减："①患职业病或者因工负伤并被确认丧失或部分丧失劳动能力的；②患病或者负伤，在规定的医疗期内的；③女职工在孕期、产期、哺乳期内的；④法律、行政法规规定的其他情形。"但许多企业知法犯法，把这些雇员也作为解雇的对象。还有的企业规定不集资就下岗，将职工是否参与集资作为决定其是否被裁减的条件。这些都是违反国家法规的，但多数企业仍存在不同程度的强迫职工集资现象，一些企业甚至把职工是否按要求集资作为解雇的标准。

另外，一些企业对于提出要离职的员工总是千方百计的加以阻挠，先是对他们进行苦口婆心地劝说其不要走人，以唤起他们对企业的同情心；如果没效果的话，就给他们来"硬的"，对他们进行恐吓和威胁，例如给要离职的人员断水断电；还有对离职员工进行辱骂，把他们以前在企业里的业绩贬得一无是处，让员工感觉到自己亏欠企业，搞得员工没有颜面，乃至有些狼狈不堪等。

还有，有些雇员被解雇以后会采取针对雇主的暴力手段来表达他们内心的不满。在20世纪90年代，工作场所中的暴力问题已经成为在组织中存在的一个重要问题。在美国，在工作场所中的暴力问题已经成为一种增长速度最快的谋杀形式——尤其是对于女性雇员来说，凶杀是导致女性在工作场所死亡的最主要原因。

（二）雇员流出中劳动关系处理和预防

目前，企业因为裁员、辞退员工、解除员工劳动合同等引发的劳动纠纷案例越来越多。那么，企业怎样才能有效减少劳动纠纷和避免可能败诉的劳动纠纷呢？下面4个手段将会是行之有效的途径和方法：第一，行政手段。在企业内部，企业对于任何败诉的劳动纠纷，决策的领导人或领导班子要实行可追溯的行政责任承担制，责任人要受到相应的批评、记过、调换岗位和撤职等行政处分。第二，经济手段。企业在办理劳动纠纷过程中的花费可以单独建账，转由企业成本列支。如果企业败诉，除了支付给申诉人的经济补偿、赔偿由企业承担外，其他因此而发生的所有费用，也就是"劳动纠纷风险费用"，全部由提议人、决策人分担。第三，法律手段。要对企业分管劳动人事部门的领导、职能部门负责人、工作人员等相关人员进行《劳动法》的培训、考核，要认真、严格地按照《劳动法》办事。第四，文化手段。建立企业内部劳动争议、劳动纠纷的沟通、调节渠道，企业领导层要善于识别提议人的真实动机和处理劳动人事关系时的决策行为动机，避免因个别领导和干部出于其私心杂念的个人行为来影响、干扰企业正常、健康的决策行为。

另外还要注意以下几个方面的预防。①

非法解雇(wrongful discharge)指不符合法律或不符合企业与雇员通过雇佣申请表、雇员手册或其他约定明确地或隐含地达成的契约条款的雇员解雇。由于被解雇的雇员可以并将提出非法解雇诉讼的可能性日益增加,作为雇主有必要保护自己不受非法解雇起诉。现在正是做这件事的时候,不要等到错误已经发生,申诉已被受理之后去做。以下是专家关于避免非法解雇诉讼的建议。

一是让求职者签署雇佣申请表,并确信申请表中用明确的文字说明雇佣不是固定期限的雇主,雇主可以随时中止雇佣。此外,还应包括一个告诉工作候选人"本人申请表中任何内容均不可更改"的书面说明。

二是你也应该检查你的雇员手册,找出并去掉可能会不利于你在非法解雇诉讼辩护中的内容。例如,去掉有关"只有正当理由才能解雇"的任何内容(除非你真的是想表达这个意思)。还要注意,在手册中不要概括地论述逐步的纪律程序,因为你可能被迫坚持这些程序并准确地遵循各个步骤,否则可能指控你没有遵守查程序。同样,关于使用期或永久雇佣的内容可能也是不明智的,因为它们可能意味着你事实上可能并不想表达那种永久性。

三是确信没有任何在位权威人士做过你没打算遵守的许诺,比如说过"如果你在这里干好你的工作就不会被解雇"这样的话。

四是你应有清晰的书面规章,列出可能受到纪律处分和解雇的各种违纪、违法行为。然后,确信要坚持这些规章,一般说来,必须给雇员以改正不合要求的行为的机会。你首先应处理最坏的违纪人员,并且注意不要挑错任何一个人。

五是如果规则被破坏,你应当着目击者的面收集雇员一方的事实,最好是书面的。然后,确切监察事实,得到有关问题双方的情况。

六是在采取任何不可改变的步骤之前,检查那个诉讼人的人事档案。例如,资历长的雇员可能应得到比新雇员更多改正行为的机会。

七是考虑付和解费"买下"非法解雇索赔。不要在被解雇的雇员将来就业的道路上设置障碍,因为一个得到新工作的人可能比处于失业状态的人较少去对前任雇主提出法律诉讼。

最后,其他要避免的错误包括:

· 不要解雇就要得到雇员福利的人。

---

① "如何避免非法诉讼风险"摘编自[美]加里·德斯勒著.刘昕,吴雯芳等译.人力资源管理.北京:中国人民大学出版社,1999

· 不要解雇即将要去休产假的女雇员。

· 不要“设计性地解雇”雇员，如通过将他们安排在较低的工作岗位上以实现你让他们辞职的希望。

· 不要极力引导雇员放弃现有权利以换取其他权利。

· 不要违背内部申诉决定准则和程序。

· 在手册中或口头讨论时不要过分吹嘘关于工作保障的允诺。

（三）对雇员流出进行管理

1. 解雇员工的做法

解雇是企业对雇员可采取的最严厉的纪律处分。因此，对于解雇，企业必须要慎重行事。具体地讲，解雇应该是正当的，有充分理由的。而且，只有在采取了所有帮助改善或挽留该雇员的措施均告无效的情况下才应采取的措施。

第一，坚持公开、公正和平等。对于正常的解雇，要求企业事先公开解雇的标准；对触犯禁令的企业职工要教育在先、警示在先，实行“先礼后兵”的做法；对于所犯错误的事实证据要向当事人及有关部门公开，经得起考验。对于处罚的程序与结果要向企业职工公开。这不仅可以提高企业解雇的工作效率，而且也可以起到“警示教育”的效应。对于经济性裁员，要求企业公布企业的生产经营困难状况和已采取的补救措施及效果，实事求是地讲清楚裁员的必要性，要求企业将现有岗位的状况和合理科学定编定岗的数量公开，可以把从总经理到勤杂工全部所有的岗位列出，公开裁员的标准、程序和遣散安置措施。

在解雇过程中，要公平、一视同仁，这在企业裁员中起着稳定人心与维持秩序的关键作用。这就要求企业管理者要坚持岗位能力标准，不以性别、感情、职务作为减员的依据，以岗位的公平竞争为突破口，树立人人平等的观念。

第二，依据员工认可的公司规定。在解雇员工时，要提前听取员工的意见，在公开、公正、公平的原则下要让员工对企业的解雇规定和标准有充分的了解和认识，并得到其认可，让员工心服口服。而不能在员工对企业的解雇规定不是很清楚，比较模糊的情况下将其辞退。

第三，有充分的依据。在解雇员工的时候要有充分解雇其的理由，要做到有理有据，可以直截了当地告诉解雇其的理由，如对他讲明白其违反了企业的那一条规章制度，而且经过企业再三教育还是无济于事，在组织里已经造成了很坏的影响，现在企业这么做也是迫不得已的，可以把以前对他处分记录表给其看，使其心服。

第四，了解和顺应被辞退员工的心理：在大多数情况下，解雇员工只是企业的一种例行工作。但作为主管经理，应该知晓解雇给员工带来的心理上的负担和伤害，因此应该采取一种保全员工自尊、使其更容易接受的方法来进行。要讲明自己的充分原因,以让员工心服口服。向员工表明他或她是不称职的,这在员工看来似乎有点残酷和不尽如人意。所以主管经理可以回避这一话题,让员工容易将意思表达出来,同时也让其心里接受。不要连开除员工时都对他们毫不客气。

第五,采用正当且恰当的手段来处理。例如,让员工主动提出辞职。当你要解雇某一员工时,可以想法给他提供一个下台的机会。虽然最终的结果都是结束你们之间的工作关系,但这种解除关系由你说出来和由员工自己说出来,给员工的感觉截然不同。如果你让员工提出辞职,可以帮助他们保全面子和自尊。当你决定要解雇某一员工时,一定要向公司其他员工有个交代。如何将终止聘用之事公之于众,你应征求员工的同意。一个保留面子的通告,对任何级别的雇员来说都是有帮助的。你可以这么说:"我们有必要谈谈,你觉得怎样公布这一事情比较合适。"当某个高层员工被终止聘用时,公司可以安排专门的会议,说明这个人要辞职的原因,如个人的兴趣,或者去某一更加适合于他的地方,等等。这就提供了另外一个使被解雇的员工保留自尊的办法。

第六,消除员工的心理对抗。对员工进行心理咨询服务。心理咨询服务就是应用心理学的方法,凭借语言,帮助员工解决心理冲突,减少心理压力,促使员工适应社会和健康发展的过程。因此,对被解雇员工进行心理咨询服务可以减轻其被解雇后的心理压力,以及其对企业的敌对心理。可以采用小组讨论和单独面谈的方式。一般情况下先使用小组讨论的方式,这样可以凭借群体的力量集中发泄员工心中部分不满的情绪;再采取单独面谈的方式,以倾听为主,帮助员工平复心情。

第七,不推托,负起责任。在裁员时,人力资源部门经理要根据公司高层的裁员决定,想方设法地将某位或某些员工辞退,而不管身为人力资源部经理的实际想法如何。也就是说在任何情况下人力资源部门经理都要服从公司高层领导的战略决定,而不能予以推脱。因为在人力资源部门经理服从经理决策时,人力资源部经理在辞退员工地工作中扮演的就是"杀手"的角色。

最后,果断面对。勇敢地表达出企业的立场,不要拐弯抹角。另外,辞退决定一旦作出,就应该坚决实施。最忌讳信息已经传出,但人力资源部门却无相应行动,尤其是对待有不轨行为的员工,更应迅速。例如,把员工叫进你的办公室,然后迅速进入话题。请他坐下,放松一点,然后对他说:"你也知道,我们正在考核你的工作,我也曾经和你讨论过,所有的一切都写下来了。我们已考虑过,很遗憾,这种工作关系只能到此结束,你最后的工作期限是3月21日,你的薪水发到……"

另外,对于解雇员工要做到:严格依照法律政策办事;要处理好走、留、进的关系;遵守劳动用工制度,严格履行劳动合同;摸清被解聘者的基本情况,充分作好解聘前准备工作等这几个方面。

2. 正确对待雇员流失

"人才流失并非坏事",Bain&co 国际顾问公司执行董事汤姆·蒂尔尼说:"我们吸引了最优秀和最聪明的人,而这些人往往是最难留住的。我们的工作是创造有价值的事业使他们停留多一天、一个月或一年。但如果你认为你能最终困住人才,那却是愚蠢的。"对于离职的员工,怎样才能发挥他们对企业的最大价值呢?这里涉及到如何对离职员工进行管理的问题。离职员工关系管理是指与离职员工保持长期稳定的联系,建立离职员工信息资料库,并通过双向的价值交换和个性化沟通,使其为企业的发展创造价值。实施完善的离职员工关系管理,是发挥离职员工对企业价值的有效途径。

① 建立离职员工定期面谈制度

可以利用离职员工面谈记录卡 CRC,将所有面谈的内容用规范化的文件表格保存下来,以便做周期性的统计分析和改进人力资源管理。面谈的内容可以尽量宽泛,具有弹性,包括企业战略、薪酬制度、市场信息和行业动态等方面。

② 与离职员工保持长期稳定的联系,掌握其相关情况

一方面,这使离职员工感觉自己被尊重和重视,从而也愿意为企业奉献才智;另一方面,对离职员工做跟踪记录,使企业一旦需要就可与其取得联系,节约了搜寻成本。可以通过电话、信函、电子邮件和传真等方式与离职员工进行联系,并应建立完整的离职员工档案资料库。

③ 实施双向的价值交换和个性化沟通

这是在进行离职员工关系管理的实际操作过程中应当引起注意的问题。所谓双向的价值交换就是如果公司期望离职员工在新的环境中提供许多最新信息,那么公司本身必须向离职员工提供具有足够价值的对等信息。个性化沟通则是指要根据离职员工的具体特点和个性展开有效的一对一的沟通,以便有效地获得信息。通过双向的价值交换和个性化的沟通,企业和离职员工均可获得最大的价值。

④ 转变观念,真正视离职员工为企业的现实财富

应彻底革除对离职员工人走茶凉的态度和做法,保持博大的胸怀,把他们当作企业的朋友,重视他们的潜在价值。Bain&c 公司有用"校友"的称呼来代替"以前的员工"这样的说法。这些"校友"们经常可以收到最新的校友录,被邀请参加公司的各种活动,而且每年收到两次关于公司长期发展、专业成就的通讯。

总之,进行离职员工关系管理就是要将其纳入企业日常管理中来,予以高度重视,并采取行之有效的行动。

员工离职现象在当今竞争日益激烈的社会中已经成为较为普遍的现象。企业应正确对待这一问题,把离职员工当作宝贵的稀有资源,注重对离职员工价值的开发和利用。这不仅是因为离职员工能为企业创造实实在在的价值,更是企业实行人性化管理的一个重

要体现。虽然“终生员工”已成为不可追求的目标。但与离职员工保持“终生交往”却是可行的，这不仅有利于离职员工的个人发展，也有利于企业的成长和创新。

参考文献

1 谌新民．新人力资源管理．北京：中央编译出版社，2002

2 程向阳．辞退员工管理与辞退面谈技巧．北京：北京大学出版社，2003

3 陈琴．现阶段我国劳动关系研究．劳动关系，2000(12)

4 丁亚铭．企业利润的无形杀手——雇员流动成本．中国职业生涯网(Jobw.com.cn)，2004

5 王元．大企业结构优化中的冗员问题．管理世界，1997(2)

6 石美遐．关于劳动合同立法的若干问题思考．劳动社会保障报，2000

7 谢晋宇．雇员流定管理．天津：南开大学出版社，2001

8 许丽娟．关于影响我国企业劳动关系现状的因素探析．企业研究，2003(24)

9 文宇．危困企业经济性裁员违法现象严重．劳动保护，1998

10 左祥琦．企业裁员的合法原则和手段．劳动关系，2005(3)

11 朱必详．人员遣散技术．上海：上海交通大学出版社，2001

12 张晓彤．员工关系管理．北京：北京大学出版社，2003

13 赵履宽．劳动就业与劳动力市场建设．南京：江苏人民出版社，1998

14 赵艺萍．企业劳动争议纠纷成因及对策．经济师，2004(9)

15 [美]Richard Stiller，Ron Visconti．沈国华译．合法解雇员工．上海：上海财经大学出版社，2001

16 Beer, M., etc., Human Resource Management, The Free Press, 1985

17 Price, J., The Studies of Turnover, Iowa State University Press, 1977. Mobley, W., Employee Turnover, Addison-Wesley Publishing Company, 1982

第十三章 人力资源管理效益与发展趋势

［开篇案例］ 在陆续接到多份中层和核心员工辞职书后，今天又接到自己最为倚重的王高工的培训进修申请，并声称如果没有办法满足要求就可能对不起老板了。这个对自己一向言听计从且自己也将其当作兄弟的王工竟然也对自己这种态度，而且在一次酒后曾透露可能给王工一定股份的情况下仍然出现这状况，实在令谢董事长怎么都想不通。地处珠三角的谢董事长靠在大班椅后换了个舒服一些的姿势，然后长长地叹息了一声。他就纳闷，自己做企业二十几年以来，一直顺风顺水，生意也越做越大，在国内同行业中也有相当的影响力。可近来偏偏在市场行情看好的状态下，有关人事方面的“麻烦事”一件接一件。

谢董事长作了一番调查，员工对自己的为人意见不大，经常与员工打打篮球和玩“拖拉机”，并在输牌的时候主动钻桌子的举动曾赢得不少好评。事实上他承认，这几年员工工资增长是比较少，福利待遇改善也不快，但周围企业都这样啊；工作时间是长了点，但那都是为了赶活啊。有没有人参加了培训和进修的事他是不太记得，但这事归人事部管，好像他们是较少来报销相关费用。但这事要一分为二地看，为了节省开支，他自己除了常出国谈生意也基本上没有去参加那些没有实际价值的培训嘛。

他还了解到，从自己企业流出去的核心员工都没有到附近的竞争对手那里去，而是跑到长三角和外资企业中去了，这让他稍许感到宽心。麻烦的是这些以前的员工在不断地带走他们的同乡和同事，这一信息在企业内部已经造成了相当大的影响。

从报纸上看到，最近全国不少原来经济比较发达的地方都出现了民工和技工短缺，原以为这事远离自己，谁知照这样下去，自己这里可就要出现民工、技工和管理层的三重短缺了。

问题到底出在哪里？自己还要不要坚持原有的温情主义的管理方式？自己难道真的落伍了吗？难道自己的知识结构真的落后了吗？听说不少同行陆续地请企业管理顾问尤其是人力资源管理顾问，自己是否也需要呢？

［点评］ 谢董事长面临的问题其实是当前我国企业尤其是民营企业所面临的共性问题。在经历了二十多年的高速发展后，在近乎无限供给的廉价劳动力的支持下，中国经济取得了第一波快速发展。但面临国际和国内两个市场的变化，如果企业家仍然停留在原

有的思维方式下不能自拔,则将被历史的洪流所淘汰。

不断地学习和变革是企业生存和发展的需要。作为一个企业管理者,不仅要了解产品市场的变化,还需要了解人力资源管理和劳动力市场的变化,只有把握变化的趋势和潮流,才能立于不败之地。

第一节　人力资源管理效益的衡量

一、人力资源管理效益衡量的必要性

人力资源管理的特殊任务必然要求人力资源管理职能的有效性。这种有效性信息为人力资源管理的程序、制度以及人力资源管理人员需要改善哪些技能等方面的决策提供了一个有力的基础。而对人力资源管理职能的有效性所进行的诊断就能够为人力资源管理职能的战略性管理提供非常关键的信息。它同时还能优化人力资源管理职能。对人力资源管理职能的有效性进行评价本身就是向其他管理人员表明了,作为一个整体的企业,人力资源管理职能确确实实是关心并且正在努力为组织的经营、生产、营销以及其他职能提供支持。关于成本节约和收益等方面的信息对内部组织成员、顾客证明人力资源管理实践确实为企业的利润作出了贡献,并且能够提供解释性证据。人力资源管理职能的有效性评价有助于说明人力资源管理职能是否实现了它的目标并且有效地利用了它的预算。

二、人力资源管理效益衡量的主要方法

通常可以用两种方法来对人力资源管理职能的有效性进行评价:一是审计法;二是分析法①。

1. 审计法

审计法的重点是审查各种人力资源管理职能领域所产生的结果。这种方法通常会收集一些关键性的指标,同时对顾客的满意度进行衡量。表 13-1 列举了一些关键指标和对顾客满意度进行衡量的例子,其中涉及人员配置、公平就业机会、报酬、福利、培训、绩效管理、安全、劳动关系以及接班计划等多方面的人力资源管理内容。与过去那个单纯依靠档案夹整理信息的时代相比,电子化雇员数据库和信息系统的建立已经使对这些关键性的职能指标进行收集、储存和分析的工作变得容易多了。

---

① 此处参阅了雷蒙德·A.诺伊等著的《人力资源管理:赢得竞争优势》中的部分观点

表 13-1 衡量人力资源管理职能有效性的关键指标及客户满意度测量示例

关键指标	客户满意度测量指标
人员招募与配置 填补职位空缺所需要的平均天数 实际接受雇佣人数和企业发出雇佣通知总人数之间的比率 人均成本 在每一工作族中所雇佣的人的平均经验年限/受教育年限	对人事需求的预测 将高质量员工提供到直线监督人员面前的时间长短 对待求职者的方式 处理终止雇佣关系的技巧 对劳动力市场条件变化的适应性
公平就业机会 卷入公平就业机会争议的雇员占总雇员人数的比重 根据公平就业机会法分类的各种少数民族雇员人数 少数民族雇员的流动率	公平就业机会争议的解决 人事部门在执行反歧视计划过程中为其他部门提供的日常协助 通过积极的招募活动发现高质量的妇女和少数民族求职者
报酬 人均奖金增加 提出重新划分工资等级的雇员占雇员总人数的比例 加班工资占正常工资的百分比 企业平均工资与社区平均工资水平之比	现有工作评价系统在涉及工资等级和工资水平方面的公平性 在当地劳动力市场上的竞争力 工资和绩效之间的关系如何 雇员对工资的满意度
福利 平均失业补偿金 平均工伤补偿金 每一美元薪资的福利成本 病假工资在总工资中所占的比重	处理福利申请的及时性 福利申请政策的公平性和连贯性 对雇员的福利发放 在降低潜在的不必要的福利申请方面为直线管理者所提供的帮助
培训 在每一工作族中参加培训项目的雇员占该类雇员总人数的比重 获得学费资助的雇员所占雇员总数的百分比 在每一雇员身上支出的培训经费数量	培训项目满足雇员以及企业需求的程度 将可能的培训机会通报给雇员 新员工引导或定位培训项目的质量高低
雇员评价与发展 绩效评价等级的分布 评价表格所具有的恰当心理学特征	帮助发现管理潜能 由人力资源管理部门主办的组织范围内的开发活动
接班计划 晋升人员占雇员总人数的比重 用内部候选人填补职位空缺数和用外部候选人填补职位空缺数之间的比重	内部晋升的程度 在职业规划方面向雇员提供的帮助或咨询服务

续表

关 键 指 标	客户满意度测量指标
安全性 事故发生概率和严重事故发生概率 与每 1000 美元工资总额相对应的安全支出	在安全项目的组织方面向直线管理人员提供的帮助 在发现潜在安全隐患方面向直线管理人员提供的帮助
劳动关系 因工资计划而导致的劳资争议涉及人数占雇员总人数的比重 停工的频率和持续时间 争议得到解决比例	协助直线管理人员处理劳资争议 为监察工厂中的雇员关系气氛而付出的努力
总体有效性 人力资源管理职员占雇员总人数的比重 流动率 人均收益与人均成本的比率 每一位雇员的净收益	向资方以及雇员提供信息的精确性和明确性 人力资源管理职员的能力和经验 企业和人力资源管理部门之间的工作关系

2. 分析法

分析法的重点主要有两个：(1)考察某一特定的人力资源管理规划或实践(如某一培训项目或某一新的工资制度)是否达到了既定的效果；(2)估计某项人力资源管理实践所产生的经济成本和收益。表 13-2 列举了各种成本—收益分析的类型，人力资源会计方法试图为人力资源确定一个货币价值，正如为物力资源(如工厂和设备)或经济资源(如现金)加以定价一样。效用分析则试图预测雇员行为(如缺勤、流动、工作完成和在职培训等)所产生的经济影响。

表 13-2　成本—收益类型

人力资源会计 · 工资报酬率 · 预期工资支付的净现值 · 人力资产和人力资本投资的收益 效用分析 · 流动成本 · 缺勤和病假成本 · 甄选方案的收益 · 积极的雇员态度所产生的经济影响 · 培训项目的经济收益

第二节　人力资源管理变化的背景

人力资源管理的变化不仅体现在更加重视人力资源管理的成本收益分析上，也体现在整个人力资源管理的环境和背景发生的深刻变化上。

一、知识经济的发展

知识经济的发展和繁荣直接依赖于知识和技术或有效信息的积累和使用。它指的是当今世界上一种新型的、富有生命力的经济，是人类社会进入计算机信息时代后出现的一种经济形态。知识经济具有如下特征：①科学和技术的研究开发日益成为知识经济的重要基础；②信息和通信技术在知识经济发展过程中处于中心地位；③服务业扮演了重要角色；④人力素质和技能成为实现知识经济的先决条件。

在知识经济时代，创造和运用知识已成为社会经济发展的动力源泉。投资正在向高技术商品和服务倾斜。用于研究与开发、教育、培训的投资数额也很大。OECD国家投入到研究与开发的费用约占GDP的2.3%，教育经费平均占OECD成员国政府支出的12%。在职业培训方面投入比重约占GDP的2.5%。由此可见，发达国家已经高度重视知识的生产与应用，其经济发展越来越依赖于知识和信息，知识已成为提高生产率和实现经济增长的驱动器。

在知识经济时代，产品的生产、商品价值的提高、企业的成长乃至国家竞争力的增强，都必将更加依赖于知识和掌握知识的人力资源。一个国家要在世界上取得优势地位，依靠的主要不是物质资源，而是人力资源，特别是掌握有先进思想和技术的高素质人才。美国经济之所以能处于世界的首位，其真正的优势就在于具有丰富的高素质人力资源。国家是这样，企业也是这样。世界许多成功企业的发展历程表明，人力资源优势在企业中的作用非常明显。著名的微软公司自1975年成立以来，始终以超常的速度发展，它所生产的个人计算机兼容软件占世界市场80%以上的份额。该公司成功的秘诀正是拥有以比尔·盖茨为代表的一大批精通最新技术又善于经营管理的高技术人才。从中可以看出，适应时代发展的高素质人力资源是企业实力的象征，是企业最富有挑战力和竞争力的资本。人力资源已成为国家、企业在知识经济时代竞争中保持主动、赢得优势的第一资源。

知识经济时代对人力资源也有了不同以往的要求。它要求人力资源拥有高科技知识，有扎实的知识基础和广博的知识结构；要求人们有与之相适应的良好的心理素质；要求人们加快学习、不断学习、学会学习；要求人们有创新精神和创造能力。此外，它还要求人们具有应变观念和应变能力。知识经济时代对人力资源的特殊要求向传统的人力资源管理模式提出了挑战①。

二、经济全球化

随着世界经济科技日新月异的发展和世界政治格局的变化，资金和技术、商品和劳务、人员和思想文化的跨国界流动达到了惊人的程度。经济全球化已成为现代经济发展的一种趋势，国家间的相互依存程度越来越高。而贸易自由化、投资和金融资本在国际范围的流动以及高科技的发展又极大地加速了这种全球化的进程。随着这种经济全球化的进程，企业也向网络化方向发展，未来的企业和公司将越来越具有国际化的性质。企业走向全球化受到下列因素强烈推动：第一，降低成本。一是降低原材料运输成本。在原材料生产国组织相关的生产，可以大幅度地降低运输成本。二是降低劳动力成本。许多企业为了降低成本把一些经营活动从劳动力成本较高的国家转移到劳动力成本较低的国家是一种必然的选择。三是降低办公成本。如果生产和销售都在一个国家内进行，交通费、通信费的成本一定可以下降，而未来企业组织的市场一定是全球性的。第二，市场的全球化。许多国家，国际著名品牌的需求量越来越大。虽然各国或多或少有些贸易壁垒，但只要考虑各国的实际需要，度身定制的产品和服务获取全球市场份额的机会将越来越多。第三，激烈的竞争需要。竞争的结果为市场提供高质低价的产品，而通过全球化提供高质低价的产品是一种很好的形式。

全球企业是在经济全球化发展的背景下兴起的一种企业组织形式，是跨国企业和国际企业发展的高级阶段。与国内企业相比，它具有如下特征：首先，全球企业真正采用全球观念，将分布在全球的各个业务单位作为一个有机的整体；其次，全球企业面向全球市场来开发、生产、销售其产品和服务，也在全球范围内筹措与配置资源；再次，全球企业既能够满足各地市场的不同需求，重视本土化，同时也能将各地市场与各个业务单位作为其拓展市场的不可分割的、相互联系的、彼此平等的组成部分。伴随企业环境非连贯性变化，越来越多的企业将朝着全球企业的方向演进。21 世纪将是真正的全球企业时代。

全球化战略有利于企业通过在全球有效地配置资源实现全球性范围的规模经济。为了实现全球范围的规模经济，全球企业必须建立复杂的治理结构和有效的激励机制来降低全球业务单位之间的沟通与协调成本，必须有能力整合来自不同单位的知识，并不断发展组织知识资源以供各业务单位使用与分享。

在知识经济时代，全球企业经营环境的变化非常迅速。促成环境快速变化的各种力量要求企业重新考虑当前的战略行为、组织结构、制度安排和资源配置方式。这就需要组织具有柔性和保持稳定与流动状态之间的平衡能力。柔性是企业能够建立足以产生战略

① 曾建权，郑丕谔，马艳华．论知识经济时代的人力资源管理．管理科学学报，2000(6)

主动性的一种广泛的战略框架(Volberda,1998)。同时,企业中的各种创新活动也要求企业具有制度化与流动之间的平衡能力,企业要能够通过比竞争对手在更多的产品上使用更多的创新而领先于顾客需求的变化,甚至通过培养消费者影响他们的消费偏好来创造市场。创新型企业一定要是柔性企业,而且能够一直保持战略的柔性。科达罗(Cordero,1997)指出:柔性创造系统能够实现的范围经济取决于人力资源的变化满足柔性制度系统的需要的程度。这也需要对传统的人力资源管理进行变革。

为了既实现全球性的范围经济,又能够在全球范围内具有创新性和柔性,越来越多的全球企业采用联盟战略。供应网络和全球性的研究与开发合作已成为日益重要的治理形式。为此企业需要有与以往不同的组织结构和文化来实施联盟与网络战略,而人力资源管理也需要应对新的环境,发现处理企业间的人力资源问题的有效方法。与此同时,那些全球企业的伙伴企业也需要改变组织结构和企业文化,变革其人力资源政策[①]。

三、组织的发展变化[②]

从20世纪80年代末开始,企业组织出现了变化,逐步形成未来企业组织的雏形。一般认为,未来的企业组织具有以下特点:网络化、扁平化、灵活化和多元化。

1. 网络化

网络化有以下一些特点:第一,组织的活动以团队作为职能单位,而不是以个人或群体为单位,团队成员构成跨原有的职能单位。第二,可以获得横向的、纵向的多方面的信息,并得到各部门的协作。第三,可以更好地满足客户的需求,同时与供应商保持更密切的联系。第四,可以与企业的利益相关者保持更良好的关系。

2. 扁平化

目前,发达国家中的企业在组织机构变化方面的一个明显的趋势是企业为了降低成本并提高竞争力而使组织结构扁平化。

按照管理宽度的大小及管理层次的多少,可以形成两种结构:扁平结构和直式结构("金字塔"型的组织结构)。所谓扁平结构(flat structure),就是管理层次少而管理宽度大的结构;而直式结构(tall structure)的情况则相反。传统管理形成的直式结构具有管理严密、分工明确、上下级易于协调的特点。但层次增多带来的问题也越多。这是因为层次越多,需要从事管理的人员迅速增加,彼此之间的协调工作也急剧增加,互相扯皮的情况会层出不穷。管理层次增多后,在管理层次上所花费的设备和开支,所浪费的精力和时间也自然增加。管理层次的增加,会使上下的意见沟通和交流受阻,上层管理者对下层的

① 赵曙明.论21世纪全球企业人力资源管理.南京政治学院学报,2000(6)

② 此处参考了胡君辰,郑绍濂.人力资源开发与管理.第二版.复旦大学出版社,1999的部分内容

控制变得困难,易造成一个单位整体性的破裂。同时由于管理严密,而影响下级人员的主动性和创造性。而扁平结构则有利于缩短上下级距离,密切上下级关系,信息纵向流动快,管理费用低,管理幅度大,层级精简,决策权向组织机构下层移动,使更多员工参与组织工作,被管理者有较大的自主性、积极性和满足感,同时也有利于更好地选择和培训下层人员。

扁平化是指组织中的管理层次减少,而管理幅度增加。许多国际性大公司正在不断地取消中层管理人员,这种扁平化的趋势在21世纪将进一步发展,主要原因有以下几点:

第一,应对日趋复杂的环境变化。由于市场的变化越来越快,需要企业作出快速的反应,而原来一套又高又长的金字塔式的科层制已明显不适应市场的变化。企业应该授权给较低层次的员工决策权与解决问题的权力,进而提高企业的竞争力。

第二,信息技术的快速发展。信息技术的发展日新月异,办公自动化日益普及,这样势必使原来维持企业正常运作必需的中层管理者成为多余人物。

第三,人力资源成本上升。企业要在竞争中取胜,一定要使生产率提高,而降低成本(或投入)是一个重要措施,而目前人力资源成本节节攀高,因此减少人员成了许多企业无可奈何的选择。这就是为何人力资源的质量比数量更重要的一个原因。未来企业组织要求人力资源是少而精,这样既保证员工的生活质量,又提高企业的生产率。

3. 灵活化

灵活化是指为了满足员工、客户和其他重要的利益相关者的各种各样需要,企业必须打破常规,采取灵活的方法。传统的企业组织都有严格的规章制度,以显示公正与公平,同时职责分明。而未来的企业组织更需要员工的主动性、自觉性。而灵活化是对高素质员工的一种挑战。

促使未来企业组织灵活化的主要动力有以下几种:一是严酷的竞争。现在,越来越多的客户要求企业为他们特制一些产品或为他们提供一些特殊的服务,否则,企业就没有竞争优势。原来企业中按规定生产出来的产品,或按规范提供的服务,在市场上往往受冷落。二是多元化的员工。企业里的员工有不同的文化背景、不同的宗教信仰、不同的生活方式,不能用一种方法来管理所有的员工。三是环境的复杂性与不可预测性。企业所处的环境中有越来越多的因素影响企业的运作,而环境的复杂化,使许多方面的不可预测性正在提高。

4. 多元化

多元化是指未来企业组织的员工、职业途径、激励系统和价值观等各方面都呈现一种多样性的状态。

员工多元化表现为员工来自全国各地,有全职员工、半职员工、临时员工、上班员工和在家办公的员工等各种各样的员工。

职业途径多元化表现为员工再也不会把晋升看作是自己惟一的出路。员工往往会选择自己喜欢的工种，选择自己喜欢的公司，或者更多的员工会自己开公司。

激励系统多元化表现为员工不仅仅看重物质方面的激励，而将更注重精神方面的激励，而精神方面的激励将会多姿多彩，为管理层激励员工提供了充分想象的空间。

产生多元化的动力主要有：一是多元化员工。在未来企业组织中，员工的流动性会更大，员工的差异会更大。二是需要更多的创造性。为了要更好、更快地解决市场中遇见的各种新问题，企业只有不断地创造出新的方法才能保证企业赢利，而创造性是多元化的孪生兄弟。三是企业的网络化、扁平化和灵活化都与企业的多元化紧密相联。

与组织的发展变化相适应，人力资源管理也经历了一个从以工作为中心到以人为中心再到以工作和人为中心的相互选择阶段。

四、工作性质的转变

科学管理和层级结构的组织方法努力使个人对组织的有效性的贡献标准化。层级结构的组织理论认为，可以通过个人增加价值达到他们能够适应组织工作结构的目的。于是人们设计了各种人员选拔测验以用于选出那些可以适合于所存在的岗位空缺的人；同时人们也设计了各种培训程序用于开发个人的技能以使他们能够去做相应的工作。在某种意义上，按照这种方法，有效的组织通常意味着进行基本的人员选拔、工作设计和组织设计。这种思想暗含的假设是，使组织绩效优化的最好方法是用具有适当技术的人从事相应的工作，并通过工资和其他奖励激励他们有效地完成工作。

但组织战略领域的研究已经表明，在当今的经济竞争中单凭采用大规模生产的方法去面对多样化的市场是不能取胜的。知识经济的发展、经济的全球化以及这两者的结合将改变企业竞争的类型以及企业中工作的类型。工作丰富化和自我管理小组方面的研究已证明，通过重新设计工作和使工作变得更有意义更能激励人们努力工作。员工的工作性质开始变得模糊起来（如在家上班、弹性工作制）；工作的范围变得更宽泛；工作更多是以工作团队、项目组的方式开展；工作的业绩在很大程度上取决于项目组成员对知识的创造、传播和应用所作的贡献以及他们之间的相互协调与合作关系；工作的设定应更多地体现出“反应型组织”的色彩；知识型员工要求工作更具有挑战性、独立性、多样化和技术性。

由于工作性质的变化，工作的要求和职责权限开始变得更富有灵活性。因此，工作规划、绩效评估、工作的职责范围、工作的业务流程都要进行相应的调整，新型的人力资源管理模式应该体现出工作性质的转变。

五、管理理论的发展

管理理论对人性假设经历了经济人、社会人、决策人到复杂人的演变。20 世纪 70 年代以来的现代管理理论，是科学管理、行为科学和管理科学的理论与实践创新的结果。其表现一是研究内涵的深化。现代管理理论在研究内容上有三大转变：由重视对企业物质资源管理转向对人的管理和员工能力开发的研究；由重视企业内部运行转向重视企业外部市场和顾客问题的研究；由重视企业计划管理转向重视企业的决策和战略研究。就学科的性质和对象而言，企业人力资源管理尽管可以独立于企业管理，构成一个特定的研究领域，但是人力资源管理仍然属于企业管理的范畴。因此，管理理论的创新是人力资源开发管理创新研究的重要理论前提。换言之，现代管理理论尤其是企业管理理论的创新为人力资源理论提供了新的研究课题和研究领域。二是研究方法的多样化和高技能化。随着新的企业组织形式的出现，如事业部制、矩阵制、立体三维制，以及与资产一体化控股、参股相适应的多种管理组织形式，使得企业运行更加复杂化。一些科学技术与先进方法，如投资决策、线性规划、排队论、博弈论、统筹方法、模拟方法和系统分析等，已经进入企业管理科学研究的范畴。与之相对应，人力资源开发管理已经突破了传统的档案记录管理模式，成为现代企业管理体系的一个重要组成部分。[①]

第三节 美、日人力资源管理模式比较[②]

现代管理理论和实践的变革最典型的趋势是两大管理模式由分割逐渐走向融合。

传统日本企业管理的代表，素有经营之神的松下幸之助认为，对每一个经营者来说，头等大事就是要树立经营理念，这是企业生存和发展的根基。松下将自己的经营理念概括为6点：一是“责任自负经营”，每个员工认识到自己的责任，自觉地负起责任，为完成责任而共同努力工作；二是“集群众智慧的集体经营”，充分发挥全体员工的积极性和创造性；三是“透明式经营”，不仅要告诉员工公司的经营管理结果、决策结果及其他信息，而且还要尽可能地向外界公开，进行光明正大的经营；四是“水库式经营”，要有一定的人才储备和积累；五是“适才适所经营”，就是把职工放在适才适所的位置上，让能者得其位、行其事；六是“共存共荣经营”，关心公司的长期用户、批发商和同行们的利益，与他们共同经营、发展。

美国摩托罗拉公司同样是一家非常优秀的企业，其在中国的子公司摩托罗拉(中国)有限公司曾经被媒体称誉为“摩托罗拉在海外最成功的企业”。摩托罗拉的人力资源管理注意员工的个性化需求，在细小环节上都突出了“员工的存在”。“人力资源部的作用类似于国企的人事处、办公室、宣传处、党委和后勤处的总和，但中心任务似乎只有一个：调节

① 此处参考了谢晋宇等.企业人力资源开发与管理创新.北京：经济管理出版社，2000年部分观点

② 此处参阅了谌新民主编.新人力资源管理.北京：中央编译出版社，2002，618～659

和弥合劳资关系，最大限度地培育员工对摩托罗拉的感情。"在摩托罗拉，人力资源部具有绝对的权力，它是一个独立直线系列，通过各种项目与规划，安排员工的薪资福利、培训发展、工作环境。"生产经理没有资格开除任何员工，必须经由人力资源部的独立调查，听取厂方、调查组和本人的证词后再作决定。员工的工资和涨薪水平也必须由人力资源部提出。"在摩托罗拉（中国）有限公司，每年用于员工培训投入是500万美元，公司要求每一个员工每年都要参加至少5天的培训。它认为，"只有每个员工都成为真正的专家，才可能实现效率的最大化，才能最大限度地使用人力和物力资源。"因此，得以实现"摩托罗拉把全球7%的投资额放在天津，却有18%的利润来自天津"。

显而易见，这两家公司人力资源管理各具特色：松下的人力资源管理强调责任与结果导向，注重团队，追求三赢模式，认为企业、员工和客户是利益共同体；而摩托罗拉则注意员工个性化的需求，推崇"企业公民"的人格平等与沟通，注重通过核心价值理念的开发，为企业提供增值服务。同时，作为一家全球性企业，摩托罗拉实行人才本土化战略，强调协调的劳资关系。虽然实行的是不同的人力资源管理模式（松下公司实行的是典型的日本式 HRM 模式，而摩托罗拉公司实行的是美国式 HRM 模式，并且在美国式 HRM 模式的基础上，适应时代的发展以及全球化的需要，加入了许多更为合理的元素），但两家公司所取得的成就都是举世瞩目的。

可见，人力资源管理并没有一成不变的模式，不同的企业、行业，不同的国家，甚至不同的时代，对人力资源管理的要求都会有所不同，因此有必要对人力资源的管理模式进行比较研究。日本和美国的人力资源管理模式是社会化大生产发展的不同阶段不同文化背景下的典型代表。美国模式无可置疑的是社会化大规模生产的典范，而日本模式则可以认为是灵活大规模生产的典范。而且，美国和日本的人力资源管理模式截然不同，属于两个极端，比较具有代表性，其他国家的管理模式大多处于二者之间。例如英国的人力资源管理模式比较接近美国的模式，而德国及欧洲大陆部分国家的模式与日本模式有很多相似之处。[①] 随着时代的发展，这两种极端的模式也产生了逐步交融的趋势。

一、美、日人力资源管理模式的特点

1. 美国企业人力资源管理模式的特点

这里所说的美国人力资源管理模式，是在19世纪末20世纪初形成的，20世纪80年代以前在美国企业中占主导地位的人力资源管理模式。20世纪80年代以来，随着形势的变化，越来越多的美国企业已经开始对传统的模式进行修改，在人力资源的管理上引进新的内容。尽管如此，历史上形成的美国模式的主要特点仍然没有大的改变。

---

① 王一江，孔繁敏著．现代企业中的人力资源管理．上海：上海人民出版社，1998，32

· 人力资源的市场化配置

经过最近几十年的调整与发展，美国已建立起了相当成熟、完备的市场经济体系，而其市场经济的运行在很大程度上依赖于劳动力市场对人力资源的市场化配置。劳动力市场是美国人力资源配置的主体场所，人力资源的市场化配置则是美国人力资源管理模式的最显著特征，美国政府除反对工资歧视、种族歧视、性别歧视和宗教歧视等歧视行为外，对人力资源配置基本不加限制。

美国各类用人机构特别是企业通常采用向社会劳动力市场公布人员需求信息，进而以市场化的公开、公平和完全双向选择的方式进行各类员工的招聘和录用。各大企业或各州政府经常定期或不定期地向大学、社区学院、职业教育和培训机构以及社会劳动力市场公布人员需求信息，以供各级各类学校毕业生或拟转换工作的在职人员进行分析选择。而几乎所有的准劳动力从高中阶段起特别是在选择大学专业时，就十分重视分析劳动力市场的需求信息和变化动向，以使自己的所学既符合自己的兴趣特长和能力倾向，又与劳动力市场的需求变化及未来的就业价值有机结合起来。通过劳动力市场实现正式就业以后，如果对自己的兴趣特长或能力倾向有新的自我认识，或发现劳动力市场可以提供新的更理想的职业机会，人们便可以通过劳动力市场实现流动或工作转换。市场化机制给予以个人能力实现职业流动或工作转换的员工充分的尊重和肯定。在这种以短期市场买卖关系为核心的就业关系下，职工的流动性很大，企业职工队伍的稳定性相对较差。

· 以详细职业分工为基础的制度化管理

美国企业与日本企业在管理上另一重要区别是职业分工极为细腻，全国各行各业约有 20 000 多种职称。比如，美国一家汽车制造厂中蓝领工人的工种有电工、机械工、清洁工和搬运工等，总计达数百种之多。而同样制造汽车的日本企业中蓝领工人的工种不过分为“熟练工”、“半熟练工”和“粗工”等两三种。美国的这种职业分工的基础是详细的职务分析。明确和详细的职业分工对企业招聘新的员工；客观地评定员工的工作成绩；有依据地制定公司员工的工资水平；有目标地发放奖金；合理地从事职务提升；评级提级等打下了坚实的基础。而且在这种制度化的管理下，企业内部实行垂直领导，等级关系明确，上级对重大问题进行决策，下级对上级的指示必须执行。

美国早期科学管理的思想对现代美国企业高度专业化有重要的影响。公司专业化的管理对评估员工短期表现起了积极的作用。由于员工专业化程度高，美国公司对各行各业的专业经理人员提出的工作目标针对性强而且容易得到检验、评估和监控。美国的专业银行的经理专家不但有明确的工作目标，在复杂多变的金融环境中，对工作结果也有可操作的监控检查系统。通过评估检查工作，可以及时堵住漏洞，减少损失。[①] 这也是美国

① 杨壮.美、日企业的人才战略及其给中国的启示.经济社会体制比较，1999(1)

主要商业和投资银行在金融危机中之所以能够避免重大损失的主要原因之一。

· **刚性工资制度**

美国企业中，工人收入的95%甚至99%以上都是按小时计算的固定工资。根据企业经营情况发放的红利在日本企业中占着很大的比重，25%左右是根据企业经营状况得到的红利。使日本企业的劳动成本具有很大的弹性，成为日本企业竞争中的一个优势。经济不景气时，企业的利润下降，工人的收入会自动随之减少，产品的劳动力成本下降。这时产品价格也可以相应下降，使其竞争力增强。相反，经济繁荣时，企业盈利增加，工人的收入也会相应增加，正好可以补偿工人经济繁荣时增加工作量而多付出的代价。工资成本的灵活性使日本企业无需大批解雇工人也能比较容易地渡过经济不景气的难关，日本企业在经济周期不同阶段就业的也相对稳定。

相反，在危机时期，美国企业很难说服工人减少工资，帮助企业渡过难关。之所以如此，其原因至少有三：首先，由于管理者和工人之间存在企业经营情况信息的不对称，工人在被告知企业经营状况不佳时，很难核实印证，加之工人存在那种资方总是在想办法找借口压低工资的基本想法，因此往往采取"宁可信其无，不可信其有"的态度，不与资方合作。其次，美国工人工资的增加，都是通过斗争辛苦得来的，经济不景气时减下去，很难相信经济繁荣时企业会自动再把它加回来。与其下次再去斗争得来，不如现在就不放弃。第三，美国的劳动力市场发达，工人的流动性比较大。这家企业垮掉了，还可以到别的企业去就业。在谋求重新就业时，新雇主常常会以某人在一家企业就业期间工资的变化来判断这个人的能力。在一家企业期间工资增加越快越多，会被认为是越有能力。反之，如果上次就业期间工资有所下降，会被认为是没有能力或怀疑犯了错误。因为在美国企业中工人的就业没有保障，工人接受减工资后再失业，不但现在遭受损失，将来再就业时还会处于不利的地位，遭受第二次损失。所以，从失业和再就业的角度考虑，工人也是不愿意在工资上作让步来帮助企业渡过难关。

工人不愿意在经济不景气时降低工资，使企业在危机时无法通过降低工资来降低劳动力成本和消除剩余生产能力，而只能采取解雇的方式。这种做法反过来又证明工人对资方的不信任是对的。这样，劳资双方都采取不合作的态度，互相作用，恶性循环的结果，就是我们看到的美国企业中的工资刚性和就业的不稳定性的同时存在。① 这种刚性的工资制度是建立在员工与企业的纯理性的基础上，两者的关系完全是一种契约关系，这势必造成劳资关系的对抗性。

· **注重物质刺激和人才提升的跳跃性**

美国与日本企业的又一个重要区别是美国公司管理阶层注重个人表现，不搞论资排

---

① 王一江，孔繁敏著. 现代企业中的人力资源管理. 上海：上海人民出版社，1998，38

辈,较多地偏重于以个人为中心,强调个人的价值,主要以个人为激励对象,这是以其文化中的个人主义和机会平等为背景的。优秀员工与落后员工之间的工资福利差别相当大,高层经理层的工资待遇与普通员工的工资待遇可以相差几十倍甚至上百倍,不同工种之间的工资差别也不小。美国公司的奖励制度名目繁多,包括奖金、利润分成、收益分成、高层经理短期奖金和高层经理长期奖金,而这其中又包括股票期权、账目价值计划、股票增值计划、工作完成奖励和有限股票计划等。其他的奖励计划包括表现奖、员工持股计划等。这些奖金计划对激励中高层领导实现自我价值,积极努力工作,不断增加公司的收入和价值起了较大的作用。

除了物质刺激外,美国企业中人才提升的跳跃性也是激励的一个重要方式。美国企业重能力,不重资历,对外具有亲和性和非歧视性。员工进入企业后,拥有管理学硕士学位的人可以直接进入管理阶层,不一定非要从最底层干起。受教育多的人,在进入企业时的位置通常比同时进入该企业的受教育较少的人的位置要高。企业的中高层领导,可以像日本企业那样,从企业内部提拔,也可以选用别的企业中卓有成就者。新员工如果有能力,有良好的工作绩效,就可能很快得到提升和重用,公平竞争,不必熬年头和论资排辈。这种用人原则拓宽了人才选择面,增加了对外部人员的吸引力,强化了竞争机制,创造了优秀人才脱颖而出的机会。但是,它却减少了内部员工晋升的期望,削弱了原有员工工作积极性,而且由于忽视员工的服务年限和资历,导致员工对企业的归属感不强。

· 对抗性的劳资关系

美国企业中劳资对抗性的关系表现在管理者一方认为管理是自己的事,至于工人的劳动贡献,已经用工资补偿了,工人应该不再有别的要求,不应该参加管理,也无权过问企业的经营情况。企业的管理者利用自己信息上的优势,总是想办法尽量压低工资。工人则觉得自己不参加管理,不了解企业的经营情况,企业为了增加利润,总是想办法压低工资,自己劳动的成果大部分都被企业拿去了。因为不参加管理,企业需要时才能就业而获取收入,市场不景气时,自己就会被一脚踢开,连基本的生活来源都没有保障。基于这些原因,工人对企业不信任,对管理者们怀着对立的情绪,认为只有组织工会,通过斗争才能保障自己的权利。只有通过罢工或者工作威胁,给企业造成足够的损失,才能迫使企业让步,给自己增加工资和提供就业保障。

· 人力资源的全球化引进

美国能发展成为经济实力和科学技术方面的世界第一流大国,其重要原因之一就是以全球化的方式引进世界其他国家的优秀人力资源。这与其文化中的合金精神是相吻合的。

由于美国实行完全的市场经济制度,竞争环境相对公平,经济发展水平高;具有世界先进的科学技术及完善的教育发展条件,优秀人才较易得到良好的培育,并在科学和技术领域得到良好的发展；能包容多民族的文化，并以较强的吸引能力兼收并蓄世界各种肤色、种族和各种类型的优秀人才。这为美国以全球化的方式引进世界各国的优秀人力资源打下了良好的基础。

美国的人力资源全球化引进，虽然也在一定程度上加剧了引进人才与本土人才在就业与发展方面的竞争，并产生了一些新的不平衡，有时甚至引发了排斥外国移民的浪潮。但这些不平衡与人力资源全球化引进给美国经济发展所带来的巨大促进作用相比是微不足道的。竞争和开放是市场经济的根本属性，也是市场经济发展的必然选择。[①]

·硬性的管理方式

美国企业的管理模式是以制度、标准和规范等硬性因素为特点，以效率、速度和利润为出发点。因此，美国企业管理者采取的管理方式通常注重于规范化的程式，通过具体的制度和标准，以大量的具体数据和典型的实例，来分解管理的每一个过程，使整个管理过程成为看得见、摸得着的程序。在管理的各个环节，美国的企业管理者以标准、制度和规范为媒介来进行管理，确定性和目的性非常强。

此外，美国的企业管理者大都是一种决策型的人，他们大都在办公室时作决策，抓大事，善于逐级管理，与基层的一线职工接触比较少。而且，美国的管理人员常常轻视参与下层职工的团体活动，认为这是对管理工作徒劳无益的浪费精力和时间。这与日本的管理模式截然不同。

2. 日本企业人力资源管理模式的特点

现在熟悉的日本模式，是在第二次世界大战以后日本经济恢复和高速发展时期形成的。对于日本企业来讲，公司不断发展壮大被视为最重要的短期和长期目标。短期公司利润的增加及公司股东的利益乃属于第二位的事情，因此日本公司人事政策注重员工长期发展，与日本公司长期发展战略相辅相成。与美国模式相反，日本企业的人力资源管理模式较少注重外部的市场调节，规范化和制度化的程度也比较低，企业注重劳资之间的合作关系。

·终身雇佣制

所谓终身雇佣制是指“公司从大学毕业生或其他年轻人中雇用基本核心员工，规划员工的持续培训和发展计划，在公司集团内部任用员工直到55岁或60岁。除非发生极其特殊的情况，一般不解雇员工。”(JMOL日本劳工部)。JMOL的这一定义强调了3点：一是终身雇佣制仅应用于公司的核心员工而不包括其他员工，如临时工、合同工、季节工和计时工等。二是该定义说明终身雇佣制仅限于大公司。三是该定义指终身雇佣是员工在公司集团中长期作用，并不排除员工在集团内部的公司之间流动。

---

① 张伟强. 美国企业人力资源管理模式特征分析. 上海师范大学学报，1999(4)

日本企业的职工一般都不愿意更换工作，具体表现在两方面：一是日本企业里职工就业非常稳定，更换工作者人数很少，使得日本的劳动力市场，特别是已经就业的职工更换工作的二次劳动力市场很不发达。二是市场对更换工作者有相当的歧视。中途更换工作者，工资平均要损失一半左右，至退休时，其收入仍只相当同类职工未更换过工资者的2/3。从企业方面来看，对职工进行大量的培训以后，一般也不愿意职工离开企业，因此，即使是经济不景气时，日本企业也不会轻易解雇工人。这样就形成了日本企业人事制度上的“终身雇佣制”。

日本的终身雇佣制是日本企业管理中最突出、也最有争议的政策。终身制最大的优点是有助于工作稳定，促进员工长期发展。特别对采用全面质量管理的日本制造业来说，有助于公司对员工的长期培训，发展公司独特的企业文化，减少不必要的人员流动，提高员工对企业的忠诚，提高劳动生产率，有利于新的员工在公司内部流动，对履行公司的生产营销战略也有好处。直到今天，大部分日本制造业企业仍然保持着稳定的就业政策，但是这种稳定的就业政策现在由于日本经济衰退，企业利润下降而受到了挑战。

·年功序列工资制

年功序列制就是员工的工资随着年龄的增长和在同一个企业里连续工作时间的延长而逐年增加。同时，连续工龄还是决定职务晋升的重要依据。

日本企业里有新的工作需要时，会尽量通过重新培训已有的职工，通过内部调节来满足需要。这样做的原因主要有两个：一是在日本劳动力市场上，很难找到按专业知识比如电工、工程师和推销员等来标榜自己的人。人们一般会把自己和企业相认同，比如告诉别人自己是松下或者丰田的雇员。二是即使找得到这样的专业人员，具备新的工作需要的技术等方面的硬技能，也不会具有在一个企业工作需要的软知识和软技能。这种软知识、软技能包括企业内部的管理制度，上下左右关系和行为准则等。它们的一个特点是，只有职工将来继续在本企业就业时，这些知识和技能才能发挥作用，帮助职工提高劳动生产率。职工一旦离开企业，这些知识和技能就不再有用。习惯上称这样的知识和技能为“企业特殊人力资本”，称那些在不同企业普遍有用的知识和技能为“一般人力资本”。重新培训已经具备了软知识和软技能的本企业职工，使其掌握一门新的硬技能，经常比让一个外来人重新学习和掌握软知识和软技能更快更合算。

同样，由于特殊人力资本的原因，在日本企业中，外部招聘来的管理人员，无论其能力多强，没有一段相当长的时间熟悉企业内部的制度与体系以及和上下左右建立起密切的工作和个人关系，是很难有效地开展工作的。因此，在日本企业中，职工的使用上有“有限入口”和“按部就班，内部提拔”的特点。所谓“有限入口”，就是职工要从基层进入企业，然后在按部就班提拔的过程中熟悉情况，和上下左右建立起工作和个人关系，为以后从事管理工作创造条件。

因为在职工的使用和提拔上是按部就班的，所以职工的工资，尤其是在职工进入企业后的最初10～15年期间里的工资，也主要是根据职工在本企业服务的时间长短来决定的。过了这段时间，职工中的优秀者被更快地提拔到管理岗位，他和同期入厂的其他职工的工资差距才会相应拉开。

·企业内工会和合作性劳资关系

企业内工会指的是按特定企业成立工会的制度。企业内工会、终身雇佣制和年功序列制被认为是日本企业人力资源管理的三大支柱。

由于日本一般都采用终身雇佣制，因此职工的利益和企业完全拴在一起。职工个人利益和企业利益的紧密相连，一方面能促使职工关心企业的发展和成长；另一方面，也使职工非常关心企业内部的分配关系。企业为了得到职工的忠诚，保护自己在职工身上所作的人力资本投资，调动职工的劳动积极性，也希望职工相信企业的利益分配是公平的。为了使职工相信其利益得到企业的保障，企业吸收职工参加管理，使职工不但对企业的经营状况能及时了解和掌握，而且能对影响自身利益的重大问题的决策发表意见。在日本企业中，重要问题一般需要经过全体职工反复讨论，“形成一致意见”后，方能最后决策并付诸实施。

职工对企业经营情况的及时了解和对企业的依赖，使职工更加愿意也更加容易和企业合作，这样就形成了日本企业中合作的劳资关系。这种合作性的劳资关系的一个重要表现，是如前所述的日本企业中工人的工资有1/4左右采用分红的形式，随着企业盈利状况而变化。企业的劳动力成本因而具有弹性，企业在经济不景气时更加容易渡过难关。

日本企业中的工人也组织工会。由于职工的利益主要是和本企业相连的，各个企业之间的情况差别非常大，因此工会都以企业为单位组成，而不像美国那样跨企业和跨行业。企业内工会在代表职工发表意见的同时，对企业并不采取对抗性的态度。日本企业的经理人员很多都曾在工会担任过职务，反过来也如此，工会的负责人很多也在企业担任过管理职务。这样，经营管理者很少与工会成员发生对立冲突。在这种谋求企业发展的劳资协调路线的指导下，企业内工会化解了大量的职工不满情绪，渲染了劳资双方家庭式的情感气氛，劳资双方的矛盾很难僵持到底，多以谅解和妥协加以解决。

终身雇佣制、年功序列制和企业内工会这三大支柱，使得日本的企业产生了一种短期雇佣难以期待的安定感，从而有利于积蓄人才资源，有助于培训雇员对企业的忠心，有助于人才的培养和形成一种强烈的一体感。

·重通才、轻专家

美国企业重视专家，而日本企业则重视通才。美国企业分工细腻，日本企业则分工粗犷。日本经营者认为，过细的分工只能助长员工的狭隘心理，小团体意识，只能看到树木而看不到森林。这与日本企业重视团队精神背道而驰。因此，日本员工往往接受多方面的知识，并在企业内部不同部门轮岗训练。日本人认为美国企业就犹如一台大机器，每个人组成机器的一个部件，但是过细的分工势必影响到公司的整体利益。用美国职务分工标准衡量，日本制造业的职务分析比美国企业落后得多，但日本公司认为日本通才管理方式的优点是能够发挥全部员工在企业中的创造力和凝聚作用，使企业整体发挥出更大的效益。日本企业的重通才轻专家的做法也是同其强烈的集团主义，习惯于团体进行工作分不开的。但是亚洲金融危机之后，许多日本银行发现在金融领域里这种"重通才、轻专家"的倾向直接影响到了银行效率。银行的业务技术性强，时间性敏感，独立操作要求很高，不懂具体业务，不懂新的金融手段，势必错过时机，造成企业亏损。①

·注重在职培训

由于日本企业在人才使用上重通才、轻专才，因此日本企业在聘用职工时，不看重个人的具体技能，而是强调基本素质。其基本思想是，高素质的职工，可以通过企业自己的培训，胜任所有的工作。

无论在美国或日本，企业聘用的职工，大多需要经过一定的培训，掌握在本企业工作所需要的一些特殊知识和技能。日本企业因为在招聘时重个人素质而轻特殊技能，因此在培训新职工上要花更大的工夫。据估计(Yoshio Higuchi，1987)，在美国设厂的日本企业在职工培训上的投入，是美国企业的 2.5 倍。根据桥本和雷欣的计算(Masanori Hashmoto and John Raisin，1989)，日本大、中、小企业在职工在职培训上所花的总费用，分别是美国相应企业的 1.8 倍、2.4 倍和 2.2 倍。②

招聘高素质职工的初衷就是希望职工能胜任不同的工作需要。职工在培训中，不仅要学习技术方面的"硬技能"，还要学习很多"软知识"和"软技能"。日本企业在对职工的培训中，尤其重视对软知识和软技能的培训。根据桥本和雷欣(1989)的计算，日本大、中、小企业在职工特殊人力资本上的投资，分别是美国相应企业的 3.6 倍、4.3 倍和3.2 倍。

由于重视在职培训，工人在漫长的岁月中积累丰富了与具体工作十分密切的技术知识，促进了对企业的忠诚，生产力大大提高，对增加企业的效率和提高产品的质量起到了积极的作用。这种在职培训的另一个优点是有助于"知识转让"。日本企业认为，许多技术知识是不能用文字表达的，也不可能通过计算机传授，而必须经过"面对面"的传授，在具体工作中逐步体会、认识、琢磨和钻研，增加感性认识，最终把知识学到手。

·注重精神激励的工资福利政策

由于日本企业重视长期的增长，而不是以短期利润为主，加上日本文化传统中平均主义的历史背景以及日本民族中地少人多的现实，日本企业工资政策中最重视公平和合理

① 杨壮. 美、日企业的人才战略及其给中国的启示. 经济社会体制比较，1999(1)

② 王一江，孔繁敏著. 现代企业中的人力资源管理. 上海：上海人民出版社，1998，48

的原则，而不是强调人与人之间的差异。日本人认为人与人之间没有本质的区别，只要公司提供优秀的培训机制，人人都会进步。同样，企业的工资福利政策也不应过分强调员工的短期表现，而应注意员工的工作态度、工作潜力、进取精神、与人合作的能力和小组集体智慧等。因此，日本企业工资政策不把奖励个人放在首位，认为过分奖励高层经理会给企业员工之间的和睦相处带来麻烦。

同这种工资福利政策相适应，日本企业忽视对员工的短期评估。日本人认为，企业经营的核心是长期地、稳定地发展壮大企业的规模和效益。企业就业政策稳定之后，才能从事大规模的培训工作。短期评估员工成绩，只能影响到员工在公司长久工作的积极性。企业的长期发展目标将会与企业对员工进行短期评估发生冲突，影响员工在公司的长远发展和个人事业计划。在人员评估上，日本还表现出很强的平均主义，不得罪任何一方，并多以集体为单位进行考核。重视公司的或集体的业绩，否定或低估特定个人成绩，并且把态度作为考核的重要内容。亚洲金融危机爆发后，日本的银行蒙受了巨大的损失。这些损失不但与银行内部治理结构不健全和内部管理不完善有直接的关系，公司忽视对员工的工作进行客观定期评估检查也是一个不可忽视的严重教训。

与工资政策中注重公平原则相适应，日本企业管理者采取一种“安全性”大于“刺激性”的精神激励方式。他们通过合理的报酬、舒适的工作环境和提供适当的闲暇，来满足职工的生理需求；以终身雇佣制、年功序列制和企业内福利，来满足职工的安全需求；以家庭、村庄式的株式会社与和谐的社团内部的人际关系，来满足职工的归属和爱情方面的需求；以缓慢的评价、升级制度和各种奖励制度，来满足职工希望得到社会承认的需要；通过赋予有意义的工作，强调对社会、对国家的贡献和责任，通过参与管理和建议制度，来满足职工实现自我的需求。

·温情主义的管理方式

日本企业中的温情气氛建立在人有被尊重的需要的基础上。在日本的企业管理者看来，既然人人都有被尊重的需要，都富有感情，那么满足人的这种需要，才能发挥人的积极性。因此，日本的企业重视员工的工作条件、环境气氛等。企业的管理者十分注意热情而有礼貌地对待职工。上班时，他们往往早早地站在厂门口迎候职工，认真地向每一位普通职工招呼问好。即使是对迟到的职工，也不是声色俱厉地批评或训斥，而是说“今天早晨一定是家里有什么紧要的事吧，没关系，有什么不方便尽管说出来！”简单的一声寒暄，使职工感到了企业的温暖。当职工生日、结婚、生子或有丧事时，总能得到企业送的一份礼物和企业主要领导签名的慰问信。职工做出成绩，除了企业表扬奖励外，还要向家人表示祝贺、致谢。此外，在日本公司中，实行自上而下的传达意见的“禀议制”，重视反馈和横向的精神沟通。在会议取得一致意见之前可以长时间地激烈争论，付诸实施后则人人有责。在日本企业看来，职工受到这样的尊重和关心，就会忠诚于企业。因此，日本的企业管理者认为，大凡有成就的企业必须做到两点：一是要在全体员工中建立起命运共同的意识；二是要竭力培养公司人员之间“亲如一家”的温情气氛。

国外一些学者把企业管理中讲人性、人情、尊重、信任和关心等看作“软件”，而把严格要求的规章制度、标准规范和创造优质等看作“硬件”。日本企业管理者的观念是，通过软件管理可以得到硬性发展。规章制度等因素，管理者可以用来作为手段，强迫工人工作，但绝不能强迫职工表现出色，做出成就。只有职工心甘情愿，心情愉快，才能产生工作的积极性和创新精神。因此，日本企业管理者的管理方式和美国企业管理者采取的方式不同。

二、美、日人力资源管理模式将趋向融合

随着知识经济的兴起，国际市场的竞争不再直接取决于资源、资本、硬件技术的数量、规模和增量，而是直接依赖于知识或有效信息的积累和应用，从根本上取决于科学技术的发展水平和一个国家的创新能力的大小，从这个角度来看，日本企业的人力资源管理模式需要从根本上改革。相对而言，美国人力资源管理模式更符合社会发展趋势，因为随着市场化、国际化和新经济的发展，企业需要一种高激励、高效率、高竞争，在全球范围猎取人才的管理模式。但是在这种高度激烈竞争、情况瞬息万变的市场上，如果决策不做到高度分权，职工缺乏良好的知识和技术素质，缺乏高度责任心和自学能力，企业对市场的反应迟钝，其成功也是难以想象的。从这个角度来看，美国人力资源管理模式也不能适应未来知识经济的发展，也需要进行变革。总之，要想在21世纪的知识经济条件下获得成功，未来的人力资源管理模式必须克服美日模式各自的不足，同时取其所长。在美日企业的人力资源管理中，目前已经出现了一些可喜变化，美日管理模式出现了交融的趋势。

1. 美国人力资源管理模式的变化

为了克服管理中的不利因素，美国一些著名的经济学家、管理学家和实践工作者纷纷加入到对日本企业成功原因和日本企业管理模式的研究中，推动了美国企业界对日本企业人事制度的学习。美国管理界对是否可以采取日本的管理制度，意见各不相同。有些学者认为美国一些管理比较好的公司已经采取与日本相同的管理方法，有些管理学者则认为，日本的管理方法产生于日本独特的民族文化传统，而在美国这些管理方法是不适用的。如前所述，日本的人力资源管理模式也有其内在的缺陷，并不适用于所有环境。事实情况是，美国企业已经开始接受日本企业的人本主义的管理方法，但日本的那种“年功序列”，论资排辈的缓慢升职办法是无法在美国实践的。

· 更加注重人力资源管理中的“企业文化”建设

美国的管理理论经过了一个较长时期的发展，当代管理理论部分地吸收了日本管理模式的精髓，其核心是研究“人”，注重人力资源开发与管理，以人的思维与行为为中心。

其中最典型的是“企业文化”理论和“A 战略”理论。

“企业文化”概念由美国管理学者彼得斯和沃特曼在合著的《寻求优势:美国最成功公司的经验》一书中系统提出。两位管理专家根据对美国最成功企业所作的调查研究分析指出:在经营得最成功的企业里,居第一位的并不是严格的规章制度和利润指标,更不是计算机或任何一种管理工具、方法和手段,甚至也不是科学技术,而是“企业文化”。“企业文化”是指一个组织所具有的共同的价值判断准则、文化观念和历史传统、道德规范和生活信念等。“企业文化”将企业内部的各种力量,特别是人力资源的管理和使用,统一于共同的指导思想和经营哲学之中,汇聚到一个共同的方向,进而激励员工共同努力去完成组织的共同目标。“企业文化”论者认为“企业文化是企业生命的基础,发展的动力,行为的准则,成功的核心。”

“A 战略”理论由美国佛罗里达大西洋大学管理学教授舒适特首先提出。舒适特通过对美国大量企业的调查研究并结合现代行为科学理论,提出了通过改造“企业文化”进而改善企业人力资源的战略,即“A 战略”。舒适特认为:以人为中心的人力资源管理将对企业未来的生产经营活动产生重要的影响,只有对人力资源实施有效管理的企业,才能获得稳定向前发展的动力。他的“A 战略”理论强调:关心员工的需要是获得较高生产率的关键;在任何企业内,对人的管理都应重于对其他生产要素的管理,应当得到极大的和首要的关注。

在美国,“企业文化”理论和“A 战略”理论倡导的关于“企业文化”的思想,进一步推动了美国企业在实施人力资源战略中,日益注重“企业文化”建设。虽然各企业对各自的“企业文化”有不同的定义或解释,但愈来愈多大公司正日益重视建设符合企业经营哲学和经营战略的“企业文化”,以不断加强和改善企业的人力资源管理。

目前,具有前瞻性战略眼光的企业正积极致力于建设一种管理层更加开放、员工更具参与性的“企业文化”。人力资源管理专家指出,建设更具开放、参与性的企业文化,不仅有助于提高员工的士气和满意度,而且有助于员工更好地理解管理者的想法;增进管理层与员工的合作;降低流动(离职)率;减少缺勤;减少不满和抱怨;提高对变革的认同程度;改善与工作和组织的态度。[①]

·采取各种措施调动员工工作积极与主动性

美国大中型企业从 20 世纪 80 年代中期以来在管理领域采取了一系列新的措施。比如,福特公司和克莱斯勒公司在加强职工培训、吸收工人参加管理、实行全面质量管理方面,已经做出了一定的成绩。美国汽车公司所取得的成绩,使美国汽车和日本汽车在质量和品种数量方面的差别已经大大缩小,在产品成本上甚至开始占有一定的优势。施乐

① 张伟强,美国企业人力资源管理模式特征分析.上海师范大学学报(社科版),1999(4)

(Xerox)公司在采用新的管理方法以后,在复印机市场上,不仅把在美国市场上的优势基本上夺回来了,而且在日本市场上也取得了很大的成功。通用汽车等公司引入了长期雇佣政策。一批近二三十年来成长起来的新企业,如惠普、英特尔和微软等知名企业,更是从一开始以调动职工的积极性,充分发挥他们的能动性和创造性为成功之本。工人持有企业股票,参加董事会,在更大程度上参加企业管理,已经成为美国企业中的新趋势。

·人力资源政策与公司经营战略紧密结合

美国人力资源政策最突出的转变是把公司经营战略与公司人力资源政策紧密结合起来。许多大公司的人事部改名为人力资源部。人力资源部长参与公司上层的决策会议。人力资源部门经理的工作重点从一般行政事务转向企业的战略制定和落实。人力资源经理的工资在市场上也大大提高。招聘政策、培训计划、工作分工和工资福利等传统的人事政策也与公司的经营战略同步制定。"战略性的人力资源管理"(strategic human resource management)得到美国企业界认同,表明美国企业对人力资源的态度与20世纪70年代以前有了根本性的转变。

美国企业在人力资源管理的这场变革中并没有使其管理日本化。恰恰相反,美日的人才战略、人事政策在许多方面仍有着本质区别。最重要的事实是:美国企业最终目标是最大限度攫取利润和最大程度地保护股东利益,因此美国公司人事政策的基础在于为实现公司的经营目标服务。而对于日本企业来讲,公司不断发展壮大被视为最重要的目标,短期公司利润的增加及公司股东的利益乃属于第二位的事情,因此日本公司人事政策注重员工长期发展,与日本公司长期发展战略相辅相成仍是基本特征。当然日本社会现在面临的严重经济危机给许多日本企业敲了警钟,许多日本大公司开始把公司的盈利目标视作公司主要目标之一。

2. 日本人力资源管理模式的变化

日本的奇迹要部分归功于其管理模式,诸如终身雇佣、注重资历的晋升制度、工资制度以及共同协商基础上的决策机制等。进入20世纪90年代,日本家长式的管理模式遇到了挑战,但据此认为日本模式的人力资源管理正在走向终结甚至由此就推论说原有模式已经走向终结也是不确切的,日本原有模式也在发展变化之中。

·终身雇佣制以新的形式存在下来

终身雇佣制的积极效应仍然存在,如激励员工士气、培育良好的内部交流机制和实现员工的长期培训计划。另外,它在劳动力固定成本方面的缺陷也可以通过一些措施进行改进。因此,大部分的日本大公司计划维持终身雇佣制。JMOL(日本劳工部)早在1993年针对1000人以上的大公司的调查显示,70%的公司在萧条期间调整了人力资源,但只有20%的公司采取了解雇或建议退休的措施。JMOL在1994年的调查结果是,56%的公司"计划将维持终身雇佣制",35.7%的公司回答"用工机制的局部调整是不可避免的",

另外仅有5.8%的公司认为“根本性的转变是必需的”。在1996年1月，对东京证券交易所上市公司的人事部经理进行调查，82.4%的人回答说他们的公司将“尽可能的维持终身雇佣制”。

但是，终身雇佣制的形式同以往有所不同。对企业的核心雇员来说，他们所享受到的就业稳定性从20世纪70年代直至90年代不仅没有下降，反而有所上升。资料显示，在雇佣人员超过1000人的制造业企业中，45～49岁的高中学历雇员在1973年为企业服务的平均年限为23年，而大学学历雇员为21年；到1993年这两个数据变化为27年和23年(Sato and Sako,1997)。但是对白领雇员的雇佣发生了很大的变化。20世纪90年代，日本企业的低速增长使白领雇员过剩问题恶化，因此在企业内部晋升计划大大减少。日本大企业为了维持传统的终身雇佣，纷纷将它们的核心雇员调动到分支机构或分公司。这样传统的在单个企业内连续就业逐渐让位于在一组企业中连续就业的新做法(Inagami,1998)，称为将核心雇员“扔”到圈子外，使问题外部化，或者可以说日本企业将企业的边界扩大了，对员工来说现在作为社会的不再是单个的企业，而是企业集团。

由于企业的边界扩大，使终身雇佣在更大的范围内存活了。但是，这并不是说日本的终身雇佣制度没有遇到压力。尽管采取了种种策略，日本仍然很难承受经济发展缓慢和国际竞争日益激烈的考验。面对种种困难，日本人终于认识到有必要降低越来越高的劳动力成本，这意味着劳动力数量的减少。日本人也正在通过增加使用不同的雇佣方法来实现这一目标。他们更多地雇用部分时间工作者，和雇员签订合同以取代学校毕业生。此外，部分企业的管理阶层也由那些在特殊的狭窄领域中有专业技能的人担任，而不是由一位全才来担当管理工作。[①]

· 年功序列制逐渐被绩效机制取代

年功序列制的调整始于20世纪50年代，当时私营部门的一些公司开始实行“岗位工资制”，将其作为总工资的一部分。但这一做法没有得到工人和工会的广泛认同，也不适应日新月异的技术变革。从90年代早期开始，一小部分公司进一步发展了“工作能力工资”，在年初制定员工的年度工作目标，根据员工完成目标的情况发放工资。这一新方法更加接近真正的“绩效工资制度”，并被称为“年薪制”。

在晋升政策上，许多日本公司转向采取双重职业发展道路的体制，一条路是管理人员的，另一条是管理技术人员。在东芝公司这两条职业发展道路是平行的，而且彼此完全对等。雇员们根据他们的能力和他们自己的选择被分配到上述两条道路中的一条。研究部门的职员通常从辅助性研究人员开始其职业生涯。那些有能力成为优秀管理人员的雇员

① 谢晋宇等. 企业人力资源开发与管理创新. 北京：经济管理出版社，2000，514

将被调换到管理系列发展。但如果他们有强烈的愿望想继续作为一名专业研究人员进行他们的研究工作，则仍可调回原来的部门。

综上所述，日本公司适当调整其人力资源政策是较为普遍的，但是这种调整远非照搬美国模式，大部分日本公司希望保持原有机制的优点，而改良其缺点。这在实践上就意味着保留对大部分员工的终身雇佣制，而在经理层引入绩效工资，增雇中层专家，扩大合同工队伍。在引入绩效机制时，日本公司所面临的主要问题是如何建立一个合理的绩效评估体系，避免员工追求绩效的短期行为妨碍公司的长远发展利益。

第四节　人力资源管理的发展趋势①

一、战略性人力资源管理的兴起

战略性人力资源管理是根据企业战略来制定人力资源管理计划和方法，并通过人力资源管理活动来实现企业的战略目标。20 世纪 90 年代，伴随着战略性人力资源管理的兴起，国外一些大企业开始制定人力资源管理战略（HRMS）。许多学者对 HRMS 进行了研究，舒勒和沃克（Schuler & Walker）认为人力资源管理战略是规划与活动的集合，它通过人力资源部门和直线管理部门的努力来实现企业的战略目标，并依次来提高企业目前和未来的绩效及维持企业持续竞争优势。列文和米切尔（Lewin & Michell）指出，人力资源管理战略与企业战略配合，可以帮助企业增加利用市场的机会，提升企业内部的组织优势，帮助企业实现其战略目标。在战略性人力资源管理阶段，人力资源管理被提高到企业战略高度来考虑，并制定远期人力资源规划、近期人力资源规划以及人力资源战略，以配合和保障企业总体战略目标的实现。

一般来说，战略性人力资源管理的特点是它扮演了 5 个角色：一是战略决策角色。表现为参与企业重大的业务决策；把企业的战略贯彻到人力资源管理战略中去；高层管理中有分管人力资源管理的人员；帮助管理者创立企业文化；帮助员工满足客户的需要。二是战略职能角色。表现为选择合适的人才满足企业战略需求又满足企业文化需求；帮助设计、贯彻绩效计划和评估系统；帮助设计、实施报酬系统以完成企业战略目标；设计并实施员工培训、发展、职业管理系统；帮助管理者实施重大的、战略性的人力资源管理职能。三是信息和解决问题角色。表现为其他企业已实践证明的信息和经验；收集、分析、传播与人力资源有关的重要信息，以帮助管理层作出正确的战略计划，进行正常的日常活动，以及作出正确决策；在员工问题方面，人力资源管理进行正确诊断并提出可行的解决方案。

① 此处参阅了谌新民主编．新人力资源管理．北京：中央编译出版社，2002 年版；雷蒙德·A．诺伊等著．人力资源管理：赢得竞争优势．北京：中国人民大学出版社，2001

四是行政管理角色。表现为帮助设计和改进人事行政管理系统；完成一些必要的行政管理工作，如聘用人员、签署法律文件，整理档案等。五是管理变化的角色。表现为：人力资源管理应该指出管理过程以及对企业成功或失败的影响；帮助设计或重新设计组织结构；引导与企业基本价值观一致的变化；引导组织适应环境的变化；实施员工关系改进系统；扩大员工多元化及其他优势；促进适应全球化的管理系统。

二、人力资源管理部门将进行结构重组①

传统的人力资源管理职能是以甄选招募、培训、薪酬、绩效评价以及劳工关系等诸如此类的分支职能为基础构造起来的。然而，由于人力资源管理职能已经真正开始从战略上对企业的有效性作出贡献，资深的人力资源管理者就必须成为高层管理层的一部分了。因此，人力资源管理职能的内部结构也就必须作出重新的安排。

比较流行的人力资源管理职能结构如图13-1所示。从图中可以看到，人力资源管理的职能被有效地划分为3个部分：专家中心、现场人力资源管理群体以及服务中心。专家中心通常由招募、甄选、培训以及薪酬等传统人力资源管理领域中的职能专家所组成。这些人的主要任务是建立和开发适用于组织的人力资源管理体系和管理实践的过程中充当顾问。现场人力资源管理群体由一般性的人力资源管理工作者所组成，他们被分派到企业的各个业务部门之中。这些人常常有着双重的报告工作关系，既向业务部门的直线领导者报告工作，同时也向人力资源管理部门的领导者报告工作。理论上讲，他们应当承担起下述两个方面的责任：一是帮助自己所在的业务部门的直线管理人员从战略的高度强化人的问题；二是确保人力资源管理体系能够帮助企业贯彻执行自己的战略。服务中心则是由需要确保日常事务性工作能够在整个组织中得到有效完成的那些人所组成。这些服务中心常常通过信息技术的运用来有效地为雇员提供服务。比如，一些公司建立电话服务中心，雇员可以根据一个电话号码给这个中心打电话，服务中心的工作人员就会回答雇员的提问、对他们的要求进行整理和加工处理。

这种结构安排就通过专业化改善了服务。专家中心的雇员可以不受事务性工作的干扰而专门开发自己现有的职能性技能，而现场人力资源管理者则可以集中精力了解本业务部门的工作环境，而不需要竭力维护自己作为一个专门化职能领域中的专家地位，服务中心的雇员就可以把主要精力放在为各个业务部门提供基本的人力资源管理服务上。

① 此处参阅了雷蒙德·A.诺伊等著《人力资源管理：赢得竞争优势》，北京：中国人民大学出版社，2001第734～735页

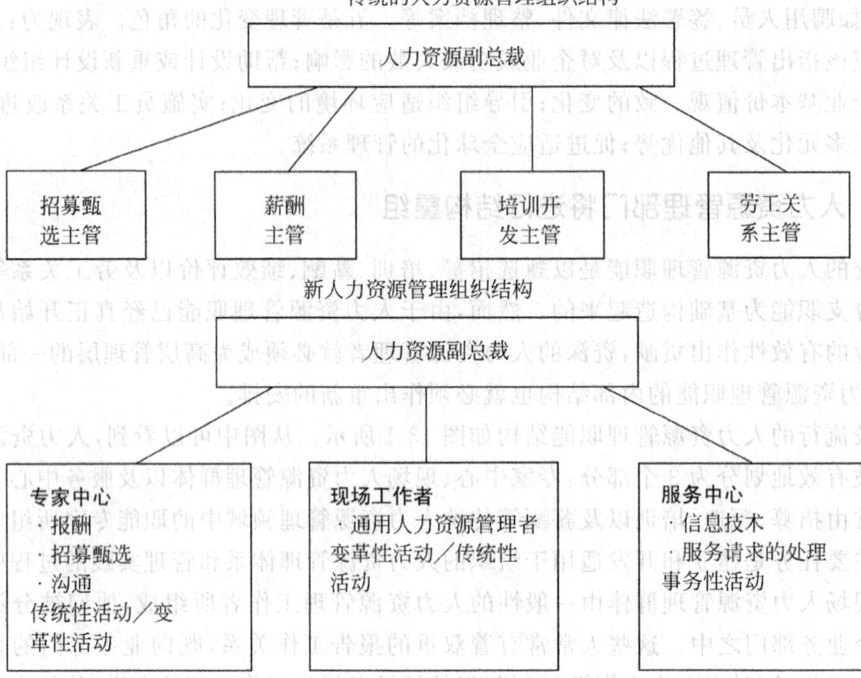

图 13-1　人力资源管理组织的新旧结构对比

三、人力资源管理部门将兴起业务外包

人力资源管理部门在进行结构重组的同时，未来人力资源管理部门也将一些业务外包出去，以便更有效地改善人力资源管理部门的绩效。事实上，现在许多人力资源高层管理人员越来越多地在探讨如何通过业务的外包来改善本企业人力资源管理系统、管理程序以及人力资源管理职能为组织所提供服务的有效性。（参阅第三章）。

企业之所以把一些人力资源管理活动外包出去，主要是基于：一是外部合作伙伴能够以比本企业更低的成本来提供某种产品或服务；二是外部合作伙伴能够比本企业更为有效地完成某项工作。企业主要是出于效率方面的考虑实行业务外包。外部提供者比内部雇员能够更为有效率地提供某种服务，原因在于这些业务提供者通常是某一方面的专家，它们能够建立和培育起一整套可以普遍适用于多家企业的综合性专业知识、经验和技能。由于外包业务的承担者同时为许多家企业提供服务并且是专门从事某一方面业务（如专门从事养老金管理）的公司，因此它的雇员积累了大量的运营某一方面业务如养老金管理的丰富经验。它们可以从一家公司学到的某种独一无二的创新性做法，然后再把所学到的这种做法运用到另外一家服务的公司中去。

企业主要把人力资源管理中的一些事务性工作进行外包，比如养老金和福利管理以及薪资管理等。不过，许多传统的人力资源管理活动以及一些变革性人力资源管理活动也已经开始被企业加以外包处理了。比如，康柏计算机公司就将其招募甄选工作的相当大一部分内容外包出去了，该公司与另外一家公司签订合同，由这家公司负责对康柏公司需要招募的所有小时雇员和一些管理性雇员进行面试。

四、人力资源管理将进行流程再造

流程再造是对关键性工作流程首先进行全方位的审查，然后再对其进行重新设计，以使这些流程能够更为有效地同时也更为有能力获得高质量的产出。流程再造对于确保新技术优势的发挥显得尤为重要。流程再造可以被用来对人力资源管理部门的职能和流程进行审查，也可以被用来对某些特殊的人力资源管理实践（如工作设计或者绩效管理系统）进行审查。流程再造包括图 13-2 中所描绘的 4 个步骤：确认需要再造的流程、理解这个流程、重新设计该流程以及执行新流程。

· **确认流程**。首先应当把控制流程或者在流程内部负责某些职能的管理人员找出来，然后要求他们成为流程再造工作小组的成员。该小组成员应当包括流程之中的雇员（以提供专门的技术）、处于该流程外部的雇员以及那些能够见到该流程结果的内部和外部顾客。

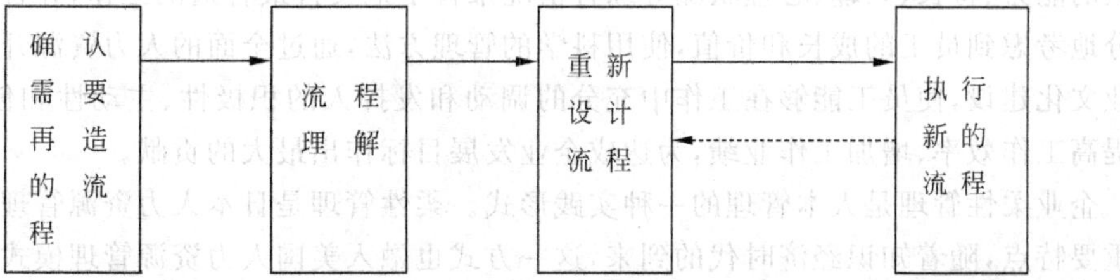

图 13-2　流程再造的程序

· **理解流程**。在评价一个流程时需要考虑：各种工作是否可以被合并在一起？是否可以赋予雇员们以更大的自主权？是否可以通过将决策和控制活动进行简化而将其内置到流程之中。流程中的每一个步骤是否都必需的？在流程中是否存在过多的数据、不必要的检查和控制？有多少特殊的事件或例外的情况需要处理？对流程中的所有步骤是否都是根据它们的自然顺序进行安排？什么是理想结果？所有这些工作任务都是必需的吗？流程的价值是什么？

· **重新设计流程**。在重新设计流程阶段，流程再造小组需要建立流程模型并对其进行测试，然后再决定如何将这种模型整合到组织之中去。

· **执行新的流程**。在将新的流程推广到整个企业之前，应当在一个有限的、可以控制的范围内对其进行测试。人力资源管理部门的职员首先对现存的工作流程进行编制和研究，然后再提出一种改善工作流程效率的战略。此后，高层管理人员、中层管理人员以及人力资源管理部门的工作人员共同确定出哪些流程再造是他们最希望加以改进的。最后，最关键的问题是要建立一个客户服务器系统，而该系统将会比他们当前正在使用的大型主机能够更为容易地存储数据资料。

五、人本管理将作为人力资源管理的基本理念

随着社会的进步和人们教育程度的不断提高，企业员工的素质发生了很大的变化。企业中"知识型员工"的比重越来越大，员工不再是为了生存而工作，他们渴望能力的充分发挥和更大的前途。由于企业的发展越来越依靠企业的知识积累，而员工是企业知识资本的所有者，这决定了企业中所有者与员工的关系不再仅是雇佣与被雇佣的关系，更多的体现为合作者的关系。所有者仅仅是物质资本的投资者，而员工则是知识资本的投资者，双方的共同"投资"促成了企业的发展，人本管理就是在这样一个发展趋势中被提出的。

随着管理理论的发展，企业管理理念也从"以物为本"到"以市场为本"，再到"以人为本"。人本管理思想是以人为中心的人力资源管理思想，它把人作为企业最重要的资源，以人的能力、特长、兴趣、心理状况等综合情况来科学地安排最合适的工作，并且在工作中充分地考虑到员工的成长和价值，使用科学的管理方法，通过全面的人力资源开发计划和企业文化建设，使员工能够在工作中充分的调动和发挥人的积极性、主动性和创造性，从而提高工作效率、增加工作业绩，为达成企业发展目标作出最大的贡献。

企业柔性管理是人本管理的一种实践形式。柔性管理是日本人力资源管理模式的一个重要特点，随着知识经济时代的到来，这一方式也融入美国人力资源管理模式中。现代的柔性管理比传统的日本模式中的柔性管理有所发展，原因在于知识经济时代条件下劳资双方的关系将发生变化，这乃是人力资源管理从刚性转向柔性化的物质原因。原来的强制与命令越来越难以奏效，管理者的权威越来越难以凭借权力来维系，劳资双方的"契约关系"变得更像是"盟约关系"。柔性管理的特征也表现为内在重于外在，心理重于物理，身教重于言教，肯定重于否定，激励重于控制，务实重于务虚。显然，在人力资源管理柔性化之后，管理者更加看重的是员工的积极性和创造性，更加看重的是员工的主动精神和自我约束。但企业管理的柔性和刚性是一对矛盾统一体，柔性管理并不排斥管理中的刚性成分，这是对传统管理重物轻人、手段强硬、缺乏弹性的辩证否定，是一种扬弃。

六、全球性人力资源管理将是人力资源管理的一个重要战略

面对经济全球化趋势，形成一个整合的人力资源战略是国际化企业的关键，真正的全球性组织成功的关键因素是将人力资源的作用与组织的国际目标相整合。这种紧密联系会有利于促进企业发展，也能够为员工个人发展提供增值的机会。

1. 培养全球观念。全球观是有关企业如何考虑其国际经营活动的理念，全球性地考虑企业经营活动、开展企业的研究与开发活动及进行商务活动，企业全球观的培育是一个长期性的组织文化变革过程。在这一过程中，企业应该主动进行全球性的跨文化培训等方式来培育组织的全球观。

2. 培养协作与团队精神。全球性的战略协作以柔性、多样化以及对当地市场和当地政治的应对性在全球性企业的经营管理活动过程中发挥着重大作用，而其中员工之间的合作与协调是整个战略协调的关键和基础。此外，企业还应该重视企业组织与其他组织之间的合作，协作和团队精神作为企业最重要的竞争力和战略优势，要求企业在协作技能方面对员工进行持续的培训，也要求企业的报酬体系能体现对协作行为和团队精神的激励。

3. 培养全球范围内有效的沟通。有效的沟通是一种组织资源，全球信息和知识系统帮助全球企业在不同业务单位之间整合和分享有价值的信息与知识，并能有效促进知识库的建构，全球企业的组织结构的演变也是为适应企业内的有效沟通、协作和信息与知识共享的要求而产生的。

4. 开发全球经理人员和知识工作者。全球企业用多种方法开发全球人才，有些企业甚至通过"买"或"借"的方式获得高质量的人才，并开始利用咨询人员或外部合伙人。通过市场交易的方式从其他国际企业或当地的其他组织获得人才，企业可以在获得知识和经验的同时保持人力资源方面的柔性。

5. 提高业务单位对全球绩效的贡献。为提高企业有效核心能力，有些企业开始建立考虑全球产出的全球共享的会计系统，企业经营活动将跨国家和跨生产部门的合作放在更重要的位置上，重新设计管理人员的薪酬制度，在新的薪酬制度中，管理人员对全球产出的贡献这一指标的权重要高于他们对某一国家范围内的公司绩效的贡献，并建立新的全球激励机制来适应新战略。在未来的全球竞争中，员工的忠诚度和组织知识的分享对全球战略的成功实施具有举足轻重的意义。

6. 通过制度安排和跨文化培训建立企业不同事业部、不同公司、不同文化之间的信任。信任能够促进沟通、鼓励合作和降低冲突。但在全球环境下，为了培养不同单位、不同文化之间的信任，全球企业需要进行跨文化培训，需要建立信息共享系统，也需要强调对公司全球绩效的贡献。

七、企业与员工长期合作将实现双赢

美国和日本人力资源管理模式各有利弊，经过长时期的实践检验后，目前呈现出相互吸收、取长补短的趋势。在知识经济和经济全球化的背景下，企业员工将在公平、公开、公正的竞争氛围中施展才干，企业与员工将在全球范围内进行双向选择，流动率将上升，稳定性将降低。但从企业竞争的需要及生产经营的连续性、规范性来看，企业又必须长期保有一批优秀员工，否则产品和服务质量就会波动起伏，企业就容易失去竞争优势。因此，企业必须从体制、机制等方面采取有效措施，留住企业的管理、业务和技术骨干。也就是说，与大批员工签订短期劳动合同，自由雇佣；与少数优秀员工签订长期劳动合同，提供股票期权等长期报酬，双方结成长期合作的利益共同体。

八、人力资源管理机制将是合理的价值分配与科学的价值评价有机结合

传统经济学理论认为价值的创造只有两个最基本的要素——资本与劳动。由此形成了两种最基本的分配形式：按劳动分配和按资分配。其共同点是对生产过程的最终结果的分配。企业对这种最终结果的评价，往往注重于其有形价值（如利润、销售额、产值等）和现实价值，而忽视了它的无形价值（如美誉度、意识形态等）和潜在价值（美誉度扩大、员工素质提高所产生的远期效应等）。尤其是对劳动力所有者来说，其创造的知识产权价值根本就不纳入评价范围，而全部划入资本所有者或企业名下。人类社会经济活动发展的趋势则是知识化，企业“蓝领”员工越来越少，“金领”员工（即知识员工）越来越多，单纯的按劳分配和单纯的按资分配的弊端日益突显。实践呼唤多样化的分配方式出现。新的经济理论认为，知识是继资本、劳动之后又一创造价值的基本要素，并且将成为越来越重要的价值创造要素，因而价值分配不可缺少按知分配，经过探索总结出了可分配的价值分为两部分：组织权力和经济利益。前者具体包括股权、职权、机会等。后者主要包括工资、奖金、津贴、红利、福利等。而按知分配既包括了对生产过程最终结果的分配，也包括了对出资权和管理权的分配，即按知分利（红利、工资、奖金等）、分权（股权、职权、机会等）。由于“利”这种价值资源是有限的，对员工的激励也有限，“权”这种价值是无限的，对员工具备无限的激励源泉，因而新的价值分配更多的将是按知分权，其具体实现形式主要是股权动态分配与职权动态分配。股权动态分配是通过对员工的可持续性贡献、工作能力、职位价值、劳动态度和发展潜力等的评价，确定配股额，给员工以出资权（或认股权），利用股权的安排形成公司的核心力量和实现对公司的有效控制，不断使最有才能与责任心的人拥有重要的股权。职权动态分配一般是通过建立客观公正的评价体系，对员工和干部的工作态度、工作业绩与工作能力等进行考核，使优秀员工能够通过努力工作，积累才能，获得职务与任职资格上

的晋升，让最明白的人最有权，让最有责任心的人担负最大的责任。这样就能使员工始终处于激活状态，为企业作出可持续性贡献。企业对员工所创造的价值的评价，也就把有形价值与无形价值、现实价值与潜在价值都予以考虑了。①

九、人力资源管理重心将是知识性管理

人力资源管理的重心转向知识型管理，这就给人力资源管理提出了一些新的挑战。第一，人才的风险管理成为人力资源管理的一个新课题。知识性员工拥有知识资本，所以他在组织中的独立性和自主性比较强。因此管理重心要下移，要给知识员工比较大的自主权，但在授权的同时又面临风险。一个人才既可以给企业带来巨大的价值，但也可能由于用人不当，导致整个企业的衰败。另外，由于人才流动的加速，企业人力资本投资具有高风险性，这种条件下，企业与员工之间如何来建立一种新型的忠诚，也是人力资源管理面临的一个新问题。第二，知识性员工的工作模式发生了很大的变化。现在很多知识性工作可以在家里进行，可以在任何地点、任何时间通过信息的联接形成智力资本工作方式。在这种条件下，对于高智商的知识性员工如何来进行管理？如何来形成一个虚拟工作团队？企业如何来搭建一个智力工作的平台？如何适应知识性员工本身的特点设计管理模式？这是对人力资源管理提出的挑战。第三，知识性员工尤其在一些知识创新型企业，每个人在企业中的位置不再是按严格的等级秩序确定每一个人在工作中的位置，这就要对人力资源进行分层分类的管理，即根据不同层次、不同类别上的角色来确定员工的任职资格、行为标准和工作范围。第四，知识性员工的需求结构是一种混合交替式的需求结构。如报酬传统上它是一个生理层面上的东西，但实际上报酬已经成为一个人社会声望和成就的标志，这时报酬就属于最高层面的成就欲望的问题。另外，由于知识性员工贡献与能力差异大，他们就更为关心自己的报酬与业绩之间的关系。这就需要企业建立更加合理科学的绩效考评体系，要建立富有竞争力的报酬体系。②

十、人力资源管理新职能将是持续提供面向顾客的人力资源产品服务

人力资源管理已日益凸显其在企业价值链中的重要作用，这种作用在于能为“顾客”（既包括企业外部顾客，又包括企业内各个部门和员工）提供增值化的人力资源产品和服务。因此，人力资源管理部门应积极加强与企业各个部门的密切联系，支持、配合业务部门的长期发展战略。这不仅可以实现为业务部门的定制服务，而且可以凸显人力资源管理的价值，巩固人力资源管理部门的地位。这要求企业具备一套全新的思维方式，去考虑

---

① 贺爱忠. 21世纪的企业人力资源管理. 中国软科学，2000(2)

② 刘磊. 21世纪人力资源管理面临新课题. 中国劳动保障报，2000年6月7日

需要什么样的人力资源服务以及怎样提供这些服务，也就是说人力资源管理部门应该从“权力中心”的地位走向“服务中心”，并借此建立人力资源管理从业者在企业中的权威。这不仅需要人力资源管理从业者具备相应的人力资源管理技能，能了解并掌握相当的业务知识，更要求能与业务部门说一样的“语言”。正如有企业提出来的人力资源经理也是客户经理，就是你要为企业内部的高层、中层以及基层的管理者提供有关人力资源管理的系统解决方案。过去人力资源管理更多的是从单一的专业职能角度去行使一个行政管理者的职能，那么现在来讲人力资源管理者要扮演一种新的角色，如有的公司提出人力资源管理者要成为工程师加销售员。所谓工程师加销售员就是说不仅要会做方案，要了解专业的知识并学会跟上下左右沟通，同时要把人力资源的产品和服务推销给高层和下属。

这一服务型人力资源管理理念也将推动全新的人力资源管理模式：学习型组织和组织学习的产生。传统的组织结构因为其多层次、金字塔式的设计而开始被学习型的扁平化组织结构所取代。彼得·圣吉对企业组织作了大量研究后发现，在许多团体中，每个成员的智商都在120以上，而团体的整体智商却只有62（彼得·圣吉，1997）。这说明组织成员的能力并未得到充分发挥，也就是组织中的人力资源没有得到有效的开发和利用。建立学习型组织的关键就是通过组织学习来有效地开发组织的人力资源。一方面通过组织学习有利于适应全球化的人力资源管理。同时，组织学习培育和加强了团队精神，有利于建立全球性的战略协调机制；组织学习还加强了全球范围内的有效沟通，有利于整合与共享组织信息和知识。另一方面，组织学习有利于对知识工作者的激励。因此，组织学习不仅是对知识工作者的一种激励方式，而且是对他们自我实现愿望的强化，从而促进了知识工作者创造性的发挥。学习型组织将组织的发展与员工的职业生涯发展有机地结合起来，有利于培育企业的创造力、凝聚力和竞争力，使企业保持旺盛的活力，使员工在工作中活出生命的意义。

参考文献

1 陈荣耀著. 比较文化与管理. 上海：上海社会科学院出版社，1999

2 谌新民主编. 新人力资源管理. 北京：中央编译出版社，2002

3 贺爱忠. 21世纪的企业人力资源管理. 中国软科学，2000，(2)

4 雷蒙德·A. 诺伊等著，刘昕译. 人力资源管理：赢得竞争优势. 北京：中国人民大学出版社，2001

5 刘磊. 21世纪人力资源管理面临新课题. 中国劳动保障报，2000年6月7日

6 刘昕. 美国企业人力资源管理职能的转变. 中国人力资源开发

7 乔治·K. 奥纳塔斯基. 日本模式的人力资源管理是否正在走向终结

8 邱雯. 美日企业人力资源管理模式比较. 中国人力资源开发，2000

9 宋合义，尚玉钒. 人力资源管理的发展新趋势——从基于工作的人力资源管理到基于能力的人力

资源管理．预测，2000，(4)
10 唐任伍著．管理审视——中外经济管理比较研究．北京：北京师范大学出版社，1999
11 王杜春，韩雪冬．美日人力资源管理模式的比较及对中国乡镇企业的启示．学术交流，2000，(2)
12 王一江，孔繁敏著．现代企业中的人力资源管理．上海：上海人民出版社，1998
13 谢晋宇、吴国存、李新建编著．企业人力资源开发与管理创新．北京：经济管理出版社，2000
14 杨文士，张雁主编．管理学原理．北京：中国人民大学出版社，1994
15 杨壮．美、日企业的人才战略及其给中国的启示．经济社会体制比较，1999，(1)
16 曾建权，郑丕谔，马艳华．论知识经济时代的人力资源管理．管理科学学报，2000，(6)
17 张伟强．美国企业人力资源管理模式特征分析．上海师范大学学报(社科版)，1999，(4)
18 赵曙明．论21世纪全球企业人力资源管理．南京政治学院学报，2000，(6)
19 赵曙明著．人力资源管理研究．北京：中国人民大学出版社，2001

B&E

后记

随着中国加入WTO后融入国际经济体系步伐的加快和经济体制改革的深化,各种行之有效的管理理论和管理技术被大量引进中国,并结合本国文化和体制特点在中国得到了丰富和发展。人力资源管理正是在这一背景下受到人们的重视,短时间内得到快速推广。人力资源管理是近20年来飞速发展的管理学的一个分支,它一旦与飞速发展的中国企业联姻,就显示出了巨大的威力,大大地推动了中国企业管理系统化、规范化、科学化和现代化的进程。由于它有效地融合了经济学、管理学、心理学,行为科学和社会学等的最新研究成果,因而在中外企业中成功运用人力资源管理使企业渡过难关和促使企业持续高速发展的案例越来越多。虽然人力资源管理引进中国时间不长,且总体上仍然属于起步不久的新兴学科,但由于它的理论创新程度和实践价值日益受到人们重视,因而是目前我国发展前景看好的新锐学科。

近年来,中国的人力资源管理领域不管是在理论引进和自主创新方面,还是在与中国实际结合进行运用方面,都取得了令人瞩目的成绩。这从人力资源管理专业如雨后春笋般涌现,从各种人力资源管理培训和讲座备受推崇,从人力资源管理资格认证备受青睐,从人力资源管理教学科研队伍不断壮大,从人力资源管理教材和专业著述层出不穷等方面均可见端倪。但我们感到在运用最新理论并结合中国企业实践,在可读性和实用性方面结合得较好的书籍太少。仍然需要编写一本具有中国特色、具有学科专业特点、具有面向本土理论和实践兼顾的教材。

本书事实上是作者编写人力资源管理教材的第3次尝试。早在1995年出版了《企业人力资源开发与管理》(江西高校出版社),面对当时教材紧缺状况作者对此进行了初次尝试。2002年出版了《新人力资源管理》(中央编译出版社),面对当时众多人力资源管理教材,作者力图在分析体系和研究主线上进行创新。这本《人力资源管理概论》可以说是对前两版的一个阶段性总结。本书修订的动力主要来源于3个方面:一是近年专业理论工作者在理论研究上的创新需要进行总结;二是包括人力资源管理的经验和教训需要进行总结;三是在读MBA、在职培训人员和大学生对修订和完善本书的强烈要求需要得到满足。

本书具有以下特点:1.力求以人力资源管理最新理论成果为指导,注重前沿性、新颖性和实用性。我们在编著过程中,力求用轻松的语言表达该学科的核心问题,也力求把新趋势、新问题、新方法、新理论和新技巧放入大量案例中进行阐述。但愿读者能从这些案例中悟出我们没有写出来的更深的内涵。2.力求运用新方法，从新视角解释人力资源管理中出现的问题。本书一以贯之的主线是以人力资源管理成本—收益分析方法为主，突出一切管理以提高效益为中心的原则。3.力求突出系统性。本书以整个人力资源管理作为一个系统，讲求各管理理论、方法、技术和工具的配套运用，以达到提高人力资源管理整体效益的目的。4.力求探讨人力资源管理的本土化问题，在引进国外人力资源管理最新理论和技术的同时，注意克服水土不服问题，即注意处理好"茶"和"咖啡"的关系，以提高其应用性。突出以人力资本投资，成本收益为主线，注意微观—中观—宏观的衔接，注意企业发展的阶段性，规模大小对人力资源管理的影响，注意不同性质企业对人力资源管理的影响。5.力求探讨解决人力资源管理问题的一般思路和方法。我们反对有放之四海而皆准、用于一切企业都有效的所谓模式，主张从不同的案例中提炼出适用的管理心得。6.力求体现人力资源管理内在的逻辑联系。本书各部分之间均有内在联系，一步步逼近人力资源管理的核心，且相互印证和补充。请读者在阅读时留意。

本书是集体劳动的成果，由谌新民任主编，参与写作的有谌新民、刘善敏、刘中虎、朱莉、余炬文和刘军勇。

出版该书的另一目的是想联络更多有志于人力资源管理理论和实践的同仁，共同探索中国人力资源管理的现状和未来，关心中国的人力资源管理事业，以指导管理实践，解决管理中出现的问题。期待读者与我们一道参与人力资源管理的理论和实践，并将您的宝贵意见及时反馈给我们(电子邮件：xinmin66@sina.com)，以共同推动中国人力资源管理事业向前发展。